방송문화진흥총서 182

4차 산업혁명과 미디어의 미래

The Fourth Industrial Revolution
and the Future of Media

방송문화진흥총서 182

4차 산업혁명과 미디어의 미래

The Fourth Industrial Revolution
and the Future of Media

김광호 박성규 이희대 김상연 박홍민
이창형 김상철 박창묵 박종원 장형준 강덕현

머리말

우리사회에 4차 산업혁명이 본격적으로 거론되기 시작한 것은 지난 2016년 에 있었던 이세돌 9단과 알파고의 바둑대결에서부터였다. 이때부터 인공지능의 중요성이 대두되고, 디지털, 바이오 등 기술 사이의 융합을 지칭하는 4차 산업혁명이 화두로 자리 잡게 되었다.

현재 4차 산업혁명을 정의하는 범위는 넓고, 이를 바라보는 시각도 매우 다양하기 때문에, 많은 전문가들 사이에 논쟁의 여지가 존재하고 있다. 그러나 산업 혁신이라는 관점에서 보았을 때, 현재 4차 산업혁명은 단순한 기술 변화가 아니라 이에 발맞춘 사회체제의 변화이고 이 배경에는 인공지능(AI), 사물인터넷(IoT), 클라우드(Cloud), 빅데이터(Big Data), 가상현실(VR), 증강현실(AR) 등 신기술이 기존 산업과 접목해 발생하는 혁명적 변화가 놓여있다. 4차 산업혁명은 이미 제조업뿐만 아니라 서비스 산업의 다양한 분야에서 진행되고 있으며, 기존 서비스 사업의 프로세스는 물론 가치사슬 변화를 이끌어 내고 혁신적인 변화를 이끌면서 전 산업분야 에서 새로운 시대의 출현을 예고하고 있다.

이러한 혁명적인 변화는 미디어 분야에도 예외가 아니다. 예컨대, 인공지능과 빅데이터 분석기술들이 접목되면서 인공지능 로봇을 이용하여 기사를 작성하고, 실시간 SNS 빅데이터 분석으로 시청자들의 관심 콘텐츠를 한눈에 파악할 수 있으며 또한 가상현실과 증강현실 기술을 이용한 새로운 유형의 제작기술로 방송 프로그램들의 고품질화가 빠르게 진행되고 있다. 앞으로도 새로운 미디어들은 그 개방형 환경과 기술의 극대화로 우리 사회 환경을 보다 다양한 체험 공간으로 바꾸어 주고 다양한 문제에 대한 해결방안을 제공하는 중추 역할을 할 것으로 기대된다.

이러한 시점에서 전반적인 미디어분야의 산업구조 변화, 콘텐츠 변화, 플랫폼과 네트워크 그리고 그 유통방식의 변화를 살펴보고 그 변화전망을 예측하고 관련된 정책적 방안을 알아보는 작업은 큰 의미를 지닌다고 할 수 있다.

이 책은 이러한 배경을 바탕으로 4차 산업혁명 시대에 우리사회의 중요한 문화와 산업의 영역을 담당하는 미디어분야와 연관 기술이 어떻게 변할지를 파악하고 동시에 정책적으로 핵심적인 이슈와 대안을 살펴보고자 하였다.

이를 위해 목차를 보면 제1장에서는 4차 산업혁명 시대의 미디어 환경변화 와 이에 따른 미디어분야의 발전방향과 바람직한 기술정책에 대하여 살펴보고, 제2장에서는 4차 산업혁명 시대의 미디어의 분석 방법과 분석 결과의 시각화 방법론에 대하여 알아보았다. 제3장에서는 4차 산업혁명 시대에 미디어의 핵심기술의 하나로 부각되고 있는 빅데이터에 대한 기초적인 개념과 분석사례를 살펴보았다. 제4장에서는 다중미디어 시대의 TV 시청형태 및 소셜TV의 등장에 따른 콘텐츠 이용형태 변화에 대하여 살펴보았다. 제5장에서는 4차 산업혁명 시대의 공영방송 플랫폼 전략 및 해외 사례를 살펴보고 우리나라의 공영방송이 나갈 방향에 대하여 살펴보았다. 제6장에서는 포켓몬으로 이목을 끌었던 증강현실(AR)을 비롯한 360도 가상현실(VR)에 대하여 살펴보고 이러한 기술들이 미디어에 접목되어 프로그램에 적용되는 사례들에 대하여 살펴보았다. 제7장에서는 2017년 5월 본방송이 시작된 UHDTV 방송에 대한 기초적인 개념과 향후 4차 산업혁명 시대를 견인하고 있는 배경기술과의 융합을 통한 발전 방향에 대하여 살펴보았다. 제8장에서는 방송콘텐츠 보호에 필요한 정보기술들에 대하여 살펴보았으며, 마지막 제9장에서는 최근 관심을 끌고 있는 1인 미디어에 대한 개념과 트렌드 변화에 살펴보았다.

이 책에서는 미디어관련 교수들과 현장에 있는 중견방송인들이 힘을 모아 미디어와 관련된 중요한 이슈들에 관해 실질적인 의견들을 제시하였으며 일정부분 미디어 정책 관련 내용과 방송현장에서의 노하우가 반영되었으며 관련전문가가 아니더라도 보다 방송 관련 다양한 주제를 쉽게 이해할 수 있도록 평이한 문장을 쓰도록 하였다.

"미래는 먼저 내다보고 준비하는 자만이 살아남는다"고 피터 드러커는 미래를 적극적으로 준비하고 대처해야함을 강조했다. 이런 점에서 어느 다른 분야보다 급속히 발전하고 변화해온 미디어의 추세를 알아보고 이를 능동적으로 이끌어 나가기 위해서는 미디어분야에서 어떤 역량을 어떻게 키워줘야 할 것인지가 중요한 화두가 되어야 할 것이다.

아무쪼록 전문가들의 오랜 노력과 고심, 협력을 통해 이뤄진 이 책이 향후 전반적인 4차 산업혁명 시대의 미디어 변화 전망이 방송영역의 사회적 비전 및 새로운 제도 마련에 어느 정도 중요한 기초가 되었으면 한다.

공릉골에서 2018. 1. 20
저자대표 김광호

목차

Chapter 03 ▶ 미디어 빅데이터 현황과 활용

Chapter *06* ▶ 360도 가상현실(Virtual Reality)과 미디어 플랫폼

Chapter *07* ▶ 4차 산업혁명과 차세대 방송 UHDTV에 대한 이해

Chapter 08 ▸ 4차 산업혁명과 방송콘텐츠 정보보호의 미래

Chapter 09 ▶ 4차 산업혁명과 1인 미디어의 진화

01

4차 산업혁명 시대 미디어 발전방향과 바람직한 기술정책

김광호(서울과학기술대학교 교수)

4차 산업혁명 시대
미디어 발전방향과 바람직한 기술정책

김광호(서울과학기술대학교 교수)

1. 미디어환경의 변화

2016년 세계경제포럼(WEF: World EconomicForum)에서 클라우스 슈밥이 제4차 산업혁명을 언급하면서 4차 산업혁명이 전 산업분야에서 새로운 시대의 출현으로 논의되고 있다. 그는 기존의 산업혁명은 도구 발달에 따라 인류 생활에 변화가 생기는 것을 의미하고 있지만 4차 산업혁명은 통신기술(ICT)의 융합으로 이루어낸 혁명 시대를 말한다고 지적하고 있다.

농경 사회에서 도시 사회로 넘어간 것이 1차 산업혁명, 2차 산업혁명은 주로 석탄과 철도, 증기기관, 면사방적기가 주로 이용, 대량 생산이 가능해진 기계혁명이라면 3차 산업혁명은 컴퓨터 자동 제어화 시기로서 그리고 인터넷의 등장과 컴퓨터의 보급으로 인해 누구나 다 인터넷을 사용할 수 있게 된 것으로 그 핵심은 디지털혁명, 네트워크 혁명의 정보화시대를 의미한다. 3차 산업혁명 시대가 IT 발달이 가져온 자동화, 지식정보사회라면, 4차 산업혁명은 디지털혁명이라는 3차 산업혁명 과정의 기반 위에서 창조되며, 디지털, 바이오 등 기술 사이의 융합을 지칭한다. 4차 산업혁명을 일으킨 동력은 기술융합이고, IT 기술이 고도화되면서 가져올 지능정보사회로의 전환이라는 것이다.

4차 산업혁명은 물리적, 생물학적, 디지털적 세계를 빅 데이터에 입각해서 통합시키고 경제 및 산업 등 모든 분야에 영향을 미치는 다양한 신기술로 설명될 수 있다. 이는 사물인터넷, 클라우드 컴퓨팅, 빅데이터, 모바일 및 인공지능으로 대표되는 핵심 요소 기술의 전면적인 채택과 확산에 기반한 거대한 산업계 내, 외부의 변화를 의미하며 이전에는 서로 단절되어 있던 분야들이 경계를 넘어 분야간 융복합을 통해 발전해나가는 기술혁신 패러다임이라고 볼 수 있다. 4차 산업혁명은 단순한 기술 변화가 아니라 이에 발맞춘 사회체제의 변화이지만 이 배경에는 빅데이터·인공지능(AI)·사물인터넷(IoT), 클라우드(Cloud), 빅데이터(Big Data), 가상현실(VR), 증강현실(AR) 홀로그래피 기술 등 신기술이 기존 제조업과 접목해 발생하는 혁명적 변화가 있으며 오늘날 이 분야의 진전은 급속히 이뤄지고 있다. 기술이 융합되는 발달 트렌드는 크게 지능화, 가상화, 초연결 3가지로 구분된다.

지능화는 인간과 기계의 관계로서, 머신러닝, 딥러닝, 빅데이터 등의 기술이 인간처럼 기계가 사고하도록 진화되는 현상이다. 가상화는 현실세계와 가상세계의 융합현상으로, 특히 증강현실(Augmented Reality)이나 가상현실(Virtual Reality) 체험 기술이 발달하면서, 사회 구성원들의 물리적 일상이나 사회 경제 활동 전반이 가상화될 것으로 예측된다. 초연결은 인간과 인간의 관계가 연결되는 사회로의 변화 예측이다. 디지털 네트워크와 모바일 정보기기의 결합은 인간의 교류 범위를 무한정 확대시키면서, 사회 전반에 걸친 글로벌화가 가속화되고, 지구상에 일어나는 모든 정보들이 공유되고, 논의된다는 것이다. 현재 제4차 산업혁명을 정의하는 범위는 넓고, 이를 바라보는 시각도 매우 다양하기 때문에, 실질적으로 논의에 있어 구체적인 분석 프레임이 부족하고, 포괄적이고 개념적인 방향성만을 제시하는 수준에 그치고 있는 경우가 많다. 이러한 측면에서 제4차 산업혁명이란 용어가 가지고 있는 정의와 개념을 맥락(context)에 맞게 제대로 쓰고 있는지에 대해서는 논쟁의 여지가 있다.

1, 2, 3차 산업혁명에는 각각 증기기관, 대량생산, 컴퓨터 자동화로 인한 생산력의 급격한 증대가 일어났지만, 4차 산업혁명이라고 지금 칭하는 '단계'에는 뚜렷한 생산력 증가나 특기할 만한 수단이 없다는 것이다. 흔히 4차 산업혁명의 특징이라고 일컬어지는 3D 프린터, 사물인터넷, 공유자동차, 인공지능 등등은 관련 기술이 발전하고 있지만, '혁명'이라고 부를 만큼 인류의 생산성을 완전히 바꿔놓을 정도는 아니라는 것이다. 전세계적인 경기 침체, 일자리 감소 등의 현상을 설명하기 위한 수단이자 불확실한 미래를 긍정적으로 해석하기 위한 포장으로 '4차 산업혁명'이라는 용어를 사용한다는 비판이다.

그럼에도 불구하고 이미 세계경제포럼(WEF)이 제4차 산업혁명이 도래했다고 발표하고 있으며 이미 미국, 일본, 독일, 중국 등은 4차 산업혁명과 관련해 적극적인 정책을 펼치고 있다. 구체적으로는 독일에서 추진한 'Industry 4.0', 미국의 'Industrial IoT', 그리고 'Digital Transformation', 일본의 '4차 산업혁명 선도 전략'(2016년), 중국의 '중국제조 2025'(2015년)가 대표적이다. 제4차 산업혁명을 대표하고 있는 국가들은 공통적으로 디지털 인프라와 요소기술을 활용·적용하고 있다. 이미 제조업과 서비스 산업의 다양한 분야에서 디지털 기술을 활용하여 기존 사업의 프로세스는 물론 가치사슬 변화를 이끌어 내고 있다. 특히 빅데이터, 모바일, 클라우드 및 소셜 등 디지털 기술을 활용하여 운영 효율성과 경쟁력을 높이는 프로세스의 변화가 나타나고 있다. 앞으로도 관련 기술 경쟁력을 확보하기 위한 각국의 투자는 확대될 것이고, 기술 개발에 따른 새로운 산업 수요와 사회 구성원의 삶에 영향을 미치는 변화가 나타날 것이라는 것은 충분히 예측 가능하다.

특히 IoT, 클라우드, 빅데이터, 모바일과 인공지능 등 지능정보기술 상호작용에 의해 미디어 제 분야에서도 다른 분야에 못지않게 새로운 혁신이 두드러지게 나타나고 있다. 사물인터넷(IoT), 인공지능(AI), 모바일, 소셜네트워크서비스(SNS), 보이스 UI, 스마트카 등이 미디어에 영향을 미치고 있으며 가상현실(VR), 증강현실(AR)을 통한 콘텐츠 및 정보제공 수단이 다양화되고 있으며 개인화된 온디맨드(on-demand) 콘텐츠가 범람하고 있다. 기술의 채택은 매우 복잡한 사회문화 및 경제적 요인들의 함수관계로 이루어지기 때문에 이러한 기술이 어떠한 방식으로 미디어 산업에 영향을 미칠지는 명확하지는 않지만 4차 산업혁명을 대표하는 핵심적인 미래 기술은 미디어 산업에도 적지 않은 영향을 미칠 것으로 보인다.

2. 4차 산업혁명 시대의 미디어분야 변화 – 핵심인 인공지능

1) 전반적 추세

현재 미디어분야에서도 4차 산업혁명을 지원하는 인공지능, 빅데이터, 사물 인터넷 기술 등을 미디어 서비스에 접목하는 시도가 나타나고 있다. 스마트폰을 비롯해 PC와 TV가 연동되어 VOD나 MCN(다중 채널 네트워크) 등과 같은 새로운 콘텐츠 소비도 증가하고 있다.

지상파 방송사들은 UHD방송을 통해 디지털플랫폼 사업자로 그 위치를 확고히 하려고하며 케이블 방송사업자와 함께 OTT 서비스를 통해 새로운 광고시장 개척과 온라인 플랫폼을 확보하려고 하고 통신사들은 인공지능 추천서비스나 스마트 홈, 홈쇼핑 등을 연계하는 등 새로운 서비스를 제공하는 방향으로 전략을 전개하고 있다. 특히 통신사들이 운영하는 IPTV 사업자들은 빅데이터 기반 융합서비스를 다양하게 활성화하고 있다. KT는 빅데이터를 바탕으로 TV와 모바일을 연계하는 쇼핑서비스 개발 전략을, SK브로드밴드는 집 공간을 미디어 및 다양한 서비스 공간으로 변신시키는 전략을, LG유플러스는 빅데이터 기반 추천서비스 제공 전략을 추진하는데 적극적이다. 이들 통신사는 유료방송 시장 내 VOD 시장 확대뿐만 아니라 상품 판매와 홈 미디어 사업 등을 연계하는 방식으로 시장을 다각화하고 있다.

네이버와 다음카카오 등의 포털 사업자 역시 4차 산업혁명과 관련된 분야에 관심을 크게 가지고 있다. 이들은 새로운 기술 및 서비스를 개발, 기존 콘텐츠 유통이나 상품 및 광고 판매 등과 연계하는 전략을 내세우고 있다. 모바일과 온라인 서비스 플랫폼에서 주도적인 지위를 갖고 있는 이들 포털 기업은 새로운 기술혁신을 바탕으로 신규 서비스 개발을 서두르고 있으며 최근 인공지능 기술에 대한 적극적인 투자를 통해 미래 전략을 설정하는 것으로 보인다. 네이버는 빅데이터와 인공지능을 활용한 검색 및 추천 기능을 강화한 서비스를 시장에 공개하고 있으며 카카오 역시 인공지능 및 빅데이터 서비스와 기존서비스를 연계해 더욱 정교한 서비스를 만들고 있다.

전반적으로 국내 미디어 산업을 보면 전통 미디어와 혁신을 통해 미디어 시장에 진입하려는 신규미디어들 간에는 경쟁과 협력이 동시에 교차하고 공존한다. 이미 기존 전통적인 미디어 플랫폼들의 성장률은 하락 하거나 가입자규모는 줄어드는 추세이며 유무선 방송통신 서비스를 결합해 판매하는 통신사 IPTV 가입자는 늘어나고 모바일, 온라인플랫폼으로 빠르게 이용자들이 이동하고 있다. 향후 인터넷 포털이나 소셜네트워크 서비스로의 이용자 대체는 가속화하면서 이용자들이 선호하는 콘텐츠와 정보를 시간과 공간의 제약 없이 자유롭게 제공할 수 있는 플랫폼이 미디어 산업을 주도할 것이 예측된다.

오늘날 새로운 플랫폼들은 이용자의 경험을 극대화하고 몰입감을 높이기위한 개인 취향 기반의 서비스 개발에 더욱 집중하고 있으며 미디어 서비스 이용자의 선호도와 취향에 대한 빅데이터 자료를 확보하고 분석할 수 있는 능력을 키우고 있다. 전 세계적으로 볼 때 현재 미디어 시장의 중심에는 구글, 아마존, 페이스북, 애플 등의 기업들이 있다. 이들은 자금력과 기술력을 바탕으로 4차 산업혁명을 견인하는 주요 기술 업체들을 M&A해서 시장의 주도권을 잡고 있다. 이들이 관심을 가지는 기술은 바로 사물인터넷, 클라우드, 빅데이터, 모바일, 인공지능, VR, AR, 로봇기술, 핀테크 등이다.

2) 미디어산업의 핵심기술 인공지능

4차 산업혁명 시기에 미디어 산업의 핵심이 되는 기술은 인공지능(AI)이라고 할 수 있다. 인공지능 기술은 사물인터넷인 IoT와 고속 네트워크, 빅데이터, 클라우드 컴퓨팅 등의 관련 기술 융합에 의해 이뤄졌는데 데이터 처리 속도가 기하급수적으로 증가하고, 엄청난 양의 데이터를 활용할 수 있게 되면서 최근 몇 년 동안 몰라볼 정도로 발전했다. 컴퓨터가 스스로 데이터 패턴을 학습하면서 최적의 선택을 반복하도록 하는 알고리즘만 입력하면 빅데이터를 기반으로 자동 처리되고, 이용자는 그 최적의 결과물을 즉시 받아 볼 수 있게 된다. 추세를 보면 미디어 분야에서는 모바일 중심의 소셜 미디어 서비스에 인공지능 기술이 접목되고 있으며 모바일은 스마트폰 외에도 안경 등 VR, AR 기기, 웨어러블 기기 등으로의 다양화가 이뤄질 것으로 전망되고 있다. 인공지능 시대의 미디어 서비스는 사람들의 행동 패턴과 사회적인 심리를 융합하여 초연결 사회에 맞는 초지능 서비스를 제공하는 것이다. 앞으로는 인공지능이 콘텐츠의 맥락을 이해하고 재조합하여 SNS 계정에 연결된 소셜미디어의 상황과 생각을 알아채고 거기에 알맞은 맞춤형 콘텐츠 제작을 할 수 있을 것이다. 기술을 응용한 콘텐츠 서비스 모델은 다양한 모습으로 미디어융합을 가속화하고 인공지능(AI) 이라는 날개를 달면서 새로운 세계를 열어가고 있다. 실제로 구글, 페이스북, 아마존, 마이크로소프트, 애플 등 미디어 산업을 뒤흔든 플랫폼 기업은 2017년 들어 인공지능 기반의 서비스와 제품을 경쟁적으로 쏟아내고 발전시켰다. 그들은 모든 서비스와 제품을 모바일에서 더 나아가 AI를 중심에 두고 재편하겠다고 생각하고 있다.

인공지능과 미디어의 융합에서 두드러지게 나타나는 것은 인공지능을 통한 로봇의 자동 기사 작성이다. 스스로 독자를 찾고 알아서 추천시스템을 구축하는 로봇 기자로 AI저널리즘 이 이뤄지고 있으며 미디어 로봇은 학습을 통해 끊임없이 자체 진화하고 있다. 텍스트 뉴스 분야에는 이미 2010년 무렵부터 자동 기사 작성 알고리즘, 또는 알고리즘을 이용한 기사 작성 플랫폼이 등장했다. 2017년 들어 인공지능 기반 저널리즘은 글로벌 미디어 지형에 이미 깊숙하게 파고들었다. 많은 언론사가 기사를 자동으로 다른 플랫폼으로 전환하는 로봇 시스템에 관심이 있다. 로봇이 쓰는 기사는 이미 널리 퍼져 있어서 독자들이 사람이 썼는지 로봇이 썼는지 구분하지 못하는 단계에 도달했다. 인공지능을 활용한 기사 작성은 알고리즘을 활용해 컴퓨터가 자동으로 목표한 기사를 작성 해

내는 것을 의미한다. 많은 언론사는 발 빠르게 인공지능이라는 신기술에 적응하고 있다. 특히 반복적이고 주기적인 뉴스와 구조화가 쉬운 기사들이 점차 인공지능에 의존해 작성되고 있다. 로봇이 기사를 작성하는 것은 놀랍지 않다. 그들은 인공지능과 미디어의 융합은 자동으로 기사를 작성한다는 것 이상의 결과물을 보여주고 있다. 로봇 저널리즘은 그동안 기자들이 접근하지 못하거나 해석하지 못하던 데이터 영역에 침투하고 있으며 흥미로운 결과를 내놓고 있다. 로봇 기자는 데이터에서 수백, 수천 개의 스토리를 만들어 그 스토리에 맞는 독자에게 맞춤형 기사를 보낼 수 있다. 또한 유선과 무선을 가리지 않고 콘텐츠 전달 플랫폼, 전달 대상과 시간 등도 알아서 선택하고 전달 가능하게 된다. AP는 워드스미스 (Wordsmith)라는 기사 작성 소프트웨어를 활용해 분기별 4,400건에 달하는 기업 수익 보고서를 작성하고 있다. 페이스북도 이미 AI 기술을 뉴스피드에 적용하고 있다. 한 달에 한 번 이상 페이스북에 접속 하는 17억9,000만 명이 올리는 글, 사진, 동영상은 AI 알고리즘 없이는 분류가 불가능하다. 매일 나오는 25억 개에 달하는 게시물도 25개국 언어로 자동 번역되는데 이것도 AI 기술을 접목한 것이다.

한 단계 진화한 로봇 저널리즘은 편집국의 효율성을 높이는 데도 기여하고 있다. 워싱턴포스트는 인공지능 기술을 활용해 그래픽 뉴스 자동화, 사용자 제작 콘텐츠 검증, 알림 수신, 콘텐츠 위치 파악 등의 뉴스 룸 공정을 자동화하는 데 총력을 기울이고 있다. 뉴욕타임스는 기사 작성 시스템에 인공지능 알고리즘을 접목해 기사 작성 도중 재활용이 가능한 이전 콘텐츠를 찾아서 활용할 수 있는 '에디터'라는 프로젝트를 진행하고 있다. 또한 2015년에 시작한 쿠킹 서비스에서 각종 요리 관련 콘텐츠를 정교하게 분류하고 또 원하는 요리법을 정확하고 신속하게 찾는 데 인공지능 알고리즘을 활용하고 있다.

인공지능과 관련해 최근 언론계에서 또 다른 이슈로 떠오르는 것이 인공지능을 활용해 컴퓨터가 인간의 대화를 기계적으로 학습하고 사람과 대화하는 가상의 대화 로봇인 챗봇(Chatbot)이다. 워싱턴포스트는 프로모티드 챗(Promoted Chat)이라는 프로그램을 활용해 독자가 흥미를 느낄 만한 주제의 퀴즈를 내고 독자의 참여를 유도하고 있는데 챗봇은 독자에게 한층 개인화한 뉴스 경험을 제공할 수 있다는 점에서 독자 관여도를 높일 수 있다.

로봇이 방대한 데이터를 분석해서 기사로 쓰는 일을 맡는다면 합리적 분업의 적합한 사례가 될 것으로 보이지만 한편으로는 단순한 사실 기반의 기사 작성을 넘어서 다양한 각도로 기사를 프레이밍할 수 있을 정도로 인공지능 기술이 발전하면서 우려도 일고 있다. 의도적으로 편향된 정보를 담은 기사를 양산할 경우 여론 조작 등의 문제가 생겨날 수 있기 때문이다. 또 대형 언론사들은 인공지능으로 대량의 기사를 쉽게 작성하고 유포하는 반면 중소 언론사들은 소수 인력으로 소량의 기사만 작성하게 됨에 따라 언론사의 부익부 빈익빈 현상은 더 심화될 수 있다

데이터와 인공지능 서비스의 결합이 어떻게 발전할 것인지는 미디어의 인공지능 기반의 수익 모델 진화 방향에 따라서도 현재의 콘텐츠 유통 플랫폼 모델 유형은 서서히 바뀌게 될 것으로 보인다. 대표적인 가입자 기반 서비스인 통신 서비스와 OTT서비스, 가입 여부와 상관없이 누구나 이용하는 방송 서비스, 정보 공개 동의를 거쳐서 일정 수준나의 개인정보 제공을 한 후 이용하는 소셜미디어 플랫폼 형태의 서비스 등이 그러하다. 현재 인터넷 서비스 기반의 글로벌 미디어 그룹들은 유튜브TV, 애플TV 등을 통해 가입자 기반의 수익형 모델을 확대하면서 데이터를 축적하고 이를 통해서 소셜 중심의 비즈니스 모델을 발전시키려는 추세를 보이고 있다.

4차 산업혁명에서 4차 산업혁명을 견인하는 기술적인 요인들이 미디어 산업 분야별로 어떤 영향을 미칠 것인지를 살펴보면 다음과 같다.

3. 미디어 관련 분야별 발전방향

1) 플랫폼

미디어분야에서 디지털 기술은 상호 연결된 기술과 다양한 플랫폼을 기반으로 제품, 서비스, 장소 등의 사물과 인간을 연결하는 새로운 패러다임을 창출하고 있다. 이런 환경에서 생성되는 다양한 데이터를 처리하기 위한 클라우드 컴퓨팅 및 빅데이터 산업이 발달하면서 미디어분야에서 변화가 나타나고 있다. 미디어 시장의 진화는 인터넷으로 연결의 범위가 급속히 확장되면서 발전 하였다. 연결 범위 확장을 통해 미디어는 이제 글로벌 서비스로 그 위치를 정립하고 있다. 급변하는 미디어 환경에서 나타나는 4차 산업혁명 시대의 특징적인 미디어 플렛폼을 보면 다음과 같다.

(1) UHDTV플랫폼

UHDTV는 HD방송보다 한층 섬세하고 선명한 화면(HD 대비 4배)과 입체적 음향 등을 제공하는 현장감과 몰입감이 극대화된 초고화질 실감방송이다. UHDTV는 현재 방송 중인 4K(3,840×2,160) 화질과 여기에 다시 4배 이상의 화질을 지원하는 8K(7,640×4,320) 서비스로 발전할 예정이다. 아울러서 현장의 사실감을 느끼는 수평 시야각도 HD의 경우 30°에서 UHD의 경우 55°~100°까지 지원하는 기술로 발전하였으며 음질은 최대 22.2 CH 오디오 구현이 가능하여 몰입할 수 있는 입체음향을 제공할 수 있다. UHD 방송을 위한 국내 기술 표준으로 채택한 미국의 ATSC 3.0 규격에서는 영상과 음향 서비스 뿐 만아니라 인터넷 프로토콜(IP) 기반의 전송 프로토콜을 지원하여 빠른 속도로 고화질 영상 데이터를 전송할 수 있다. 또한 수신 성능이 뛰어난 UHD 방송은 시청자 친화적 수신환경을 제공해 실·내외 어디에서나 직접수신이 가능하며 다채널 방송과 HD 모바일 수신과 아울러 다양한 디바이스를 통해 시청이 가능해 진다. 따라서, 재난 재해와 같은 위급한 상황에서도 신속 정확한 재난 방송 시청이 가능해 재난통신망과 함께 국민의 소중한 생명과 재산을 보호하는 역할을 할 수 있게 된다. 미래방송의 관점에서 보면 중요한 기술은 무선 주파 채널인 RF채널과 인터넷을 접목한 양방향 서비스를 편리하게 지원한다는 것이다. 그동안 방송이 가진 큰 단점은 시청자와 실시간 양방향 소통에 한계가 있었다는 것인데 향후 UHD 방송을 통해서 방송사업자는 대화면의 실감영상 제공, 개인 맞춤형 콘텐츠의 양방향 소통 서비스 제공 등이 가능하다. 이로서 방송망을 통한 콘텐츠 다운로드, 방송사 보유 콘텐츠의 VOD화로 지난방송 다시보기 등을 활용하여 품격 높은 시청자 복지형 서비스를 구현 할 수 있는 토대가 마련되었다.

최근 미디어 이용 행태를 보면 방송과 영화 중심으로 나타나고 있는 UHD와 같은 초고선명 화질에 대한 서비스 요구와 실감형 입체 3D 영상 콘텐츠에 대한 기대와 같은 대화면 시청 유형이 한 축이고 다른 한 축은 소셜 미디어 시대의 대두로 영상 콘텐츠의 이용 양상이 스마트폰을 활용한 이동 수신, 개인 라이프 스타일에 맞는 편리한 시청, 모바일 기기 중심의 VOD 콘텐츠 이용의 증가와 같은 스마트 기기를 통한 개인화 이용이다. 후자의 경우에는 정해진 편성시간에 맞춰 움직이지 않는다는 점에서 큰 변혁을 가져온다.

이제 미래 방송은 더 이상 물리적인 연결의 제약을 받지 않아야 하며, 일대 다수로 연결되는 서비스 방식을 바꾸어야 생존 할 수 있다. 이점에서 UHD 방송서비스는 융합 서비스의 특성을 잘 살려야 미래 방송으로 가는 길을 열 수 있다. 미래의 방송은 소셜 미디어를 통한 미디어 소비에 익숙한 세대들을 위해 콘텐츠 서비스는 기존의 플랫폼 중심의 생각을 넘어서 연결된 세상의 네트워크를 활용하는 탄력있는 방송서비스를 구현해야 한다. 그렇게 될 때 콘텐츠는 대화면 TV와 모바일 기기 등 다양한 디스플레이에서 활용되면서 새로운 가치를 만드는 중요한 역할을 수행할 것이다. UHD 방송에서는 또한 인공지능기술, 빅데이터를 제작에 활용하고 콘텐츠 추천과 연계하여 개인화된 이용자의 요구를 앞서가는 서비스를 출시하여야 한다. AI 기술, VR/AR 등을 활용해서 방송 제작 방식의 획기적인 변화를 만들기 위해 먼저 콘텐츠 제작자의 분절형 콘텐츠 기획과 메타데이터 작업이 필요하다. 이미 구축된 콘텐츠 아카이브자료 뿐만 아니라 상세 메타데이터(데이터로 다른 데이터를 설명해 주는 데이터) 활용에 분류를 통한 예측으로 딥러닝 알고리즘을 적용한다면 AI가 제작한 콘텐츠를 만들 수 있을 것이다. 일기예보 방송 등에 AI를 활용하는 시도로서 딥러닝의 활용은 맞춤형 콘텐츠의 재생산과 추천에 획기적인 역할을 할 수 있다.

UHD 방송서비스는 기존의 영상과 음향 위주의 방송 패러다임을 바꾸는 위와 같은 노력을 만났을 때 비로소 차세대 방송의 역할이 가능하게 된다.

현재 UHD 방송 이후의 완전한 입체 방송을 구현할 홀로그래픽TV 시대를 준비하는 연구 또한 한창이다. 아직은 방대한 데이터 처리 문제로 획기적인 진보를 못하고 있지만 압축·전송·저장 기술의 획기적 동반 성장은 어느 순간 완전 입체 실감형 방송 시대를 견인할 것이다. 현재는 UHD 방송의 높은 화질도 수신환경의 미비로 제대로 이뤄지지 못하는 실정이며 이외에도 미성숙한 장비시장 방송장비 미비와 콘텐츠 부족, 제작환경의 미비, 방송광고시장의 변화에 따른 지상파방송 광고시장 축소에 의한 경영위기, UHD 콘텐츠 투자의 불확실성에 의한 초기 투자부담 등 UHD 서비스 정책 추진 과정에서 다양한 한계가 제기되고 있다. 그런 점에서 UHD방송을 활성화하기 위해서는 정부의 적극적이고 다양한 법제도적 보완과 정책적 해결책이 나와야 할 것이다.

(2) OTT플랫폼

현재 4차 산업혁명 관련 논의의 흐름 속에서 미디어, 그 중에서도 OTT(over the top)로 불리는 인터넷을 통한 동영상 유통이 전통적인 방송 중심의 영상미디어 지형을 변화시키고 있는 중이다. 미래 미디어 산업은 모바일 시장으로 이동할 가능성이 높고 이를 활성화하는 서비스가 OTT 서비스다. OTT 서비스는 스마트폰을 통해 미디어이용자가 시간이나 공간 제약 없이 자유롭게 콘텐츠접근이 가능해진 현재의 미디어 환경에 적합한 플랫폼 서비스다. OTT는 지상파나 위성과 같은 단방향 네트워크는 물론이고, 가정형 TV수신기를 단말로 활용하는 전통적인 방송 네트워크를 통한 동영상 유통에 비해 맞춤형, 개인형 동영상 유통 및 소비에 훨씬 더 적합한 콘텐츠 유통 방식으로 OTT 동영상 유통은 개별 이용자 데이터의 실시간 축적 및 활용을 가능하게 함으로써 콘텐츠 유통 및 소비가 지능화되는 스마트 미디어시대의 출현을 촉진하게 될 것으로 예측된다.

최근에는 OTT 동영상의 주된 소비기기가 모바일로 급격히 이동하고 있어, 향후 클라우드 기반의 제작 시스템이 본격적으로 활용되고, 영상 콘텐츠의 제작 자체가 자동화, 지능화, 무인화되는 양상까지 나타나면 4차 산업혁명의 개념이 방송 미디어 부문에서도 더욱 실감나게 수용될 수 있을 것으로 보인다.

OTT는 기존 서비스에 비해 구성이 다양하고 원하는 동영상이나 채널을 선택해 이용할 수 있어 20~30대의 젊은 층에게 인기를 끌고 있다.

국내 OTT 동영상 시장 규모는 2016년 현재 약 4,884억 원 정도로 추정되며, 이는 2015년에 비해 약 53.7% 성장에 해당하는 급격한 신장세를 보이는 중(방송통신위원회, 2016, pp.279~280)이며 세계 OTT 동영상 시장은 2016년 기준 약 263억 유로 정도이며, 2020년까지 연평균 15.8%의 고성장을 기록할 것으로 추정되고 있다. OTT 동영상 분야의 진화 방향에 대한 예측은 기관에 따라 모두 다르지만, 미국의 OTT 동영상 솔루션 사업자인 'Muvi'는 다음의 5가지 트렌드가 나타난다고 보고 있다.

- 코드커팅: 미국 가구의 약 70%가 최소 한 개 이상의 OTT 동영상서비스에 가입하는 등 전미 지역의 유료방송 가입 가구 수가'17년 한 해에만 1% 정도 감소할 것으로 예상될 정도로 코드 커팅 추세는 지속될 것이다.
- 실시간 스트리밍 비중 증가: OTT 동영상의 시청이 다운로드나VOD 이용이 여전히 주를 이루고 있지만, 실시간 시청(live streaming)이용 비중이 점차 증가할 것이다.
- 증강 및 가상현실: 방송사를 포함한 OTT 동영상 업계에서 AR, VR과 360도 영상 등과 같은 기술 활용이 급증할 것이다.
- 오리지널 콘텐츠 경쟁: 더 많은 시청자를 유인하기 위한 동영상 스트리밍 플랫폼들의 오리지날 콘텐츠 제작 및 투자 경쟁이 심화될 것이다.
- 복합 플랫폼: 이용자들이 동영상을 이용하면서 원하는 제품을 동시에 구매할 수 있는 복합 플랫폼(hybrid platform)이 출현할 것이다.

현재 국내 OTT 서비스 사업의 주요 참여자는 지상파 및 유료방송 사업자, 이동통신사, 인터넷 동영상 사업자 등이다. 통신사들의 OTT 서비스가 주로 스마트폰 사용자들을 겨냥한 모바일 OTT라면, 최근 유료방송 업계가 내놓은 서비스는 TV 기반 서비스라는 점에서 차이가 크다. TV기반 OTT는 TV 셋톱박스를 기반으로 실시간 채널과 VOD(주문형비디오) 등을 제공하는 동영상 서비스다. 실제 TV 기반 OTT 서비스는 기존 유료방송 서비스보다 저렴하다. 2012년 인터넷 실시간 방송 및 VOD 서비스로 사업을 시작한 지상파 방송사 콘텐츠 연합 플랫폼 푹은 2016년 유료 가입자 50만을 돌파했다. 푹은 현재 65개 채널 실시간 방송과 약 20만 개의 VOD, 5,000여 편의 최신 국내외 영화를 제공하고 있으며 광고 없는 시청, 5M 풀(Full) HD 초고화질 서비스, 빠른 콘텐츠 업데이트 등이 특징이다. 특히 특정 장소에 장시간 머무르는 고객을 대상으로 만든 B2B 상품 '푹존'이나 가전 사업자들과의 업무 제휴를 통한 서비스 확대가 있다.

국내 OTT 서비스 시조인 티빙은 '올뉴(all new) 티빙'으로 리뉴얼을 단행했다. CJ헬로비전에서 운영하던 티빙은 CJ헬로비전과 SK텔레콤 합병 추진 과정에서 계열사인 CJ E&M으로 운영이 넘어온 상태로 실시간 TV 채널을 무료로 전환했다. 별도 비용 지불 없이 tvN, Mnet, 온스타일, 투니버스 등 CJ 계열 채널을 포함, 153개 채널을 무료 시청할 수 있다. 한편 CJ헬로비전은 티빙뿐 아니라 국내외 OTT 서비스 이용이 가능한 새로운 동글형 스틱을 내놓기로도 했다.

SK브로드밴드 옥수수는 B t v 모바일과 호핀 (hoppin)을 통합한 모바일 동영상 서비스로 97개 실시간 채널 서비스, 개인화 홈 및 TV 가로 모드 제공, 다양한 스포츠 콘텐츠 등이 특징이다. 모바일 앱에서의 가독성이나 이용성도 여타 앱보다 쉽고 편하고 무엇보다 통신사라는 점이 최대 강점이다. OTT 서비스 대부분이 스트리밍 서비스로 제공되기 때문에 통신사 계열 OTT 서비스는 상대적으로 트래픽 발생에 대한 원가 부담이 적을 수밖에 없어서 가입자에게 저렴한 서비스 제공이 가능해 가격 경쟁력 측면에서도 유리하다.

이용자 알고리즘을 활용하는 IT 스타트업 형태의 '왓챠플레이(WATCHAPLAY)'도 선전 중이다. 왓챠플레이는 월정액 VOD 스트리밍 서비스로 넷플릭스와 가장 유사한 형태의 OTT 서비스다. 구글플레이와 애플 앱스토어 에서 '2016 올해의 앱'으로 선정되기도 했다. 또 2016년 말 기준 100억 원에 가까운 투자를 유치해 성장 가능성을 입증하고 있다. 검색 엔진 '왓챠'를 통해 충분한 베타 서비스를 한 후 지난해 5월 모바일 앱 서비스를 본격화했다. 현재 국내 영화, 드라마, 다큐멘터리, 애니메이션 등의 콘텐츠를 제공하는 중이며 유료 가입자 수도 꾸준히 증가하는 추세다. 국내 OTT 서비스들이 복잡한 과금 체계를 갖고 있는 것에 비해 큰 장점이다. 최근에는 고화질 스트리밍과 멀티디바이스 지원 서비스를 불편 없이 이용할 수 있도록 크롬캐스트 지원 기능을 추가해 스마트TV와 셋톱박스에도 탑재할 예정이라고 한다. 위성방송 스카이라이프와의 업무 제휴도 추진 중인데, 신규 스타트업 이라는 점에서 콘텐츠 확보가 관건일 수밖에 없다.

이 밖에도 유료방송사업자인 딜라이브가 넷플릭스와 함께 '딜라이브 플러스' 셋톱을 출시한 이후 조직 개편을 통해 OTT 본부로 승격해 사업을 추진한다. 네이버나 다음 등 포털 사이트 동영상 서비스와 아프리카TV나 페이스북, 유튜브도 영향력이 큰 OTT 서비스라 할 수 있다.

AT&T는 100여개의 채널로 무장한 디렉TV 나우(DirecTV Now)란 OTT를 출시하면서 기본 서비스로 실시간 서비스를 수용했다. 그동안 유료 방송시장 및 미국의 레거시(Legacy) 시장이 TV가 아닌 다른 방식으로 실시간 서비스를 제공하는 데 주저해 왔던 것에서 완전히 탈피한 그림이다. 훌루(Hulu)와 뷰(Vue) 등도 실시간 서비스를 제공할 움직이고, CBS나 ESPN 등도 실시간 서비스를 기반으로 한 OTT 서비스를 기 출시했거나 출시를 고민하고 있는 중이다.

현재 OTT 서비스는 빠른 속도로 기존의 미디어 생태계를 변화시키고 있다. 향후 이용자에게는 그 어느 때보다 시청 선택권과 향유의 기회가 많아질 것이다. 이용자 중심의 새로운 OTT 서비스 생태계를 맞이하며 이용자 담론의 활성화도 이뤄질 것이다.

최근에는 점차적으로 TV 방송과 OTT 제공 서비스를 모두 수신할 수 있는 Connected TV 단말의 보급이 확산되면서, 전통적인 방송 콘텐츠와 새로운 유형의 동영상 콘텐츠를 복합적으로 시청하는 기술적인 환경이 점차 조성되고 있다. 미디어 시장조사기관인 Ovum은 2017년 말 6억 3천7백만 대의 Connected 셋탑박스가 보급될 것으로 전망하고 있으며, 이는 Smart TV(3억 2천5백만)와 미디어 스트리밍 기기(1억 6천1백만)의 예상 규모를 압도하는 수준이다(Strabase, 2016. 12. 26). 2016년 말 해외 주요국의 영상콘텐츠 이용자 각 200여명을 대상으로 실시한 설문조사 결과, 그들은 대부분 지상파 혹은 유료방송으로 대표되는 전통적인 TV 방송과 OTT, 온라인으로 대표되는 신 유형 영상 서비스를 복합적으로 이용하고 있었으며 OTT나 온라인 콘텐츠만을 시청하는 이용자는 10%~15% 수준에 그친 것으로 나타났다. 이와 같은 시청 행태 변화에 따라 전통적인 방송의 영역과 OTT, 온라인 영상 서비스 사업영역은 필연적으로 접점이 발생할 수밖에 없다. OTT, 온라인 영상 콘텐츠제공 사업자는 유사 TV 방송과 같은 실시간 콘텐츠를 제공하고, 방송사업자는 기 방송된 실시간 콘텐츠를 온라인이나 모바일 플랫폼을 통해 제공하고 있다.

4차 산업혁명 환경에서 개인화된 OTT 동영상은 향후 점차 AR이나 VR과 결합해서 진화할 것이며, 이런 변화는 5G 확산을 가속화시키는 선순환 관계를 형성할 것이다. 또한 OTT 서비스 시장은 양질의 콘텐츠 판권을 소유하고 있는 기업에 유통수익 확대뿐만 아니라 광고 시장 활성화 가능성측면에서 매력적인 비즈니스 모델을 갖고 있다. OTT는 개방형 인터넷망을 활용하고 있다는 점에서 전기통신사업법의 부가통신서비스로 규정된다. 이에 따라 방송법 상 케이블방송의 역무 규제, 가입자 합산 규제, 채널 규제 등 방송법 규제에 적용받지 않는다. 의무재전송 등 채널 규제도 받지 않는다. 방송법상 지상파 방송, 종합편성채널 방송, 공익채널 등은 의무재전송 채널로 유료방송사업자들이 필수적으로 서비스해야 한다. 하지만 OTT의 경우 이와 같은 채널 규제가 없다. 방송 허가부터 채널 운영·요금·가입자 규제까지 규제를 받고 있는 기존 방송 사업과 달리 자유로운 상품 구성 및 마케팅이 가능하다는 장점이 OTT만의 매력이다. 이런 점이 유료방송사들이 OTT 시장에 뛰어드는 이유다. 스카이라이프는 이미 DCS(접시없는 위성방송), OTS 등으로 IP망 서비스를 진행하고 있지만 OTT 출시로 IP기반 서비스를 더욱 확충하고 있다. 반면에 이들이 제공하는 TV 기반 OTT 서비스의 경우, 기존 유료방송 상품과 큰 차이 없는 데도 이를 부가 통신 서비스로 규정하는 건 규제 형평성에 어긋난다는 지적도 나오고 있다.

이에 따라 OTT 시장이 급격하게 성장하고 있어 향후 방송시장 변화 속 '태풍의 눈'이 될 수 있고 파급력이 큰 방송 서비스 특성상 사회적 부작용 우려도 있기 때문에 규제 체계를 정비할 필요성이 있다는 지적도 나온다. 반면, 아직 기술과 산업적 관점에서 이제 막 시작하는 신 시장인데, 벌써부터 규제의 칼날을 들이대는 건 바람직하지 않다는 의견도 있다. 특히 넷플릭스, 유튜브 레드 등 해외 OTT 사업자들이 급성장하고 있는 상황에서 자칫 국내 사업자만 역차별하는 '기울어진 운동장'을 만들 수 있다는 우려도 나오고 있다.

최근 사업자들이 경쟁적으로 무료 실시간 시청을 기본 서비스로 제공하면서 OTT 서비스를 보편적 방송으로 이용할 수 있는 상황이 되었다는 점에서 OTT사업자 및 서비스에 대한 기준이 필요하다는 지적이 나오고 있다. 단순히 유료방송 시장 사업자로 구분해서는 현실 미디어의 흐름을 따라잡을 수 없다는 점에서 보편적 서비스로서의 OTT가 어떠한 사회적 함의를 지니는지에 대한 논의도 필요할 것이다.

(3) VR/AR 플랫폼

최근 플랫폼에 강점을 보유하고 있는 기업들은 자사의 플랫폼 경쟁력을 VR/AR로 확대하고 있다. 가상현실(Virtual Reality, VR)은 완전히 만들어진 세상에 참여자가 몰입하는 환경을 의미하며, 증강현실(Augmented Reality, AR)은 현실세계가 컴퓨터 그래픽과 같은 가상의 수단에 의해 증강된 것이라는 점에서 가상현실과 차이가 있으나 가상과 증강현실은 뚜렷이 구분되는 개념이라기보다는 현실과 가상의 연속성 상에 놓여있으며 어느 쪽에 가까이 위치해 있는지에 따라 증강과 가상의 속성 비중이 달라진다. 이런 관점에서 실제현실과 가상현실의 연속성 상에 있는 것을 통칭하여 혼합현실(Mixed Reality, MR)이라 부를 수 있다.

MS의 MR 플랫폼인 Windows Holographic은 Window 10 기반으로 PC OS 경쟁력을 VR/AR로 확장하려고 하고 있으며 MS는 자체 증강현실 디바이스 HoloLens를 보유하고 있으나, MR디바이스 제조업체 모두에게 플랫폼을 개방했다. 구글도 I/O에서 '데이드림' 생태계를 확장하는 기기와 서비스를 선보였다. 데이드림은 구글의 모바일 VR 플랫폼인데 구글은 안드로이드 N 기반의 VR 플랫폼 Daydream을 발표, 모바일OS 플랫폼 경쟁력을 VR로 확장시키는 것을 목적으로 카드보드라는 저가의 VR HW 제공을 통해 VR 이용 경험에 대한 접근성을 높이려고 한다. Daydream은 스마트폰 제조를 촉진시킨 것과 유사하게 VR 이용이 가능한 스마트폰의 제작 유인을 높이기 위한 것으로 2017년 하반기에는 구글의 파트너사가 개발한 독립형 헤드셋이 추가될 예정이다. 독립형 헤드셋은 사용이 용이하고, 센서와 디스플레이 등을 VR에 최적화할 수 있도록 설계돼 있다. 구글은 VR과 미디어의 결합에 총력을 기울이고 있다. 보고 있는 화면을 캡처할 수 있고 가상 세계를 크롬캐스트TV에 전송할 수도 있고, 가상 환경에서 다른 사람들과 VR로 유튜브 비디오를 볼 수도 있다. 그뿐만 아니라 웹브라우저 크롬이 가상현실로 확장된다. VR로 웹을 검색할 수 있도록 하는 크롬VR도 데이드림에 추가될 예정이다. VR 웹이 만들어져서 가상세계 안에서 웹 검색이 가능해지고 북마크, 맞춤 설정 등 크롬 기능도 적용된다.

2017년 구글은 I/O를 통해 이미지로 검색하고 정보를 찾아내며 명령을 수행하는 트렌드를 선보였다. I/O를 키보드 입력이나 터치가 아닌 촬영하는 것만으로 가능하게 하겠다는 것이다. 이것이 구글의 구글렌즈라는 인공지능 기반 증강현실 플랫폼이다. 소프트웨어 기반의 인공지능을 지원하는 센서인 구글 렌즈(Google Lens)는 구글 어시스턴트 및 구글 포토와 결합해 새로운 인공지능 기능을 가지고 사물인터넷(IoT)과 만난 수많은 응용 서비스를 만들 수 있다. 피사체 식별기능을 가지고 있어서 꽃을 비추면 꽃의 품종을 알려주고, 레스토랑 간판을 비추면 사업체가 식당임을 식별하여 구글 지도, 메뉴, 전화번호와 평점 등을 제공할 수 있다. 메뉴판은 사용자가 원하는 언어로 번역해 준다. 심지어 라우터이름과 비밀번호가 있는 바코드를 스캔하면 자동으로 와이파이에 연결하여 로그인한다. 이렇게 이미지를 인식하는 기능은 단순한 영상 기기가 아니라, 카메라를 통해서 강력한 센서 기능의 통합을 의미한다. 이외에도 구글 홈을 통해서 가정의 핸즈프리 서비스를 제공하고, 인공지능비서 구글 어시스턴트 API를 공개하여 자유로운 개발을 유도한다. 이는 사람처럼 보고, 듣고, 말하고, 생각하는 인공지능이 데이터를 만나서 맥락을 이해하고, 정보를 조합하면서 사람보다 더 강하고 똑똑한 답을 보여주는 것이다. 이제 카메라는 사진을 촬영하는 용도뿐만 아니라 검색하고 정보를 찾아내기 위해서 사용하게 된다. 카메라가 I/O 수단으로 부상할 수 있었던 것은 인공지능이 획기적으로 발전했기 때문이다. 이미지 인식 능력에서도 기계학습(머신러닝), 딥러닝 기술의 발전으로 인식 오류율이 이미 2015~2016년 기준 인간을 넘어섰다. PC와 모바일에서는 클릭과 터치로 정보를 입력했다면 이제는 촬영하는 것만으로 이미지를 통해 검색을 하고 정보를 찾아내며 명령을 수행하기 때문에 구글렌즈는 미디어 산업에서 중요한 역할을 할 것으로 예상된다.

　모바일 광고 플랫폼도 다양한 개별분야로 세분화 되어 각각의 기술을 발전시키는 형태로 확산되어 왔고, 모바일 광고시장 규모의 성장에 따라 함께 성장해왔다. 이용자들의 스마트폰 이용행태가 주력으로 이용하는 특정 앱들로 한정되면서 모바일 광고 플랫폼의 발전도 해당 인기 앱을 중심으로 한 네이티브 광고(Native AD)형태로 변해가고 있다. 이와 같은 추세는 전 세계적으로도 비슷하게 나타나고 있어서 분산 환경으로 발전하던 모바일 광고 플랫폼이 페이스북, 구글, 네이버, 카카오 등 모바일에서 큰 영향력과 점유율을 차지한 대형 업체들의 자체적인 내부 광고 플랫폼 형태로 변화가 일어나고 있다. 향후 국내 모바일 광고 플랫폼은 해당 서비스들에 내재화 된 형태로 발전할 것으로 예측된다. 인기 앱으로 발돋움 하고 있는 인스타그램이나 피키캐스트 같은 서비스가 새로운 모바일 광고 플랫폼 형태를 추가할 가능성이 있어 보이며, 기존의 애드몹, 카울리, 애드립 그리고 보상형 기반 캐시슬라이드나 앱팡 그리고 인플루언서 기반 애드픽 등의 모바일 광고 플랫폼은 인기 서비스들의 모바일 광고 플랫폼과 호환성을 높이는 방향으로 변화하고 발전할 것으로 보여진다.

VR포털과 광고플랫폼을 표방하는 옴니버트(Omnivirt)는 VR시대를 여는 새로운 플랫폼을 준비하고 있다. 옴니버트는 우선 360도 카메라로 촬영한 콘텐츠를 업로드하고 또 퍼 갈 수 있는 VR 공유 사이트를 지향하며 현존하는 모든 VR 포맷을 지원하는 범용기술력을 핵심경쟁력으로 내세운다 . 옴니버트는 HTML5 기술을 활용해 구글, 오큘러스 등 다양한 플랫폼에서도 이용 가능한 VR포맷을 제공한다. 뉴스 사이트의 경우 360도 카메라로 VR 콘텐츠를 제작한 다음 옴니버트 플랫폼을 활용해 자사 사이트에 임베딩하는 방식으로 옴니버트와 제휴할 수 있는데 현재 뉴욕타임스, 워싱턴포스트, 블룸버그 등이 옴니버트 플랫폼을 활용하고 있다. 옴니버트의 핵심 비즈니스 모델은 VR 광고 플랫폼이다. 광고 중개 사업을 하는 더블클릭처럼 광고주와 광고 인벤토리를 소유한 매체 사이트를 중개하는 역할이다.

2) 콘텐츠

4차 산업혁명 시대가 본격적으로 오면서 사물이 네트워크로 연결되고 데이터 분석으로 이용자의 패턴을 파악하며, 행동을 예측하게 되면 미디어 콘텐츠 역시 새로운 가치를 창출해 면서 유통의 정교화가 이뤄질 것으로 보인다. 빅데이터 분석과 딥러닝은 미디어 이용자의 이용경험을 극대화하는데 크게 기여할 것으로 보이고 이에 맞춰 콘텐츠는 개인의 취향과 선호도에 맞춰 수없이 많은 조합으로 정렬될 것이다. 콘텐츠 기반 필터링의 경우는 항목 자체를 분석하여 추천을 구현한다. 예를 들어 음악을 추천하기 위해 음악 자체를 분석하여 유사한 음악을 추천하는 방식이다. 콘텐츠 기반 필터링을 위해서는 항목을 분석한 프로파일(item profile)과 사용자의 선호도를 추출한 프로파일(user profile)을 추출하여 이의 유사성을 계산한다. 유명한 음악 사이트인 판도라(Pandora)의 경우, 신곡이 출시되면 음악을 분석하여 장르, 비트, 음색 등 약 400여 항목의 특성을 추출한다. 그리고 사용자로부터는 'like'를 받은 음악의 특색을 바탕으로 해당 사용자의 프로파일을 준비한다. 이러한 음악의 특성과 사용자 프로파일을 비교함으로써 사용자가 선호할 만한 음악을 제공하게 된다. 이런 방식으로 사람들이 원하고 필요한 콘텐츠를 적재적소에 공급하는 것이 가능해지면 콘텐츠의 가치는 종전과 비교할 수 없을 만큼 커지게 될 것이다.

콘텐츠 분야의 트렌드는 다음과 같이 나타나고 있다.

(1) 글로벌 차원에서의 치열한 콘텐츠 경쟁

미디어플랫폼의 국경이 없어지면서 글로벌 미디어 시장에서의 경쟁은 독점적 콘텐츠를 확보하여 자사 플랫폼을 강화하는 추세로 나타나고 있는데 이러한 현상은 Netflix, Amazon, YouTube 등의 오리지널 콘텐츠 전략에서 읽을 수 있다. 구글, 아마존, 페이스북, 넷플릭스, 아마존 등 글로벌 거대 IT 기업들은 이미 천문학적인 규모의 콘텐츠 제작 투자와 기업 M&A를 통해 콘텐츠 경쟁력 확보에 사활을 걸고 있다. 넷플릭스는 2016년 오리지널 콘텐츠 126편을 제작하며 전 세계 가입자 1억400만명을 확보하고 2018년 콘텐츠 제작에 80억 달러(9조원)을 투자하겠다고 밝히고 아마존, 애플도 자체 콘텐츠 제작에 각각 40억 달러, 10억 달러를 투자한다. 구글, 페이스북도 자체 콘텐츠 제작과 VR 등 다양한 콘텐츠 기업을 인수하고 있다.

디즈니는 루카스필름, 마블스튜디오, 픽사 등을 인수하며 미디어 기업 M&A를 적극 추진해왔으며 2017년 11월 초 21세기폭스 자산 대부분을 인수하는 방안을 협의 중이다. 21세기폭스는 할리우드 메이저 스튜디오를 비롯해 뉴스채널인 폭스채널 등을 소유한 미디어 기업으로 뉴스와 스포츠를 제외한 21세기폭스 등을 매각할 계획이다. 앞서 지난해 말 미국 2위 통신업체인 AT&T도 콘텐츠업체인 타임워너를 인수하는 계약을 체결한 바 있다.

2016년에 가장 많이 화제가 된 서비스는 페이스북 라이브라고 할 수 있는데 페이스북은 공인 및 연예인용 모바일 방송인 '페이스북 라이브'를 일반 사용자에게도 확대하였다. 페이스북 사용자들은 앱을 활용해 동영상을 실시간으로 페이스북에 올릴 수 있고, 이는 지인들에게만 노출될 수 있다. 누구나 시청이 가능했던 기존 모바일 실시간 방송서비스와는 달리 페이스북친구나 그룹 단위로 노출 범위를 제한할 수 있다는 게 큰 차이점이다. 실시간 방송이 종료된 후에도 영상을 자동으로 저장해 타임라인에서 녹화된 내용을 확인할 수 있는 것도 큰 특징이다. 녹화 영상이라도 생방송 당시의 댓글이나 반응을 시간 순으로 똑같이 확인할 수 있는 '댓글 다시보기' 기능도 제공한다. 소셜미디어의 라이브 방송은 실시간 업데이트를 원하는 사람들의 심리적 욕구를 채워주는 역할을 하고 있다. 트위터도 지난 미 대선에서 라이브 방송으로 좋은 반응을 얻은 바 있다. 페이스북 라이브는 상품 가치가 있는 음악과 스포츠 분야에 360도 기술을 결합해서 집중적으로 투자할 예정이다. 텍스트를 분석해서 자동으로 비디오를 제작하는 '윕비츠'나 텔레비전 방송을 잘라서 다양한 플랫폼으로 내보내는 스내피TV는 동영상 뉴스 공급을 획기적으로 늘릴 것으로 보이며 버즈피드와 바이스는 동영상으로 성장한 모델로 긍정적인 평가를 받고 있다. 이코노미스트도 문화, 여행, 기술과 사회문제에 관한 필름을 제작해서 새로운 기회를 엿보고 있는데 이러한 색다른 주제의 동영상은 네이티브 광고와 만나 새로운 동영상 영역을 개척하고 있다.

플랫폼 기업들이 콘텐츠에 집중하는 이유는 미디어 시장에서 살아남기 위한 생존 전략이며 가입자를 묶어두는 가장 확실한 방법이라 할 수있다.

(2) VR/AR 콘텐츠 활성화

VR/AR 콘텐츠가 뜨고 있는 이유는 VR/AR콘텐츠가 줄 수 있는 독특한 경험, 바로 몰입감과 현장감 때문이다. VR을 어떻게 설계하느냐에 따라 사용자는 공간의 제약이 사라진다. VR은 사용자를 작은 골방에 가둘 수도 있고, 끝이 보이지 않는 넓은 초원 한가운데 서 있게 할 수도 있으며, 과거나 미래의 시대로 보낼 수도 있다. VR콘텐츠의 몰입감과 현장감은 사용자에게 새로운 경험을 하게 한다. 사람들에게 자신이 직접 갈 수 없는 곳을 체험한 듯 느끼게 해주는 VR 동영상콘텐츠의 몰입형 콘텐츠는 기존 콘텐츠 생산 방식과 확실한 차별화가 가능하다.

또한 VR/AR분야의 콘텐츠는 스마트폰이 포화기에 접어들면서 새로운 수익 창출원에 대한 수요증대 스마트폰, 사물인터넷에 이어 다양한 산업 분야에 활용되어 새로운 가치를 창출할 수 있는 수단이 될 것으로 보여진다. 미디어 기업들의 VR/AR 투자에 대한 관심도 증대하고 있으며, VR/AR에 전문적으로 투자를 위해 단체를 결성하는 등 VR/AR 투자는 긍정적이다.

비용과 기술 장벽이 낮아지면서, 미디어기업들은 저널리즘 영역의 가상현실(Virtual Reality, V R), 혼합현실 (Mixed Reality, MR), 증강현실(Augmented Reality, AR) 등에 관심을 보이며, 실감형 스토리텔링(Immersive Storytelling)1 기법과 콘텐츠 개발에 나서기 시작했다.

Diesney는 2015년 9월 Jaunt에, Comcast와 Time Warner는 NextVR, 타임워너는 '매직 리프(Magic leap)', 20세기 폭스는 바오밥 스튜디오에 투자하는 등 (Strabase, 2016.4.27.) 메이저 미디어 기업은 VR 스타트업에 직접 투자를 하고 있으며, VR콘텐츠

업체인 Within(Vrse,), Felix & Paul Studios, Virtual Reality Company 등과 같은 VR 스튜디오에 대한 투자도 활발해지고 있다. 영화 산업에서 VR에 대한 관심도 고조 (Strabase, 2016.7.4.)하고 있다.

신문, 방송, 영화 분야에서도 VR에 대한 실험적 시도가 나타나고 있다. BBC는 새로운 아이디어, 경험을 제공하는 전용 플랫폼 Taster를 통해 VR 콘텐츠를 실험하고 있으며, VR 스포츠 중계 서비스를 제공하는 NextVR, VR 영화를 제작하는 VR 스튜디오 등 역시 그러하다. 뉴욕타임스, WSJ, CNN 등 기성 언론뿐 아니라 허프포스트, 바이스(VICE) 등 뉴미디어들도 VR 콘텐츠 제작을 확대하고 있다. 2016년 11월 뉴욕타임스는 360도 비디오 촬영 포맷으로 하루에 하나씩 짧은 실감형 영상을 올리는 더데일리360을 출범했다. 더데일리360은 하루에 하나씩 중요한 뉴스 기사를 360도 영상 촬영 방식으로 취재, 보도해 독자들은 본격적으로 현실감 있는 뉴스를 가상으로 체험할 수 있게 됐으며 더데일리360은 현재 뉴욕타임스 비디오 메뉴 내 한 섹션으로 자리 잡고 있다 (nytimes.com/video/the-daily-360). CNN도 CNN VR을 공식 출범하며 가상현실로 경험하는 뉴스 제작에 도전장을 냈다. CNN VR은 CNN 디지털 산하의 가상현실 저널리즘 팀이자 실감형 콘텐츠 플랫폼으로, 360도 영상으로 촬영한 주요 사건을 보도하며 때로는 VR 라이브 방송도 할 예정이다. 라이브 스트리밍이 가능하게 되면 시청자는 실시간으로 뉴스 사건 현장 속에 들어가 가상현실을 체험할 수 있게 된다. 워싱턴포스트(WP)도 2016년 4월부터 매달 3~5개의 VR과 AR 동영상 콘텐츠를 만든다. WSJ도 옴니버트 등 여러 업체와 손잡고 360도 동영상을 제작 중이다.

그동안 VR·AR 콘텐cm 부문에서는 일본을 포함해 전 세계에서 주로 스타트업이나 중소업체가 앞장서 왔다. 수익창출 모델이 불분명하고 혁신적인 시도가 필요한 신시장의 특성상 대기업들의 태도가 다소 소극적이기 때문이다. 그러나 최근엔 엔터테인먼트 콘텐츠를 기반으로 VR 콘텐트 성장세가 높아지면서 세계적인 미디어·엔터테인먼트 대기업의 투자가 확대되고 있다. 글로벌 VR시장은 구글, 페이스북, MS가 가상현실기기 및 플랫폼선점을 위해 경쟁하고 있다. Facebook은 게임콘텐츠에 2억 5,000만 달러를 추가 투자했고, VR에 이미 적극적으로 자원을 투자해온 HTC는 VR/AR/MR 분야의 스타트업들을 지원하기 위한 Vive X와 VRVCA (Virtual Reality Venture Capital Alliance)를 통한 콘텐츠 소싱을 강화하고 전문적 투자 환경을 조성하고 있다. 또한 소니는 신규 VR 타이틀을 자체 개발하고 역시 소싱을 강화하고 있다. 또한 인텔이 가상현실 시장진출을 선언하였고 애플도 2017년 진출이 예상되고 있어 글로벌 대형ICT 사업자들의 진출로 글로벌 VR시장은 지속적인 성장이 기대되고 있다.

국내 통신3사의 VR 콘텐츠확보를 위한 노력도 이어지고 있다. 먼저 KT는 세계 최초로 홀로그램전용관인 K-Live를 통해 '사이언스쇼 인체박물관' 등 디지털체험학습, 홀로그램 뮤지컬 등 국내VR시장을 개척하고 있으며, Giga VR 애플리케이션을 통해 야구경기장 내부모습을 360도 동영상을 통해 제공하였다. 또한 누구나 가상현실콘텐츠를 업로드 할 수 있는 'The VR'이라는 플랫폼서비스를 모바일 IPTV를 통하여 제공 중이다. SKT는 자사가 보유한 VR기술과 EBS가 보유한 교육콘텐츠를 결합한 서비스를 제공할 예정이다. 또한 VR 콘텐츠를 4K 품질로 끊김없이 감상할 수 있는 고화질VR 생중계 기술을 개발하고 상용화 준비 중이다. LG U+도 LTE 비디오포털을 통하여 '360도 가상현실' 동영상서비스를 제공 중이며, 가상현실 콘텐츠를 지속적으로 자체 제작할 계획이다. 아직까지 국내 VR시장은 초기단계이며, 특히 킬러콘텐츠가 없는 상황이어서 킬러콘텐츠 확보는 곧 국내방송시장의 신규인기 콘텐츠확보로 직결될 수 있을 것이다. VR 콘텐츠는 최소 2K이상의 해상도가 필요하며, 360도 사운드를 구현하기 때문에 보다 높은 성능의 그래픽카드와 빠른 전송속도의 네트워크가 필요하다. 그렇기 때문에 LTE 이후 5G 시대를 바라보는 이동통신사는 새로운 콘텐츠가 필요하며, VR은 이 부분을 해소할 수 있는 시장이다. 최근 이러한 기술이 대중적으로 보편화하면서, 미디어기업들은 이 기술을 통해 독자에게 한결 깊이 있고 차별화된 콘텐츠를 제공하는 데 도전장을 내기 시작했다. 이로 인해 독자들은 뉴스 콘텐츠에 적극적으로 참여하기 시작했으며, 가상현실이라는 새로운 정서적 체험을 하게 됐다.

컴퓨터하드웨어 전문업체인 NVIDIA가 발표한 자료에 따르면, 현재 전 세계 PC 중 VR콘텐츠를 원활하게 실행할 수 있는 PC는 1% 미만(약 1,300만 대)에 불과하며, 2020년까지 약 1억 대로 성장할 것으로 전망한다. 이것은 NVIDIA와 AMD 등이 VR을 차세대 시장으로 주목하는 이유이다. 무엇보다 VR은 생산성을 높일 수 있고, 비용을 절감할 수 있기 때문에 IT업계를 이끄는 생산자를 위한 시장이라고 볼 수 있다.

현재 VR 시장에 대한 투자는 인프라나 기술이 아닌 몰입감을 더 높일 수 있는 콘텐츠와 주변기기에 집중되고 있다. PC의 키보드와 마우스 같은 입력장치에 투자하는 업체가 늘고 있으며, 무엇보다 콘텐츠에 대한 투자가 집중적으로 이뤄지고 있다. 실제로 2015년에 인프라에 투자하는 기업을 인수합병 하는 경우가 많았다면, 2016년에는 콘텐츠 개발사를 인수합병 하는 건수가 늘어났다. 이것은 VR콘텐츠 활성화를 위한 초기단계라고 볼 수 있다.

VR 콘텐츠를 이용한 스토리텔링은 아직 시작 단계라 할 수 있으며 앞으로 미디어기업들은 VR 콘텐츠의 수익 모델을 강화할 것이다. 아울러서 VR HMD와 같은 하드웨어 업체 경쟁은 콘텐츠를 얼마나 많이 확보하는가에 집중할 것으로 보여진다.

(3) 1인 미디어 MCN 콘텐츠

모바일, 동영상 그리고 소셜미디어에 힘입어 1인 미디어산업이 성장세를 보이고 있다. 이에따라 1인방송 크리에이터들을 전문적으로 양성하고 관리하는 MCN시장도 동반해서 성장하고 있다. MCN은 플랫폼사업자측면에서 볼 수도 있지만 MCN의 콘텐츠의 다양성과 중요성이라는 차원에서 콘텐츠를 집중적으로 볼 수가 있다. 동영상을 만드는 개인 창작자와 이들이 제작한 콘텐츠가 증가하면서 기존 영화와 방송에도 뒤떨어지지 않는 고품질의 콘텐츠가 등장하게 되었다. 또한 이러한 동영상을 유통할 수 있는 플랫폼 역시 활성화되기 시작했다. 이러한 개인 창작자를 묶어 트래픽을 확보하고 광고를 붙여 수익을 얻는 사업자가 나타나게 되었는데, 이들을 MCN이라고 한다. MCN은 여러 개인 창작자와 제휴한 조직으로 마케팅, 제작시설/장비, 저작권, 홍보, 교육, 광고, 결제, 수익관리, 프로모션, 파트너 관리, 잠재고객 개발 등을 다양한 분야에서 창작자를 지원하는 연예기획사와 유사한 역할을 수행한다. 새로운 미디어에 맞는 온라인 동영상을 제작하는 개인 창작자와 이를 관리하는 MCN의 중요성이 높아지면서, YouTube 상위 MCN의 조회 수는 기본적으로 월 수십억 회가 넘는다. 앞으로는 대다수 동영상 콘텐츠가 물리적 매체나, 개인의 저장장치 대신 클라우드에 존재하는 시대로 접어들면서 콘텐츠 시장은 큰 규모의 제작비가 투입된 프리미엄 콘텐츠와 아울러 MCN과 같이 개인 취향에 의존하는 장르콘텐츠가 공존할 것으로 보인다. MCN에서는 1인 방송형식으로 개인 창작자가 웹이나 모바일을 이용해 실시간 스트리밍, 혹은 주문형비디오(VOD) 방식으로 동영상 서비스를 제공하고 있다. MCN은 다수의 일반 창작자가 제작에 뛰어들어 인터넷 기반의 공용 플랫폼에서 콘텐츠를 제공하므로 채널수도 사실상 제한이 없고, 기존 방송보다 규제도 많지 않아 다양한 내용의 콘텐츠 제작이 가능하고 1인 방송은 일반인에서 시작해 연예인까지 확대되고 있는 추세다. 국내에서 가장 먼저 MCN 사업을 시작한 회사는 CJ E&M이고 2013년 7월 Creator Group으로 사업을 시작하여 DIA TV로 출범하였다. CJ는 크리에이터들의 콘텐츠와 더불어 자사의 콘텐츠도 유통하고, 자사의 채널을 통해 홍보하며, 그룹의 광고와 연계하기도 하며 시너지를 모델을 만들어 가고 있다. 나아가 2014년 중국의 동영상 플랫폼 Youku.com(유쿠), 일본의MCN 사업자 UUUM (움), 유럽의 동영상 플랫폼 Dailymotion(데일리모션) 및 동남아시아 MCN 사업자 WebTV Asia(웹티비아시아)와 협력하는 등 글로벌 진출을 추진하고 있다. 한편 인터넷 개인방송으로 유명한 아프리카 TV도 2014년 MCN 사업에 진출하여 사업을 하고 있다. 2015년 지상파 방송으로 인기를 끌게 된 MBC의 '마이리틀텔레비전'은 '다음 TV팟'의 생방송을 편집하여 방송한 것이다. CJ E&M과 아프리카 TV 또는 카카오와 같이 상장된 규모 있는 기업 외에도 유명 창작자들과 협력하여 독립 MCN를 설립한 Treasure Hunter(트레져헌터)도 있다. 트레져헌터는 양띵, 김이브, 악어 등 89개 팀의 크리에이터들과 사업을 진행하고 있으며 뷰티 전문 MCN 자회사 레페리를 포함해 150개의 채널과 월 평균 1.2억 뷰를 기록하고 있다. 트레져헌터를 포함한 몇 개사의 국내 MCN들은 규모 있는 투자유치를 하였으며 양띵, 김이브 등의 크리에이터들도 상당한 수익을 올리고 있다. 트레져헌터의 경우는 설립한지 1년도 채 되지 않아 157억 원의 투자 유치를 하였다. 그리고 콘텐츠 제작에 강점을 가지고 있는 Make Us(메이크어스)는 DSC인베스트먼트, KTB네트워크 등의 벤처캐피탈로부터 202억 원을 유치하였다. 메이크어스는 페이스북, 유튜브, 카카오스토리 등 플랫폼에 2,570만 명의 구독자를 보유하고 있으며 딩고 등의 채널을 운영 중으로 방송업계의 유명 PD들을 영입하기도 했다. 그 외의 MCN으로서 콩두컴퍼니는 20억 원, 샌드박스네트워크는 10억 원, 비디오 빌리지는 6억 원의 투자 유치를 하였다. 한편 몇몇 국내방송사업자 들은 직접 MCN 운영에 나섰는데, KBS는 2015년 7월에 런칭한 예티를 개선한 MCN를 진행 중이며, '마이리틀 텔레비전'을 방송한 MBC는 SMC란 MCN 사업체를 설립했다. 그리고 동영상 공유 서비스인 판도라 TV는 프리에이티브, 크랙앤리버 등의 다양한 MCN과 협약을 하고 다양한 유통 플랫폼을 통한 콘텐츠 전달을 시도하고 있다. 이러한 MCN에서 활동 중인 크리에이터는 약 1만 명 수준이라고 한다. 이 중 100명 이상은 수입이 1년에 1억 원 이상 인 것으로 전해진다. 대도서관, 양띵, 김이브 등 이미 널리 알려진 상위 0.1%(10명가량) 크리에이터의 연봉은 5억 원을 넘는다. 하지만 아직까지 억대 연봉을 받는 크리에이터의 숫자는 적은 편이며 투자유치를 한 후 규모 있는 수익을 창출하고 있는 MCN 기업 역시 많지 않다고 할 수 있다.

대표적인 게임 분야 개인 창작자인 대도서관, 국내에서 초등학생 사이에서 게임 해설 방송으로 유명해 '초통령'으로 불리는 양띵의 유튜브 구독자 수는 100만명을 넘어섰다. 구독자는 일종의 '팬'이라고 할 수 있다. 수십만 명의 구독자를 몰고 다니는 이들도 수두룩하다.

YouTube에서 가장 인기 있는 개인 창작자인 PewDiePie의 구독자수는 4,250만 명, 조회 수는 113억 회에 이른다. MCN이 본격적으로 나타나면서 피포스스과 닷페이스 같은 새로운 문법의 미디어 스타트업들이 강한 존재감을 드러냈다. 인사이트와 허프포스트, 위키트리 등이 쏟아내는 이른바 큐레이션 콘텐츠 또는 스내커블(Snackable: 맛보고 싶은) 콘텐츠가 크게 부상하고 있다. 새로운 미디어 형태로서 카드뉴스는 보편적인 문법이 됐고 동영상으로 트래픽이 쏠리고 있다. 콘텐츠 공유 플랫폼을 표방한 쉐어하우스가 만든 '욕실 꿀팁 16가지'라는 동영상은 누적 조회 수 1억2,000만 건을 돌파했다. 글랜스TV의 옴니 채널 전략도 눈길을 끈다. 서울 시내 5,000여 대 버스에서 글랜스TV의 콘텐츠가 방송된다. 미용실과 편의점 TV에도 들어간다. 마케팅과 연계된 브랜디드 콘텐츠를 만들지만 네이버와 다음에도 들어간다. '브로드'캐스팅이 아니라 철저하게 '내로(Narrow)'캐스팅에 집중하되 끊임없이 플랫폼을 확장하고 선순환을 끌어낸다. 구독자 수가 30만명 이상이면 인기스타 부럽지 않은 인기를 누린다. 일반적으로 개인 창작자가 제작한 콘텐츠는 YouTube와 같은 인터넷 동영상 플랫폼에 제공해 콘텐츠 이용자에게 유통하고, 발생하는 광고 수익을 MCN과 창작자간 배분하게 된다. YouTube의 경우에는 광고수익을 창작자와 55:45로 배분한다고 알려져 있으며 창작자와 MCN 사업자는 계약관계에 따라 수익배분 비율이 다양하게 분포되어 있다.

개인방송과 MCN의 등장은 미디어 이용 환경의 변화와 관련이 높다. 10~30대의 젊은 세대일수록 실시간 TV 시청보다 온라인 동영상 서비스를 통해 콘텐츠를 이용하고 있다. 이는 스마트폰이 급속하게 확산되면서 미디어를 이용하는 핵심 수단이 TV에서 스마트폰으로 전환되었기 때문이다. 스마트폰을 통해 언제 어디서나 이용할 수 있는 콘텐츠 수요는 증가하나 기존 방송과 영화만으로 수요를 충족하기에는 공급량 자체에 한계가 있다. 또한 화면이 작고 짧은 길이의 동영상이 적합한 스마트폰에는 기존 방송과 영화 형식은 적합하지 않다.

동영상 제작 환경도 크게 바뀌었다. 기존 방송과 영화를 제작하기 위해서는 전문가가 직접 고가의 촬영 장비와 시설을 이용했으며 이는 많은 비용과 시간을 투입해야만 했다.

그러나 지금은 누구나 스마트폰만 있으면 언제 어디서나 동영상 제작과 편집이 가능해지고, 즉시 인터넷에 올릴 수 있게 되었다. 동영상 제작의 비용과 기술 장벽이 낮아지면서 동영상 공급은 빠르게 증가하였다. 이에 따라 대규모 구독자와 트래픽을 창출하는 개인 창작자가 연예인처럼 높은 수익과 인기, 영향력을 얻게 되는 '스타'로 부상 하면서 이를 관리하는 MCN이 중요해지고 있다.

지금까지는 플랫폼이 콘텐츠를 규정했다면 역으로 콘텐츠가 플랫폼을 선택하거나 플랫폼을 주도하는 새로운 게임 법칙이 가능하다는 걸 보여주는 사례가 늘어나고 있다. 잘 나가는 유튜브 크리에이터들을 끌어모아 국내 최대 규모 MCN 사업자로 자리 잡은 CJE&M의 다이아TV는 TV 진출을 시도하고 있으며 19~29세 시청자를 공략하면서 MPN(멀티플랫폼네트워크)으로 간다는 전략이다. MCN 시장의 글로벌화와 콘텐츠 마케팅을 보면 트레져헌터는 중국을 넘어 말레이시아 등 동남아 시장에서도 기반을 마련하기 시작했고, 일본 등으로 영역을 확대하고 있다. MCN 서비스는 온라인과 모바일이라는 미디어환경에서 이용자들이 선택할 수 있는 제3의 콘텐츠시장이 될 수 있다. 개인 생성 콘텐츠는 다양성을 가질 수밖에 없으며, 이러한 콘텐츠의 소비 과정에서 상호간의 의사소통이라는 가치가 더해진다는 강점이 있다.

그러나 이러한 새로운 소통 채널이 불순한 목적으로 사용될 수 있고, 유통되는 콘텐츠의 신뢰성이 검증되지 않고 무분별하게 전파될 수 있으며, 저작권 보호가 제대로 이뤄지지 않는 부분은 개인 방송 플랫폼이 해결해야 할 숙제이다. 정보의 확산이 급속도로 이루어지기 때문에 잘못된 정보, 오염된 정보, 선정적인 콘텐츠가 개인 방송 플랫폼을 통해 여과 없이 기하급수적으로 전파될 수 있으며 실시간 채팅을 통해 타인을 위협하거나 악의적인 언행이 노출되는 것은 전혀 새로운 일이 아니다. 아울러서 개인 차원에서 저작권 양도 없이 지상파 방송 등을 송출 하는 것은 방송 생태계를 위협하는 중요한 문제이다. 개인 방송 콘텐츠의 단속 및 규제를 실시하는 것도 실시간으로 송출되는 개인 방송을 모두 확인하는 것은 인적 자원과 시간이 과다하게 소요될 뿐 아니라, 정확한 검진 자체가 현 시스템 상에서는 사실상 불가능하다고 볼 수 있다.

따라서, 이러한 문제를 해결하기 위해 개인방송이 내재한 잠재적 문제인 무분별한 송출과 유통을 방지하고 신뢰할 수 있는 사용자를 대상으로 신뢰할 수 있는 콘텐츠의 실시간 유통이 가능하도록 사용자 및 콘텐츠를 분석하는 기술이 필요하다. 이를 위해서는 다양한 정보 원천에서 개인 방송 송출자와 전송 콘텐츠에 대해 정보가 분석되어야 할 것이다.

향후 이 분야의 발전을 위해서는 무엇보다도 콘텐츠 제작자로서 MCN사업자는 콘텐츠 제작에 노력을 기울여야 할 것이다. 전통적인 방송시장도 더 이상 방송채널의 브랜드보다는 오리지널 콘텐츠에 시청자들이 더욱 관심을 가지고 있다. 넷플릭스가 'House of Cards'와 같은 오리지널 콘텐츠에 투자하고, 유튜브도 오리지널 콘텐츠를 제작하고 있으며 국내에서는 네이버도 '신서유기'와 같은 콘텐츠를 제작 한 것도 연관된 사례라고 할 수 있을 것이다. 직접 투자하여 제작한 콘텐츠를 통해서는 해당 마진을 대폭 확대할 수 있을 것이다. 나아가 제작한 콘텐츠가 포맷화 될 수 있다면 포맷을 활용한 판매 사업으로도 확대될 수도 있을 것이다. 국내에서 MCN이 확장될 수 있는 주요한 원인은 웹드라마 또는 웹툰과 더불어 스낵컬쳐에 맞아 떨어지는 짤막한 영상 등 모바일에 적합한 콘텐츠가 많았다는 것이다. 하지만 앞으로는 웨어러블과 IoT기기 등 단순 모바일 또는 스마트 폰을 넘어서 훨씬 다양한 디바이스가 만들어 질 것이므로 다양한 디바이스에 보다 최적화 된 콘텐츠를 실을 수 있는 것이 중요한 과제가 될 것이다.

미래의 MCN은 넷플릭스가 빅데이터를 활용하는 것과 마찬가지로 데이터에 기반을 두어 크리에이터가 최적의 콘텐츠를 만들고, 해당 콘텐츠가 고객과 광고주를 함께 만족 시킬 때 부가적인 가치가 창출될 것이다. 오늘날 점점 더 페이지뷰나 시청률이 아니라 공유수가 더 욱 중요한 시대가 됐다. 72초TV와 네오터치포인트, 와이낫미디어, 레페리 같은 스타트업 기업들이 시장을 주도하는 등 더 이상 발행부수와 시청률이 독자와 시청자를 담보하지 않는 시대가 됐다. 좋은 콘텐츠는 폭발적인 네트워크 효과를 만들어낸다는 점에서 MCN과 관련해 새로운 콘텐츠 유통 채널과 스토리텔링 방법을 연구해야 할 것이다.

(4) 인터렉티브 콘텐츠

TV, 라디오로 방영되는 프로그램도 이용자가 전체 줄거리를 선택하고 결말을 결정할 수 있는 인터렉티브(interactive) 콘텐츠가 등장하면서 이제 미디어 콘텐츠 이용자들은 가만히 앉아 자신이 원하는 내용을 선택하면서 콘텐츠의 전체 스토리를 원하는대로 바꿀 수 있게 되었다. 넷플릭스가 지난 6월과 7월 각각 발표한 <장화신은 고양이: 동화책 어드벤처(The Adventures of Puss in Boots)>와 <버디썬더스트럭: 어쩌면 봉투(Buddy Thunderstruck: The Maybe Pile)>는 인터렉티브 콘텐츠 시리즈로 불린다. <장화신은 고양이>를 살펴보면, 전체 스토리의 각 장면마다 이용자가 스토리를 선택하게끔 구성되어 있으며 이러한 이용자들의 선택 결과에 따라 결정되는 짧은 스토리가 시청하는데 18분밖에 소요되지 않는 반면, 긴 스토리를 선택할 경우 시청 시간에 무려 39분이 걸린다. BBC가 새롭게 시도하고 있는 것은 양방향 라디오 드라마로, 이 드라마의 스토리를 전개하는데 아마존의 알렉사(Alexa)나 애플의 시리(Siri)같은 AI 음성 비서 기술을 활용할 것이라고 한다. HBO, CBS도 유사한 인터렉티브 콘텐츠 개발을 진행중이다.

넷플릭스, HBO, CBS, BBC 등이 개발에 뛰어들고 있는 인터렉티브 콘텐츠는 이제껏 미디어 영역에서 표방해왔던 혁신적인 콘텐츠 개발의 이슈 중에서도 매우 파급력이 클 것으로 예상된다. 방송 영역에서 인터렉티브 콘텐츠의 등장으로 인해 드디어 콘텐츠의 내용에 이용자가 직접 개입하고 전체적인 스토리나 플롯의 구성에도 관여하는 진정한 형태의 양방향 미디어의 개념이 자리잡기 시작했다고 볼 수 있다. 이용자가 참여하는 인터렉티브 콘텐츠는 이제 막 출현했으며 향후 더욱 활발한 개발이 이루어질 것으로 예상된다.

3) 디바이스

변화하는 기술 및 시장 환경에서 계속해서 소비되는 미디어로 남고자 한다면 모바일 및 음성 기술의 새로운 가능성을 가진 디바이스를 적극 활용해야 한다. 모바일 디바이스는 사용자와의 관계가 매우 밀접하기 때문에 개인화 된 서비스를 제공받기에 편리하다. 즉 언제, 어디서나 실시간 정보검색이 가능한 이동성(mobility), 사용자의 위치 파악이 가능한 위치기반(localization), 고객/그룹별로 차별화 된 서비스 제공이 가능한 고객 차별성 (customization), 개인전용 단말기 이용에 따른 개인성(personality), 통신도구의 간편화로 증대된 편리성(convenience)이라는 특징이 이러한 변화에 중요한 역할을 하였다. 오늘날에는 스마트폰이나 네비게이션, 테블릿 PC 등을 가지고 사람들이 자유자재로 유비쿼터스 방식으로 콘텐츠를 사용할 수 있게 되면서 이동성과 휴대성을 갖고 있는 기기 사용은 더욱 일반화 되었다.

시장조사기관 IDC에 따르면 전세계 스마트폰 판매량이 2009년 1억대 돌파 이후, 2011년 약 5억 대에서 2012년 약 7억대를 넘어 2013년 약 10억 대에 이르렀으며, 2015년에는 14억대를 넘어섰다. 2015년 전세계 휴대폰 판매량은 약 20억 대로 스마트폰 판매량은 전체 휴대폰 판매량의 70퍼센트를 차지하며 완전한 대세로 자리를 굳혔다. 향후에도 전세계 휴대폰 시장의 스마트폰 쏠림 현상은 더욱 가속화되어 2020년에는 최소 19

억 대 이상의 스마트폰이 판매될 것으로 예상되며, 전 세계 휴대폰 판매량 중 스마트폰이 차지하는 비중이 90퍼센트 가까이 될 것이라고 추정한다. 이처럼 엄청난 디바이스 확산을 고려해 보면 스마트폰이 디바이스로서의 위치를 확고히하고 있음을 알 수 있다.

아울러서 음성 기반 플랫폼이 홈 디지털 생태계로 서서히 진입하면서 인터넷은 스마트폰 안에서만 즐길 수 있는 것이 아니라 집이나 차 안에서 언제나 쓸 수 있는 보편적 서비스의 시대로 접어들고 있다. 새로운 디바이스로 음악이나 팟캐스트를 재생하고, 뉴스를 읽어주고, 시간을 알려주며 쇼핑 목록을 만들어 사용자에게 시시각각 알려 주는 음성기술이 등장하고 있다. 컴퓨터 입력 수단도 말로 가능하게 되고 있다. 인공지능 스피커라는 이름으로 모습을 드러낸 아마존 에코/알렉사, 구글 홈, 마이크로소프트 코타나, 삼성 빅스비 등 미디어 인터페이스는 빠르게 음성으로 전환할 가능성이 높아지고 있다. 2018년 가트너(gartner)는 인터넷의 접점 중 음성이 차지하는 비율이 30퍼센트까지 성장할 것으로 예측하고 있다.

인공지능 시장에 한차례 변혁을 가져온 것은 아마존(Amazon)이다. 아마존은 자신의 고유 인공지능 알렉사(Alexa)를 선보이며, 이를 염가에 이용할 수 있는 스마트 디바이스, 에코(Echo)를 내놓아 크게 성공했다. 에코는 텀블러 크기로 블루투스 스피커 형태를 띤다. 각 가정의 거실과 부엌에 자리 잡고 앉아 음악을 틀어주고 아마존닷컴(amazon.com)을 통해 물건을 주문해준다. 아마존은 에코의 보급형으로 에코 닷(Echo Dot)을 출시했다. 누구든 알렉사를 쓰고 싶다면 일정한 프로토콜을 확보하면 이용할 수 있다. 웨어러블 디바이스 사업자인 페블(Pebble)은 스마트워치에 알렉사를 장착했고, 미국에 시판되는 제너시스로 알렉스를 채택했다. 스크린이 장착된 에코 시리즈도 등장할 예정이다. 이전까지는 스마트 스피커였기 때문에 음악이 최적의 미디어 상품이었다면 스크린이 장착된 에코에는 영상 미디어도 활용할 수 있다는 장점이 있다.

이마케터(eMarketer)는 2017년 미국 소비자 중 3,560만 명이 아마존에코/알렉사를 이용할 것으로 전망하고 있다. 아마존 에코 보급의 초기인 2016년 5월 에코 소비자 180명을 대상으로 한 조사에서 음성 인터페이스를 통해 뉴스 서비스를 최소 한 번 이용한 경험자 비율은 66퍼센트, 반복 이용자 비율은 17퍼센트에 이르고 있다.

에코의 성공을 좇아 구글을 비롯한 글로벌 IT 공룡들이 연이어 블루투스 스피커를 내놓고 있다. 구글도 유사한 서비스인 구글 홈을 출시했다. 사실상 작동방식은 같다. UI/UX로 음성을 활용했고, 구글이 인공지능 서비스를 장착했다. 여기에 구글의 다양한 서비스를 이용할 수 있다는 장점이 더해졌다. 구글 캘린더와 연동하고, 스마트폰의 위치 추적 정보등과 결합되면 훨씬 개인친화적인 서비스가 가능할 수도 있다. 애플도 아이폰과 아이패드용 증강현실 앱을 쉽게 개발할 수 있는 AR키트를 공개했다. 이로서 아마존 AI, 알렉사는 에코에, 애플 시리는 아이폰·카플레이·애플TV로, 구글은 안드로이드폰·안드로이드오토·구글홈으로 등장했다. 아마존 에코나 구글 홈 등에서 보여주고 있는 음성UI는 미디어 시장 전체를 변화시킬 가능성이 있다. 이미 해외의 인공지능 스피커들은 다양한 O2O 서비스와 연계돼 새로운 부가가치를 활발하게 창출하고 있다. 우버(Uber)와 같은 공유차량 서비스를 호출하거나, 배달음식을 주문하거나, 온라인 쇼핑몰에서 물건을 고르고 결제하는 것도 스마트폰이나 PC에 의존하지 않고 인공지능 스피커만으로도 할 수 있도록 기능이 발전돼 있다.

국내에서는 SKT의 누구, KT의 기가 지니가 있으며 네이버와 카카오가 각각 웨이브(WAVE)와 카카오 미니(kakao mini)를 출시했다. 웨이브는 모든 면에서 네이버(naver.com)와 연계된 서비스를 선보이는데 네이버 음성 검색은 물론 날씨, 금융정보, 일정, 맛집 추천 등을 네이버와 연동해 알려준다. YTN의 뉴스를 들려주고, 팟빵의 팟캐스트와 연계된 서비스도 제공한다. 음악 재생은 네이버 뮤직과 연동된다. 네이버는 라인의 AI 플랫폼 Clover를 장착한 웨이브를 출시 예정이다. 카카오 미니는 다음(daum.net) 및 카카오톡과 연계된 서비스를 제공한다. 음악 재생은 멜론과 연동된다. 카카오 미니는 이 외에도 카카오의 다양한 O2O(online to offline) 앱과도 연동될 예정이다. 제조업의 강자인 삼성전자는 갤럭시 S8에 빅스비(Bixby) 라는 인공지능 음성인식 기능을 탑재 했다. 안경으로 진화되는 디바이스들도 등장하고 있다.

구글렌즈는 지금은 스마트폰 앱이지만 앞으론 안경으로 진화할 것으로 보이며 페이스북이 강조한 미래 미디어 기술도 바로 안경으로 앞으로 카메라는 안경이 될 것으로 예상된다. 인간과 기계의 대화 역사가 메인프레임, PC 그리고 스마트폰에서 앞으로는 안경으로 넘어가게 될 것이라는 예측도 있다. 디지털과 실제 세계를 새로운 방식으로 혼합하고 삶을 개선하는 데 도움을 줄 수 있는 증강현실(AR)을 통해 실제 세계를 온라인으로 확장하겠다는 것이 페이스북의 입장이다. 페이스북은 누구나 쉽게 AR 콘텐츠를 만들어 페이스북이나 인스타그램, 메신저, 왓츠앱 등에 올릴 수 있도록 하는 소프트웨어인 'AR스튜디오'와 카메라 효과 플랫폼도 공개했다. 얼굴과 장소를 자동으로 인식, 화면에서 3D 효과를 낼 수 있고 포토샵처럼 사진과 동영상의 배경을 꾸밀 수도 있다. AR 안경은 앞으로 20년 내 스마트폰을 대체할 것이란 전망까지 내놓았다.

페이스북은 2017년 F8에서 '페이스북 스페이스 (Facebook Space)'라는 새로운 앱도 공개했다. 페이스북 스페이스는 서로 다른 장소에 있는 사람들이 자신과 닮은 아바타를 만들어 가상공간에 모여서 VR 게임을 할 수 있도록 만든 앱이다. 가상의 연필로 허공에 그림을 그리고 메신저 영상 통화 기능을 이용해 친구들과 통화할 수도 있다. 페이스북에 가상공간에서 찍은 셀카 사진을 올릴 수도 있다. '소셜VR'로 불리는 이 기술은 소셜네트워크를 가상세계로 확장하기 위한 시도다. 시장조사업체 Trend Force는 글로벌 가상현실기기 판매량을 2016년 약 9백만개에서 2020년에는 약5.6배 성장한 5천만개에 이를 것이라고 하며 또한 이러한 판매량 증가에 따라, 글로벌 가상현실시장은 2016년 8조원 규모에서 2020년 80조원으로 10배 성장을 전망하였다. 현재 가상현실 하드웨어시장은 삼성전자가 가상현실기기 삼성Gear VR 등을 출시하면서 이끌고 있는 편이다.

메신저 이용자 수도 폭발적으로 성장하고 있다. 페이스북 메신저 월간 이용자 수가 10억 명을 넘었고, 페이스북과 왓츠앱 일간 메시지 수가 600억 개를 넘었다. 사람들은 공적 네트워크보다 사적 메신저를 더욱 선호하게 됐다. 기존의 메신저가 언론사의 접근이 어려운 영역인 데 반해 로봇 플랫폼이 만들어지면서 그 가능성이 새롭게 부각되고 있다.

이처럼 다양한 형태의 플랫폼이자 디바이스들이 등장하면 자연어 처리기술, 인공 신경망 기술 등의 발전으로 새로운 디바이스는 사람보다 더 뛰어난 비서가 될 것이라는 예측도 나오고 있다.

4. 이용자

4차 산업혁명 시대에, 서로 보완/대체적인 관계를 가지는 다양한 플랫폼간의 경쟁 환경에서 이용자는 플랫폼을 선택하고 개인화된 제품/서비스를 향유할 수 있게 되었다.

무엇보다도 모바일미디어가 이용자들의 주요 디바이스가 되어가고 있다. 스마트폰을 통하여 방송 시청 뿐 만 아니라 개인화된 소셜 네트워크 서비스(SNS)를 이용하여 재미있는 여가 생활을 보내는 모바일 중심 사회로 이동하고 있기 때문이다. 모바일 중심의 개인화 서비스를 이용하면서 자연스럽게 안방TV, 거실TV 라는 이미지는 사라지고 방송 소비도 개인 취향에 맞추어 언제, 어디서나, 선호하는 내용 중심 시청으로 바뀌고 있다.

2016년 방송매체 이용행태조사 결과, 스마트폰을 주 5일 이상 이용하는 비율이 20대가 96.5%, 30대 95%, 40대 93.9%, 10대 92.0%으로 기타 고 연령에 비해 높은 것으로 나타나고 또한 스마트패드 이용에 대한 연령대별 구성에서 20~40대가 각각 20%이상 비중을 차지하고 있다. OTT 이용자는 스마트기기 보유율과 이용률이 높은 학생(25.7%)과 사무직(25.5%)의 비중이 높았으며, 비이용자는 주부(27.6%)와 생산직(20.9%)의 비중이 높은 것으로 나타나고 비이용자에 비해 스마트폰 이용시간이 길고, TV 방송프로그램 시청시간은 짧은 것으로 나타나, OTT 이용자는 원하는 시간에 콘텐츠를 선택적으로 이용하는 능동적인 수용자임을 시사하고 있다. 조사 응답자의 35%가 온라인 동영상 제공 서비스(OTT)를 이용하며, 주 1~2일 이용자가 29.2%, 주 3~4일 이용자는 24.2%, 주 5일 이상 이용하는 비율도 24.1%를 차지하며 OTT 이용자의 4.7%만이 정액제로 이용하거나 추가 요금을 지불해 OTT VOD를 이용하여 유료 OTT 시장이 활성화되지 않은 것으로 보인다. OTT 이용자들은 대부분 스마트기기(97.3%)를 통해 콘텐츠를 시청하였다. OTT 이용자와 비이용자의 특성을 비교한 결과, 스마트기기 보유율과 스마트폰 이용률이 높은 젊은 세대(20~40대)의 OTT 이용률이 높은 것으로 나오고 있다.

현재 체감하는 이용자의 미디어 소비는 스마트폰을 중심기기로 이용하고, SNS를 근간으로 한 영상 서비스 비중이 증가하고 있다. 그래서 글로벌 미디어 기업들은 영상 서비스 이용을 소셜 미디어의 틀안에서 사용하게끔 하기위한 노력으로 Facebook Video, YouTube TV, Apple TV, Amazon fire TV 등을 앞 다투어 출시하였다. 새로운 서비스는 그동안 Netflix, YouTube 등의 OTT 서비스와 Facebook Live 등을 연계하여 실시간 방송과 VOD 서비스를 가입형 기반으로 통합하는 종합 서비스이다.

이처럼 모바일 동영상 소비가 확산되게 되면 텍스트 생산물에 집중해 온 프린트 미디어에게는 향후 생산물 형식과 생산 방식을 혁신해야 하는 과제를 해결해야 하며, 방송미디어는 TV 수상기를 전제로 한 영상 형식뿐 아니라 모바일 환경에 최적화된 동영상 형식과 내러티브를 동시에 제시해야 하는 과제가 요구될 것이다.

채팅 앱도 중요한 역할을 하고 있다. 현재 4대 채팅 앱 이용자는 4대 소셜네트워크 서비스 앱 이용자 수보다 더 많다. 특히 양대 채팅 플랫폼인 왓츠앱과 페이스북 메신저는 4월 말 현재 월간 이용자가 12억 명에 달한다. 채팅 앱 주 이용자들은 주로 10대, 20대 등 젊은 층이다. 스냅챗이 대표적이다. 스냅챗의 기업공개(IPO) 자료에 따르면 이용자의 70%가량은 35세 미만 젊은 층이다. 특히 18~24세 이용자가 가장 많다. 이들은 하루 평균 체류 시간이 30분에 이를 정도로 많은 시간을 스냅챗에 머물러 있다.

점차로 이용자가 무엇을 원하는지 AI에게 물어보고 빅 데이터에서 파악하는 시대가 되고 있다. 다양한 플랫폼들은 이용자의 목적과 의도에 맞춰 콘텐츠가 유통되는 틀을 구성한다. 유통의 많은 부분을 미디어플랫폼에 넘겨준 콘텐츠 생산자는 각 플랫폼의 이용자 경험 향상을 위해 마련된 틀에 맞춰 콘텐츠를 만들거나 다듬고 있다. 일부 디지털뉴스 미디어는 웹 사이트를 단순히 기사를 배포하는 창구를 넘어서 이용자의 참여 공간으로 변화시키고 있다. 많은 디지털뉴스 미디어에서 이용자 섹션을 따로 마련하는 것은 기본이다. 이용자 커뮤니티는 소셜 미디어나 이메일로 의견을 공유하는 역할을 하고 있다. 커뮤니티에서 소통하는 내용이 구글 검색에도 노출되어 트래픽을 증가시키는 효과도 있다. 이용자 의견을 소홀히 하지 않고 반영하는 것이 대안적 디지털 미디어의 특징이라고 할 수 있다. BBC와 가디언은 소셜미디어 플랫폼을 통해 적극적인 자사 뉴스 콘텐츠를 배포하면서 이용자의 충성도와 이용 행태를 적극적으로 활용하고 있다

이미 방송에 적용 할 수 있는 딥러닝 기반의 영상 스토리 분석, 제스처 인식, 오디오 기술 연구 등이 상당 부분 진행되고 있다. 그 결과, 4차 산업혁명 시대 주요 기술혁신 분야별로 큰 규모의 이용자 효용의 증대가 전망된다.

4차 산업혁명 시대의 미디어이용자는 사람보다 사람을 더 잘 이해하는 인공지능의 도움으로 현실과 가상을 넘나드는 미디어 서비스를 기대하고 있다. 특히 미디어의 주 이용자로서 디지털 네이티브세대가 등장하고 이런 세대가 사회의 중심이 되면서 이러한 측면은 더욱 강화되고 있다. 이용자들은 이제 스마트기기로 글을 배우고 스마트워치 같은 웨어러블 기기가 데스크탑PC 보다 자연스럽고 연락하고 싶은 사람이 있다면 언제 어디서나 누구와도 이야기하고 연결되어 있다. 또한 자기만의 페이지를 갖고 온/오프라인 상에서 의사 표현을 하는데 어려움이 없으며, 화면을 터치하거나 손가락으로 이미지를 키우는 게 당연한 세대가 주 이용자가 되는 시대다. 그들에게 온오프라인 상 소비의 차이는 별로 없고 유튜브 등의 영상과 TV 콘텐츠가 다르지 않고, 유튜브 스타가 곧 TV스타이고, 리모콘도 조작 못하는 어린 아이가 TV와 유튜브와 VR을 동시에 접하기도 한다.

이용자 측면에서 주목할만한 점은 4차 산업혁명이 진행되는 과정에서 이용자의 동영상 소비 시간이 점차적으로 증가할 가능성이 커 보이고 있다는 것이다. 4차 산업혁명이 가져다주는 자동화, 지능화는 인간의 노동시간은 단축시키고 노동시간의 단축은 오락을 포함한 여가시간의 물리적 증대를 의미하므로, 영상 소비의 잠재력이 지금보다 커질 가

능성이 높다. 또한 자동화, 지능화로 인한 노동 강도 약화 또한 영상 소비 여력을 증대시킬 가능성이 큰 반면, 소비를 위한 비용은 감소 될 가능성이 크다. 보고 싶은 동영상을 찾기 위한 탐색비용은 지능화로 인해 더욱 낮아지는데 비해, 품질(화질과 음질)은 더 높아지는 등 이용자경험(UX)이 획기적으로 향상될 것이다.

아울러서 4차 산업혁명 시대에는 시민과 함께 발맞춰 가는 소셜미디어가 중요하다. 현재 미디어산업은 소셜미디어 시대에 돌입했다고 할 수 있다. 소셜에는 그 속에 공유와 초연결사회라는 키워드들이 내포돼 있다 그동안 미디어의 주체는 제작자였지만 이제는 일반시민인 이용자들로 그 범위가 확대 되고 있다. 이제 전 세계의 모든 이용자들이 미디어의 주체이자 소비자로서 역할을 하고 있으며 이미 1인 미디어라는 시대에 맞춰 첨단 장비를 갖춘 이용자들이 미디어를 이용해서 활동하고 있다. 이제 미디어는 이용자들을 중심으로 미디어 그룹을 이루고 정보를 교류하는 가운데 있으며 이용자들이 바로 미디어의 주체가 되어가고 있다.

5. 미디어산업의 지형변화와 바람직한 기술정책

4차 산업혁명은 이미 미디어 산업의 다양한 분야에서 진행되고 있으며, 디지털 기술을 활용하여 기존 서비스 사업의 프로세스는 물론 기존 서비스 산업의 가치사슬 변화를 이끌어 내고 있다. 미디어는 이제 정교한 데이터를 바탕으로 새로운 차원의 미래 서비스로 진화해야 한다. 4차 산업혁명의 주요 미디어관련 기술은 가상현실(VR)/증강현실(AR), AI(인공지능) 등이다. 이는 4차 산업혁명이 현실세계와 가상세계의 융합이라는 측면에서 미디어의 진화 방향을 알려주는 기술 키워드라고 할 수 있다. 클라우드, 모바일, 빅데이터, 소셜 영역을 포함한 디지털 미디어기술 관련 분야는 과거와 달리 질적으로 변화·발전하여 시장의 성장을 주도하고 있다. 새로운 기술은 미디어기업이 보다 이용하기 쉽고 낮은 비용으로 도입할 수 있도록 변화하고 있으며, 미디어산업의 요구사항을 적용하여 성과를 강화할 수 있도록 혁신을 가속하는 역할을 하고 있다. 미디어산업의 진화는 플랫폼을 넘어선 콘텐츠 서비스 방식의 변화를 요구하는데 이를 AI와 연결시켜서 생각하면 콘텐츠 소비와 생산에서 획기적인 변화가 올 수 있다. AI는 기존에는 알지 못했던 사용자와 관련된 데이터를 수집해서 이를 통해 기존의 미디어가 놓쳤던 사용자의 맥락을 파악할 수 있다. 기존 미디어는 대중을 지향하거나 수익을 낼 수 있는 특정 타깃에 주목하지만 AI로 사용자 개개인의 수많은 정보가 수집되고, 이 데이터의 처리를 담당한 다면 개인 맞춤형 콘텐츠가 일반화 할 것이다.

이들 서비스가 향 후 시장에서 어느 정도나 활성화될 수 있을지는 아직 명확하지는 않다. 그러나 이러한 혁신을 통해 나타난 서비스가 미래 미디어 시장에 적지 않은 영향을 미칠 것이라는 점은 분명해 보인다. 염두에 두어야 할 것은 4차 산업혁명의 움직임으로 많은 디지털 기술들이 생활을 더욱 윤택하게 만들어 주겠지만 한편으로는 윤리적 딜레마와 같이 고려해야 할 것이 많다는 것이다. 기술의 고도화가 가져올 사회에서 경쟁력을 가지게 될 계층은 소수가 될 것이며, 소수에 의한 부의 축적으로 인해 빈부격차가 심화될 것이라는 점에서 누구에게나 기회가 되지는 않을 것이다. 새로운 미디어 환경에서는 지금보다 더욱 더 상업적 경쟁이 치열해진다는 것과 아울러 상업적 미디어 생태계에서는 시장 실패가 어쩔 수 없이 발생한다는 것도 고려해야 한다. 이때 미디어이용자에게 반드시 필요하지만 상업성이 없기 때문에 과소 생산되는 콘텐츠가 있다. 이럴 때 정부는 정책을 통해 상업성은 낮지만 민주주의를 유지하는 데 반드시 필요한 콘텐츠 생산을 지원하는 시장 교정정책을 펼쳐야 할 것이다.

4차 산업혁명 시대를 맞아 새로운 기술의 도입을 적극적으로 추진하려는 정책에서 무엇보다 중요한 것은 정책결정은 신중한 선택을 요구한다는 것이다. 우선 새로운 기술도입의 사회적 수용은 장기간에 걸쳐 이루어지는 사회변동이기 때문에 섣부른 정책결정은 부가적인 사회적 비용의 증가를 부추길 수 있다는 점이 감안되어야 한다. 따라서 새로운 기술 도입 정책은 다음과 같은 요소들이 검토해야 할 것이다.

첫째, 새로운 미디어관련 기술을 도입할 때 미디어를 통한 수용자의 자기표현 가능성을 넓히며, 나아가 보다 세분화되고 다양한 사회의 문화적 욕구를 충족시킬 수 있는 조건을 창출할 수 있는 정책이 적극적으로 모색되어야 한다.

둘째, 새로운 미디어관련 기술정책은 우리 사회의 미래를 좌우하는 핵심적인 영역이므로 향후 4차 산업혁명 시대의 미래를 준비해 나가고 이를 실현시킬 다양한 미디어 기술들을 보다 체계적이고 일관된 계획아래서 일련의 프로그램을 마련해야 한다. 이 같은 정책적 계획에는 장기적인 프로그램과 함께 이를 통한 미디어 구조 전반의 합리적이고 다원적인 재편계획이 포괄되어야 한다.

셋째, 새로운 기술의 도입에 있어서는 단순히 소수 정책전문가들이 정부 주도로 정책방향을 제시하는데 머물지 말고 도입에 있어서 보다 폭넓은 의견을 수렴하는 정책 결정 메커니즘을 갖추어야 한다. 또 정책결정에 있어서 자체 검증 장치와 외부집단의 평가를 받을 수 있는 제도적 장치를 도입해야 한다. 이를 통해 여러 각도에서 정책의 문제점을 파악하여 앞으로의 새로운 기술 도입 정책 추진에 있어서 중요한 지침이 되도록 해야 한다.

넷째, 새로운 기술의 도입 정책을 결정하는 과정은 보다 공개적이고 투명하게 진행되어야 한다. 이 같은 정책은 도입에 따른 집단의 이해관계가 서로 얽혀 있다. 따라서 누가 보더라도 수긍할 수 있는 공정하고 합리적인 정책이 입안되어야 하며, 정책이 종합적이고 체계적이면서 일관되게 집행되어야 한다.

다섯째, 새로운 미디어관련 기술 정책에 대한 기존의 논의가 주로 시장경제적인 입장이나 산업론적 관점에서 제기되어 왔다면, 새로운 기술의 경제적 측면에 대한 정책적 드라이브와 함께 이 같은 기술의 활용에 대한 문화적이고 규범적 차원의 논의도 병행되어야 할 것이다. 결국 정책이란 공익성, 규범성, 당위성이라는 사회적 가치를 실현하기 위한 의식적인 프로그램이고 미디어 관련 기술 역시 한 사회의 공익성과 규범성의 틀 내에서만 수용가능하다는 점에서 새로운 문화적 잠재력을 정책적으로 개발해 내는데 역점이 주어져야 할 것이다.

전반적으로 4차 산업혁명 시대의 새로운 미디어기술을 통한 우리 사회의 구조적인 변화에 직면하여 새로운 기술이 가지고 있는 경제적, 사회적, 문화적 잠재력을 통해 극대화함으로써 이용자들의 문화적 생활의 질을 향상시키고 미디어의 공익적 가치를 개발하는 미래지향적 활동방침 또는 목표를 지향해야 할 것이다. 이러한 틀 안에서 새로운 기술의 도입이 이루어진다면 새로운 기술의 원활한 보급과 확산을 통한 경제적, 사회적 이익을 극대화할 것이다.

구체적으로 미래사회와 역사를 바꿀 중요한 전환점이 될 제4차 산업혁명을 맞이하여 미디어 역량을 육성하기 위한 실천방안을 모색해야 할 것이다. AI와 미디어의 본격 융합이 국내 미디어산업에 던지는 메시지는 이용자 중심의 서비스가 향후 대세가 된다는 것이라 할 수 있다. 이를 적극적으로 수용한다면 4차 산업혁명 시대의 미디어는 어떻게 인간의 전문성과 창조성을 강화하는 방안으로 사용할 수 있는지를 염두에 두어야 할 것이다.

제4차 산업혁명은 이제 선택이 아닌 현실의 문제가 되었다. 이러한 환경에서 사회 변화를 예측하고, 세계적인 미디어 혁신 트렌드에서 국내 미디어산업의 역할과 변화 방향에 대한 국가 차원의 대응과 미디어분야의 체제 혁신 방향에 지혜를 모아야 할 것이다.

| 참고문헌

김광호(2017), 전문역량교육으로 학교와 기업간의 상생적 산학협력을 강화한다. 제4차 산업혁명 시대 대한민국 미래교육보고서, 광문각, 2017.4.

김창완/정진한(2017), 4차 산업혁명 시대의 망 중립성 이슈, 정보통신정책연구원, KISDI Premium report, 2017. 6. 19.

곽동균(2017), 4차 산업혁명 시대 OTT 동영상 산업 활성화를 위한 당면과제, 정보통신정책연구원, KISDI Premium report, 2017. 6. 21.

김민식・손가녕(2017), 제4차 산업혁명과 디지털 트랜스포메이션(Digital Transformation)의 이해, 정보통신정책연구원, 동향, 제29권 3호 통권 640호, 2017/2/16.

김민식・최주한(2017), 산업 혁신의 관점에서 바라보는 제4차 산업혁명에 대한 이해, 정보통신정책연구원, 초점 제29권 8호 통권 645호 2017/5/1.

김수지(2017), 뉴스빅데이터로 보는 '4차 산업혁명', 신문과 방송, 2017.5.

김영욱(2017), 4차 산업혁명과 미디어, 신문과 방송, 2017.10.

김익현(2017), 해외 언론사들의 소셜미디어 활용 전략, 신문과 방송, 2017.6.

김호정(2017), 해외 주요국의 방송 및 온라인 영상 콘텐츠 이용자 동향, 정보통신정책연구원, 동향 제29권 7호 통권 644호, 2017/4/17.

류동협(2017), 2017년 저널리즘 미디어 기술 동향과 예측, 신문과 방송, 2017.3.

박유리(2016), ICT 생태계 경쟁의 새로운 무대, 가상・증강현실, 정보통신정책연구원, KISDI Premium report, 2016. 9. 5.

박유리/강준모/이학기(2017), 경계를 파괴하는 융합 현황 및 당면과제- O2O, VR/AR/ 스마트카를 중심으로, 정보통신정책연구원, KISDI Premium report, 2017. 6. 7.

서봉원(2017), 콘텐츠알고리즘, 방송 트렌드 & 인사이트 2016. 12+2017. 01 VOL. 09vol05.

손재권(2017), 2017년 페이스북 F8 구글 IO로 본 미디어 변화, 신문과 방송, 2017.7.

송해엽(2017), 소셜미디어・메시징 앱과 필터버블, 신문과 방송, 2017.7.

오세욱(2017),인공지능과 미디어 총론, 신문과 방송, 2017.3.

우병현(2017), 퓰리처 체제 대체하는 인공지능, 신문과 방송, 2017.1.

이선희(2017), 온라인 동영상 제공 서비스(OTT) 이용자 특성 분석, 정보통신정책연구원,KISDI STAT Report2017. 4. 15 / Vol. 17-07.

이성규(2017), 페이스북 저널리즘 프로젝트의 오늘과 내일, 신문과 방송, 2017.10.

이원태(2015), 인공지능의 규범이슈와 정책적 시사점, 정보통신정책연구원, KISDI Premium report, 2015. 12. 7.

이원태(2017), 4차 산업혁명과 지능정보사회의 규범 재정립, 정보통신정책연구원, KISDI Premium report, 2017. 6. 23.

이은민(2016), 4차 산업혁명과 산업구조의 변화, 정보통신정책연구원, 초점 제28권 15호 통권 629호, 2016/8/16.

이정환(2017), 미디어포럼 미디어오늘 '2017 저널리즘의 미래 콘퍼런스', 신문과 방송, 2017.9.

임정수(2017), '빅5'의 전략과 혁신, 신문과 방송, 2017.8.

전범수(2017), 국내 미디어 산업 재편, 신문과 방송, 2017.8.

정용찬(2017), 4차 산업혁명 시대의 데이터 경제 활성화 전략, 정보통신정책연구원, KISDI Premium report, 2017. 6. 14.

정용찬(2017), 스마트폰_ TV 경쟁 매체의 가능성, 정보통신정책연구원, KISDI STAT Report, 2017.01.15./VOL.17-01.

정재민(2017), 소셜 뉴스 중개 시대 국내 언론사의 대응 전략, 신문과 방송, 2017.6.

정철운(2017), 한국 언론사들의 디지털 전략, 신문과 방송, 2017. 11.

정혁(2017), 4차 산업혁명과 일자리, 정보통신정책연구원, KISDI Premium report, 2017. 6. 26.

조영신(2016), IoT와 AI로 인한 미디어의 변화 새로운 미디어의 세계가 열린다, 한국콘텐츠진흥원, 방송 트렌드 & 인사이트 2016. 12+2017. 01 VOL. 09.

조영신(2016),개인화된 콘텐츠의 유통 플랫폼방송, 한국콘텐츠진흥원, 트렌드 & 인사이트 2016. 04+05 VOL. 05.

조영신(2017), 동영상 시장 지형도, 신문과 방송, 2017.8.

조유리/김성옥(2017), 4차 산업혁명을 선도하는 글로벌 벤처생태계 현황과 정책적 시사점, 정보통신정책연구원, KISDI Premium report, 2017. 6. 14.

채반석(2017), 아마존 에코룩으로 본 기술 플랫폼, 신문과 방송, 2017.6.

채반석(2017), 지금 여기 플랫폼 사업자의 뉴스 정책, 신문과 방송, 2017.9.

최계영(2015), 인공지능, 파괴적 혁신과 인터넷 플랫폼의 진화, 정보통신정책연구원, KISDI Premium report, 2015. 6. 15.

최계영(2016), 4차 산업혁명 시대의 변화상과 정책 시사점, 정보통신정책연구원, KISDI Premium report, 2016. 7. 29.

최계영(2017), 4차 산업혁명과 ICT, 정보통신정책연구원, KISDI Premium report, 2017. 5. 31.

최선영(2017), 춘추전국시대 맞은 국내 OTT 시장, 2017.2.

최홍규(2017), 진정한 인터렉티브 콘텐츠의시대가 온다, 한국콘텐츠진흥원, 방송 트렌드 & 인사이트 2017년 3호 Vol.12.

홍예진(2017), VR 저널리즘 본격 시동 거는 미국 언론계, 신문과 방송, 2017.4.

황용석(2015), 국내외 모바일 동영상 콘텐츠 이용 행태, 한국콘텐츠진흥원, 방송 트렌드 & 인사이트 2015.10-11 ㅣ vol.03.

John Huey, Martin Nisenholtz, Paul Sagan(2013), Riptide: What Really Happened to the News Business. 조영신역(2013), <립타이드-언론 산업을 수장시킨 쉼 없이 밀려드는 혁신의 조류>, 한국언론진흥재단.

4차 산업혁명 시대의 미디어

(새로운 데이터를 다루는 방법)

박홍민(위스콘신 주립대 교수)

4차 산업혁명 시대의 미디어
(새로운 데이터를 다루는 방법)

박홍민(위스콘신 주립대 교수)

1. 4차 산업혁명과 미디어의 변화

가상의 공간(cyber space)과 물리의 공간(physical space)이 융합하는 4차 산업혁명의 시대가 시작되고 있다. 하드웨어 중심에서 소프트웨어 중심으로, 더 나아가 서비스와 데이터 중심으로 경제, 사회, 문화가 빠른 속도로 바뀌고 있다. 이에 법과 제도도 따라서 재정비되고 있다. 혹자는 물질 소비의 시대에서 정신 소비의 시대로 넘어갈 것이라 전망하기도 하고, 대의제 정당 민주주의를 넘어서서 직접 민주주의를 기반으로 한 디지털 민주주의(digitalcracy) 시대가 도래할 것이라 예상한다. 정도의 차이는 있지만 정부와 기업, 그리고 국민 개개인에 이르기까지 지대한 관심을 가지고 새로운 시대를 맞이하고 있다.

4차 산업혁명이 미디어에 미칠 영향도 지대하다. 혁신의 시대에 보다 발빠르게 대처하기 위해서, 미디어와 컨텐츠를 분리한 후 플랫폼 중심의 미디어로 전환하는 것이 대세가 될 듯 하다. 로봇 저널리즘이 등장하여 수요자 중심의 뉴스를 맞춤형으로 공급하는 한편 뉴스 분석과 탐사 보도 중심의 해설자 역할도 강화될 것으로 보인다. 지금까지 미디어의 수요자이기만 했던 개인이 다양한 디지털 기술의 도움을 받아 미디어의 공급자가 되기도 하는 1인 미디어도 확산될 것이다.

이와 더불어, 변화하고 있는 미디어와 미디어 컨텐츠를 어떠한 방법으로 분석할 것인가에 대한 패러다임도 커다란 발상의 전환기를 맞이하고 있다. 분석의 대상이 양적으로 크게 증가하면서 동시에 질적으로도 다양화 되었고, 많은 경우에 개별화도 이루어졌다. 기존의 방법으로 도저히 감당할 수 없는 경지에 이르렀다. 다양한 인접 학문분과에서 개발하여 사용되고 있는 첨단의 분석기법들이 도입되고 있는 것이다. 특히, 언어학(자연언어처리), 통계학(데이터 마이닝),컴퓨터 공학(기계학습)이 융합된 모습이 그 대표적인 특성이다.

이번 챕터에서는 4차 산업혁명 시대의 미디어와 미디어 컨텐츠를 분석하기 위해 새롭게 등장하고 있는 분석방법들을 소개하고자 한다. 대부분의 방법들이 상당한 정도로 훈련된 각 분야의 전문가들에 의해서 독자적으로 개발된 방법들이기 때문에, 미디어를 만들고 분석하는 우리의 필요에 맞추어 취사 선택하는 것이 중요하다고 생각된다. 따라서, 전문적이고 기술적인 부분에 대한 설명을 최대한 줄이고, 직관적으로 이해할 수 있게 소개하려고 노력하였다. 또한, 새로운 방법의 현명한 소비자가 되기 위한 팁도 제시하고자 한다.

2. 새로운 데이터를 어떻게 수집할 것인가?

먼저, 데이터를 수집하는 방법이 크게 바뀌었다. 전통적인 방법은 표본(sample)을 통해서 모집단(population)을 추론(inference)하는 패러다임을 기반으로 한다. 예를 들면, 한국의 모든 국민들이 "무한도전" 프로그램에 대해 어떻게 생각하는지 알 수 없기 때문에, 일반적인 국민을 대표할 수 있는 소수의 샘플을 우선 정한다. 그리고 그들의 의견을 먼저 물어보고 그것을 "일반화"하는 과정을 거친다. 신문의 구독률이나 텔레비전 프로그램의 시청률도 비슷한 방식으로 구해진다. 이러한 패러다임에서 가장 중요한 것은 샘플을 잘 선정하는 것이고, 이를 중심으로 데이터 수집 방법이 진화해 왔었다.

사실, 샘플을 통해 데이터를 수집하는 전통이 생겨난 것은 딱히 그 방법이 더 훌륭하기 보다는 그렇게 할 수 밖에 없었던 테크놀로지의 한계 때문이었다. 국민 모두에게 "무한도전"에 대한 의견을 물어볼 수 있는 기술적 방법이 없었기 때문에, 완벽하지는 않지만 굳이 샘플을 사용해서 데이터를 분석했던 것이다. 만약, 국민 모두에게 비교적 낮은 비용으로 의견을 물어볼 수 있다면 그 방법을 택하는 것이 더 맞을 것이기 때문이다.

4차 산업혁명의 시대에는 이것이 바뀌고 있다. 비록 적용되는 분야가 제한적이기는 하지만, 최근 급속도로 발전한 다양한 테크놀로지를 통해 비교적 짧은 시간에 적은 비용으로 "모집단" 전체의 데이터를 수집할 수도 있게 되었다. 이에 샘플 중심의 데이터 수집에서 벗어나서 가능하다면 전체 데이터를 모두 수집하는 방식으로 전환되어 가고 있다.

동시에, 이전에는 수집할 수 없었던 형태의 데이터가 만들어지기 시작하면서, 이를 위한 새로운 데이터 수집 방법도 생겨나고 있다. 가장 대표적인 것이 사물 인터넷(IoT, Internet of Things)을 통해 만들어진 데이터이다. GPS, 스마트 TV, 가전제품 등의 사용 패턴이 사용자의 생활 및 소비 방식을 잘 보여줄 수 있기 때문에 중요한 데이터가 된 것이다. 인터넷을 기반으로 한 소셜미디어도 대표적인 새 데이터이다. 페이스북, 트위터, 인스타그램, 유튜브, 그리고 다양한 포맷의 블로그 등을 통해서 자신의 의견을 적극적으로 표현하고 새로운 인간관계를 맺어가고 있다.

이러한 경우는 단순히 데이터의 양도 문제이지만, 데이터가 일정한 형태를 띄고 있지 않는 것이 더 문제이다. 여러가지 종류의 데이터를 컴퓨터가 분석 및 처리할 수 있는 상태로 변환하는 과정이 반드시 필요한데, 과거에는 그 변환의 과정이 어렵거나 변환하는 과정에서 필요한 저장공간이 부족했었다. 하지만, 최근 들어서 데이터를 순차적으로 처리하는 배치 프로세싱(batch-based processing)의 속도가 빨라지고 데이터를 병렬로 처리하는 스트림 프로세싱(stream-based processing) 기술이 발전함에 따라 이 모든 것들이 비교적 쉽게 이루어지게 되었다.

1) 데이터 프로세싱 방법

데이터를 수집하는 방법과 기술은 과거 도서관의 서지 정보를 작성, 관리하던 것에서 기인한다. 현재는 다양한 형태의 정보자원을 가공, 검색, 수집, 유통, 이용하는 모든 분야에까지 확대되고 있다. 국내에서는 도서관학, 서지학이나 문헌정보학에서 주로 다루고 있으나, 미국 등 해외에서는 정보과학(information science)이라는 학제간 연구를 통해 발전하고 있다.

데이터를 저장하고 관리하는 가장 대표적인 방법은 색인(indexing)과 해싱(hashing)이다. 색인은 데이터를 하나하나 요약한 후 그에 해당되는 인덱스를 각각의 데이터에 덧붙이는 방법이다. 이러한 방식으로 저장된 데이터는 이후 인덱스만을 통해 검색하면 되므로 처리속도가 빨라지는 장점이 있다. 하지만, 인덱스를 따로 덧붙이는 작업을 자동으로 하게끔 알고리즘을 만드는 일이 쉽지만은 않고, 인덱스를 따로 저장해야 하는데 공간의 문제도 있다. 반면, 해싱은 모든 데이터를 한번에 뭉뚱그려서 저장하고 난 후, 각 데이터의 내용이 어디에 저장되어 있는지의 정보만 따로 저장해서 이용하는 방법이다. 공통되는 데이터를 한번만 저장하면 되는 장점이 있고, 데이터가 정해진 순서나 규칙대로 존재하는 경우에 매우 유용하다.

또한, 블룸필터(bloom filter) 방식도 있는데, 데이터의 내용에 특정한 정보가 있는지 없는지 여부만을 저장하는 방법이다. 자료의 검색이 주목적인 경우 검색 정보에 대한 결과를 빠른 시간에 제공할 수 있는 장점이 있다. 대개 많은 양의 데이터를 처리하기 위해 사용되기 시작했지만, 최근에는 병렬 컴퓨팅(parallel computing) 기술의 발전으로 그 쓰임새가 다양화되고 있다.

저장되어 있는 데이터를 추후 필요에 따라 다시 추출해야 하는 경우(information retrieval), 일반적으로 랭킹을 매기는 방법을 이용한다. 다양한 알고리즘이 사용되고 있는데, 데이터가 사용자의 필요와 얼마나 유사한 지 여부, 유사한 것들 중 시기적으로 얼마나 최근인지 여부, 그리고 데이터 자체의 퀄리티가 어느 정도인지가 중요한 기준이 된다. 최근에는 사용자가 과거에 검색하고 추출한 정보 자체도 사용하여 랭킹에 반영하고 있다.

오디오나 비디오 등 멀티미디어의 형태로 존재하는 데이터는 그것의 저장, 검색, 추출이 더 어렵다. 멀티미디어의 내용을 먼저 요약한 후 그 요약 정보를 이용하는 것이 지금까지 사용되어 온 방법이다. 최근, 멀티미디어의 내용이 텍스트로 구성되어 있는 경우에 음성인식(speech recognition) 기술을 통해 보다 완전한 형태의 데이터 그 자체로 이용하게 되었다. 여기에 얼굴인식(face recognition) 기술, 오디오 및 음악 정보 검색 기술, 바이오인포매틱스(생물정보학, bioinformatics) 등의 발달로 더 다양한 데이터를 이용할 수 있게 되었다.

2) 데이터 프로세싱 프로그램

가장 많이 사용되고 있는 데이터 저장, 추출 프로그램은 하둡(Hadoop)이다. 기존에 사용되고 있던 색인 관리 프로그램으로는 대규모의 데이터를 관리할 수 없게 되자 야후와 구글 등의 검색엔진 업체에서 분산 파일 시스템을 개발했다. 파일을 먼저 분산해서 보관하고 난 후(데이터 노드, data node), 어디에 어떻게 파일을 보관했는지 따로 저장 및 관리하는(네임 노드, name node) 방식이다. 이러한 분산 파일 시스템에 더해서, 검색이나 데이터 처리 등의 연산 기능은 별도의 클라이언트인 맵리듀스(Map/Reduce)를 이용해 여러 개의 노드에서 병렬로 처리하는 프로그램인 하둡이 생겨났다.

하둡은 대용량의 데이터를 단순히 저장하고 처리하는 기능만을 제공하기 때문에, 이를 보완할 수 있는 소프트웨어들과 일반적으로 같이 사용된다. 정형 또는 관계형 데이터베이스로부터 데이터를 가져오는 스쿱(sqoop), 비정형 데이터를 수집하기 위해 고안된 플럼(flume), 그리고 유사 SQL, 스크립트 언어, 기계학습 알고리즘 등을 기반으로 한 데이터를 처리하는 하이브(hive), 피그(pig), 마후트(mahout)가 널리 쓰이고 있다.

최근 들어서는 맵리듀스가 담당하는 데이터 처리를 보다 빠르게 하기 위해서 과거의 기술인 인메모리(in-memory) 기반 프로세싱을 함께 사용하기도 한다. 대표적인 것이 스파크(Apache Spark)이다. 데이터의 저장 및 보관은 하둡을 이용하지만, 데이터의 연산, 변환, 처리 등의 기능 및 그 결과를 따로 분산 저장하지 않고 RAM에서 바로 한다.

3) 웹 스크랩핑

아마도 최근 가장 중요한 데이터 수집의 통로는 웹(World Wide Web)일 것이다. 이를 위해 특별히 고안된 방법이 큰 관심을 끌고 있는데, 웹 크롤링(web crawling) 또는 웹 스크랩핑(web scraping)이라고 불린다. 웹사이트의 거의 모든 정보를 수집한 후 검색 서비스를 제공하는 구글 같은 범용 서비스도 있지만, 비행기, 렌트카, 호텔 등 여행 관련 상품의 가격만을 수집하는 익스피디아(Expedia.co.kr) 같은 특화된 서비스가 더 일반적이다.

웹사이트는 특정한 형태로 저장되어 있는 정보를 인터넷익스플로러나 사파리와 같은 클라이언트를 통해 화면에 보여준다. 이 때 클라이언트가 이해할 수 있는 HTML 언어가 사용되는데, 대개 HTTP(Hyper Text Transfer Protocol) 규격을 따른다. 크게 해더(header)와 본문(body)으로 나뉘며, 링크가 가능하고 독자적인 URL을 가지는 GET 방식과 그렇지 않은 POST 방식이 있다.

이러한 규칙에 맞추어서 필요한 내용을 취사선택하도록 알고리즘을 만드는 것이 웹 스크랩핑이다. 먼저 웹사이트의 페이지를 다운로드 한 다음(fetching 과정), 내가 원하는 내용만을 골라내고(scraping 과정), 혹 연결되어 있는 링크가 있는 경우 해당 웹사이트로 가서(crawling 과정) 같은 작업들을 반복한다. 정형화된 데이터의 경우는(예: 이름, 장소, 전화번호 등) 스프레드시트(spreadsheet)로 쉽게 복사하면 되지만, 가공되지 않은 문자열에서 필요한 부분을 추출하여 의미있는 데이터를 만드는 작업(parsing 과정)을 해야 하는 경우가 더 일반적이다.

스크래핑 과정 자체도 많은 기술적인 발전이 있어왔다. 초창기에는 원하는 웹사이트를 사람이 직접 하나하나 브라우저에 띄우고 페이지 소스를 찾은 다음 필요한 데이터가 어떤 HTTP규칙에 따라 보여지는지 알아내는 과정을 거쳤다. 그러다가 대용량의 데이터를 보여줘야만 하는 웹사이트들이 늘어나면서 개발자가 미리 유사한 페이지들끼리 모아서 만드는 방법을 사용하게 되었고, 이를 이용해 자동으로 HTTP규칙을 알아내게끔 스크래핑 방법이 진화했다. 최근에는 모든 작업을 온전히 자동으로 처리하는 웹 스파이더링(web spidering) 기술이 보다 보편화 되고 있다.

웹 스크래핑을 위해 따로 제작된 프로그램도 있으나, 일반적으로는 이미 사용하고 있는 데이터 처리, 분석용 프로그램을 응용하는 편이다. 파이썬(Python)의 경우[1] 다양한 라이브러리(예: requests, Beautiful Soup, Selenium, scrapy)가 웹 스크래핑의 목적만을 위해 개발, 사용되고 있다.

3. 새로운 데이터를 어떻게 분석할 것인가?

데이터 수집 방법이 크게 진화해 온 것과 마찬가지로 데이터 분석 방법도 가히 혁명적이라고 할 만큼의 변화를 거쳐왔다. 전통적인 방법은 통계적 분석이다. 수치 형태로 존재하는 데이터에 대해 확률을 기반으로 한 불확실성(uncertainty)의 이론적 모델(probability model)을 가정하여 분석하는 것이다. 데이터 자체의 특성을 찾아내기 위한 방법도 물론 존재하기는 하지만, 대개의 경우 분석대상이 되는 데이터가 샘플이고 통계적 모델을 사용해서 모집단(population)의 특성을 추론(inference)하는 것이 주된 목적이다.

기술 통계량(descriptive statistics)은 데이터를 요약하는 다양한 방법을 일컫는데, 평균, 중간값, 분산, 표준편차 등을 이용한다. 상관 분석(correlation)은 두 변수 사이에 어떤 관계가 있는지 분석하고, 회귀 분석(regression)은 여러 개의 독립변수가 종속변수에 미치는 영향을 파악한다. 분산 분석(ANOVA)은 집단 내의 분산 그리고 모든 집단의 전체 평균과 각 집단의 평균 차이에서 기인한 집단 간의 분산을 비교해서 다양한 가설검증을 한다. 주성분 분석(principal component analysis)은 많은 변수들로부터 몇 개의 공통된 성분을 추출하는데, 고차원의 데이터를 저차원의 데이터로 변환시키는데 주로 사용된다.

---

[1] 보다 자세한 파이썬에 대한 소개는 다음 절을 참고할 것.

4차 산업혁명의 시대라고 해서 위와 같은 기본적인 통계 분석방법이 사용되지 않는 것은 단연코 아니다. 오히려, 이를 보완하기 위한 새로운 방법들이 추가된다고 보는 편이 맞다. 데이터의 양이 많은 경우에 추가로 도움이 되는 방법, 데이터가 새로운 종류일 때 사용할 수 있는 방법 등이 있고, 과거에는 굳이 검증하려고 시도하지 않았던 이론에 대해 새로이 수집할 수 있게 된 데이터를 적용해 보는 움직임도 있다.

최근 들어 활발히 쓰이고 있는 새로운 분석방법을 크게 분류해 보자면, 미처 몰랐던 특성을 발견하는 것이 목적인 데이터 마이닝(data mining)과 알려진 속성을 기반으로 예측을 잘하는 것이 목적인 기계학습(machine learning)으로 나눌 수 있다. 또, 데이터 마이닝은 데이터의 종류에 따라 정형 데이터 마이닝(structured data mining)과 비정형 데이터 마이닝(unstructured data mining)이 사용되고, 기계학습은 인간의 개입여부에 따라 지도 학습(supervised learning)과 비지도 학습(unsupervised learning)이 널리 이용된다.

1) 정형 데이터 마이닝

정형 데이터 마이닝은 데이터를 추출한 후 먼저 전처리(pre-processing)와 변환(transformation) 과정을 거치게 된다. 분석에 사용될 데이터의 상태와 특성을 파악하는 것인데, 극단치(outliers)는 없는지, 결측치(missing value)는 어떻게 할 것인지 등의 결정을 내린다. 또, 불필요한 변수를 제거하기도 하고, 분석이 용이한 상태로 변수를 변환하기도 하며, 여러 데이터베이스를 통합하거나 새로운 변수를 만들어내기도 한다. 데이터의 질이 좋을수록 데이터 마이닝의 결과가 좋아지기 때문에 이 과정이 필수적인데, 최근 데이터의 양과 종류가 많아지면서 나쁜 데이터를 찾아내는 작업도 만만치 않아지고 있어서, 이 과정에 보다 더 세심한 관심이 필요하다.

데이터의 전처리와 변환 과정이 끝나면 본격적인 데이터 마이닝 작업을 하는데, 그 목적에 따라 세 가지 종류가 널리 쓰이고 있다. 첫째, 군집 분석(cluster analysis)은 데이터 속에 "존재하기는 하지만 알지 못하는" 특성이 있다고 가정하고, 데이터의 점들이 그룹을 이루게 하면서 그 특성이 나타나도록 하는 방법이다. 두 그룹 사이의 거리를 각 그룹 사이에 속하는 임의의 두 데이터 점 사이 최단거리로 정의하여 가장 유사성이 큰 그룹을 묶어 나가는 방법(single linkage method)도 있고, 주어진 데이터를 K개의 그룹으로 묶으면서 최단거리 값의 분산이 각 그룹 내에서 최소가 되게 하는 방법(K-mean algorithm)

도 널리 사용된다. 이 때, 어떤 데이터 점이 어느 그룹에 속하게 되는지 도 중요하지만 유사한 특성이 무엇인지를 발견하는 것도 매우 유용한데, 특정한 가설을 세우지 않고도 데이터 속 숨겨진 패턴을 찾아내는 것이다.

분류분석(classification)은 잘 알려진 분류별 특성을 통해 모델을 만들고 이를 이용하여 많은 양의 데이터를 보다 효과적으로 분류하는 방법이다. 두 단계로 작업이 이루어 지는 데, 먼저 분류의 결과가 알려진 과거 데이터로부터 분류별 특성을 찾아내서 분류 모형과 분류 규칙을 알아내고, 그 다음 분류 결과가 알려지지 않은 새로운 데이터에 그 규칙을 적용하여 분류 값을 예측하는 것이다. 두 단계 모두 인간이 개입하지 않은 상태에서 자동으로 이루어지게 하는 것이 핵심이며, 대개 의사결정 나무(decision tree) 방식의 알고리즘을 사용한다. 각 단계별로 특정 변수의 값을 기준으로 나무가지를 새로 만들고, 어느 정도까지 나무가지가 만들어졌을 때 가지치기를 그만 두는지도 정한다. 이 과정에서 분류를 잘못할 위험이 높은 나무가지를 제거하는 일도 중요하다.

연관 분석(association rule of learning)은 데이터 속 변수 간의 종속적 관계를 찾아내는 작업이다. 예를 들어 주간지 시사인을 정기구독하는 사람들이 일간지 경향신문도 같이 읽는 패턴이 있다면, 이러한 연관성 있는 아이템을 많은 양의 데이터 속에서 발견해 내는 것이다. 주로 빈발 패턴 마이닝(frequent pattern mining)을 쓰는데, 어느 변수들이 연관성을 가지는가를 알아내기도 하고 이런 변수들이 혹시 순차적으로 나타나는지도 본다. 하나의 변수가 연관성을 가지는 다른 모든 변수들 중 특정한 다른 하나의 변수와 어느 정도 비율로 종속적 관계를 가지는지 기준으로 신뢰도(confidence)를 계산하고, 전체 데이터 중에서 연관성이 있는 두 변수가 차지하는 비율을 기준으로 지지도(support)를 계산한다. 신뢰도와 지지도 모두 높은 패턴을 발견하는 것이 목적이다.

이 이외에 인공신경망(artificial neural network) 알고리즘, 유전 알고리즘(nenetic algorithm) 등이 사용되고 있다. 뇌의 신경망에서 아이디어를 얻은 인공신경망 알고리즘은 데이터 점(인공 뉴런 또는 노드)들 사이의 결합 여부와 결합 세기를 같이 분석한다. 다윈의 적자생존에서 착안한 유전 알고리즘은 풀고자 하는 문제에 대한 가능한 답들을 데이터의 형식으로 표현한 후 이 답들을 점진적으로 변형시켜 가면서 더 좋은 답을 만들어 내는 과정이다.

2) 비정형 데이터 마이닝

비정형 데이터란 그림, 영상, 음성, 문자와 같이 일정한 규격이나 형태가 없는 데이터를 말한다. 일반적으로는 스프레드시트에 깔끔하게 정리된 숫자 데이터가 아닌 모든 것들을 통칭하기도 한다. 기존의 컴퓨터 시스템이 숫자 데이터를 중심으로 만들어졌기 때문에, 지금까지는 비정형의 데이터를 숫자로 변환해서 처리하는 방식을 사용해 왔다. 하지만, 숫자로 변환하는 단계에서 필연적으로 데이터를 한 번 해석하는 과정을 거치게 되므로, 대개 분석 결과들이 예측 가능한 수준에 머무르는 경우가 많았다. 또한, 숫자로 변환하기 어렵다고 판단되는 데이터는 분석을 하지 않고 버리기도 했다.

이러한 비정형 데이터를 분석하는 방법 중 텍스트 마이닝(text mining)이 최근 가장 괄목할 만큼 성장하고 있다. 문서 형태로 이루어진 데이터는 인간만 이해할 수 있는데, 이것을 컴퓨터가 이해할 수 있게끔 바꾸는 과정(자연어 처리, natural language processing)을 거쳐서 분석하는 것이다. 문단이나 문장처럼 길게 있는 텍스트를 단어 별로 쪼개고 (stemming) 난 후, 다양한 형태로 활용된 단어의 표제어(lemma)를 찾는 것이 시작이다. 언어의 특징에 따라 단어 형태 그대로 사용할 수도 있고, 한국어처럼 조사를 제거하고 복합 명사를 분리하는 작업이 추가로 필요할 수 있다. 구, 절, 문장, 문단이나 문서 전체 등의 분석 단위를 정하고, 단어의 빈도 수에 기반한 분류를 하거나 단어 간의 연관성을 발견한다.

텍스트 마이닝에서 발전된 오피니언 마이닝(opinion mining)도 최근 주목을 받고 있다. 특정 주제나 대상에 대해 사람들이 어떠한 주관적이고 감정적인 의견을 표현하는지 분석하는 방법이다. 텍스트 마이닝과 똑같은 과정을 거쳐 문서를 단어 형태로 분리한 다음, 이미 다른 전문 연구자들이 만들어 놓은 "감성사전"(어떤 단어가 긍정적인지 부정적인지 또는 중립적인지 분류해 놓은 사전)과 비교해 보는 감성 분석(sentiment analysis)을 할 수 있다. 현재 감성사전이 체계적으로 축적되어 가고 있는 영어와는 달리 한국어의 경우는 아직까지 정확도가 아주 높지는 않은 실정이다.

마지막으로 소셜 네트워크 분석(social network analysis, 사회 연결망 분석)도 최근 널리 쓰이고 있다. 개인들 사이에 연결된 네트워크를 대상으로, 우선 네트워크의 구성원을 '점'으로 표현하고 구성원간의 연결을 '선'으로 나타낸다. 특히, 연결의 방향을 표시하기 위해 화살표를 사용하는데, 인-디그리(in-degree)와 아웃-디그리(out-degree)가 있다. 그리고, 사람들 사이의 연결 방향을 고려해서 '연결성'의 개념을 정의하고, 연결된 수와 정도를 감안하여 '밀도'의 개념을 정의한다. 이를 통해서 어떤 사람들이 네트워크 속에서 중요한 역할을 하는지, 네트워크 내부에 상위 그룹과 하위 그룹 같은 위계 질서(hierarchy)가 있지는 않은지, 하나의 네트워크가 다른 네트워크와 어떻게 연결되어 있는지 등을 분석한다.

3) 데이터 마이닝 프로그램

일반적으로는 정형 및 비정형 데이터 마이닝을 위해서 기존에 사용하고 있는 데이터 처리, 분석용 프로그램을 응용하는 편이다. R과 파이썬(Python)이 대표적이다. 무료의 오픈 소스 프로그램인 R은 프로그래밍 언어로 처음 개발된 이후, 주로 자료와 통계를 분석하는데 많이 사용되었다. 자연 언어에 가까운 문장 형식이기 때문에 자동화하기 쉽고 다른 사용자와 코드를 공유하기 용이하다. 초보 이용자의 경우, 자신이 필요로 하는 패키지를 다운로드 받아서 패키지와 같이 제공되는 예제를 참고하여 그냥 사용하기만 하면 된다. 물론, 미리 짜여진 패키지나 프로그램에 제한 받지 않고 새로운 방법을 프로그래밍 하기도 쉽기 때문에, 오히려 고급 이용자의 경우, 변화하는 데이터 환경에 적응하여 새로운 분석 기법을 스스로 시도해 볼 수 있는 장점도 있다. 최근에는 위에서 소개한 다양한 데이터 마이닝 방법들이 재빨리 패키지 형태로도 제공되고 있다. 또한, 단순 통계 작업과 데이터 마이닝 뿐만 아니라, 데이터의 시각화와 그래픽 작업에서 다양한 옵션을 사용자에게 제공하고 있어 그 쓰임새가 매우 크다.

파이썬도 무료의 오픈 소스 프로그램이다. 한국에서는 아직 대중적으로 사용되고 있지 않지만, 미국에서는 교육과 실무 목적으로 많이 사용되고 있다. C언어를 기반으로 만들어졌으며, 다양한 플랫폼에서 쓸 수 있어서 다른 언어로 쓰인 모듈들을 연결하는 기능으로 쓰임새가 크다. R과 마찬가지로 전문가들이 미리 만들어 놓은 라이브러리를 사용할 수 있는데, 대개 C로 만들어져서 처리 속도가 매우 빠른 것도 장점이다. 또한, R이 제공하는 통계 분석의 툴이나 기본적인 데이터 마이닝 기법도 파이썬을 이용해 할 수 있지만, 자연어 처리에서 있어서 특히 직관적이고 다양한 옵션을 가지고 있기 때문에 텍스트 마이닝에서 가장 널리 사용되고 있다.

R과 파이썬이 대세이기는 하지만, 데이터 마이닝만을 위해 따로 고안된 프로그램도 있다. 널리 쓰이는 것은 Java 언어로 개발된 무료의 오픈 소스 프로그램 Weka이다. Stata 나 SAS에 포함되어 있는 데이터 마이닝 프로그램들은 설치 크기가 매우 크고 가격도 고가인데, Weka는 이러한 상용 프로그램에 전혀 뒤쳐지지 않는다는 평을 받고 있다. 더구

나 R과 파이썬과 같이 소스 코드 전체가 공개되어 있기 때문에 위에서 소개한 여러 마이닝 방법들을 보다 심도 있게 이해하는데도 큰 도움이 될 수 있다.

4) 기계학습

기계학습(machine learning)은 컴퓨터를 인간처럼 학습시켜 스스로 규칙을 만들 수 있게 하겠다는 시도이다. 정확한 규칙을 만들 수만 있다면, 컴퓨터가 같은 행동을 반복해서 모방할 수 있게 되므로 미래에 대한 예측도 가능해 질 것이기 때문이다. 주로 인간이 할 수 없거나 할 수 있다고 하더라도 시간과 노력이 많이 드는 분야를 중심으로 시작되었다.

인간이 선생님이 되어서 주어지는 입력값에 대해 레이블을 달아놓으면 컴퓨터가 그것을 학습하는 방식이 지도 학습(supervised learning)이다. 인간이 직접 레이블을 달기 때문에, 데이터의 정확도가 높아지는 장점이 있다. 하지만, 인간이 모든 것을 일일이 다 하는 것에 한계가 있을 수 밖에 없으니, 만들어지는 데이터의 양이 제한적이다. 초창기에는 전통적인 통계 분석에 지도 학습을 접목시키는 시도만 했으나, 최근에는 거의 모든 데이터 마이닝 기술과도 같이 쓰인다.

인간이 없는 상태에서 컴퓨터가 레이블이 없는 데이터에 대해 스스로 학습하는 방식이 비지도 학습(unsupervised learning)이다. 흡사 정답이 없는 문제를 푸는 것과 같아서 학습의 결과를 제대로 평가하기 힘든 단점이 있다. 하지만, 최근 새롭게 생겨나고 있는 데이터는 예비적 탐색이 필요한 경우가 많아 그 쓰임새가 적지 않다.

강화 학습(reinforcement learning)은 위의 두 방식 사이 경계선에 있다. 인간이 개입한다는 점에서 지도 학습에 가깝다고 할 수 있지만, 입력값에 대한 레이블은 제시하지 않은 채 학습의 규칙만 정하고 그 규칙을 따르는 경우 보상(reward)을 준다. 대개 환경과 조건을 컴퓨터에게 알려준 뒤 어떤 행동을 하는 것이 가장 좋은지 찾는 일에 많이 쓰인다. 우리에게 잘 알려진 알파고의 바둑이 대표적인 예이다. 바둑알을 하나 하나 놓는 경우의 수를 다 계산하여 이후 전체 경기의 승패에 더 유리한 방향으로 행동을 선택하도록 학습한 것이다.

사실 이론적으로는 기계학습과 데이터 마이닝을 구분할 수 있겠지만, 실제로는 거의 두 방법이 같이 사용된다. 따라서 기계학습을 위한 프로그램 역시 R과 파이썬을 사용하는 것이 일반적이다. 물론, 기계학습을 위해 전문가들이 미리 만들어 놓은 패키지 또는 라이브러리를 R과 파이썬 내부에서 불러내 사용할 수 있다.

4. Automated Textual Analysis (자동 텍스트 분석)

4차 산업혁명이 바꾸어 놓을 미디어와 미디어 컨텐츠를 분석하는 다양한 방법들을 최근의 트렌드와 함께 살펴 보았다. 이 중 현재 가장 많이 쓰이고 있으며, 미디어를 만들고 분석하는 우리의 입장에서 적용 및 확장할 수 있는 가능성이 제일 큰 것은 텍스트 마이닝에 기계학습을 접목시킨 방법이라고 생각한다(Grimmer and Stewart 2013).

이번 절에서는 그 예로, 최근 10명의 미국 대통령 취임 연설문을 R을 이용해서 직접 분석해 보도록 한다. R은 https://cran.r-project.org에서 다운로드 받을 수 있고, 다음의 자료를 통해서 비교적 쉽게 학습할 수 있다.

https://socialsciences.mcmaster.ca/jfox/Courses/R-course/index.html
http://spia.uga.edu/faculty_pages/monogan/computing/r/fullR.pdf
http://rseek.org (검색엔진)

먼저 우리가 사용할 패키지를 다운로드 받은 후 R에서 사용한다고 지정한다. 사용자에 따라서 다양한 패키지를 선택할 수 있으나, 우리는 총 4가지를 사용한다. "tm" 패키지는 텍스트를 데이터 형태로 저장한 후 전처리(pre-processing)하는 명령어를 제공해 준다(Feinerer 2017). "SnowballC" 패키지는 텍스트를 단어별로 쪼개고(stemming) 표제어를 찾는 명령어를 제공한다(Bouchet-Valat 2015). "wordcloud"와 "topicmodels" 패키지는 단어의 사용빈도를 시각화하거나 통계적 모델링하는 명령어를 제공해 준다(Fellows 2015; Grun and Hornik 2011).

```
> require(tm)
> require(SnowballC)
> require(wordcloud)
> require(topicmodels)
```

1981년부터 2017년까지 미국 대통령 취임사는 인터넷에서 전문을 다운로드 받으며,[2]

___
[2] http://www.presidency.ucsb.edu/inaugurals.php이 가장 대표적이다.

우리의 분석 목적상 각각의 취임사를 따로 텍스트 파일 형태(txt 확장자를 가진 파일)로 저장해서 하나의 폴더에 모두 한꺼번에 둔다. 아래에서 보듯 dir 명령어를 이용해 우리가 새로 만든 PrezInAddress 폴더에 어떤 텍스트 파일들이 있는지 확인해 볼 수도 있다.

```
> dir("PrezInAddress")
 [1] "In1981Reagan.txt"  "In1985Reagan.txt"  "In1989Bush.txt"
 [4] "In1993Clinton.txt" "In1997Clinton.txt" "In2001Bush.txt"
 [7] "In2005Bush.txt"    "In2009Obama.txt"   "In2013Obama.txt"
[10] "In2017Trump.txt"
> docs.raw <- Corpus(DirSource("PrezInAddress"))
> summary(docs.raw)
                   Length Class                    Mode
In1981Reagan.txt   2      PlainTextDocument        list
In1985Reagan.txt   2      PlainTextDocument        list
In1989Bush.txt     2      PlainTextDocument        list
In1993Clinton.txt  2      PlainTextDocument        list
In1997Clinton.txt  2      PlainTextDocument        list
In2001Bush.txt     2      PlainTextDocument        list
In2005Bush.txt     2      PlainTextDocument        list
In2009Obama.txt    2      PlainTextDocument        list
In2013Obama.txt    2      PlainTextDocument        list
In2017Trump.txt    2      PlainTextDocument        list
```

그리고, Corpus(DirSource("..folder name..")) 명령어를 이용해 10개의 텍스트 파일을 한꺼번에 읽는다. summary 명령어를 사용해서 R이 데이터를 잘 읽었는지 다시 한번 확인할 수도 있다.

먼저 tm_map 명령어를 이용해 전처리(preprocessing)를 한다.[3] 대문자를 모두 소문자로 바꾸고(tolower 옵션), 불필요한 여백(stripWhitespace 옵션)과 부호(removePunctuation 옵션)를 제거한다. 또한, removeNumbers 옵션으로 숫자를 모두 없애고, 별 의미없이 사용되는 영어의 관용구(예: a, the, and, but 등)를 stopwords("english") 옵션을 이용해 제거한다. 다음으로, 같은 의미이지만 경우에 따라 어미만 달라지는 단어들을 하나로 간주하기 위해 어미를 잘라내는 작업(stemDocument 옵션)을 한다. 마지막으로, 미국과 미국인을 지칭하는 단어를 "america"로 통일한다.

---

3) 한글 텍스트의 경우는 KoNLP 패키지를 이용할 수 있다(Jeon 2016). 영어의 경우 모든 단어를 다 분리하여 전처리할 수 있지만, 한글은 현재 명사만 따로 추출해서 전처리하고 있다.

```
> docs.prep <- tm_map(docs.raw, content_transformer(tolower))
> docs.prep <- tm_map(docs.prep, stripWhitespace)
> docs.prep <- tm_map(docs.prep, removePunctuation)
> docs.prep <- tm_map(docs.prep, removeNumbers)
> docs<- tm_map(docs.prep, removeWords, stopwords("english"))
> docs<- tm_map(docs, stemDocument)
> docs<- tm_map(docs, content_transformer(gsub),
+              pattern="americans", replacement="america")
> docs<- tm_map(docs, content_transformer(gsub),
+              pattern="american", replacement="america")
```

이렇게 전처리된 텍스트 중 하나를 실제로 살펴보면 다음과 같다. 우리가 만든 폴더의 첫번째 파일이며(대괄호 [[..number..]] 안의 숫자 1이 첫번째 파일을 의미), 1981년 레이건 대통령의 취임사이다.

```
> content(docs[[1]])   # Reagan, 1981
[1] "senat hatfield mr chief justic mr presid vice presid bush vice presidmondal senat
baker speaker oneil reverend moomaw fellow citizen us today solemnmoment occas yet
histori nation commonplac occurr order transfer author callconstitut routin take place
almost two centuri us stop think uniqu realli eyemani world everi year ceremoni accept
normal noth less miracl mr presid wantfellow citizen know much carri tradit gracious
cooper transit process shownwatch world unit peopl pledg maintain polit system guarante
individu libertigreater degre thank peopl help maintain continu ...<truncated>
```

DocumentTermMatrix 명령어를 사용하면 어떤 단어가 각 취임사 별로 얼마나 빈번히 사용되었는지 알아볼 수 있다. 아래에서는 처음 5개의 취임사(1:5로 표시)에서 사용된 알파벳 순 6개의 단어(1:6으로 표시)를 행렬 형태로 보여준다. 또, 어떤 단어가 특정한 취임사에서 얼마나 중요한지를 알아보기 위해서 가중치를 사용할 수 있는데, 보다 많은 문서에 골고루 사용되는 경우(예: 아래에서 abraham보다는 act에) 보다 적은 가중치를 준다. 대개 TF-IDF(Term Frequency-Inverse Document Frequency)로 이를 측정하는데, 여기에서는 weightTfIdf 명령어를 이용한다. 첫번째 취임사(dtm.tfidf.mat[1,]로 표시)에서 쓰인 단어를 가장 중요한 순서대로 분류해(sort 명령어를 이용) 처음 10개를 보여주고 (n=10으로 표시) 있다.

```
> docs.dtm <- DocumentTermMatrix(docs)
> docs.dtm.mat <- as.matrix(docs.dtm)
> docs.dtm.mat[1:5, 1:6]
                        Terms
Docs                    abraham accept achiev across act action
    In1981Reagan.txt        1      1      2      1    5    1
    In1985Reagan.txt        0      0      1      0    2    0
    In1989Bush.txt          0      1      0      0    3    2
    In1993Clinton.txt       0      0      0      4    2    0
    In1997Clinton.txt       0      0      2      2    0    0
>
> dtm.tfidf <- weightTfIdf(docs.dtm)
> dtm.tfidf.mat <- as.matrix(dtm.tfidf)
> head(sort(dtm.tfidf.mat[1,], decreasing=TRUE), n=10)   #  Reagan, 1981
    monument       hero      burden       intent      marker      special
 0.011474708 0.008999822  0.008606031 0.008606031 0.008606031 0.008020477
      front      present      provid       theyr
 0.006015358 0.006015358  0.006015358 0.006015358
```

다음으로 대표적인 군집 분석(cluster analysis)인 K-mean algorithm을 이용해 본다. kmeans 명령어를 사용하는데, 그 결과를 한 눈에 알아보기 위해 필자가 새로운 명령어를 따로 만들어 분석한다. 그룹을 몇 개로 할 지 사용자가 k로 정하며, kmeans 명령어의 centers=k 옵션으로 들어간다. 결과물 중 centers라는 이름이 붙은 리스트에 각 그룹별로 빈번히 사용된 단어들이 저장되어 있고, cluster라는 이름의 리스트에는 어느 취임사가 어느 그룹에 속하는지 저장되어 있다. 우리는 각 그룹별로 가장 많이 사용된 20개의 단어를 보여주고, 해당 취임사의 파일 이름도 보여주도록 설정한다.

```
> applykmeans <- function(k) {
+   km.out <- kmeans(dtm.tfidf, centers=k)
+   colnames(km.out$centers) <- colnames(dtm.tfidf)
+   for (i in 1:k) {
+   cat("CLUSTER", I, "\n")
+   cat("Top 20 words:\n")
+   print(head(sort(km.out$centers[i,], decreasing =TRUE), n=20))
+   cat("\n")
+   cat("Inaugural AddressesClassified:\n")
+   print(rownames(dtm.tfidf)[km.out$cluster== i])
+   cat("\n")
+   }
+ }
```

아래는 그룹의 수를 3개로 지정해서 군집분석을 해 본 결과이다. 1981년 레이건 대통령 취임사가 하나의 그룹, 2017년 트럼프 대통령 취임사가 또 다른 하나의 그룹, 그리고 이 둘을 제외한 모두의 취임사가 하나의 그룹으로 묶일 수 있다. 1981년 레이건 대통령과 2017년 트럼프 대통령 모두 정치 아웃사이더로 분류되며, 각자의 독특한 연설 스타일이 화제가 된 만큼 이 결과가 일견 이해된다. 2017년 트럼프 대통령이 취임사에서 빈번히 사용한 단어를 보면, 전임 대통령(예: obama)을 많이 언급했고 과거의 영광을 되돌린다는 선거구호(예: glorious, dream)도 계속 사용하는듯 보이며 센세이션을 불어온 멕시코 국경 관련 언급(예: border)도 등장한다. 같은 방식으로 두번째와 세번째 그룹(CLUSTER 2와 3으로 표시)에 많이 사용된 단어들을 살펴볼 수 있다.

```
> applykmeans(3)
CLUSTER 1
Top 20words:
      obama     everyon     breath     glorious    politician    righteous
0.013095643 0.009129911 0.008730429 0.008730429 0.008730429 0.008730429
     trillion    transfer     foreign      capit       border      militari
0.008730429 0.006847433 0.006847433 0.006847433 0.006847433 0.006102308
      total        talk       exist     forgotten     dream       wealth
0.006102308 0.006102308 0.006102308 0.006102308 0.005810504 0.005256242
       citi       factori
0.005211280 0.005211280

InauguralAddresses Classified:
[1] "In2017Trump.txt"

CLUSTER 2
Top 20words:
      stori       season      ideal       sometim     breez       friend
0.003263704 0.002110501 0.002063474 0.001878793 0.001873831 0.001823065

     common       seem        duti        servic       caus        thing
0.001719528 0.001712304 0.001664536 0.001662408 0.001640264 0.001628926
     better      journey      door       respons      pass        blow
0.001628605 0.001589150 0.001567947 0.001522035 0.001521538 0.001496744
      drift       honor
 0.001467828 0.001463962

InauguralAddresses Classified:
[1] "In1985Reagan.txt"  "In1989Bush.txt"   "In1993Clinton.txt"
[4] "In1997Clinton.txt"  "In2001Bush.txt"   "In2005Bush.txt"
[7] "In2009Obama.txt"   "In2013Obama.txt"
```

```
CLUSTER 3
Top 20words:
    monument        hero        burden        intent        marker
  0.011474708   0.008999822   0.008606031   0.008606031   0.008606031
    special        front        present        provid        theyr
  0.008020477   0.006015358   0.006015358   0.006015358   0.006015358
    feder         group        maintain       price         counter
  0.005999881   0.005999881   0.005999881   0.005999881   0.005737354
    food          giant      misunderstand     penal          row
  0.005737354   0.005737354   0.005737354   0.005737354   0.005737354

InauguralAddresses Classified:
[1] "In1981Reagan.txt"
```

아래는 그룹을 2개로 지정해서 군집분석을 해 본 결과이다. 2017년 트럼프 대통령 취임사가 하나의 그룹, 그리고 이를 제외한 모두의 취임사가 하나의 그룹으로 묶일 수 있다. 이를 통해 트럼프 대통령이 이전 대통령들과는 전혀 다른 방식의 커뮤니케이션 스타일을 사용하고 있다는 점을 유추해 볼 수 있다.

```
> applykmeans(2)
CLUSTER 1
Top 20words:
    obama        everyon        breath        glorious      politician     righteous
  0.013095643   0.009129911   0.008730429   0.008730429   0.008730429   0.008730429
    trillion      transfer      foreign        capit         border         militari
  0.008730429   0.006847433   0.006847433   0.006847433   0.006847433   0.006102308
    total          talk          exist        forgotten       dream         wealth
  0.006102308   0.006102308   0.006102308   0.006102308   0.005810504   0.005256242
    citi          factori
  0.005211280   0.005211280

InauguralAddresses Classified:
[1] "In2017Trump.txt"

CLUSTER 2
Top 20words:
    stori          ideal         season        sometim         breez         friend
  0.002901070   0.001904911   0.001876001   0.001670039   0.001665628   0.001620502
```

```
    feder       common       seem        duti        servic       caus
0.001587149  0.001528469  0.001522048  0.001479587  0.001477696  0.001458013
    senat       enough       thing       better       let         journey
0.001452929  0.001449507  0.001447934  0.001447649  0.001424435  0.001412578
    man          yet
0.001408422  0.001395823


InauguralAddresses Classified:
[1] |"In1981Reagan.txt"   "In1985Reagan.txt"   "In1989Bush.txt"
[4] "In1993Clinton.txt"   "In1997Clinton.txt"   "In2001Bush.txt"
[7] "In2005Bush.txt"      "In2009Obama.txt"    "In2013Obama.txt"
```

2017년 트럼프 대통령이 빈번히 사용한 단어들을 그래프 형태로 보여줄 수도 있다. 먼저 barplot 명령어를 이용해 2가지 도수분포(frequency distribution)를 만들 수 있고, 그 결과는 <그림 2-1>과 같다.

```
> freq.10 <- head(sort(docs.dtm.mat[10,], decreasing =TRUE), n=20)
> barplot(freq.10, cex.names=0.7, las=2)
> freq.10 <- head(sort(dtm.tfidf.mat[10,], decreasing =TRUE), n=20)
> barplot(freq.10, cex.names=0.7, las=2)
```

다음으로 wordcloud 명령어를 이용해 워드 클라우드를 그려본다. <그림 2-2>에서 보듯이 글자크기를 단어가 사용된 빈도에 비례하게 만든 것으로, 앞의 도수분포 그래프보다 더 직관적으로 이해할 수 있는 장점이 있다.

```
>wordcloud(colnames(docs.dtm.mat), docs.dtm.mat[10,], max.words=20)
>wordcloud(colnames(dtm.tfidf.mat), dtm.tfidf.mat[10,], max.words=20)
```

마지막으로 최근 빅데이터의 증가와 더불어 관심을 끌고 있는 토픽 모델(topic model)을 이용해 본다. 토픽 모델은 비지도 기계학습(unsupervised machine learning)을 통해 텍스트 데이터를 분석하는 가장 대표적인 통계 모형이다. 각 문서가 몇 개의 토픽/주제로 구성되어 있다고 가정하고, 각 토픽/주제를 말하기 위해 몇 개의 단어가 그룹으로 같이 사용된다고[4] 가정한다. 이 이론을 바탕으로 토픽/주제의 수를 지정한 후 대용량의 문서가 어느 토픽/주제를 상대적으로 더 많이 말하는지 통계적으로 추정한다.

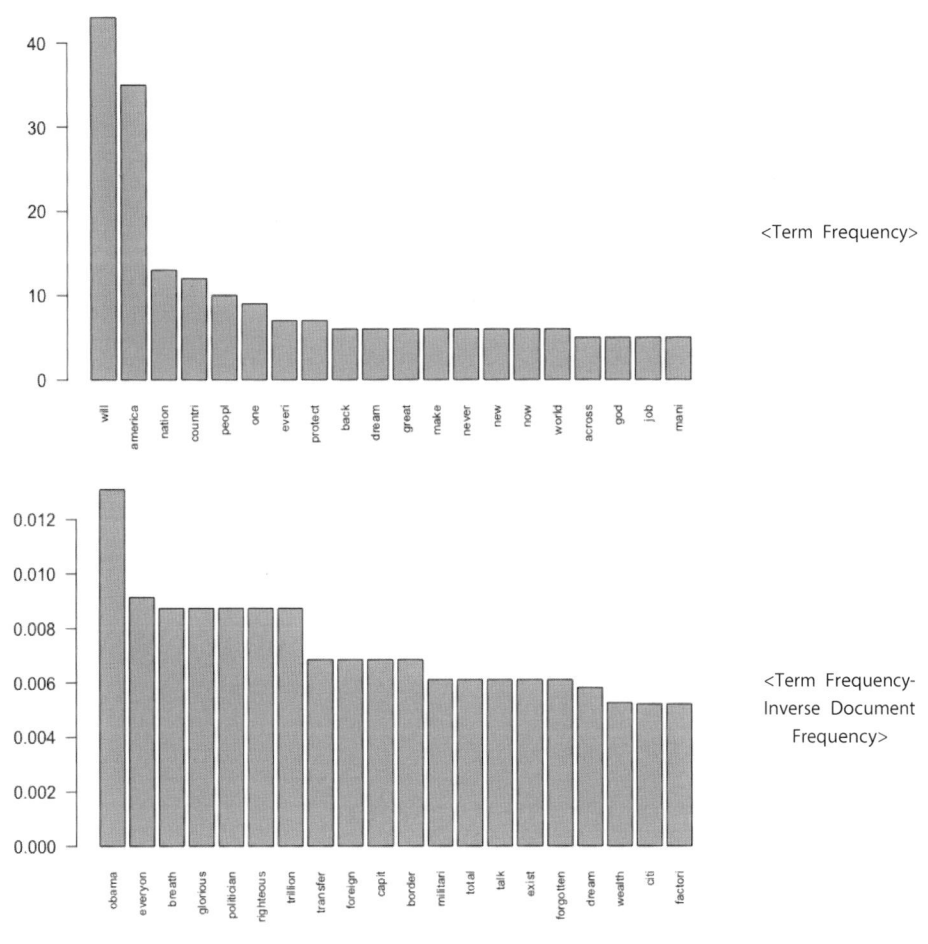

<그림 2-1> 2017년 트럼프 대통령 취임사에서 빈번히 사용된 단어

---

4) 단어들이 그룹으로 같이 사용되는 패턴이 분포(distribution)의 형태를 띤다고 가정하는데, 가장 널리 쓰이는 분포는 dirichlet distribution이다.

<Term Frequency>   <Term Frequency-Inverse Document Frequency>

<그림 2-2> 2017년 트럼프 대통령 취임사의 워드 클라우드

　지금까지 알려진 바로는 문서의 길이가 짧고 문서의 개수가 적을 경우 토픽 모델의 통계적 추정 결과가 불안정하다. 따라서, 우리가 분석하고 있는 대통령 취임사가 토픽 모델의 아주 적합한 예는 아니다. 하지만, 이후 대용량의 텍스트 데이터를 분석해야 하는 경우 하나의 예로 참조하게끔 아래와 같이 간단히 분석해 본다. LDA 명령어를 사용하며, 그 결과에 대해 terms 명령어로 각 토픽에서 빈번히 사용되는 단어 리스트를 추출해 낼 수 있고, topics 명령어로 어느 취임사가 어느 토픽을 가장 많이 사용했는지도 추정할 수 있다. 토픽을 3가지로 지정했는데, 2번의 레이건 취임사와 2017년 트럼프 취임사가 하나의 토픽을 많이 사용한 그룹으로 묶였고, 그 외에는 공화당 출신 대통령과 민주당 출신 대통령이 따로 그룹지어졌다. 민주, 공화 양당이 서로 다른 관심을 가지고 있음을 유추해 볼 수 있고, 정치적 아웃사이더들의 독특한 커뮤니케이션 스타일도 확인할 수 있다. 이 점은 앞에서 해 보았던 군집분석의 결과와 크게 다르지 않다.

```
> docs.lda <- LDA(docs.dtm, k = 3)
> terms(docs.lda, 20)
       Topic 1   Topic 2   Topic 3
 [1,]  "will"    "america" "will"
 [2,]  "america" "will"    "america"
 [3,]  "freedom" "new"     "govern"
 [4,]  "nation"  "must"    "nation"
 [5,]  "can"     "world"   "peopl"
```

```
    [6,]  "time"     "nation"   "world"
    [7,]  "must"     "peopl"    "one"
    [8,]  "work"     "time"     "must"
    [9,]  "world"    "can"      "time"
   [10,]  "countri"  "everi"    "freedom"
   [11,]  "new"      "today"    "now"
   [12,]  "citizen"  "let"      "god"
   [13,]  "day"      "work"     "great"
   [14,]  "everi"    "centuri"  "new"
   [15,]  "free"     "govern"   "countri"
   [16,]  "great"    "now"      "day"
   [17,]  "hope"     "generat"  "everi"
   [18,]  "know"     "citizen"  "let"
   [19,]  "liberti"  "make"     "presid"
   [20,]  "live"     "one"      "today"
 > topics(docs.lda)
    In1981Reagan.txt  In1985Reagan.txt   In1989Bush.txt  In1993Clinton.txt
            3                 3                 1                 2
 In1997Clinton.txt   In2001Bush.txt   In2005Bush.txt   In2009Obama.txt
            2                 1                 1                 2
   In2013Obama.txt   In2017Trump.txt
            2                 3
```

5. 4차 산업혁명과 방법론의 진화, 우리는 어떻게 준비할 것인가?

지금까지의 논의를 통해서 최신 방법론에 대해 개괄적인 이해를 할 수 있겠지만, 여전히 우리는 4차 산업혁명이 가져올 변화에 대한 불안감을 완전히 떨쳐 버리지 못할 것이다. 방법론이 지금까지 진화해 왔듯이 앞으로도 또 변할 것이 분명하거니와, 그 변화의 속도도 더 빨라질 것이기 때문이다. 따라서, 앞으로 어떤 방법이 새로 개발되어 통용되더라도 보다 쉽게 이해, 습득, 사용할 수 있게끔 우리 자신을 준비시키는 것이 보다 바람직한 자세라고 하겠다.

1) 데이터를 시각화하도록 노력하자

시각화(visualization)는 그림이나 그래프를 이용해서 데이터를 이해하려는 시도이다.

사실, 우리가 데이터를 분석하는 모든 작업의 목적은 분명하다. 새로운 정보를 효과적으로 잘 전달하거나, 다른 사람을 보다 잘 설득하는 것이다. 그런데, 일반적으로 그림이나 그래프는 복잡한 데이터를 한 눈에 이해하기 쉽게 도와주며, 변수나 데이터 사이에 존재하는 관계, 패턴, 트렌드를 자연스럽게 드러낸다. 따라서, 우리가 주장하는 바를 스토리의 형태로 전달할 수 있는 매우 효과적인 수단이 된다.

최근 중요성이 더 부각되고 있기는 하지만, 시각화는 오래전부터 있어 왔다. 17세기 지도를 제작하면서 몇몇 정보를 추가하는 일이 빈번해졌고, 19세기에는 새로운 그래프를 만들기도 했다. 예를 들어, 찰스 미나드(Charles Minard)라는 프랑스 공학자가 나폴레옹의 러시아 원정을 통계 그래프로 표현했다. 그림 2-3에서 보듯, 군대의 시기별 위치와 방향을 단순하게 그렸는데, 그 폭이 병력의 규모에 비례하게 만들었다. 이를 통해서, 러시아 원정을 시작할 때 42만명이던 병력이 퇴각을 끝낸 후 1만명으로 줄어드는 과정을 효과적으로 보여주었다. 또한, 여기에는 퇴각할 때의 기온을 그림 아래에 같이 표시해서, 추운 날씨가 병력의 감소에 어떠한 영향을 미쳤는지도 알려주고 있다.

이러한 시각화를 통해서 우리는 몇 가지 장점을 얻을 수 있다. 첫째, 데이터를 분석하는 목적에 대해 보다 깊게 생각하게 된다. 그림이나 그래프를 만드는 방법은 너무나도 많은데 그 중에 무엇을 고를 것인가가 중요하기 때문이다. 누구를 대상으로 할 지 분명히 해야 하며, 시각화를 통해 어떤 메세지/주장을 전달할 것인지도 명확히 해야 한다. 따

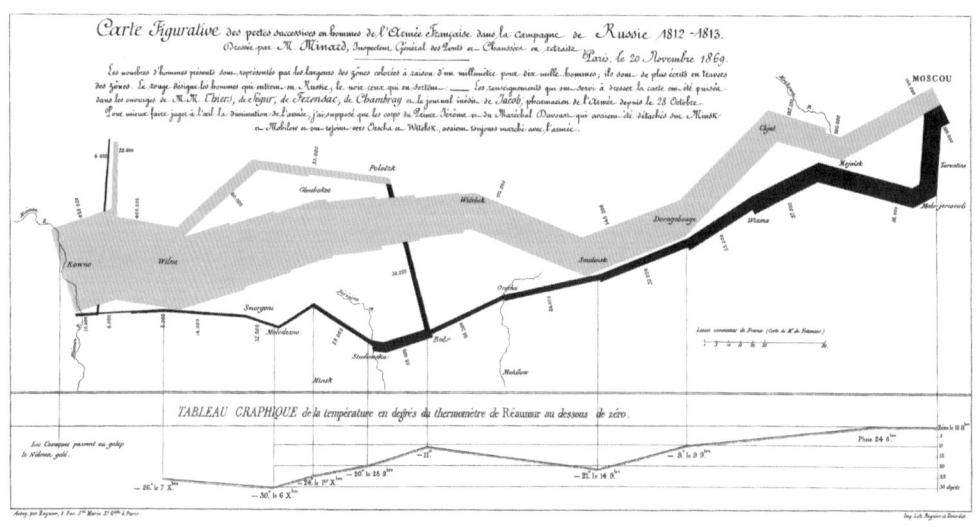

출처: 위키피디아 (https://en.wikipedia.org/wiki/Charles_Joseph_Minard)

<그림 2-3> 미나드 도표

라서, 군이 설명해서 알려주지 않아도 보는 사람이 스스로 그래프의 목적을 알 수 있다면 좋고, 보는 사람이 더 "생각"할 수 있게 하는 그래프는 금상첨화일 것이다.

둘째, 시각화를 준비하는 과정에서 더 많은 것을 배울 수 있다. 그래프는 대개 한 번에 그려지지 않고 수많은 시행착오를 거치면서 만들어지는데, 많은 사람들이 이것을 번거롭게 생각할 수도 있지만 우리는 오히려 이를 기회로 삼을 수 있다. 시각화를 소비하는 사람의 입장에서 어떤 그래프가 좋은지 생각할 수 있는 자연스러운 기회가 주어지는데, 하나 하나의 그래프가 전체의 스토리에서 어떠한 역할을 할 것인지도 고려할 수 있게 된다. 단순히 그림 하나를 그리는 것에서 그치지 않고, 데이터 분석 전체에 대해 돌아보게 되는 것이다. 이를 통해 우리는 전체 주장이나 스토리를 어떻게 효과적으로 전달할 수 있는지 다시 한번 생각하게 된다.

2) 프로그래머처럼 생각하자

새롭게 등장하는 분석방법을 현명하게 소비할 수 있게 되려면, 역설적이게도 "소비자"의 자세에서 벗어나야 한다. 오히려, 방법을 개발하는 "프로그래머"의 입장이 되어보는 것이 중요하다. 우리가 사용하는 방법이 어떻게 개발되는지 아는 것은 불필요하지만, 방법을 개발하는 사람들이 무엇을 중요하게 생각하는지 아는 것이 필요하다. 많은 사람들이 착각하듯 프로그래밍은 단순한 테크닉이 아니다. 프로그래머의 "사고방식"에서 배울 것이 있으며, 이를 통해 궁극적으로 우리는 현명한 소비자가 될 수 있다.

프로그래머의 사고방식을 한마디로 요약하면, "단순하게 생각하라"이다. 복잡한 사물과 개념을 단순하게 바꿔서 표현한다는 말이다. 건축가가 건물을 짓기 전에 설계도를 만드는 것과 똑같은 작업을 프로그래머도 하는데, 프로그램이 작동하는 과정을 도식화해서 전체 모습으로 이해하려 하는 것이다. 단순화와 도식화를 통해 전체 그림을 먼저 그리지 않고 프로그램을 만들면, 이후 무엇인가 서로 맞지 않는 부분이 생겨 부차적이고 쓸모없는 작업에 더 많은 시간과 노력을 들여야 하기 때문이다. 따라서, 훌륭한 프로그래머들은 자신이 하는 작업을 가장 단순하게 그려본 후, 이를 바탕으로 여러 세부적인 내용을 어떻게 확장, 배치할 지 미리 생각하며 작업한다.

이러한 방식의 사고를 통해 우리는 몇 가지 장점을 얻을 수 있다. 첫째, 특정한 사물, 개념, 방법에 대한 이해의 폭이 넓어진다. 전체 모습을 보다 쉽게 파악할 수 있음은 물론, 여러가지 디테일을 어떠한 목적으로 어떻게 사용하면 되는지도 보다 쉽게 이해할 수 있다. 둘째, 논리적으로 생각할 수 있다. 큰 그림이 머리 속에 있기 때문에 세부적인 것을 빠짐없이 그리고 중복되지 않게 그려볼 수 있다. 논리적인 비약이 있을 경우 이를 보다 쉽게 찾아낼 수 있다. 아울러, 논리를 다양한 방식으로 전개, 유추, 연상하면서 발상을 넓힐 수 있으며, 궁극적으로 창의적인 아이디어도 낼 수 있다.

셋째, 새로운 데이터와 분석방법이 필요할 경우 큰 어려움없이 배우고 사용할 수 있다. 과학이 그러하듯, 모든 새로운 것들은 기존의 것들을 변형하고 수정하는 과정을 거치면서 만들어진다. 기존의 데이터와 분석방법을 사용하면서도 전체적인 큰 모습을 논리적으로 이해하려고 노력한다면, 약간의 변화를 습득하는 것이 그리 어렵지 않을 것이다. 또한, 전혀 새로운 개념 및 방법을 설령 만나더라도 "프로그래머의 사고방식"으로 훈련된 우리는 더 빠른 속도로 이해하고 사용할 수 있을 것이다.

| 참고문헌

Bouchet-Valat, Milan. 2015. "Package 'SnowballC'."
    https://cran.r-project.org/web/packages/SnowballC/SnowballC.pdf (2017년 11월 19일 검색).
Feinerer, Ingo. 2017. "Introduction to the tm Package: Text Mining in R."
    https://cran.r-project.org/web/packages/tm/vignettes/tm.pdf (2017년 11월 19일 검색).
Fellows, Ian. 2015. "Package 'wordcloud'."
    https://cran.r-project.org/web/packages/wordcloud/wordcloud.pdf (2017년 11월 19일 검색).
Fox, John. 2010. "Introduction to the R Statistical Computing Envireonment."
    https://socialsciences.mcmaster.ca/jfox/Courses/R-course/index.html (2017년 11월 19일 검색).
Grimmer, Justin, and Brandon M. Stewart. 2013. "Text as Data: The Promise and Pitfalls of Automated Content Analysis Methods for Political Texts." *Political Analysis* 21(3): 267-297.
Grun, Bettina, and Kurt Hornik. 2011. "topicmodels: An R Package for Fitting Topic Models." *Journal of Statistical Software* 40(13): 1-30.
Jeon, Heewon. 2016. "Introduction to KoNLP API."
    https://cran.r-project.org/web/packages/KoNLP/vignettes/KoNLP-API.html (2017년 11월 19일 검색).
Monogan, Jamie. 2010. "An Introduction to R."
    http://spia.uga.edu/faculty_pages/monogan/computing/r/fullR.pdf (2017년 11월 19일 검색)
Peters, Gerhard. 2017. "Inaugural Addresses." The American Presidency Project.
    http://www.presidency.ucsb.edu/inaugurals.php (2017년 11월 19일 검색).

미디어 빅데이터 현황과 활용

김상철(MBC부국장)

미디어 빅데이터 현황과 활용

김상철(MBC부국장)

1. 들어가는 말

ICT[1])(정보통신기술, Information Communication Technology)의 지속적인 발전으로 대량의 정보를 쉽게 이용할 수 있게 되었다. 데이터를 기반으로 한 인공지능, IoT[2]), 클라우드를 통해서 모든 데이터가 연결이 되었다. 지하철에서 출퇴근 시간에 읽었던 신문이 거의 사라지고 스마트폰이 그 자리를 차지했다. ICT가 기반이 된 지능정보기술이 경제사회 시스템의 혁신과 변화를 주도하는 것을 4차 산업혁명이라고 한다. 1차 산업혁명은 18세기 증기기관이 도입되어 산업화를 주도한 기계화를 말한다. 2차 산업혁명은 19세기부터 20세기 초까지의 전기가 제조업의 성장과 대량 생산화를 주도한 산업화를 말한다. 3차 산업혁명은 20세기 후반 컴퓨터와 인터넷이 지식정보의 디지털화와 글로벌화를 주도한 정보화 사회를 말한다. 4차 산업혁명은 1차, 2차, 3차 산업혁명에 비해서 비교할 수 없을 정도의 데이터 기반의 사회를 말한다. 방대한 양의 데이터 수집이 가능해지고 데이터에서 유용한 정보를 분석하고 추출해서 가치 있는 상품을 만들어 내고 있다.

최근 많은 기업에서 빅데이터 전문가를 채용하고 있다. 은행과 증권사에서도 디지털·빅데이터 전문 부서를 신설하고 인력을 채용하고 있다. 다음이나 네이버에서는 빅데이터가 핵심부서라고 한다. 방송사에서도 빅데이터 전문가를 채용해서 프로그램에 대한 시청자의 다양한 의견을 수집하고 분석하고 있다. 네이버, 넷플릭스, 유튜브, 구글, 아마존과 같은 기업들은 빅데이터 분석을 통해서 맞춤형 고객서비스를 하고 있는 빅데이터

---

1) ICT(Information Communication Technology): 정보 기술(Information Technology)과 통신 기술(Communication Technology)을 말한다. 정보기기의 운영 및 정보 관리에 필요한 소프트웨어 기술과 이들 기술을 이용하여 정보를 수집, 생산, 가공, 보존, 전달, 활용하는 모든 방법을 의미한다.

2) IoT(Internet of Things): 네크워크에 연결된 사물들이 사용자들의 인지적인 제어 없이 데이터를 주고받으며 서비스를 제공하는 기술 또는 사물과 사람, 사물과 사람이 원하는 정보나 서비스를 실시간으로 주고받을 수 있는 인프라(미래창조과학부, 2009).

기반의 회사이다.

데이터의 저장과 수집 분석이 가능해지면서 다양한 분야에서 빅데이터를 활용하고 있다. 방송사의 경우 기존에는 프로그램을 평가하는 모든 기준이 시청률이었다. 최근에는 SNS 소셜 분석시스템을 통해서 프로그램 홍보나 제작에 다양한 의견을 반영하고 있다. 시청률이 반영하지 못했던 다양한 시청자들의 의견을 실시간으로 수집해서 분석할 수 있게 되었다. 스마트폰을 통해서 콘텐츠 소비가 폭발적으로 증가하면서 모바일에 맞도록 콘텐츠를 제작해야 한다. SNS[3](Social Network Service)의 데이터 정보 분석이 갈수록 중요해지고 있다. 방송사에서 기존에는 시청률, 트위터, 블로그 등의 제한적 데이터 분석을 통해서 프로그램을 평가했다. 최근에는 페이스북, 트위터, 네이버, 블로그, 카카오톡, 게시판 등의 다양한 SNS 데이터를 분석해서 활용하고 있다. 영국 오프콤 보고서[4]에 의하면 2016년 젊은 층의 지상파 실시간 시청 시간이 2010년 보다 33%나 줄어들었다. 스마트폰을 통한 콘텐츠 소비의 증가, VOD 시청 시간의 증가로 TV시청이 줄어들었다.

방송사에서도 빅데이터를 활용한 프로그램 제작이 늘어나고 있다. 2011년 시작한 SBS 김병만의 정글의 법칙, 2014년 시작한 MBC 마이리틀텔레비전은 빅데이터 활용을 통해서 장기간 시청률 1위를 차지하였다. 시청자들의 의견을 수집하고 분석해서 프로그램 제작에 반영한 결과다. 방송사들은 선거방송에 여론조사 및 출구조사의 빅데이터를 가공해서 다양한 화면들을 만들어 내고 있다. 2016년 미국 대통령 선거, 2017년 대한민국 대통령 선거에서도 구글트렌드를 이용하여 당선인을 정확하게 예측하기도 했다. 방송사들은 인터넷상의 게시판 내용이나 댓글, SNS의 데이터를 분석할 수 있는 시스템을 도입해서 사용하고 있다. 야구, 축구를 포함하여 스포츠 중계는 팀별, 개인별 로 생성된 빅데이터를 활용해서 다양한 정보를 시청자에게 제공하고 있다.

한국언론진흥재단은 1990년 이후 신문기사 4,000만 건을 빅데이터 분석 알고리즘을 적용하여 빅카인즈 시스템을 구축해서 신문기사를 서비스하고 있다. 조선일보, 중앙일보 등은 매일 매일 발생하는 데이터를 저장하고 분석할 수 있는 아카이브 시스템을 자체적으로 구축해서 운용하고 있다.

방송사나 신문사들도 프로그램이나 기사에 대한 게시판, 댓글, 블로그, 페이스북, 트위

---

3) SNS(Social Network Service): 사회관계망서비스로 사용자 간의 자유로운 의사소통과 정보 공유, 그리고 인맥 확대 등을 통해 사회적 관계를 생성하고 강화시켜주는 페이스북, 트위터, 카카오톡 같은 서비스를 말한다.

4) https://www.ofcom.org.uk/tv-radio-and-on-demand/information-for-industry/public-service-broadcasting/psb-anual-report-2017

터, 카카오톡과 같은 SNS 데이터를 수집하고 지속적으로 분석하고 있다. 이러한 빅데이터 분석을 통해서 시청자의 의견을 반영하고 필요한 정보를 제공하기 위해서 중요하다. 미디어의 빅데이터에 대한 인력과 시스템에 대한 투자는 중요한 경쟁력이 되고 있다. SNS 의견을 실시간으로 분석해서 시청자의 트렌드를 반영하거나 선도할 수 있는 빅데이터 분석이 중요해지고 있다. 방송제작에 있어서 기존 프로그램 제작 관행에서 벗어나 시청자와 실시간 소통하면서 다양한 화제성지수를 만들어 내고 있다. 미국 도널드 트럼프 대통령을 트위터 대통령이라고 한다. 트위터에 자신의 의견을 올리고 많은 화제를 만들어 내고 있다. 트위터가 하나의 미디어 채널이 되었다.

2. 빅데이터 개념

1) 빅데이터 정의

빅데이터(Big Data)는 보는 사람에 따라 매우 다양하게 설명할 수 있을 것 이다. 정보통신기술의 발전으로 모든 분야에서 거대한 양의 데이터를 지속적으로 생산하고 있다. 스마트폰을 통해서 정보를 검색하거나 버스나 지하철 승차시 교통카드로 요금을 지불한다. PC를 켜고 파일을 작성하거나 저장할 때 모두 흔적으로 남게 된다. 출근할 때 곳곳에 설치된 CCTV를 통해서 이동경로의 영상 기록도 저장된다. SNS를 통해서 친구들과 주고받는 모든 내용도 흔적을 남긴다. 이렇게 남게 되는 모든 흔적들이 빅데이터가 된다. 아날로그 사회에서는 이러한 정보가 저장되지 않고 버려지거나 제한적으로 사용되었다. 디지털 정보화사회가 되면서 모든 데이터가 쉽게 저장되고 분석할 수 있게 되면서 분석한 빅데이터 자료가 새로운 가치를 창출하게 되었다. McKinsey Global Institute(2011)는 빅데이터를 일반적으로 사용되는 데이터의 수집 및 관리, 처리 소프트웨어의 수용 한계를 넘어서는 크기의 방대한 데이터라고 했다.[5] Gartner[6](2012)는 빅데이터를 향상된 시사점(In sight)과 더 나은 의사 결정을 위해 사용되는 비용 효율이 높고, 혁신적이며, 대용량, 고속 및 다양성의 특성을 가진 정보 자산이라고 하였다. IDC[7](2011)는 다양한 종류

5) McKinsey Global Institute(2011.6) "Big data: The next frontier for innovation, competition and productivity"(http://www. mckinsey.com/insights/business_technology/big_data_the_next_frontier_for_innovation).

6) Garter(2012.6): 미국 IT분야의 리서치 기업("The Importance of Big Data : A Definition").

7) IDC(2011,6): 미국의 시장 조사 업체(Extracting Value from Chaos).

의 대규모 데이터로부터 낮은 비용으로 가치를 추출하고 데이터의 초고속 수집, 발굴, 분석을 지원하도록 고안된 차세대 기술 및 아키텍처라고 하였다.

2) 빅데이터 종류

빅데이터는 판매수량과 같이 양적인 측면의 정형데이터를 통상 데이터라고 하였다. 데이터의 종류에는 정형데이터, 비정형데이터, 반정형데이터가 있다.

정형데이터는 고정된 데이터베이스에 저장되는 일정한 형식을 가진 데이터를 말한다. 비정형데이터는 고정된 곳에서 저장되지 않는 데이터를 의미하며 페이스북, 트위터 등의 SNS 상에서 만들어지거나 유투브 동영상 데이터와 같은 형태의 데이터를 말한다. 반정형데이터는 HTML[8]이나 XML[9], 웹로그의 형태로 존재하는 데이터를 말한다.(우종필, 2017)

<표 3-1 > 빅데이터 종류

정 의	내 용
정형	고정된 필드에 저장된 데이터(관계형 데이터베이스, 스프레트시트)
반정형	고정된 필드에 저장되어 있지는 않지만, 메타데이터나 스키마 등을 포함하는 데이터(XML이나 HTML 텍스트)
비정형	고정된 필드에 저장되어 있지 않은 데이터(텍스트 분석이 가능한 텍스트 문서 및 이미지/동영상/ 음성 데이터)

(출처 : 조성우, Big Data 시대의 기술, 2011)

<표 3-2 > 인터넷에서 1분 동안 생성되는 데이터 양

기업	데이터 양	기업	데이터 양
구글	2억개(검색)	이메일	2억 400만개
유투브	72시간의 비디오 업로드	애플(아이튠즈)	15,000개 다운로드
페이스북	350GB 업로드 180만 건의 좋아요 클릭 41,000 포스트생성(초당)	스카이프	1,400,000개 상호간 연결(분당)
트위터	278,000개	인스타그램	3,600개 사진(초당)
아마존	8만 3천 달러 판매	텀블러	2만개 새로운 사진
워드프레스	347개 블로그	플리커	2억개
스냅챗	104,000개 사진	링크드인	11,000전문 데이터
월마트	17,000건 거래	웹사이트	571개 생성
핀터레스트	11,000 액티브 유저	도메인	70개 신규 등록

(출처 : 국립중앙과학관-빅데이터)

---

8) HTML(Hypertext Markup Language) : 웹 문서를 만들기 위하여 사용하는 기본적인 프로그래밍 언어의 한 종류이다. 하이퍼 텍스트를 작성하기 위해 개발되었다.

9) XML(eXtensible Markup Language) : 인터넷 웹페이지를 만드는 언어이다.

다양한 형태의 데이터들이 빠른 속도로 증가하고 있으며 형태도 다양해지고 있다. 비정형 데이터가 정형데이터나 반정형데이터보다 많은 양이 만들어지고 있다. 초연결된 IoT의 세계에서는 모든 사물을 통해서 끊임없이 데이터가 생성되고 사라지고 있다.

3) 빅데이터 특성

정보통신기술의 발달로 스마트폰을 포함하여 모든 기기들이 네트워크로 연결되고 있다. 네트워크로 연결되면서 생성되는 모든 데이터가 빅데이터가 된다. 빅데이터에는 기존 데이터가 가지고 있지 않는 특성들이 있다.

> 3V에는 Volume(크기), Variety(다양성), Velocity(속도)가 있다.
> 4V에는 3V 이외에 Value(가치) 또는 Veracity(정확성)가 있다.
> 5V에는 4V에 Value(가치)와 Veracity(정확성)가 추가된다.
> 최근에는 Visibility(가시성)가 중요하다고 설명하기도 한다.

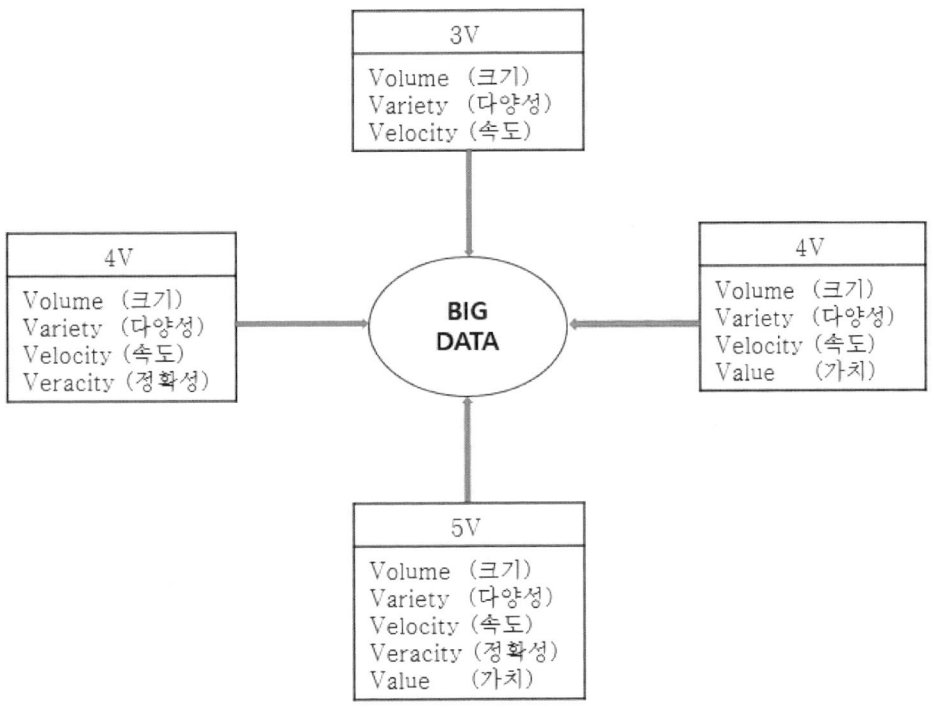

(출처 : 인사이드스테티스틱스, 국립중앙과학관–빅데이터)

<그림 3-1> 빅데이터 특성

첫째. Volume은 데이터의 크기나 양을 의미한다. 데이터양이 많으면 그만큼 정확하게 자료를 분석하고 미래를 오류 없이 정확하게 예측할 수 있을 것이다. 문자 데이터만이 아니라 페이스북, 트위터, 카카오톡, 유투브 등의 음성, 동영상 데이터까지의 모든 데이터를 말한다.

둘째, Variety는 데이터 형태가 다양한 것을 의미한다. 기존에는 숫자, 문자와 같은 정형데이터가 많았지만, 최근에는 사진, 음향, 동영상, SNS 데이터를 포함하여 비정형데이터가 많이 생성되고 있다.

셋째, Velocity는 데이터 속도를 의미한다. 중국 산간지역에서 지진이 발생했을때 스마트폰을 통해서 지진 현장 상황을 실시간으로 동영상을 확인할 수 있다. 페이스북이나 아프리카TV를 통해서 광화문에서 벌어지고 있는 행사를 실시간으로 생동감 있게 현장 상황을 볼 수 있다. 다양한 형태의 데이터가 업로드 되면 이러한 데이터를 빠르게 분석해서 공유할 수 있도록 서비스 되고 있다.

넷째, Veracity는 정확성을 의미한다. 빅데이터 시대 다양한 데이터를 수집해서 분석할 경우에 데이터 수집이 정확하게 되었는지 분석된 데이터 결과가 신뢰가 있는지를 의미한다.

다섯째, Value로 데이터의 가치를 의미한다. 데이터 분석을 통해서 가치를 창출해서 사용할 수 있어야 한다.

여섯째, Visibility(가시성)는 데이터를 공개하고 잘 볼 수 있는 상태를 말한다.

<표 3-3> 데이터양을 나타내는 용어

용어		값	이진수 표기
킬로바이트(KB)	1,000	10^3	2^{10}
메가바이트(MB)	100만	10^6	2^{20}
기가바이트(GB)	10억	10^9	2^{30}
테라바이트(TB)	1조(兆)	10^{12}	2^{40}
페타바이트(PB)	1,000조	10^{15}	2^{50}
엑사바이트(EB)	100(京)	10^{18}	2^{60}
제타바이트(ZB)	10(垓)	10^{21}	2^{70}
요타바이트(YB)	1자(秄)	10^{24}	2^{80}

(출처: 데이터 분석대로 미래는 이루어진다, 우종필)

데이터양이 기하급수적으로 늘어나고 있어서. 부르는 명칭에도 어려움이 있다. 요타바이트는 1,000,000,000,000,000GB를 의미한다. 1메가바이트는 한 스푼 정도의 모래, 1기가바이트는 생수통 절반을 채울 정도의 모래, 1페타바이트는 해운대 백사장의 모래, 1엑사바이트는 미국 메인 주에서 노스캐롤라이나 주까지 해안선의 모래, 한반도 모든 백사장 모래의 합, 1제타바이트는 미국 전체 해안선의 모래, 한반도 모든 백사장 모래합의 1,000배, 1요타바이트는 미국 전체를 90미터 깊이로 덮어버릴 모래의 양을 말한다. (함유근·채승병, 2017).

3. 빅데이터 현황과 기업의 활용

1) 빅데이터 현황

빅데이터는 4차 산업혁명의 핵심 요소로 더욱 중요해지고 있다. 일반 기업,금융, IT, 공공기관을 포함하여 방송사까지 빅데이터 조직을 신설하거나 빅데이터 전문가 채용을 지속적으로 확대하고 있다. 기업은 빅데이터를 이용해서 경제적으로 새로운 비즈니스를 만들고 수익을 창출하게 되었다. 빅데이터 분석을 통하여 소비자에게 필요한 제품을 생

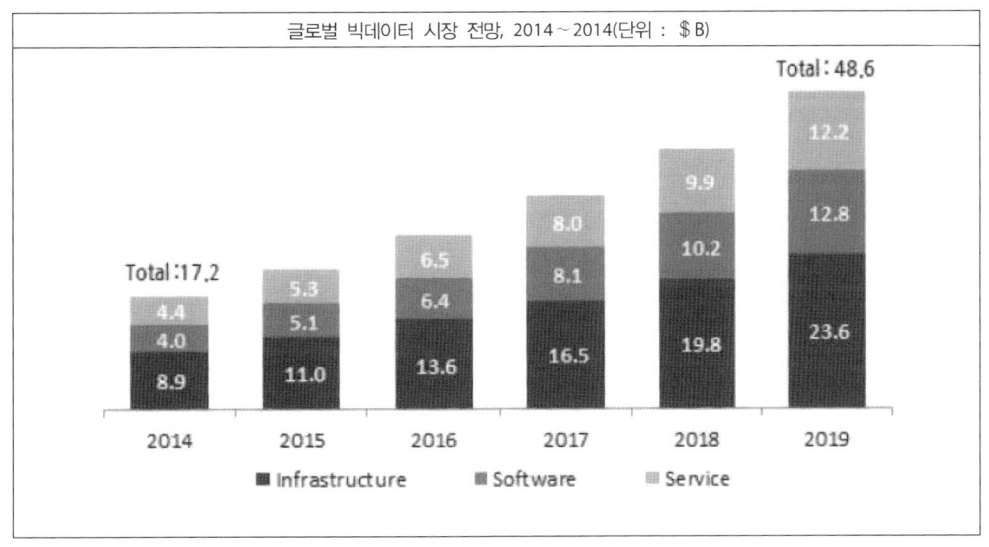

(출처: Worldwide Big Data Technology Services Forecast, 2015~2019, IDC)

<그림 3-2> 글로벌 빅데이터 시장 전망

산하고 맞춤형 서비스를 제공해야 생존할 수 있는 환경이다.

빅데이터를 활용하여 소비자의 기호에 맞는 서비스를 제공하는 대표적인 기업으로 구글, 넷플릭스, 아마존이 있다. 구글은 검색서비스를 통해서 사용자의 기호에 맞게 광고를 제공해서 매출로 이어지도록 맞춤형 서비스를 제공하고 있다. 넷플릭스도 시청자의 기호에 맞도록 관심 있는 콘텐츠를 전면에 나타나도록 서비스를 하고 있다. 아마존은 온라인 도서판매를 통해서 구독자의 성향이나 관심 사항을 파악하여 다양한 정보를 제공하고 있다.(김나루, 2017). 빅데이터를 활용해서 기업들은 소비자들의 트렌드를 파악해서 다양한 서비스를 제공할 수 있게 되었다. 빅데이터를 통해서 기업의 생산성 향상과 경쟁력을 높이고 지속적인 혁신을 통해서 다양한 서비스를 제공해야 생존할 수 있는 상황이다. 글로벌 빅데이터 시장규모는 2019년까지 지속 성장할 것으로 전망되었다. 국내 제품별 빅데이터 시장규모는 서버 21.4%, 스토리지 26.5%, 네트워크 7.8%, 소프트웨어 23.5%, 서비스 20.8%를 차지하는 것으로 조사되었다.

<표 3-4> 제품별 국내 빅데이터 시장비중

2016년 제품별 국내 빅데이터 시장비중		
구분	시장규모(억원)	비중(%)
서버	736.5	21.4
스토리지	911.3	26.5
네트워크	267.4	7.8
소프트웨어	809.3	23.5
서비스	715.1	20.8

(출처: 2016년 빅데이터 시장현황 조사, NIA)

초기 빅데이터를 활용했던 분야는 유통, 소비재, 금융, 제조 업종이었다. 현재는 보건의료, 통신, 공공, 소매, 여행, 제조업을 포함하여 방송 등 산업 전반에서 다양하게 활용하고 있다.

< 표 3-5> 빅데이터 장, 단점

빅데이터 혜택 요인	빅데이터 저해 요인
① 운영효율향상	① 결제적비용
② 매출향상	② 보안위협
③ 고객서비스 향상	③ 빅데이터 역량부족
④ 사용자 만족	④ 개인정보 침해위험
⑤ 경쟁대응	⑤ 기술적 복잡성
⑥ 가격적 우위	⑥ 현 빅데이터 성능이 미흡

(출처 : 2014 한국정보화진흥원 정보화통계조사, 2015 테크프로리서치 결과 정리)

2014년 한국정보화진흥원 정보화통계조사 및 2015년 테크프로리서치에서 기업이 빅데이터 활용시 혜택 요인과 저해 요인을 발표하였다. 빅데이터 도입 시 혜택 요인으로 효율성, 매출 및 서비스 향상, 사용자 만족, 경쟁대응, 가격적 우위가 나타났다. 빅데이터 도입시 저해 요인으로는 비용증가, 보안위협, 빅데이터 활용을 위한 역량부족, 개인정보 침해위협, 복잡, 빅데이터 시스템을 포함하여 성능이 미흡한 것으로 나타났다.(김성현, 2015)

2) 기업의 빅데이터 활용

(1) IBM

IBM은 설립자 토마스 왓슨의 이름을 딴 인공지능 슈퍼컴퓨터 왓슨을 개발하였다. 1997년 인간 체스 챔피언과 슈퍼컴퓨터인 딥블루(Deep Blue)가 체스 대결을 가졌다. 당대 최고의 체스 챔피언 가리 카스파로프와 벌인 연속 대국에서 딥블루가 2승 3무 1패로 승리를 했다. 미국 유명한 퀴즈쇼(Jeopardy)에서 빅데이터 기반의 인공지능 Watson이 인간 챔피언을 물리치고 우승을 하였다. 왓슨은 인터넷 단절 상태에서 사회자가 말로 질문을 하면 분석을 해서 먼저 부저를 눌러서 이기는 형태의 대결을 했다. 3초 이내에 정답을 찾기 위해서는 2억 페이지(천만권의 책)의 데이터를 분석해야 했다. 왓슨이 대결에서 승리할 수 있었던 것은 인공지능에 기반을 둔 빅데이터 분석 능력을 가졌기 때문이다.

왓슨은 의사들의 질병 진단과 처방을 돕는데 사용되고 있다. 왓슨은 수십만 페이지에 달하는 의학정보, 임상데이터 등을 학습했으며, 환자들의 질병을 분류하고 처방을 제시하는 등의 의사 진료를 돕고 있다. 왓슨은 의학저널 300종, 교과서 200종 등 1천 500만 쪽에 달하는 전문자료를 바탕으로 가장 확률이 높은 병명과 성공 가능성이 큰 치료법을 암 환자에게 제시하는 인공지능 프로그램이다. 미국뿐 아니라 국내에서도 가천대 길병원, 부산대병원, 건양대병원을 포함하여 사용병원이 증가하고 있다. 왓슨의 처방은 인간 의사와 80~90% 일치하며 상당수 환자는 의사와 왓슨의 판단이 다를 경우 왓슨의 결정을 따를 만큼 신뢰를 얻고 있다고 한다. 환자가 많이 몰리는 대학병원에서의 진료시간이 보통 3분이라고 한다. 이렇게 짧은 진료 시간으로 인해서 오진이 발생할 수 있다. 왓슨을 활용하면 몇 주일 이상 소요되던 DNA 정보 및 개인별 유전 정보 해석이 단 몇 분으로 단축될 수 있게 되었다. 의료용 인공지능 왓슨은 이제 웬만한 전문의보다 더 정확한 진단을 내린다고 한다. 암환자의 나이와 체내 종양 분포, 중증도, 과거 진료 기록 등을 입력하면 7초 만에 항암제의 목록과 기대 생존율, 우선순위 등을 추천해 준다.

빅데이터 기반의 인공지능은 스스로 학습하면서 인간처럼 대상을 인식할 수 있으면서 주어진 상황을 해결하거나 판단할 수 있게 되었다. 스스로 빅데이터를 분석해서 상호 연관성을 찾아내는 것도 어렵지 않게 되었다.

(2) 구글

구글은 다양한 서비스를 제공하면서 새로운 서비스를 만들어내고 있다, 이러한 서비스를 제공하면서 많은 정보를 수집하고 분석할 수 있는 빅데이터 강자 기업이다. 구글은 동영상이나 위치정보를 포함하여 정형, 비정형 데이터를 버리지 않고 빅데이터를 수집하는데 많은 노하우를 가지고 있다.

2013년 미국에서 독감이 급속도로 확산되고 사망자가 100명을 넘어서자 일 부 지역에서는 공중보건 비상사태를 선포했다. 구글은 미국 질병통제예방센 터에서 발표한 독감 관련 보고 보다 빠르게 독감 바이러스 확산을 예측해서 발표하였다.

구글은 사람들이 인터넷에서 독감 유행시 인터넷 검색을 통해서 독감 관련 정보를 찾을 것이라고 예측하였다. 구글은 2003년부터 2005년까지의 독감관련 상위 5천만개 검색을 뽑아 분석을 통해서 독감 예측 모형을 제작했다. 기존에도 이러한 분석이 있었지만 구글은 기존 연구와 다르게 엄청난 양의 데이터를 기반으로 분석했다는 것이다. 구글은 검색되는 수많은 검색 단어를 가지고 위치정보를 융합해서 독감 확산을 예측했다. 이세돌 9단과 대결을 펼쳤던 알파고는 머신러닝 기술 기반으로 개발한 빅데이터 기반의 인공지능 프로그램이다. 알파고를 개발한 딥마인드는 2014년 구글이 인수한 회사다. 알파고는 고급 트리 탐색과 심층 신경망 결합 프로그램이다. 알파고는 바둑기사들의 대국 기보 3,000만 건을 입력시켜서 예상 확률을 알아낸 뒤 가장 가능성이 높은 수를 선택하는 방식으로 개발했다. 이세돌과 대결에 앞서 타국의 바둑 프로그램과의 대결에서 500전 499승 1패의 사전 대결을 통해서 부족한 부분을 보완했다.

구글은 당뇨성 망막 병증을 안과 전문의보다 정확하게 진단할 수 있는 딥러닝 기반의 인공지능을 개발했다. 구글은 54명의 안과 전문의를 참여시켜 12만 개 이상의 안저 사진을 판독시킨 결과물을 인공지능에 학습시켰다. 이렇게 개발한 인공지능과 우수한 안과 전문의 7~8명의 판독 결과를 비교했는데 구글의 알고리즘이 거의 완벽에 가까운 수치를 보여주었다. 구글에서는 세상을 파괴적으로 혁신하는 것을 문샷(Moonshot)이라고 한다. 문샷 프로젝트로 글라스, 자율주행차, 생명과학, 헬스케어, 인공신경망, 노화연구, 비즈니스용 로봇 등이 있다. 법적인 문제가 해결 된다면 구글의 자율주행차가 대량생산에 들어가고 운행될 것으로 예상된다. 기사 없이 무인으로 운행되는 시대로 접어들고 있다.

(3) 아마존

아마존은 1995년 온라인 서점으로 시작해서, 현재는 미국 최대의 전자상거래 IT기업이 되었다. 서적, DVD, 음반 판매까지 영역을 넓혔다. 온라인 마켓 플레이스 익스체인지닷컴, 온라인 활동 정보를 수집하고 분석하는 알렉사를 인수했다. 온라인 약국, 애완동물 분야, 아웃도어 스포츠 장비 판매 플랫폼, 온라인 와인 판매사 등에도 투자를 확대했다.

자사의 웹 서버를 외부 기업에 임대해 주는 클라우드 서비스를 시작했는데 지금은 업계 선두이고 많은 이익을 창출하고 있다. 기업들은 이제 자체 전자상거래 시스템을 구축하거나 운영할 필요 없이 필요한 만큼만 사용하고 요금을 지불할 수 있게 되었다. 4차 산업혁명 시대 인공지능 플랫폼은 알렉사가 주도할 전망이다. 아마존이 인터넷 서점이었던 시절 고객의 검색 및 구입 기록 등의 데이터를 종합하고 분석해 맞춤형 도서 추천을 했다. 아마존은 이를 확대하고 발전시켜 인공지능 알렉사를 탄생시켰다. 아마존은 배송센터를 확충하고 시스템 자동화 및 결제 예측시스템 도입으로 미국 전역을 2일내 배송하는 아마존 프라임 서비스를 하고 있다. 2017년 상반기에 유료 가입 고객이 8천만 명이다. 아마존은 전 세계 최대 온라인 상거래 기업으로 성장했으며, 미국 온라인 소매시장 45%를 점유하고 있다. 최근에 미국 최대의 식품 유통 기업인 홀푸드를 인수했다. 홀푸드 인수를 통해 온라인과 오프라인 유통 연계를 통해 시너지를 확대할 수 있게 되었다. 아마존 성공 비결은 물류 혁신으로 요약된다. 회원 대상으로 이틀 내 무료 배송을 하고, 뉴욕 등 대도시에서 2시간 안에 배송하는 서비스를 가능하게 했다.

아마존은 물류 혁신을 위해 과감한 투자를 진행하고 있다. 미국 전역에 180개 물류창고와 59개 패키징센터를 확보했고, 유기농 슈퍼마켓 체인 홀푸드 인수를 통해 431개 유통 허브를 추가했다. 배송이 어려운 지역에는 드론(무인항공기)을 이용한 서비스도 선보였다. 아마존은 주문한 물건의 신속한 배송에 드론을 이용하는 프라임 에어시스템을 개발했다. 아마존이 피자보다 빨리 배달한다고 한다. 아마존은 공격적인 투자를 통해서 온라인을 통한 소비자의 빅데이터를 활용해서 끊임없이 새로운 시장을 만들어 나가고 있다. 아마존은 구매 내역 등 과거 소비자의 이용패턴을 종합적으로 분석해서 특정한 성격의 미래 수요를 고객에 제공하는 빅데이터 기반의 인공지능 데이터 회사로 진화하고 있다.

(4) 넷플릭스

넷플릭스는 인터넷(net)과 영화(flicks)를 합친 것으로 인터넷을 통해서 영화서비스를 하는 빅데이터를 기반으로 하는 유료방송 사업자다. 넷플릭스는 1997년 리드 헤이스팅즈가 우편을 이용한 DVD 렌탈 사업을 시작하였다. 초기에는 PC로 DVD 요청을 하면 우편으로 배송을 하고 수거하였다. DVD 렌탈 사업을 하다가 DVD를 대여하는 것보다 인터넷을 통해서 스트리밍으로 영화를 뿌려주면 좋겠다는 생각을 했다. 2007년 온라인으로 비디오를 전송하는 스트리밍 서비스를 시작하였다. 2016년 1월 한국에 진출해서 매월 베이직 9,500원, 스탠다드 12,000원, 프리미엄 14,500원을 받고 유료서비스를 제공하고 있다. 가입자 빅데이터 분석을 통해서 어떤 콘텐츠를 많이 보고 어떻게 소비하는지에 대한 빅데이터 분석을 지속적으로 하고 있다. 2013년 넷플릭스는 1억 달러를 투자해서 드라마 26회짜리 하우스 오브 카드(House of Cards)를 제작해서 성공을 거두었다. 드라마를 직접 제작하기 위해서 3천 7백만명 가입자의 콘텐츠 취향을 수집해서 분석했다. (박현아, 2014). 넷플릭스는 방대한 양의 고객 데이터 분석을 통해서 고객이 원하는 스토리, 감독, 배우를 예측했다고 한다. 이를 바탕으로 자체드라마 하우스 오브 카드를 제작하였다.(한진영・조철현・손인수, 2015)

넷플릭스는 장기간 가입자가 선호하는 콘텐츠를 파악하고 데이터를 분석하고 있다. 이렇게 분석한 자료를 통해서 저렴하고 빠르게 만족할 만한 콘텐츠 를 인공지능시스템을 이용해서 가입자에게 원하는 콘텐츠를 제공해 왔다. 넷플릭스는 가입자가 원하는 맞춤형 콘텐츠 제작을 계속해서 늘려나갈 것이다.(오이쥔, 2016). 넷플릭스는 JTBC, CJ E&M의 프로그램을 가입자에게 제공하고 있다. 넷플릭스는 2017년 국내에서 12부작 "좋아하면 울리는"드라마를 제작해서 2018년 방송할 예정이다. 넷플릭스가 미국에서 성공할 수 있었던 가장 중요한 부분은 저렴한 가격이었다. 국내에서는 저렴한 케이블 TV가 있기 때문에 넷플릭스가 유료가입자를 획기적으로 늘릴 수 있을지는 미지수다. 넷플릭스는 공식적으로 국내 가입자 수를 공개하지 않고 있다. 넷플릭스의 총 가입자는 2017년 2분기 기준 1억 400만명, 미국 가입자는 519만명이다.

(5) 네이버

네이버도 구글과 마찬가지로 빅데이터 기업이다. 네이버가 자체 개발한 인공지능 콘텐츠 추천 시스템인 에어스(AiRS)에 딥러닝 기반의 인공신경망 기술 RNN(Recurrent Neural Network)을 새로 접목해서 모바일 뉴스판에 적용했다. 기존 에어스는 비슷한 관심사를 가진 사용자 그룹을 시시각각 생성해 이들이 많이 읽은 뉴스를 추천했다. 새롭게 추가된 RNN 기술은 사용자 개인의 뉴스 소비 패턴을 학습하고 예측해서 뉴스를 추천하게 된다. 이용자는 본인이 읽었던 뉴스와 관련 있는 더욱 깊이 있는 뉴스를 접할 수 있게 됐다.

뉴스의 주요한 '소비패턴'중 사용자가 관심 있는 이슈와 맥락이 같은 여러 개의 뉴스를 읽는다는 점에 주목했다. 뉴스에도 주제별로 콘텐츠를 소비하는 일련의 읽기 순서가 있다고 판단해 RNN 기술을 접목했다. 뉴스를 시작으로 웹툰, 동영상 등 다른 서비스에서도 협력필터 기술과 RNN 기술이 상호 보완하여 확대하고 있다.(BLOTER, 2017).

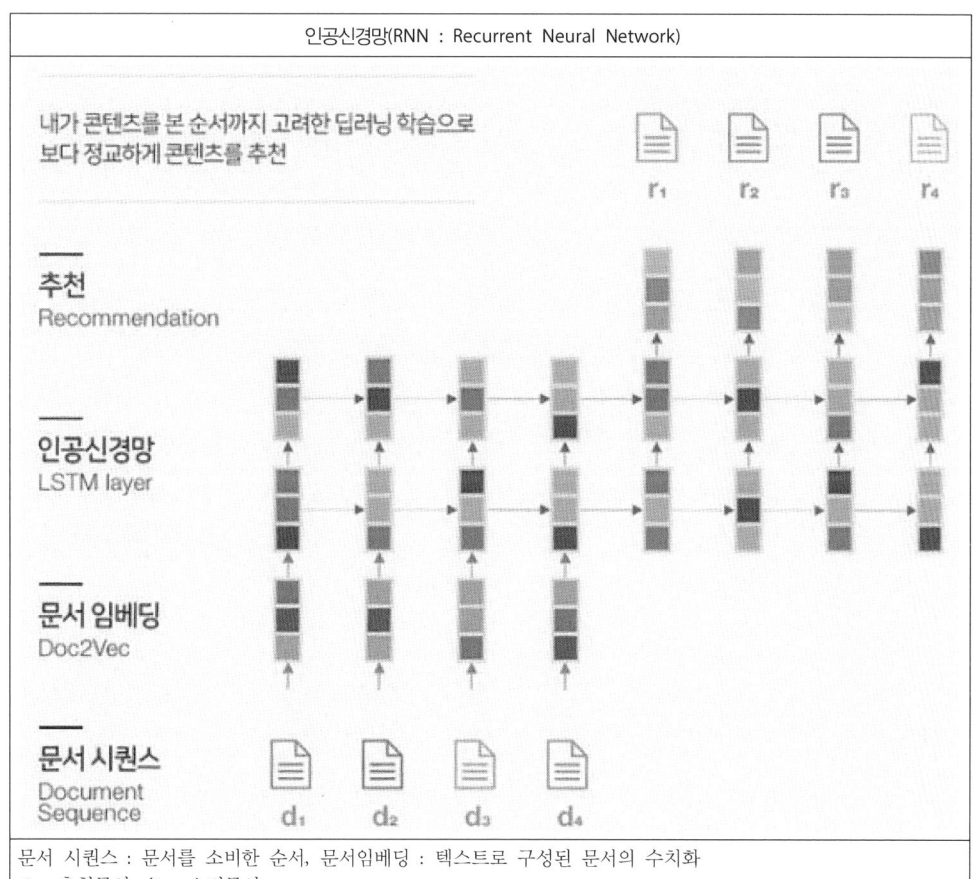

(출처 : 네이버)

<그림 3-3> 네이버 인공신경망

4. 미디어 빅데이터 현황

1) 신문사 빅데이터 현황

(1) 빅카인즈

빅카인즈(BIG Kinds)[10] 서비스는 종합일간지, 경제지, 지역일간지, 방송사 등 다양한 언론사로부터 수집한 뉴스로 구성된 통합 데이터베이스에 빅데이 터 분석 기술을 접목하여 만든 새로운 빅데이터 뉴스 분석 서비스를 말한다. 뉴스기사를 단순하게 저장하는 수준이 아닌 뉴스를 손쉽게 재가공할 수 있 도록 데이터로 만들어 체계적으로 정리하고 이를 분석해 간단하게 시각화하 거나 다운로드 받아서 직접 분석할 수 있다. 빅카인즈 서비스는 뉴스수집시 스템, 뉴스분석시스템, 저장시스템으로 구성되어 있다.(박대민, 2016)

뉴스수집시스템을 통해 매일 42개 언론사의 뉴스 콘텐츠가 자동으로 수집 되고 분류된다. 분류된 콘텐츠는 뉴스분석시스템에서 분석해서 사용자에게 제공되며 사용자가 직접 검색하여 분석할 수 있는 기초 자료로 사용된다.

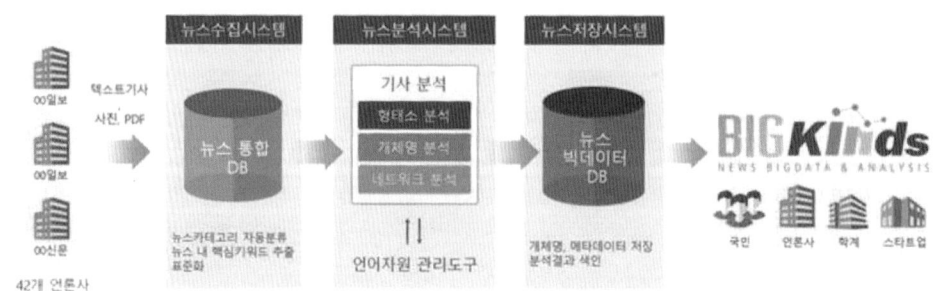

(출처 : 한국언론진흥재단, 빅카인즈 사용자 매뉴얼, 2017)

<그림 3-4> 빅카인즈 분석시스템

빅카인즈는 일반인용 서비스와 언론인, 학자 등 전문가가 직접 심층 뉴스 분 석 데이 터를 만들어 다운로드까지 할 수 있는 전문가용 서비스로 구분 된다. 일반인용 서비스는 키워드 검색을 기반으로 하며, 키워드 언급 추이, 뉴스 히스토리, 매체별 언급 빈도 등

---

10) BIG Kinds(Korean Integrated News Database System): 한국언론진흥재단에서 운용하는 뉴스 분석 서비스, 42개 언론매체가 1990년부터 현재까지 발행한 뉴스를 빅데이터화하여 약 4천만건의 뉴스 콘텐츠를 검색하고 활용할 수 있다.

다양하고 입체적으로 뉴스를 파악할 수 있는 기능을 제공하는 것이 특징이다. 뉴스 속에 등장한 인물, 기관, 장소 키워드를 분리해 그들 사이의 관계도를 그래프로 보여준다. 특정 주제와 관련해서 어떤 인물이 발언을 했는지, 뉴스 속에서 발언의 양은 어느 정도인지를 뽑아 보여주는 정보원 분석 서비스와 특정 키워드가 연도별로 얼마나 언급됐는지를 계산해주는 이슈 트렌드 서비스도 제공한다. 전문가용서비스는 기자, 연 구소, 학자 등 전문가를 대상으로 제공하고 있다. 전문가용 서비스에서는 상 세한 분석 조건을 설정할 수도 있고, 분석한 자료를 내려 받을 수도 있다.

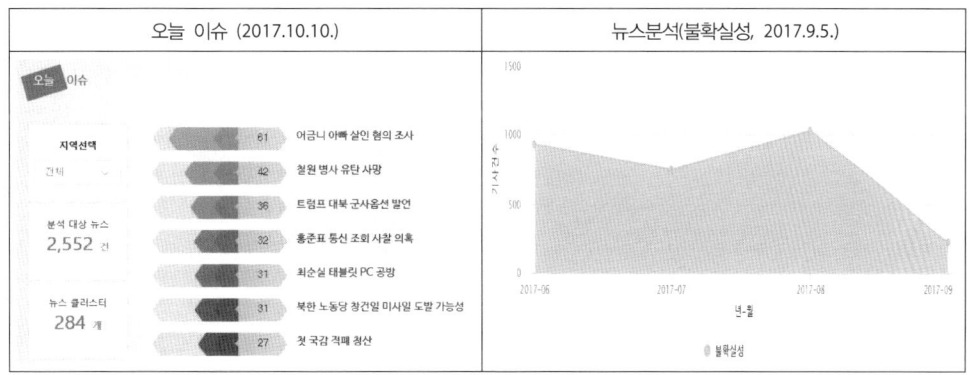

(출처 : 한국언론진흥재단 빅카인즈)

<그림 3-5> 빅카인즈 분석결과 화면

(2) 빅데이터 저널리즘

빅데이터 저널리즘은 방대한 양의 데이터를 수집, 정리, 분석, 가공해서 의 미 있는 기사를 구독자에게 정보를 제공하는 행위를 통칭한다. 데이터 저널 리즘은 데이터베이스 저널리즘, 데이터 기반 저널리즘, 빅데이터 저널리즘, 컴퓨터 활용 취재 등으로 부르기도 한다. 이러한 빅데이터 저널리즘이 가능하게 된 배경에는 기존의 데이터를 활용할 수 있는 새로운 미디어 기술 발전으로 가능하게 되었다. 각 국가에서는 방대한 양의 정보 데이터를 일반인 누구나 사용할 수 있도록 대부분의 정보를 공개하고 있다. 다양하고 방대한 데이터에 대한 접근성이 좋아지면서 이전에는 쉽게 확보할 수 없었던 정보와 데이터를 이용할 수 있게 되었고 이를 빠르게 수집, 가공할 수 있게 되었다.

빅데이터 저널리즘은 정부 등 공공기관의 정보공개 추세와 맞물려 더욱 주목을 받고 있다. 이는 빅데이터 저널리즘이 보도의 객관성을 확보하고 정부 투명성을 확대하는 효과를 낼 수 있기 때문이다. 빅데이터를 활용한 보도는 최근 뉴스에 대한 수용자들의 신뢰도나 몰입도가 떨어지고 있는 가운데 뉴스콘텐츠에 대한 관심을 유도하고 참여를 독려하는 효과도 만들어 낸다. 빅데이터 저널리즘은 기자가 직접 데이터를 수집, 분석, 가공하기 때문에 이 른바 받아쓰기 저널리즘의 폐해를 방지하고 심층적이고 객관적인 탐사보도 를 할 수 있다는 점을 장점으로 꼽을 수 있다.(신동희·김경희, 2014). 단점으로는 데이터를 기반으로 수행되는 저널리즘이기 때문에 데이터 자체의 오류가 있을 경우 보도 내용에 막대한 영향을 미칠 수 있다. 또 매체들이 데이터를 분석, 가공하는 전문인력과 조직을 갖추지 못한 상태에서 외부 전문가들을 이용할 경우 많은 시행착오가 일어날 것이다. 빅데이터 시대 저널리즘에 가장 큰 영향을 미친 것은 포털을 통한 뉴스의 공급이다. 국내 대부분의 뉴스 소비가 네이버 포털을 통해 이루어지고 있다. 뉴스제작 자체를 포털에 맞추어 제작해야하는 상황이다. 최근 제작되는 기사 중에는 심층적인 정보의 제공을 목적으로 하기 보다는 뉴스 클릭수를 늘리기 위해서 자극적이고 선정적인 뉴스도 제작되고 있다. 인터넷 기반의 신문들이 범람하면서 저널리즘의 자질이나 품질 신뢰가 떨어지고 있다. 핸드폰을 통해서 실시간으로 뉴스를 접하게 되면서 내용의 충실함보다 빠르게 기사화하는 것을 중요시하게 되었다. 한마디로 특종이 아니라 제목만 먼저 기사화 한다. 확인하지도 않고 기사도 작성하지 않고 기사만 먼저 올리기도 한다. 뉴스 제공자들은 기존의 뉴스 제공방식이 아닌 빅데이터를 통한 뉴스 제공 방식에 많은 관심을 가지고 있다. 뉴스의 생성과 유통, 소비 과정에서 빅데이터를 활용하면 보다 효율적이고 효과적으로 뉴스를 제공할 수 있다. 자동화된 알고리즘을 활용한 뉴스 포털 서비스, 주요 뉴스만을 뽑아서 맞춤형으로 제공하는 뉴스 큐레이션 서비스, 주요 뉴스 아젠다를 이용자의 검색어에 따라 시각화 정보로 보여주는 인터랙티브 서비스 등이 바로 빅데이터를 뉴스 서비스에 결합한 형태들이다.

빅데이터 자료를 활용해서 분석하는 기사가 지속적으로 늘어나고 있다. 일 차적으로는 빅데이터를 활용하게 되면 이용자가 관심을 끌만한 데이터를 시 각화하여 보여줄 수 있으며, 뉴스 구독자에게 신뢰할 만한 데이터를 제공해 줄 수 있다. 미래학자 토머스 프레이는 컴퓨터 알고리즘과 로봇의 발전으로 20년 후에는 기자라는 직업이 사라질 것이라고 했다. 사이언스 최고기술책 임자 크리스 해먼드은 5년 내에 로봇이 쓴 기사가 퓰리처상을 탈 것이며 15 년 뒤에는 전체 기사의 90% 이상을 로봇이 작성하게 될 것이라고 했다. (김진기·천혜선, 2015).

2) 방송사 빅데이터 현황

(1) 방송사 빅데이터 필요

최근 프로그램 홍보와 관련하여 기존에 중요시했던 시청률보다 화제성지수나 버즈량과 같은 빅데이터 분석을 통한 결과를 매주 발표하고 있다. 2013년 시청률 전문 기관 닐슨은 9%의 트위터 버즈량 증가가 시청률 1% 상승으로 이어진다는 결과도 발표하였다. 방송사는 초기에 방송 콘텐츠에 대한 소셜미디어 정보를 수집하여 시청자들의 의견과 반응을 분석하고 제작에 활용하기 위해서 다음소프트사의 빅데이터분석시스템을 도입했다. 시스템을 도입해서 트위터나 블로그 접속숫자를 수치화한 화제성지수, 버즈량, 감성연관어 등을 분석해서 활용했다. MBC는 2017년 굿데이터사의 분석시스템으로 교체했다. MBC에서 발표하고 있는 화제성 포인트는 각 TV 프로그램에 대한 네티즌의 시청 반응을 뉴스기사, 블로그, 커뮤니티, SNS, 동영상 사이트 등에서 수집하여 지수화한 것을 말한다. 화제성 포인트 집계시 정보 가치, 정보 반응, 정보 보존력 3가지를 반영하고 있다. 첫째, 정보가치는 관련 키워드의 위치, 등장 횟수, 텍스트 사이즈와 이미지, 동영상 포함 여부 등을 반영하여 해당 프로그램과 관련된 수준에 가중치를 적용하고 있으며, 단순 펌 또는 스크랩 게시글의 가치를 낮게 적용하고 있다. 둘째, 정보 반응은 댓글, 조회 수 등 게시글에 대한 반응의 정도에 가중치를 적용하고 있으며, 반응에 대한 최대치를 설정하여 너무 많은 반응을 보인 몇몇 게시글로 인해 정보가 왜곡될 수 있는 부분을 최소화하고 있다. 셋째, 정보 보존력은 해당 게시글을 다시 발견하거나 찾아볼 수 있는 보존 정도를 말하며, SNS와 같이 다수 채팅성 게시글은 휘발성이 강해 보존 기간이 짧으므로 낮은 가중치를 적용하고 있다.

방송사들도 시청률만 가지고 프로그램 평가를 했던 부분에서 벗어나, 다양한 빅데이터 분석을 통해서 시청자와 직접 쌍방향으로 의견을 반영하고 있다.

광고주를 포함하여 방송사들은 현재 사용하고 있는 시청률에 대해서 불만들이 많다. 현재의 시청률은 제한된 수량을 데이터로 사용하기 때문이고, 젊은 층이 스마트폰이나 VOD를 통해서 시청하는 부분은 시청률에 반영되지 않기 때문이다. 화제성 지수는 뉴스 및 프로그램에 대한 화제성, 블로그와 커뮤니티에서의 화제성, SNS 화제성, 동영상 조회 수를 정보가치, 정보반응 그리고 정보보존력을 통해서 화제성 점수를 집계해서 프로그램에 대한 화제성척도를 발표한 것을 말한다. CJ E&M과 닐슨 코리아가 공동으로 개발한 콘텐츠 파워지수는 화제성이 높은 프로그램의 이슈 랭킹, 관심과 관여도가 높은 프로그램의 검색 랭킹, 몰입이 높은 프로그램의 버즈 랭킹이 포함되며 주요 포털의 기사와 포스트의 구독자 수와 검색지수 그리고 블로그, 게시판, SNS와 전문사이트를 포함한 SNS의 버즈 트래픽 량을 묶어 평균으로 표준화하여 제시한 것을 말한다.

R	드라마				비드라마			
	Ch	Program	%	R↑	Ch	Program	%	R↑
1	JTBC	청춘시대2	10.74	- 0	JTBC	아는 형님	8.92	- 0
2	SBS	사랑의 온도	9.92	▲ 8	JTBC	효리네 민박	5.16	▲ 1
3	OCN	구해줘	7.46	- 0	SBS	그것이알고싶다	5.09	▲ 6
4	SBS	당신이 잠든 사이에	7.44	▲ 5	tvN	삼시세끼 바다목장편	3.17	▲ 8
5	MBC	왕은 사랑한다	6.20	- 0	JTBC	한끼줍쇼	3.17	▽ 1
6	tvN	명불허전	5.83	▽ 4	tvN	소사이어티 게임2	2.99	▲ 5
7	MBC	병원선	4.93	- 0	SBS	파티피플	2.70	▽ 2
8	SBS	언니는 살아있다	4.37	▽ 2	SBS	동상이몽 시즌2	2.63	▲ 5
9	KBS1	안단테	4.07	▲ 14	JTBC	밤도깨비	2.17	▲ 8
10	KBS2	황금빛 내인생	3.91	▽ 2	Mnet	아이돌학교	2.16	▽ 4

(출처 : MBC 9월 주간리포트)

<그림 3-6> TV화제성 주간리포트

지상파방송사에서 사용하는 빅데이터 분석 화제성 지수는 SNS상에 드러난 방송 프로그램의 화제성(이슈화)을 수치로 바꾼 지표다. 단순히 SNS 문서의 양만 집계하는 것이 아니라, 프로그램에 대한 네티즌들의 관심과 참여 수준, 문서의 노출 정도를 종합적으로 고려해 집계한다. 이를 통해 시청률만으로는 파악할 수 없었던 트렌드와 체감시청률을 파악할 수 있다. 화제성 지수는 일별, 주간별 화제성 순위 및 화제성 추이, 동시간대 화제성 비교 기능 등이 있다. 버즈량은 온라인에서 언급된 회수를 말하는데 SNS에서 얼마나 많이 언급되는지를 의미한다. 버즈량이 많은 것은 프로그램에 대해서 시청자들의 관심이 높다는 것을 의미한다. 감성분석은 프로그램과 관련하여 정보의 방향성을 나타내는 긍정, 부정, 중립을 말한다.(김상철·김광호, 2016)

(2) 선거방송 빅데이터 활용

대한민국을 포함하여 최근에 치러진 선거나 국민투표에서 여론조사 예측이 틀리는 경우가 발생되고 있다. 2016년 대한민국 국회의원 선거, 미국 도널드 트럼프의 승리, 영국의 브렉시트 투표에서 여론조사 예측이 상당부분 빗나갔다. 여론조사는 누구를 지지하는가에 대한 질문에 조사 대상자가 자신이 마음속으로 생각하는 바를 드러내는 방식이지만, 빅데이터 분석은 대상자가 온라인 공간에 남긴 이용 흔적을 분석해 대상자의 생각을 분석하는 방식이다. 최근에 국내에서도 구글트렌드 빅데이터 분석을 이용해서 선거 결과를 정확하게 예측해서 많은 관심을 불러 일으켰다. 낮은 응답률에 의존하는 여론조사를 빅데이터가 대체할 수는 없지만 숨은 표심을 보여준다는 점에서 빅데이터는 여론조사의 결과를 보완할 수 있을 것 같다.(정일권, 2017)

① 영국 브렉시트 투표

영국 브렉시트[11](Brexit, 2016) 당일 여론조사에서 잔류가 52~54%로 앞선 것으로 조사되었다. 개표 결과는 51.9%로 예상을 완전히 뒤엎은 선거결과가 나왔다. 브렉시트(Brexit)에 대해서 구글 트렌드를 이용한 결과는 지속적으로 탈퇴에 대한 의견이 높은 것으로 나타났다. 여론조사는 표본수가 적기 때문에 방대한 빅데이터를 활용하는 구글트렌드가 더 정확하게 선거 결과를 맞출 수 있는 가능성이 높은 것으로 나타난 것으로 해석할 수 있다.

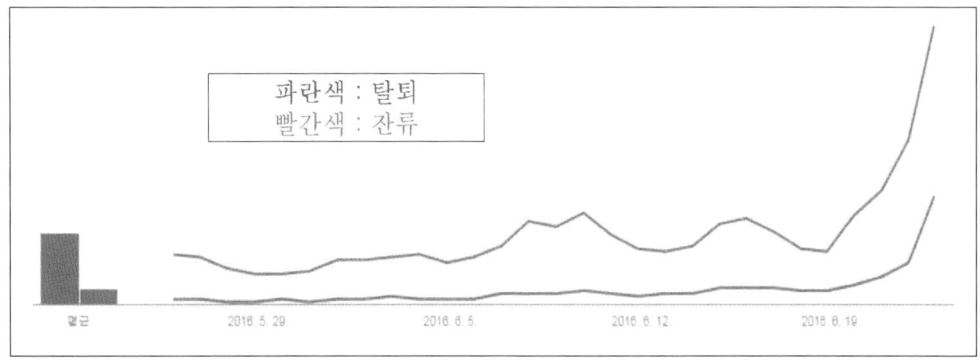

(출처 : 우종필, 방송사 세미나 자료, 2016)

<그림 3-7> 관심도 결과

---

11) 브렉시트(Brexit) : 영국을 뜻하는 Britain과 탈퇴를 뜻하는 exit를 합친 것으로 영국이 EU를 탈퇴하는 것을 의미한다. 2016년 6월 23일 영국 국민 51.9%가 탈퇴에 찬성표를 던졌다.

② 2012년 미국 대통령 선거

2012년 미국 대통령 대선은 예전의 선거와는 다른 데이터 분석에 기초한 빅데이터 선거였다. 기존의 여론조사나 선거 전문가의 경험에 의한 선거 전략이 아니라 빅데이터를 통한 선거 전략을 도입하였다. 특히, 오바마는 선거에 적합한 전략수립과 선거운동을 위해 빅데이터 전담 조직을 설치해서 운영하였다. 오바마는 빅데이터 분석팀을 설치하고 여론조사를 포함하여 페이스북등의 SNS를 포함하여 선거와 관련된 모든 데이터를 수집하고 분석해서 활용하였다. 오바마 대통령은 2012년 미국 대통령 선거에서 페이스북을 통한 선거 전략을 적극적으로 활용했다. 2012년 미국 페이스북 사용자가 1억 6천만명 이상이었는데 오바마 페이스북 친구 숫자가 2,500만명에 달했다. 2012년 미국 투표등록자수가 2억 1천만명이라고 했을 때 오바마대통령은 페이스북 친구 숫자를 최대한 활용해 많은 유권자를 확보했다. 오바마 선거캠프에는 데이터 전문가, 통계학자, 수학자, 인터넷전문가등이 있었다. 페이스북그룹에 등록되어 있는 적극 층을 활용해서 선거 전략을 구사했다고 한다.

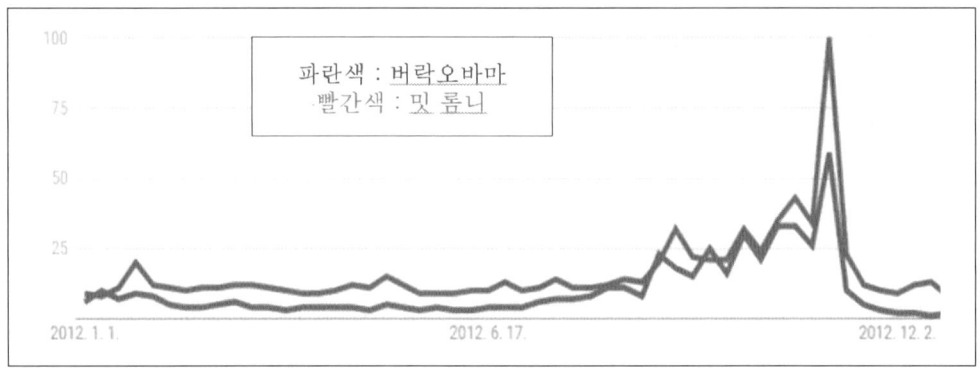

(출처 : 우종필. 방송사 세미나자료, 2016)

<그림 3-8> 2012년 미국 대선 관심도 결과

③ 2016년 미국 대통령 선거

2016년 미국 대통령 선거 여론조사는 조사 회사에 따라 트럼프가 유리한 회사도 있었고, 힐러리 클린턴이 유리하게 나타나는 조사도 있었다. 도널드 트럼프와 힐러리 클린턴 관심도에서 지속적으로 트럼프가 우위를 나타낸 것으로 분석되었다. CNN의 3차례 TV 토론후 여론조사에서는 모두 힐러리 클린턴이 압도적으로 승리한 것으로 나타났다. 그러나 구글 트렌드 검색에서는 3차례 모두 도널드 트럼프 검색량이 많은 것으로 나타났다. 여론조사와 구글트렌드 조사가 다르게 나타나면서 여론조사에 대한 정확성에 대해서 많은 논란이 있었다. 여론조사기관에서는 유권자들이 전화나 문자를 통한 여론조사에 대해서 응답하는 비율이 연령별로 많은 차이가 있으며, 역으로 응답하는 부분에 대한 검증에 어려움이 있다고 한다.

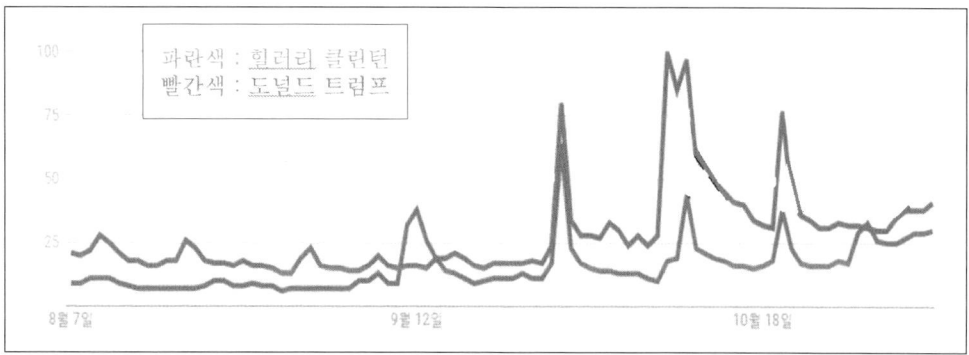

(출처 : 우종필, 방송사 세미나자료, 2016)

<그림 3-9> 2016년 미국 대선 관심도 결과

SNS에서는 대부분 도널드 트럼프가 앞서는 것으로 나타났다. 트위터 팔로워 수나 페이스북의 좋아요 수에서 크게 앞서고 있다. 대통령이 되고 나서도 지속적으로 도널드 트럼프는 트위터를 통해서 본인의 생각을 나타내고 있다.

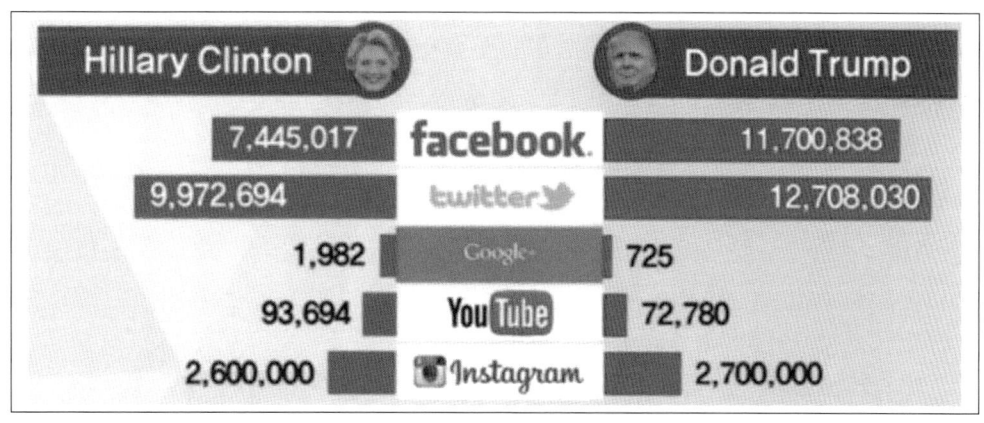

(출처 : 우종필, 방송사 세미나자료, 2016)

<그림 3-10> 2016년 대통령후보간 SNS현황

④ 2017년 대한민국 대통령 선거

2017년 5월 9일 탄핵국면에서 치러진 대선에서 문재인 대통령이 당선되었다. 기존 여론조사를 포함하여 기사 언급량, SNS 언급량 등 모든 부분에서 문재인 대통령이 홍준표 후보를 리드했다. 2017년 3월 21일에서 5월 8일 까지를 대상으로 후보별 기사 언급량과 SNS 언급량을 표시한 것이다. 기사 언급량에서는 문재인후보와 홍준표후보간 큰 차이가 없지만 SNS 언급량에서는 많은 차이가 있는 것을 알 수 있다. 여론조사에서도 문재인 후보 1위, 안철수 후보 2위, 홍준표 후보가 3위로 나타났다. 4월 25일 기사 언급량과 SNS 언급량이 높아진 것은 TV토론회 영향으로 나타났다.(박주희, 2017).

후보별 기사 언급량	후보별 SNS 언급량

파란색(문재인), 빨간색(홍준표), 녹색(안철수), 하늘색(유승민), 노란색(심상정)

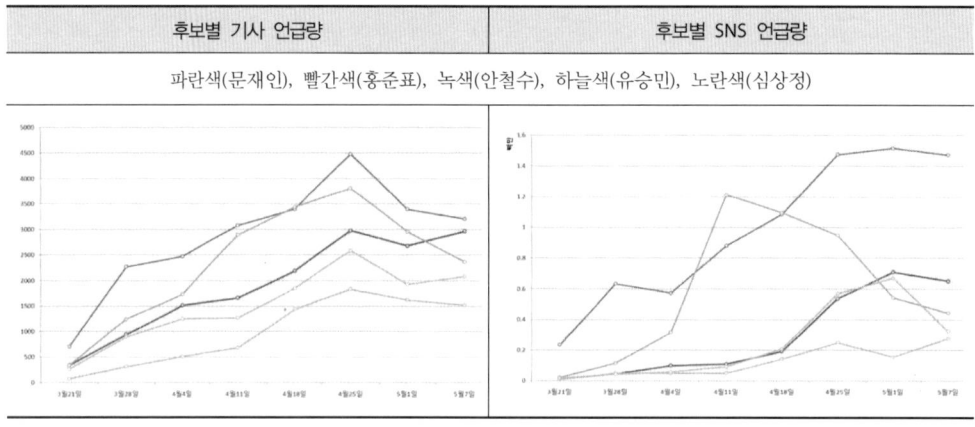

(출처 : 한국일보 2017. 5. 26. 박주희)

<그림 3-11> 후보별 기사/SNS 언급량

2017년 대선 선거방송은 짧은 시간에 준비를 하는 관계로 방송사들은 준비하는데 많은 어려움을 겪었다. 출구조사를 포함하여 당선자 예측은 지상파3사 공동으로 조사를 하였다. 아래 그림은 선거가 끝나는 20:00 정각에 당선을 예측한 화면이다.

MBC는 여론조사 및 사전출구조사를 포함하여 선거당일 중앙선거관리위원회로부터 투표 결과의 데이터를 포함하여 당선확률 시스템 스페셜M에 빅데이터를 입력시켜서 신속, 정확, 재미까지 더하는 선거방송을 진행하였다. 빅데이터와 혼합현실(MR) 기술을 적용하여 가상과 현실의 경계가 살아진 것 같은 생동감 있는 방송을 진행하였다. KBS도 사전심층 출구조사를 포함하여 선관위에서 제공하는 데이터와 다양한 그래픽 융합을 통해서 선거방송을 진행하였다. KBS는 신속, 정확, 최첨단 개표방송을 위하여 방송인력

(출처 : 지상파방송3사와 JTBC 선거방송)

<그림 3-12> 당선예상 장면(20:00시)

MBC	KBS	SBS	JTBC

(출처 : 지상파방송3사와 JTBC 선거방송)

<그림 3-13> 빅데이터 적용 선거방송(22시)

500여명, 카메라 40여대, 3개의 특별 스튜디오 사용하고 광화문 광장에는 증강현실 그래픽을 이용한 증강카메라를 설치해서 자체 당선 예측 시스템 디시전K를 가동했다. SBS는 2017 국민의 선택에서 진화한 당선 예측 시스템을 사용하였다. 선거방송에 재미, 감동을 갖춘 다양한 볼거리를 제공하였다. 페이스북과 제휴로 SNS빅데이터 분석을 통해서 유권자 본심과 투표 향배를 가늠해 보는 코너도 신설해서 선거방송을 했다.

KBS	MBC	SBS

(출처 : 지상파방송3사 선거방송)

<그림 3-14> 빅데이터 당선확률 예측시스템

현재 지상파방송사 선거방송은 여론조사 및 투표를 한 출구자 10만명을 대상으로 취합한 빅데이터를 합치고 여러 가지 가중치를 적용해서 선거가 종료되자마자 당선예상을 발표한다. 대부분 오차범위내에서 정확하게 예측하지만 국회의원 선거에서는 일부 예측이 벗어나기도 한다. 최근 세종대 우종필교수는 구글 트렌드 빅데이터 분석을 통해서 변수에 가중치를 적용하는 알고리즘을 만들어서 선거 이전에 정확하게 당선자 예측을 하기도 했다. 빅데이터 분석은 어떠한 데이터를 수집하는지, 어떤 데이터에 가중치를 얼마나 두는지에 따라 그 결과가 달라지고 이 과정은 전적으로 개별 분석가의 데이터에 대한 가정과 분석 알고리즘에 따라 결정된다.

(3) 스포츠방송 빅데이터 활용

평창 동계올림픽이 2018년 2월 9일부터 2월 25일까지 17일간 개최된다.

올림픽방송은 준비부터 종료까지 모든 것이 데이터에 의해서 치러지는 빅데이터 중계방송이라고 할 수 있다.

방송사들은 올림픽조직위원회에서 제공하는 다양한 데이터들을 받아서 방송포맷에 맞게 변환하거나 재조정해서 사용한다. 올림픽위원회에서 제공하는 데이터 이외에 각 방송사들은 진행자와 해설자들을 위한 각 종목이나 선수들에 대한 자료를 책으로 만들어서 준비를 한다.

올림픽 중계방송을 위해서 각 방송사들은 최고의 진행자와 해설자를 찾기 위해서 많은 데이터를 기반으로 적임자를 선정한다.

(출처 : MBC 방송자료)

<그림3-15> 브라질 올림픽 방송 화면

방송사들은 타방송사보다 정확하고 차별화된 데이터를 제공해서 시청자들의 채널 고정을 위해서 노력한다. 국내 야구, 농구, 축구 등의 중계시 방대한 양의 데이터 분석을

통해서 방송에 그래픽으로 처리하거나 자세하게 설명을 한다. 빅데이터 기반의 스포츠 중계는 선수의 동작, 공의 궤적, 볼의 스피드 등을 알려주는 등 최첨단 장비를 다수 사용하게 된다. 프로야구의 경우 진행자나 해설자가 선수나 타자 또는 각 팀별 데이터를 가지고 모든 진행을 한다. 감독들도 기존 경기 데이터를 참고해서 선수교체를 하기도 한다.

(출처 : MBC 방송자료)

<그림 3-16> 국내 스포츠방송

(4) SBS 정글의 법칙 빅데이터 활용

방송사들은 프로그램 제작시 시청자의 의견을 반영해서 지속적으로 높은 시청률을 유지하기 위해서 많은 노력을 기울이고 있다. 방송이후 게시판이나 SNS에 있는 내용들을 빅데이터 분석해서 프로그램에 대한 화제성지수들을 발표한다. 이러한 빅데이터 분석을 통해서 시청자의 의견을 반영해서 프로그램 출연자를 캐스팅하고 제작에 실질적으로 반영하고 있는 프로그램이 SBS 김병만 정글의 법칙 프로그램이다. 정글의 법칙은 시리즈1 나미비아 6회, 시리즈2 파푸아 5회, 시리즈3 바누아투 10회, 시리즈8 히말라야 10회, 시리즈9 캐리비언·마야정글 10회, 시리즈30 수마트라 9회, 시리즈33 신들의정원 10회, 2017년 12월 시리즈34 쿡 아일랜드를 방송하고 있다.

(출처 : SBS 정글의법칙 홈페이지)

<그림 3-17> 정글의 법칙 타이틀

정글의 법칙은 시즌별, 회차별 버즈량과 여기에서 추출한 버즈량의 특성을 분석해 시청자들이 회차별로 프로그램에 대해 느끼는 감정의 주요한 흐름을 파악했다. 시리즈6에서 불거진 조작논란 이후 프로그램 진정성에 대한 의심으로 버즈량이 감소했으며, 프로그램 초반에 느꼈던 신선함이 점차 시청자들의 반응에서 사라지고 있는 것으로 분석되었다.

시즌별 키워드나 원문 분석을 통해 프로그램 포맷상의 단순 반복이 주는 지루함을 찾아냈고, 김병만에 도전할 수 있는 강력한 남성 출연자의 필요성과 단순히 보조적인 역할이 아닌 정글 환경 속에서 제 몫을 다하는 도전적인 여성 출연자의 필요성을 알게 되었다. SBS는 이런 분석 결과를 토대로 새롭게 구성해 실제 프로그램 제작에 활용하였다. 이런 협업이 가능하게 된 것은 SBS 조직상의 변화에 기인한 것으로 분석되었다. 프로그램 제작에 빅데이터 분석시스템을 통해 분석한 결과를 프로그램 제작에 어느 정도 활용할 수 있다는 가능성을 보여주었다.(박수언, 2014)

(5) MBC 마이리틀 텔레비전 빅데이터 활용

미디어 시장이 급변하면서 1인 방송은 스마트폰의 등장으로 크게 성장하고 있다. 여기에 모바일과 PC를 통한 시청, 다시보기 등으로 많은 화제를 일으켰던 프로그램이 마이리틀텔레비전이다. 2015년 4월 시작해서 2017년 6월까지 장기간 시청률 1위를 유지하면서 SBS 그것이 알고 싶다와 시청률 경쟁을 벌였다. 마리텔은 다음 tv팟을 통해 다양한 콘텐츠를 선보이며 시청자들과 소통하는 쌍방향 데이터방송이다. 최고 접속자 12만 8,540명(5월 31일, 백종원 채널접속자 수)을 기록하며 인터넷 방송의 새로운 이정표가 되었다. 마리텔은 실시간으로 시청자와 쌍방향소통을 통해서 시청자의 의견을 반영하고 출연자 순위를 결정하는 생방송 빅데이터 방송이라고 할 수 있다. 김구라, 서유리, 이경규, 백종원, 종이접기 김영만 등 다양한 출연자와 독특하고 재미있는 CG를 통해서 실시간 빅데이터방송을 진행하였다. 마리텔은 생방송시 접속하는 시청자들에 의해서 실시간으로 출연자의 순위를 결정하게 만들어 참여자의 관심을 높였다. 시청자들의 선택을 받기 위해서는 많은 준비와 재미있는 정보를 제공해야 한다. 마리텔은 진행자와 접속하는 시청자의 빅데이터를 프로그램에 적용해서 젊은 층에게 많은 매니아를 형성했다. 빅데이터분석을 통해서 지속적으로 프로그램 출연자를 발굴하고 접속자의 의견을 적극적으로 반영한 예능프로그램이다.

(출처 : MBC 방송자료)

<그림 3-18> 마리텔 방송화면

　　마이리틀 텔레비전의 빅데이터 분석을 통한 감정추이(긍정, 부정, 중립)는 그것이 알고 싶다 프로그램과 비교했을 때 긍정적인 면이 높은 것으로 분석되었다. 프로그램 특성상 마리텔은 다양한 출연자들에 의해서 재미있고 관심을 끌만한 아이템을 가지고 출연하게 되면서 긍정적 감정이 높게 나타난 것으로 보인다. 마리텔은 긍정 53%, 부정 26.4%, 중립 20.6%로 분석 되었다. 같은 시간대 방송되고 있는 그것이 알고 싶다의 감성추이는 긍정 12.9%, 부정 49.1.%, 중립 38%로 분석되었다. 이러한 분석은 진행자 및 프로그램 내용에 따라 수치가 변동할 가능성이 높을 것으로 예상되었다.(김상철·김광호, 2016).

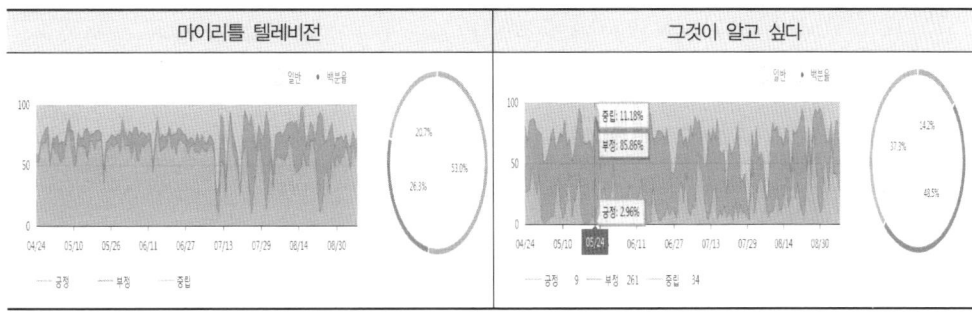

(출처: 마리텔 시청률에 미치는 요인에 관한 연구, 김상철·김광호, 2016)

<그림 3-19> 마이리틀 텔레비전과 그것이 알고 싶다 감성추이 빅데이터 분석

마리텔 프로그램은 인터넷 1인 방송 포맷을 5개의 방으로 확대한 독특한 형태의 제작 방식으로 시청자에게 많은 관심을 가졌다. 5개의 방에서 각기 다른 출연자가 출연자 개인 특성에 맞는 콘텐츠를 제작하는 방식이다. 프로그램 제작 중에 출연자들이 다른 출연자의 방으로 이동도 하고 정해진 시간에 순위를 발표하면서 매주 시청자들에게 재미와 감동과 긴장감을 제 공하였다. 마리텔은 출연자의 연기에 대해서 시청자가 직접 참여해 문자로 의견을 올려주면 출연자가 다양한 형태로 반영하는 쌍방향 빅데이터생방송 이다. 인터넷 1인 방송을 지상파방송으로 포맷 변경했다고 할 수 있다.

현재 1인 방송으로 많은 스타들이 만들어지고 있다. 1인 방송의 많은 채널 들이 자극적이고 폭력적인 장면들이 많아서 사회적으로 많은 논란이 있다.

방송사들은 마리텔과 같은 화제성지수도 지속적으로 만들어내고 시청률도 높은 프로그램 제작을 위해서 빅데이터 분석을 활용한 프로그램 제작을 늘려나가고 있다.

(6) 뉴스(날씨/교통정보)의 빅데이터 활용

① 날씨

뉴스에서 날씨가 차지하는 중요성은 매우 높다. 방송사들은 기상정보와 관련한 다양한 빅데이터 정보를 수집하고 분석해서 기상정보를 제공한다.

뉴스에서 날씨는 기상청에서 수집된 기상 정보를 슈퍼컴퓨터로 분석하는 과정을 거치게 된다. 기상청에서의 빅데이터는 날씨를 예측하기 위해서 지상기상곽측, 고층기상관측, 위성기상관측, 기상레이더관측, 낙뢰관측, 해상기상관측망으로부터 들어오는 정보를 저장하고 분석해서 날씨를 예측하는 전 과정을 말한다. 분석된 빅데이터 기상정보는 각 방송사 기상센터로 보내진다. 기상청으로부터 수신한 빅데이터 기상정보와 방송사에서 보유하고 있는 다양한 그래픽과 기상아이템을 사용하게 된다.

기상 캐스터의 등 뒤로 구현되던 3D 영상이 기상 캐스터 앞에서 캐릭터나 그래프로 보이거나 가상 스튜디오에 비가 내리고 눈이 오는 등의 화려한 영상을 합성한다. 저녁 8시 메인뉴스를 제작하기 위해서 오후 5시에 확정되는 기상정보를 가지고(기상청 서비스) 3시간여 동안 캐스터의 기획에 따라 제작 관련 회의, 디자이너의 영상 제작·녹화를 거쳐 매일 새로운 3D 영상으로 시청자들을 찾고 있다. TV에서 보도되는 날씨정보는 대부분 미래에 대한 예측이기 때문에 많은 빅데이터를 수집해서 분석해야 한다. 방송사에서 데이터로 가지고 있는 지도그래픽, 기상아이콘(해, 눈, 구름, 비, 번개, 식중독, 미세먼지, 기타), 구름이동그래픽, 온도, 해상날씨, 세계날씨, 기상특보, 지진, 위성영상, 레이더 영상, 생활지수와 레저 등에 대해서 날씨에 따라 적합한 데이터를 사용하게 된다.

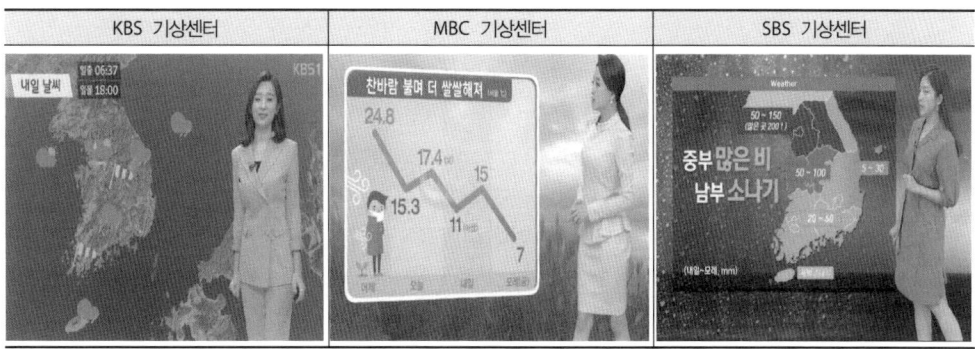

<그림 3-20> 방송사 날씨방송 화면

② 교통정보

뉴스에 있어서 차량과 관련한 교통정보도 중요한 부분을 차지한다. 특히, 대도시나 고속도로의 교통상황은 시청자의 관심이 높다.

다음카카오는 주요 명절이나 휴가철 등에 기존 교통정보를 빅데이터 분석해서 언론사에 교통정보를 제공한다. 지상파방송사 중에서 KBS와 MBC는 아침 뉴스 코너에 출근길 교통정보 코너가 있다. KBS의 경우 서울경찰청에서 CCTV 화면을 보면서 외부 진행자가 교통정보를 전한다. MBC는 서울시 교통정보 그래픽 화면과 서울시내 CCTV 교통정보, 궁내동 고속도로 CCTV 영상화면을 수신해서 방송에 활용하고 있다. 서울시 교통정보는 전용 인터넷 회선을 통해서 수신한다. 특히, 서울시에서 제작한 실시간 교통정보는 차량의 빅데이터 정보를 기반으로 그래픽이 뛰어나고 정확한 교통정보를 전달해 주고 있다.

신정이나 추석 같은 명절에는 고향으로 내려가는 차량이 같은 시간대에 집중되기 때문에 모든 도로가 정체 및 서행된다. 방송사는 대부분 궁내동 요금소에서 중계차로 실시간 교통정보를 생방송으로 뉴스시간에 방송한다. 보통 진행자가 막히는 구간을 선택해서 방송을 하기 때문에 실제로는 약간 차이가 날 때도 있다. 명절에는 헬기를 띄워서 입체적으로 교통정보를 알려주기도 한다. 미국에서는 헬기로 교통정보를 방송하는 것을 자주 볼 수 있다.

(출처 : KBS, MBC 뉴스)

<그림 3-21> 방송사 교통정보 방송 화면

5. 빅데이터 부작용 및 우려

1) 데이터 신뢰성

4차산업 시대에 데이터를 기반으로 한 인공지능 및 사물인터넷 연결 사회에 기본이
되는 데이터의 신뢰성 문제가 있을 수 있다. 빅데이터 활용을 위한 데이터 수집과 분석
에서 최적화된 결과만 선택해 차선의 정보나 서비스는 제외될 가능성이 있다. 취합된 데
이터가 적거나 사용자가 다양하지 않을 경우 동일한 결과 값이 나타날 확률이 크다. 이
러한 결과는 데이터 신뢰성에 문제가 생기고 데이터를 기반으로 새로운 제품을 출시하
거나 서비스 진행시 만족도가 떨어지게 될 것이다. 정부에서 제공하는 공공빅데이터는
표본이 많고 많은 비용을 들여서 데이터를 모집하기 때문에 데이터 신뢰성이 높은 자료
라고 할 수 있다. 선거방송을 포함하여 빅데이터 분석시 여러 가지 변수를 통해서 가중
치를 적용할 때 가중치에 따라 결과는 다르게 나타날 위험성이 존재하게 된다. 빅데이터

분석 시스템을 도입해서 프로그램 화제성 지수들을 분석할 때 분석자의 해석에 따라 결과는 다르게 나타날 수 있다. 빅데이터를 수집하고 분석할 때 이러한 데이터 신뢰성 문제는 지속적으로 나타날 것이다.

2) 개인정보 침해

빅데이터 문제에서 가장 문제가 되는 부분은 개인정보 침해 부분이다. 빅데이터 시대에 데이터 이용 범위가 넓어지면서 어느 부분까지 개인정보로 보아야 할지 논란이 있다. 빅데이터를 활용한 기업들은 개인별 맞춤형 서비스를 시행하고 있는데 정교한 서비스를 위해서는 더욱 많은 개인정보가 필요하다. 개인별 맞춤형 서비스 자체가 많은 문제점을 가지고 있다. 인터넷이나 모바일을 통해서 접속한 모든 기록들이 남겨져서 사람의 눈에는 보이지 않지만 가공되고 활용된다는 것이다.

빅데이터는 많은 부분 개인의 행동패턴, 습관, 감정이나 건강 상태까지를 포함하는 개인에 관한 구체적인 정보까지 정보 수집이 확대되고 있다. 수집된 개인정보는 쉽게 저장되고 재생산되어 빠르게 검색될 수 있게 되고, 온라인상에 삭제는 기대하기 어렵다. 실시간, 무차별 적으로 수집되고 저장된 개인 정보는 장기간 온라인상에 존재하게 되며, 개인정보 자기결정권을 심각하게 침해하게 된다.(김나루, 2017).

6. 향후전망

빅데이터를 활용하는 것은 기업 경영 전략에서 매우 중요한 부분을 차지하 게 되었다. 기업은 빅데이터 분석을 통해서 트렌드를 파악할 수 있고, 소비 자가 원하는 부분을 수집하고 분석해서 다양하게 활용하고자 한다. 미디어 기업들도 시청자가 선호하는 채널이 무엇이고, 어떤 프로그램을 어느 장면에 얼마나 머물러 있는지를 파악하는 것이 중요한 시대가 되었다. 인기가 있는 드라마의 키스 장면 하나가 많은 화제성 이슈를 생산해 내고 시청자의 관심을 유도하고 시청률 상승으로 이어져 수익을 만들고 있다.

방송사들은 프로그램에 대한 시청자의 관심이나 감정을 파악하고 타사 프로 그램과 비교하거나 제작진이 활용하기 위해서 빅데이터 분석시스템을 도입 해 운용하고 있다.

프로그램 빅데이터 분석시스템을 도입해서 많은 구성원 들이 관심을 가지고 적극적으로 활용할 필요가 있다. 담당부서 몇 명만 관 심을 가져서는 안 된다. 가장 많이 활용하고 관심을 가져야 할 사람은 프로 그램을 만드는 PD나 기자일 것이다. 빅데이터를 활용하는 것은 매우 중요하다. 그렇지만 빅데이터가 모든 것을 해결해 줄 수는 없다. 국민투표나 선거는 국가적으로 중요한 행사이기 때문에 작은 분석의 오류가 있어서도 안 된다. 그동안 계속되었던 여론조사가 잘 맞지 않는다고 해서 빅데이터 분석으로 대체할 수는 없다. 비용에 문제가 있지만 여론조사와 빅데이터 분석을 함께 상호 보완적으로 사용하면 된다. 빅데이터 활용을 위한 다양한 데이터 중에는 많은 개인정보가 포함된다. CCTV는 방범을 위해서 매우 필요하지만 너무 많은 개인정보를 저장하게 된다. 보이지 않는 감시를 바탕으로 하기 때문에 개인 및 사회에 대한 통제의 심화를 야기하게 된다. 빅데이터는 개인, 기업, 국가 시스템 전체를 상상할 수 없을 정도로 빠르게 변화시키고 있다. 빅데이터 분석을 통해서 기업은 효율성을 높이기 위해서 많은 정보를 수집하지만 동시에 개인정보 및 사생활의 침해라는 위험을 야기하는 양면성을 가지고 있다.

많은 기업에서 홍보 및 소비자의 관심을 파악하기 위해 빅데이터 시스템을 구입하거나 업체에 의뢰하고 있다. 빅데이터 분석에 따라 조직의 낭비 요소를 줄이고 효율성을 증가시키는 것으로 나타났다. 정확한 자료를 기반으로 비즈니스 의사결정 속도가 증가하고, 수익 창출로 이어진다. 업무 프로세스 개선 등으로 기업 활동에 긍정적인 영향을 미치는 것으로 나타났다.

| 참고문헌

[1] 우종필, 빅데이터 분석대로 미래는 이루어진다, 매일경제신문사, 2017.
[2] 함유근·채승병, 빅데이터 경영을 바꾸다, 삼성경제연구소, 2017.
[3] 김나루, 빅데이터 활용과 개인정보보호체계의 재구축을 위한 헌법적 고찰, 숙명여자대학교 대학원, 박사학위논문, 2017.
[4] 김성현, 빅데이터 기획보고서 제3호, 빅데이터 사업으로 본 빅데이터 발전 방향, 2015.
[5] 박현아, 한국콘텐츠진흥원, "빅데이터 시장 현황과 콘텐츠산업 분야에 대한 시사점", 『코카포커스』통권77호, 2014.
[6] 한진영·조철현·손인수, 기업의 빅데이터 활용에 관한 실증연구 : A쇼핑사의 빅데이터 기반 통합로그 시스템 사례, 인터넷전자상거래연구 제15권 제6호 2015.
[7] 오이쥔, 넷플릭스 이용자의 만족 및 지속 이용의도에 관한 연구 : 한국과 대만을 중심으로, 중앙

대학교 대학원 석사학위논문, 2016.

[8] 블로터, 네이버, 딥러닝 기반 뉴스 추천 서비스 시작(http://www.bloter.net/archives/291125), 2017.

[9] 박대민・이중식・서봉원, 사용자 참여 뉴스 빅데이터 서비스 연구, 한국언론진흥재단, 2016.

[10] 신동희・김희경, 소셜 시청(Viewing)의 사용자 경험적 분석, 한국콘텐츠학회논문지, 2014.

[11] 김진기・천혜선, 뉴스 빅데이터 서비스 사례 및 모델 개발 연구, 한국언론진흥재단, 2015.

[12] 김상철・김광호, 마이리틀 텔레비전 시청률에 영향을 미치는 요인에 관한 연구: SNS 빅데이터 중심으로, 디지털콘텐츠학회 Vol. 17. No. 1, 2016.

[13] 정일권, 집중점검 : 여론조사와 빅데이터 분석, 신문과 방송 2017.

[14] 박주희, 빅데이터로 세상읽기: 지지율과 검색량은 어긋났다, 한국일보,
http://www.hankookilbo.com/v/b03b7af5c24d459dadc8189fef343871, 2017.

[15] 박수언, TV프로그램 제작에 정성적 빅데이터 활용 사례연구 : SBS 정글의 법칙을 중심으로, 건국대학교 언론홍보대학원 석사논문, 2014.

[16] 김나루, 빅데이터 활용과 개인정보보호체계의 재국축을 위한 헌법적 고찰, 숙명여자대학교 대학원 박사학위, 2017.

[17] 송길영, 여기에 당신의 욕망이 보인다, 쌤앤파커스, 2012.

[18] 스즈키료스케・천채정(번역), 빅데이터 비즈니스, 더숲, 2012.

[19] 송태민・송주영, 빅데이터 연구 한권으로 끝내기, 한나래, 2015.

[20] James Manyika, Michael Chui, Brad Brown, Jacques Bughin, Richard Dobbs, Charles Roxburgh & Angela Hung Byers, 2011, Big data: The next frontier for innovation, competition, and productivity. McKinsey Global Institute.

[21] Gartner IT Glossary, http://blogs.gartner.com/it-glossary/big-data/

소셜TV의 등장과 콘텐츠 이용형태 변화

박창묵(KBS국장)

소셜TV의 등장과 콘텐츠 이용형태 변화

박창묵(KBS국장)

※ 아래의 저술내용은 저자의 학위논문(소셜TV 이용동기와 상호작용에 관한 연구)의 일부를 인용/재구성하여 작성한 것임.

1. 소셜TV의 등장배경

최근 4차 산업혁명이 화두가 되면서 4차 산업혁명 시대의 도래가 방송미디어와 콘텐츠 산업에 미칠 영향에 대한 관심이 증가하고 있다. 4차 산업혁명은 소위 방통융합의 가치사슬의 변화를 주도하고 방송제작환경의 전반적인 변화를 가져올 것이다. 방송미디어와 콘텐츠 산업에 미칠 4차 산업혁명의 효과는 직접적인 효과와 간접적인 효과로 나누어 볼 수 있다. 먼저 직접적인 효과로 4차 산업혁명을 가능케 한 사물인터넷(IoT), 빅데이터, 인공지능 등의 대표적 기술들은 인간의 창의적 영역을 보완하거나 대체하게 되고, 이러한 고도화된 디지털기술과 인공지능(AI)이 제작환경에 직접 접목되면서 콘텐츠의 생산성은 크게 향상될 것이다. 예컨대 사물인터넷(IoT), 빅데이터, 인공지능 등의 기술이 프로그램의 기획 및 콘텐츠 제작을 위한 정보검색이나 소재를 탐색하는 기능을 대신 처리해 주면서 프로그램 제작을 위한 최적화된 환경이 제공될 것이다. 4차 산업혁명은 궁극적으로 인간의 노동시간의 감소를 유발하고, 노동시간의 감소는 인간의 여가시간 증가로 나타날 것이다. '국민생활시간조사'에 의하면 여가시간의 구성 중 가장 높은 비율을 차지하는 부분이 미디어소비이다. 따라서 여가시간의 증가는 미디어 이용시간의 증가로 이어질 가능성이 아주 높다. 미디어 이용시간의 증가는 4차 산업혁명 시대가 가져다 줄 간접적인 효과이다. 방통융합의 가치사슬 변화는 콘텐츠 소비를 위한 유통의 경로를 다양화 하였다. 또한 초연결(IoT) 사회의 미디어의 편재성은 콘텐츠의 유통경로를 복잡 다양하게 만들지만 동시에 미디어의 편재성은 장소와 시간의 구애받지 않고 어떤 기기로든 콘텐츠의 소비를 유발한다. 본 연구에서는 4차 산업혁명의 시대가 가져올 간접적인 효과인 미디어 이용시간의 증가에 주목하면서 이용자의 보편화된 소셜 활동과 콘텐츠의 소비가 접목된 소셜TV에 대해 살펴보고자 한다.

TV를 시청하면서 스마트폰으로 연관정보를 검색하거나, SNS를 통해 TV시청경험을 지인들과 공유하는 소셜TV 활동이 이제 일상화 되었다. 소셜TV는 실시간 시청소감과 의견 등의 피드백이 가능하며, 실시간으로 방송되는 생방송 또는 다시보기 프로그램을 시청하면서 프로그램에 대한 시청소감을 온라인상의 다른 지인들과 실시간으로 편리하게 공유할 수 있다. 소셜TV 활동에 의한 새로운 시청경험은 기존 수동적으로 TV를 시청하던 사용자들을 소셜미디어를 통해 TV 와의 상호작용에 자연스럽게 참여하도록 유도한다.

소셜TV는 방송프로그램에 관한 의견이나 생각을 단순히 공유하는 차원을 넘어 자신과 TV 시청 취향이 유사한 지인들의 시청을 유도하거나 다른 프로그램을 자연스럽게 추천할 수 있는 서비스의 개발로 이어지고 있다. 방송프로그램을 소비하는 채널이 다양화된 N스크린 시대에 시청자들에게 선호방송을 추천하는 등의 개인화 기능은 소셜TV의 핵심 요소로 자리한다. 방송사를 포함한 콘텐츠 제공업자들은 시청자들의 소셜미디어를 이용한 TV시청과 연관된 활동, 즉 TV시청형태에 대한 빅데이터를 분석하여 광고효과를 높이고 개인 맞춤형 추천 등의 개인화 서비스를 통해 VOD 등 방송 콘텐츠 판매 확대와 같은 새로운 비즈니스 활로의 모색이 가능하게 되었다.

최근 미디어 환경 변화에 직면한 방송사들은 기존 TV플랫폼의 영향력 퇴조에 따른 새로운 대안을 필요로 하게 되면서 이종 플랫폼 영역의 미디어서비스와 결합해야 하는 순간을 맞이하고 있다. 멀티스크린 환경에서의 모든 미디어는 경쟁인 동시에 상호보완적인 관계에 있다. 오히려 이러한 멀티미디어의 상호보완적인 관계를 발전시켜 다양한 디지털기기에서의 콘텐츠 소비가 기존의 전통적 TV 방송시장의위축이 아닌 확장의 전략을 마련하는 것이 중요하다. 방송콘텐츠 제공의 메인 스크린인 TV를 중심으로 시청자들이 TV가 제공하는 프로그램을 다른 디지털기기를 통해 어떻게 활용하고 있는지를 조사하고, 변화된 시청환경에서 TV와 디지털기기들의 결합으로 가능한 서비스의 모습을 설계해보는 것은 큰 의미가 있다. 아울러 프로그램시청과 연계한 TV와 디지털기기의 상호작용에 의한 결합서비스가 시청자 만족과 방송프로그램에 대한 충성도를 이끌어낸다면 TV서비스와 디지털서비스의 결합과 공존이 가능한 방송영역에서의 새로운 활로의 모색이 가능할 것이다.

2. 다중미디어 시대의 TV

1) TV서비스의 변화

방송과 통신의 융합은 TV 패러다임의 근본적 변화는 물론 방송의 가치사슬 전반에서 급속한 변화를 이끌고 있다. 디지털 방송기술과 통신기술이 융합되면서 데이터의 한 형식으로 단순화된 방송영상들이 스마트한 기능을 갖춘 전화기에서 소비되는 혁신적 변화를 몰고 온 것이다. 이러한 융합기술의 특징은 기존 미디어의 개념과 미디어 산업구조, 존재방식, 나아가 이용자의 문화 전반에 영향을 미친다. 영화의 화질과 맞먹는 고화질 TV를 시청하고, DVR을 이용하여 좋아하는 프로그램을 녹화하고 원하는 시간에 광고없이 볼 수도 있다. 또한 양방향성을 갖춘 스마트TV의 등장으로 수동적인 시청형태는 능동적이고 참여적인 형태로 바뀌면서 기존의 TV를 '보는 TV'에서 '즐기는 TV'로 변화시키고 있다.

90년대 이후 케이블, 위성방송과 같은 뉴미디어의 등장과 지상파의 디지털 전환과정을 거치면서 정작 TV서비스의 근본적 변화를 이끈 것은 방송기술의 디지털화에 의한 외형적인 변화가 아니라 DMB라는 모바일 방송의 출현이었다. DMB(Digital Multimedia Broadcasting) 방송은 지상파방송의 디지털전환 과정에서 이동수신에 대한 보완을 위해 시작된 서비스로서 이동 중에 휴대용 단말기로 영상, 음성, 데이터의 멀티미디어를 수신할 수 있는 모바일 방송의 시초가 되는 혁신적인 서비스이다. DMB 서비스의 등장은 단순히 새로운 멀티미디어 방송의 출현이라는 의미를 넘어 고정적 장소에서 공동 시청해야 하는 기존의 TV의 한계를 극복한 것으로서의 특별한 함의를 지닌다. 시청자들은 DMB를 이용하여 언제 어디서나 텔레비전 시청이 가능하게 되었으며, 이동 중에 TV, 라디오방송의 수신은 물론 TPEG 교통정보와 같은 데이터정보의 송수신이 가능해지게 되었다. DMB의 등장으로 본격적인 이동 멀티미디어 방송의 시대가 열린 것이다. 지상파 DMB는 이동성과 무료시청이라는 장점과 국내에 출시되는 이동전화 및 차량용 내비게이션 시스템에 기본 장착되면서 빠르게 보급되었다. 이러한 DMB서비스의 확대는 TV방송 시청형태를 고정시청 형태에서 이동시청 중심으로 빠르게 변화시켰다.

한편 디지털 TV방송이 실시된 이후, TV로 방송되는 프로그램의 부가정보에 대한 시청자의 욕구가 증가되면서 DTV데이터방송[1]이 등장하였다. 데이터방송은 단순히 '데이터'의 개념을 넘어 최근에는 양방향성을 포함하는 대화형방송(interactive TV)으로 포괄적으로 불리고 있지만, 초기에는 인터넷 연결성을 갖지 못하면서 생긴 단방향 서비스의 한계로 인해 시청자의 욕구를 충족하지 못하였고, 양방향 서비스에 대한 요구는 끊임없이 증가하였다. 양방향 서비스는 기존의 미디어 서비스를 공급자 중심의 일방적인 형태에서 실시간으로 공급자와 이용자와의 상호작용을 가능하게 한 혁신적인 서비스이다. 데이터방송의 양방향 서비스는 방송과 인터넷을 결합하여, RF로는 방송을 시청하고, 인터넷망은 리턴채널로 활용하는 방식으로 양방향성을 확보코자 하였다. 하지만 이종사업자들이 스마트 디바이스를 이용하여 방송 및 부가서비스를 제공하는 환경이 도래하면서 DTV데이터방송 만으로 시청자의 눈높이를 충족키에는 부족하게 되었고, 정보의 질과 양, 전달력의 향상과 양방향성을 보다 강화할 수 있는 서비스 개선이 필요해졌다. 이러한 요구들은 대체 서비스의 개발로 이어졌고, 방송사들은 IP 네트워크 및 브라우저 기반의 대체 서비스에 선택과 집중을 하게 된다. 그런 노력의 일환으로 방송서비스와 인터넷 서비스를 융합한 새로운 형태의 서비스인 하이브리드 양방향 TV서비스가 개발되었다. 유럽에서 최초 시작된 하이브리드 양방향 TV서비스는 방송망을 통해 제공되는 콘텐츠와, 인터넷망을 통해 제공되는 콘텐츠를 하나의 화면에서 이용할 수 있게 해준다. 즉, 가전사가 제공하는 스마트TV처럼 인터넷 서비스와 프로그램과 연관된 부가정보나 서비스를 인터넷망을 이용하여 제공해주는 서비스이다. 유럽은 2009년 독일과 프랑스방송사들을 중심으로 융합형 TV기술표준인 HbbTV(Hybrid Broadcast Broadband)를 통해서 실시간 채널 중심의 방송영역과 능동적인 콘텐츠 소비가 가능한 인터넷 영역간의 간극을 줄이고자 하였다. HbbTV 상용서비스가 제공되는 국가 중에서 가장 활성화된 곳은 독일이다. 독일은 공영 및 민영 방송사를 막론하고 거의 모든 방송사에서 HbbTV서비스를 제공하고 있으며, 그 범위를 점차 확대하고 있다.

　방송과 통신의 융합 서비스가 등장하면서 방송의 개념도 점차 바뀌게 되었고, 인터넷을 기반으로 하는 TV 서비스는 다양한 변화를 몰고 왔다. 특히 통신사업자의 융·복합 서비스 개시, 신문의 방송시장 진입, 인터넷 포털의 매체화, 가전사의 방송시장진입 등 이종 산업들의 미디어 시장 진입으로 미디어간 경쟁이 심화되고 있으며, 소위 지상파만 방송이던 시대에서 플랫폼 범람의 시대로 미디어 시장은 빠르게 진화하고 있다. 지상파

---

1) 국내 데이터방송의 경우, 지상파방송사는 ATSC표준인 ACAP(Advanced Common Application Platform)을 채택하고 있고, 케이블은 미국의 CableLabs에서 주도한 OCAP(OpenCable Application Platform)을 채택하고 있으며, 위성방송에서는 DVB의 MHP(Multimedia Home Platform)를 채택하고 있다.

방송사가 생산한 콘텐츠를 다른 사업자가 인터넷망을 이용하여 서비스할 수 있는 시대가 된 것이다. 국내의 통신사업자(SK텔레콤, KT, LG유플러스)들은 2007년 QoS가 보장된 인터넷망을 이용한 방송서비스인 IPTV(Internet Protocol TV) 서비스를 시작하였다. IPTV는 초고속 인터넷망을 이용하는 새로운 방송 전달 매체로서 지상파, 케이블, 위성으로 구분되는 기존의 방송매체 시장에 진입하여 인터넷상에 존재하는 풍부한 콘텐츠를 TV에 맞게 재구성한 차별화된 서비스로 기존 방송과 경쟁하고 있다.

지상파방송사 또한 방통융합 환경에서 경쟁력과 생존력을 확보하기 위하여 유무선 인터넷 기반의 서비스 전략을 적극적으로 전개하고 있다. KBS, MBC, SBS 등 지상파 방송사들은 마이K와 pooq과 같은 N스크린 서비스가 가능한 통합 미디어 서비스 플랫폼을 개발하여 출시하였다. 이 서비스들은 온라인 웹과 모바일 웹으로 시청이 가능하며 특히, 안드로이드와 IOS 계열의 앱을 통해 스마트폰과 테블릿PC에서 사실상 이동성에 제약이 없는 무선통신 환경에서도 실시간 방송을 시청할 수 있기 때문에 서비스 출시 이후 사용자들의 폭발적 호응을 얻고 있다. 이러한 형태의 서비스를 엄밀히 말해 방송이라고 부를 수는 없지만, 스마트기기의 보급이 전 계층으로 확대될수록 방송 콘텐츠 소비방식은 급격히 변할 것이며, 이에 따른 모바일에서의 방송콘텐츠 소비 또한 급증할 수밖에 없다.

2) 다중미디어 시대의 TV시청행태

방송 콘텐츠 소비의 형태가 급속히 변하고 있다. 수동적인 시청을 원하는 시청자들의 시청성향은 쉽게 바뀌지 않을 것이라 예견되었지만, 최근 스마트폰 열풍으로 본 시청자들의 능동적인 변화는 산업계에 다양한 파급효과를 미치고 있다. 시청자들은 시간과 장소에 구애 받지 않고 콘텐츠를 이용하고 있으며, 새로운 기기에 적합한 새로운 콘텐츠를 요구하고 있다. 인터넷 및 모바일을 통한 영상소비가 급격하게 증가함에 따라 기존 TV 플랫폼에 대한 의존도는 약화되고 N스크린 환경에서의 미디어 소비욕구는 점차 증가할 것으로 전망된다[2]. TV방송 서비스가 시작된 이래, 수십 년 동안 지속된 수동적인 시청형태는 스마트 TV 등 미디어 변화에 따라 능동적이고 참여적인 형태로 변화되고 있다. 즉 앞서 설명한 바와 같이 '보는 TV'에서 '즐기는 TV'로 변화 하고 있다는 의미이다. 린백(Lean-Back) TV의 특징은 드라마, 쇼 등을 편안하게 감상하려는 수단이고, 매스커

---

2) 닐슨코리아, Nielsen-KoreanClick Behavioral Data(2012~2013).

뮤니케이션과 대중적인 정보를 얻는 수단이며, 그리고 가족 간의 공유물로서 '보는 TV'로 정의 될 수 있다. 최근에는 정보가 얼마나 신속하고 정확한가에 대한 중요성이 증가되고 다양한 정보 중에서도 자신에게 맞춤화된 정보를 요구하게 되면서, 이러한 욕구들은 능동적이고 참여적인 시청형태(Lean-forward)로 나타나고 있다. 린포워드(Lean- Forward) TV는 '즐기는 TV'로 정의될 수 있다.

스마트 디바이스의 보급이 확대되고 다양한 단말에서의 콘텐츠 이용 욕구가 증대되면서 N스크린3) 즉, 다중미디어 환경이 성숙단계에 진입하고 있다. 전통적 미디어 이용행태는 콘텐츠에 따라 시간과 공간이 결정되고 미디어가 있는 장소 및 시간에 이용자가 맞춰야만 했지만, N스크린의 본격화에 따라 미디어 이용맥락이 다양화되면서 시간과 공간의 제약이 없는 미디어 이용행태가 보편화되고 있다. 이는 디바이스와 콘텐츠간의 종속성이 해체되고 이용자의 선택에 따라 시간, 공간, 콘텐츠간의 이용조합이 달라질 수 있음을 의미한다. 이러한 미디어 이용행태 변화의 현상은 디바이스별 미디어 이용시간의 변화를 가져오고 동일한 콘텐츠를 소비하기 위해 선택하는 디바이스가 다양화되는 디바이스 분화 현상을 초래하였다. TV 프로그램과 같은 콘텐츠가 PC와 모바일을 이용한 소비가 가능해 지면서 콘텐츠 이용동기를 해소하기 위해 선택하게 되는 디바이스와 콘텐츠간의 조합이 다변화되고 디바이스간 경쟁이 가속화 되었다. 여전히 전통매체인 TV의 보급과 이용률이 높게 나타나고 있지만, 스마트폰의 보급 확산으로 멀티스크린 이용자 규모가 3스크린 이용자수를 기준으로 보았을 때 전체 인구의 58.1%까지 확대되고 있다.4) 과거 TV와 PC에 집중되던 미디어 환경이 3스크린으로 변화하고 있음을 알 수 있으며, 스마트폰 중심의 모바일 디바이스는 다중스크린 이용의 중심으로 도약하고 있다.

<표 4-1> 3스크린 조합별 동시매체이용

스크린 조합	동시사용비율/월	동시사용 시간
TV + 스마트폰	97%	30분
PC + 스마트폰	90%	7분
TV + PC	65%	9분

출처 : 2015 닐슨 미디어 리서치 리포트

---

3) N스크린이란 하나의 콘텐츠를 여러 단말기를 통해 원하는 장소와 시간에 향유하는 것을 의미한다.

4) Nielsen-KoreanClick 모집단 추정조사 보고서 (2013 3분기~2014 3분기).

이러한 시청형태변화는 시청자들의 적극적인 참여를 유도함으로써 미디어 이용의 능동성을 극대화 하였고, 미디어 이용 주권이 시청자에게 점차 이양되게 하고 있다. 이용자들이 태블릿과 스마트폰 등을 TV와 동시에 이용하는 비중이 늘고 있다는 사실은 N스크린 서비스에 대한 개념이 변화해야 함을 의미한다. 지금까지 N스크린 서비스는 클라우드 기반의 각 단말간 데이터 동기화를 통해서 방송영상 콘텐츠의 끊김없는 이용(Seamless Use)에 집중되어 왔다. 그러나 여러 단말의 동시사용이 증가하고 있다는 것은 N스크린 서비스가 순차적인 이용에서 나아가 병렬적으로 서비스를 이용하는 것을 의미하므로 동일 서비스에 대해 각 단말에 최적화된 기능을 분리해 제공하는 것이 필요하게 되었다(ATLAS, Digestive Daily). N스크린 서비스에는 먼저 동일한 콘텐츠를 디바이스간 끊김없이 이어보는 '이어보기(Seamless Viewing)' 서비스가 있고, 하나의 콘텐츠 혹은 그 콘텐츠의 소재로 구성된 패키지 콘텐츠를 이용하는 'OSMU(One Source Multi Use)'와 TV와 PC, 모바일 등 다양한 기기별 특성에 맞는 콘텐츠를 스크린별 특성에 맞게 제작하여 서비스하는 'ASMD(Adaptive Source Multi device)' 서비스가 있다.

본격화된 멀티스크린 환경은 새로운 시간과 공간을 미디어 소비영역에 편입시키고 이용자에게 새로운 이용경험을 제공하면서 미디어 이용맥락을 다양화시키고 있다.[5] 미디어 이용공간이 전통적인 미디어 이용 장소였던 집(가정)을 벗어나 직장과 학교, 이동 중이거나 또 다른 외부장소로 확장되었고, 비실시간 콘텐츠의 소비경험의 확대로 미디어 이용시간 또한 증가하였다(NKC, 2013). 미디어 이용 맥락이 다양화됨에 따라 이용자의 디바이스 선호도가 변화하고, 디바이스와 콘텐츠간의 조합도 다양화되면서 새로운 결합유형에 의한 진화된 이용행태가 나타나고 있다. 다중미디어 이용자는 개별 디바이스의 수용자 집단이 서로 융합하거나 결합하는 수용자 컨버전스(Audience convergence)로 발전한 보편화(Majority)된 집단으로 정의된다. 단일 미디어 영역은 각 기기별 속성에 따라 인구통계에 따른 이용 충성층, 이탈층의 경계가 명확한데 반해 다중미디어 이용자 집단 내에는 그 경계가 느슨해서 성별, 연령별 구성비가 상대적으로 고른 분포를 보이고 있다.[6] 닐슨코리아의 조사에 의하면 다중미디어 이용자는 동시 또는 비동시적으로 여러 디바이스를 넘나들며 미디어를 소비하는 멀티플래포밍의 특성을 띠며, 3스크린 집단은 2스크린이나 1스크린 조합의 이용층과 달리 성별 연령대별 구성비가 비교적 균형 있는

---

5) 닐슨코리아, Nielsen-KoreanClick Behavioral Data(2012~2013).

6) 닐슨코리아, Nielsen-KoreanClick Attitudinal Data(2013.12).

분포를 나타내고 있다. 다중미디어 이용자는 모바일을 중심으로 새로운 이용맥락을 창출하거나 기존의 이용맥락을 재구성하는 성향을 보여준다. 특히 TV콘텐츠를 이종의 디바이스로 소비하거나 다중미디어를 동시에 소비할 수 있는 환경이 갖추어진 가정 내에서 미디어 이용자는 자신의 욕구와 이용동기를 충족하기 위하여 콘텐츠와 디바이스간의 최적의 조합을 탐색하는 특징적 현상이 주목된다.

<표 4-2> 미디어 이용동기별 디바이스-콘텐츠 결합

이용동기	디바이스-콘텐츠 결합
자극과 오락	연예, 스포츠, 드라마, 영화, UCC
정보추구	뉴스, 시사, 다큐멘터리, 신문, 잡지, 웹 검색
친교	전화, 메신저, 블로그, 카페, SNS

출처 : 이창훈.김정기(2013), 재구성

전통적으로 TV를 통해 소비되던 뉴스, 드라마 등의 영상콘텐츠의 심리적 전환비용이 최소화되고, PC 또는 모바일로의 소비전환이 가속화되면서 동일 콘텐츠를 둘러싼 멀티 스크린 간 이용자 확보 경쟁이 심화될 것으로 전망된다. 과거 TV콘텐츠를 통해 충족되던 재미추구, 습관적 이용, 정보탐색 등의 미디어 이용동기를 이종 디바이스와 콘텐츠간의 결합으로 대체하여 해소하는 현상이 나타나고 있고, 가정내 이용자의 제한된 TV 시청시간이 이종 디바이스와 콘텐츠간의 결합에 의해 점유될 가능성이 나타나고 있다. TV 콘텐츠가 주요 미디어 이용동기를 충족하지만, 타 디바이스와 콘텐츠 결합이 이용자의 제한된 시간자원을 점유할 가능성이 확인되었다. 모바일이 미디어의 시/공간의 범위를 확장시키고 미디어 간 경계를 재구축하면서 가정(집) 내 미디어 간 경쟁구도의 변화가 예상되며, 가정 공간 내 제한된 미디어의 가용시간을 둘러싼 TV와 모바일 간 경쟁이 촉발되면서 TV 이용이 모바일이용으로 대체되거나, TV와 모바일이 중복 이용되는 현상이 확산되고 있다. 이용자들은 TV를 보면서 동시에 다른 단말을 이용해 관련 정보를 검색하거나 의견을 공유한다. 이러한 TV와 관련한 소셜미디어의 이용 확대는 소위, 워터쿨러 효과를 발생시켜 다른 사람들의 TV시청욕구를 자극하고 시청의 저변을 확대하기도 한다.

3. 소셜TV의 등장

1) 소셜TV의 개념 및 정의

다양한 모바일 기기의 보급으로 소셜미디어의 이용이 보편화 되고 있다. 소셜미디어는 트위터(Twitter), 페이스북(Facebook)과 같은 소셜 네트워크 서비스(social network service, SNS)에 가입한 이용자들이 서로 정보와 의견을 공유하면서 대인관계망을 넓힐 수 있는 플랫폼을 가리킨다. 즉 소셜미디어는 '자신의 생각과 의견, 경험 등을 서로 공유하고 참여하기 위해 사용하는 개방형 온라인서비스와 미디어 플랫폼'으로 정의 되고 있다. 최근 대화의 도구로서 트위터와 페이스북과 같은 소셜미디어서비스의 이용이 확대되면서 자연스럽게 TV서비스 환경에서도 소셜미디어와 TV서비스가 결합된 새로운 형태의 서비스 모델인 소셜TV가 등장하였다.

소셜TV는 'TV를 시청하면서, 시청 중인 콘텐츠와 관련한 의견이나 감정 등을 같은 공간에 있지 않은 다른 사람들과 소셜미디어를 통해 서로 표현하고 소통하는 것'을 말한다. 사람들은 TV를 시청하면서 특정 장면에 대해 자신이 느낀 감정과 의견을 같은 공간에 있거나 혹은 같은 공간에 있지 않는 타인과 공유하고자 하는 강한 욕구를 가진다. TV 프로그램을 시청하면서 원격으로 대화하거나 채팅을 바탕으로 동일한 프로그램을 시청하고 있는 친구들이나 지인들과 시청경험을 공유하는 것이 가장 보편적인 소셜TV의 특징이라 할 수 있다. 이러한 시청경험의 공유는 기존의 수동적 시청자들을 자발적으로 프로그램에 참여 또는 관여하도록 유도한다.

사람들은 소셜미디어 서비스가 없었던 전통적인 TV시청 환경에서도 좋아하는 프로그램에 대한 시청소감이나 의견을 다음날 오프라인에서 지인들과 차를 마시며 공유하던 경험을 가지고 있다. 오프라인 교감을 통해서 화제의 프로그램에 관심을 갖게 되면서 이러한 관심은 시청의도로 발전하였다. SNS가 등장하면서 보다 쉽게 지인들과 시청경험의 소통과 공유가 가능해지게 되었다. 이러한 입소문(viral) 효과에 의한 시청의도의 증가는 프로그램의 시청률 증가로 직결되어 나타나고 있다. 트위터, 페이스북 등의 소셜네트워크 서비스들이 유튜브와 같은 동영상 스트리밍 서비스에 접목되면서 이용자들 간 또는 이용자와 미디어간의 새로운 상호작용을 경험하기 시작했다. 이와 같이 소셜TV는 이용자들이 TV 프로그램을 시청하고, 시청을 통해 느낀 감정과 의견을 소셜미디어의 미디어적 특성을 이용하여 타인과 소통하는 형태, 즉 소셜미디어와 TV의 융합으로 정의할 수 있다. 소셜TV를 수동적이고 소극적이던 전통적인 TV 시청방식에 보다 능동적이고 적극적인 TV 시청개념이 결합된 새로운 시청자의 TV이용행태로 재해석하여 이것을 사회적 시청 즉, 소셜 뷰잉(social viewing) 개념으로 설명되기도 한다. 그리고 이러한 사회적 시청형태의 확산을 하나의 시청행태의 변화라기보다 새로운 사용자 경험의 창출이라는 관점으로 볼 수 있으며, 또한 멀티미디어 이용자들의 새로운 시청 형태로서 전통적 TV시청(viewing)과 온라인상의 사회적(social) 의견 교환이 동시에 발생하는 '사회적 시청(social viewing)'으로 규정할 수 있다.

이와 같이 소셜TV는 물리적으로는 TV와 소셜미디어 기능이 탑재된 모바일 디바이스가 결합된 새로운 미디어플랫폼의 성격을 가진다. 또한 이러한 디바이스간의 조합으로 새롭게 등장한 시청행위나 시청활동으로도 표현될 수 있다. 소셜TV에 대한 정의를 종합해보면, 소셜TV는 TV와 소셜미디어의 결합이라는 물리적 관점에서 나아가 이용자들이 TV 프로그램에 보다 직접적으로 관여하는 포괄적인 TV시청활동으로 재해석이 가능하다. 소셜TV는 이용자들 간의 시청경험과 시청의견에 대한 공유뿐 만아니라 직접적인 콘텐츠의 시청이 가능한 접근경로를 제공하여 프로그램 시청을 유도하는 것과 같은 콘텐츠 플랫폼의 역할도 포함되어 있기 때문에 새로운 미디어라는 관점에서의 해석 또한 유효하다. 선행 연구자들의 소셜TV에 대한 정의와 생각들을 기반으로 다음과 같이 소셜TV를 다음과 같이 정의한다. "소셜TV는 TV와 소셜미디어의 결합에 의해 탄생한 새로운 미디어로써, TV를 시청하면서 시청 프로그램과 관련한 의견이나 감정 등을 같은 공간에 있지 않은 다른 사람들과 소셜미디어를 통해 서로 표현하고 소통하는 것을 말한다."

여기서 소셜미디어는 인터넷홈페이지/카페/블로그와 같은 인터넷서비스와, 마이크로블로그 기능과 메신저 기능을 갖춘 소셜네트워크서비스(SNS), 그리고 방송사 또는 콘텐츠사업자가 제공하는 소셜TV 기능이 탑재된 양방향TV와 모바일 어플리케이션 등 온라인/모바일 IP 네트워크로 양방향 소통을 가능하게 하는 서비스 및 서비스플랫폼을 포함한다. 소셜TV 활동은 TV시청 즉, 시청 프로그램과 관련된 내용에 관하여 유무선 인터넷이나 소셜미디어서비스(SNS)를 이용하여 다른 사람들과 커뮤니케이션하거나, 관련 정보를 검색하는 등의 포괄적 시청행위를 말한다.

이용자들이 접근 가능한 소셜TV 서비스 이용방식은 먼저 이용자 스스로 TV시청이라는 본연의 활동과 소셜미디어를 이용한 시청경험 공유라는 두 가지 행위를 결합하여 이용자들 간에 소통하는 서비스의 형태가 있고, 그리고 두 번째로 방송사 및 콘텐츠사업자들이 편성정보, 부가정보 등의 서비스와 더불어 SNS 연동기능이 탑재된 서비스 앱을 개발하여 제공하는 소셜TV 서비스 방식이 있다.

2) 소셜TV 서비스의 주요기능 및 분류

소셜TV는 TV시청과 인터넷의 상호작용을 통해 프로그램 부가정보의 검색이 가능하고 소셜미디어 연계기능을 통해 채팅이나 대화, 프로그램 추천 활동이 가능하다. 광고나 e-커머스의 적용이 용이하며, 디바이스 제어, 검색과 탐색 기능의 결합으로 새로운 가치의 창출이 가능하다. 체크인을 활용해 타깃 시청자에게 최적화된 광고가 가능하여 광고효과를 높이는 것이 가능하고, 소셜 추천과 검색기능을 통해 적절한 프로그램의 시청을 추천함으로써 콘텐츠 판매를 확대할 수 있다. 또한 소셜TV는 방영프로그램에 대한 의견 개진이나 피드백 작용이 활성화되어 콘텐츠 기획이나 제작에 영향을 미침으로써 프로그램의 품질과 시청률의 동반 상승에 긍정적 효과를 줄 수 있다. 소셜TV 시청경험은 기존 수동적으로 TV를 시청하던 사용자들을 소셜미디어를 통해 TV와의 상호작용에 자연스럽게 참여하도록 유도하고 있다. TV 시청과 소셜미디어 이용을 접목한 소셜TV 전용의 앱은 최근 출시되는 세컨드스크린 어플리케이션 중에서도 가장 활성화되어 있다. 소셜TV 서비스 앱은 이용자들 간에 이루어지는 직접적인 커뮤니케이션을 매우 풍부하게 지원하며,[16] 소셜 미디어를 이용하여 자신이 시청중인 콘텐츠에 관한 실시간 대화에 참여하고 자신이 그런 대화의 일부가 되는 것을 느끼게 해주며, 이것은 개인화된 문화이자 참여적 문화라 할 수 있다.

최근 사업자들은 소셜TV에 주목하면서 프로그램에 강한 연계성을 가진 소셜TV 전용 앱을 출시하고 있다. 지상파방송사들은 TV와 소셜미디어의 결합을 바탕으로 시청 중인 프로그램과 연동하여 가치 있는 메타데이터나 부가 동영상을 세컨드스크린에 제공하는 것과 TV 시청 중 투표나 퀴즈에 참여하는 등의 방송프로그램과 상호작용하는 기능에 중점을 둔 소셜TV 앱을 개발하여 출시하고 있다. 플랫폼사업자들은 개인형 스마트기기로 TV에 나오는 상품의 광고정보를 얻거나 온/오프라인 상품 구매 및 서비스를 이용할 수 있는 기능에 관심을 두면서, 새로운 비즈니스 모델을 창출할 수 있는 플랫폼적인 역할에 초점을 맞추고 개발을 진행하고 있다. 독일의 컨설턴트 기업 Mücke Sturm &

Company는 소셜TV 앱의 주요 기능을 체크인, 토론, 평가, 추천, 정보 연결, 게임요소 도입(gamification), 상호작용, 쇼핑 등의 8가지로 구분하여 그 기능을 <표 4-3>와 같이 설명하고 있다.

<표 4-3> 소셜 TV 애플리케이션의 주요기능

기능	설명
체크인(Check-In)	TV 프로그램과 같은 특정 콘텐츠에 체크하고 정보를 공유하는 기능. 소셜TV 앱들의 대다수는 이용자들의 페이스북, 트위터 계정과의 결합 허용
토론(Discussion)	특정 내용에 대한 생방송 토론에 참여하고 동료 시청자들 또는 연결된 소셜 네트워크의 친구들과 의견을 교환하는 기능
평가(Rating)	사전에 규정된 척도로 구체적 콘텐츠를 평가하고 총 평가점수를 확인하는 기능
추천(Recommendations)	해당 앱에서 추출된 과거 이용 행동이나 친구들의 관심사에 대한 분석을 기반으로 개인 맞춤형 추천과 프로모션을 제공하는 기능
정보 연결 (Information linkages)	프로그램에 대한 추가적인 배경 정보를 제공하고 정보원에 신속히 연결해주는 기능.
게임 요소 도입 (Gamification)	특정 행동에 대한 대가로 배지나 보상을 주는 기능
상호작용(Interaction)	투표 프로그램 중에 특정 후보에게 투표를 하는 것과 같이 TV프로그램 방송 중 상호작용하는 기능
쇼핑(Shopping)	직접 쇼핑하거나 VOD 서비스, 음악, 의류를 포함한 콘텐츠 관련 상품의 온라인 몰로 안내하는 기능

출처 : Mücke Sturm & Company, 재구성

현재 콘텐츠 사업자와 플랫폼사업자들이 개발하여 출시하고 있는 소셜TV 전용의 앱들은 위와 같은 소셜TV의 다양한 기능들 중에서 서비스 기획의도에 부합하는 기능들을 조합하여 제공하고 있다. 그러나 이용자와 공급자의 입장에서 각 기능들에 대한 매력도가 다르게 인식되기 때문에 소셜TV 제공업자가 기능들을 선택할 때는 주의할 필요가 있으며, 소셜TV의 기능 측면에서 포트폴리오를 만들거나 확장할 때 이들 각 기능에 대한 '필요성, 독점성, 수익성'[7] 차원의 평가가 선행되어야 한다.

현재의 소셜TV는 TV 시청과 소셜미디어의 자연스러운 결합에 의한 TV의 시청경험을 지인 또는 불특정 다수와 연결하여 소통하는 형태가 주류를 이루고 있지만, 해외 뿐만아니라 국내에서도 방송사와 콘텐츠사업자를 중심으로 보다 능동적인 시청경험의 공유와 프로그램 참여가 가능한 양방향 서비스 기능이 탑재된 소셜TV 앱을 개발하여 출

---

7) Mücke Sturm & Company 자료에 의하면 1) 필요성(Necessity)은 이용자를 끌어 모으고 그들의 기본 기대를 만족시키며 경쟁력을 갖추기 위해서 중요한, 꼭 갖추어야 하는 특징이며, 2) 독점성(Exclusiveness)은 이용자들의 기대를 넘어서고 기쁨을 제공하며 경쟁자들과 차별화할 수 있는, 감탄을 자아내는 특징이다. 3) 수익성(Profitability)은 수익을 창출하는 특징이다.

시하는 경향이 확대되고 있다.

소셜TV 서비스로 분류할 수 있는 TV와 관련된 모바일 서비스들을 정리하면 먼저 편성표(EPG) 기반의 서비스, 편성표와 SNS가 연동된 체크인 기반 서비스, TV의 내용적면을 보완해주는 TV 시청 보조형, 영상시청 중심의 방송시청형, 그리고 여기에 나열된 서비스들이 혼합된 혼합형 서비스가 있다.

<표 4-4> 소셜TV 서비스 분류

분류	서비스 형태	관련 서비스	
		해외	국내
체크인 기반 SNS형	시청프로그램에 체크인하고 SNS로 의견을 공유할 수 있는 서비스	티비태그(겟글루) 비글(미소) TV디너	TV토커스 TV스토커
EPG 기반 채팅형	TV프로그램 편성표 기반의 채팅 서비스	TV큐브 TV챗 TV트윗	TV편성표 아임온TV 티비톡
TV 시청 보조형	스마트기기의 세컨드스크린 기능을 이용하여 TV 시청보조 및 연동형 기능을 제공하는 서비스	트렌드알TV (Trendrr.tv)	소티 티벗 TV랭킹
방송시청형	TV프로그램 혹은 영상콘텐츠를 제공하는 서비스	-	TV핫 올레TV나우
혼합형	TV보조형+EPG기반 채팅형	-	TV스캐너 올레TV채널토커 TV검색 에브리온TV
	방송시청형+EPG기반 채팅형	더채너 (The Channer)	푹, 마이K, 티빙, 손바닥TV

출처 : 소셜TV 혁명(윤상혁, 2012), 재구성

4. 콘텐츠 이용행위

1) 이용행위의 다변화

스마트폰, 태블릿PC, 스마트TV 등 커넥티드 디바이스의 확산으로 인해 인터넷 접근이 허용되면서 다양한 디바이스에서 방송콘텐츠를 소비할 수 있는 N스크린 환경이 조성되었다. N스크린은 시간-공간-콘텐츠 간의 동시성을 해체하면서 새로운 미디어 콘텐츠의 이용맥락을 제시하고 있다(NKC, 2014). N스크린 서비스의 확대는 기존 미디어 환경의 수직적 가치사슬의 구조를 수평적으로 변화시키고 있으며, 전통적인 네트워크와 플랫폼으로부터 콘텐츠를 분리해 냄으로써 콘텐츠가 더 이상 특정 기기나 플랫폼에 종속적이지 않은 환경이 조성된 것이다. N스크린 서비스가 제공하는 새로운 이용자 경험은 전통적인 콘텐츠 소비를 위해 특정 단말기를 이용해야만 했던 콘텐츠 이용행위의 근본적 변화를 보여 주었다. TV를 통해서만 제공되던 콘텐츠가 PC와 스마트폰 등 다양한 미디어를 통해 전송됨으로써, 이제 다중미디어의 이용은 단순히 복수의 미디어를 콘텐츠 소비를 위해 이용한다는 개념을 넘어 동일한 콘텐츠를 같은 시간, 같은 장소에서 복수의 미디어를 통해 소비하는 행위로 확대되고 있다. 또한 새로운 미디어의 양방향적 특성은 콘텐츠의 생산과 소비에 참여하려는 이용자의 이용동기를 포괄하면서 점점 더 그 개념을 확대해 나가고 있다.

콘텐츠와 플랫폼의 수직적 종속성의 해체는 이용자들의 콘텐츠 이용행위에 직접적인 영향을 미친다. 과거 TV콘텐츠를 통해 충족되던 재미 추구, 습관적 이용, 정보탐색 등의 미디어 이용동기를 타 디바이스와 콘텐츠의 결합으로 대체하여 해소하는 현상이 나타나면서 TV 시청시간이 타 디바이스와 콘텐츠의 결합에 의해 점유될 가능성이 제기되고 있다.[8] 또한 4세대 이동통신(LTE) 서비스가 안정기에 접어들고 스마트폰이 동영상 소비에 적합한 형태의 크기(5~7 인치)로 진화하면서 소비자의 플랫폼 선택권이 확대되어 이종 사업자간의 플랫폼 경쟁은 더욱 격화되고 있다. 이러한 미디어 소비 변화는 이용자들의 콘텐츠 이용행위를 정확하게 측정하고 예측하는 것을 점점 더 어렵게 하고 있다.

최근 한국통신정책연구원의 조사에 의하면 기존 편성표에 의한 본방 시청 형태 이외에 재방시청, VOD 비실시간 시청, SNS 공유를 통한 클립형 콘텐츠 시청 등 다양한 방식의 시청행위가 나타나고 있다.[9] 기존의 방송이 편성형 매체로서 시간적으로 고정된 서비스라면, 인터넷을 기반으로 하는 VOD서비스의 특징은 이용자가 원하는 시간에 방송콘텐츠를 내보내 줄 수 있는 주문형(On Demand)이라 할 수 있다. VOD와 같은 비실시간 콘텐츠의 경우 저장형태가 단순한 동영상의 범주를 넘어 동영상을 설명하는 텍스트 정보 즉 메타데이터 정보도 함께 저장하여 서비스 할 수 있어서 동영상 서비스 이외의 부가적인 서비스가 가능하다. VOD 서비스는 개인의 선호도에 따라서 원하는 콘텐츠를 선택하여 시청이 가능한 점에서 소요가 점차 증가하는 추세이다.

---

8) Nielsen-KoreanClick. Media Research Report. (2014). 미디어 이용행태 변화와 전망.
9) KISDI STAT Report (14-12-01) '2011년~2014년 미디어보유와 이용행태 변화'.

스마트폰 보급의 확산과 소셜TV 이용의 증가로 클립형 콘텐츠의 이용이 폭발적으로 증가하고 있다. 프로그램의 사용 권리를 확보한 콘텐츠 사업자들이 모바일이나 웹에서의 소비가 용이한 형태로 프로그램을 가공하여 자사의 유무선 웹사이트나 유튜브, 페이스북 등에 업로드하여 공개하기도 하고, 일반 이용자들이 합법적 범위 내에서 동영상을 가공하여 SNS를 이용하여 지인들과 공유하는 이용행태가 확산되고 있다. 따라서 TV시청이라는 개념은 실시간, 비실시간 프로그램 시청에서 나아가 전체 프로그램의 일부에 해당하는 클립형 콘텐츠의 시청으로 확장 될 필요가 있으며, TV시청시간의 범주에도 클립형 콘텐츠의 시청시간이 포함되어 측정될 필요가 있다.

한편, IPTV의 도입과 인터넷 VOD 서비스의 확산과 같은 멀티플랫폼 환경은 콘텐츠의 제작과 배급, 그리고 유통 전반에 영향을 미치기 때문에 기존의 방송사업자들은 실시간 방송 이후의 후속 시장에서 새로운 가치를 창출하는데 관심을 가지게 된다. 지상파와 케이블 중심의 방송사업자들은 포털사업자와 통신사업자들과의 경쟁에 대비하고 후속시장에서의 성과를 위하여 티빙(TVing), 푹(pooq), 마이K, 에브리온TV와 같은 동영상 서비스앱을 출시하는 크로스플랫폼 전략을 펴고 있다. 하지만 이런 전략은 젊은 세대로부터 촉발된 전통적 TV 시청형태가 아닌 제로TV 미디어이용형태와 같은 극단적 형태의 미디어 소비변화의 가속화를 막기 어렵다. 이에 따라 방송사업자들은 실시간, 비실시간 위주의 동영상서비스에 양방향 서비스 기능을 탑재하여 TV를 보는 동시에 다른 단말을 이용해 관련 정보를 검색하거나 의견을 공유하는 시청패턴에 대비하고, 또한 소셜미디어를 통한 소위 '워터쿨러효과'를 이용하여 TV 프로그램에 대한 관심과 인기를 유발하여 시청자들이 본방 시청에 관심을 갖도록 유인하는 등의 전략을 추진하고 있다. 한편, 방송사들의 소셜 기능의 확대와 이종 미디어로의 플랫폼 분산 전략이 자칫 기존의 매체 경쟁력을 저하할 수 있다는 우려와 관련하여, 미국에서는 시청률 조사업체 닐슨이 소셜미디어 분석업체인 SocialGuide와 공동으로 트위터 트래픽량과 TV시청률간의 긍정적 상관관계를 입증하기 위한 가설을 세우고, 주요 SNS 버즈량과 소셜TV 체크인 횟수 등의 데이터를 통합하여 소셜TV 시청률을 집계하여 그 가설을 입증한바 있다.[10]

과거 TV를 통해 충족되던 미디어 이용동기는 타 디바이스와 콘텐츠의 조합으로 분화하는 현상이 나타나고 있다. 이용자들의 콘텐츠 소비행태는 TV, PC, 스마트폰 등 매체와 매체의 조합을 넘어, 본방 시청, 재방 시청, VOD 시청, PC다운로드 시청, 모바일 애

---

10) 닐슨코리아, 2014년 미디어 이용행태 변화와 전망, 2014.

플리케이션을 통한 시청 등으로 다양해졌다. 이러한 미디어와 콘텐츠 조합의 다변화는 이용하는 미디어 조합에 따른 콘텐츠의 장르별 선호도에도 차이를 나타내고 있다. 이제 어떤 미디어와 콘텐츠의 조합이 효율적인지와 같은 미디어의 이용과 콘텐츠 소비와의 연관관계에 대한 이해는 다중미디어 환경변화에 대처하는 사업자들에게는 중요한 과제가 되었다. 이 같은 미디어 이용자의 선택에 따른 시간-공간-콘텐츠 조합에 의한 미디어 이용형태의 다양화 현상은 과거 콘텐츠에 따라 시간과 공간이 결정되고 미디어가 있는 장소 및 시간에 이용자가 맞춰온 전통적 미디어 이용행태인 공급자 중심적인 콘텐츠 서비스의 변화를 요구하면서, 이용자의 선택권이 보다 강화되는 계기가 되었다.

<표 4-5> 미디어 이용동기별 미디어-콘텐츠 조합유형

미디어 이용동기	미디어-콘텐츠 조합	
재미추구	TV	연예, 스포츠, 드라마, 영화
	PC	UCC
	모바일	게임
습관	TV	드라마
	PC	뉴스
	모바일	게임, 커뮤니케이션
정보추구	TV	뉴스
	PC	뉴스, 웹검색
	모바일	웹검색, 뉴스

출처 : Nielsen-KoreanClick Attitudinal Data(2013.12). 재구성

2) 이용행위의 유형

위에서 살펴본 콘텐츠를 소비하는 다양한 이용행위에 대한 선행연구의 결과를 종합하여 보면, 다중미디어 환경에서의 콘텐츠의 이용행위는 시간과 공간, 그리고 콘텐츠 선택과 디바이스와의 연계조합에 따라 다양하게 나타나는 것을 알 수 있다. 먼저 시간적 이용은 동시이용(실시간)과 비동시이용(비실시간)으로 구분하고, 공간적 이용은 동일공간과 다른공간으로 나눌 수 있다. 콘텐츠의 선택은 '프로그램 장르'와 '프로그램 제공의 형태'으로 구분될 수 있으며, 디바이스 연계 이용은 '동시이용과 교차이용'으로 구분할 수 있다. 구글은 크로스플랫폼 이용자의 이용행위 연구(Understanding Cross-platform Consumer Behavior)[11]에서 이용맥락에 따라 이용자들이 다중스크린을 이용하는 유형을 크게 순차적 이용(Sequential screening)과 동시이용(Simultaneous screening)으로 구분하였다.

<표 4-6> 다중미디어 환경의 콘텐츠 이용행위

구분	이용행위	이용 예시
시간	실시간 시청	실시간 TV - 본방송, 재방송
	비실시간 시청	주문형 비디오, 시차방송 - VOD, 캐치업, 빈지뷰잉, PC다운로드
공간	동일공간 이용	고정형 플랫폼 이용 - TV, PC
	다른공간 이용	모바일 플랫폼 이용 - 스마트폰, 테블릿PC
콘텐츠	프로그램 장르 선택	TV/인터넷/모바일에 적합한 장르 레퍼토리 - 시사/보도, 드라마, 스포츠 등
	프로그램 형태 선택	이용 미디어에 적합한 프로그램형태 - Full VOD, 숏클립
디바이스	동시이용	두 개 이상의 미디어를 동일시점에 동시에 이용 - 세컨드스크린 서비스
	교차이용	두 개 이상의 미디어를 비동일 시점에 연속 이용 - 미리보기, 다시보기, 이어보기

TV와 소셜미디어의 미디어 조합으로 탄생한 소셜TV는 시청자의 참여와 공유가 가능하여 본방 시청에 영향을 미쳐 TV나 동영상 시청행태에 상당한 변화를 예고한다. 이에 따라 방송사업자들이 가장 관심을 두고 있는 소셜TV 확대전략이 방송사의 경쟁력 강화에 어떠한 영향을 주지에 대한 답에 접근하기 위해서는 이용행위의 다양한 이용유형 중 미디어 이용행위를 측정하는 유용한 척도 중 하나인 'TV시청시간'을 콘텐츠 이용행위 연구를 위해 살펴볼 필요가 있다.

TV프로그램의 시청은 더 이상 TV라는 단일 미디어에 한정되지 않는다. 스마트폰의 보편화는 방송과 통신의 미디어간의 경계를 허물면서 스마트폰이 방송프로그램의 주 시청 기기의 하나가 된 것에 대하여 더 이상 이견이 없다. 전통적으로 TV는 편성표 기반의 실시간 서비스이다. 하지만, TV를 시청하는 방법도 다양해져서 편성표에 의한 실시간 시청을 벗어나 VOD와 같은 비실시간 콘텐츠의 소비가 빠르게 확산되는 추세이다. 편성표에 따른 본방송 시청 외에도 자체 재방송이나 케이블/위성방송을 통한 재방송이 있고, 그리고 인터넷 및 모바일 매체를 이용한 시청 등으로 이용자들의 시청행태 변화가 급속하게 이뤄지고 있다. 인터넷 연계를 통해 TV 외의 실시간 방송시청이 가능한 서비스는 방송사의 홈페이지, 마이K와 지상파연합플랫폼(pooq)과 같은 콘텐츠 전용앱, 스마

---

11) The New Multi-screen World: Understanding Cross-platform Consumer Behavior(2012. 8.).

트폰에서 제공되는 DMB앱 등이 있다. 스마트폰과 태블릿PC 등의 애플리케이션을 통한 실시간 방송의 시청은 꾸준히 증가하는 추세이다. 비실시간 콘텐츠서비스는 지상파방송사가 제공하는 서비스로 볼 수 있으며, 또한 방송사와의 콘텐츠 사용을 제휴한 네이버, 다음과 같은 인터넷 포털 사업자, OTT 사업자, 통신기/단말기 사업자, 웹하드 사업자, 동영상 제공 애플리케이션 사업자 등 다양한 유형의 사업자들에 의해 스트리밍이나 다운로드 방식으로 TV콘텐츠가 제공되고 있다. 방송프로그램을 대상으로 실시간 서비스와 VOD 서비스의 선택과 수용에 작동하는 다양한 변인들에 대한 비교분석을 통하여 양 서비스 간에 차별성 분석[12]에 의하면 아직 절대적 TV 시청량은 실시간TV를 시청하는 것이 높고, 지상파TV를 시청하는 응답자중 VOD 시청 비율이 아직 낮지만, VOD 시청자만을 대상으로 하는 조사에서는 1주일 VOD 시청시간은 증가 추세에 있다. 일반 TV를 통해서는 무료서비스(실시간 및 VOD)를 이용하고, 유료 VOD 시청은 전통적 TV가 아닌 인터넷이나 모바일 기기를 이용하는 것으로 이해할 수 있다. 이것은 방송서비스 이용에 대한 이용자들의 공간적, 시간적 선택권이 확대되고 있음을 의미한다. 최근의 조사[13]에 의하면 온라인 시청 등 새로운 매체의 등장으로 전체 TV 시청시간은 증가하였으나, 실시간 TV 시청시간은 감소한 것으로 확인된다. TV수상기가 아닌 다른 기기를 통한 TV프로그램 시청이 증가한 것이다. 하지만 이러한 조사 결과는 스마트폰을 TV와 같이 동영상 시청의 대체 플랫폼으로 설정한 결과이다.

과거와 마찬가지로 현재에도 이용자들은 TV를 시청하면서 시청의 즐거움을 배가하려는 욕구를 가진다. 소셜TV를 이용한 사회적 상호작용을 통해 친구와 지인들과 대화하면서 프로그램 정보와 시청의견을 교환하고 이로 인한 관심이 유발되면서 프로그램 시청 유입으로 이어지기도 한다. 이와 같이 소셜TV를 이용한 이후에 나타나는 실시간, 비실시간 TV프로그램 시청시간의 변화를 조사, 분석하면 소셜TV 현상이 전통적 TV시청에 미치는 긍정적 효과의 확인이 가능하다.

---

12) 정보통신정책연구원(KISDI, 2013)의 조사에 의하면 1일 15분 이상 지상파TV 방송프로그램을 시청하는 응답자 중 VOD로 시청하였다고 응답한 비율은 2.2%로 나타남.
13) 정보통신정책연구원(KISD). 2016년 방송매체이용행태조사.

5. 소셜TV의 등장과 콘텐츠 이용형태 변화

1) 소셜TV 상호작용

소셜TV는 단순히 TV시청이라는 수동적인 행위에서 한 걸음 나아가 시청자의 의지에 의한 상호작용이라는 능동적인 행위가 결합된 것이다. 상호작용의 개념은 이른바 투웨이(two-way) 또는 다중방향(multi-directional) 커뮤니케이션 모델을 필요로 하며, 뉴미디어가 제공하는 이러한 투웨이, 즉 양방향적 특성을 통해 미디어 이용자는 비로소 능동적인 참여자로서 인식된다. 소셜TV에서 시청자들이 상호작용하는 방식은 커뮤니케이션을 통해 프로그램이나 콘텐츠에 대한 평가, 경험, 감정, 의견을 나누는 방식에 변화를 주고, 콘텐츠를 공유하는 방식으로 시청자들 간의 능동적 상호작용을 유발시킨다. TV를 시청하면서, 시청 중인 콘텐츠와 관련한 의견이나 감정 등을 같은 공간에 있지 않은 다른 사람들과 소셜미디어를 통해 서로 표현하고 소통하는 이와 같은 소셜TV 서비스는 시청자와 시청자를 연결하고, 프로그램 제작자, 광고주들이 시청자와 상호작용할 수 있는 방법을 제시한다. 세컨드스크린을 이용한 소셜TV 활동이 기존 TV프로그램의 시청률을 잠식할 거라는 우려와 달리 미국의 주요 방송사업자들은 TV 시청 중 관련 프로그램에 대한 추가 정보제공 기능 및 시청소감 공유 기능을 태블릿PC에 앱 방식으로 제공해 TV 프로그램과 시청자 간의 상호작용을 극대화하고 있다.[14] 웨슨(Wesson, 2011)은 "The future of TV is social & the revolution is coming!" 이라는 기사에서 소셜TV가 갖춰야 하는 다섯 가지 핵심요소를 다음과 같이 정리하였다.

<표 4-7> 소셜TV의 핵심요소

핵심요소	내용
멀티플랫폼	N스크린 서비스의 등장으로 TV 연결성과 개방성이 소셜TV의 핵심 성공요인으로 부상
개인화	전통적 가족간 공유물인 TV는 소셜TV를 통해 개인화 디바이스로 변화
참여성	Gamification 및 이벤트 제공으로 시청자들의 참여 유도
실시간성	TV를 보면서 실시간으로 시청소감 및 의견 피드백 가능
대화	프로그램에 대한 시청소감 및 의견을 제작진 또는 지인들과의 공유

출처 : 데이비드 웨슨(2011)

---

14) 트렌드포커스. (2013). 방송산업의 신성장 동력 '세컨드스크린' 서비스. KCA. 정책연구본부 융합정책연구부.

N스크린 서비스의 등장으로 멀티플랫폼의 활용이 일상화되면서 TV와의 연결성이 소셜TV의 핵심 성공요인으로 부상하였다. 이러한 멀티플랫폼 이용환경은 실시간 편성 기반의 전통적인 시청방식을 변화시키면서 시청자의 미디어 통제권을 보다 강화하는 계기를 제공하였다. 방송에 대한 통제권을 가진 시청자들은 VOD, 다시보기, 시차방송(Time Shifting) 등 자신의 관심과 선호에 따라 플랫폼 선택을 달리할 뿐만 아니라, 방송서비스를 이용하는 시간과 방식에서 차이를 나타내게 된다. 또한 멀티플랫폼 이용환경은 시청자들이 방송프로그램의 시청과 동시에 인터넷을 통한 부가적인 콘텐츠 접근을 가능하게 하고, SNS를 이용하여 시청소감이나 의견을 공유하게 하는 등의 통합적인 경험을 제공한다. TV시청 중에 일어나는 상호작용과 시청경험의 공유를 위한 소셜TV의 커뮤니케이션 측면이 강조되면서 방송프로그램에 대한 댓글, 의견공유 등의 대화(conversational) 요소가 크게 부각되고 있다. 시청자들끼리 서로 공감하고 감정을 공유하는 데 있어 대화만큼 중요한 요소는 없다. 대화에 기반 한 기존 오프라인상의 워터쿨러 효과를 온라인상에서 발생시키는 것은 소셜TV의 목적중이 하나이다.

2) 미디어 상호작용과 이용자 만족

만족(satisfaction)은 개인이 느끼는 욕구의 충족이나 기대의 달성 정도를 대변하는 내적 상태를 말한다. 만족은 이용자의 충족상태에 대한 반응으로서, 이용자 간, 이용자와 미디어간의 상호작용이 복합적으로 얽힌 네트워크 커뮤니케이션 구조를 제시하고 상호작용이 이러한 커뮤니케이션 구조변화에 중심적 역할을 하며, 상호작용의 증가는 일반적으로 만족으로 연결되거나, 성과의 질을 증진시켜주며 시간을 절감시켜 준다. TV시청의 만족은 시청자들이 TV 프로그램에 대해 가지고 있던 기대가 시청을 통해 충족될 때 형성되며, TV 시청과 이용자의 만족은 긍정적인 상관관계를 가진다.

새로운 미디어가 출현할 때마다 대표적으로 거론되는 이론이 이용과 충족이론이다. 이용과 충족이론은 매스커뮤니케이션 현상에서 미디어 제공자의 입장보다는 수용자의 역할을 중시한다. 이용과 충족 이론이 미디어 연구에서 본격적으로 논의되기 시작하면서 이용자들의 미디어 이용과 관련된 만족에 대한 학문적 관심이 증가하게 된다. '만족'은 커뮤니케이션의 결과로서 상호작용을 통해 우리의 기대감을 충족시키는 것과 관련이 있다. 미디어를 통한 만족의 원천은 미디어 내용으로부터의 만족과 미디어 자체에 대한 노출, 그리고 매체에의 노출이 일어나는 사회적 맥락 등이 있다. 이용자들이 능동적으로 미디어를 이용하게 되면 미디어의 이용 만족도가 높아지며, 매체간 상호작용성이 증가할수록 미디어 이용만족이 증가한다. 만족은 미디어 이용의 긍정적 평가에 의해 형성되며, 후속적인 미디어 이용에도 긍정적인 영향을 미치게 된다. 소셜TV의 경우도 소셜미디어와 TV의 융합이라는 맥락에서 이용자 측면에서의 다각적인 논의가 가능하다. TV 프로그램을 매개로 하는 소셜미디어 이용동기와 상호작용이 이용자의 만족에 미치는 영향에 대한 규명을 통해 이용자의 만족 요소를 파악함으로써, 소셜TV로 지칭되는 소셜미디어와 TV의 융합현상을 이용자 측면에서 폭넓게 이해할 수 있을 것이다.

3) 소셜TV의 등장이 콘텐츠 이용형태 변화에 미치는 영향

소셜TV는 TV에 관한 의견이나 생각, 또는 TV 시청에서 획득한 경험들을 소셜미디어나 방송사가 제공하는 앱을 이용하여 지인들과 이야기하거나, 댓글이나 시청소감을 인터넷상의 특정 공간, 또는 방송사의 시스템에 등록하여 공유하는 것과 같은 일련의 활동이다. 비록 이용자들이 시간적으로 혹은 공간적으로 분리되어 있을지라도, TV, 스마트폰, 테블릿 PC, 또는 일반 PC 등을 활용하여 사회적인 상호작용이 가능해진 것이다.

미디어 이용에서 나타나는 상호작용의 유형을 살펴보면, 프로그램 제작진과 이용자 간 상호작용, 이용사와 이용자 간 상호작용, 그리고 프로그램과 이용자 간 상호작용으로 나눌 수 있다. 이용자들 사이의 상호작용은 매개체를 통한 이용자들 사이의 상호작용을 말하며, 커뮤니케이션 과정의 참여자들이 상호간의 담화를 통제하고 역할을 교환하는 정도로 개념화 하고 있다. 이용자와 프로그램 사이의 상호작용은 매개체와 사람 사이의 상호작용을 말하며, 일련의 커뮤니케이션 교환 속에서 사용자와 메시지, 콘텐츠, 매개체가 관계되는 정도로 정의 된다. 소셜TV 활동에서 이용자들 사이의 상호작용은 주로 이용자들 간의 상호작용의 형태로서, 카카오톡과 같은 메신저를 이용하여 지인들과 TV에 대하여 커뮤니케이션하는 유형으로 설명될 수 있고, 이용자와 프로그램 간의 상호작용은 트위터, 페이스북 등 SNS를 이용하여 프로그램에 대한 시청의견을 프로그램 제작자에게 전달하고, 또는 방송사가 제공하는 홈페이지 게시판과 블로그, 카페 등을 방문하여 프로그램에 관한 의견을 남기는 등의 프로그램에 관여하고자하는 유형으로 설명되어 진다. 이용자들 간의 상호작용과 프로그램과 이용자 간의 상호작용의 유형는 기존의 소셜

미디어 상호작용의 유형 연구에서 논의되는 내용과 크게 다르지 않다. 다만, 방송사에 시청의견을 피드백하거나, 영상과 이미지를 방송사가 제공하는 공간에 등록하는 등의 콘텐츠 서비스 제공자와의 직접소통하는 새로운 유형이 있다. 또한 이용자들은 소셜메 카니즘을 활용하여 콘텐츠의 선택과 공유, 대화, 커뮤니티 형성, 방송사 연결 등의 소셜 활동을 하면서 TV에서 나온 이야기들을 확산하고 TV프로그램에 관여하려는 경향을 가 진다. 콘텐츠의 공유와 대화는 기존의 소셜미디어 상호작용 연구에서의 이용자들 사이 의 상호작용 유형과 동일시되며, 다만 공유와 대화의 대상이 TV프로그램과 관련된 것으 로 제한되는 것이 차이점이다. 커뮤니티 활동은 인터넷과 소셜미디어를 통한 이용자들 사이의 상호작용 유형으로의 분류가 가능하다. 이용자들은 인터넷이나 소셜미디어를 이 용한 커뮤니티 형성을 통해 관심 있는 TV프로그램에 대한 공동시청에 강한 욕구와 만 족을 가진다. 방송사와의 연결과 프로그램 참여의 형태는 방송사에서 제공하는 홈페이 지 서비스와 SNS계정과 소셜TV 앱을 이용하여 프로그램 시청의견이나 경험을 텍스트 입력을 통해서 다른 이용자들에게 효율적으로 전파하는 특성을 가진다. 이용자들 간의 상호작용은 TV프로그램이라는 매개체를 이용하여 이용자 간에 시청소감 및 의견을 공 유하는 유형으로서, 메신저서비스와 SNS서비스를 이용하여 일대일 혹은 일대다로 커뮤 니케이션하는 형태이다. 소셜TV 이용자들은 이용자들 간에 TV프로그램에 대한 생각과 시청경험을 공유하는 방법으로 지인들을 대상으로 일대일 혹은 그룹형태로 프로그램에 관련된 내용들을 시청후기 중심으로 메신저나 SNS 서비스를 이용한다. 공동시청의 욕 구를 충족하기 위해 많은 사람들이 활동하는 인터넷 카페의 TV시청 게시판을 활용한다. 현재 시청하고 있는 프로그램에 대한 시청 댓글을 달고, 이야기를 나누거나, 또 다른 포 털에서 운영하는 카페를 방문하여 해당 프로그램에 관련된 영상이나 이미지 등을 찾아 보고 댓글을 남긴다. 이용자-프로그램 간 상호작용의 유형은 프로그램 시청의견 전달, 방송사가 제공하는 이벤트 참여 등을 통해 매개체인 프로그램에 관여하는 방식이다. 프 로그램에 대한 시청의견을 제작자에게 피드백하면서 프로그램에 직접적으로 관여하는 형태와, 방송사가 제공하는 홈페이지 게시판과 다양한 포털에서 해당 프로그램의 블로 그나 카페의 게시판에 시청의견을 남기는 간접적으로 관여하는 방식이 있다.

이용자들은 TV시청에 앞서 자신이 좋아 하는 프로그램을 주변사람들과 이야기하거 나, 다른 사람들이 좋아하는 프로그램에 대해 관심을 가지기도 한다. TV 시청 후에는 서로가 느꼈던 시청의견을 소재로 주변 사람들과 자연스럽게 대화한다. 이렇듯 TV를 둘러싼 상호작용은 이용시점에 따라 다양한 방식으로 이루어 질 수 있다. TV 시청 행위의 단계 및 절차는 먼저 시청이전의 프로그램 선택, 시청 중의 관여, 그리고 시청 이후의 관여 및 활용 등 세 단계로 구분하여 제시할 수 있다. TV 프로그램을 둘러싼 이용자 간의 상호작용도 이와 같이 시청 전의 상호작용, 시청 중의 상호작용, 시청 후의 상호작용으로 구분할 수 있다. 주로 시청 전 상호작용을 통해 프로그램에 대한 정보 교류나 시청계획 등의 내용을 위주로 프로그램 시청 선택에 도움이 되는 정보를 수집하고, 시청의 기대감을 높이는 것으로 나타났다. 시청 중 상호작용 유형은 좋아하는 연예인이 나오거나 화제가 될 만한 장면에 대해 카카오톡과 같은 동시적 플랫폼을 이용하여 지인들과 일대일 또는 일대다의 형태로 소통하였다. 시청 후 소셜TV 상호작용 유형은 주로 드라마와 예능 장르에서 시청 이후에 페이스북 등의 소셜 플랫폼을 이용하여 영상을 공유하거나 시청의견을 글로 작성하여 공유하고, 상대방의 댓글내용이나 '좋아요'를 누른 횟수를 보고 만족을 얻고, 본인 역시 상대방이 보내온 프로그램 관련 메시지에 공감을 표시하면서 다른 사람들과 프로그램을 매개로 상호작용을 이어 간다.

소셜TV 이용자들은 프로그램 장르에 따라 이용시점에 차이를 보인다. 드라마와 같이 방송 중 높은 몰입을 요하는 프로그램의 경우에는 방송이 시작하기 전에 시청의 기대감을 나타내거나, 시청 후에 소감을 올리는 반면, 경연 프로그램의 경우, 방송 중에도 지속적으로 이용자와 프로그램 간에 피드백을 주고받는다. 방송 중에 이루어지는 소셜TV 상호작용은 프로그램에 대한 감상과 의견 등을 교류하는 내용이 주를 이루게 된다. 제작진이 이러한 상호작용에 개입하기도 하며, 특정 프로그램을 시청하고 있는 사람들 뿐 만아니라 다른 방송 채널을 시청하고 있는 사람이나 심지어 TV를 보지 않고 있는 사람들도 자연스럽게 상호작용에 개입된다. 상호작용의 대상 범위가 특정 프로그램의 시청자로 한정되지 않는다는 점이 다른 채널에 의해 매개되는 상호작용과 구분된다. 시청 전 상호작용을 통해 프로그램 시청 선택에 도움이 되는 정보를 수집하고, 시청의 기대감을 높이고 있다. 방송사 측에서 프로그램을 위한 SNS 계정을 만들어 적극적으로 홍보에 나서기 때문에 이용자와 프로그램 제작진 간의 상호작용이 일어난다. 방송 후의 소셜TV 상호작용은 프로그램에 대한 의견과 평가, 감상 등을 포함한다. 방송 후의 소통에서도 제작진이 개입되며, 프로그램에 대한 다양한 담론이 형성된다. 특히 연속적으로 RT(리트윗)되는 SNS의 속성상, 프로그램에 대한 평가가 급속도로 사람들에게 전파되면서 '볼만한 프로그램'과 '재미없는 프로그램'이 자연스럽게 구분되기도 한다. 그리고 이러한 평가는 향후 사람들이 프로그램을 선택하는 과정에도 영향을 미치기 때문에, SNS를 통해서 프로그램에 대한 담론이 어떠한 방향으로 형성되는가 하는 것은 프로그램의 대중적 인기와 밀접하게 관련이 있다.

6. 향후 전망

TV는 가족 또는 다수의 공유물에서 개인화 미디어가 되고 있다. 하지만 이러한 변화에도 사람들은 여전히 누군가와 함께 TV를 보고자 하는 욕구를 가진다. 소셜TV는 이용자들의 사회적 상호작용의 욕구를 TV프로그램을 매개로 충족시켜주고 있다. 전통적TV와 소셜TV의 차이를 살펴보면, 먼저 전통적TV는 공급자에 의한 일방적 전송형태로서 영상시청에 최적화된 TV를 통해 프로그램을 일방적으로 전송한다. 전통적 TV는 공용 디바이스로서 높은 신뢰도를 가지는 린백(Lean back) 수단이다. 반면 소셜TV는 가정내 고정형 디바이스로만 TV시청이 제한되지 않음으로써 편리한 조작성과 휴대성을 가지면서 소셜커뮤니티 활동이 가능하다.

소셜TV의 가장 큰 특징은 시청경험의 공유이다. 물론 전통적 시청환경에서도 인터넷이나 개인블로그를 통해서 시청 프로그램에 관련한 관심사를 교환할 수 있었지만, 소셜TV의 등장으로 TV 시청과 동시에 소셜미디어를 이용하여 지인들과 프로그램에 관한 시청소감 및 의견의 공유가 가능해 진 것이다. 이미 병행미디어 이용이 익숙한 소셜TV 이용자들은 단순히 메시지를 받아들이는 수동적 객체가 아닌 능동적 주체로서 자신의 동기를 충족시키기 위해 의도적이고 목표 지향적으로 미디어를 선택하게 된다. 따라서 소셜TV는 'TV와 소셜미디어의 결합'이라는 물리적 관점에서 나아가, '이용자들이 TV 프로그램에 관여하려는 포괄적인 TV시청활동'으로 확대하여 해석할 수 있다.

TV프로그램의 시청은 더 이상 TV라는 단일 미디어에 한정되지 않는다. 스마트폰의 보편화는 방송과 통신의 미디어간의 경계를 허물면서 스마트폰이 방송프로그램의 주 시청 기기의 하나가 된 것에 대하여 더 이상 이견이 없다. 전통적으로 TV는 편성표 기반의 실시간 서비스이다. 하지만, TV를 시청하는 방법도 다양해져서 편성표에 의한 실시간 시청을 벗어나 VOD와 같은 비실시간 콘텐츠의 소비가 빠르게 확산되는 추세이다. 편성표에 따른 본방송 시청 외에도 인터넷 및 모바일 매체를 이용한 시청 등으로 이용자들의 시청행태 변화가 급속하게 이뤄지고 있다. 과거 공급자인 방송사의 편성권은 위축되고 있고 이용자 중심으로 이양되고 있는 것이다.

　최근 뜨겁게 회자되고 있는 4차 산업혁명 시대의 도래는 방송미디어와 콘텐츠서비스 분야에도 큰 영향을 미치게 될 것이다. 4차 산업혁명 시대가 가져올 초연결 사회의 미디어편재성은 콘텐츠의 유통경로를 보다 복잡하고 다양하게 만들 것이다. 반면 4 차산업혁명 시대의 미디어의 편재성은 어디에서든 어떤 기기로든 콘텐츠 소비가 일어나게 할 것이다. 최근 고정형 TV 이용시간은 보합세이지만 모바일 이용시간은 증가 추세에 있다. 본격적인 다중미디어 환경은 모바일 환경에서 이용자의 선택에 따라 실시간 TV 시청과 VOD 이용 등 다양한 형태로 미디어 소비를 가능하게 한다.

　4차 산업혁명 시대를 맞아 방송사업자들이 콘텐츠의 가치를 확대하기 위해서는 기존 방송망 뿐 만아니라 온라인, 모바일을 아우르는 플랫폼 다변화 정책을 통해 다중미디어와의 상호보완적 관계를 발전시켜야 한다. 4차 산업혁명은 방통융합의 가치사슬 변화 뿐만아니라 방송서비스 전반의 구조적 변화를 불러올 것이다. 편성권의 이용자 중심 이동으로 과거 공급자 중심의 생산과 소비의 구조가 이용자에게 최적화된 형태로 변화하게 된다. 4차 산업혁명 시대에는 인간의 노동시간은 감소하고 여가 시간은 증가할 것이며, 이에 따라 미디어이용시간 또한 증가할 것으로 예상된다. 따라서 4차 산업혁명이 방송콘텐츠의 시청방식을 다양하게 분화시키더라도 전통적 시청방식은 여전히 유효할 것이며, 새롭게 창출된 시청방식은 방송콘텐츠의 소비를 촉진하면서 오히려 이용자의 총량적 TV시청시간은 늘어날 수 있다.

　4차 산업혁명 시대에 지상파방송사가 경쟁에 뒤처지지 않기 위해서는 방송서비스와 같이 보편성이 강한 콘텐츠와 소위 이용자 개인에 특화된 맞춤형 서비스가 공존할 필요가 있다. TV와 소셜미디어가 결합된 소셜TV 전략으로 콘텐츠 소비의 선순환 구조를 확보하는 것이 전통적 방송의 영향력 유지와 더불어 모바일 등 다양한 플랫폼에서의 생존을 위한 좋은 방안이 될 수 있다. 소셜TV 이용저변의 확대는 콘텐츠 소비의 선순환 구조로 이어질 수 있으며, 방송사업자의 경쟁력 강화에도 긍정적 영향을 미칠 것이다. TV와 소셜미디어를 함께 이용하고 있는 시청자가 늘어나고 있는 만큼, 방송사들도 소셜TV를 기반으로 하는 다양한 시도를 할 필요가 있다. 시청자들은 TV 앞에만 있지 않고 소셜미디어 상에 머물기를 좋아하고, 또한 그 시간을 점점 늘려가기 때문이다. 따라서 이용자들이 좋아하는 콘텐츠를 제공하고 이용자들 간에 소통이 확산될 수 있는 여건을 제공해 주는 것이 더욱 중요하게 되었다. 이러한 미디어 패러다임의 변화는 전통적 방송사업자에게는 새로운 도전이자 잠재적 성장 요인이 될 것이다.

| 참고문헌

1. 이종관. 4차 산업혁명 시대 도래에 대응한 건전한 콘텐츠 생태계 조성 정책 방향. 방송문화. 2017.
2. 김광호 외 21인. 미디어융합과 방송의 미래. 진한 M&B. 2012.
3. Barwise, P. TV, PC, or Mobile? Future Media for Consumer e Commerce. Business strategy review. 2001.
4. 주정민·배윤정. 지역 지상파 DMB 콘텐츠의 지역성에 관한 연구. 방송과 커뮤니케이션. 2009.
5. 트렌드포커스. 방송산업의 신성장 동력 '세컨드스크린' 서비스. KCA. 2013.
6. 한국콘텐츠진흥원. 2013년 방송영상산업 백서. 2013.
7. 이창훈·김정기. 다중미디어 이용자의 이용특성과 사회적, 개인적 효과에 관한 연구. 한국언론학보. 2013.
8. 최세경. N 스크린 서비스의 확산과 콘텐츠 비즈니스의 미래 전망. KOCCA 포커스. 2011.
9. 한은영. 소셜 미디어와 TV의 만남:소셜TV 현황 및 방송사들의 전략. 정보통신정책연구원. 2013.
10. 강정수·심홍진·신인영. Social TV의 현황과 발전 전망 연구. 연세대학교 커뮤니케이션연구소. 2013.
11. 윤상혁. 『소셜 TV 혁명』. e 비즈북스. 2012.
12. 신동희·김희경. 소셜 시청 (viewing)의 사용자 경험적 분석. 한국콘텐츠학회논문지. 2014.
13. Cesar. P. & Geerts. D., Past, present, and future of social TV: a categorization. In Consumer Communications and Networking Conference (CCNC). IEEE. 2011.
14. David Wesson. "The future of TV is social & the revolution is coming!". Digital Culture. 2011.
15. 황주성. 멀티디바이스 환경에서 디바이스 간 연계이용. 사이버커뮤니케이션 학보. 2012.
16. 이현우·오형일. 지상파 콘텐츠 시청서비스 조합유형 분석. 한국방송학보. 2013.
17. 김은미·이혜미. 컨버전스 환경에서의 방송콘텐츠 이용 행위에 관하여. 한국방송학보. 2011.
18. 송민정. 양방향 서비스의 주요 특징인 상호작용성 (Interactivity) 의 이론적 개념화. 한국언론학보. 2002.
19. 오은해. 소셜미디어의 이용동기가 소셜미디어의 상호작용과 사용자 만족에 미치는 영향에 관한 실증연구. 경영연구. 2012.
20. Lin, C. A. Modeling the Gratification-Seeking Process of Television Viewing. Human Communication Research. 1993.

4차 산업혁명 시대 공영방송 플랫폼 전략

박종원(KBS국장)

4차 산업혁명 시대 공영방송 플랫폼 전략

박종원(KBS국장)

1. 플랫폼의 시대

1) 4차 산업혁명과 미디어 플랫폼

현대 사회는 정보와 콘텐츠를 소비할 수 있는 미디어가 넘쳐나고 있다. 인터넷과 융합 기술의 발달은 미디어를 소비할 수 있는 플랫폼의 증가와 다양한 콘텐츠의 확대를 가져왔다. 생활필수품이 된 스마트폰을 통해 누구나 어디에서나 언제나 미디어를 소비하는 시대가 된 것이다. 인터넷의 확장과 융합된 미디어의 폭발적 증가(빅뱅)로 모바일 디바이스, 개인화된 디바이스로 자신들이 원하는 콘텐츠를 선택하여 시청하는 시대로 접어들었다. 제한된 주파수로 방송을 송신하는 시대는 방송사에게 선택권이 있었다면 넘쳐나는 플랫폼의 시대에는 시청자에게 콘텐츠의 선택권이 있는 시대로 변화되었다.

우리가 흔히 사람들이 역에서 기차를 타고 내리는 승강장을 플랫폼이라 하는데, 플랫폼은 기차를 이용해 정해진 목적과 시간에 맞게 사람들을 이동하는 시스템이다. 기차가 들어오고 나가며 사람들의 목적과 시간에 맞는 예약 시스템 등 수요와 공급이 만나는 생태계를 형성하는 곳이다. 플랫폼은 교통수단과 승객이 만날 수 있는 거점 역할을 하며, 교통과 물류의 중심이 된다. 그리고 그 안에서 무수히 많은 가치 교환이 일어나고 거래가 발생한다. 이것이 바로 '플랫폼'인 것이다. 그리고 플랫폼은 다양한 상품을 판매하기 위해 공통적으로 사용하는 기본구조, 상품 거래나 응용프로그램을 개발할 수 있는 인프라, 반복 작업의 주 공간 또는 구조물, 정치·사회·문화적 합의나 규칙 등 다양한 의미로 사용 된다. 플랫폼은 플랫폼에서 공통으로 활용되는 대상이 기술적 요소인지 아니면 경제적 요소인지에 따라 공학과 비즈니스 관점에서 분류해 볼 수 있다. 기술적 플랫폼이 재사용을 목적으로 하는 표준화한 유무형의 자산을 활용하기 위한 플랫폼을 말한다면, 경제적 플랫폼은 비즈니스 모델에서 협력을 위한 플랫폼이라 할 수 있다. 기술 플랫폼은 자동차업계에서 차대 플랫폼, 소프트웨어 업계에서 개발 플랫폼, 스마트폰에서 운영체제(OS), PC에서 인텔 CPU등이 이에 해당한다. 이에 비해 경제적 플랫폼은 판매자와 구매자를 이어주는 매개자로서 시장을 의미한다. 백화점, 신용카드, 앱스토어, 옥션 등이 이에 해당한다.

플랫폼 기업들은 스마트폰, 가입자들, 정보 제공자, 데이터 등에 의해 사용되기 쉽게 만들어졌고, 제품과 서비스를 소비하는 과정을 완전히 새로운 방식으로 창조해냈다. 핵심 트렌드는 플랫폼을 기반으로 하는 비즈니스 기업들은 수요와 공급 둘 다 조합하여 현재의 산업구조를 붕괴시킨다.

일반적으로 성공한 플랫폼들은 다음과 같은 특성을 가지고 있다.

- 플랫폼 참여자들과 함께 새로운 가치를 만들고 시너지를 창출할 수 있어야 한다. 혼자 하는 것보다 다수의 참여자가 함께 함으로써 시너지를 창출할 수 있어야 한다.
- 플랫폼은 비용 절감 효과를 가져와야 한다. 독자적으로 활동하는 것보다 플랫폼에 참여할 때 검색비용, 홍보비용, 거래 비용 등이 덜 든다면 플랫폼의 존재가치가 사는 것이다.
- 플랫폼이 존재하기 전보다 그룹 간 교류가 더욱 활발해져야 한다. 그룹 간 교류가 활발하게 이루어지고 이것이 네트워크 효과로 이어져 시너지가 발생해야만 성공할 수 있다. 네트워크 효과란 사람들이 네트워크를 형성해 다른 사람의 수요에 영향을 준다는 뜻으로 네트워크 효과는 어느 특정 상품에 대한 수요를 폭발적으로 증가하게 한다.
- 플랫폼의 품질을 일정 수준 이상 유지해야 한다.
- 새롭게 창조된 규칙을 가진 플랫폼은 모두가 윈-윈 하는 생태계 시스템을 실현한다.
- 끊임없이 진화하는 플랫폼이 되어야 한다.

플랫폼 전략은 플랫폼에 대한 전략이 아니라 플랫폼을 기반으로 하는 전체 시스템에 대한 전략이어야 한다. 플랫폼만 잘 만들면 되는 것이 아니라 전체 시스템을 잘 구성해야하기 때문이다. 플랫폼은 외부 생산자와 소비자가 상호작용을 하면서 가치를 창출할 수 있게 해 주는 것에 기반을 둔 비즈니스이다. 플랫폼은 이러한 상호작용이 일어날 수 있도록 참여를 독려하고 개방적인 인프라를 제공하고 그에 맞는 거버넌스를 구축한다. 플랫폼의 가장 중요한 목적은 사용자들끼리 꼭 맞는 상대를 만나서 상품이나 서비스, 또는 사회적 통화를 서로 교환할 수 있게 해 주어 모든 참여자가 가치를 창출하게 하는데 있다. 따라서 플랫폼 전략은 관련 있는 수많은 관계자(참여자)를 장에 모아 새로운 사업의 생태계 시스템을 창조하는 전략인 것이다.

1차 산업혁명은 물과 증기의 힘을 이용해서 생산을 기계화했고, 2차 산업혁명은 전기의 힘을 이용해서 대량 생산의 길을 열었다. 3차 산업혁명이 전기 및 정보 기술을 통해 생산을 자동화 했고, 이제 사물인터넷과 소셜 미디어 등으로 인간의 모든 행위와 생각이 온라인의 클라우드 컴퓨터에 빅 데이터의 형태로 저장되는 4차 산업혁명 시대에 접어들었다. 제4차 산업혁명이 진행 중이라는 근거로 속도 측면에서 제1~3차 산업혁명과는 달리, 제4차 산업혁명은 선형적 속도가 아닌 기하급수적인 속도로 전개한다는 것이다. 그리고 범위와 깊이에서 제4차 산업혁명은 디지털 혁명을 기반으로 다양한 과학기술을 융합해 개개인뿐만 아니라 경제, 기업, 사회를 유례없는 패러다임 전환으로 유도한다는 것이다. 그리고 마지막으로 시스템 충격인데 제4차 산업혁명은 국가 간, 기업 간, 산업 간 그리고 사회 전체 시스템의 변화를 수반한다.

과거 미디어에서 플랫폼의 유형은 사람들이 콘텐츠를 소비할 수 있게 해주고 광고주와 대중을 연결해 주는 신문, 라디오, 텔레비전이었다. 그러나 오늘날의 미디어 플랫폼은 규모와 형태가 빠르고 쉽게 변화하며 새로운 기능, 사용자, 고객, 벤더, 그리고 파트너를 포함하는 매우 가치 있고 강력한 에코시스템이다. 미디어가 소비자에게 전달되는 과정은 흔히 콘텐츠(C) - 플랫폼(P) - 네트워크(N) - 디바이스(D)의 가치 체인으로 구성된다. 미디어에서 플랫폼의 경쟁력이 중요하게 자리 잡게 된 것은 구글(Google), 애플(Apple), 페이스북(Facebook), 넷플릭스(Netflix) 등 인터넷 기업들이 각자의 방식으로 플랫폼을 통해 비즈니스에서 성공하고 있기 때문이다. 콘텐츠가 프로그램 또는 직접적으로 이용하는 내용물이라면 플랫폼은 여기서 통신사의 경우 '데이터 서비스를 위해 필요한 자원인 콘텐츠와 소비할 대상인 휴대전화 또는 디바이스의 중간에서 이를 유통하고 제어할 수 있도록 하는 사업적 매개체'가 플랫폼이다. 글로벌 미디어 기업들은 이미 4차 산업혁명의 핵심이 되는 기반 기술을 이용하여 미디어 플랫폼을 장악하고 있다. 애플의 앱스토어, 구글의 검색엔진과 안드로이드 플랫폼, 넷플릭스의 개인화된 서비스 등 IT 기업들은 자신만의 플랫폼과 비즈니스 생태계를 구축하여 비즈니스를 주도하고 있다. 현대의 비즈니스는 플랫폼 경쟁력이 비즈니스의 사활을 좌우하고 있다고 해도 과언이 아니다. 미디어 플랫폼들은 스마트폰, 가입자들, 정보 제공자, 데이터 등에 의해 사용되기 쉽게 만들어졌고, 제품과 서비스를 소비하는 과정을 완전히 새로운 방식으로 창조해냈다. 미디어 플랫폼들은 수요와 공급 둘 다 조합하여 현재의 산업구조를 붕괴시킨다. 4차 산업혁명 시대에 미디어 플랫폼 경쟁은 승자독식의 구조가 될 것이다. 주파수와 방송에 의존해 온 공영방송이 미디어 플랫폼으로 성공하기 위해서는 발상의 전환이 필요하다. 그러나 공영방송 플랫폼이 성공하기 위해 글로벌 미디어 기업과 같이 플랫폼에 많은 참여자들이 새로운 가치를 함께 만들고 시너지를 창출하며, 끊임없이 진화하고 윈-윈 하는 생태계를 구축한다는 것은 현실적으로 어려운 환경이다.

2) 방송 규제(Regulation)와 공영방송 플랫폼

공영방송 서비스는 가장 높은 수준의 규제를 받는다. 방송은 ①그를 전달할 주파수가 희소하고, ②공공재이며, ③규모의 경제에 따라 자연 독점에 이르게 되고, ④내용의 영향성으로 인해 긍정적 또는 부정적 외부효과를 발생시키며, ⑤그중에서도 고품질 방송은 메리트재로서 자유 시장에서는 충분히 공급되기 어렵고, ⑥소비 전에 그 가치를 알 수 없다는 점 등에서 국가 개입(규제)이 불가피한 것으로 인식되었다. 공영방송을 증진하는 정부 정책은 시청자와 청취자를 소비자라기보다 사회적 존재, 시민, 투표자로서 능력을 더 크게 강조한다. 이런 관점에서, 방송시장에서 국가의 개입은 경제적 기준의 근거가 아니라 교육, 평등, 국가 정체성과 사회적 응집력과 같은 사회적 목적을 달성하기 위한 것이다.

1922년 영국의 공영방송 BBC가 설립되었는데, 이 시기는 2차 산업혁명의 시기로 최초의 방송은 완전한 독점 플랫폼이었다. 당시 정치 사회적 측면에서 영상의 이미지를 이용한 텔레비전의 영향력은 크기 때문에 그리고 정부가 제한된 주파수의 분배 정책으로 인해 공영방송은 자연 독점이 이루어졌다. 그러나 1980년 이후 상업 매체의 등장으로 본격적인 상업방송과의 경쟁체제로 접어들었고, 공영방송은 선발주자로서 국가의 제도적 후원 하에 여전히 우월적 지위를 유지해 왔다. 영국과 같이 공영방송 제도가 발달한 북유럽에서, 우리나라에서는 1991년 서울방송이 설립되기 전까지 공영체제를 유지하였으며, 서울방송 이후에도 공영방송 주도의 정책과 플랫폼은 지속되어 왔다. 1990년 대 이후 신자유주의 기조에 의해 각 나라 정부는 불가피하게 공영방송과 상업방송이 경쟁하는 규제체제를 도입하였다. 그리고 위성과 케이블방송을 통해 제공되는 다채널방송은 공영방송 변화의 모멘텀을 제공하였다. 국가보다 시장을 우선시하였고, 사회생활의 문화 다양성을 고려하는 공동체보다 개인을 우선시하는 변화가 발생하였다. 그러나 디지털화는 공영방송에 더 큰 변화를 야기했다. 공영방송 플랫폼의 본격적인 변화는 디지털 기술의 발달로 인해 케이블텔레비전, 위성방송이 도입되면서 플랫폼 경쟁이 시작되면서다. 수많은 채널을 전송하는 케이블방송, 위성방송에 이어 이론적으로 무한대를 전송할 수 있는 IPTV의 시대가 도래 하면서 공영방송 플랫폼 경쟁력은 하락하게 된다. 방송전파를 통해 누구나 텔레비전을 보유한 가구에서는 공영방송의 보편적 시청이 가능하였다면, 케이블방송과 위성방송의 도래는 유료 기반의 선택적 시청이 가능하게 된 것이다.

그렇다면 공영방송(지상파방송) 플랫폼이란 무엇을 말하는가? 미디어별 플랫폼 경쟁력을 조사하면 지상파, 케이블방송, 위성방송, IPTV 등을 나타내는데 여기서 지상파방송의 플랫폼은 지상파방송 네트워크를 통해 방송을 시청하는 점유율을 말한다. 시청자들이 다른 매체를 이용하지 않고 순수하게 지상파방송 네트워크를 이용하여 지상파방송 콘텐츠를 이용하는 비율이라 할 수 있다. 흔히 지상파방송 플랫폼 점유율은 다른 경쟁매체와 비교해서 순수하게 지상파방송을 통해서 시청하는 비율을 말하며 통상 직접 수신 가구 또는 직접 수신율이라 한다. 대부분의 공영방송이 수신료 재원으로 운영되기 때문에 공영방송 플랫폼은 무료 보편적 서비스 성격과 밀접하게 연관되어 있다. 우리나라의 경우 지상파방송만을 통해서 방송을 시청하는 직접 수신 가구는 2001년부터 시작한 지상파 디지털 전환이 2012년 마무리가 되면서 지상파방송의 플랫폼은 지속적으로 하락하게 된다. 방송통신위원회에 따르면 지상파방송의 직접 수신율은 2005년 23.2%에서 지속적으로 감소해 9년만인 2014년에는 1/3 수준인 6.7%로 급격히 감소했다. 2016년 조사에 의하면 유료방송 수신 시청 가구는 95.6%로 지상파방송을 직접 수신하는 가구 비율은 3.3%로 나타났다. 2013년 말에 조사된 유럽의 지상파방송 플랫폼은 약 40%의 비율로 지상파방송(공공서비스방송)이 플랫폼으로서 지위를 유지하고 있어 우리나라와 극단적인 대조를 이룬다.

공영방송 제도는 각 국의 정치, 사회, 문화, 경제적 상황에 따라 규제와 책무의 방식이 다르게 작동하며, 미디어 환경변화에 따라 변화하고 있다. 그리고 민주주의 작동 방식, 민주화 정도, 상업미디어 영향력에 따라 미디어 자유와 정부 규제 방식이 다양하며 일관되지 않는 특성이 있다. 영국의 비비시는 왕실 칙허장과 문화미디어부의 협약으로 트러스트-집행부 구조로 되어 있으며, 독일은 연방 정부와 주정부마다 다른 공영방송 형태를 취하고 있다. 공영방송은 정치적 독립, 수신료 재원, 공적 서비스의 특혜와 관련해 항상 논쟁적이었다. 서구 미디어 시스템은 미국보다 더 개입(규제) 주의적이다. 미국 방송 모델이 보편적 접근의 적절한 수단과 모든 소비자를 만족시키는 콘텐츠의 수단으로서 수요와 공급의 자유 시장 원칙에 기초하고 있는 반면, 유럽 방송 모델은 소비자 선택과 개인적 자유보다 집합적인 사회의 활동하는 구성원으로서 시민의 의무와 필요를 더 강조한다. 미디어 정책에 있어 개입 주의적 접근은 주로 유럽방송 모델로 정책 목표에 따라 미디어 구조와 산출물을 구성하는 것을 목표로 하지만, 시장 자유주의적 접근은 미국 규제방식으로 시장 실패에 대응한다. 시장 자유주의적 접근은 문화 사회적 기준이 경제적 복지보다 덜 중요하게 취급되는 반면, 개입 주의적 정책은 정치·사회·문화·경제적 가치를 기초로 한다. 우리나라의 공영방송 제도는 공적 소유, 공적 지배구조, 공적 재원과 의무를 기초로 하는 유럽의 개입 주의적 모델을 따르고 있다. 공영방송은 수신료를 재원으로 운영하면서 지나친 상업화를 추구하거나 상업 미디어 영역과 경쟁하게 될 경우 시장으로부터 견제를 받게 된다. 공영방송의 새로운 서비스에 대해 정부가 개입(규제)하는 것은 공익을 위해 공적 서비스를 보장하는 해 주는 정책과 함께 다른 상업 미디어 시장의 활성화를 위해 공적 서비스를 제한하기 위함이다. 공영방송 플랫폼은 자유 시장 원리에 맡겨두는 것이 아니라 규제를 통해 개입하고 보호해야 하기 때문에 미디어 규제 정책에 많은 영향을 받게 된다.

우리나라는 2009년 IPTV가 도입되면서 통신사업자의 본격적인 방송 시장 진입이 허용되었고, 2011년 신문사에게 종합편성채널을 허가하였다. 전반적인 방송 규제 정책 방향은 매체균형발전과 신규 매체 도입에 따른 산업 경쟁력 확보와 생산유발 효과와 같은 경제적 가치를 추구하였다. 과거 방송의 영향력과 주파수의 제한으로 공영방송의 독점적 지위를 보장해 주었고, 이후에는 상업방송과의 경쟁으로 안락한 복점 상태에서 영향력을 유지할 수 있었다. 그러나 케이블, 위성방송, IPTV의 등장으로 수많은 채널과 콘텐츠의 생산이 가능해졌고, 인터넷을 기반으로 하는 모바일과 애플리케이션의 출현은 누구나 쉽게 콘텐츠를 생산하고 유통하고 소비하는 시대로 접어들었다. 인터넷 기업들의 미디어(방송) 시장 진출과 규제 완화로 지상파방송과 공영방송은 규제(보호)의 역차별을 받게 되었다. 미디어 정책 방향은 공영방송의 적절한 규제(보호)를 통해 공적 서비스를 보장해 주기보다, 공영방송의 서비스를 제한하여 상업 미디어를 활성화하는 방향이었다. 규제 기관이 새로운 미디어를 도입하는 명분은 커뮤니케이션 일류 국가로 재도약을 위한 미디어 산업 경쟁력 강화가 최우선이 되었다. 그렇다 보니 지상파 DMB 도입 과정에서 교육방송이 재송신에서 제외되고, 비지상파 사업자가 신규 사업자로 선정되기도 하였다. 신규 미디어 도입에 따라 공영방송의 공공 서비스 제공은 더욱 어려워지고, 제한된 유료 가입자와 광고 시장을 두고 미디어 시장의 경쟁은 가속화되어 왔다. 질서 있고 균형 잡힌 미디어 규제와 정책이 아니라, 미디어 시장은 난개발로 무한 경쟁의 장이 되었다.

플랫폼 측면에서 케이블방송의 8VSB(8레벨 잔류측파대(8-level vestigial sideband)[1]) 도입, 클리어 쾀[2](Clear QAM, Quadrature Amplitude Modulation, 직교 진폭 변조)TV 도입 정책은 공영방송의 공공 플랫폼을 확장하기보다 유료방송을 우선한 정책이었다. 그리고 종편 도입 시 제공되었던 특혜 의무재송신[3]과 케이블방송의 10번대 황금 채널 배정, 종편사업자에게 별도의 광고 영업이 가능하게 한 정책도 유료방송 우선의 규제 정책이었다. 케이블방송은 QAM 변조방식인데, 8VSB는 지상파방송의 디지털방송 전송방식으로 아날로그 케이블 가입자도 별도의 디지털 셋톱박스 없이 고화질 디지털방송을 볼 수 있는 방법이다. 정부는 아날로그 케이블방송 가입자의 디지털방송 시청을 위해 케이블방송 사업자에게 8VSB로 디지털 전환을 허용하였다. 정작 8VSB 표준을 사용하는 지상파방송사들은 2012년 말 디지털 전환이 완료되었음에도 지상파 다채널방송(MMS)은 아직 허용되지 않고 있다. 케이블방송 사업자는 지상파 다채널방송(MMS)을 지속적으로 반대하여 왔는데, 케이블방송의 디지털 전환 명분으로 지상파방송의 8VSB 전송방식을 이용하여 다채널방송(MMS)을 하고 있다는 것이다. 참 아이러니한 정책 결정이 아닐 수 없다. 한편 케이블방송사업자는 자신들의 셋톱박스를 이용하여 가입자 기반으로 사업을 하는데, 클리어 쾀(Clear QAM) 기능을 내장한 TV는 셋톱박스 없이 지상파방송과 유료방송을 시청할 수 있다. 클리어 쾀 도입이 비록 저소득층 노인, 장애인 등 소외계층을 대상으로 정책의 명분을 확보한 측면이 있다. 그러나 클리어 쾀 정책은 지상파 공공서비스(MMS) 확장으로 공영방송의 보편적 서비스를 우선하기보다 유료케이블방송사업자의 가입자를 보호해 준 정책이라 할 수 있다. 공공서비스 정책은 시장의 견제와 규제당국의 무관심으로 멀어지고 유료 중심의 규제 완화는 꾸준히 추진되었다. 이러한 미디어 규제 정책으로 95% 이상의 가구가 유료방송을 통해 공영방송 프로그램을 시청하고 있으며,

---

1) 지상파방송 디지털 전송방식.

2) 케이블방송 변조 방식.

3) KBS 1TV, EBS 등 공적 의무와 공공성을 부여받은 채널들에게만 부여됐던 의무재송신이 신규 종편사업자에게 허용되어 케이블방송의 전국 네트워크를 이용하여 전국방송사업자가 됨. 공영방송의 의무재신은 재송신료를 받지 않지만 종편사업자는 케이블방송사업자에 별도이 수신료를 받고 있다.

텔레비전수신료 납부자는 수신료와 유료방송 가입료의 이중 지불에 대한 불만을 제기한다. 케이블방송과 위성방송 등 다매체 서비스에 뒤쳐진 한국 공영방송의 플랫폼은 IPTV 등 양방향 플랫폼과 모바일 플랫폼에 설 자리를 잃게 되었다. 초기 방송이 독점이던 시절 그리고 상업방송과 다양한 플랫폼과 경쟁하는 시기에 공영방송 플랫폼에 대한 규제 방향은 매체 균형발전론이었다. 이후 미디어 정책은 신규 미디어 도입의 명분을 미디어 시장의 확대와 상업 미디어의 경쟁력 확보에 맞추어져 왔다. 인터넷을 기반으로 하는 모든 디바이스를 통해 방송을 시청할 수 있는 환경에서 공영방송은 매체로서 정당성을 위협받고 있다. 종합편성 채널이 허용된 2011년 이후 종편 채널의 전체 시청점유율은 2015년 말 현재 13.9%인 반면 지상파방송은 2011년 60%에서 2015년 47% 시청점유율이 하락하였다. 또한 유무선 인터넷망이 발달한 한국에서 미디어의 소비는 급속도로 통신 사업자에 종속되는 결과를 초래하고 있다.

영국의 대표적인 공영방송 BBC는 디지털 다채널 플랫폼인 프리뷰를 성공시키고 이어서 인터넷 스트리밍 iPlayer의 성공으로 방송을 넘어 인터넷 시대에 영향력 있는 플랫폼으로 자리매김 하고 있다. 영국과 북유럽 등 공영방송이 발달한 나라와 달리 우리나라는 경쟁적 상업방송과 유료 매체의 성장, 세계에서 가장 발달한 유무선 인터넷 환경과 미디어 서비스 사업자, 공공서비스 정책보다 미디어의 경제적 효과를 우선 하는 미디어 정책 등 다양한 원인으로 공공 서비스의 위상이 위태롭다. 디지털 융합시대, 글로벌 미디어 회사의 출현으로 미디어 시장 경쟁이 치열해지고, 사회의 변화에 따라 미디어 소비가 개인화 파편화되면서, 시대변화를 따라가지 못하는 공영방송의 위상은 더욱 약화되고 있다. 지상파 콘텐츠에 플랫폼 기능이 추가된다면 가장 강력한 무료 보편 서비스 매체로 도약할 수 있지만 플랫폼 기능이 축소되면 플랫폼에 탑재된 여타의 채널(one of them)로 전락할 가능성이 높다. 그리고 이와 같은 가능성은 결국 시청자에게 무료 보편 서비스를 제공해야 하는 지상파의 공적 임무와도 거리가 멀어질 수 있음은 주지의 사실이다. 공영방송 플랫폼의 위상은 공영방송 내부의 전략과 방향에 좌우되지만, 국가가 지향하는 미디어 규제와 정책 방향에 더 많은 영향을 받는다.

본 편에서는 지상파방송보다 높은 수준의 규제와 책무를 요구하는 공영방송 플랫폼의 필요성과 전략에 대해 논의하고자 한다. 공영방송 플랫폼을 위협하는 미디어 환경 변화는 어떻게 진행되었으며, 디지털 시대에 공영방송의 보편적 서비스가 어떻게 자리매김 해야 하는지를 고찰하고자 한다. 그리고 디지털 미디어 융합시대를 넘어 4차 산업혁명 시대에 공영방송의 플랫폼으로서 존재 이유를 짚어보고, 공영방송의 생존을 위한 플랫폼 전략에 대해 알아보고자 한다.

2. 미디어 환경 변화와 공영방송의 보편적 서비스

1) 사회 변화와 공영방송 플랫폼의 위기

공영방송사들은 역사적으로 지상파 아날로그 전송 플랫폼(무료 송신)을 사용해왔는데 그때는 이것이 유일한 텔레비전 전송 플랫폼이었다. 무료 전송은 공영방송 서비스가 순환되는 비용 없이 모든 시청자가 이용할 수 있는 전송 플랫폼이다. 그래서 텔레비전 수상기와 안테나를 소유한 모든 사람들은 공영방송의 프로그램을 구독 요금을 내지 않고 시청할 수 있다. 많은 나라에서 인구의 높은 비율(예를 들면 98% 이상)이 이용 가능한 지상파방송을 위해 법적인 수신료 제도를 채택하고 있다. 그래서 지상파 텔레비전 플랫폼은 보편적이고 공영 서비스 방송사들은 무료 접근을 허용한다. 그러나 디지털 압축기술은 케이블, 위성방송, 마이크로웨이브 분배시스템에서 시청자가 이용할 수 있는 텔레비전 채널의 수를 실질적으로 확장하였다. 더욱이 유료 가입 기술의 진전은 프로그램의 직접적인 시청자 지불을 용이하게 했다. Pay-TV는 전통적인 공영방송사 뿐만 아니라 광고주 후원을 받는 방송사의 시청자를 감소시켰다. 기술 발달은 미디어를 이용하는 소비자의 행태를 변화시키고 있다. 니센(Nissen)은 전자 매체 발전의 네 가지 결정적 요인으로 뉴 테크놀로지, 시장의 변화, 의회와 정부의 영향, 이용자 행동을 들고 있다. 디지털 혁신으로 테크놀로지가 가장 우선적인 요인이 되었고 다음으로 시장의 변화가 초래된다. 이것은 다시 이용자의 행동의 변화를 끌어낸다. 이러한 변화들이 결합하여 매체 부분을 규제하는 의회와 정부의 권한을 점차 감소시키고 시민이 TV로 보는 것에 대한 정치적 영향력을 약화시킨다. 이 네 가지 영역에서 발생하는 상호 연관된 변화는 공공 서비스 매체의 조건을 급격히 바꾼다. 디지털 융합기술은 더 많은 매체를 전송하게 하고 인터넷과 모바일로 누구나 쉽게 콘텐츠를 접할 수 있는 환경으로 변함을 말한다. 시장 변화는 국제화와 지변 집중을 의미하는데, 구글, 애플, 넷플릭스 등 해외 거대 자본은 전 세계에 미디어 시장에 절대적 영향을 미치고 있다. 국내에는 포털 사업자 네이버의 미디어 영향력은 절대적이다. 그리고 자본을 앞세운 통신사업자들은 결합 상품을 앞세워 IPTV 시장을 장악하여 수직적 통합 전략을 추구한다.

방송 신호가 디지털화되면서 텔레비전 채널의 무수한 확장과 새로운 유통 시스템은 프로그램을 독점적으로 제공해 온 공영방송을 위기로 몰아넣었다. 텔레비전 프로그램을 많은 다른 전송 채널을 통해서 받을 수 있는 상황에서 수신료 재원과 주파수의 독점으로 어떤 특정지역에 전송할 수 있는 배타적 권한은 더 이상 생존의 특권이 되지 않는다. 공영방송사업자들은 사회에 의무를 수행하는 것이 보장되었는데, 기술의 발달은 보편적 접근이 더 이상 보장되지 않는다는 것을 의미한다. 디지털 다채널 기술은 수직적 다양성의 편성에서 소수의 그룹이 문화적으로 고립되지 않도록 수평적 다양성을 제공하게 하였다. 공영방송은 다원성을 보장하고 민주적으로 무료의 양질의 오락을 제공하는 역할을 담당하기 때문에, 인구의 다수가 지리적, 재정적 장벽이 없이 접근 가능해야 하는 공영방송의 책무는 디지털 시대에 더욱 중요해졌다.

디지털 텔레비전 시대에 시청자들은 편성된 프로그램을 계속 시청할 것인지 혹은 텔레비전을 계속 소비할 것인지, 사무실 컴퓨터로 할 것인지, 모바일폰이나 태블릿으로 할 것인지 선택한다. 아날로그 텔레비전의 매스 오디언스는 점차적으로 상호작용적이고 파편화되었다. 아날로그방송에서는 시청자들이 채널을 프로그램 접근점으로 선택을 했다면 디지털방송에서는 수많은 채널이 존재하여 시청자들이 프로그램을 선택하여 시청하는 환경이 되었다. 게다가 녹화장치의 발달로 선형 프로그램 시청이 아닌 개인 녹화를 통해 비선형적으로 프로그램을 시청하며, 온라인 미디어의 발달로 주문형 비디오를 쉽게 이용하는 환경이 되었다. 지난 수년 동안 미디어는 수많은 혁명적인 변화를 목격해왔다. 그 중 하나가 바로 미디어 플랫폼의 부상이다. 데이터 저장장치와 개인용 컴퓨터는 가격이 계속 하락했고, 모바일 기기가 폭발적으로 증가했으며, 스마트폰은 포터블 미디컴퓨터의 역할을 하고 있다. 무료 소프트웨어도 급증했다. 초고속 인터넷 및 모바일 기술의 출현과 광범위한 적용은 여러 측면에서 기업과 소비자들의 일상에 엄청난 영향을 미치고 있다. 소셜 미디어와 네트워킹 사이트 역시 폭발적으로 증가했다. 또한 모바일, 양방향 미디어 서비스는 기존의 방송이 푸쉬 레짐(push regime, 방송전파의 특성)에서 풀의 레짐(pull regime, 인터넷 스트리밍의 특성)으로 전환되어 선택권이 방송사의 편성에서 시청자의 선호로 이양되었다. 비디오-온-디맨드 서비스(video-on-demand, VOD)는 종합편성을 기반으로 실시간 매스미디어 역할을 담당해 온 공영방송의 퇴위를 재촉하고 있다.

방송을 시청하는 권력의 균형추가 방송사에서 시청자로 이동하면서, 이용자에게 더 많은 선택의 자유가 주어지면서 수용자는 점점 분화하고 개인화 된다. 선택은 더 이상 생방송 텔레비전 스케줄에 따라 제한되지 않는다. 시간과 장소의 제약은 더 이상 적용되지 않는다. 증가하는 캐치업(Catch-up) 플랫폼과 더 큰 상호작용을 제공하는 IPTV 플랫폼으로 시청자는 콘텐츠에 대한 더 큰 자유와 다양성을 얻었다. 공영방송은 시장에서 채널 경쟁이 격화되고 시청의 파편화로 인해 수신료라는 집합 재정에 문제가 발생하기 시작한다. 디지털 융합 미디어 환경은 시청자의 선호와 요구를 도외시 할 수 없는 상황이 된 것이다. 공영방송의 규제 정당성은 공익의 실현과 공공재 이론으로 발전해 왔지만 디지털 미디어 기술의 발달로 공영방송의 공익과 공공재의 전통적인 근거가 희박해고 있다. 디지털 융합 미디어의 확산은 공영방송 매스미디어 역할과 사회적 응집력을 위한 보편적 서비스의 위상을 축소시켰다. 디지털 미디어 속성이 더욱 개인화되고 파편화되어 디지털 미디어 시대에 공영방송의 존립의 정당성이 위태로워지게 된다. 이러한 미디어 환경의 변화는 1980년대 이후부터 주파수 부족에 의한 공영방송 독점이 와해되었고, 디지털 미디어 환경에서 배제가 가능하고 선택이 가능한 공영방송은 공공재 특성이 모호하게 만들었다. 수많은 플랫폼과 채널은 시청의 다양성을 확보하면서 공영방송에 대한 정부개입의 근거가 갈수록 취약해지고 있다. 소비자(특별히 젊은 사람)는 텔레비전, 게임콘솔, 라디오, 모바일폰, MP3 플레이어와 같은 특별한 콘텐츠와 다중 플랫폼 사용을 활발하게 찾고 있다. 시청자는 파편화되고, 더 액티브하고 그들이 무엇을 볼 것을 원하고 언제 시청할 것인지를 결정함으로써 더 강력하게 되었다. 이용자에게 더 많은 선택의 자유가 주어지면 수용자는 점점 분화되고 개인화된다. 권력의 균형추가 방송사에서 이용자로 이동함으로써 수용자를 이해하는 방식에도 변화가 초래된다.

　미디어의 기술이 발달하면서 공영방송의 플랫폼은 위기를 맞게 된다. 공영방송은 세 번의 위기를 맞는데 첫 번째는 사영방송의 등장이고 두 번째 다채널 서비스의 등장으로 공영방송의 존재에 큰 회의를 품게 했다. 그러나 본격적인 세 번째 위기는 디지털 융·복합형 미디어의 발전이다. 이는 과거와 달리 채널 제공 경쟁자가 늘어나는 것이 아니라 수용자의 미디어 소비패튼 자체를 바꾸는 변화이기 때문에 훨씬 위협적이다. 유럽 공영방송의 역사는 이제까지 두 개의 주된 기간으로 구분한다. 상업 경쟁자들과 맞서기 이전인 1980년대까지를 PSB1.0, (Public Service Broadcasting 1.0)이라면 그 이후(PSB2.0) 큰 변동과 변화기의 시기이다. 공영방송은 또한 일반적으로 상업 텔레비전들이 상대적으로 작은 차이를 갖는 중요한 상업화의 수준을 이끄는 멀티-채널 방송 환경에서 자신들의 역할을 발견하는 것이 필요하다. 지금은 공영방송 3.0 시기로 규정한다.

　공영방송 플랫폼 전략이 어려운 점은 공영방송 정의의 독특함에 있다. 공적 서비스는 이데올로기이며 정치적 선택이기 때문에, 공영방송의 개념을 한 마디로 정의하기가 어렵다는 것이다. 그 이유는 공공의 이익을 구현해야 하는 '공공서비스(public service)'로서 방송을 공히 인식하면서도, 그 사회가 공공서비스를 가장 잘 구현하는 방식을 어떻게 보느냐에 따라 다른 운영 모델을 채택해왔기 때문이다. 사회마다 방송이 지향해야 할 공공서비스에 대한 내용에서 차이가 나는 것도 한 원인이다. 공영방송은 공공서비스라는 특정한 역할을 수행하기 위하여 그 사회가 선택한 운영 모델로 정의될 수 있다. 즉, 공영방송이란 공공서비스라는 기능을 구현하기 위하여 형성된 특수한 구조적 보장, 즉 제도적 산물로 이해되어야 한다. 영어의 'public'의 단어와 완전히 일치하는 개념을 갖고 있지 않으며 가장 밀접한 번역은 국가(state)/정부(government)/공식적(official)으로 전달된다. 여기에 각 나라들은 자국의 방송의 전통적인 특성이 있으며, 언어적 장벽은 공영방송의 진정한 특성을 명확하게 이해하는데 처음부터 장애가 발생한다. 따라서 공영이란 이념을 설정하는 과정과 실제 공영방송 조직이나 제도는 각 나라별 공통성과 특수성을 가지고 있다. 유네스코는 공영방송의 정의를 "공익을 위한, 공중에 의해 만들어지고 공적 재원이 지원되고 통제되는 방송"으로 규정한다. 그리고 상업적 또는 국가 소유가 아닌 정치적 개인과 상업적 세력의 압력으로부터 자유로운 것을 말한다. 아주 초기부터 공영방송이 갖고 있던 신성불가침의 원칙 가운데 하나는 모든 시민들에게 방송 콘텐츠에 대한 보편적이고 평등하고 방해 받지 않는 접근권을 제공해야 한다는 것이다. 이러한 원칙은 사회적 형평성, 즉 부유한 자나 가난한 자나 똑같이 프로그램을 제공받을 기회를 가져야 한다는 것이다. 더 사회적이고 문화적인 특성을 갖는 주장은 공영방송이 국민들을 단결시키는 문화적 공유지로서의 특별한 역할을 수행해야 한다는 것이다. 그렇게 하기 위해서는 콘텐츠는 가능한 한 어디서나 모든 시민들에게 도달되어야 한다는 것이다. 방송에서 보편적 서비스가 중요한 개념임을 처음으로 정교하게 만든 것은 바로 영국 BRU(British Research Unit) 보고서로, 영국 방송에서의 공공서비스 정신을 표현하고 있다. 첫 번째는 모든 인구에게 이용 가능해야 하는 지리적 보편성이다. 국가 정체성과 공동체 의식은 소구의 보편성, 보편적 내용을 구성하는 주요 재료이다. 이러한 정체성 함양을 위해서는 지리적 보편적 접근이 필수적이다. 유엔 유네스코는 공영방송의 핵심 가치를 그 나라의 모든 시민들이 접근 가능할 수 있는 보편성, 공영방송에 의해 제공되는 프로그램 장르와 논의 주제의 다양성, 정치세력과 상업적 이해 세력의 영향력으로부터 독립성, 품질과 프로그램 특성에서의 차별성을 들고 있다. 신뢰할 수 있는 뉴스와 사회적으로 가치 있는 콘텐츠를 생산하고 사회적 통합에 기여하면서 공영방송의 콘텐츠를 수신료 납부자는 누구나 무료로 접근 가능해야 한다는 보편성(University)의 원칙이 그것이다. 보편성을 기초로 하는 공영방송의 공공 가치는 누구나 공영방송의 콘텐츠를 이용 가능한, 접근 가능한 접근의 보편성이라 할 수 있다. 보편적 서비스 개념은 전국적으로 통합된 시스템을 통해 저렴한 가격으로 국민 일반에게 제공되는 우편/통신 서비스에서 착안된 것이다. 실제로 보편적 서비스 개념은 이와 같은 기원에서 시작되어, 전기, 수도, 우편, 전신, 전화 등의 네트워크 서비스에 두루 적용된다. 이는 모든 대상자에게 적절한 가격으로 일정 수준 이상의 서비스를 제공할 사업자 의무를 구체화하는 데 사용된다. 미디어 환경 변화에 따른 공영방송의 보편적 서비스를 어떻게 규정하는가에 따라 공영방송의 플랫폼 정책과 방향을 다르게 나타날 것이다. 다른 지상파방송, 유료방송과 차원이 다른 차별적인 서비스에 대한 의문은 공영방송이 공익적 가치를 더 제공한다는 주장에 거부감을 가질 수도 있으며, 화석화된 수신료 징수 제도에 많은 사람들이 불만을 제기할 수도 있다. 디지털 미디어 기술의 성장은 방송 전파로 보편적 서비스를 구현해 온 공영방송에 새로운 질문을 던진다. 디지털 미디어 시대, 더 나아가 4차 산업혁명의 변화는 공영방송의 존재 의미를 묻고 있다.

2) 디지털 시대 공영방송의 보편적 서비스

방송 전파를 넘어 인터넷 미디어 환경에서 공영방송의 보편적 서비스를 어떻게 규정하는가는 어려운 문제다. 방송 전파에 한정된 공영방송 서비스가 인터넷을 이용한 모바일과 새로운 서비스를 제공하게 되면서 공영방송의 보편적 서비스에 대한 개념은 나라마다 논쟁적 사안이다. 방송의 개념을 미디어로 확장하는 방식을 사용하는 영국은 공중이 새로 등장하는 커뮤니테이션 테크놀로지의 혜택을 누릴 수 있게 하며, 디지털 텔레비전으로 전환하는데 있어서 주도적 역할을 수행할 수 있도록 규정하고 있다. 미디어 학자 모에는 공영방송이 새로운 서비스를 규제하는 방식을 세 가지 방식으로 요약했다. 첫째 방송을 확장하는 것으로 새로운 서비스를 방송의 개념 아래 맞추는 것이다. 둘째 방송을 추가하는 개념으로 새로운 활동들은 단지 프로그램과 관련된 콘텐츠를 제공하면서 상호 보완적이고 부차적으로서 전통적 방송에 부과한다. 이것은 공영방송 목적을 위해 새로운 플랫폼의 사용을 막는다. 마지막으로 방송을 강등하는 것으로 방송은 더 이상 공영서비스 공급의 핵심 요소로 보지 않음으로써 주된 정의 개념으로서 뒤에 남긴다는 것이다. 영국 BBC는 세 번째 케이스로 접근은 비록 공영방송이 전통적인 라디오와 텔레비전을 선호하는 사람들을 포기하지 않는 의무라 할지라도 가장 미래 지향적 접근이다. 공영방송은 법적으로 지원되어야 하고 법적 그리고 재정적인 임무 부여는 온라인 전송의 혁신을 유지하는 혁신이 되도록 만드는 필수조건이다. 그리고 공영방송은 대규모, 전문화되는 핵심 콘텐츠를 인터넷으로 제공하도록 요구된다. 공공 목적을 증진하는 방식을 정의하는데 있어서 BBC Charter는 온라인 서비스를 TV/라디오와 대등하게 취급할 뿐만 아니라 현재 잘 모르는 서비스의 사용 가능성에 대해서 명쾌하게 열려있는 것을 공식화하고 있다. BBC Charter는 다소 상세한 기술적인 묘사로 서비스나 애플리케이션을 명확하게 조정하고 있다. 이것은 방송 개념을 새로운 담론에 맞게 확대하지도 않고 특정한 서비스도 추가하지 않지만 미디어 중립적 방식으로 접근한다. 영국의 접근방식은 새로운 미디어 플랫폼에 보다 명확한 방식으로 동등하게 하며 개념화되지 않는 미래의 가능성 있는 기술의 이용에 대해 열려있다.

최근 미디어의 발달로 플랫폼이 다변화되면서 접근의 보편성은 지정학적 이용뿐만 아니라 디지털 컨버전스 시대에 지상파 위성, 케이블, 인터넷과 같은 모든 중요한 미디어와 플랫폼의 존재를 규정한다. 접근의 보편성(University of Access)은 수신료를 강제하는 공영방송 제도에서 지리적 차별 없이 누구나 공영방송의 콘텐츠를 누릴 수 있어야 한다는 것이다. 공영방송의 의무를 두 가지 범주로 구분하는데 하나는 양적으로는 공영매체가 사회적, 정치적, 문화적 유대를 촉진하는 역할을 실천하고자 한다면 모든 시민들이 정규적으로 이용해야한다는 높은 도달률이 요구된다. 질적으로는 일반적(상업적)인 매체 시장에서는 찾을 수 없는 콘텐츠와 서비스로 수용자에게 봉사하는 것으로 규정한다. 양적인 높은 도달률은 공영방송이 사회와 시민의 유대를 강화하기 위해서 누구나 시청 가능한 환경이 되어야 한다는 것이다. 다양한 매체 가운데 시청자들이 매체를 선택할 수 있는 선택권, 접근이 보장될 수 있는 환경이 되어야 한다. 도달률이 낮아 플랫폼으로서 영향력이 없는 공영방송은 집합적으로 부담하는 수신료의 논거를 취약하게 한다. 따라서 각국에서 정부 방송 정책의 사회적 목적은 최소의 기술적 품질의 방송서비스가 지역에 상관없이 모든 사람들(또는 실제적으로 모든)에게 제공되어야 하는 보편적 서비스의 원칙이 포함된다. 그러나 페이퍼뷰(Pay-per-view), 구독료 시스템은 개인들의 선택권은 확장되지만 콘텐츠의 평등한 접근권을 저해하여 사회적 응집력을 훼손할 우려가 있다.

　인터넷과 웹 기반 서비스가 대중화하면서 구글, 애플, 페이스북, 넷플릭스 등 거대 미디어 사업자의 서비스는 이용자를 모으고(애그리게이트) 있다. 이용자를 바탕으로 플랫폼 비즈니스가 주류를 이루면서 미디어 서비스는 콘텐츠의 독창성과 함께 플랫폼의 중요성이 확대되고 있다. 케이블방송, 위성방송, IPTV 서비스와 모바일 IPTV, 포털 등 미디어를 제공하는 기업은 자사의 플랫폼을 통해 콘텐츠를 유통하는 전략을 고수하고 있다. 공영방송 플랫폼은 기존의 독점적 시대(공영방송 1.0)를 지나 케이블, 위성방송과의 경쟁(공영방송 2.0)의 거쳐 인터넷, 모바일과의 무한 경쟁(공영방송 3.0) 시대에 접어들면서 패러다임의 변화가 요구된다. 전파로 방송을 시청하는 시대는 올드미디어로 규정된다. 반면 새로운 미디어는 인터넷과 모바일 서비스를 기반으로 하는데, 이러한 미디어 환경 변화는 공영방송이 이용자를 모으기 위해 거대 미디어 사업자와 무한 경쟁을 펼쳐야 하는 것을 의미한다. 특히 인터넷을 기반으로 하는 미디어 기업은 글로벌화가 특징이기 때문에 거대 자본을 바탕으로 미디어 서비스를 통해 기존의 올드미디어 시장을 잠식하고 있다. 인터넷 스트리밍 서비스를 제공하는 넷플릭스는 미국에서 케이블방송, 위성방송 등 유료방송에서 최대의 유료방송 매체로 성장했다. 자본을 바탕으로 한 글로벌 미디어 서비스 업체의 플랫폼 경쟁력은 공영방송의 방송 서비스뿐만 아니라 인터넷과 모바일 서비스 분야에서도 강력한 경쟁자로 자리 잡고 있다. 공영방송 3.0 시기에 정부가 공영방송에 대한 보호(규제)와 지원이 필요한 이유는 미디어 시장에 더 큰 변화들이 몰려오고 있기 때문이다.

　4차 산업혁명 시대에 공영방송 플랫폼의 중요성은 더욱 확대되고 있다. 새로운 기술과 매체의 출현으로 시민들이 이용 가능한 만큼 지불하는 환경에서 새로운 서비스, 플랫폼에 대해 누구나 평등하게 접근할 수 있는 환경이 보장되지 않을 수 있기 때문이다. 디지털 정보격차(디바이드) 문제가 심화되는데, 과거에는 공공영역의 역할을 위해서 공영방송이 중요했다면 이제는 디지털 정보격차 문제를 해소하기 위해서 중요해졌기 때문이다. 과거에는 보편적 서비스를 위해 가장 유용한 수단이었던 지상파방송이 이제는 '조각난 시청'을 다 모으기 위해서 크로스 미디어 서비스 전략이 불가피해진 것이다. 다양한 시청자의 다양한 생활방식과 기호를 충족시키기 위해서는 쌍방향 서비스 등 가능한 플랫폼을 모두 활용하여야 한다. 디지털 융합서비스는 속성상 개인화를 가속화하는데 공영방송이 추구해야 하는 높은 도달률에 의문을 제기한다. 젊은 세대로 대변되는 디지털 융합 서비스는 개인화를 가속화시켜 시민의 유대와 사회적 응집력 역할을 약화시킨다.

디지털 융합시대에 공영방송의 플랫폼의 역할은 더욱 중요해지고 있다고 할 수 있다.

21세기에 공영방송사들은, 상업방송사들에 대비하여 공영방송사들의 경제적 활동을 정당화하기 위해서는 효율적으로 자원을 사용하고 있다는 증거를 대라는 요구에 점점 더 직면하게 되었다. 그 같은 변화는 디지털 시대가 단지 뉴미디어와 새로운 커뮤니케이션 채널들을 제공하는 데 그치지 않고, 매개 커뮤니케이션을 근본적으로 바꾸고 있기 때문에 발생하는 것이다. 디지털 시대는 커뮤니케이션 선택 범위를 넓히고, 각 채널마다 소규모 시청자를 생산해내는 한편, 고정형 커뮤니케이션뿐만 아니라 이동형 커뮤니케이션을 가능케 하고 있다. 이러한 변화는 커뮤니케이션 과정에서 시청자들을 훨씬 더 적극적인 참여자로 만들고 있다. 디지털 미디어는 커뮤니테이션 통제권을 공급자에서 수용자 개인으로 이동시키고 있다. 시청자들에게 언제, 어디서, 어떻게 커뮤니케이션을 수신할지 결정하는 과정에서 정보를 거르고 개인화할 수 있는 능력을 부여한다. 디지털 시대의 주요 특성은 대중을 시민사회에 더 연결하는 것이 아니라 집합적 사회를 파편화하여 더 고립되고 자기중심적인 개인주의를 촉진하는 것이다.

사회의 개인화와 파편화 때문에 공영방송은 사회 통합과 집합적 경험을 넘어서는 응집력의 서비스와 예를 들어, 테마 서비스와 온라인 서비스를 제공하여 그룹과 개인의 이익을 충족하는 서비스를 재정의 해야 한다. 커뮤니케이션 기술과 결과적으로 사회 커뮤니케이션의 패턴 변화는 공영방송이 생산하고 전파하는 콘텐츠의 양식에서 큰 변혁을 요구한다. 선형 푸쉬 커뮤니케이션에 종사해온 커뮤니케이터로서 전통적인 공영방송의 역할은 상호작용, 오늘날의 멀티미디어 기술 현실과 동떨어져 있다. 유럽은 디지털 전환을 방송의 새로운 패러다임으로 설정하고 공공 서비스의 지위를 어떻게 자리매김해야 하는가의 관점에서 정책과 제도를 정비해 왔다. 물론 상업적 세력과의 치열한 경쟁이 있었지만 공영방송의 존속과 보장에 대한 유럽 사회의 인식이 어느 정도 공유하고 있는 측면이 있다. 시장원리에 따라 보다 고도화된 개별적 욕구충족에 맞추어져 가는 방송서비스의 변화는 사회문화적 환경변화(정보화, 세계화, 고령화, 가족구조의 변화, 개인주의적 가치관 및 차별화된 취향의 강화, 여가시간 증가 및 삶의 질 향상 등) 및 채널기술의 발전 속에 진전되는 새로운 채널구조로의 변화라는 거스를 수 없는 시대적 추세를 반영한다. 종래의 방송영상서비스가 20세기의 사회문화적 삶의 조건 및 커뮤니케이션 채널기술 수준을 반영했던 것과 마찬가지로 21세기에 있어서 방송이 새로운 사회문화적 삶의 조건과 채널기술을 토대로 한 새로운 서비스로 변화해 가는 것은 자연스러운 추세가 아닐 수 없다.

디지털 혁명을 넘은 4차 산업혁명의 급진적 변화는 데이터 기반의 클라우드 저장과 분석, 시청자 니즈에 최적화된 콘텐츠를 제공하는 것이다. 4차 산업혁명으로 산업 구조가 크게 변화하는 시대에, 특히 4차 산업혁명을 주도하는 빅 데이터와 클라우드, IoT 기술을 앞세운 거대 미디어 플랫폼 기업들이 주도하는 시대에 공영방송 플랫폼은 더욱 위축될 수밖에 없다. 공영방송은 흔히 공공서비스방송이라고 하며 영국에서는 지상파방송을 포괄적으로 공공서비스방송으로 분류한다. 공영방송은 소유 형태에 따라 공공의 소유를 강조되기도 하고, 수신료와 같은 공적 재원을 사용하는 특권을 가지기도 한다. 지상파방송은 공공의 자산인 주파수를 할당받아서 전파를 이용해서 종합 편성된 콘텐츠를 무상으로 제공하는데 사회에서 비교적 높은 수준의 규제와 책임이 동반된다. 공영방송은 공공의 소유, 수신료의 사용, 공적 책무의 부여 등 가장 높은 수준의 규제와 책임을 동반하기 때문에 공영방송 플랫폼은 글로벌 IT 기업의 플랫폼 전략과 다른 특수함이 있다. 플랫폼 독점시대에는 공영방송이 플랫폼 전략이 중요하지 않았다. 그러나 디지털 혁명을 넘어 4차 산업혁명 시대에 공영방송의 플랫폼 전략은 기존의 단방향의 방송 전파 이외에 양방향 플랫폼을 구축하는 것이 필요하며, 4차 산업혁명의 핵심 기술들을 방송 서비스와 접목하는 것이 중요하다. 공영방송이 제작한 콘텐츠를 가장 효율적으로 전달하고 시청자들과 소통하는 플랫폼이 필요한 것이다. 4차 산업혁명이 미디어 분야에도 몰아치고 있지만 공영방송은 여전히 노동 집약적 산업이며 협업으로 콘텐츠를 생산하고 단방향의 콘텐츠 유통 방식에 의존해 왔다. 공영방송은 자연독점 플랫폼에서 안락한 복점을 지나 인터넷 기업이 주도하는 무한 경쟁을 넘어 플랫폼으로서 공영방송의 생존을 고민해야 하는 시기에 직면해 있다.

3. 영국 BBC의 멀티 플랫폼 전략

공영방송으로서 국민의 신뢰와 플랫폼 영향력에서 가장 굳건히 위치를 확보하고 있는 BBC의 디지털 시대 플랫폼 확장 전략은 전 세계 공영방송사들의 모범이 되고 있다. BBC는 아날로그방송에서 디지털방송으로의 전환의 의미를 정확히 파악하여 시청자에게 새로운 기술을 통해 BBC 콘텐츠의 도달률을 확장해 가고 있다. 디지털 전환을 추동한 Freeview 다채널 서비스의 성공이 대표적인 사례이며, 인터넷 스트리밍 iPlayer도 미디어 변화를 앞서가는 전략과 안목으로 평가된다. BBC는 공적 목표 달성을 위해 공중이 새로 등장하는 커뮤니케이션 테크놀로지의 혜택을 누릴 수 있도록 플랫폼 전략을 구사해 왔다. 영국은 고령 인구, 독신 가정, 비전통적 유형에 해당하는 가정 증가하고 있으며 휴대용 기기, 개인용 컴퓨터, 거실 텔레비전 등으로 다양해진 시청행태는 그 각각에 부합하는 기대와 요구를 갖고 있다. 수용자들의 다양성과 그에 따른 구체적인 요구사항들을 더욱 분명히 이해하고, 고객 관계 관리(Customer Relationship Management) 원칙을 활용해 새로운 유형의 관계와 통찰력을 개발하며, 모든 종류의 플랫폼에서의 수용자 도달 수준(reach)을 측정할 새로운 도구와 체계를 수립해야 하는 관점에서 접근하고 있다. 결국 자신들이 원하는 것을 원하는 때에 시청하기를 바랄 뿐 아니라 스스로 참여하고 양방향성과 사용자 제작 콘텐츠는 창의적 과정을 중시하는 능동적 수용자의 미디어 시청 요구에 직면하고 있다. 하지만 이런 경향을 잠시 붙들어 두거나 완화시킬 수 있을지 언정 그 추세 자체를 막을 수는 없다는 것이 BBC의 판단이라 할 수 있다. BBC는 수용자의 분극화에 대응하고 있다. 미디어에 대한 선택권이 확대되면서 시청자의 시청과 청취의 취향은 더욱더 분화되고 있다. BBC는 능동적 수용자의 눈높이에 맞춰 언제 어디서든 BBC의 콘텐츠를 수용자가 활용할 수 있는 멀티 플랫폼 전략을 구사하고 있다.

1) 지상파 다채널 플랫폼(Free-view)의 성공

영국의 디지털방송은 디지털 지상파 텔레비전(Digital Terrestrial Television, DTT) 멀티플렉스 사업자로 다채널 서비스를 시작하였다. 1996년 8㎒ 대역에서 6개의 주파수에 디지털 지상파 텔레비전(Digital Terrestrial Television, DTT) 멀티플렉스 사업자 선정, 무료방송과 유료방송이 혼재된 서비스를 개시하였다. BDB 컨소시엄 온디지털(On Digital)은 MUX B, C, D를 운영하며 유료방송을 실시하게 된다. 2001. 4월 온디지털은 ITV Digital로 개칭하게 되었고, BDB 컨소시엄에 디지털위성사업자인 BskyB가 초기에 참여했지만 유료방송사업자의 반경쟁 조항에 위배될 수 있어 제외되는 과정을 거치게 된다. 이후 BskyB가 무료의 위성 셋톱박스(Set-top Box)를 보급함에 따라 ITV의 재정적 압박이 심해지고 유료방송의 독점 사업자인 BskyB와 지나친 경쟁으로 인해 ITV Digital의 파산의 과정을 거치게 된다. ITV Digital은 디지털 지상파방송의 낮은 도달률로 수신의 문제가 발생하였고, 이러한 문제로 인해 해지율이 20% 이상이 되었다. 또한 무리한 유럽의 축구중계권을 매입하여 재정난을 가속화하였고, 유료 가입자의 수가 기대치에 미치지 못해 2002년 3월 결국 파산하게 된다. 영국의 규제기관 ITC는 ITV Digital이 소유하고 있는 3개의 멀티플렉스 허가를 회수하였다. BBC는 2000년부터 5개의 채널에 7개의 다채널 서비스를 제공하는 내용을 정부로부터 승인받아 99파운드의 저가의 무료 디지털방송 수신기 도입 목표 설정하고 추진하였다. 파산한 ITV Digital을 멀티플렉스를 포함하여 BBC 주도로 Crown Castle(BBC의 민영화된 송출회사), BskyB가 완전 무료시청 패키지를 구성하기 위해 조인트벤처 설립하게 되었고 2002년 10월 정부 승인 하에 "Free-view"라는 명칭으로 공칭 출범하게 되었다. 프리뷰의 주요채널은 BBC의 7개 서비스, ITV 3개 서비스, sky 뉴스/스포츠 등 22개로 출발하여 2009. 12월부터 TV 47개, 양방향 4개, 라디오 24개 채널을 서비스를 제공하고 있다. Free-view의 보급 확대로 영국의 디지털 보급률이 확대되었으며, 시청자들은 무료방송을 기반으로 하는 지상파 디지털방송을 시청할 수 있게 되었다. 디지털 전환을 주도하고 있는 영국의 BBC는 2000년부터 5개의 채널에 7개의 다채널 서비스를 제공하는 내용을 정부로부터 승인받아 99파운드의 저가의 무료 디지털방송 수신기 도입 목표 설정하고 추진하였다. 파산한 ITV Digital을 멀티플렉스를 포함하여 BBC 주도로 Crown Castle(BBC의 민영화된 송출회사), BskyB가 완전 무료시청 패키지를 구성하기 위해 조인트벤처 설립하게 되었고 2002년 10월 정부 승인 하에 "Free-view"라는 명칭으로 공칭 출범하게 되었다. 지상파 다채널 플랫폼 Free-view 서비스는 대표적인 무료 보편적 서비스 플랫폼으로 자리 잡고 있다.

BBC의 프리뷰 서비스는 다원화된 디지털 사회에 개인의 미디어 파편화에 대응하기 위해 아날로그의 2개 채널을 8개의 디지털 다채널로 확장 하였으며 다른 공공서비스방송과 연합으로 프리뷰 서비스를 시작하였다. 편성은 기존의 BBC1, BBC2의 종합편성에서 제공할 수 없었던 어린이, 유아, 청소년 등 편성 타깃을 세분화하였다. 아동 채널인 CBBC와 CBeebies, 청년층 대상 채널인 BBC3, 예술 채널인 BBC4, 24시간 뉴스 채널인 BBC News, 의회방송인 BBC Parliament 등이 그것이다. 원래는 상대적으로 젊거나 어린 시청자층을 타깃으로 삼았던 BBC Choice와 다큐멘터리와 교육 기능을 갖고 있던 BBC Knowledge라는 채널이 있었다. 하지만 이들은 이후 BBC3, BBC4, CBBC, CBeebies라는 분화된 채널에 의해 대체되었다.

BBC는 디지털 다채널 채널의 확장을 통해 수직적 다양성의 편성(종합편성)에서 소수의 그룹이 문화적으로 고립되지 않도록 전문채널을 통해 수평적 다양성을 제공하였다. 케이블방송, 위성방송의 무한대 채널 확장은 시청자의 선택의 폭을 넓혔고 이에 대응하기 위해 공영방송이 계몽적이고 전 인구를 대상으로 하는 편성에서 벗어나 니치채널 (Niche Channel), 전문채널로 젊은 층의 시청자를 확보해 갔다. 신자유주의와 디지털화에 따른 다매체 환경은 공영방송의 독점적 지위를 와해시키면서 유럽 공영방송은 위기를 맞게 되지만 유럽의 공영방송은 다매체 환경을 디지털화 전략을 통해 극복해 나갔다. 그 중심에 BBC의 Freeview 다채널 서비스가 있다. 지상파 아날로그방송에서 디지털방송으로의 미디어 환경 변화를 예측하고 상업방송과 위성, 케이블방송 등 다매체들의 채널 확장에 대응해 온 것이다.

2015년 영국 방송통신 규제기관인 오프콤(Ofcom)은 지상파방송의 다채널방송[4]은 청소년, 어린이 등 기존의 종합편성과 차별화된 편성 전략으로 공영방송 전체의 시청률 향상을 견인하고 있으며 다채널 포트폴리오의 성공을 긍정적으로 평가하고 있다(그림1).

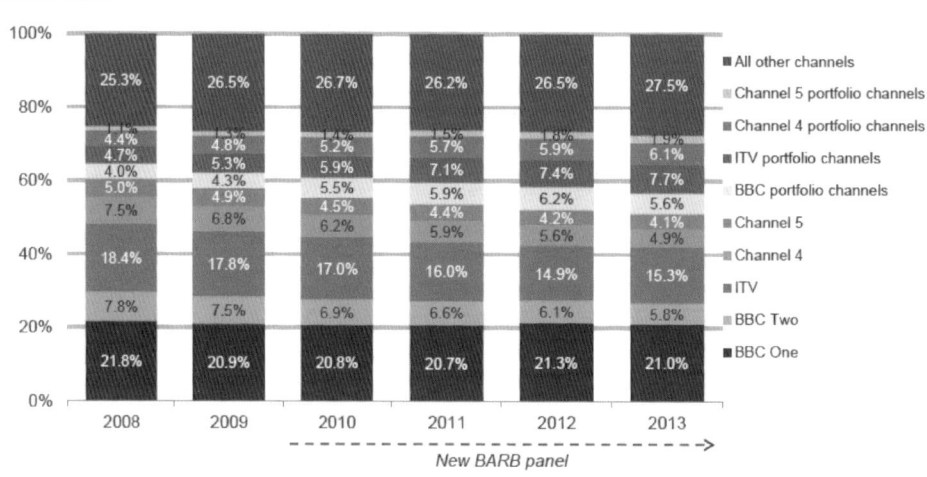

출처 : 오프콤(2015), 연결사회의 공영서비스 콘텐츠

<그림 1> 영국의 메인 5개 채널과 포트폴리오 채널(다채널)의 점유율(2018-2013)

메인 채널인 종합편성 채널 시청률은 다소 감소하지만 디지털 포트폴리오는 전문 채널을 제공하여 디지털 시대의 젊은 세대의 시청층을 확보한 것이다. BBC는 다채널방송을 보편적 서비스 확대 차원의 플랫폼 정책 관점과 함께 다매체 환경에서 시청자의 니즈에 부합하는 전문 채널 편성 전략으로 공영방송의 플랫폼 영향력을 유지하고 있다.

---

4) 디지털 포트폴리오라고 부른다.

Free-view 서비스의 성공은 유료방송이었던 ITV 디지털의 실패를 거울삼아, 무료 다채널 서비스를 중심으로 지상파 디지털 플랫폼을 설계하고 대안을 제시한 것이다. 그리고 공공 부문의 역할이 시장의 실패를 보완하는데 효과적이며 수용자 대중의 이해를 입체적으로 수용하는데 도움이 될 수 있음을 입증하였다.

2) 모바일 플랫폼 아이플레이어(iPlayer)의 혁신

지난 2007년 12월에 첫 서비스를 시작한 'BBC 아이플레이어'는 수용자가 라디오와 TV 콘텐츠를 방송 이후 다운로드나 스트리밍 방식을 통해 시청할 수 있는 온디맨드(주문형) 서비스다. 2003년 중반 iMP(Interactive Media Player)라는 명칭으로 계획이 발표된 이 서비스는 2004년 3개월간 1차 시험 운영, 2005년 11월부터 2006년 2월까지 2차 시험 운영을 거쳐, 2007년 크리스마스에 본격적으로 시작되었다. 아이플레이어는 마크 톰슨 사장의 '창조적 미래 전략'의 일환으로 시청자들이 언제 어디서나 어떤 미디어를 통해서 BBC 콘텐츠를 즐길 수 있는 멀티 플랫폼 전략이다. 이러한 계획의 이면에는 수용자의 미디어 이용 패튼의 변화와 편성 개념의 재정립이 자리 잡고 있다. 초기에는 방송된 프로그램을 1주일 이내 무료로 다시보기가 가능한 Catch-Up 서비스에서 30일까지 확대되었다. 아이플레이어는 컴퓨터, 아이폰, 게임콘솔 등 다양한 디바이스를 농해 시청할 수 있다. BBC는 창의적 미래계획에서 다양한 플랫폼을 가지고 있는 BBC가 콘텐츠를 여러 플랫폼에 효과적으로 사용하는 멀티 플랫폼 전략을 계획하였다. 더불어 콘텐츠를 다양한 플랫폼에서 활용함으로써 재정위기를 극복하고 BBC 콘텐츠의 활용가치를 극대화하고자는 전략이다. 젊은 층과 능동적 수용자에 대응하기 위해 수용자의 선택권을 강화하고 인터넷과 모바일 미디어에 주력하였다. BBC는 자체 조사결과 16세에서 24세에 이르는 젊은 세대 중 4분의 1 가량이 BBC의 어떠한 콘텐츠도 시청하지 않는 다는 점을 지적하고 있다. 당시 발표된 계획에 따르면 향후 3년간 3천만 파운드를 투자하여 새로운 방식의 멀티 플랫폼 콘텐츠를 개발하고, 시청자들에게 상호적 참여를 통한 새로운 미디어 서비스를 제공하도록 되어 있다. 이를 위해 우선 모든 TV 프로그램들이 풍부한 정보가 담긴 자체 웹사이트를 운영하도록 하고, 언제 어디서나 쉽게 방송 콘텐츠를 다시 볼 수 있도록 'BBC iPlayer'(Catch up service)라는 온라인 플랫폼을 대중화시켜 모바일, 게임 콘솔 등 다매체에 개방했다. BBC의 방송 콘텐츠를 고화질로 다운로드, 스트리밍 할 수 있게 하여, 엄청난 성공을 거두고 있다. 2016년에는 월간 2억 회가 넘게 시청하고 있는, 영국에서 가장 인기 있는 어플리케이션이 되었다. BBC는 이런 성공을 토대로 2010년부터 iPlayer에서 다른 공공 서비스 방송사들의 콘텐츠까지 같이 제공하는 획기적 조치를 실시한 바 있다. 그리고 2015년 7월부터는 아예 전 세계 어디서나 이용가능하도록 글로벌 서비스 기능까지 추가하였다. BBC는 디지털 시대의 능동적 수용자에 대한 대비를 위해 단순히 자신이 원하는 콘텐츠를 선택하는 차원을 넘어 자신들이 원하는 콘텐츠를 원하는 시간에 시청에 대비하였다. 마크 톰슨 사장은 능동적 수용자를 위해 검색성을 강화하기로 발표한다. 새로운 검색창을 통해 수용자들이 더 편리하게 콘텐츠를 이용할 수 있도록 할 계획이라고 밝힌바 있다. BBC가 주문형 콘텐츠를 강조하는 것은 자신들이 가진 콘텐츠를 다양한 플랫폼에서 활용하고자 하는 멀티 플랫폼 전략의 일부라고 볼 수 있다. 신규 주문형 서비스의 제안은 시청자들이 무엇을 듣고 보는가에 대한 관념을 넘어서 언제, 어디서, 어떻게 시청취하며, 무엇을 어떻게 스스로 선택하고 통제하길 원하는가를 고민하고 있다는 수용자에 대한 인식 변화에서 출발한다. 2013년 영국 가디언지 조사결과, BBC iPlayer가 유튜브를 누르고 영국에서 온라인으로 TV를 시청하기 위해 가장 많이 사용하는 어플리케이션 1위에 오른 바 있다(그림2). 2016년 상반기 말 기준 방문자수는 주간 약 2천만 명, 시청 횟수는 월간 약 2억 회를 기록하며, 영국에서 가장 인기 있는 방송 어플리케이션이 되고 있다(그림3).

Frequency of watching TV programmes via online TV services
Base: All UK respondents (2,051)

% Watch TV programmes weekly	Total	18-24	25-34	35-44	45-54	55+
BBC iPlayer	30%	54%	33%	23%	30%	22%
YouTube	23%	48%	34%	25%	17%	10%
ITV Player	17%	23%	20%	13%	21%	13%
4oD	13%	32%	21%	11%	10%	5%
Demand 5	9%	18%	15%	7%	8%	4%

출처: Changing Media Summit 2013, 가디언지

<그림 2> 영국 온라인 프로그램 주간 방문자 비율

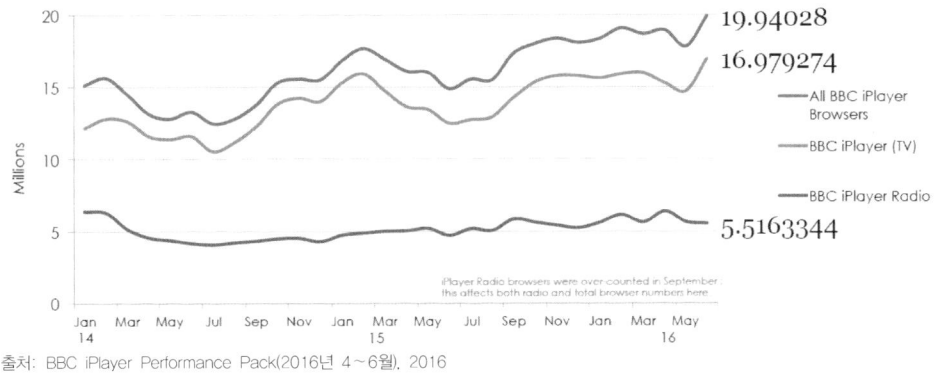

19.94028
16.979274
5.5163344

All BBC iPlayer Browsers
BBC iPlayer (TV)
BBC iPlayer Radio

iPlayer Radio browsers were over counted in September this affects both radio and total browser numbers here

출처: BBC iPlayer Performance Pack(2016년 4~6월), 2016

<그림 3> iPlayer의 주간 방문자 수(Unique Browser)

TV 보유 가구수가 정체기에 접어든 영국 방송 시장에서 TV를 시청하는 비율이 줄어들고, TV를 시청하는 시청자들 역시 시청시간이 줄고 있다는 점은 방송사 경영측면에서 심각한 시장 위협 요인으로 작용한다. 또한 수신료 모델에 의존하고 있는 BBC의 경우, 광고나 부가사업 등을 통한 재원 마련에 제약이 있다. 이로 인해 상업방송사에 비해 시장 변화에 직접적인 타격을 받을 수밖에 없는 실정이다. 이에 BBC는 자기잠식효과(Cannibalization)를 야기할 수 있음에도 불구하고 스마트폰 대중화 초기인 2008년부터 iPlayer를 통해 무료로 BBC 콘텐츠들을 제공하며 모바일 미디어 시장 선점에 나섰다. 최근에는 청년 시청자들의 온라인 방송시청 이용 확대 경향을 반영하여 BBC3 채널을 온라인 전용 채널로 전환했다. 오히려 기존에 TV를 통해 콘텐츠를 시청하던 BBC의 청년 시청자들을 iPlayer를 통한 모바일 온라인 시청으로 이주시키는 공격적이고 시장선도적인 뉴미디어 시장공략을 시행하고 있다. BBC는 청년 시청자들이 TV에서 iPlayer로 이동하게 되면서 타 연령층 시청자의 iPlayer 사용 또한 촉진하여 전체적인 iPlayer 이용이 확대되기를 기대하고 있다. 그리고 TV 시장 축소를 감수하면서도 적극적으로 모바일 시장 전환을 촉진시키겠다는 방향성을 시사한 바 있다. 이는 그동안 통신 시장 등에서 특정 올드미디어가 뉴미디어로 시장 전환될 때 올드미디어의 과점적 사업자가 전략적으로 시장전환을 지연시키며 뉴미디어에 대응할 시간을 확보하는 소프트랜딩(Soft Landing) 전략과는 반대다. 올드미디어 사업자가 선도적 뉴미디어 시장을 초기에 선점 후 기존 시장을 더욱 빠르게 하드랜딩(Hard Landing)시키는 공격적 전략으로 해석할 수 있다. 이럴 경우 시장에 적절히 대응하지 못한 시장 사업자는 급격한 시장변화로 인한 여파를 고스란히 받게 된다. 하지만 현재 모바일 시장에서 우위를 선점하고 있는 BBC와 같은 사업

자는 모바일 시장에서 추가적인 시장 지위 확대를 기대할 수 있다.

BBC는 2008년 아이플레이어를 첫 런칭한 이후 최근까지 아이플레이어를 통해 수신료 지불과 관계없이 BBC 프로그램을 무료로 제공해 왔다. BBC TV를 통해 제공하는 프로그램과 아이플레이어를 통해 제공하는 프로그램은 동일하다. 아이플레이어는 초기에 기존 텔레비전 시청과의 카니발라이제이션의 우려도 있었고, 수신료 지불 여부와 관계없이 제공되어 수신료 잠식의 우려도 있었지만 디지털 시대에 모바일과 온디맨드 서비스로 굳건하게 자리 잡고 있어, 수신료 지불의 정당성을 대변해 주고 있다. BBC 아이플레이어의 성공은 공영방송이 뉴미디어 분야, 인터넷 서비스 추진에 대한 좋은 본보기가 되고 있다. 광고와 콘텐츠 이용료에 의존할 수밖에 없는 지상파방송사들의 인터넷 스트리밍 서비스 전략과 수신료 재원으로 무료 서비스를 확장해야 하는 공영방송 플랫폼 전략은 동일하지 않다. BBC는 미디어 환경에 따른 정확한 사용자 니즈를 파악하고 품격 높은 최고의 콘텐츠를 인터넷으로 무료 제공함으로써 모바일 플랫폼의 영향력을 확대하였다. 아이플레이어의 성공은 다채널 플랫폼 이용자의 시대적 감소를 훌륭하게 보완하였으며, 이러한 결과는 칙허장(Royal Charter) 개정에 수신료 인상의 핵심 동인으로 작용하게 된다. 아이플레이어 성공의 바탕에는 BBC 콘텐츠의 우수함과 수신료 재원이 동반되어야 함은 주지의 사실이지만, 미디어 분야가 시장주의 정책이 자리 잡고 있는 영국에서 BBC의 성공은 공영방송에 대한 신뢰와 새로운 미디어를 설계하는 전문가의 역할이 무엇보다 중요하다는 것을 일깨워주고 있다.

3) 하이브리드 You-view(유뷰) 서비스

유뷰 서비스는 캔버스 계획에 바탕을 두고 있다. 캔버스 계획은 인터넷을 이용한 양방향 IPTV 플랫폼을 추진하는 것이다. 유뷰는 캔버스 계획의 발전된 서비스명으로 기존의 프리뷰와 아이플레이어를 결합한 하이브리드 서비스라 할 수 있다. BBC는 이 계획을 "컴퓨터가 아닌 텔레비전에서 다시보기"로 시작했지만 캔버스 계획은 단순한 신규 서비스 개념이 아니라 플랫폼 사업임을 강조하고 있다. '08년 12월 시작된 BBC의 "프로젝트 Canvas"에 6개 사업자가 Joint venture로 참여하여 '10년 9월 You-View 법인을 설립하였다. 캔버스 프로젝트에 참여한 사업자로 공공서비스 방송사는 BBC와 광고 기반 공영방송 ITV, 또한 상업방송사인 Channel4, Channel5 등 4개사가 참여하였으며, 송출회사인 Arqiva와 통신사업자인 BT, Talk-Talk 등 7개사가 참여하였다. 서비스는 '12년 9월에 상용서비스를 개시하였으며, 초기 설립 자본금은 약 1억 파운드(약 1,681억 원)로 각 사별 1,430만 파운드(240억 원)씩 균등 출자하였다. 디지털 전환과 Free-View(약 50% 가구 점유) 서비스, iPlayer 성공 이후, BBC는 "Digital" 전략 다음으로 지상파와 인터넷을 결합하여 주문형(On Demand) 콘텐츠를 제공하는 "Connected TV" 전략을 수립하고 유뷰 서비스를 추진하였다. 프리뷰와 같이 유뷰 서비스가 개시되자 BSkyB는 유뷰에 콘텐츠를 제공하며 적극 참여하게 된다. BBC, ITV, Channel4, Channel5 등 공공서비스 방송사는 Free-View 지상파 강화에 따른 시청점유율 증가로 BBC는 수신료 기반, 타 지상파사업자는 광고 수익기반 강화하기 위해 유뷰를 주도하였다. 송출회사 Arqiva는 Free-View 지상파 방송망 강화로 송출 수익기반 강화를 목적으로 하며, 통신사업자인 BT(British Telecom), Talk-Talk는 비디오 서비스 확대로 고수익의 초고속인터넷 가입자 확대를 목표로 하고 있다. 기존 BT 인터넷 월정액에 월 5파운드를 추가하면 서비스를 이용할 수 있어 통신사업자는 유뷰 서비스를 통해 가입자 확대를 기대하고 있다.

BT는 BT Vision IPTV 대신 유뷰 서비스를 TV상품으로 우선 판매하고 전광판 홍보와 라디오 광고 등 마케팅을 강화하고 있다. 유뷰 서비스는 지상파 다채널 플랫폼인 프리뷰 서비스에 주문형 온 라인 서비스인 아이플레이어의 결합이라 할 수 있다. BSkyB 등 유료방송사업자는 캔버스 계획은 BBC가 프로그램 제작이 아닌 플랫폼 사업이라는 점과 유료화는 공영방송의 무료 서비스 제공과 어긋나며 많은 마케팅 비용은 공정한 시장을 저해한다며 반대했다. 그러나 BBC 트러스트는 2009년 BBC 경영진의 제안서를 검토한 결과 '잠재적인 부정적 시장 영향력'이 있기는 하지만 '공적가치'가 있기에 정당화될 수 있다며 부정적 영향보다 시장의 긍정적 영향력을 감안하여 캔버스 계획을 승인하였다. BBC 트러스트와 오프컴은 아이플레이어의 성공과 확산이 수신료 납부자에게 BBC 서비스 혜택을 제공하고 BBC 서비스가 영국 창조 산업의 긍정적 확대를 가져오는 점을 인정한 것이라 할 수 있다. 유뷰는 전형적인 하이브리드 서비스이다. 즉 지상파 실시간 서비스는 안테나와 셋톱박스의 튜너를 통해 시청하며 인터넷을 이용하여 VOD 서비스를 제공한다. 실시간으로 FreeView의 70개 이상 TV채널, 30개 이상 라디오 채널을 서비스하고 있으며 방송사의 TV형 주문형(On-Demand) 플레이어를 통한 VOD 서비스한다. 즉 각각의 방송사 플레이어의 결합을 통해 콘텐츠 제공의 시너지를 나타내고 있다. BBC iPlayer, ITV Player, Channel4의 4 on Demand, Channel 5의 Demand 5,

Milkshake, BSkyB Now TV가 주문형 서비스를 하고 있다. 시청자 편리성을 위해 통신사업자의 BT와 TalkTalk 인터넷망 연결 시, BT와 TalkTalk 플레이어 자동 설치되어 통신사업자의 가입자 확대에 기여하고 있다. 과거 사용자/시청자들이 방송 콘텐츠를 다시 보려면 각 방송사의 홈페이지를 방문해 방송사마다 제공하는 미디어 플레이어(예를 들면 BBC iPlayer, ITV.com 그리고 4OD)를 이용해야 했다. 하지만 'You-View'를 통하면 TV를 시청하면서 동시에 TV 모니터로 지역 뉴스와 날씨, 여행정보를 검색할 수 있고, 소셜 네트워크 서비스를 이용하거나 건강·교육·문화·운동 등 공공서비스 기관과 커뮤니케이션 하면서 다양한 공론의 장을 펼칠 수 있다.

유뷰는 인터넷을 통해 40채널의 Live 스트리밍 채널(Live IP 채널)을 제공한다. 미들웨어는 YouView가 구현한 customized 리눅스 플랫폼 기반으로 이는 콘텐츠 보안 문제 때문이며 안드로이드 플랫폼은 제외되었다. 유료 콘텐츠를 제외하며 7일 전 방송까지는 EPG 메뉴로 무료 VOD 제공한다. EPG 이용 시, On-Demand 플레이어 메뉴 이용 없이, 즉시 VOD 시청할 수 있다. 시청자 편리성을 위해 코미디와 드라마 등 장르별 메뉴로 콘텐츠 조회 가능하다. 유뷰의 검색 기능은 Smart Search으로 7일 이전 과거 VOD 조회와 이용 가능하다. 콘텐츠 프로바이더(CP)의 VOD 광고를 건너뛰지 못하게 방지(광고 방송 중 FF/RW 기능 금지) 기능을 추가하였다. 현재 STB는 PVR 기능 내장하고 있으며, PVR 기능을 뺀(튜너 1개와 HDD 제외) 저가형 모델도 출시하였다. 셋톱박스 가격은 약 50만원으로 비싼 편인데 이는 하이브리드의 기능과 리눅스 기반의 콘텐츠 보안 기능, 녹화 저장 기능과 함께 빠른 인터넷 검색 기능을 주를 이루고 있기 때문이다. 유뷰의 전략적 포인트는 지상파 디지털 플랫폼을 강화시킬 수 있으며, 다른 콘텐츠 제공자가 쉽게 플랫폼에 접근해서 이용자 서비스를 할 수 있게 해주며, 일관되고 간단한 이용자 인터페이스를 제공한다는 것이다. BBC는 방송을 넘어 인터넷 시대에 다양한 서비스로 플랫폼 전략을 구사하고 있다. 지상파방송은 프리뷰를 통해 무료 서비스의 확장과 다채널 포트폴리오로 시청자의 파편화, 개인화에 대응하고 있다. 아이플레이어는 온디멘드 서비스로 디지털 시대의 개인화된 서비스에 초점을 맞추고 있으며, 유뷰는 전파의 한계를 극복하기 위해 인터넷을 연동하여 다채널과 온디멘드 서비스를 제공하고 있다. 프리뷰와 유뷰 서비스는 다양한 파트너의 참여를 통해 플랫폼 전략을 극대화하였으며 특히 유뷰는 통신사업자(톡톡)와 전략적 제휴를 통해 디지털 시대의 멀티 플랫폼 전략으로 대응하고 있다.

BBC는 멀티 플랫폼을 통해 매체의 제공방식을 달리하며 디바이스에 따라 콘텐츠 구성을 조합하여 방송과 뉴미디어에서 보편적 서비스 제공을 구현하고 있는 것이다. BBC 의 멀티 플랫폼 전략의 포트폴리오는 다음 표와 같다.

<표 1> 프리뷰, 아이플레이어, 유뷰의 플랫폼별 특징

구분	프리뷰	아이플레이어	유뷰
제공방식	지상파	유선/무선 인터넷	지상파+인터넷
콘텐츠 구성	지상파방송사	BBC	지상파방송사, 라이도, EPG, VOD
스크린 (디바이스)	TV	PC, 스마트폰, 패드 (N 스크린)	TV향 스마트미디어
전략	무료 보편적 서비스	인터넷기반 무료 수신료 납부자 무료	지상파와 인터넷 연동, 유료/무료

* BBC 자료를 바탕으로 플랫폼별 특징을 재구성

BBC는 새롭게 등장하는 미디어에 대처하는 방식으로 BBC 콘텐츠를 다양한 플랫폼을 통해 무료로 제공하는 멀티 플랫폼 전략을 구사하고 있다. 이러한 결과는 영국 사회 내에서 BBC의 공영방송 제도에 대한 위상과 지속적인 수신료 재원과 시너지를 이루는 측면도 있지만, 공영방송으로서 새로운 미디어 환경 변화에 대응하기 위한 BBC 전문성의 결과라 할 수 있다.

4. 디지털 시대 한국 공영방송 플랫폼 전략

디지털 융합 시대의 공영방송 플랫폼 전략은 수많은 매체의 등장, 모바일 시장의 대응, 온디맨드 서비스의 확장으로 파편화, 개인화된 미디어 환경에 대응해야 한다. 디지털 융합 환경은 플랫폼 경쟁이 치열해지면서 공영방송의 수신료를 기반으로 하는 집합재원의 정당성에 의문을 제기한다. 37년간 수신료 재원의 동결과 지상파 광고시장 축소를 콘텐츠 판매와 재전송 수입으로 충당하는 재원 구조의 특수성으로 공영방송 서비스는 무료 서비스와 유료 서비스가 혼재되어 있다. 디지털 시대에 공영방송의 전통적인 무료 보편적 서비스에 대한 새로운 전략을 요구하고 있다. 그러나 공영방송의 플랫폼 전략이 어려운 점은 새로운 미디어에 대한 공영방송의 대응 방향이 명확하지 않고 새로운 서비스에 대한 정부의 규제가 작용하며, 새로운 서비스를 추진하기 위한 재원의 한계가 있기 때문이다. 최근의 공영방송 플랫폼과 밀접한 관련이 있는 정책 사례를 살펴보고 4차 산업혁명에 대응하는 전략적 방향을 고민해보고자 한다.

1) 지상파 디지털 전환과 지상파 플랫폼의 몰락

지상파방송의 디지털 전환은 2001년부터 시작되어 2012년 12월 31일에 종료가 되었다. 아날로그방송에서 디지털로의 전환은 주파수의 효율적 사용으로 압축 기술을 이용한 주파수의 효율적 사용으로 다채널방송이 가능하였다. 그러나 우리나라의 디지털 전환은 기존 칼라텔레비전에서 디지털텔레비전으로의 화질과 디스플레이의 변환을 가져왔지만 편성의 내용과 콘텐츠의 양적인 측면에서 변화는 없었다. 지난 2000년 직접수신가구 비율 31.1%, 2003년 17.4%, 2006년 12.6%로 지속적으로 감소하고 있는 추세이며 2016년에는 3.3%로 하락하였다. 아날로그 대비 디지털 커버리지는 확대되었지만 디지털 전환이후 지상파방송은 플랫폼으로서의 영향력을 상실했다. 다채널 방송을 도입한 다른 나라의 사례에서 보듯이 디지털 전환이후에도 여전히 지상파방송의 플랫폼 영향력을 유지하고 있다. 2014년 유럽의 가구별 플랫폼 수신 비율에서 지상파방송은 43%를 유지하고 있으며, 케이블 방송의 30%와 위성방송의 25%를 압도하고 있다. 미국의 경우도 디지털 전환이후 지상파 다채널방송이 확산되면서 지속적인 코드 컷팅으로 지상파 다채널 플랫폼이 성장하고 있어 우리나라 지상파방송 플랫폼 경쟁력과 대조를 이루고 있다.

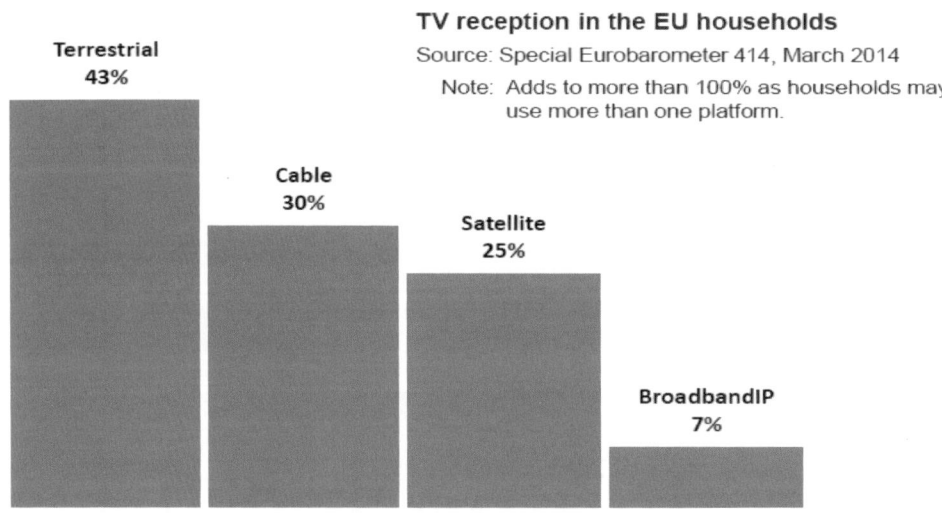

<그림 4> 유럽 가구 TV 수신율(2014), Special Euro-barometer 414

지상파 다채널방송을 추진하기 위한 시도가 제한적으로 있었지만 규제기관은 다채널방송을 정책으로 채택하지 않았다. 우리나라 미디어 정책은 공공 서비스의 양적·질적 확대를 지향하기보다 유료방송의 영향력이 매체 정책에 강하게 작용하고 있는 현실이다. 2006년 월드컵방송에 지상파 다채널 시험방송이 있었지만 가전사의 DTV 수상기 오동작 이슈와 유료방송사업자의 반대로 무산되었다. 이후 2010년 KBS에서 디지털 전환을 가속화하기 위해 OTT 셋톱박스를 통해 다채널방송을 제공하는 코리아뷰를 추진하였지만 사회적 공감대를 형성하지 못했다. KBS는 2014년 관악산송신소의 실험방송을 거쳐 다채널방송의 기술적 문제를 해결하였으나 방송통신위원회는 교육방송(EBS)에만 다채널 시험방송을 허가하였다. 디지털 전환으로 시청자에게 더 많은 채널을 제공할 수 있었음에도 채널 확장이 아닌 화질의 향상을 선호하는 미디어 정책은 공영방송의 플랫폼 전략 측면과 수신료 납부자의 이해를 대변하지 못하는 정책으로 전락했다. 지상파방송이 디지털 전환을 먼저 추진하였음에도 아날로그 지상파 방송 종료 이후에는 케이블방송, IPTV 등 유료 미디어 플랫폼이 무료 플랫폼을 압도하고 있다. 유럽의 공영방송과 같이 공공서비스에 정책 우선순위를 두지 않은 결과라 할 수 있다.

"디지털화"라는 것은 단순히 아날로그 생산과 배급기술을 디지털로 대체하는 것 이상이라고 강조하는 것만으로 충분하지 않다. 디지털화는 프로그램 제작의 흐름을 바꾸고 새로운 제작 역량을 요구한다. 디지털화는 공중에게 모든 범주의 뉴미디어 서비스를 개방하며, 디지털 테크놀로지는 개별적인 수용자 구성원들에게 새로운 선택의 자유를 줄 수 있는 가능성을 갖고 있다. 그러나 그것은 또한 우리 자신을 소비자(consumer)와 다른 차별화된 존재인 시민(citizen)으로 보는 더 근본적인 변화에 대해서는 말할 것도 없고 매체 집중과 공영 매체에게 봉사하는 사회라는 생각에 대한 새로운 논쟁을 야기할 것이라는 것을 간과한 것이다. 우리나라는 디지털 미디어가 초래하는 광범위한 변화를 도외시하고 단순히 화질과 디스플레이의 크기에 치중하여 융합시대에 공공 플랫폼으로 기능과 공영방송 매스미디어 기능의 약화를 초래하였다. 국가 정책적 측면에서는 전파 자산을 지상파방송사에게 제공하여 무료 보편적 서비스를 확장하는 것이 최고의 목표가 될 수 있는데, 대부분의 가구가 유료방송 플랫폼을 통해서 지상파방송을 시청하고 있어 공공 자산인 주파수를 비효율적으로 사용하고 있다고 할 수 있다. 이러한 논란은 UHD 방송 도입 과정의 700㎒ 주파수 배분 논쟁에서 지상파방송의 플랫폼 무용론으로 이어졌다. 또한 종편 채널이 허용되어 동일한 서비스를 제공하는 경쟁사업자가 늘어나면서 지상파방송의 시청률은 감소하고 있다. 유료방송 플랫폼에서 경쟁력 있는 전문 채널들이 성장하면서 공영방송의 종합편성이 제공할 수 없는 틈새를 공략하고 있다. 지상파방송사는 디지털 전환을 하면서 공적 채널의 확장으로 개인화되는 사회의 매체 환경에 대응을 하지 못했다. 미디어 디지털화에 따른 채널 확대와 파편화에 대한 플랫폼 대응 전략의 부재는 결국 지상파방송 플랫폼의 위기로 이어졌고, 플랫폼의 위기는 공영방송의 근간인 보편적 서비스 제공의 한계에 봉착하게 되었다. 지상파방송은 변화하는 미디어 환경에서 시청자와 접점을 잃어 가고 있어 공영방송의 보편적 서비스 정신이 퇴색되고 있는 것이다. 우리나라의 디지털 전환은 다원화된 사회, 개인화된 사회의 미디어 요구를 수용하지 못하고 단지 칼라텔레비전의 화질을 디지털 텔레비전으로 교체하는 역할에 그쳤다. 공영방송의 제도와 역사는 그 나라의 정치·사회·문화적 환경에 따라 다르게 나타나지만 유럽 공영방송의 위기와 대응은 공영방송의 뿌리가 약하고 정당성이 흔들리는 우리나라에서 참고할 만한 가치가 있다. 향후 지상파방송이 UHD 방송을 추진하면서 디지털 전환과 같은 정책적 오류를 범하지 않도록 공공서비스를 제공해야 하는 공영방송의 플랫폼 역할을 재정의해야 한다.

2) 지상파 플랫폼과 재전송 정책

시청자가 실시간으로 공영방송의 프로그램을 시청하는 경로는 다양한데 지상파방송을 직접 수신하여 시청하는 방법과 케이블방송, 위성방송, IPTV 플랫폼을 통해 시청하는 방법이 있다. 우리나라 방송 시장의 구조는 지상파방송사는 유료방송에 채널을 공급하고 유료방송사는 지상파방송사에 콘텐츠 대가(재전송료)를 지불하는 구조로 <그림 5>와 같다.

방송법 제78조5)는 지상파방송의 재송신 정책으로 공영방송의 KBS1채널과 교육방송채널은 유료방송사업자에 의무적으로 재송신 하도록 규정하고 있다. 2009년 KBS·MBC 등 지상파방송사업자는 CJ헬로비전·C&M 등 종합유선방송사업자를 대상으로 '지상파방송 프로그램의 저작권 등 침해정지 및 예방'을 위한 소송을 제기하였다. 2009년 12월 18일 이후 서울지역 5개 종합유선방송사업자들이 제공하는 상품 가입자들에게

---

5) ①종합유선방송사업자·위성방송사업자(이동멀티미디어방송을 행하는 위성방송사업자를 제외한다) 및 중계유선방송사업자는 한국방송공사 및 「한국교육방송공사법」에 의한 한국교육방송공사가 행하는 지상파방송(라디오放送을 제외한다)을 수신하여 그 방송프로그램에 변경을 가하지 아니하고 그대로 동시에 재송신(이하 "同時再送信"이라 한다)하여야 한다.

디지털 지상파방송을 동시재송신하는 행위를 중지하라는 민사소송을 제기한 것이다. 2010년 9월 8일 서울중앙지방법원은 2009년 12월 18일부터 새로이 종합유선방송 상품에 가입하는 수신자에게 디지털 지상파방송신호를 동시재송신하지 못하도록 하는 원고 일부 승소의 1심 판결이 내렸다. 지상파방송사는 케이블방송, 위성방송, IPTV로부터 재전송료를 받고 있는데, 이것은 2010년 9월 14일에 나온 '저작권 등 침해 정비 및 예방의 판결(2009가합132741)'에서 비롯된 것이다. 지상파방송의 재전송료 수입은 이 판결에 의한 것이며, 유료 매체로부터 '디지털 지상파방송' 재전송에 한해서 재전송료를 받을 수 있다. 지상파방송사는 케이블방송사업자와 2010년부터 가입자당 월 280원의 재전송료 계약을 체결하게 된다. 의무적으로 재송신하여야 하는 KBS1TV와 교육방송 이외에 지상파방송사와 유료방송사업자는 디지털 상품에 한해서 가구당 월 재전송료 계약을 매년 체결하고 있다.

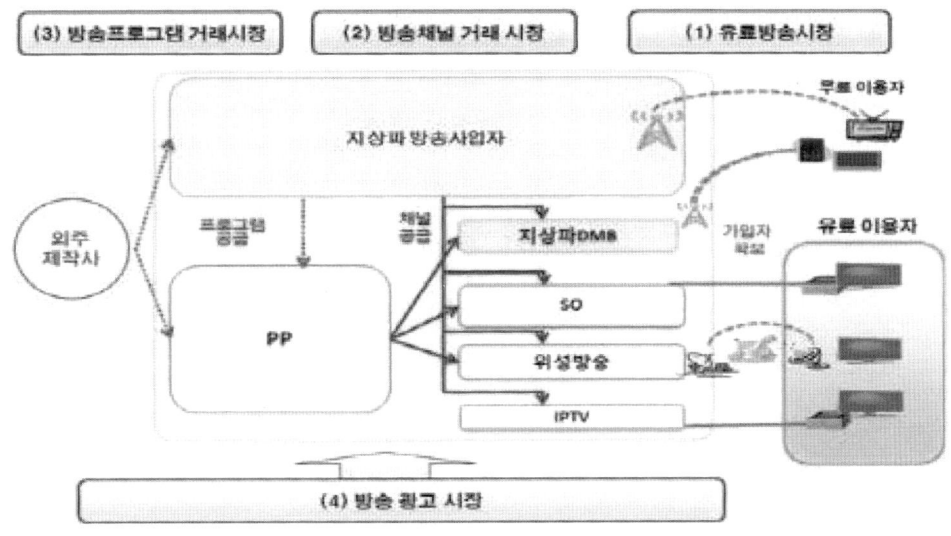

<그림 5> 방송시장 거래 구조

재전송료는 2010년을 시작으로 IPTV 가입자의 증가와 케이블방송의 디지털 가입자 확대에 따라 지속적으로 증가하고 있다. 미래창조과학부의 조사에 따르면 2016년 말 IPTV 가입자가 1,293만, 케이블방송 가입자는 1,386만으로 집계되어 전체 유료방송 가입자는 약 2,960만 가입자를 확보하고 있다. 이 가운데 약 2,000만 명의 디지털 상품 가

입자를 대상으로 재전송료 수입을 가정하면 약 672억 원(2,000만 명 * 280원 * 12개월)의 수입을 예상할 수 있다. 디지털 상품을 판매하는 유료방송사업자들은 2,000백만의 유료방송가입 가구를 가정할 때 약 2,000억 원(2,000*월280원*12개월*3사)의 재전송료를 지상파방송사업자에게 지불하게 된다. 지상파방송사의 광고 수익이 지속적으로 하락하고 있어 고품질 콘텐츠를 생산하는 재정의 부족을 유료방송 재전송료를 통해 일부 충당하고 있는 것이다. 향후 케이블방송의 디지털상품 가입자가 증가하고 가입자당 재전송료가 280원에서 인상된다면 지상파방송의 재전송료 수입은 더욱 확대될 전망이다. 재전송 정책은 지상파 방송사에 새로운 수익원이 되었지만, 유료 플랫폼의 저항을 불러와 2011년과 2012년 케이블방송사가 KBS2TV 송출을 제한하는 블랙아웃 사태를 겪기도 했다. 1980년 이후 2,500원으로 수신료 금액의 동결과 지속적인 광고 수입의 하락에 따른 재정 악화에 재전송료 수입은 지상파방송사의 경영에 상당히 기여를 하고 있다.

그러나 아이러니컬하게도 재전송료 수입은 지상파 플랫폼 경쟁력(직접 수신률) 확대와 트레이드-오프(Trade-off)의 관계를 가지고 있다. 이론적으로 전 국민이 유료방송 가구에 가입한다면 재전송료는 최대화될 것이지만 지상파 직접 수신 가구는 제로에 해당되어 지상파 플랫폼은 무용지물이 되는 것이다. 재전송료 수입은 유료방송의 디지털 가입자 가구가 확대될수록 지상파 플랫폼은 축소된다고 할 수 있다. 지상파 플랫폼 비율이 높을수록 유료방송 가구는 축소되어 유료방송 활성화에 저해하는 역할을 한다. 현재의 지상파 플랫폼 구조와 재송신 정책은 오히려 공영방송 제도와 수신료의 정당성을 훼손하고 있는 기형적 구조라 할 수 있다. 재전송료 수입은 광고가 급격하게 감소하고 있는 지상파방송사의 재정 상황에 큰 기여를 하고 있지만, 역설적으로 공영방송의 보편적 접근을 확대하는 플랫폼의 역할을 취약하게 만든다. 시청자 입장에서는 유료 플랫폼의 확대는 공영방송 수신료와 유료방송 이용료를 이중 지불하는 것에 대해 불만이 커질 수밖에 없다. 이러한 결과는 향후 수신료 인상에 커다란 걸림돌로 작용할 것이다. 결과적으로 디지털 전환은 재전송료라는 새로운 수익을 지상파방송사에 가져다줬지만, 직접 수신률 하락으로 지상파 플랫폼 경쟁력이 악화되는 딜레마도 안겨주었다.

3) 모바일 플랫폼 전략

KBS가 서비스 하고 있는 모바일 플랫폼은 지상파DMB, my K, 방송망과 인터넷의 하이브리드 서비스인 스마트 DMB, 지상파방송사가 공동으로 참여하는 푹TV(푹) 서비스가 있다. 다양한 모바일 플랫폼 서비스를 제공하고 있지만 각각의 플랫폼이 추구하는 가치와 서비스 방향이 명확하지 않아 모바일 플랫폼 정책은 난맥상에 빠져 있다. 모바일 광고 시장은 더욱 확대되면서 플랫폼 경쟁이 치열해지고 있는데, 공영방송 모바일 플랫폼은 보편적 서비스 역할이 미흡하여 다른 플랫폼과의 경쟁에서 고전을 면치 못하고 있다. 모바일 플랫폼 서비스는 방송전파 기반과 인터넷 기반의 서비스가 있고, 무료 서비스와 유료 서비스가 혼재되어, 모바일 플랫폼에 대한 명확한 전략 방향이 부재하다고 할수 있다.

(1) 모바일 보편적 서비스 지상파 DMB

지상파 DMB는 디지털방송 전송방식 합의 과정에서 지상파 디지털방송의 모바일 재송신 매체로 출범하였고, 방송통신위원회로부터 허가를 받는 공적인 서비스 매체다. <국내 스마트폰 영상 App 순 이용자 현황(2015년 연간 상위 20위)> 자료에 의하면, 순 이용자 1위는 1,976만 명이 이용한 유튜브가, 2위는 1,021만 명(하이브리드 서비스인 스마트 DMB를 포함)이 시청한 지상파 DMB가 차지했다. 인터넷 스트리밍 서비스인 my K는 49만 명으로 17위, 푹TV은 45만 명으로 19위를 차지했다. 지상파 DMB의 순위는 통신사 결합상품과 연계하고 데이터 지원을 하고 있는 올레 모바일 등 통신 3사의 모바일 서비스보다 훨씬 앞서 있다. 지상파 DMB는 이용자수 측면에서 인터넷 스트리밍 서비스인 통신사 서비스는 물론 스트리밍 서비스인 my K와 푹TV 서비스를 앞서고 있다. 지상파 DMB의 경쟁력 요인은 이미 확보하고 있는 4,000만 이상의 스마트폰 가입자를 대상으로, 통신 데이터 소모 없이 무료로 지상파방송의 콘텐츠를 시청할 수 있기 때문이다. 한편 2015년 말에 조사된 국내 모바일 방송 동향 조사에서 지상파DMB는 36%로 아프리카TV 19%, 모바일IPTV(올레 모바일, BTV 모바일 등) 15%, 푹 12%, 티빙 11%를 제치고 선호하는 매체로 확인되었다. 또한 지상파 DMB의 시청 이유로는 무료 시청, 이동 중 시청, 지상파 실시간 시청 등 전체 80%를 차지한다.

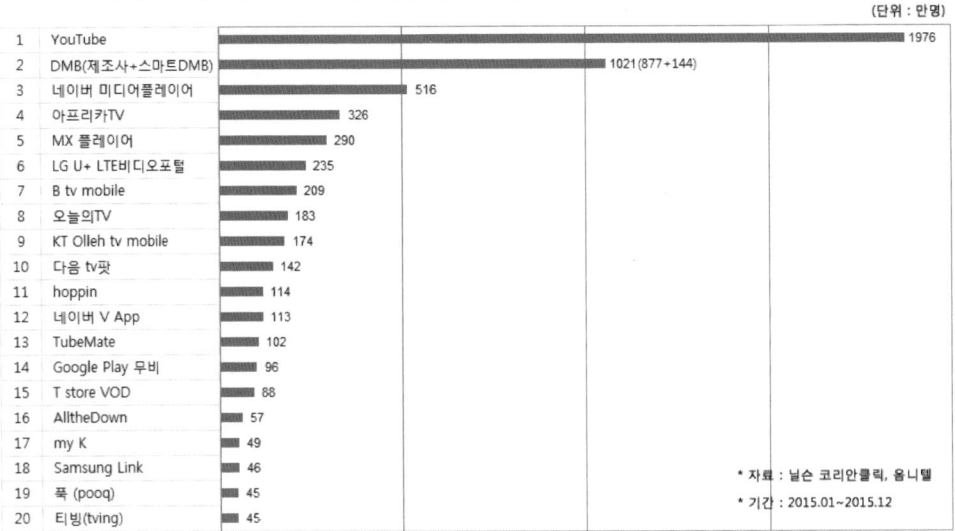

<그림 6> 국내 스마트폰 앱 순이용자 현황, 닐슨 2016

　　지상파 DMB의 수익구조는 TPEG(Transport Protocol Expert Group : 차량용 DMB 단말기에 실시간 교통정보 제공, 지능형 길안내 시스템)과 광고가 있는데 TPEG는 매년 약 60억 원으로 수익의 대부분을 차지하고 있다. 지상파 DMB는 가정에서나 이동 중에 지상파방송을 시청할 수 있어 지상파방송의 재전송 매체로 보편적 서비스 역할을 담당하고 있다. 또한 지상파 DMB는 2014년에 재난방송 매체로 지정되어 국가 재난방송주관사의 위상과 역할에 부합하는 플랫폼으로 자리 잡고 있다. 방송전파(RF)는 매스미디어의 특성을 가지며 인터넷(IP)은 양방향의 특징을 가지고 있어, 이용자 특성이 다르게 나타난다. my K, 푹TV과 같은 인터넷 기반 서비스는 VOD 등 비선형 시청에 적합한 매체로 지상파 DMB의 선형적, 지형적인 약점을 보완해주는 보완재 역할을 하고 있다. 실제 푹TV의 수입이 실시간 상품보다 VOD 서비스가 상당부분 차지하고 있어, 푸쉬(push) 성격의 매스미디어 특징과 풀(pull)의 특성을 가진 인터넷 기반 서비스의 시청 행태가 명확하게 구분되는 것을 알 수 있다. 플랫폼 측면에서 지상파 DMB는 무료 보편적 서비스이면서 매스미디어의 역할과 재난재해 방송의 역할에 기여하고 있다.

(2) 고화질 DMB방송

고화질 DMB 정책 방향을 검토하기 위해서는 공영방송의 수신료 정책, 지상파 DMB의 매스미디어 역할, 재난매체로서 지상파 DMB 역할, 향후 새로운 수익원 창출의 관점, 온라인 플랫폼과의 유기적 연계와 콘텐츠의 활용 측면에서 바라보는 것이 필요하다. 최근 영상 압축 기술의 발달로 기존의 저화질 DMB를 고화질로 업그레이드가 가능하게 되어 새로운 전기를 맞이하고 있다. 더구나 고화질 DMB를 도입하면서 스마트폰 제조사에 콘텐츠 보호기술을 적용하여 로열티를 받을 수 있게 됨으로써 공적 서비스 제공과 함께 수익 창출에 기여할 것으로 기대된다. 이런 현실을 감안할 때 지상파 DMB의 고화질 서비스는 플랫폼의 가치 상승과 함께 향후 매력적인 수익원이 될 것으로 기대된다. 그리고 고화질 DMB는 가독성 높은 자막 방송을 전달할 수 있어 재난상황에서 국가재난방송주관사로서 공적 책무에 기여할 것으로 예측된다. 또한 화질의 업그레이드는 이용자의 광고 시청을 편리하게 하여 모바일 광고 시장의 수익에도 긍정적으로 작용할 수 있다. 그러나 고화질 DMB가 활성화될 경우, Poop의 수익과 경쟁력이 감소할 수 있다는 우려와 UHD모바일 플랫폼 중복성의 문제가 제기되고 있다. 모바일 플랫폼 전략이 어려운 것은 다양한 플랫폼에 새로운 모바일 플랫폼이 발생할 때 플랫폼과 콘텐츠의 포트폴리오가 어렵기 때문이다.

지상파 DMB는 실시간 시청의 매스미디어 특성이며, 푹TV은 약 75%가 VOD를 이용하는 가입자의 수익이기 때문에 고화질 DMB는 VOD 시청에는 큰 영향이 없다는 것으로 판단된다. 다만 지상파 고화질 DMB는 무료 서비스의 경쟁력 확대로 이어져 푹TV을 이용하는 실시간 유료 서비스 가입자의 이탈은 예상할 수 있다. 매스미디어 커뮤니케이션 성격인 지상파 DMB는 실시간 서비스 이용자가 타깃이고, 푹TV과 같은 인터넷 스트리밍 서비스는 VOD 서비스 이용자가 대부분으로 플랫폼 특성상의 보완재라 할 수 있다. 만약 두 플랫폼의 성격이 대체재라면 지상파 DMB의 성장은 푹TV 서비스의 가입자 이탈로 이어질 수 있다는 것이다. 다음은 지상파 고화질 DMB 정책이 향후 UHD방송의 모바일 플랫폼과의 중복성에 대한 문제이다. UHD 방송의 경우 2017년 5월에 시작하여 전국 네트워크 구축에 4~5년이 소요될 것이며, 무엇보다 지상파DMB 수준의 모바일 품질을 유지하기 위해서는 지상파 DMB보다 몇 배가 많은 시설 투자와 함께 지하철, 터널 등 상당 규모의 네트워크 투자를 필요로 한다. 전국단위의 서비스 확대에 따른 UHD 모바일 방송용 단말기 확대도 상당기간이 필요하다. 그러나 향후 지상파 UHD 방송에서 멀티스크린을 통해 모바일방송이 활성화되면 지상파DMB의 역할에 대한 재검토가 필요할 것이다.

(3) 지상파 연합 모바일 플랫폼 푹TV

푹(Pooq)TV는 지상파3사가 공동 출자해 만든 콘텐츠연합플랫폼(CAP)이 제공하는 모바일 서비스다. 푹은 MBC와 SBS에 이어 2015년부터 KBS도 자본 참여를 하게 되면서 지상파방송사의 OTT 서비스로 성장하게 된다. 푹은 현재 지상파방송, 지상파 계열PP, 종합편성 채널 등 다양한 실시간 서비스와 함께 지상파 VOD는 물론 영화, 해외드라마, 애니메이션, 키즈, 다큐 등 다양한 콘텐츠를 수급하여 방송하고 있다. 콘텐츠와 서비스 제공 내용 측면에서 볼 때, 푹은 VOD뿐만 아니라 실시간방송과 영화까지 제공하고 있어 라이브러리 VOD를 중심으로 제공하는 넷플릭스(Netflix)와 방영중인 방송VOD 중심인 훌루(Hulu), 그리고 실시간방송 스트리밍을 제공하는 HBO GO를 모두 합쳐놓은 진정한 all-in-one OTT서비스라고 할 수 있다. 이러한 개선된 서비스를 바탕으로 푹은 2016년 7월말에 월정액 가입자 45만 명을 돌파했다. 와이즈 앱(2016. 9)에 따르면 9월 푹의 가입자 1인당 평균 이용시간은 492분으로 OTT 서비스를 제공하는 있는 LTE비디오 포털, 옥수수, 티빙, 에브리온TV와 미국의 넷플릭스를 압서고 있다. 지상파방송의 콘텐츠 영향력이 온라인 OTT 플랫폼에 상당한 영향력을 발휘하고 있는 것이다. 푹은 지상파 콘텐츠 사용에 있어서 타 OTT 플랫폼 보다 우선권을 갖고 있으며, 모바일 OTT 서비스 중 유일하게 지상파 실시간 방송을 서비스하는 것이 대표적 특징이다. 또 다른 OTT 플랫폼들이 지상파 주문형 비디오(VOD)를 TV방영 후 3주 뒤부터 서비스하고 있지만 푹은 TV 실시간 방송 중에도 VOD 이용이 가능한 서비스도 내놨다. 푹의 가입자 수는 지속적으로 증가하고 있어 모바일 OTT 분야에서 유료 플랫폼으로서는 부동의 위

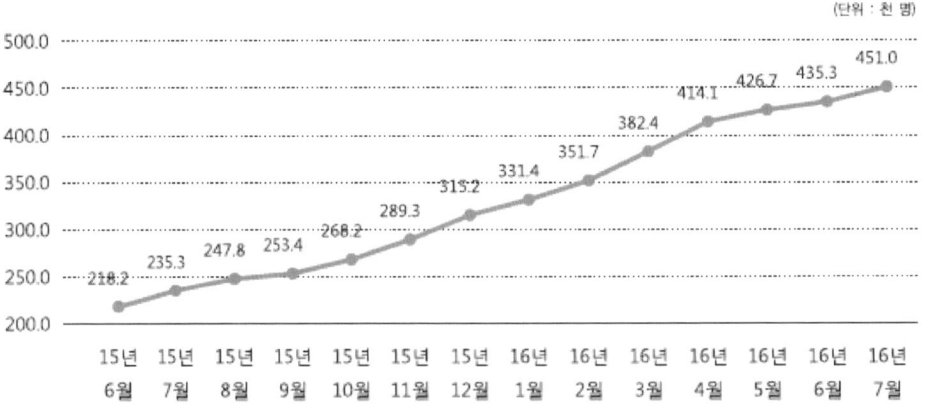

<그림 7> 푹의 유료방송 가입자 수 추이

치를 확보하고 있는 것이다.

그러나 LTE 요금제의 한계와 이미 모바일 IPTV라는 한국형 OTT서비스가 해외에 비해 저렴한 요금으로 유료방송 시장을 장악하고 있는 상황이다. 또한 고객들은 IPTV 이용 요금 외에 추가적인 요금을 지불할 의사가 낮은 것으로 조사된다. OTT 사업이 성장하기 위해서는 IPTV 중심의 현재 시장구조를 재편하고 OTT 시장의 외연을 확장시키는 것이 필요한 상황이다.

푹은 on air VOD 서비스란 기존의 방송VOD가 방송 종영 후 업데이트가 된 것과는 달리 방송 시작과 거의 동시에 VOD를 업데이트함으로써 이용자들이

방송 중간에 시청을 하더라도 중간부터가 아닌 방송의 시작부분부터 시청할 수 있게 해주는 혁신적인 서비스를 내 놓았다. On-Air VOD 서비스는 세계 어떤 방송사업자나 OTT 사업자도 시도해 보지 못한 혁신적인 서비스로, 방송콘텐츠 이용자들이 본방사수에 집착하지 않고, 자신이 원하는 시간에 언제든지 콘텐츠를 이용할 수 있게 해주는, 콘텐츠 이용의 패러다임을 완전히 새롭게 정립하는 혁신적인 서비스가 될 것으로 기대하고 있다. 푹은 기존의 지상파방송이 무료 서비스인데 반해 지상파방송사의 우수한 콘텐츠 제작 능력을 바탕으로 유료 플랫폼으로 성장하고 있다. 최근 60만의 유료 가입회원을 확보한 푹TV는 실시간 50여개의 채널을 무료로 제공하기 시작했다. 국내 OTT(인터넷기반 영상서비스) 이용자 규모를 대폭 증가시킬 수 있을 것이며, 이를 기반으로 푹TV는 연내 100만 가입자를 유치, 지속성장 기반을 다진다는 전략으로 해석된다. 그리고 푹의 무료화 전략은 규모의 경제로 가입자를 확대하여 플랫폼 전략을 극대화하면서, 지속적으로 성장하고 있는 VOD 시장의 매출을 기대하고 있다. 또한 향후 지상파 UHD방송이 인터넷과 연결되는 하이브리드 서비스로 고정 텔레비전의 플랫폼 확장을 연계하는 전략으로 기대된다.

4) 모바일 플랫폼 포트폴리오(Portfolio)

KBS와 지상파방송사는 전파로 송신하는 지상파DMB, 유선·무선 인터넷으로 서비스하는 my K, 푹 서비스 그리고 NOON[6] 서비스가 있으며, 전파+IP 하이브리드 서비스인 스마트DMB를 제공하고 있다. 그리고 무료 서비스는 지상파DMB, 스마트DMB, my K

---

6) NOON 서비스는 안드로이드 폰에서 제공되는 락-스크린 기반의 모바일 플랫폼이다. NOON은 락-스크린과 빅 데이터를 활용하는 추천 검색 서비스로 2017년 3월 서비스를 오픈하였다.

가 있으며, 유료 서비스는 푹 서비스가 있다. 공영방송이 다양하고 혼재된 모바일 플랫폼에서 어떤 전략적 가치를 창출할 것인가? 현재는 다양한 모바일 플랫폼으로 서비스를 제공하고 있지만 개별 모바일 플랫폼이 추구하는 방향이 뚜렷하지 않고 플랫폼간의 연계성이 부족하다. 모바일 플랫폼은 각각 다른 방향과 다른 목적으로 경쟁적으로 진행해온 측면이 있으며, 플랫폼 간 콘텐츠 연계성이 부족했다. 시청자 접점 확대를 위해 플랫폼 간, 콘텐츠 연계성을 고려한 유통 전략을 고민하기보다 유료 서비스를 확대하고자 하는 방향으로 추진되었기 때문이다. 유·무선 인터넷 기반 플랫폼에서 콘텐츠 수익을 극대화하기 위한 전략은 결과적으로 모바일 플랫폼에서 무료 서비스의 양적 부족을 초래했다. 다양한 플랫폼을 보유하고 있지만 콘텐츠의 품질에 비해 규모의 경제에 도달한 플랫폼은 없다. 모바일 플랫폼에서 콘텐츠 유료화 전략은 수신료 재원의 한계와 광고 시장의 감소를 콘텐츠 수익으로 충당해야 하는 재원 구조의 현실을 반영하고 있다.

모바일 플랫폼이 고민해야 할 전략은 지상파텔레비전의 이동 재전송 매체로서 시청자 접점을 확대하면서 젊을 세대를 위한 새로운 콘텐츠 개발, 모바일 플랫폼을 통한 신규 수익 창출 등을 들 수 있다. 그리고 디지털 환경에서 방대한 아카이브 자료들을 바탕으로 롱-테일 전략이 필요하다. 여기에 재난매체로서 지상파 DMB의 가치가 추가할 수 있을 것이다. KBS가 제공하고 있는 매체별 특성을 반영한 모바일 플랫폼의 특징은 <표 2>와 같다.

<표 2> 모바일 플랫폼별 특징

구 분	전달방식	참여사	순 이용자(만)	특징	수익구조
지상파DMB	전파	지상파 및 비지상파	877	매스미디어 무료, 저화질	TPEG+광고
스마트DMB	전파	지상파 및 비지상파	144	매스미디어 니치	TPEG+광고
my K	유·무선인터넷	KBS	49	일부 유료	광고
푹	유·무선인터넷	지상파 연합	60	라이브 무료 VOD 유료	월정액 페이퍼뷰
NOON(눈)	유·무선인터넷	KBS	?	락 스크린	무료

* 순 이용자 : 푹은 2016년 자료, 지상파DMB, 스파트DMB, my K는 닐슨 2015년 자료
* TPEG(Transport Protocol Expert Group : 차량용 DMB 단말기에 실시간 교통정보 제공, 지능형 길안내 시스템

다른 나라의 모바일 플랫폼과 차이는 지상파 DMB가 방송 전파로 전달되어 매스미디어의 특성을 갖는다는 것이다. 외국의 모바일 서비스는 방송망이 아닌 대부분 인터넷망을 사용하기 때문에 모바일 플랫폼은 한국적인 특수성을 가지고 있다. 모바일 시장에서

지상파 DMB는 플랫폼으로서의 역할과 수익을 창출하고 있다. 그러나 미디어 환경 변화는 인터넷으로 이동하고 있고, 인터넷에서는 지상파 콘텐츠 포맷과 다른 젊고 개인화된 콘텐츠를 요구하고 있다. 따라서 매스미디어의 한계를 보완하기 위해 인터넷 플랫폼에 대한 전략적 투자는 필수적이다. 그리고 VOD 서비스, 젊은 세대에 맞는 콘텐츠와웹 드라마와 같은 실험적 콘텐츠 제공하는 my K 역할 변화가 필요하다. 스마트DMB는 방송망과 인터넷망의 하이브리드 서비스 역할을 담당하고 있지만 온라인 특성에 맞는 VOD와 지상파 재전송이외의 차별화된 콘텐츠가 없다. 앞서 닐슨의 조사에서 지상파 DMB가 877만명, 스마트DMB가 144만 명으로 양방향 특성을 가진 스마트DMB는 my K와 협력과 연계가 필요하다. 이를테면 스마트DMB에서 my K의 VOD나 특화된 콘텐츠를 시청할 수 있는 연계를 생각해 볼 수 있다. 또한 지상파DMB를 시청하면서 my K의 VOD나 특화된 콘텐츠를 시청할 수 있는 연계도 가능할 것이다. 푹TV 서비스는 유료 기반으로 무료 서비스와는 다른 성격을 가지고 있다. 푹TV 수입의 대부분이 VOD 수익으로, 예능·드라마·스포츠 등 지상파 킬러 콘텐츠를 활용하여 지상파방송의 수익원으로 자리매김할 수 있다. 사실 푹TV는 지상파 연합 플랫폼으로서 다양한 킬러 콘텐츠를 확보하고 있지만, 인터넷 스트리밍과 유료 서비스의 한계를 극복하기 위해서 서비스 확장과 규모의 경제를 이루기 위한 전략이 요구된다. 구글, 유튜브, 페이스북, 카카오톡 등 모바일 온라인 서비스로 수익을 창출하는 기업들은 기본적으로 무료 서비스 제공을 통해 이용자를 확보하거나, 이메일, SNS 등 결합서비스를 통해 이용자 만족을 극대화하여, 이렇게 확보한 이용자를 바탕으로 광고, 유료서비스로 확장해 가는 전략을 추구한다. 이런 사례를 볼 때 온라인에서 유료 서비스의 확장은 어느 정도 한계를 가질 수밖에 없다.

5) 플랫폼 풀 포트폴리오(Full Portfolio)

이제까지 한국방송이 서비스 하고 있는 지상파 플랫폼과 모바일 플랫폼의 특징과 전략에 대해 살펴보았다. 한국방송은 텔레비전 고정 플랫폼을 중심으로 멀티 플랫폼(스크린) 전략을 추구하고 있다. 기존의 지상파방송 디지털 1·2TV 채널을 기본으로, 지상파 DMB에서 1·2TV 채널을 재송신 한다. 그리고 my K는 1·2TV 채널의 재송신 이외에 KBS N(자회사)이 유료방송 플랫폼에 제공하는 6개 전문 채널[7]을 제공한다. my K는 예능과 드라마 등 일부 VOD는 유료로 제공된다. 또 my K에 제공되는 동일한 형태의 콘

---

7) KBS DRAMA, KBS JOY, KBS N SPORTS, KBS W, KBS KIDS, KBS N LIFE 등 6개 채널.

텐츠와 VOD가 푹으로 제공되고 있다. 물론 푹은 유료 VOD 서비스를 포함하고 있다. 모바일 플랫폼은 유료/무료 서비스가 섞여있고, 방송망/인터넷 서비스가 혼재하며, 자체 플랫폼/연합 플랫폼이 공존한다. 다채널방송의 채널 확대 및 전파와 IP를 연계한 하이브리드 OTT 서비스를 가정한 공영방송 미디어 플랫폼 개요도는 <그림 8>과 같다. 우선 플랫폼의 특성을 구별하기 위해 무료 플랫폼과 유료 플랫폼으로 구분을 한다. 무료 플랫폼은 수신료와 광고 기반의 서비스를 나타내며, 유료 플랫폼은 재송신료와 가입자 기반의 서비스로 구분한다. 무료 플랫폼은 대체로 규제(허가)의 영역이고 유료 플랫폼은 대체로 인터넷 기반의 서비스가 해당된다. 그리고 상단은 텔레비전 수신기의 고정 플랫폼이며, 하단은 모바일 플랫폼 영역으로 구분한다. 중간의 OTT 플랫폼은 BBC의 유뷰(Youview)와 유사한 방송전파(RF)와 인터넷(IP)을 혼합한 하이브리드 서비스다. 화살표는 각각의 플랫폼에서 콘텐츠를 전달하는 채널구성을 나타낸다. 2016년 말 현재 KBS는 수신료 41.3%, 광고 27.4%, 기타 31.3%의 재원 구조를 가지고 있다. 플랫폼 개요도는 공영방송의 재원 구조와 연관되어 있는데, 수신료 : 광고 : 기타수입(콘텐츠수입)의 형태로 재원 비율과 유사한 플랫폼 형태를 가지고 있다.

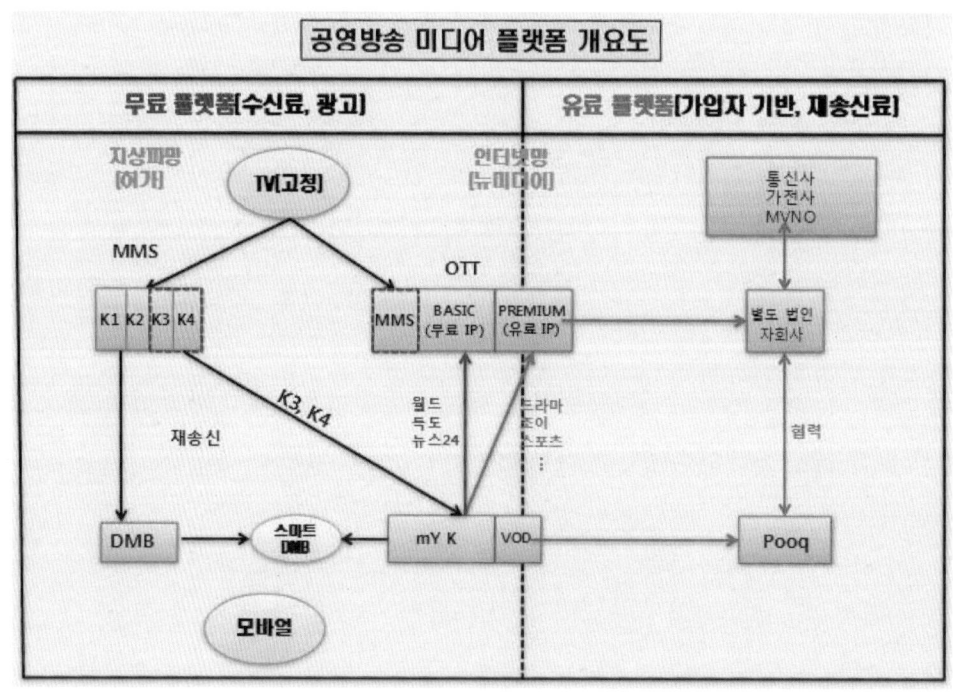

<그림 8> 공영방송 미디어 플랫폼 개요도

모바일 플랫폼 활성화를 위해 다양한 환경에서 각각의 플랫폼이 가지는 장점을 극대화하면서 약점을 보완하고 플랫폼간의 유기적 협력적 연계가 필요하다. 이를 위해서 각각의 모바일 서비스를 독립적으로 보지 말고 플랫폼의 특성을 고려한 협력과 연계가 필요하다. 이 플랫폼 개요도는 향후 새로운 미디어 플랫폼을 만들 때 새로운 플랫폼이, 어떤 콘텐츠를 제공할 것인지? 무료 서비스인지? 유료 서비스인지? 어떤 플랫폼과 연계를 해야 하는지? 전체적으로 어떤 전략적 가치를 가져야 하는지를 판단하는데 도움이 준다. 그리고 기존의 플랫폼들이 갖는 중복을 제거하여 플랫폼의 통합적 연계성을 가지는데 도움을 준다. 또한 새롭게 등장하는 ATSC 3.0[8](UHDTV) 서비스를 어떻게 규정해야 하며, 기존의 디지털TV의 고정 텔레비전 서비스와 모바일 플랫폼 간 연계를 어떻게 해야 하는지 전략적 판단을 용이하게 한다. ATSC 3.0(UHDTV) 서비스는 현재의 디지털TV와 모바일, 멀티스크린과 하이브리드 서비스 등 모든 서비스 조합이 가능하기 때문에 향후 기존 플랫폼과의 시너지는 더욱 중요해질 것이다.

5. 4차 산업혁명 시대 공영방송 플랫폼 전략

1) 공영방송에서 공공서비스미디어로

아날로그 시대 시청자의 콘텐츠 소비는 시공간과 시청가능한 단말기가 한정적이었다면 디지털 융합혁명은 언제 어디서나 어떠한 단말기로도 콘텐츠 시청이 가능해졌다. 그리고 시청자가 원하는 맞춤형 콘텐츠를 편리한 방법으로 이용할 수 있다. 그러나 미디어 플랫폼으로서 역할을 소홀히 한 공영방송은 새로운 미디어 환경의 대응과 시청자의 니즈에 부합하지 못하면서 플랫폼 기능을 상실했다. 미디어 환경 변화는 공영방송의 역할에 대해 새로운 정의를 요구하고 있다. 젊은 세대의 공영방송 이탈은 사회적 응집 역할을 중요한 가치로 삼는 공영방송의 기능에 의문을 제기한다. 그리고 시청자들은 미디어 이용에 있어 더 이상 수동적이지 않고 능동적이며 새로움을 추구한다. 다채널, 다미디어, 스마트 시대에 시장이 충분히 제공하지 못하는 양질의 콘텐츠와, 자국의 문화 정체성을 지키고, 창의성을 고양하는 프로그램들을 생산해야 한다. 방송과 인터넷의 융합과정이 가속화

---

8) Advanced Television Systems Committee : 미국 텔레비전 전송 방식.

되면서 미디어 환경변화에 따른 공영방송의 서비스가 진화해야 한다. 공영방송의 변화가 필요하다는 문제를 제기한 곳은 2004년 유럽의회(Council of Europe, Parliamentary assembly)였다. 이후 유럽집행위원회는 공영방송의 기능에 대한 적절한 법률, 기관 및 재정적인 구조뿐만 아니라 시청자의 수요 및 디지털 시대의 요구사항에 부합하는 현대화 방안으로 공공서비스 미디어(Public Service Media : PSM)라는 개념을 제시하였다. '공공서비스 미디어'란 방송통신융합 환경에서 방송을 넘어 다양한 플랫폼과 서비스를 제공하는 미디어분야의 공공 서비스를 말한다. 디지털 시대의 공영방송은 공공 서비스 매체(public service media)로 진화해야 한다. 미디어 학자 야쿠보이츠는 공영방송을 공공서비스미디어(Public Service Media, PSM) 개념으로 확장을 주장하는데 PSM 개념을 PSB + 모든 관련된 플랫폼 + 웹 2.0으로 요약될 수 있으며 기술 중립적 소관업무(Remit)를 정의한다. 한편 그레이엄 머독은 공영방송은 그 모든 실패에도 불구하고 디지털 공유지를 건설할 가장 좋은 기회를 제공하는 시스템이라 강조한다. 디지털 공유지는 모든 사람에게 열려 있으며 개인적인 창의성과 참여에 친화적일뿐 아니라, 디지털 시대의 온전한 시민권을 보장하기 위해 요구되는 집단적인 토론이 수용되는 곳이다. 공영방송은 사람들의 생활 속에서 이미 익숙하고 높게 평가되며 신뢰받는 존재이며, 공영방송은 무료 이용이 가능하다. 미디어 학자 험프리는 광범위한 상업주의의 맥락에서 품격 있는 프로그램 표준을 유지하고, 강력한 사적 미디어 회사의 균형을 잡는 역할로 활동하기 위해서, 그리고 글로벌화에 대항해서 국가와 사회 문화 정체성을 증진하기 위해서 디지털 시대 공영방송의 역할을 강조한다. 공영방송은 전통적인 지상파 플랫폼에 안주하지 않고, 위성, 케이블, 인터넷, 모바일 등 모든 플랫폼에 다양한 서비스를 제공하는 보편적 내용 제공자(universal content provider)이자 주요 플랫폼의 채널들을 관리하는 사업자로서 자리매김을 해야 한다는 것이다. 모바일 시청행태와 모바일 사업 시장은 더욱 성장하고 있다. 그러나 지금같이 꽉 짜여진 미디어 시장에서 새로운 플랫폼으로 경쟁력을 확보하고 수익을 창출하는 것은 어려운 현실이다. 더구나 유료 기반 서비스는 많은 자본 투자와 킬러 콘텐츠를 필요로 한다. 새로운 모바일 플랫폼을 만들고 성공하기에는 자본 투자 여건의 한계와 사업적 마인드, 시장 상황 등 여러 가지 제약에 놓여 있다. 이러한 제약은 시간이 갈수록 공영방송을 더욱 어렵게 할 것이다. 공영방송으로서 공적 서비스를 제공하여 시청자의 접점을 늘려가면서 새로운 수익을 창출하는 것은 최상의 플랫폼 전략이다. 유료화 중심의 플랫폼 전략은 수신료를 기반으로 무료 보편적 서비스를 제공하는 공영방송의 수신료 전략과 상반되는 결과를 초래할 수 있다. 공영방송 플랫폼의 정당성은 접근의 보편성을 극대화하며 무료의 차별화된 서비스를 통해 수신료 인상의 기반을 마련하는 데 있다. 지상파방송의 공조 정책이 힘을 발휘하기도 하지만 공영방송은 사영방송과 차별화되는 자기만의 고유성을 유지해야 한다. 공영방송의 고유성은 국민이 균등하게 납부하는 수신료에 기반하며 수신료를 기반으로 하는 플랫폼의 가치는 무료 보편성의 확대에 있다. 모바일 시청의 확장, 비선형 시청의 증가와 시청의 파편화에 대응하기 위해 인터넷 기반의 플랫폼 투자는 지속적으로 확대되어야 한다. 그리고 매스미디어가 가지는 한계를 보완하고 시청자의 모바일 시청 니즈를 충족시키는 새로운 형태의 모바일 콘텐츠를 개발하여야 한다. 아울러 모바일 서비스를 독립적으로 접근하지 말고 플랫폼간의 유기적 연계와 보완의 관점에서 접근해야 하며, 더욱 중요한 것은 무료 플랫폼 정책과 유료 콘텐츠 사업 전략과의 협력과 연대라 할 것이다. 그리고 공영방송의 공적 기능을 명확히 한 상태에서 지상파 다채널 서비스의 질서 잡힌 도입, UHD 콘텐츠 공급의 점진적 확산을 위한 최소한의 공공 플랫폼 여분의 보장, 온라인과 신규 미디어 서비스에 특화된 공공 콘텐츠 및 서비스 대안을 활성화하기 위한(무분별한 영역 확장도 동시에 제어하는) '공공서비스 미디어' 기획이 필요하다.

2) ATSC 3.0 서비스

2017년 5월 31일부터 세계 최초로 지상파 UHD방송이 시작되었다. 지상파 UHD방송은 미국방식으로 기존의 디지털방송의 ATSC 1.0 표준을 업그레이드하여 UHD방송과 인터넷 프로토콜(IP)을 채택하여 모바일과 양방향 서비스를 제공할 수 있다. 여기에 OFDM 변조 방식을 사용하여 단일주파수망(Single Frequency Network, SFN) 구성이 가능하여 주파수의 효율적 사용은 물론 디지털방송보다 뛰어난 수신 성능을 자랑한다. 별도의 재난방송이 가능하며 개인화된 서비스 제공 등 다양한 서비스를 제공할 수 있다. ATSC 3.0 서비스는 초고화질방송 + HD급의 모바일 방송 + 개인화된 방송 + 직접 수신률 향상 등 ATSC 1.0과는 비교할 수 없을 정도의 성능 향상을 가져왔다. 즉 ATSC 3.O 서비스는 기존의 디지털방송에서 화질의 향상은 물론 모바일 서비스와 개인화된 서비스 등 지상파방송이 추구할 수 있는 모든 플랫폼 전략을 담고 있는 것이다. 재미있는 것은 표준과 방식을 주도하는 미국에서는 이 서비스를 ATSC 3.0으로 불리는 반면 우리나라에서는 UHD방송이라 부르고 있다. 미국은 ATSC 디지털 방송 표준을 업그레이드 하면서 기존의 디지털방송 이외에 모바일 등 다양한 서비스를 제공하고 있지만 최초로 ATSC 3.0 방식의 서비스를 제공하는 우리나라는 UHD 방송으로 서비스를 제한하고 있는 것이다. 미국은 방송사들의 강력한 요청에 의해 FCC가 ATSC 3.0 서비스를 긍정적으로 검토하고 있다. 미국의 지상파방송사들은 ATSC 3.0 서비스가 개인화된 양방향 서비스를 제공할 수 있어 양방향 광고 서비스가 가능하며, 개인의 취향에 맞는 광고를 제공할 수 있기 때문에 광고주로부터 외면 받아 온 지상파방송이 새로운 도약을 준비하고 있다. 또한 실내 수상기는 물론 스마트폰, 다양한 테블릿 기기에 재난경보 서비스를 제공할 수 있는데, 연방재난당국과 성공적인 테스트를 완료하여 ATSC 3.0 서비스 추진을 위한 강력한 명분을 확보하고 있다. 특히 미국은 디지털 전환이후 700MHz 주파수 경매를 통해 통신사 등에 주파수 배분이 완료되어 ATSC 3.0 서비스를 추진하기에는 매우 어려운 환경이다. 이러한 환경에서 지상파방송사들은 ATSC 3.0의 다양한 서비스와 단일주파수망에 많은 기대를 걸고 서비스를 추진하고 있다.

3) UHD방송 플랫폼 전략

아날로그방송 종료이후 디지털 환경에서 지상파방송의 플랫폼은 급격하게 하락하기 시작했다. 지상파방송 플랫폼이 제 기능을 못하는 상황은 한국적인 방송 정책에 기인하는데 이는 화질 위주의 방송 정책을 추구한 결과라 할 수 있다. 다매체 환경과 비실시간 시청 환경, 개인화된 미디어 시청 환경 등 미디어 환경은 변화해 왔지만 지상파방송의 정책은 칼라텔레비전에서 디지털방송으로, 디지털방송에서 초고화질방송으로 화질의 중심으로 방송정책을 추구해 왔다. 다원화된 사회에서 개인의 미디어 시청 욕구를 반영하지 못하고 시청자의 니즈를 외면한 결과라 할 수 있다. 지상파 디지털방송 정책은 새롭게 시작하는 지상파 UHD방송의 플랫폼 전략을 어떻게 구현할지 반면교사가 된다. UHD 방송 서비스는 초고화질방송, HD급의 다채널방송, 인터넷 다채널방송과 VOD 서비스 제공할 수 있으며 그리고 멀티스크린으로 모바일방송이 가능하다. 현재 지상파방송이 제공하고 있는 플랫폼의 기술적 특성을 모두 포함하고 있다고 해도 과언이 아니다. 여기에 단일주파수망을 활용하여 직접 수신환경을 획기적으로 개선할 수 있다. 따라서 UHD방송은 기존의 지상파 디지털방송의 물리적, 기술적 특성으로 제한된 서비스를 넘어 다양한 조합의 플랫폼 전략을 구사할 수 있다. 그러나 이런 다양한 장점은 트레이드-오프 관계를 가진다. 모든 기능을 가지고 있지만 전부 잘 할 수 없는 한계를 가지고 있는 것이다. UHD방송의 플랫폼 전략을 이해하기 위해서는 이러한 기술적 특성에 기초하여 시청자의 니즈에 부합할 수 있고 현재의 디지털방송과 모바일 방송 플랫폼과의 연계를 고려해야 한다. 서비스의 다양한 조합을 통해 시청자의 니즈를 만족시킬 수 있는 ATSC 3.0 서비스를 어떻게 제공하느냐에 달려있다. 극단적으로 초고화질만을 제공하는 서비스는 4차 산업혁명 시대에는 더 이상 의미가 없을 수 있다. 편성의 변화 없이 디지털방송의 화질을 초고화질로 제공하는 서비스는 플랫폼으로서의 한계를 가질 수밖에 없는 것이다. 현재 지상파방송사의 UHD 플랫폼 구성은 초고화질방송(18Mbps, 256 QAM[9]) + 모바일 방송(3Mbps, 16 QAM) 으로 구성하고 있다. UHD 방송은 온전히 화질만을 제공할 때는 이론적으로 36Mbps가 가능하지만, 디지털방송 이상의 전계 커버리지 확보를 위해서는 18Mbps에 256 QAM의 변조를 사용하고 있다. UHD 방송의 특징은 IP 전송이 가능하며 인터넷망과 연계하여 OTT 서비스를 제공할 수 있다. OTT 서비스는 UHDTV에 내장이 가능하며 인터넷이 연결된 가정에서 HD급의 실시간 인터넷 스트리밍 서비스와 VOD 서비스를 제공할 수 있다. OTT 서비스를 연계하면 방송전파로는 초고화질방송(UHD)을 제공하고 인터넷망으로는 다채널의 HD방송과 비실시간 VOD 서비스도 가능하다. 그러나 전체 서비스는 지상파 직접 수신 또는 공동주택의 공시청이 가능해야 하며 OTT가 내장된 UHDTV에는 와이파이 또는 인터넷망이 연결되어야 한다.

UHD방송 플랫폼이 성공하려면 UHD 방송만 제공하면 실패할 확률이 매우 높다. 디지털방송에서 다양한 서비스 기능을 살리지 못하고 화질만 업그레이드하는 방식의 실패를 답습하지 말아야 한다. ATSC 3.0 서비스는 매우 유연하며 다양한 서비스를 조합하고 다양한 디바이스에 다양한 형태의 서비스를 제공할 수 있는 특징을 활용해야 한다. 개인화되고 파편화된 미디어 소비 환경에서 4차 산업혁명 시대와 같이 데이터와 검색 기반의 콘텐츠를 공유하고 유통되는 환경에서 UHD의 플랫폼 전략은 특별함이 있어야 한다. 따라서 UHD 플랫폼 전략이 성공하기 위해서는 두 가지의 전제가 필요하다. 첫째 화질 중심의 서비스에서 다양성과 유연성 중심의 플랫폼이 구현되도록 제도적 발상의 전환이 요구된다. 실패한 고화질 정책을 초고화질정책으로 회복할 수 없기 때문이다. 둘째 편리하게 지상파방송을 시청할 수 있는 환경을 제도적으로 마련해야 한다.[10] UHD 방송은

---

9) Quadrature Amplitude Modulation.

OFDM 특성으로 수신 성능이 향상되어 시청자들이 쉽게, 지상파 UHD방송을 시청할 수 있는 점을 고려하여야 한다.

UHD 방송은 디지털 방송을 대체하는 공공 서비스 플랫폼이기 때문에 초기 도입 과정에서 UHDTV를 구매한 모든 시청자들이 유료방송에 가입하지 않고 UHD 방송을 시청할 수 있는 환경이 되어야 한다. UHD 수신환경 개선은 두 가지 측면에서 고려할 수 있는데 첫째는 지상파방송이 기본적 방송서비스로서의 제 기능을 다 하기 위해서는 유료방송에 가입 없이 모든 국민이 UHD방송을 시청할 수 있어야만 한다. 기본적 방송서비스로서 제도적 개선을 위해 정부와 가전사, 방송사의 합의를 통해 UHDTV를 구매하는 자에게 수신안테나 설치를 의무화하는 것이다. 그리고 정부와 공영방송이 주도적으로 아파트 등 공동주택의 공시청을 개선하여 UHD방송을 시청할 수 있는 환경을 만드는 것이다. 공공서비스 플랫폼을 보장하기 위해 정책적으로 무료 시청 방송과 유료시청 방송 환경을 균등하게 조성하는 것이다. 둘째는 결국 지상파방송 UHD 서비스가 전체 미디어 환경과 조화를 이루는 전략으로 지상파방송의 UHD 콘텐츠와 부가적으로 제공할 수 있는 OTT 서비스(홈포털), 모바일 서비스를 연계하여 유료방송사업자와 상생의 협력적 관계를 가지는 것이다. 이를테면 지상파방송의 UHD 콘텐츠와 서비스를 유료방송사업자에게 제공하고 유료방송사업자는 공동주택의 공시청 시설을 관리하면서 재전송료에 대해 상생의 비즈니스 모델을 구축하는 것이다. 유료방송사업자는 지상파방송의 기본적인 서비스가 보장될 수 있도록 공동주택의 공시청을 관리하고 지상파방송사업자는 UHD 콘텐츠를 유료방송사업자에게 제공하여 유료방송사업자와 비즈니스 수익을 공유하는 방식이다. 지상파방송과 케이블방송사업자는 디지털방송에서 콘텐츠 재정송료와 공동주택 공시청 시설을 두고 치열한 다툼을 벌였지만 두 진영은 플랫폼으로서 시장에서 위상을 잃어가고 있는 것을 교훈으로 삼을 필요가 있다.

마지막으로 ATSC 3.0 서비스 플랫폼 전략은 제시하면 다음과 같다. 첫째, ATSC 3.0 서비스는 초고화질방송(UHD) + 다채널방송(MMS)이 기본적으로 제공되어야 한다. 공공 채널의 확장은 다원화된 사회의 편성의 다양성을 통해 개인화된 시청자의 욕구를 충족하여 공영방송의 사회적 역할에 기여할 수 있기 때문이다. 둘째, UHD방송이 ATSC 3.0 서비스의 브랜드가 되었기 때문에 높은 수준의 UHD 화질이 담보되어야 한다.

---

10) UHD 텔레비전 판매시 안테나를 포함하여 판매하는 정책으로 지상파방송사들이 지속적으로 요청하고 있으나 가전사의 반대로 난항을 격고 있다.

UHD 방송만으로 새로운 서비스의 차별화가 부족하지만 UHD 방송의 화질이 만족스럽지 못할 경우 시청자에게 외면 받을 수 있기 때문이다. UHD방송 특성상 높은 데이터 전송률은 수신 성능을 저해하는데, 수신 성능의 손실을 촘촘한 망 투자[11]를 통해 해결할 수 있다. 특히 소출력 중계기는 실내에서 수신이 가능하기 때문에 UHD 방송의 수신의 불편함을 해소할 수 있는 대안이 될 수 있다. 실제 동계 올림픽이 치러지는 평창은 지형적 난시청으로 유명한 지역인데, UHD방송 소출력 중계기 설치를 통해 실내 수신의 가능성을 확보하였다. 또한 방송전파와 IP망 전송의 콘텐츠의 싱크(Sync)를 통해 화질을 향상할 수 있는 하이브리드 서비스를 적극적으로 고려해야 한다. UHD 방송의 화질을 개선하기 위해 인터넷 하이브리드 서비스와 소출력 중계기를 통한 커버리지 보완으로 극복할 수 있다는 것이다. 셋째, UHDTV는 인터넷망을 통한 OTT 서비스가 가능한데, 다양한 OTT 서비스를 제공하여야 한다. HD급의 무료 채널과 VOD 서비스 제공은 필수요소이며, 양방향 서비스 제공은 시청자의 시청 습관을 파악하여 맞춤형, 개인화된 서비스를 제공할 수 있기 때문이다. 넷째, 모바일방송은 기존의 방송전파를 이용한 고화질 DMB와 인터넷 스트리밍 서비스인 마이-K, 푹 서비스와의 포트폴리오 구성이 필요하다. UHD 모바일 방송을 초고화질방송(UHDTV)와 동일한 콘텐츠를 송출한다면 기존의 DMB, 인터넷 모바일 서비스들과 중복되기 때문에 새로운 접근이 필요하다. 모바일방송 대역을 MMS로 활용하고 모바일은 기존의 서비스를 유지하는 것도 하나의 방법이 될 수 있다. 마지막으로 이용자를 유지하기 위한 주된 전략은 온라인상의 세세한 이용자 활동을 모니터하여 이용자의 미디어 시청 행태를 파악하는 빅 데이터 전략이다. 빅 데이터의 수집은 전례 없이 이용자의 선호를 파악하게 해주며, 콘텐츠 제공의 중심적인 역할을 하며, 콘텐츠 추천 관련성을 증가시킨다. 빅 데이터는 이용자의 선호를 파악하여 이용자에게 호소력 높은 콘텐츠와 선호하는 콘텐츠를 제작하고 제공하게 된다.

4) 결론을 대신하여

4차 산업혁명은 진행되는 속도와 깊이에서 생산, 노동, 분배 등 거의 모든 분야에서 혁신과 파괴를 가져올 것으로 예측된다. 스마트폰으로 쉽게 접근 가능한 플랫폼은 사람과 자산, 데이터를 한데 모아 재화와 서비스를 소비하는 방식을 완전히 뒤바꿔 놓았다.

---

11) 주파수 대역 내에서 60㎽ 이내의 극소출력중계기를 사용하면 국지적 난시청을 해소할 수 있다.

이러한 플랫폼은 개인은 물론 전문 분야까지 폭넓은 환경을 변화시켜 개인과 기업 간의 장벽을 낮추어 부의 창출을 촉진시킨다. 미디어 분야는 구글, 넷플릭스, 페이스북 등 인터넷 기업들이 디지털 융합혁명을 바탕으로 혁신을 거듭하고 있다. 이민화는 4차 산업혁명의 미디어 분야는 사물인터넷을 기반으로 소비자 정보를 수집하는 빅데이터, 클라우드 시스템의 수집된 데이터를 저장 분석하여, 인공 지능 기술을 이용한 개방 플랫폼의 개인화된 미디어를 생성하여, 기술 융합을 통해 저비용 고효율의 방송 생태계가 최적화를 예상한다. 플랫폼 개방을 통해 공급자와 소비자 참여를 확대하여 플랫폼의 가치가 증대된다는 것이다. 그러나 4차 산업혁명 시대는 혁신의 속도가 빠른 만큼 지배구조에 영향을 받고, 전략 의사 결정이 느릴 수밖에 없는 공영방송 조직은 새로운 플랫폼에 대응하는데 한계가 있다. 한국방송은 디지털로 전환을 완료했지만 콘텐츠를 생산하고 유통하고 저장하는 방식이 여전히 아날로그 방식이 혼재하고 있다. 4차 산업혁명 시대 혁신과 파괴의 변화를 순응하기 위해서는 발상의 전환이 필요하다. 우선 미디어를 이용하는 소비자, 수신료 납부자와의 공감과 소통을 위해 좀 더 개방적이고 유연한 조직으로 변화가 요구된다. 공영방송의 플랫폼은 미디어를 이용하고 생산하는 수신료 납부자의 공감과 소통의 창이 되어야 한다. 이를 위해 공급자 중심의 사고에서 벗어나 철저하게 이용자 중심으로 접근해야 한다. 일방적 단방향 서비스 제공자에서 흩어지고 조각난 시청을 모아야 하고 여전히 공론의 장 역할을 책임지는 양방향 커뮤니케이터로서의 자리매김해야 한다. BBC는 더 이상 스스로를 방송사로 간주하지 않는다. BBC 칙허장에는 '서비스'란 개념만 존재하지 '프로그램'이란 용어는 사용되지도 않는다. 이는 BBC가 더 이상 다른 경쟁 방송사들과 같이 프로그램을 제작, 편성, 송출하는 방송사가 아니라 다양한 종류의 서비스를 개발해서 무료 또는 낮은 가격에 제공하는 종합적인 내용 제공자이자 서비스 기구라는 것이다. 한국방송은 이런 BBC의 모형을 본받아야 한다. 가능하다면 포털, 메타블로그, 검색 엔진, 지식제공, 인터넷 학습, 가상도서관 등 생각할 수 있는 모든 종류의 서비스를 검토한 뒤, 사업의 발전 가능성과 시장에 대한 영향력에 대한 평가를 거쳐서 주요 서비스로 발전시키는 방안을 강구해야 한다. 주요 사업은 다양한 수준의 서비스를 다양한 플랫폼의 채널들을 통해서 전방위적으로 제공해야 한다.

재송신료, 콘텐츠 수입은 광고 재원의 부족을 훌륭하게 충당해 왔지만 무료 공공 서비스의 부족을 불러와 수신료 논의를 어렵게 해왔다. 지나치게 콘텐츠 위주의 정책에서 벗어나 공공 플랫폼을 확산하기 위한 전략을 새롭게 구상해야 한다. 이와 같이 공영방송

내부의 내적 패러다임 전환과 함께 공공서비스를 재정의 하는 사회적 패러다임 전환도 요구된다. 공영방송 제도의 특수성은 나라마다 공영방송을 정의하는 방식이 다르고 지배구조가 다르고 기술 발전에 따른 서비스를 보장하는 방식이 다르기 때문이다. 영국은 기술·중립적 정책을 사용하는 것이 특징인데 공영방송이 공공미디어서비스로 확장될 수 있는 합법적 근거를 마련해 준 것이다. 그러나 우리나라는 2001년 방송법 제정이후 지상파DMB 서비스에 대한 법적 보완이 있었으나 다채널방송 허용과 인터넷과 관련된 서비스에 대해 법제화, 공공 서비스를 위한 재원이 보장되지 않았다. 공영방송 플랫폼 전략은 미디어 환경 변화에 대응하는 법적 규제를 새롭게 하는 것이 중요하며, 공공의 이익에 봉사할 수 있도록 지배구조 개선이 동반되어야 한다. 지배구조 개선은 단순히 이사회와 사장의 선임 절차를 넘어 유럽과 같이 공공서비스미디어를 새롭게 정의하기 위해 사회적 합의를 이끌어 내야 한다. 무엇보다 새롭게 시작하는 지상파 UHD방송에서부터 공공 서비스 플랫폼으로 자리매김할 수 있도록 사회적 합의를 도출하는 것이 중요하다. 4차 산업혁명 시대 공영방송 플랫폼은 생존을 위협받을 수 있을 것이다. 특히 유·무선 인터넷 서비스가 발달한 한국에서는 공영방송의 플랫폼 생존은 더욱 어려울 것으로 예측된다. 어쩌면 공영방송은 플랫폼을 상실하고 콘텐츠 제공자로서 초라하게 남을 수도 있을 것이다. 공영방송이 공공 서비스 플랫폼으로 남기 위해서는 공공 서비스에 대한 사회적 합의를 바탕으로, 수신료 납부자와 공감하고 소통하기 위해 공영방송은 공익에 봉사하는 정신으로 돌아가야 한다. 그리고 공공서비스미디어가 제공하는 콘텐츠는 시청자의 신뢰를 확보해야 한다. 다원화되고 파편화되는 4차 산업혁명 시대에 공영방송 제도의 가치와 정당성을 확립하는 것이 무엇보다 필요한 시기이다.

| 참고문헌

김광호(2016), UHD 본방송 조기 정착을 위한 과제, 계간 방송문화, 한국방송협회, 2016.

김광호(2013), 미디어 융합과 방송의 미래, 진한미디어, 2013.

김광호(2013), 디지털 전환 이후 지상파 DTV 활성화 방안, 시청자를 위한 지상파 DTV 활성화 토론회, 2013.

고민수(2017), 지상파 UHD서비스의 제기능 구현을 위한 법정책적 제안, 지상파UHD방송 활성화와 시청권 확보를 위한 전문가 정책 토론회, 2017.

김동원(2013), 미디어 플랫폼 확대에 따른 규제 전망과 대응 전략, 2013 언론연대 창립 15주년 기념 심포지엄 발제자료.

클라우스 슈밥(Schwab), 4차 산업혁명의 충격, 흐름출판, 2016.

클라우스 슈밥(Schwab), 클라우스 슈밥의 제4차 산업혁명, 송경진 역, 새로운 현재, 2016.

정재승, 4차 산업혁명의 충격 서문, 흐름출판, 2016.

노규성, 플랫폼이란 무엇인가?, 커뮤니케이션북스, 2014.

윤상진, 플랫폼이란 무엇인가?, 한빛비즈, 2012.

위키피디아

두산백과

조용호(2011) 플랫폼 전쟁, 21세기북스, 2011.

필 사이먼(2013), 플랫폼의 시대, 장현희 역, 제이펍, 2013.

손상영 등(2009), 방송통신 융합 환경에서의 플랫폼 경쟁정책, 정보통신정책연구원, 2009.

황병선(2012), 스마트 플랫폼 전략, 한빛미디어, 2012.

히라노 아쓰시 칼 등(2011), 플랫폼 전략, 천재정 역, 더숲, 2011.

조항제(2014), 한국 공영방송의 정체성, 컬처룩 미디어, 2014.

김희경(2016), 지상파 UHD 직접 수신율 개선으로 시청자 복지 제고해야, 한림ICT정책연구센터, 2016.

강형철(2012), 공영방송 재창조; 공영방송에서 공영미디어로, 나남, 2012.

방정배 등(2008), 방송통신융합시대 공영방송 규제 제도화 방안 : 거버넌스 및 책무성 시스템 논의를 중심으로, 방송통신위원회, 2008.

유네스코, 2014.

강형철(2016), 융합미디어와 공익, 나남, 2016.

강형철(2012), 공영방송 재창조, 공영방송에서 공영미디어로, 나남, 2012.

이준웅 외, 방송의 디지털 전환과 디지털 지상파 플랫폼 서비스의 다변화, 한국방송학회 방송통신연구, 2011.

이준웅(2009), 디지털 시대 공영방송의 전망, 전략, 그리고 지배구조.

이준웅·정준희(2011), 디지털 전환과 디지털 지상파 플랫폼 서비스 제공, 해외사례와 국내 도입에 대한 함의, 방송통신연구 겨울호, 2011.

박종원(2013), 시청자 권익 향상 측면의 지상파 디지털 전환 정책 연구, 서울과학기술대학교 IT정책대학원 석사논문, 2013.

윤석민(2002), 21세기 방송환경변화와 새로운 방송이념, 방송연구, 2002.

정준희(2008), 미디어 이용행태 변화와 지상방송의 미래, KBS 해외방송정보 2008.

마이클 스탁스(2008), 디지털전환으로 가는 길, 정인숙 역, 커뮤니케이션북스, 2008.

방송통신위원회(2016), 방송산업 실태조사 보고서, 2016.

정준희(2011), KoreaView 채널편성에 따른 광고, 비용 및 효과 분석 연구, KBS, 2011.

이준웅(2011), BBC 미래 전략 ; BBC 디지털 서비스의 발전과 공영방송의 사회적 기능, 한울 아카데미, 2011.

서재현(2016), 글로벌 UHD 방송 기술 및 서비스 동향 세미나 발표자료, 한국전자통신연구원

전성호(2016), ATSC 3.0 표준 동향, 단일 주파수방송 구축 및 실무 세미나 발표자료, KBS미래기술연구소.

윤현선(2010), BBC의 미래 전략, 방송과 커뮤니케이션, 2010.

성동규(2011), BBC 미래 전략 ; BBC의 콘텐츠 창의성 제고 전략, 한울 아카데미, 2011.

박성우(2011), BBC 아이플레이어 전략, KBS 해외방송정보 2011.

주대우(2016), BBC, iPlayer 중심으로 BBC 콘텐츠를 활용한 다양한 모바일 서비스 제공, KBS 해외방송정보, 2016.

핼린과 만시니(2009), 미디어 시스템 형성과 진화, 김수정 역, 한국언론재단, 2009.

닐슨(2016), 국내 스마트폰 영상 App 순이용자 현황(2015년 연간 상위 20위).

최선욱(2016), 미디어 환경변화에 따른 공영방송의 대응전략과 과제, 공공서비스 미디어로의 전환, 한국방송학회 봄철정기학술대회, 2016.

백영덕(2016), 지상파방송의 탈TV전략, OTT 시장을 선도하는 푹(pooq)의 과제와 전략, 계간방송문화, 한국방송협회, 2016.

이민화(2017), 대한민국의 4차 산업혁명, KCERN, 2017.

정준희(2014), 영국 지상파방송사의 디지털 진화 전략 분석; 유뷰 연합 플랫폼과 프리뷰 업그레이드 사이에서, 방송과 커뮤니케이션 제 15권 4호.

그레이엄 머독(2011), 디지털 시대와 미디어 공공성, 이진로 등 역, 나남, 2011.

하라 마리코·시바야마 데쓰야(2011), 공영방송의 모델, BBC를 읽다, 안창현 역, 한울 아카데미

ZDNet(2013), 신문기사, 2013.

R. Pichard(2013), Is there still a place Public Service Television?, 공공미디어의 경제학, 이진로 등 역, 마고북스, 2016.

Trine Syvertsen(2003), Challenges to Public Television in the Era of Convergence and Commercialization, TELEVISION & NEW MEDIA.

Vol. 4 No. 2, May 2003.

Trine Syvertsen(2000), The Many Uses of the "Public Service" Concept.

Josef Trappel(2014), Taking the public service remit forward across the digital boundary, RIPE@2014, Public Service Media across Boundaries.

Mary Debrett(2009), Riding the wave: public service television in the ulti-platform era, *Media, Culture & Society, in* 2009 Vol. 31(5).

Indrajit Banerjee and Kalinga Seneviratne(2005), Public Service Broadcasting: A best practices sourcebook, UNESCO.

Gunn Sara Enli(2008), Redefining Public Service Broadcasting, Multi-Platform Participation, Sage Publications.

Robert G. Picard(2011), The Changing Nature of Political Case-Making for Public Service Broadcasters, Regaining the Initiative for Public Service Media. RIPE@2011.

Hallvard Moe(2011), Defining public service beyond broadcasting, Department of Information Science and Media Studies, 2011.

EBU, VIDION(2014) 2020, AN EBU PROJECT, 2014.

Christian S. Nissen(2007), 디지털 시대의 공영방송, 김형일 역, 커뮤니케이션북스, 2007.

BBC(2007), Royal Charter, 2007.

Irini Katsirea(2012), Who is Afraid of Public Service Broadcasting? ; The Digital Future of an Age-Old Institution Under Threat, Yearbook of European Law, 2012.

Denis Mcquail(2006), 디지털 시대 공영방송의 책무 수행 평가, 강형철 역, 한울 아카데미, 2006

Harrison(2001), 유럽 공영방송의 정의, 2001.

Karol Jakubowicz(2010), PSB3.0 ; Reinventing European PSB, Reinventing Public Service Communication, 2010.

Wermer Rumphorst, 1998 유네스코.

Jo Bardoel and Gregory Ferrell Lowe(2007), From Public Service Broadcasting to Public Service Media.; The Core Challenge, From Public Service Broadcasting to Public Service Media, RIPE@2007.

Graham Murdock(2004), BUILDING THE DIGITAL COMMONS: PUBLIC BROADCASTING, University of Montreal, The 2004 Spry Memorial Lecture, Vancouver, 18 November 2004 IN THE AGE OF THE INTERNET.

Marko Ala-Fossi(2012), **Public Service and Broadcasting in the Post-broadcast Era,** Finnish media policy reform and the challenges of YLE new strategy, Paper for Workgroup 1: PSM Financing & Business Models, RIPE@2012 Conference, Value for Public Money – Money for Public Value. September 5 – 7, Sydney, Australia.

Petros Iosifidis(2010), **Reinventing Public Service Communication, European Broadcasters and Beyond,** *Reader in Media and Communications, City University London, UK.*

Allan Brown(1996), Economics, Public Service, Broadcasting, and Social Values, The Journal of Media Economics, 9(1).

360도 가상현실(Virtual Reality)과 미디어 플랫폼

장형준(KBS부장)

360도 가상현실(Virtual Reality)과 미디어 플랫폼

장형준(KBS부장)

1. 360도 가상현실의 개요

1) 4차 산업으로의 가상현실

(1) 제4차 산업에서 융합과 가상현실서비스

가상현실이란 인간의 오감 (시각, 청각, 촉각, 후각, 미각)을 이용한 인간과 VR기기 간의 인터페이스를 사용함으로 시뮬레이션과 실시간 경험 등 여러 가지 인간 감각의 VR기기 간의 상호작용을 말하고 있다. 이러한 가상현실의 강력한 특징에는 몰입감, 상호작용, 상상 등을 들 수 있다. 사용자는 실시간으로 가상현실 플레이어와의 상호작용을 통해 VR기기와 대화하고, 이로 인해 VR기기가 보여주는 가상현실 세계에 몰입하게 된다. 또한 허구의 가상 세계를 구축하기 위해서는 상상이 필요하다. 이러한 세 가지 특징을 가상현실이 주는 중요 특징이라 할 수 있다.

가상현실은 ICT 기술과의 융합으로 가장 핫한 이슈로 주목 받고 있으며 실감형 미디어로의 성장이 가속화를 예견하고 있다. 최근 화두가 되고 있는 제4차 산업혁명에 대해 이야기할 때 사물인터넷, 빅데이터, 인공지능과 함께 옴니채널 개념을 대표하는 O2O (Online to Offline)를 꼽고 있다. 가상현실(Virtual Reality)은 온라인의 가상 세계와 오프라인의 현실 세계가 융합하여 경계가 사라지는 O2O 세상에서 인간은 세상과 융합하게 되어 두 세계의 융합을 통하여 교육, 여행, 운동뿐만 아니라 게임도 하면서 인간의 새로운 삶의 영역을 제시하고 있다. 가상현실 관련 기술이 발전하면서 콘텐츠로서 생생한 현장감과 현실감 있는 느낌까지 전해주고 사용자로 하여금 깊은 감성체험을 하게 해주는 것이다. 현실 세상의 경쟁력과 다른 가상세계의 경쟁력은 연결의 확장에 있다 할 수 있다. 스마트폰으로 대변되는 디지털 시대가 도래 하고 현실과 가상이 융합되는 O2O 시대에는 디지털과 아날로그가 조합하면서 우버(Uber)와 에어비앤비(Air BnB) 같은 가상과 현실을 절묘하게 융합한 신생 기업들이 나타나고 있다.

가상현실 서비스의 다양성에서 보면 아직은 가상현실 디바이스가 보편화되지 않아 사례가 다양하지 않지만 가까운 미래에는 가상현실 기술의 특성과 페이스북, 구글 등 글로벌 기업들의 연구 결과와 연계된 더욱 실감나고 현실성 있는 서비스가 나타 날 것이라 기대되고 있다.

서비스에 대한 구체적인 예를 들면 세계적인 가구회사인 이케아는 이미 가상 기술을 통해 구입하고자 하는 가구를 실제 주거공간에서 배치해보며 공간감을 체험할 수 있도록 하고 있다.

호텔 예약 시 가상현실로 호텔시설을 미리 체험해 볼 수도 있다. 이처럼 대면 고객서비스를 주로 하는 산업에서는 고객과 가상공간에서 실제 대면하고 있는 것처럼 다양한 정보를 공유하며 상담을 진행하는 것이 가능하다. 이 경우 제품 사용 교육 및 상품 설명 등에 들어가는 운영비용을 혁신적으로 절감하면서도 상담 만족도와 효율은 상승시킬 수 있다는 평가이다.

가상현실에서의 회의, 관광, 컨벤션, 이벤트 등이 가능해지면서 가상현실 기반의 MICE(Meeting, Incentives, Events and Exhibition) 서비스 산업이 태동할 나타나고 있으며, 오프라인 강연이 가상현실상으로 옮겨가는 등 공간성의 한계를 뛰어넘어 체험 서비스를 제공하고 있다. 전투기 조종 및 폭발물 제거 훈련 등 군사적 목적의 가상현실 시뮬레이터는 가격이 고가이기는 해도 군인이 감수해야 할 위험비용 대비 높은 가치를 제공하기 때문에 국가 차원에서 사용하고 있다. 군사목적뿐 만 아니라 의료, 교육, 산업 곳곳에서 위험을 감수해야 하는 분야의 연습과 체험에 이용되고 있는 현실이며 그래픽 기술과 처리 속도 등의 향상으로 더욱 더 실감 있는 콘텐츠가 나오고 있다. 기술의 발전으로 헤드셋 내부에 내장된 소형 적외선 카메라로 눈동자의 위치와 움직임을 읽는 아이 트래킹 기능을 가진 VR 헤드셋을 제품과 5G 무선 전송 기술의 적용, 발열과 배터리 소모 등을 통해 보다 낳은 서비스가 공급될 전망이다.

(2) 가상현실의 역사

가상현실의 역사적 배경은 1962년도 미국의 모턴 헤이리그[1])가 개발한 센서라마 시뮬레이터로 3차원 비디오와 모션, 칼라, 입체 음향, 향기, 바람 효과, 진동 의자로 구성되어 실제 오토바이를 타고 달리는 경험이나 운전자가 길의 울퉁불퉁 함에 따라 의자가 진동 하는걸 느낄 수 있으며 속도에 따른 바람도 느끼고 심지어는 길가의 음식냄새까지 맡을 수 있는 시뮬레이션을 시초로 볼 수 있다. 이 연구를 기반으로 하여 HMD(head mounted display)의 가능성이 발견되었고, 이반 서더랜드[2]의 연구로 두개의 출력장치(CRT)를 이용한 사용자 인터페이스를 개발하는데 성공하였으며 이는 오늘날의 HMD의 기초가 되었다. 또한 1980년대에는 미국항공우주국(NASA)에서 우주비행사의 교육을 위해 시각적 가상환경 디스플레이 VIVED(Virtual Visual Environment Display)를 개발하였다. 이는 LCD 기반 HMD로써 나중에 VIEW(Virtual Interface Environment Workstation)로 발전하게 되었다. 이밖에도 2000년대에는 다양한 형태의 디스플레이들이 개발되었으며 보다 소형화 되고 영상의 반응속도가 개선된 모니터를 대상으로 발전 해오고 있다

초기 가상현실 시스템의 상용화에서는 컴퓨터 인터페이스 장치의 성능저하와 초기 상업용 디스플레이 모니터[3]의 낮은 해상도 문제로 실용화에는 큰 어려움이 있었다. 가상현실 개발 초기의 그래픽 워크스테이션이 매우 고가이었기 때문에 대형 회사, 정부, 자금이 아주 많은 큰 대학에서나 사용할 수 있어서 소수의 과학자들만이 가상현실에 관한 연구를 할 수 있었지만 1990대 후반 CPU의 속도의 증가와 그래픽 가속기의 발전으로 가상현실 기술의 비약적인 발전을 이룰 수 있었다. 다른 한 가지 중요한 요소로는 가상현실 입·출력장치 인터페이스의 발전을 들 수 있다. 초기의 무거운 LCD 기반 칼라 HMD는 낮은 해상도를 가졌었는데, 1990년대에 와서는 점차 높은 해상도와 선명한 영상을 제공하는 HMD가 개발되었다.

대중문화를 통해서 본 가상현실에서 대표적인 것으로 인공지능이 만든 가상 세계의 내용을 다룬 매트릭스를 예로 들 수 있을 것이다. 또한 가상현실은 완전한 가상의 세계를 만드는 것을 추구하는 반면, 그 중간단계로 현실 세계와 가상 객체들을 혼합하여 이루어지는 증강현실 기술과 관련된 대표적인 영화인 마이너리티 리포트 등을 예로 들 수 있다. 우리가 일반적으로 사용하는 컴퓨터 모니터를 대신 손동작을 인식하여 현재 키보

---

1) 1926년 출생, 가상현실의 아버지라 불림, 가상현실 체험기인 Sensorama 를 개발.

2) 1966년에서 1968년 동안 그는 하버드대학의 전기 공학과의 교수로서 재직하며 제자 밥 스프럴 (Bob Sproull)의 도움으로 최초로 가상현실(Virtual Reality, VR)과 증강현실(Augmented Reality, AR) 헤드 마운티드 디스플레이 (HMD) 시스템을 만들어 낸다.

3) VPL에 의해 1980년에 소개 된 Eye Phones이었다. 이것은 최초의 상업적 HMD라는 측면에서는 의의를 가지지만, 너무 낮은 해상도(360*240 픽셀) 때문에 가상의 장면들이 흐릿하게 나오는 점, 비싼 가격과 무거운 무게의 문제점 때문에 상업적으로 성공하지는 못하였다.

드나 마우스 역할, 즉 컴퓨터의 입력 장치를 통해 컴퓨터와 상호작용 하고 있는 것을 볼 수 있다. 가상현실의 특징으로 과거의 사이버 세계와의 구분과 정의 또한 경계가 모호해 지고 있다. 영화의 예에서도 알 수 있듯이 초기의 VR은 일반적으로 사이버스페이스와 혼동되어 사용되기도 하는 등 개념 사용에도 혼란이 있다. 가상현실과 사이버스페이스의 구분을 시간성, 공간성, 현실관으로 구분하고 있다.

2) 가상현실과 프레젠스

미디어와 기술의 융합과정에서 가상현실이 대두 되면서 전통적인 실감방송이나 실감형 콘텐츠의 이용이 개인형, 맞춤형으로 발전하고 있다. 과거의 기술발전에 대한 한계를 넘어 하드웨어의 사양과 디스플레 해상도의 혁신적인 증가로 인해 HMD를 사용하여 개인의 오감을 활용한 실감형 콘텐츠를 즐길 수 있는 것이다. 실감형 미디어의 이용형태에 관한 기존 연구에서 보면 3DTV의 예를 들 수 있다. 입체영상이 좌, 우 시각의 시각적 차이에 의해 현실감과 입체감을 주는 실감형 콘텐츠로써의 3DTV는 미디어의 새로운 플랫폼으로 각광 받았었다. 디스플레이 기술의 비약적 발전으로 3DTV의 실현이 가능했지만 인프라에 대한 수효와 충분한 콘텐츠가 수반 되지 못한 배경으로 뉴미디어의 플랫폼으로써 자리 잡지 못했다. 가상현실에 대한초기 발전 과정에서도 이러한 문제점과 해결과제를 위한 콘텐츠 제작자, VR기기 제조 회사가 시행착오를 줄이기 위한 다각적인 노력을 기울이고 있는 실정이다.

가상현실 기반의 콘텐츠는 몰입감과 상호작용이라는 강력한 특징을 기반으로 프레즌스 효과로 나타나고 있다. 상호작용과 몰입감을 일으키는 다양한 프레즌스 효과와 즐거움이나 각성 그리고 만족도에 어떠한 영향을 미치는 프로세스에 대한 전반적 고찰도 필요하다.

가상현실은 3차원 그래픽에 의존하며 사용자와의 그래픽 세계 속을 구성하고 있는 요소들과의 상호작용을 전제로 하고 있으며 감각기관에 대한 직접적인 자극을 통해서 감각적이고 비언어적인 경험을 하게 된다. 그러나 궁극적으로는 VR 프로그램이 인터넷이나 디지털 방송 같은 가상공간에서도 사용자들 간의 상호작용의 공간으로 활용될 것이므로 실상 미래에는 구분이 무의미해 질 수도 있다고 하였다. 또한 가상현실에 대한 기존 연구에 따르면 VR체험의 특징은 몰입(Immersion), 감정이입 (Empathy), 행위주체성 (Agency) 변형 (Transformation)이라고 할 수 있다.

특히 사용자가 어떻게 컴퓨터가 만든 가상적인 (Virtual) 세계에 빠져 들어가게 되는가와 관련된 몰입의 차원은 VR체험을 다른 매체 체험과 구분 짓는 핵심적인 특징이라고 할 수 있다.

가상현실 콘텐츠가 가지는 여러 가지 특징 중에서 컴퓨터 그래픽을 이용한 부분과 360도 영상을 이용한 가상현실 콘텐츠가 최근 가상현실 콘텐츠의 주된 부분을 이루고 있다. 기본적으로 이들 콘텐츠는 기존의 양안식 3D원리[4]를 적용하고 있으며 현존감 으로 명칭 되는 프레즌스적 요소가 2D 미디어에서 보편적으로 연구가 이루어져 왔으며 양안시차의 3D 에서도 연구가 이루어져 왔다. 가상현실에서의 프레즌스 요소를 기반으로 HMD를 이용한 가상현실에서 나타나는 효과를 통해 프레즌스를 느끼는 효과와의 상호 관계에 대한 이해와 통찰이 필요하다.

2. 가상현실(Virtual Reality)의 특징

1) 가상현실(Virtual Reality)의 개념 및 기술적 요소

가상현실의 궁극적인 지향점은 몰입형 가상현실과 같이 실제 현실을 완벽하게 대체하는 것으로 3차원의 세계를 시각적으로 구현하고 나아가 소리, 향기, 촉감 등도 완벽하게 구현할 수 있어야 한다. 현재까지는 컴퓨터 그래픽을 근간으로 시각으로부터 얻는 정보의 리얼리티를 보조하는 역할에 무게를 두고 있다. 가상현실이 현실을 대체하기 위해서는 그만큼의 정교한 리얼리티를 구현해야 하지만 아직까지는 기술적 제약과 비용의 한계로 인하여 시각적 효과 구현에도 어려움을 겪고 있는 수준이다. 그러나 최근 들어 ICT기술의 발전과 디스플레이기술 등의 발전으로 다양한 분야에서 활용의 가능성이 열리고 있다.

컴퓨터와 네트워크의 결합을 통해 하나의 공간인 사이버스페이스가 등장하면서 본격적인 가상현실의 개념이 도입되었다. 디지털 영상의 내러티브 유형의 하나로 가상현실은 인간의 상호작용이 결합됨으로써 비로소 하나의 가상현실을 형성하게 되는 것이다. 이러한 가상현실은 실제 세계와 비슷하게 느끼도록 하는 실감정보 기술의 새로운 패러다임을 제공한다. 완벽한 가상현실을 만들기 위해서는 실제 세계를 그럴듯하게 모사한 환경을 만드는 것만 가지고는 부족하며, 현실에서 인간이 외부 환경을 제어하는 것과 비슷한 방

---

4) 설정이 같은 두 카메라를 일정한 간격(축간격) 만큼 떨어뜨린 후 왼쪽 눈과 오른쪽 눈의 영상을 각각 획득하는 장치. 축간격은 두 눈 사이의 간격을 참조하여 결정되고 이를 통해 입체감이 형성된 스테레오스코픽 3D 영상을 획득할 수 있다. 두 카메라의 배치 방식에 따라 수평식, 직교식, 그리고 주시각 제어 방식에 따라 평행식, 교차식, 평행 이동식 카메라로 분류된다.

식으로 세계를 제어할 수 있도록 하는 작업도 동시에 개발되어야 한다고 주장하고 있다.

가상현실에서의 대표 기술의 개념을 살펴보면 몇 가지 기술을 들 수 있다. 첫 번째로 표현 기술과 상호작용기술로 분류된다. 표현기술은 시각, 청각, 촉감과 같이 인간의 감각을 이용한 사용자 인터페이스 기술이 중점적으로 개발되고 있다. 시각관련 기술의 특징은 가상/증강현실 기술 중에서 가장 발달한 기술로서, 컴퓨터 그래픽, 동영상 관련 기술, 3D 디스플레이 기술 등이 있으며 특히, 실제감을 증대시키기 위해서는 고도화된 컴퓨터 그래픽스 기술의 도입으로 실사 수준의 가상 세계를 시각화하며 실시간 렌더링 기술이 필요하다. 또한 Oculus Rift의 등장으로 침체되었던 가상현실 시대를 다시 활성화시키게 된 계기가 된 것처럼, 몰입감을 주는 HMD기술은 가상/증강현실의 핵심 기술이다.

현실에서 나는 소리 역시 방향과 거리를 가지고 있다. 가상현실 구현에 필요한 입체음향은 방향감, 거리감 및 공간감을 제공하는 음향이다. 가상 음향 환경(Virtual Acoustic Environments)이란 컴퓨터를 이용해서 실제 음원이 존재하는 가상의 공간에 디자이너가 원하는 임의의 환경을 만들어 청취자가 시청 시 디자인된 음원으로 부터 공간적 단서(방향감, 거리감 및 공간감)를 지각하여 입체음향의 체험을 가능하게 하는 음향환경을 말한다.

촉감관련 기술은 시청각 기술과 비교하여 미개발 영역이나, 사용자가 촉감을 통해 인지하는 정보가 많기 때문에, 이의 재현을 위한 역감, 질감 및 공간감의 표현 기술이 필요함. 대표적으로 FF(Force Feedback)과 TF(Tactile Feedback)으로 구분되어지는데, FF는 기계적 인터페이스를 통해 사용자에게 힘과 운동감을 느끼게 하며 게임 분야에서 널리 활용되며, TF는 의학 분야에서 가장 많은 활용도를 보이며, 피부 조직 등을 만지는 듯한 촉감 전달을 통해 실재감을 증대시킨다. 후각 및 미각관련 기술은 현재 대부분의 가상현실 시스템에서 후각 및 미각 관련된 표현에 대한 지원은미미한 편이고 후각과 미각의 자극과 반응에 대한 생물학적 매카니즘이 밝혀지는 하였지만, 다른 감각보다 더욱 복잡한 뇌 내 연상 작용에 관계하고 있어서 구현에 어려움이 있는 상황이다.

가상현실의 상호작용기술은 가상공간 내에서의 조작 방법 혹은 증강현실에서 실제 공간 또는 객체의 조작을 위해 필요한 핵심 기술이다. 대표적인 분야로 HCI가 있다. HCI란 Human Computer Interaction의 약자로서 인간과 컴퓨터 상호작용을 말한다. HCI는 컴퓨터 시스템과 컴퓨터의 사용자 사이의 상호작용을 향상시키기 위한 효과적인 방법을 중점적으로 연구하는 분야로서 컴퓨터 그래픽, 운영체제, 인간요소(Human Factor), 인간공학, 산업공학, 인지심리학 및 컴퓨터 과학 등이 결합되어 여러 학문분야에서 다양한 연구가 활발히 진행되고 있다.

세부적 기술은 컴퓨터 비전 기술 또는 센서를 활용하여 가상공간에서의 사용자 움직임을 인식하여 상호작용을 돕는 동작인식 기술로 표정 인식 및 제스쳐 인식 기술로 분류된다. 음성인식 기술은 가상현실 공간에서 인간과 컴퓨터가 원활히 상호작용할 수 있는 환경을 구현하는데 있어서, 동작 인식 못지않게 편리하면서 효과적인 기술로 화자 종속 방식(Speaker Dependent System), 화자 독립 방식(Speaker Independent System), 화자 적응 방식(Speaker Adaptive System)으로 분류 된다.

가상현실을 구현하고 표현 하는 방법으로 저작기술이 필요하며 가상의 정보 또는 객체 모델링에 활용되는 기술로, 이를 통해 가상/증강현실 제작자의 의도, 생각, 정책 등을 반영하여 가상공간 또는 정보를 효율적으로 만들 수 있는 기술이다. 부가적으로 객체 인식 및 트래킹기술은 증강현실에서 가상의 정보를 현실 공간에 정확히 표현하기 위해서, 관심 객체를 인지하고, 사용자의 시점을 정확히 계산하기 위해 필요한 기술로, 깊이 정보의 추출을 토대로 실제 환경의 정보를 정확히 얻어내고, 가상의 정보를 실제 환경에 표현할 수 있는 기술로 분류 될 수 있다.

2) HMD의 특징과 VR 서비스의 분류

VR 붐을 일으킨 오큘러스 리프트(Oculus Rift) 헤드마운트 디스플레이는 다양한 센서와 결합해 가상공간을 자유롭게 체험을 할 수 있다. 이런 VR을 구현하기 위해서는 대부분 헤드마운트 디스플레이(이하 HMD)를 사용하고 있으며 머리 방향을 센서로 측정하고 카메라 방향을 반영하는 '헤드 트래킹' 구조로 HMD를 쓴 사용자가 위를 보면 푸른 하늘이 보이고 아래를 보면 자신의 다리와 바닥이 보이는 등 눈앞 시야에 펼쳐지는 실제와 같은 영상이 강한 몰입감을 제공하고 있다.

HMD의 최근 성장 배경에는 2013년 완성된 오큘러스 리프트 1세대 애플리케이션 개발자 키트'Development Kit 1(DK1)'은 전 세계 게임 개발자 축제인 Game Developers Conference(GDC)와 세계 최대 게임 박람회 E3 등에 전시되며 압도적인 시야각과 거의 실시간의 헤드 트래킹 기술이 맞물리며 VR 이목까지 끄는데 성공한다. 2014년이 되면서 VR 시장은 급변한다. 오큘러스 리프트를 닮은 HMD가 속속 등장하기 시작 하면서 소니의 플레이스테이션4(이하 PS4) 전용 VR HMD'프로젝트 모피어스(Project Morpheus)'를 발표했으며 구글은 2014년 6월 개최한 연례 개발자 회의'구글 I/O 2014'에서 렌즈가 달린 골판지를 접어 스마트폰을 덧대는 간이식 VR HMD'카드보드(Cardboard)'를 발표하고 유튜브와 구글 스트리트 뷰를 공개하였다. 2015년 3월에는 대만 스마트폰 제조사 HTC가 세계 최대 게임 판매 플랫폼인'스팀'을 운영하는 밸브와 합작해 'HTC 바이브'를 발표했으며 삼성전자와 LG전자도 스마트폰을 이용한 VR기기를 선보였다.

이처럼 가상현실(VR) 디바이스는 머리에 쓰는 투구형 가상현실 기기인 HMD(Head Mounted Display) 제품이 대표적으로 Statista 자료에 따르면 전 세계 HMD 제품은 2015년 2.7백만 대에서 2016년 14.9백만 대로 약 5배 정도 증가하며 2018년에는 38.8 백만 대까지 확대될 전망이다.[5] 가격과 성능을 기준으로 HMD 제품을 구분하여 정리하면 프리미엄과 보급형으로 분리 할 수 있으며 현재까지의 모델과 기능을 분류하면 그림 <6-1>과 같다.

가상현실 기술이 발달함에 따라 응용 분야와 서비스 분야도 지속적으로 확대되고 있다. 과거부터 대표적인 활용 분야로는 의료, 군사, 제조, 생산, 교육, 관광, 항공, 우주, 광고, 엔터테인먼트 등을 들 수 있다. 이외에도 다양한 산업 간 컨버전스 현상에 따라 가상현실 기술의 활용 분야는 광범위하게 확대되고 있으며, 기술의 발전과 이용자의 요구에 맞게 각각의 응용 방법에 있어서도 지속·혁신적인 발전이 진행되고 있다.

가상현실의 활용분야 측면에서는 가상/증강 현실 기술이 발전하고 현실화되면서 가장 활발하게 활용될 분야는 게임 분야이며 영화, 교육, 소셜 미디어 등 다양한 분야에서도 활용될 전망이다. 영화 분야에서 가상현실 기술을 이용해서 실제 영화 속에 들어온 것과 같은 효과를 얻을 수 있을 것으로 기대하며, 실제 코믹콘 2014 전시회[6]에서는 헐리우드 영화 스튜디오들이 오큘러스 리프트(Oculus Rift)를 이용하여 영화 속 한 장면을 실제로 체험할 수 있는 행사를 진행하였다.

페이스북은 '오큘러스 스토리 스튜디오'를 설립하고, 가상현실 영화 제작을 계획하고 있으며 교육 분야에서는 가상 교실에서 수업을 듣고 토론을 하는 등 공간의 한계를 뛰어 넘는 교육이 가능할 것으로 기대하며, 역사 문화 탐방 등은 시공간을 초월한 체험 학습을 제공해 줄 수 있을 것으로 기대하고 있다.

소셜 미디어 분야에서는 가상공간 속에서 아바타를 이용해 교류하는 가상현실 소셜 네트워크 서비스가 출시될 것으로 예상되며, 헬스케어 분야에서는 의사의 원격 상담이

---

5) Statista(2016). "Virtual reality head mounted displays(HMD) unit sales worldwide from 2014 to 2018". (http://www.statista.com/statistics/426429/hmd-virtuial-reality-unit-sales-worldwide)

6) 미국 샌디에이고에서 열리는 엔터테인먼트 컨벤션. 매년 열리며 미국 만화, 영화, 미국 드라마, 그밖에 여러 가지 서브컬처들에 대한 소식이나 관련 행사를 한다.

나, 고소 공포증 환자의 치료, 수술가이드 등 의학적 목적으로 가상/증강 현실 기술이 활용될 것으로 기대하고 있다.

기업 업무 분야에서도 건축 설계 시 요구되는 건축 시뮬레이션, 기업의 원격 회의 등에 가상/증강 현실기술을 이용할 것으로 전망하고 있으며 스크린 골프와 같은 가상현실 기술을 활용한 체험형 실감 스포츠 등으로 확산 가능하다.

방송 콘텐츠 분야에서는 가상 스튜디오가 대표적으로 널리 활용되고 있으며, 최근에는 증강현실 기술적용으로 스포츠 해설에 널리 활용되고 있다. 마이크로소프트(MS)는 미국 항공우주국(NASA)와 협력해 가상현실을 통해 화성 여행이 가능한 콘텐츠를 제공할 예정이며 가상현실의 몰입감을 증대를 위한 HMD 연구가 더욱 활발히 이뤄질 것으로 기대되며, 더불어 상호작용을 위한 인터페이스 기술 개발이 더욱 활발해 질 것으로 예상된다.

제조 분야에서는 증강현실 기술을 이용하여, 복잡한 기계의 조립, 유지 보수에 필요한 정보를 HMD를 착용한 사용자가 실제 장비를 보면서 작업에 필요한 정보를 즉시 획득할 수 있는 장점이 있어, 많은 연구가 진행되고 있다.

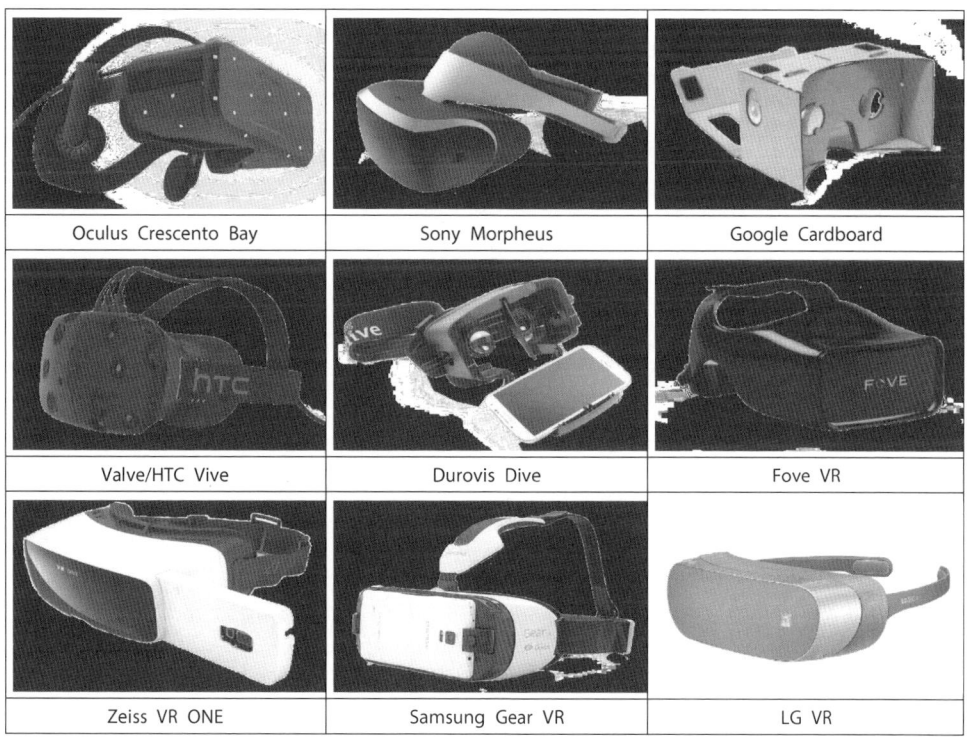

<그림 6-1> VR 기기의 HMD 제품

<표 6-1> 가상현실의 분야별 활용 사례 및 전망

구분	내용
게임	비디오 게임 분야, 특히 탐사를 수반하는 1인칭 게임 타이틀에서 가장 널리 활용될 전망 'Oculus Rift'를 착용한 상태에서 고개를 움직이고 동작을 하는 행위가 기울기, 방향 등을 탐지하는 센서 및 포지셔널 트래킹 기술을 통해 곧바로 게임 속 가상현실에 반영되는 방식으로 게임의 현장감과 몰입도를 대폭 증대시킬 것으로 기대
영화	영화의 흐름에 관객의 직접적인 참여를 유도하는 신개념 인터랙티브 콘텐츠, 관심 있는 장면을 집중적으로 응시할 수 있는 혁신적인 시청 경험 자원을 기대 'Comic-Con International 2014'에서는 영화 스튜디오들이 Warner Bros.의 최신작 'Into The Storm', Fox의 'X-Men'등을 테마로 'Oculus Rift'를 이용해 영화 장면을 실제로 경험해 볼 수 있는 시연 행사를 개최
웹서비스	UI 혁신으로 서비스 경험을 개선하는 데 폭넓게 활용될 전망 Netflix는 최근 'Oculus Rift'를 착용한 상태에서 3D 공간을 기반으로 손동작으로 콘텐츠 라이브러리를 탐색하는 UI 'Oculus' 동영상을 공개 가상현실 SNS 서비스 AltspaceVR, 오픈베타 서비스 시작 Netflix, Oculus Rift를 사용한 검색을 공개하는 등 User Interface 개선에 활용
헬스케어	가상현실 기술을 매개로 불안, 공포 등의 신경증을 유발하는 환경을 체계적으로 간접 체험함으로써 증상을 완화시키는 형태로 정신 보건 분야에서 활용될 전망 가상의 수술훈련 등을 통해 의료 교육 분야에서도 각광 예상 가상환경을 이용한 각종 신경증 치료 (고소공포증 등 관련 캘리포니아 대학의 가상현실 치료학 연구) 각종 재활치료, 원격 진료(영국 Plextek Consulting) 등에 활용
기업용 SW	3D 포트폴리오 시연, 화상 회의를 통한 고객 응대 등에 활용 가능. 예를 들어 건축가는 자신이 설계한 건물들의 내 외부를 3D체험하는 도구로 'Oculus Rift'를 고객 유치에 사용
교육	역사적인 사건 등을 체험하는 수단으로 가상의 현장 교육을 시행교실, 칠판 등을 가상현실로 가져와 실감나는 온라인 강의를 진행 가상현실의 활용성이 높을 것으로 기대되는 분야로 가상의 현장교육 및 몰입학습, 특수아동 지도, 각종 정비 교육, 외과의 등의 교육에 활용 구글, 카드보드를 활용한 가상현실 교육 지원 대상 확대를 발표
공연/전시/테마파크	유명 미술관/박물관 재현 및 인터렉티브 전시 실시 The Void, 가상현실 테마파크 구상 발표 폴 매카트니, 콜드플레이 등 가상현실 콘서트 앱 발매
자동차	Ford, 가상현실을 차량 내외부 이미지 경험 제공 및 신모델 개발에 활용 Audi, 차량 구매시 가상현실을 이용하여 차량 내외장 선택 가능 Toyota, 'TeenDrive365' 운전교육 캠페인에 가상현실 활용
관광/여행/레포츠	캐나다 브리티시 컬럼비아써, 보트여행/하이킹 VR영상 배포 Marriott 호텔, 런던/하와이의 체험이 가능한 VR체험 'teleporter' 제작 STRIVR Labs, 미식축구를 배우는 가상현실 컨텐츠 공개
산업 및 정부	영국, 군위생병 훈련에 Oculus Rift 사용 발표 용접 등 연습비용이 많이 드는 전문직 훈련, 건축 설계, 가상현실 회의 실시 등

출처 : 2015년 콘텐츠 산업 10대 트랜드 (KOCCA 포커스 2015-2호), 가상현실 기술이 콘텐츠 혁신을 이끈다.(미디어잇, 2015.02) ; ZDNet Japan, Tech Crunch, 정보통신기술진흥센터, 한국콘텐츠진흥원, LGERI 재구성

3) 360도 VR과 저널리즘

가상현실 인터랙티브 미디어를 활용한 체험형 전시영상이라는 새로운 형태의 전시방법이 등장하면서 전시환경의 상호 교환적 커뮤니케이션의 효과가 극대화되고 있으며, 이에 따라 인터랙티브 전시영상의 효과적 활용에 대한 연구와 체험형 콘텐츠가 증가하

고 있다.

체험형 전시환경에 적용된 인터랙티브 전시영상은 가상현실(Virtual Reality), 증강현실(Augmented Reality), 반응영상(Media Interactive) 등으로 최신의 디지털 미디어 기술을 토대로 전략적으로 관람객(체험자)의 관심을 유도하고, 다양한 인터랙티브 기능과 커뮤니케이션 컨텐츠를 통해 전시에 대한 몰입과 높은 만족도를 이끌어 내고 있다. 체감형 콘텐츠가 가상현실과 접목하면서 360도 카메라를 이용한 가상현실 콘텐츠가 급속히 증가면서 컴퓨터 그래픽을 이용한 가상현실의 장르에서 탈피한 360도 체감형 가상현실 콘텐츠의 보급과 제작에 관한 관심이 증폭되고 있다.

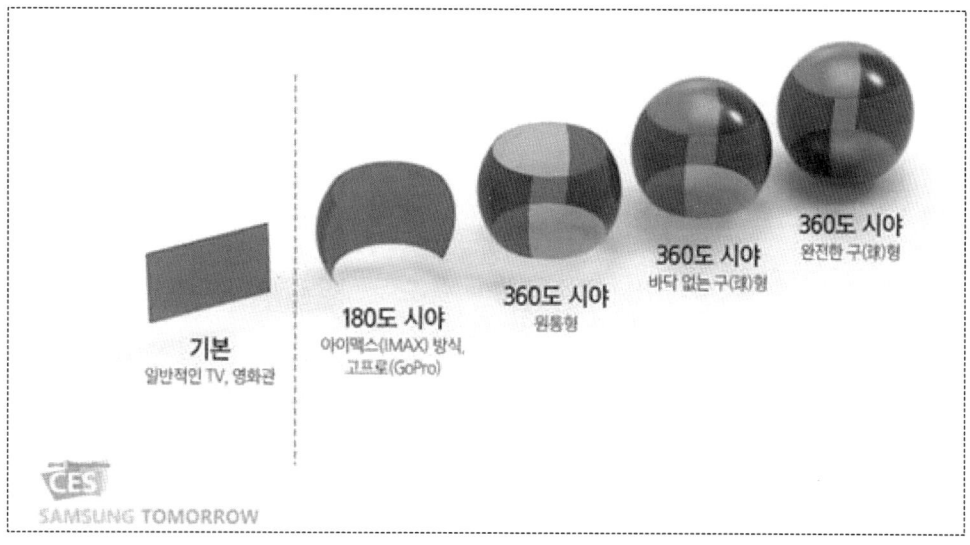

출처 : CES 2015 프레스 컨퍼런스

<그림 6-2> 몰입형 비디오의 시야각 표현

가상현실의 강력한 효과중 하나인 몰입감에 대해 360도가 모두 표현되는 콘텐츠는 실제 거실에서 영화를 보는 듯한 경험을, 대형 스크린 환경에선 마치 아이맥스 영화관의 초대형 스크린 앞에 앉아있는 듯한 경험을 각각 할 수 있는 요소로 가상현실에서 '360도 경험'이란 완전한 몰입감을 완성하는 요소로 작용한다. 2차원 평면구조의 영상은 가로세로비의 화면비로 과거 텔레비전의 4:3 혹은 1.33:1 이나 디지털 텔레비전의 1.78:1의 16:9의 가로세로비를 사용 하였다. 극장에서 상영되는 영화의 경우에는 주로 2.39:1 이나 1.85:1의 가로세로비가 사용되었다. 최근에 들어 아이맥스가 180도의 시야각을 사용하는

대형 영화관이 등장하면서 시야각이 확장 되었다. 가상현실에서의 360도 시야각은 원통
형 시야각, 바닥없는 360도 시야각, 그리고 완전구형 360도 시야각으로 구분되어진다.

출처 : CES 2015 프레스 컨퍼런스

<그림 6-3> 완전 몰입을 경험 할 수 있는 구형 비디오 영역 예시

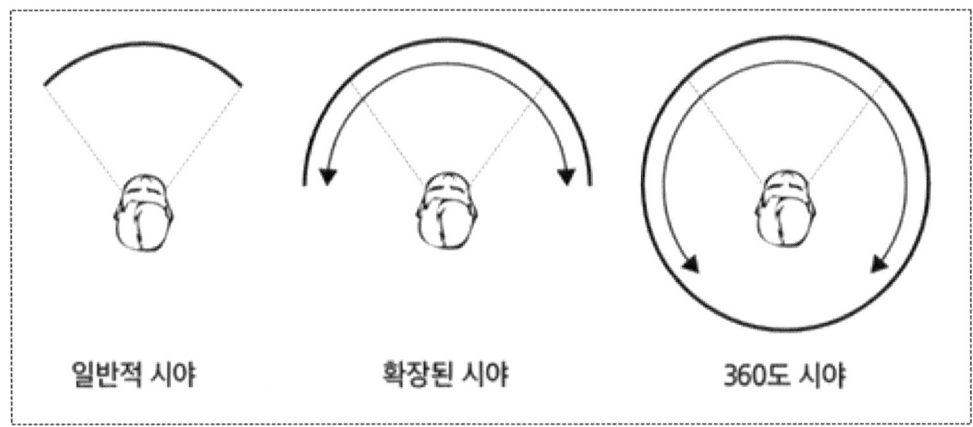

출처 : CES 2015 프레스 컨퍼런스

<그림 6-4> 확장된 시야각 범위

가상현실용 비디오를 제작하기 위해서는 카메라 여러 대를 구조장치(Rig)에 부착해
사용하거나 카메라를 삼각형, 사각형 또는 구(球) 형태로 배치해 사용해 360도 영상을
하나로 연결하는 스티치(Stitch)작업을 통해 각 영상 간 이음매를 최소화하는 추가 가공

작업이 필요하다. 카메라 센서 하나로 포물면 거울을 사용하면 이음매는 없어지겠지만, 많은 센서들 대신 하나의 큰 이미지 센서만 사용함으로써 해상도는 상대적으로 떨어지는 단점과 광학적 왜곡이 발생한다. 이러한 상황에서도 VR기기 업체아 글로벌 콘텐츠 제작사는 360도 가상현실을 영화나 스포츠중계를 통해 선보이고 있다.

2015 선댄스 영화제(Sundance Film Festival New Frontiers 2015)VR 단편 영화인 삼성전자의 '더 리쿠르트(The Recruit)나 글로벌 VR 콘텐츠 제작인 넥스트VR의 국제 챔피언스컵(ICC) 축구 중계나 미국 자동차 경주 대회인 '나스카', US 골프 오픈, 미국 프로 농구(NBA)의 경기의 VR생중계 등을 예로 들 수 있다. 국내에서도 KT 위즈 2016년형 정규시즌 홈 개막 시리즈에서 360도 VR 중계를 서비스한 예 가 있다. VR 360도 가상현실 스포츠중계나 콘텐츠는 스마트폰을 터치해 360도로 돌려서 보거나 헤드마운트 디스플레이(HMD)로 감상하게 된다. 360도 VR 체험 콘텐츠로는 몰디브의 피놀루 빌라, 카니를 포함해 도미니카 공화국의 코코넛 숲 낙원 푼타 카나, 프랑스의 425km 스키 슬로프 퓨제 발란드리 등을 360 VR 영상으로 소개하고 있다. 최근 360 VR 영상은 이 같은 여행지를 소개할 수 있는 최적의 수단으로 자리 잡고 있다. 기존의 2D 형태의 사진으로 소개 할 때와 달리 현지에 직접 가본 것 같은 착각이 들 정도의 경험을 미리 맛볼 수 있기 때문이다.

360도 가상현실체험은 관광, 엔터테인먼트를 넘어 저널리즘의 영역에도 진출하고 있다. 애나 세라노(Ana Serrano)[7]는 VR로 만든 저널리즘 콘텐츠는 실제로 느껴보지 못한 재난 현장이나 긴박한 현장 등을 VR로 보여주면 글보다 전달력이 강해 독자에게 더 큰 공감을 불러일으킬 수 있을 것이라 전했다. 또한, 이러한 VR 저널리즘이 성장하기 위해서는 제작 기술뿐만 아니라 스토리텔링 능력이 중요하다고 덧붙였다. 애나 세라노는 앞으로 독자들도 직접 VR 콘텐츠를 만들기 시작할 것이며 언론사는 어떻게 VR 콘텐츠를 잘 활용할 것인지 고민해야 한다며 VR 콘텐츠의 흐름이 더욱 성장할 것이라 전망했다. 또한 '가상현실 저널리즘'을 창시한 엠블메틱 그룹의 최고경영자 노니 드 라 페냐[8]는 그녀의 작품들은 시청자에게 특정 사건의 현장을 직접 겪는 것 같은 실재감과 함께 깊은 감정 이입을 가능하게 하여 호평을 받았다. 이는 VR과 저널리즘의 성공적인 접목가

---

7) 애나 세라노는 캐나다 필름 센터에서 1997년 설립한 인터랙티브 스토리텔링 제작 센터인 'CFC 미디어 랩'의 창립 멤버다. 2011년까지 14년간 국장으로 일했다. 이후 현재까지 디지털최고책임자를 맡고 있다. 디지털 엔터테인먼트 분야 스타트업을 발굴하고 지원하는 CFC 산하 아이디어부스트(IDEABOOST)의 대표이기도 하다.

8) '가상현실 저널리즘'을 창시한 엠블메틱 그룹의 최고경영자 노니 드 라 페냐는 2013년 미국의 빈곤층의 삶을 시청자에게 직접 체험하게 하는 VR 활용 보도물 '로스앤젤레스에서의 굶주림(Hunger in Los Angeles)'을 제작, 발표하여 주목을 받았다.

능성을 보여준 사례라고 하겠다. 미국 마케팅 조사 전문지 마켓앤드마켓(Markets and Markets)에 따르면 "오는 2020년이면 VR 저널리즘 시장 규모가 약 160억 달러(20조 원)에 이를 것"이라고 전망했다. 새로운 '블루오션'의 등장에 내로라하는 글로벌 통신사(AP 등)와 신문사(뉴욕타임스 등), 방송국(NHK 등)이 도전장을 내밀었으며 국내에서도 한국경제신문사, 조선일보사 등이 앞 다퉈 VR 저널리즘 영역 개척에 나서고 있다.

2014년부터 본격적으로 성장하기 시작한 VR 저널리즘은 국내에서도 역시 VR 저널리즘 제작에 뛰어들고 있다. 조선일보가 국내 언론 최초로 본격적인 시동을 걸었으며 유투브를 통해서도 VR뉴스를 제공하고 있다. 그 밖에 한국경제 '뉴스랩'에서는 지난해 민주노총 위원장이 조계사로 피신했을 당시, 경찰과의 대립 상황을 360도 카메라에 담아 주목받기도 했다.

콘텐츠적 측면과 이용자의 형태적 측면에서는 가상현실의 발전과 미디어와의 융합이 게임, 오락적 엔터테인먼트 요소를 넘어 VR 저널리즘으로 발전하고 있다. 최근의 예로 뉴욕타임스는 VR 저널리즘을 제대로 구현하기 위해 구글 카드보드 100만개를 배포했으며 CNN은 지난 해 삼성 기어VR을 통해 민주당 대선후보 토론회를 VR 영상으로 중계하기도 했다. 미국 나이트재단과 USA투데이 네트워크가 공동 발표한 '미래 보기 저널리즘에서의 가상현실(Viewing the Future? Virtual Reality in Journalism)'란 보고서에서는 주로 360도 동영상 카메라나 움직이는 3D 모델을 활용해서 제작된 가상현실을 직접 경험할 수 있는 스토리텔링을 구현하고 있다.

3. 가상현실(Virtual Reality)과 미디어 환경의 변화

1) 가상현실(Virtual Reality)의 생태계와 국내외 현황

가상현실의 국내외 동향은 Statista 자료에 따르면 전 세계 가상현실(VR) 이용자 수는 전년대비 541% 증가한 4천 3백만 명을 기록할 것으로 예상되며 시장 규모는 2016년에 전년대비 65.2% 성장한 38억 달러에 이르며, 2018년에는 52억 달러를 기록할 것으로 전망된다. 초기 가상현실 시장은 HMD(head-mounted display) 디바이스와 게임 소프트웨어 시장이 주류를 이루겠으나 2017년 이후 다양한 콘텐츠와 소프트웨어가 확대되면서 콘텐츠와 소프트웨어 시장이 전체 가상현실 시장의 성장을 주도할 것으로 예상 된다.

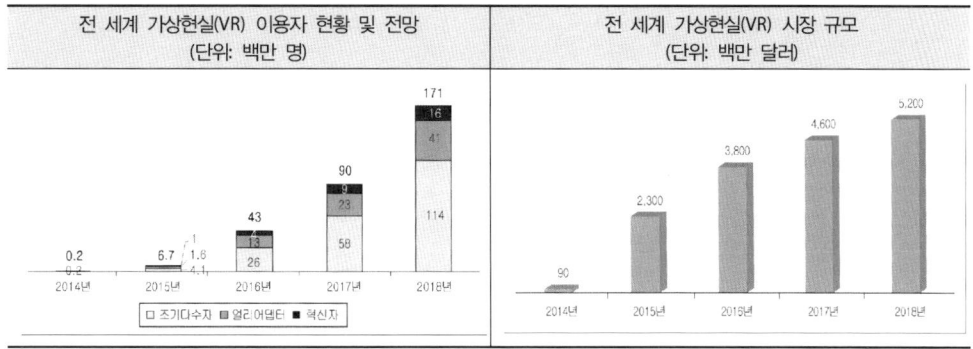

출처 : Statista(2016)

<그림 6-5> 전 세계 가상현실 이용자와 시장 규모

국내 가상현실(VR) 시장은 과거 군사, 가상 모델하우스와 같은 건축 분야를 중심으로 시장이 형성되었고 최근에는 게임, 애니메이션, 디지털 영상, e-러닝 등으로 응용산업이 확산되고 있다. 한국VR산업협회 자료에 따르면 국내 가상현실(VR) 시장 규모는 2015년 9,636억 원에서 2016년에는 전년대비 42.4% 성장한 1조 3,735억 원을 기록할 것으로 예상했고, 향후 2020년에는 5조 7천억 원에 이를 것으로 전망된다.

<표 6-2> 미래창조과학부 VR 플레그십 5대 선도 과제

분야	주요내용
VR서비스플랫폼	VR연계과제 개발결과물을 종합한 VR서비스 프레임워크 제작 및 VR콘텐츠 제작, 유통 등 제공
VR게임, 체험	VR+게임, 체험을 위한 모션인식, 영상처리 등 SW 콘텐츠 개발
VR테마파크	VR+한류 테마파크(놀이기구) 접목을 위한 SW 및 콘텐츠 개발
다면상영	대기업(사영관) + SW기업 + CG/애니기업 등 협력으로 다면상영 플랫폼 선점
교육 유통	이러닝/이북 등 콘텐츠와 유통솔루션(SW) 패키지 수출

출처 : 미래창조과학부

최근에는 국내기업인 삼성전자, LG전자가 HMD 디바이스와 360도 카메라 등을 출시하면서 모바일 중심의 하드웨어 시장이 급성장할 것으로 예상된다.

반면, 현재 가상현실 관련 국내 소프트웨어와 콘텐츠 시장은 매우 부족한데 가상현실 디바이스가 대중화되면 관련 콘텐츠 시장도 점차 확대될 것으로 예상된다. 국내의 경우는 가상/증강현실 기술 분야의 연구는 활발히 이뤄지고 있으며, 미래창조과학부도 VR 플래그십 프로젝트 5대 선도 과제를 시작하면서 VR 서비스 플랫폼, VR 게임 및 체험, VR 테마파크, 다면상영, 교육유통 등 다섯 가지 과제의 수요조사와 과제 기획 절차를 거쳐 연구개발(R&D), 콘텐츠 개발, 실증사업 지원 등을 통합 지원하는 방식으로 내후년까지 약 500억원의 예산이 투입될 전망이다. 올해는 정부가 149억원, 민간 분야에서 100억원의 예산이 투입된다. ICT world 2015년 리포드에 의하면 가상현실의 소프트웨어 플랫폼은 구글과 페이스북을 선두로 투자를 확대하고 있으며 페이스북은 사용자들이 직접 콘텐츠를 만들 수 있는 UCC 기능이 포함된 가상화 소프트웨어를 개발하고 있다. 구글은 소프트웨어의 강점을 이용해 각종 센서, 가속도계, 자이로스코프, 기압계 등의 기술을 통해 휴대폰과 태블릿에 공간 지각력을 부여하는 탱고 플랫폼을 개발해 레노버, 엔비디아, LG, SK텔레콤 등 다수의 ICT기업들을 통해 관련 제품 및 서비스를 개발하고 있다. 또한 구글은 가상현실 플랫폼인 '점프'를 통해 360도 카메라의 촬영, 편집, 업로드, 재생이 가능하도록 플랫폼을 제공하고 있다.

서비스 플랫폼 측면에서는 국내외 주요 인터넷포털 기업들이 가상현실 플랫폼 구축에 힘쓰고 있다. 구글은 구글 플레이에서 VR용 앱을 제공하고 있고, 유튜브에서는 360도 동영상 콘텐츠 서비스를 제공하고 있는데 최근 카드보드 렌즈와 같은 렌즈를 적용한 VR 보기 기능을 통해 더욱 현실감 있는 콘텐츠 서비스를 제공하고 있다. 페이스북도 2015년 9월부터 360도동영상 콘텐츠 서비스를 제공하고 있다. 국내에서는 네이버가 동영상 생중계 서비스에서 여러 대의 카메라로 촬영한 생중계 영상을 이용자가 인물, 카메라 각도 등에 따라 선택해 볼 수 있는 실시간 스트리밍 기술인 '멀티캠'을 선보였고, 360도 동영상 플랫폼도 개발하고 있다. ICT기업의 가상현실(VR)에 대한 페이스북, 구글, 소니, 삼성전자를 중심으로 생태계를 C(콘텐츠)-P(플랫폼)-N(네트워크)-D(디바이스) 관점에서 분석을 하면 다음과 같다.

페이스북은 2016년 F8 개발자 컨퍼런스에서 하드웨어 역량을 강화하기 위해 2014년 3월 VR전문업체인 오큘러스를 20억 달러에 인수 후 3년 정도의 시간을 통해 자체 생태계를 형성했고, 그 다음 2년 동안은 개별 서비스인 동영상, 메신저, 그룹, 와츠업, 인스타그램 등을 강화해 왔으며 향후 5년은 연결성(Connectivity), 인공지능(AI), 가상현실(VR)·증강현실(AR) 등을 강화할 계획이며 특히, 가상현실 생태계형성을 위해 소셜 VR, 모바일 VR, 증강현실(AR) 기술 등을 강화할 계획이라고 발표 했다. 현재 페이스북의 가상현실 생태계는 유선 인터넷 PC 중심의 디바이스 '오큘러스 리프트'를 보유하고 있고, 페이스북과 오큘러스 스토어의 서비스 플랫폼을 통해 360도 동영상, 게임, 미디어 영상 등 다양한 콘텐츠를 제공하고 있다. 향후에는 모바일 인터넷기반 시장을 확대하고, UCC 기능이 포함된 가상현실 소프트웨어 개발을 통해 소셜 VR을 강화할 것으로 예상된다. 스트라베이스(2016) 에 의하면 구글은 무료 소프트웨어 플랫폼 제공을 통한 생태계확장을 통해 광고 수익을 확대하는 것으로 카드보드 디바이스를 2014년에 출시해 현재까지 약 500만 대 이상 보급했으며 페이스북과 삼성전자에 대응하기 위해 스마트폰 기반의 보다 고성능의 가상현실 디바이스를 개발하고 있다. 이투데이(2016)에 의하면 소니는 소니컴퓨터엔터테인먼트를 통해 게임 하드웨어인 플레이스테이션과 게임 소프트웨어를 유통하고 있고, 소니픽쳐스, 소니뮤직 등 콘텐츠 제작 및 유통의 강점을 살려 가상현실 디바이스인 '플레이스테이션 VR'을 출시하였으며 올 연말까지 230개 이상의 게임 VR콘텐츠 개발예정이다.

삼성전자는 스마트폰 등 하드웨어 부문의 강점은 있으나 소프트웨어와 콘텐츠 역량은 부족하며 360도 동영상을 촬영할 수 있는 '기어 360' 등 가상현실 관련 디바이스와 콘텐츠 전략의 일환으로 미국 테마파크업체와의 제휴를 통해 가상현실 콘텐츠 시장을 확대하고 있다.

가상현실 생태계의 현안사항과 문제점을 보면 프리미엄급 제품은 높은 가격, 보급형 제품은 낮은 트래킹 정밀도와 해상도 문제와 공통적으로 제품의 무게, PC, 스마트폰, 게임 콘솔 기반의 제품 간 표준화 부재 등이 문제로 남아 있다. 스마트폰을 이용한 HMD의 네트워크 측면과 플랫폼에서는 구글과 페이스북을 중심으로 두 기업에 대한 소프트웨어와 콘텐츠 의존도가 높아지고 있다는 점과 가상현실을 몰입감 있게 체험할 수 있는 콘텐츠가 매우 부족하다는 문제가 대두 되고 있다.

2) 가상현실(Virtual Reality)에 관한 다양한 연구

실감방송, 내지는 실감 미디어에 대한 기존 연구는 방송에서의 아날로그에서 디지털로의 전환, 그리고 HDTV에 관한 프레즌스의 효과에 대한 연구를 바탕으로 입체형 실감 콘텐츠인 3DTV에 대한 연구가 있었다. 최근에는 UHDTV의 실감방송에 관한 다양한 연구가 있었으나 가상현실에 대한, 특히 HMD를 이용한 가상현실(Virtual Reality)의 연구는 제한적이었다. 근래에도 HMD를 디스플레이로 한 가상현실 연구는 주로 광고나, 시뮬레이션드에 관한 연구였다. 가상현실과 연계된 증강현실 등에 관한 기존 연구의 내용을 정리하면 다음과 같다.

역사 관광정보 서비스를 위해서는 수집된 컨텐츠별로 가장 정확하게 정보가 제공될 수 있는 뷰포인트를 찾아 스마트폰을 이용한 증강현실 기술을 이용해 모바일 어플리케이션 서비스를 설계 및 구현한 연구가 있으며 증강현실을 이용한 광고의 맥락 특성을 연구 결론으로는 광고의 시간, 장소(위치), 개인화 서비스등 사용자와의 맥락성이 높을수록 인지된 유용성과 인지된 용이성이 증가하는 것으로 나타났다. 즉 증강현실 광고의 사용자는 위치기반 정보서비스나 자신의 구매성향, 혹은 취향을 파악한 맞춤형 증강현실 광고를 유용하게 인식하고 있다는 것이며, 증강현실 광고의 맥락 특성이 사용성이나 인터페이스의 학습 편의성 등 전반적으로 편리하고 이용하기 쉽게 한다고 평가하는 것으로 나타났다. 또한 인지된 용이성이 높을수록 인지된 유용성이 증가하는 것으로 나타났다. 이는 증강현실 광고의 맥락특성이 구현된 인터페이스 사용의 편리함이 유용하다고 느끼는 정도에 영향을 미쳤다는 것을 의미한다.

모바일 HMD 기반 VR콘텐츠를 엔터테인먼트, 헤리티지, 경험지식기반 콘텐츠로 분류하고 각 콘텐츠의 특성과 개발 방향성을 예측하고 콘텐츠디자인의 기술적, 내용적 특성을 분석함으로서 향후 새로운 VR산업생태계 창출을 위한 디자인적 관점에서의 다양한 콘텐츠의 활용 방향성에 대해 제시한 연구와 웹 기반 3D 시뮬레이션 학습방법과 기어 VR을 활용한 가상현실 학습방법에 따른 평가 영역별 학습효과의 차이에 대해 가상현실 학습의 어떠한 매체적 특성요인이 학습만족도에 영향을 미치는지를 확인하는 연구로 평가 영역별 학습효과의 차이에서는 사후검사 후 약5% 정도 향상된 것과 감각적 몰두의 요인은 가상현실의 학습에서도 중요한 특성요인으로 학습만족도에 영향을 미친다는 사실을 검증한 연구가 있다.

신매체 문화이면서 새로운 형태의 커뮤니케이션 수단으로 간주되고 있는 가상현실(Virtual Reality)의 문제를 지각과 커뮤니케이션의 측면에서 실증적으로 접근하고자 하는 연구가 있다.

현재 VR 콘텐츠의 유형 및 특성, 제작기법등의 연구로 콘텐츠 유형분석과 VR 콘텐츠 디자인의 방향성을 제시한 내용으로 VR 콘텐츠의 소비가 아닌 개인의 창작물로서 제작된 다양한 VR 콘텐츠를 공유하는 새로운 행태의 VR 산업 생태계 조성 방향성에 대한 연구이다. 체험25개, 게임13개, 앱10개를 선정, 총 48개 콘텐츠를 대상으로 콘텐츠의 유형 및 내용을 분석한 결과 첫 번째, 체험형 VR 콘텐츠는 엔터테인먼트, 헤리티지, 경험 지식 기반의 세 가지 세부유형으로 분류되며. 두 번째, 게임 VR 콘텐츠는 방향전환과 터치패드의 이용에 따라 두 가지로 분류된다. 세 번째, 앱 VR 콘텐츠는 360도 영화, 사진, 시사, 다큐멘터리, 정신장애 치료 등 사용자가 VR 콘텐츠를 제작하거나 공유할 수 있는 프로슈머 VR 플랫폼으로 분류된다. 세부유형 분류를 기반으로 콘텐츠의 내용을 분석하면 첫 번째, 체험형 VR 콘텐츠의 제작방법은 360도 실사 영상 촬영, 3D 로우폴리곤[9] 기반 시뮬레이션, 전문 렌더링 프로그램 기반 360도 애니메이션으로 제시된다. 두 번째, VR 환경은 VR 사용자 경험 디자인과 VR 사용자 인터페이스 디자인으로 제시된다. 세 번째, VR 콘텐츠의 내용적 측면은 사용자 경험 지식을 기반으로 하는 체험 및 교육 콘텐츠, 다양한 장르의 VR 게임 콘텐츠, 개인의 경험이나 체험을 공유하는 VR 플랫폼으로 제시된 연구 결과가 있다.

ICT 기술과 스마트폰의 보급으로 인하여 관심이 증대된 가상현실 동향과 스마트교육 콘텐츠 기술의 발전과 함께 나타날 가상현실 기반 체험용 콘텐츠 동향에 대한 연구와 가상현실 기술은 HMD 단말로 1인칭 시점의 게임에서 실감과 높은 몰입감을 발휘하고 있어 가상현실 기술을 이용해 시야를 가득 메우는 대화면에서 영화 시청 시 몰입감과 현장감을 높이는 등, 가상 극장과 같은 효과를 얻을 수 있는 특징을 이용 하는 점과 교육 분야와 전시분야 등 HMD의 기술에 대한 발전 동향에 대한 연구가 있다.

사용자 상호작용 기술을 중심으로 실세계와 가상세계를 연결하는 주목할 연구로 각각 기술들은 서로 다른 배경과 적용 분야를 갖지만 사용자의 경험과 실세계와 가상세계의 연결성을 풍부하게 하는 인터페이스라는 점에서 공통점을 가지진다는 연구와 기존 영화 제작 프로세스와 다른 가상현실영화만의 제작 기술인 360도 화면에 맞는 영상 제작, 인터랙션, 360도 화면에 맞는 출력 방법에 대한 연구, 문화관광 분야에서 가상현실 콘텐츠의 시장 선점 가능성 및 경쟁력 확보를 위하여 HMD(Head Mounted Display)에서 발생하는 인지 부조화로 인한 시뮬레이션 멀미(Simulation Sickness) 현상을 개선시키기 위해 아웃포커스, 렌즈더스트, 모션블러 효과, 흔들림 효과를 최소화 하였으며 제작된 콘텐츠는 사용자의 몰입도 향상을 위해 효과적인 UI 디자인을 고려하여 설계한 연구가 있다.

---

9) Polygon. 다각형이란 의미의 영어. 3D 프로그램에서 모델링에 사용된 면의수가 3000개 이하로 구성되었을 때 로우폴리곤 이라한다. 2D에서도 로우폴리곤 기법을 사용하고 있으며 삼각형으로 쪼갠 면이 많을수록 디테일이 높아지나 많은 시간을 투자해야한다.

전시기술의 발전 양상 및 VR기술 활용의 적시성을 고찰하고, 전시 관람을 위한 VR콘텐츠 구현을 통해 전시 문화와 IT기술과의 융합에 따른 적절성을 검증을 위한 스마트폰을 활용한 HMD형 VR플랫폼을 이용한 연구와 자유시점 영상 구현을 위하여, 다양한 각도에서 여러 개의 영상을 획득하여 360도 파노라마 영상을 구현한 후, 파노라마 영상을 직각좌표계에서 구좌표계로 맵핑함으로써, 사용자에게 원하는 시점의 영상을 제공 하는 연구, 3D파노라마 가상현실 지질 답사 투어 학습 자료를 개발을 위한 연구로 파노라마 관측 지점의 모든 면을 볼 수 있고, 확대, 축소, 화면 돌리기 등의 상호작용이 가능한 프로그램으로 교육적 효과를 알아보기 위한 실험에서 긍정적인 반응을 보여준 연구, 성인기 발달장애인을 대상으로 비디오게임을 활용한 가상현실 운동프로그램(Wii Fit Plus)의 적용효과를 규명하고자 하는 연구로 15주 동안 실험을 통해 진행을 통해 가상현실을 활용한 운동프로그램을 적용 시 고려해야 할 시사점에 대한 연구 등이 있다.

Oculus Rift를 기반으로 3D 입체 게임 개발에서 시각적 오류를 유발하는 4가지 문제점(카메라 중심점 이탈 문제, 색감부조화에 따른 잔상, 헤드셋 반응속도의 차이, 시각적 오류를 유발하는 2D UI 문제들)을 정의하고 해결책을 제시하여, 인터랙션이 가능하고 HMD 헤드트레킹을 적용하여 높은 몰입감을 가지는 3D 입체 게임 제작기법을 제시한 연구와 전통문화자원(문화재)를 활용한 가상현실 콘텐츠 제작으로 하회마을 옥연정사를 시범 지역으로 선정하여 HMD(Head Mounted Display)를 착용하여 가상현실 콘텐츠를 제작한 연구 등이 있으며 시뮬라크르[10]의 개념을 사용하여 가상현실 실시 스크린 골프의 의미를 명확히 하기 위한 연구로 스크린 골프를 치는 사람들의 여가 경험과 자신의 실존적 진정성에 대한 분석 연구로 스크린 골프는 골프에 대한 참가자들의 욕구를 충족과 동료들 간에 상호 작용을 통해, 그들은 성취, 호기심, 집중력, 재미, 친밀감의 감각 및 연결의 감각을 얻기 위해 노력한다는 연구가 있다.

또한 기술수용 모델(TAM: Technology Acceptance Model)을 통해 모바일 증강현실 광고의 효과 및 수용의도를 알아보기 위한 연구로 증강현실 광고의 수용 모델에 대한 외부 영향을 검증한 결과, 증강현실 광고의 맥락특성이 인지된 유용성과 인지된 용이성에 각각 유의미한 영향을 주는 것으로 나타난 연구 결과도 참고 할만하다.

---

10) 시늉, 흉내, 모의 등의 뜻을 지니는 시뮬라크르(simulacre)는 가상, 거짓 그림 등의 뜻을 가진 라틴어 시뮬라크룸에서 유래한 말이다. 이 라틴어 단어는 영어 안에도 그대로 흡수되어서 모조품, 가짜 물건을 가리키는 말로 쓰인다.

4. 가상현실과 미디어 플랫폼

1) 미디어와 가상현실

미디어의 발전과 기술의 발전이 융합하면서 새로운 미디어가 출연하고 새로운 플랫폼에 따른 문화의 패턴이 형성되어 가고 있다. 얼마 전 까지만 해도 뉴미디어인 IPTV, DMB, 3DTV, 스마트폰, UHDTV등 기술과 미디어가 융합되어 새로운 형태의 미디어 플랫폼이 등장하고 이용자의 소비 패턴에 대한 다양한 변화가 가속화 되어 가고 있다. 최근에는 방송과 통신의 융합을 넘어 이제는 ICT((Information & Communication Technology)와 미디어가 융합되는 시대가 도래되고 있다.

실감 미디어란 말 그대로 실제로 체험하는 듯한 느낌을 주는 미디어, 인간의 감각기관을 통해 실제인 것 같은 경험을 제공하는 미디어를 지칭한다. 사용자는 미디어라 는 매개가 없는 것처럼, 공간과 시간의 제약 없이 가짜를 진짜처럼 느낄 수 있어야 한다. 현실에서는 불가능한 환경이더라도 진짜라는 느낌을 받을 수 있는 것이 실감 미디어다. 그려려면 미디어가 인간의 오감을 모두 자극해 몰입할 수 있게 만들어야 한다. 현실에 존재하지 않지만 존재하는 것 같은 '실감 나는' 경험을 하게 해 주는 것이다

VR은 기술이 아니라 미디어이다. 새로운 미디어가 나올 때 기술이 차지하는 측면이 매우 높고 넘어야할 큰 산 일수 있다. 그래서 미디어가 정착하기 까지 기술이라는 이미지가 강하게 남을 수 있다. 여러 가지 측면에서 초창기에는 VR의 기술적인 측면에 초점이 맞춰져 있다. 그러나 애나 세라노는 VR를 볼 때 기술적인 측면 외에 일종의 '매체'로 보는 것도 중요하다고 강조했다. VR는 이야기를 풀어두는 공간이고, 그 과정에서 다양한 기술이 들어간다는 입장이다.

VR를 매체로서 이해하기 위해서는 '상호작용(Interactive)'과 '몰입감(Immersive)' 두 축 상에서 보면 3D-4D 영화는 상호작용성은 낮지만 몰입감은 상당한 매체다. 헤드 마운티드 디스플레이를 활용해 수동적으로 감상하는 VR(Passive VR)가 그보다 조금 더 높은 수준의 몰입감을 제공하고, 방에서 다른 기기와 함께 즐길 수 있는 룸스케일 VR가 매우 높은 수준의 몰입감과 상호작용을 제공한다. 가장 높은 단계에 있는 홀로덱(Holodeck)은 영화 스타트렉에 나오는 가상의 장치다. 장치에 들어가면 실제와 같은 가상의 공간이 펼쳐진다. VR는 이용자의 행동과 상호작용을 통해 눈의 움직임을 추적하

고, 머리를 어떻게 돌리는지 파악해 이에 부합하는 영상과 음향을 제공한다. 가상현실의 궁극적인 목표는 현실과 구분을 할 수 없어지는 지점에 있다.

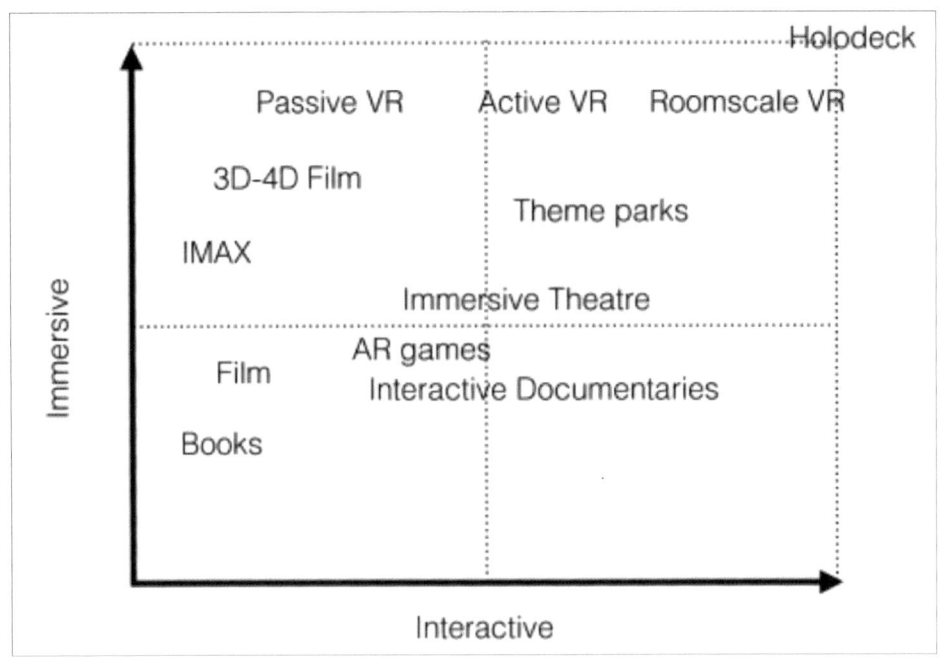

출처 : 애나 세라노 발표자료(한국언론진흥재단 제공)

<그림 6-6> VR은 기술이 아니라 미디어

몰입감과 함께 느끼는 실재감은 실제로 어떤 환경 속에 있다는 느낌을 의미한다. 실재감을 느끼는 조건에는 3가지가 있다. 첫 번째, 가상현실 속에서도 행동의 결과를 느낄 수 있어야 한다. 예컨대 가상환경 속에서 산책한다고 했을 때, 발걸음에 맞춰서 '걷는다'는 인식이 들어야 하고, 내가 걸어가는 것에 맞춰서 시야에 들어오는 풍경이 달라져야 한다. 그때야 내가 해당 현실에 '실재'한다는 느낌을 받을 수 있다. 두 번째는 감각이다. 시각, 청각 등이 현실과 부합해야 한다. 예컨대 내가 고개를 오른쪽으로 돌린다면 오른쪽 귀로 들리는 소리가 왼쪽 귀로 들리는 소리보다 조금 더 크게 들리는 식이다. 세 번째는 '선입견'이다. 가상현실에 들어와도 사람들의 선입견은 유지된다. 사람은 스스로 가지고 있는 인지적인 선입견에 바탕을 둬 현실을 인식한다.

광운대학교 미디어영상학부 정동훈 교수는 과학과 기술의 영역으로 이해돼온 가상현실을 인문, 사회, 경제, 미디어 영역으로 옮겨와 융복합적인 관점에서 보고 있으며 저명한 미디어 학자인 마셜 맥루한의 말을 인용해 "미디어는 메시지이고(the medium is the message)" 인간은 미디어를 통해 세상을 인식하고, 모든 종류의 미디어는 인간 과 세계를 연결해 주는 감각이 확장된 것이라고 전한다. 미디어를 비롯한 인간이 만들어 낸 모든 인공물은 인간의 확장이다. 기술은 인간의 몸이나 감각기관의 확장이다. 가상현실 역시 인간의 확장이다. 인간이 느끼는 오감을 가상현실 환경 에서 그대로 느끼게 된다고 말하고 있다.

2) 미디어 플랫폼으로써의 가상현실

최근의 급격한 변화의 주체 속에서 주요 ICT 기업들이 가상현실 시장에 진출하고 있는데 페이스북의 주커버그는 "가상현실(VR)은 차세대 소셜 플랫폼"이라고 역설하면서 가상현실에 대한 투자를 확대하고 있고, 구글은 소프트웨어 플랫폼과 콘텐츠를 확대하고 있으며, 그 외 소니, 삼성전자 등도 가상현실 생태계를 형성하고 있다. 특히, 가상현실의 응용사례가 게임, 영화, 스포츠, 테마파크와 같이 엔터테인먼트 시장에서 벗어나 교육, e-커머스, 헬스케어 등 다수의 산업으로 확대될 가능성이 커서 관련 시장의 확산에 따른 파급효과는 매우 클 것으로 예상 되고 있다.

HMD를 기반으로 최근의 가상현실 기술의 발전은 고글 형태의 경량화 된 단말 형태로 발전하고 있으며, 가속도 센서와 자이로센서[11]를 통한 정확한 동작 인식 기술이 결합된 방식으로 진화하고 있다. 오큘러스 VR[12]은 가상현실HMD 단말인 오큘러스 리프트를 선보이며 가상현실 기술의 새 장을 열었으며, 삼성전자, 소니 등 글로벌 IT 기업들도 보급형 가상현실 HMD 단말을 내놓고 있다. HMD를 이용한 가상현실기술은 1인칭 시점에 최적화되어 몰입감과 실감을 높이는 데 사용되고 있으며 지금도 계속해서 진화 중이다. 가상현실의 콘텐츠 형태 중에서 컴퓨터로 디자인된 그래픽 가상현실 콘텐츠는 제

---

11) 가속도 센서는 Accelerometer 로 말 그대로 가속도를 측정하는 센서 이다. 가장 많이 활용하는 분야는 역시나 화면 회전이다. 가로모드 세로모드등 화면 회전은 중력가속도가 항상 작용하기 때문에 측정이 가능하다. 자이로 센서는 회전하는 물체의 각속도를 측정하는 센서로 가속도를 측정하는 가속도 센서와 달리 각속도를 측정한다. 스마트폰에 장착되어 있는 자이로 가속도 센서의 경우 사용자가 움직이는 모션을 감지하여 그에 맞는 다양한 반응을 수행할 수 있도록 하는 기능임.

12) 오큘러스 리프트(영어: Oculus Rift) 또는 리프트(Rift)는 오큘러스 VR 사에서 개발한 가상현실 머리장착디스플레이다. 이 기기는 넓은 시야에 오른쪽과 왼쪽 모두 1080×1200의 해상도를 갖는다. 리프트에는 3차원 오디오 효과를 낼 수 있는 통합된 헤드폰이 있으며 리프트는 회전과 위치를 추적하여 머리를 돌리면 해당 방향의 모습이 화면에 나타난다. 위치 추적은 USB 고정 적외선(IR) 센서에서 수행하는데, 이 센서는 보통 사용자의 책상에 놓여 앉아 있거나, 서 있거나, 방 주위를 걸으면서 리프트를 사용할 수 있게 한다.

작시간과 프로세스가 복잡하지만 최근 화두가 되고 있는 360도 영상에 VR 기술이 접목해 다양한 장르의 콘텐츠를 선보이고 있다. 최근의 가상현실은 1인칭 시점의 360도 영상을 촬영해 만든 허구의 현실세계로 가상현실 콘텐츠 사용자의 움직임에 따라 영상의 시야가 움직이는 특징이 있다. 자이로 센서와 가속 센서, GPS로 HMD를 쓰고 현실에서의 영상에 대한 느낌을 가상으로 느끼는 것이 가능해졌기 때문이다. 이러한 기술을 기반으로 게임 외 가상현실의 새로운 개척지로 떠오른 부문은 스포츠 경기 중계다. 스포츠 중계에 가상현실 기술을 적용하면 집에서도 마치 코트나 경기장 바로 앞에서 경기를 지켜보는 것과 같은 현장감을 느낄 수 있다. 영화 역시 가상현실 기술 적용 유망 분야로 꼽히고 있는 상태로 일반영화와 달리 관객이 고개를 돌리면 그에 상응하는 화면을 제공함으로써 영화 장면 안에 있는 듯한 착각을 제공하는 것이 특징이다. 실제로 2016년 1월 개최된 Sundance 영화제[13]에서는 35편의 가상현실 영화가 출품되었으며, 할리우드에서도 가상현실 영화에 대한 투자를 늘리는 추세다. 이 밖에도 부동산, 의료, 제조업 등 가상현실 기술은 다양한 분야에서의 활용도가 높을 것으로 기대되고 있다.

이처럼 가상현실은 ICT기술의 발전으로 미디어에서부터 게임, 오락, 교육, 엔터테인먼트, 저널리즘, 군사, 영화 등 매우 다양한 방면에서 급속히 현실로 다가오고 있다. 이러한 가상현실의 핵심에는 강력한 상호작용과 HMD로 인한 몰입감이 주된 영향으로 볼 수 있다. 가상현실의 몰입감과 상호작용의 특징은 1인칭 시전의 HMD를 이용하여 지금까지의 미디어플랫폼보다 강력한 현실감을 통한 영향력을 주고 있다. 이러한 강력한 프레즌스 효과를 나타내는 가상현실이 새로운 플랫폼으로써의 안착과 이용자들의 이용형태에 대한 다각적인 고찰이 필요하다 할 수 있다.

가상현실과 증강현실 활용 사례들을 살펴보면 가상현실과 증강현실의 콘텐츠에서 가장 주목받고 있는 분야는 참여자의 시각적 효과와 체험적 효과를 크게 줄 수 있는 분야들이다. 영화, 게임, 성인 콘텐츠, 테마파크, 박물관, 전시관, 교육, 광고와 마케팅, 의학, 뉴스 미디어 분야를 들 수 있다. 구체적으로는 영화의 경우 가상현실 영화는 게임의 상호작용성을 접목한 비선형 서사구조가 사용되어 관객이 어느 방향에 시선을 두는지에 따라 다른 영상스토리가 보여 질 수 있으며 시나리오와 연출, 제작에서 전혀 새로운 기법들이 요구된다.

---

13) 선댄스 영화제(Sundance Film Festival)는 매년 미국 서부에 위치한 유타 주에서 열리는, 독립 영화와 다큐멘터리 영화를 위한 국제 영화제이다. 배우인 로버트 레드퍼드가 주축이 되어 생겨났다.

가상현실과 증강현실 게임의 경우 IT 하드웨어 기술 발달과 직접 관련된다. 강력한 효율을 제공하는 CPU와 고해상도의 디스플레이 기술의 발달은 슈팅, 비행액션, 스포츠, 전투, 호러 등 시각 위주의 게임 장르의 콘텐츠 개발로 기존의 2차원 게임에 비교하여 높은 현실감과 몰입도를 제공한다. 높은 몰입도와 현실감의 성인 콘텐츠의 경우를 들 수 있다. 증강현실의 체험관, 테마파크, 놀이공원은 증강현실 기술이 더 효과적으로 활용될 수 있는 적절한 장소이다. 세계 최초의 증강현실 체험관인 퓨처 이즈 와일드(Future is Wild)는 기차를 타고 4개의 공간을 이동하며, 2억 5천만년 후의 미래에서 지구 환경의 변화로 탄생할 생명체들을 만날 수 있는 콘텐츠를 통해 서비스 하고 있으며 국내에는 롯데월드가 테마파크, 워터파크, 아쿠아리움, 키즈파크, 전망대에 가상현실과 증강현실 기술을 활용한 최첨단 테마파크로의 전환할 것을 핵심 키워드로 제시했다. 교육에 적용될 사례로는 AR과 VR 기술이 적용된 입체적인 형상을 통해 교재에 대한 흥미 및 동기를 자극할 수 있고, 다감각적 정보 제공을 통한 감정이입을 유발할 수 있다. 광고와 마케팅 부분에서는 AR 기술이 적용된 상품의 온라인과 오프라인 프로모션을 통해 간접적으로 상품을 입어보거나 착용하는 등의 체험을 통한 홍보를 하고 있다.

애나 세라노는 VR을 활용하는 방법으로 '라이브'와 '룸스케일 VR'을 추천했다. 특히 스포츠 생중계의 경우 다양한 각도에서의 중계를 가능하게 한다고 보고 있다. 룸스케일 VR는 방 안에서 VR 기기와 센서가 달린 여타 보조 기기를 활용해 체험하는 방식으로 현재 알려진 방법 중에서는 가장 실재감을 극대화할 수 있는 방법으로 알려져 있다. 애나 세라노는 "룸스케일 VR은 VR 업계의 화두다"라며 "룸스케일 VR가 언론에 어떤 방식으로 접목될 수 있을지는 아직 모르겠지만, 현재 VR 업계의 무게중심이 룸스케일 VR로 쏠리고 있다"라고 강조했다.

5. 향후전망

4차 산업혁명[14]으로 대표되는 빅데이터, 플랫폼, 클라우드 컴퓨팅, 가상현실과 증강현실 등이 대표적인 제4차 산업혁명 시대의 키워드이다. 앞으로의 일상생활은 과거와 비

---

14) 4차 산업혁명의 기본은 지능을 결합해 '연결'을 확대하는 것이다. 사람과 사물, 사물과 사물 사이의 연결이 무한대로 확장되는 사물인터넷이 되고, 여기에 인공지능이 접목되어 지금과는 차원이 다른 사회, 경제의 혁신을 가져온다. 출처 : [네이버 지식백과].

교할 수 없을 정도로 많은 정보가 생성되고 저장될 것으로 예측되고 있다. 수많은 형태의 데이터들을 수집·저장·관리·분석하며 데이터에서 가치를 추출하는 기술은 미래 산업의 핵심이라고 할 수 있다. 이른바 빅데이타 기술이다. 빅데이터를 제대로 활용하려면 플랫폼과 클라우드 컴퓨팅 기술이 필요하다. IT 생태계의 광장이라고 할 수 있는 플랫폼은 스마트 혁명의 주역인 애플, 구글, 아마존, 트위터, 페이스북 등의 선두 기업에서 스마트 플랫폼을 확장 시켜나가고 있다. 이러한 플랫폼을 기반으로 수많은 데이터를 수집·가공·분류·아카이빙을 통해 빅데이타가 나오고 있는 것이다.

제4차 산업혁명은 사물인터넷과 소셜 미디어 등으로 인간의 모든 행위와 생각이 클라우드 컴퓨터에 빅데이터 형태로 저장되는 것이며, 따라서 온라인과 오프라인이 일치하는 세상이 도래하게 된다. 표면적으로도 가장 개념적으로 근접한 것이 가상현실(VR)이나 증강현실(AR)이다. 오프라인과 온라인을 이어주는 대표적 매체인 것이다. 가상현실은 이러한 빅데이타, 플랫폼, 클라우딩 컴퓨팅 등의 최종 서비스로 볼 수 도 있다.

몰입감과 실재감을 통한 가상현실은 새로운 미디어로서 플랫폼을 생성하고 더 나아가 가상현실 저널리즘이라는 새로운 분야를 창출하고 있다. 4차 산업혁명의 대표적인 가상현실은 기술적 제약이나 콘텐츠 개발의 미숙한 인프라 등으로 발전 가능성의 여지를 주고 있다. 현실감의 저하와 휴먼팩터적 방해 요소로 인해 이용자들의 감소가 우려되는 것도 사실이다. 이러한 문제는 투자와 기술발전으로 해결해 나갈 수 있는 부분으로 앞으로의 일상을 바꿀 수 있는 가상현실과 실세계의 융합을 통한 새로운 시대가 매우 기대되는 것도 사실이다.

4차 산업혁명과 가상현실의 생태계적 정착을 위한 법, 제도의 정비와 함께 지속적인 투자가 필요하다. 관련부처와 산업계, 학계, 서비스관련 업계 등의 협력과 유기적 협력 관계가 필요하다. 가상현실의 서비스는 4차 산업혁명을 이끌어갈 핵심 기술이자 성장 동력 중 하나로 꼽히고 있다.

| 참고문헌

김익재. (2016). VR 기술 동향. 방송과 미디어, 21(2), pp.51-60.

이형철. (2010). 3D 비디오 영상과 VR 멀미. 대한 전자공학회지.

박명진, & 이범준, 가상현실 커뮤니케이션의 특성과 그 체험의 양상: 몰입 과정과 몰입 조건에 대한 수용자 연구, 2004년.

한국 콘텐츠 진흥원, ICT 이슈분석, 가상현실(Virtual Reality) 기술의 진화, 콘텐츠 혁신을 이끌다. 2015년.

정부연, 가상현실(VR)생태계 현황 및 시사점. 정보통신정책연구원, 2016년.

정아름, 가상현실(VR)에 주목하라, KISDI, 2016년.

정보통신정책연구원, 컨버전스 경제에서 가상현실 기술의 의의와 산업구조 변화, 2010년.

박동숙, & 전경란.디지털/미디어/문화. 한나래, 2005년.

박재형, 3차원 디스플레이, 광학과 기술, 한국광학회, 2009년.

최유리, 가상 환경상의 입체음향과 그 활용, 디자인학회, 2004년.

이동하, 인간과 컴퓨터 상호작용(HCI) 기술 정책 동향, 전자공학회지 2007년.

김익재, 융합 Weekly TIP, 융합연구정책센터, 2015년.

두경일, & 김성훈, 체험형 미디어 공간에서의 인터랙티브 전시영상 활성화 방안 연구, 2012년.

삼성뉴스룸, 2016/03/16(http://news.samsung.com/kr/g81fa)

정부연, 가상현실(VR)생태계 현황 및 시사점. 정보통신정책연구원, 2016년.

이민화 외(2016). VR을 말하다, 한국교육학술정보원.

김용하. (2016. 3. 25). "차세대 VR/AR 게임 개발 전략", VR(VR) 코리아 2016 세미나 발표자료.

박기현. (2016). VR 기반 실감형 콘텐츠 기술동향, 정보통신기술진흥센터, 주간기술동향 1750호.

국내 VR산업실태조사, 정보통신기술진흥센터(2016 Insight 01)

미래창조과학부 (2016. 2. 19), "미래부-문체부, 콘텐츠 新시장 창출을 위해 힘을 모은다!", 보도자료.

미래창조과학부·한국VR산업협회 (2015). "국내 VR(VR) 시장 규모", 한국VR산업협회 준비위원회 자료.

http://www.bloter.net/archives/263457

나무위키. URL:https://namu.wiki

변지민, VR 눈앞으로 다가오다(2), 네이버캐스트, 2015,7,20

변지민, VR 눈앞으로 다가오다(3), 네이버캐스트, 2015,7,20

가상훈련 산업, 미래를 향해 날개를 펴다 한국산업기술평가원 (KEIT K-tech, 2015.07)

ICTworld, (2016. 1. 6), "구글 프로젝트 탱고는 우리의 삶을 어떻게 바꾸는가".

IITP, "저널리즘에 활용되기 시작하는 VR기술" 주간기술동향, 1754호, 2016, 7, 13, pp38-39.

INSIGHTORS 컬럼, VR/AR 산업, 7가지 비즈니스 기회, 2017, 02,15.

IT World, "VR을 실전에 적용하기 위한 6가지 산업분야", 2016, 6,15

Facebook (2016. 4. 12), F8 Facebook Developer Conference 발표자료

STRABASE(2016), "VR, 게임을 넘어 영화·스포츠·SNS 등 대중화 위한 영역 확장 가시화

Statista. (2016). "Virtual reality head mounted displays(HMD) unit sales worldwide from 2014 to 2018".

스트라베이스(2016 1. 25), "Google, VR 시장 본격 도전…" Google Cardboard 넘어 고가 VR 헤드셋 시장 정조준".

07

4차 산업혁명과 차세대 방송 UHDTV에 대한 이해

I. 방송기술의 기본 지식 이해
II. 4차 산업혁명과 차세대 방송 UHDTV

박성규(동아방송예술대학교수)
이창형(KBS前국장)
장형준(KBS부장)

Ⅰ. 방송기술의 기본 지식 이해

박성규(동아방송예술대학교수)

1. 방송기술의 기본 지식 이해

1) 무선 전파와 지상파 방송의 미래

'지상파방송이란 무선 전파를 기반으로 하는 미디어 서비스 매체'라고 말할 수 있다. 방송이 시작되던 당시에는 무선이란 최소의 비용으로 가장 넓은 지역에 서비스하기 위한 가장 효과적인 방법이었기 때문에 애초부터 방송은 무선 전파를 기반으로 시작되었다. 1912년 초대형 여객선 타이타닉호가 북극의 빙산과 부딪혀 침몰하는 사건이 발생하였다. 당시 무선전신을 발명한 마르코니에 의해 세워진 아메리칸 마르코니 무선전신 회사의 전신 기사였던 데이비드 샤노프는 우연히 조난신호를 수신하게 되고, 타이타닉호의 조난과 인명 구조상황을 모르스부호를 사용하는 무선전신을 통해 72시간동안 계속 미국과 유럽에 알리게 되었다. 이렇게 타전된 무선전신 신호를 듣고 북극 주변의 선박들은 타이타닉호로 달려가 승객과 선원 일부의 인명을 구할 수 있었고, 육지의 사람들도 타이타닉호의 침몰 소식을 빠르게 전달받을 수 있었다고 한다(네이버 지식백과). 아마도 시작은 무선전신이라는 통신 수단이었지만 이렇게 불특정 다수에게 재난정보를 알리는 행위가 방송의 시초가 된 것이고, 방송의 위력을 실감한 마르코니와 샤노프는 그 후 각각 라디오방송과 TV방송 기술을 이끈 중요한 역사적 인물이 되었다.

방송과 통신은 디지털기술의 발달에 힘입어 빠르게 진화하고 있다. 특히 인터넷과 디지털 무선기술의 발달은 다양한 기능과 편리함을 이유로 더욱 빠르게 이용자의 생활습관을 바꾸어 나가고 있다. 통신기술은 1970년대 전전자 교환기와 광섬유 통신기술을 도입하여 모든 가정에 유선전화를 보급할 수 있는 시대를 열었다. 광섬유 이용으로 한 가닥의 광섬유로 수백 명의 전화 이용자를 수용할 수 있으며 앞으로는 더욱 기술이 발전할 수 있다고 하여 "무선은 유한하고 유선은 무한하다"는 논리도 주장되었다. 그 후 1988

년 88올림픽을 기점으로 국내에서 대중화가 시작된 이동통신 환경은 현재까지 약 30년 동안 1세대 아날로그 셀룰러 통신에서부터 2세대 CDMA기술에 의한 디지털 PCS 시대를 거쳐 3세대 WCDMA 와 CDMA-2000 시대 그리고 4세대 LTE와 LTE-A 시대까지 세대를 바꾸어가며 모바일 통신기술이 급속하게 진화하는 과정을 이용자들은 수많은 핸드폰 교체 경험을 통해 직접 체험하고 있다. 어느덧 이용자들은 가정이나 직장에서 손만 뻗으면 닿을 수 있는 거리에 유선전화가 있어도 주머니에 있는 핸드폰을 먼저 이용하는 무선의 편리함에 익숙해있다. 방송서비스 역시 디지털 시대를 맞아 빠르게 진화하고 있다, 국내 지상파방송은 SW단파방송과 AM중파방송 및 FM초단파 라디오방송 등 아직도 아날로그 라디오방송 기술로 청취자들에게 서비스하고 있지만, TV방송은 2000년 디지털 전환을 시작하여 2013년부터는 아날로그TV 방송을 완전히 종료한 후 디지털 HDTV방송을 제공하고 있다. 한편으로는 이동수신 시청자를 위해 T-DMB 모바일방송도 서비스하고 있다. 그 외에도 최근 2017년 5월 31일부터는 세계최초로 지상파 UHDTV방송도 시작함으로써 차세대방송 시대를 빠르게 열어가고 있다. 그러나 국내 방송시장은 지상파방송의 디지털 전환과 모바일방송 서비스 및 차세대방송 기술 도입을 위한 노력에도 불구하고 디지털 전환 과정을 통해 오히려 지상파방송 직접수신자가 급속히 줄어들며 대부분의 시청자들은 케이블TV와 위성TV 및 IPTV 등 유료방송을 통해 시청하는 현상이 뚜렷이 나타났다. 그 결과 2012년 디지털전환 종료 당시 지상파만 수신하는 가구는 7.9%에 불과하였으며, TV없는 가구는 3%로 집계되었고, 유료방송 이용자는 위성TV 8.1%, IPTV 18.1%였으며, 그 외 63%의 이용자는 케이블TV 이용자로 집계되었다(방통위, 2012).

지상파방송이 공영의 의무와 보편적 서비스 매체로 자리지킴을 계속 유지하려면 방송과 통신기술의 발전에 따라 10년 뒤 혹은 20년 뒤 시청자의 미디어이용행태 변화를 미리 예측하고 대응하려는 노력이 필요한 것 같다. 2000년에 지상파 방송이 디지털 전환을 시작하면서 디지털 전환이 완료되는 12년 뒤에 방송 환경과 이용자의 미디어 이용행태에 어떤 변화가 일어 날 것인지에 대한 연구가 부족했기 때문에 직접수신자의 급격한 감소를 예측하지 못하고 대응 전략도 부족했다고 볼 수 있다. 그러므로 향후 방송사는 진정으로 시청자를 위한 서비스 환경 구축 노력과 디지털 무선의 특징과 장점에 대한 더욱 철저한 연구가 시급하며, 방송사와 정부 및 가전사가 협력과 변화를 위한 새로운 시각과 의지가 요구된다. 최근 디지털 기술과 미디어 시장 변화에 따라 계속 새로운 방송매체가 탄생하고 있고, 3DTV, UHDTV 등 차세대방송 기술 도입으로 또다시 방송 환경이 전환이 시도되고 있는 시점에서 인터넷과 모바일통신 등 유력한 경쟁 기술과 융합하거나 경쟁할 수 있는 진보된 방송서비스 환경 구축이 필요하다. 그래도 무선 전파를 이용하는 지상파방송은 저비용으로 넓은 지역을 커버할 수 있고, 시청자에게 무선의 편리함과 혜택을 제공할 수 있는 가장 효율적인 전달 방법을 가지고 있는 미디어 서비스 수단일 수 있다. 그러나 앞으로 디지털무선전송 기술의 활용 방법이나 방송사의 전략과 방송인 각자의 의지와 역할에 따라 미래에는 아닐 수도 있다. 즉, 디지털무선전송 기술의 장점과 특징을 어떻게 잘 살릴 수 있느냐에 따라 지상파방송의 미래가 긍정적일 수 있고, 그렇지 못할 경우 경쟁 기술에 밀리고 이용자의 외면으로 빠르게 퇴보할 수도 있다.

주파수는 통신과 방송에서 동일하게 중요한 인프라 부분을 차지하고 있고, 이용자는 장소와 위치에 관계없이 언제, 어디서나 쉽게 이용할 수 있는 편리한 이용환경을 요구하고 있기에 최근 주파수 분배에 대한 정책적, 법률적 변화가 일어나고 있다. 방송과 통신 모두 주파수 확보를 위해 서로 경쟁하고 있으며, 정부의 전파관리 체계도 과거 전파의 간섭과 혼신 방지와 희소성 개념을 바탕으로 '명령과 통제' 방식에 의한 주파수 할당제에서 변화하여 점차 주파수 수요 증대에 따라 경제적 개념에 의한 '시장기구방식'에 의해 경매와 면허와 소유제가 도입되고 있다.

최근 스마트폰의 확산과 서비스 확대로 인해 이동통신 주파수 수요 증가는 방송주파수 영역까지 넘보고 있다. 그 예로써 지상파방송의 12년에 걸친 디지털 전환의 결과로 남겨진 700MHz대역(698-806MHz)의 총 108MHz대역폭에 대한 소유 경쟁이 사회적 이슈로 나타났다. 결국 정부의 결정에 의해 방송과 통신이 동일 주파수밴드에서 서로 알박기 형태로 공존하게 됨으로써 방송과 통신 신호의 간섭방지용 가드밴드 주파수 배치를 위한 주파수 낭비를 비롯하여 주파수 분배의 기형적인 배분으로 인해 통신사의 주파수 경매 기피가 발생하고, 방송은 두 개로 쪼개진 UHDTV 주파수 분포 때문에 공동주택의 공시청TV 증폭기가 두 배로 요구되고, 시청자 가정의 저비용 UHDTV 갭필러 보급의 어려움 등의 문제점이 지적되고 있다.

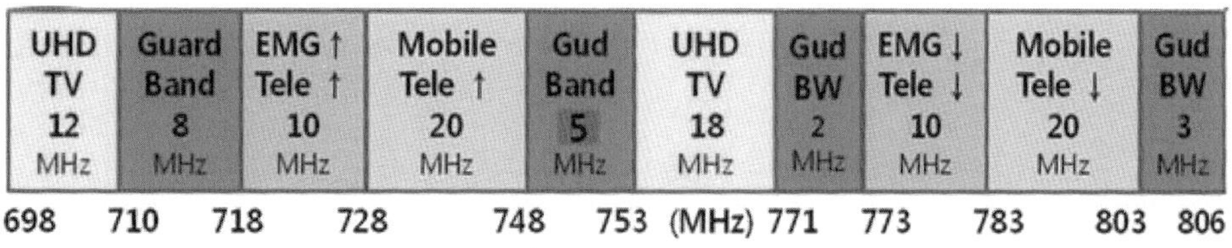

UHD TV 12 MHz	Guard Band 8 MHz	EMG↑ Tele↑ 10 MHz	Mobile Tele↑ 20 MHz	Gud Band 5 MHz	UHD TV 18 MHz	Gud BW 2 MHz	EMG↓ Tele↓ 10 MHz	Mobile Tele↓ 20 MHz	Gud BW 3 MHz
698	710	718	728	748	753 (MHz)	771	773	783	803 806

<그림 7-1> 700MHz 대역의 주파수 분배표

그림에서 보듯이 700MHz대역의 주파수 분배를 보면 디지털방송은 하나로 군집된 주파수 분포가 수신신호 증폭에 유리함에도 불구하고 UHDTV용으로 총 30MHz (12+18MHz) 주파수 할당으로 두 개의 영역으로 분리되어 있고, 통신은 원래 상향(↑)과 하향(↓)으로 두 개의 주파수 대역으로 나누어져야 하므로 재난통신용으로 총 20MHz (10+10MHz)가 할당되었으며, 이동통신용으로 총 40MHz (20+20MHz)가 배치되었으나 2016년 주파수 경매에서 이동통신사의 참여가 없어 지금은 이동통신용 주파수는 비워져 있다. 그 외에도 방송과 통신 신호의 간섭방지용으로 총 18MHz (8+5+2+3MHz)가 가드밴드로 할당되었으며 불규칙하게 700MHz대역 일부를 차지하고 있다.

2) TV는 안테나 없는 반쪽기능 무선수신기

지금은 주거지 주변에서 과거처럼 TV수신용 안테나를 판매하는 전파사를 찾아보기 어려운 실정이므로, TV구매가 늘어날수록 오히려 지상파방송 직접수신 가구는 줄어드는 현상이 나타나고 있다. 그 이유는 이미 시청자들은 노트북이나 태블릿PC와 핸드폰을 사용하면서 안테나에 별 신경을 쓰지 않고도 무선통신 사용에 익숙해져 있다. 반면에 지상파방송은 안테나 없이는 직접수신이 곤란한 매체이다. 그러므로 무선통신 환경에 익숙해진 시청자들에게는 통신에 비해 지상파방송을 수신하려면 상당한 불편을 느낄 수밖에 없으므로 지상파 직접수신을 포기하고, 대부분 유료매체를 통해 시청하고 있다.

만약 우리가 노트북이나 태블릿PC를 구매하려고 할 때 Wi-Fi 안테나가 내장되어 있는 제품과 내장되어 있지 않은 제품이 있다면 어떤 것을 선택할 것인가? Wi-Fi 안테나 없는 노트북과 태블릿PC의 구매는 상상하기 어려울 것 같다. 지금 시대의 이용자는 Wi-Fi가 터지지 않는 지역에서 Wi-Fi 사용을 할 수 없을 때 안테나가 탑재된 핸드폰이나 노트북을 탓하거나 제조회사를 원망하지는 않는다. 오히려 Wi-Fi 환경을 구축하지 못한 사업장 업주나 통신사를 탓하기 마련이다. 현재 TV수상기에 안테나 탑재를 거부하고 있는 가전사들은 수신불량 지역이나 난시청 지역의 시청자 불만 및 제품불량 신고 폭주가 가전사로 몰릴 것이 우려되어 TV에 안테나 탑재를 거부한다고 한다. 그러나 안테나 내장 TV판매를 촉진할수록 방송사는 각각의 채널에 대한 직접수신 이용률과 프로그램 시청률 경쟁 심리로 인해 자사의 직접수신 무선 환경 개선을 위한 노력을 더하게 되므로 시청자 수신환경은 더욱 좋아지게 된다. 그 외에도 가전사는 분명 내부 안테나 탑재나 실내안테나 동봉으로 TV판매 증진 및 수출에서 세계시장의 호응과 시장선점 등 여러 가지 유리한 상황을 예상할 수 있다. 그럼에도 불구하고 아직도 안테나 탑재나 동 봉판매를 거부하고 있는 가전사의 변명은 이해하기 어렵다.

한편 케이블TV와 위성TV 및 IPTV 등 유료방송은 각각의 서비스에 맞는 셋톱박스를 이용자 가정에 직접 설치해 주고 있다. 반면에 지상파방송은 송신까지는 직접 관리하지 만, 사실 각 가정에 수신까지 관리하고 관여할 수는 없다. 공동주택의 공시청안테나 설 치도 정부와 방송사 공동으로 지원은 할 수 있으나 전적으로 아파트 관리사무소의 설치 의지와 관리에 의존할 수밖에 없다. 과거 HD방송의 경우 디지털 전환을 추진하면서 정 부는 아파트와 공동주택에 의무적으로 지상파방송 공청시설을 할 것을 건축법으로 규정 하였다. 그러나 그 공시청시설을 아날로그TV 수신을 해야 하는지 아니면 디지털TV 수 신을 해야 하는지는 분명하게 명시하지 않은 오류를 범했다. 그 결과 이미 아날로그 공 시청시설이 있던 대부분의 아파트와 공동주택에서는 정부와 방송사의 지원이 이루어질 때까지 HD 공시청시설 설치가 마냥 늦어질 수밖에 없었고, 그동안 HDTV 수상기를 구 매한 시청자 가구는 언제까지 마냥 기다릴 수가 없어 결국 매달 이용료를 지불하더라도 유료방송에 가입할 수밖에 없었다.

UHDTV방송도 공시청시설에 의존하는 똑 같은 방법으로 진행된다면 HD 디지털전 환 시절의 시행착오를 반복하게 될 것이다. 어쩌면 그보다 더 큰 실패로 돌아올 수도 있 다. 똑같은 시행착오를 반복하지 않으려면 UHDTV방송은 공시청시설 의존에서 벗어나 TV 스스로 전파를 받아들이고 언제 어디서나 쉽게 수신할 수 있는 완전한 무선수신 본 연의 수신환경을 갖추어야 이용자의 선택과 유료매체와의 경쟁에서 살아남을 수 있다. 이울러 거실의 커다란 UHDTV뿐만 아니라 노트북과 태블릿PC와 핸드폰과 게임기 등 디스플레이를 가진 모든 기기를 UHDTV라고 생각하고 어디서나 수신할 수 있는 궁극 적인 TV 수신환경이 목표가 되어야 성공할 수 있다. 만약 UHDTV 수상기에 안테나 탑 재 의무가 규정되지 않는다면, HDTV 구매가 늘어날수록 지상파 직접수신자가 줄어들 고 유료방송 가입자들은 늘어날 수밖에 없었던 과거의 사례가 UHDTV 방송 전환에서 또다시 반복될 수밖에 없음을 쉽게 예측할 수 있다. 그러나 UHDTV에 안테나가 내장되 거나 동봉된다면 당장 UHDTV 공시청시설이 되어있지 않더라도 시청가능지역 안에 있 으면 상당한 가정에서 UHDTV 수신이 가능할 수 있다. 그렇게 되면 이용자가 유료방송 에 가입과 관계없이 안테나에 의한 지상파방송 직접수신율은 높아지고, 정부와 방송사가 공동으로 추진하려는 UHDTV 공시청시설 설치 지원도 전국의 모든 아파트와 공동주택을 대상으로 진행하기 보다는 우선 난시청지역과 수신불량지역에 대한 지원으로 집중할 수 있게 된다.

3) 시청자 미디어이용행태의 변화

지상파방송은 높은 곳에서 방사하는 대출력 무선 전파를 이용하기에 라디오방송의 경우 안테나만 있다면 서비스 영역 내에서 '언제', '어디서나', '누구나', '쉽게' 수신이 가능하며 이동수신도 가능하다. 그러나 TV방송은 아직도 옥외안테나 수신과 고정수신이라는 단서와 안테나에서 끌어온 안테나 케이블을 TV에 연결해야 한다는 제약이 걸림돌로 작용하고 있다. 과거 아날로그TV 당시만 해도 이용자는 옥상과 뒷산 등에 옥외 안테나 설치의 수고와 먼 곳에서 안테나 케이블을 끌어오는 노력을 아끼지 않았다. 그 후 HDTV 시대가 되었음에도 불구하고 여전히 크게 바뀌지 않는 지상파TV 수신 방법으로 인해 대부분의 시청자는 비용을 지불하더라도 이용이 편리하고 채널수가 많은 유료방송으로 전환하는 미디어 이용행태의 변화가 두드러지게 나타났다.

통신의 경우를 비교해 보면 통신의 목표 역시 방송의 목표와 매우 유사하다. 과거 유선전화기 중심의 통신시대에는 유선망에 연결되어 Point to Point 통신이 이루어졌으며, 오랜 세월이 흘러 광통신 기술의 발전과 확산으로 어느 정도 궁극적인 서비스 목표에 다가갈 수 있었으나 그럼에도 불구하고 유선에 연결되어있는 활동영역 제한으로 인해 완전히 '언제', '어디서나' 자유로운 통신 환경은 아니었다. 그 후 통신기술은 점차 디지털기술에 의해 발전을 거듭하면서 지금은 제4세대 LTE-A 기술에 의한 4G 이동통신시대에 접어들었다. 이동통신 기술의 발달은 이용자의 통신이용 행태를 유선전화 중심에서 이동통신 중심으로 변화시켰으며, '언제', '어디서나', '누구나', '쉽게' 라는 조건을 넘어서 음성전화 서비스 외에도 디지털무선의 장점과 특징을 최대한 활용할 수 있는 '더 다양한 서비스', '더 편리한 서비스' 구현을 목표로 다기능 다중 서비스 환경을 구축해 나가고 있다.

방송의 경우에도 시청자는 시청자가 원하는 장소 어디서든 손쉽게 TV를 시청할 수 있기를 희망하고 있다. 앞으로는 노트북도 TV가 될 수 있고, 핸드폰도 TV가 될 수 있으며, 태블릿PC도 게임기도 언제든지 TV가 될 수 있다고 본다. 즉, 디스플레이를 가지고 있는 기기는 모두 TV로 활용할 수 있는 환경 구축을 기대하고 있다. 그리고 회사에서나 학교에서나 건물 안에서나 밖에서도 자유롭게 언제든 TV를 볼 수 있기를 요구한다. 가정에서도 거실뿐만 아니라 공부방과 침실에서도 쉽고 편안하게 TV를 시청할 수 있기를 바란다. 통신의 경우는 유선전화의 한계를 벗어나 지속적으로 무선 환경을 만들어 가고 있는데, TV의 경우는 원래부터 무선기기라는 장점을 가지고 있음에도 불구하고 완전한 무선 환경 구축은 불가능하다는 인식이나 고정관념이 TV방송의 자유로운 수신환경 구축과 다양한 미디어기기의 TV대체 환경 조성에 오히려 어려움을 만들고 있는 것은 아닌지 돌아볼 필요가 있다. 높은 곳에서 대출력으로 전송이 가능하고 무선 전파를 이용하는 방송은 이미 오래전부터 FM라디오 방송을 통해 '언제', '어디서나', '누구나 쉽게' 이용하려는 목표를 구현했던 환경이다. 그리고 디지털시대에 들어서면서 T-DMB 환경을 통해서도 어느 정도 체험된 구현가능 목표이기도 하다. 그러므로 디지털무선의 특징과 장점에 대한 분석과 편리한 시청자 환경 구축을 위한 연구가 계속된다면 UHDTV방송에서도 불가능하지 않을 것으로 본다. '언제', '어디서나', '누구나', '쉽게' 이용할 수 환경을 요구하는 시청자 미디어 이용행태 변화에 맞춤 환경을 만드는 것이 방송기술인의 궁극적인 역할과 목표라고 말 할 수 있다.

2. 디지털 기술과 방송

1) 디지털기술의 특징

아날로그방송 시대에는 마이크를 통해 수음되는 소리의 크기와 카메라 렌즈를 통해 촬상 되는 영상의 밝고 어두움의 표현이 마치 파도와 같이 높고 낮은 파동 형태의 전압 차이를 가진 전자신호로 만들어져 다른 장비에 전달되거나 증폭되는 과정을 거쳐 마지막에는 송신기에서 비슷한 모양의 전파신호로 변환되어 각 가정의 TV에 전달되었다. 아날로그 신호는 많은 장비와 전달경로를 거치는 과정에서 잡음 유입에 의해 형태가 조금씩 변형됨으로써 신호의 명료도가 떨어지기도 하고, 여러 번 복사되거나 저장과 출력을 반복하는 과정에서도 변형과 열화가 발생하기 쉬운 단점을 가지고 있었다.

그러나 디지털 시대가 되면서 우리가 사용하는 숫자와 각종 정보들을 1과 0의 전압레

벨 차이나 주파수 차이 혹은 위상 차이 등 두 가지 신호만으로 표현되는 디지털코드 형태의 전자신호로 표현이 가능하게 되었다. 1과 0으로 표현되는 높은 레벨과 낮은 레벨의 신호는 신호의 단순성으로 인해 무한히 반복하여 복사하거나 저장하여도 쉽게 열화되지 않는 큰 강점을 가지고 있다. 만약 변형과 열화가 발생하였어도 1과 0의 레벨이나 주파수 혹은 위상을 겨우 구별이 가능할 정도로 미소한 차이를 유지하고 있다면 다시 깨끗한 신호로 복원이 쉬운 특징이 있다. 지금은 상당히 자연적인 표현인 소리와 영상마저 1과 0의 디지털 코드로 표현이 가능한 시대가 됨으로써 오디오 비디오(A/V) 신호를 저장하고 수없이 복사해도 쉽게 명료도가 떨어지거나 열화하지 않으며, 장거리 전송에서도 품질이 변하지 않는 전송기술로 발달하게 되었다. 그러므로 '디지털방송이란 음향과 영상신호를 1과 0으로 표현되는 디지털신호로 콘텐츠를 제작하여 각 가정의 전달하는 과정까지 디지털 신호로 이루어진 미디어 서비스'라고 정의할 수 있다.

디지털방송의 특징은 방송신호가 긴 전송경로를 통과하면서 어느 정도 열화가 되더라도 복원이 가능한 거리까지는 동일한 품질로 시청할 수 있지만, 신호의 열화가 심각하게 심하여 복원이 불가능한 거리부터는 아예 영상을 복원하지 못함으로써 시청 가능지역과 시청 불가능 지역 경계부분에서 복원 품질의 차이는 재생 가능과 재생 불가능의 두 단계로 급격한 변화를 보인다는 특징을 가지고 있다. 그러나 아날로그방송의 경우는 거리가 멀어질수록 잡음이 점점 더 많이 유입되는 현상을 느낄 수 있고 점진적으로 수신품질의 열화가 나타나는 특징이 있다.

이러한 특징은 T-DMB채널에 포함되어 있는 라디오 채널을 수신할 때 쉽게 확인할 수 있다. 아날로그 FM라디오의 경우는 자동차로 이동하면서 수신할 때 자주 찌그러진 음향을 들을 수 있고 심각하게 수신이 불량하더라도 잡음만 많았지 쉽게 끊기는 현상은 발생하지 않는다. 그러나 T-DMB 채널에 포함된 동일한 소스의 라디오 채널을 차량 이동 중에 수신한다면 일정 영역 내에서는 수신 품질 변함없이 어디서나 깨끗하게 들린다. 그러나 수신 환경이 나쁜 지역에 들어가면 갑자기 오디오가 완전히 끊기는 현상을 자주 경험할 수 있다. 도심을 중심으로부터 먼 곳으로 차량으로 이동하면서 수신 상황을 비교 실험이 이루어졌을 때, 실제 라디오 이용자는 자주 끊김 현상을 보이는 디지털 T-DMB 방송 시청에 더 많은 불편을 느낀다고 한다. 아날로그 FM라디오 서비스의 경우 도심 중심에서 어느 정도의 거리까지는 큰 불편사항 없이 잘 들리다가 그 이상의 거리에서는 점진적으로 음향이 나빠지고 음색도 점차 거칠어진다. 그러나 완전히 끊기는 현상은 발생하지 않으므로 라디오 이용자는 음악과 뉴스를 청취하는데 아날로그 FM방송이 덜 불편하고 익숙하므로 아직은 아날로그 FM라디오방송을 더 선호한다고 한다.

2) 디지털방송 기술의 진화

2000년 디지털방송 도입이 시작될 당시에는 SD(Stand Definition)방송과 HD(high Definition)방송 기술이 소개되었다. SD방송은 720x480 해상도로 아날로그TV 방송 품질의 디지털 방송 규격이며, HD방송은 1920x1080 해상도로 아날로그방송 보다 약 4배 이상의 품질을 보이는 디지털 방송을 의미한다. 화면 크기도 SD방송은 4 : 3 규격이며, HD방송은 16 : 9 규격의 화면으로 좌·우로 더 넓어진 화면을 제공한다. 미국과 캐나다, 멕시코와 한국 등 미국방식 ATSC 전송방식 선택 국가들은 모두 HD방송을 선택하였다. 그러나 영국과 독일 프랑스 등 DVB-T 유럽방식 전송방식을 선택한 국가들은 대부분 SD방송을 선택하였다. 그러나 유럽방식 선택 국가 중 호주와 대만과 싱가폴 등 일부 국가에서는 HD방송을 선택하였다. 그런데 일본은 일찍부터 고품질 방송을 연구하고 고품질 디지털방송에 있어서 개발 국가라고 말할 수 있다. 일본은 2000년 당시 High Vision이라는 아날로그 HD품질의 방송을 위성으로 서비스 중이였으나 정작 디지털 HD방송 전송방식 개발에는 출발이 늦었다. 유럽과 미국보다 조금 늦게 일본 고유의 ISDB-T 전송방식을 개발하고 디지털 HD방송 서비스를 시작함으로써 세계시장 선점에는 실패하고 일본 고유의 전송방식으로 남게 되었다.

HD방송 선택 국가는 방송 채널 하나에 1개 정도의 HD품질의 콘텐츠를 담아서 전송하거나 HD급 콘텐츠와 SD급 한 개 혹은 두개 정도의 콘텐츠를 동시에 담아서 방송을 제공할 수 있다. 반면에 SD방송 선택 국가는 방송 채널 하나에 약 4~6개 정도의 SD품질의 콘텐츠를 동시에 전송할 수 있다. 그러므로 ATSC 전송방식이나 DVB-T 전송방식과 ISDB-T 전송방식 중 어느 방식은 HD방송 전송방식이고, 어떤 방식은 SD방송 전송방식이라고 단정 짓는 것은 모순이며, 잘못된 설명이다. ATSC와 DVB-T 그리고 ISDB-T 모두 HD방송과 SD다채널 방송을 선택적으로 받아들일 수 있다. 단지 방송채널 한 개를 통해 어느 정도의 비트레이트를 전송할 수 있는지가 관건일 뿐이다. 세 가지 전송방식 모두 6MHz TV채널 한 개에 약 17~20Mbps 정도의 비트레이트를 전송할 수 있다. 유럽방식을 선택한 국가들은 6MHz 혹은 8MHz의 방송 채널을 나라마다 서로 다르게 규정하고 있다.

DVB-T 전송방식을 이용하여 SD방송을 하던 독일도 2006년 독일월드컵 경기를 전 세계에 전송하는데 HD영상으로 제공할 수밖에 없었다. 그 후 유럽에서도 고품질 HD방송에 관심을 갖고 HD콘텐츠를 4개 이상 동시에 전송할 수 있는 HD 다채널 방송을 위한 새로운 전송방식 개발에 들어갔다. 유럽방송연맹 EBU는 2006년 이미 ATSC 전송방식으로 HD방송을 하고 있지만 여전히 디지털 방송의 진화된 서비스 환경 구현에 많은 관심을 갖고 있던 한국방송기술인연합회와 서로의 의견과 생각을 나누고 서로 협력하자는 MOU 협약을 맺으면서 유럽은 3년 뒤 DVB-T2라는 이름으로 새로운 전송방식을 선보일 것이라고 예언하였다. 정확히 3년 뒤 DVB-T2라는 이름의 새로운 전송방식이 완성되었고, 영국의 HD-Freeview의 탄생과 서비스에 적용되었다. HD-Freeview는 8MHz 방송채널에서 DVB-T2 전송방식을 채택하고 영상압축은 MPEG-2압축보다 효율이 좋은 H.264 AVC 압축을 사용함으로써 TV채널 하나에 5~6개의 HD콘텐츠를 동시에 전송할 수 있는 HD방송 멀티플렉스 서비스를 제공하게 되었다. 2009년 DVB-T2 전송방식이 새롭게 등장함으로써 유럽의 디지털방송 국가와 아프리카 및 아시아의 후발 디지털전환 국가들은 서둘러 DVB-T2 전송방식을 도입하기 시작하였다. 현재 DVB-T 및 DVB-T2 전송방식은 150개국이 넘는 나라에서 디지털 HD방송 혹은 SD방송에 채택하고 있다.

한편 DVB-T2라는 새로운 전송방식이 개발되면서 전송 비트레이트가 기존의 DVB-T보다 약 50%이상 늘어남으로 인해 6MHz 방송채널 하나를 통해 30Mbps 이상 데이터 전송도 가능해 졌다. 유럽과 아시아와 아프리카 및 남미에서 HD 다채널 방송에 관심이 확산되고 있을 때 국내 방송기술인들과 방송사는 DVB-T2를 이용한 UHDTV 방송 구현에 관심을 갖기 시작하였고, 일찍부터 토론과 실험 준비로 열기가 뜨거워졌다. 만약 DVB-T2에 의한 UHDTV 방송이 가능하다면 UHDTV 방송 조기 도입은 국가경쟁력을 높이고, 방송의 품질 향상과 시청자 수신환경 개선 및 주파수 사용의 효율화에 도움이 된다는 의견들이 제기되었다. 그러나 아직 HD방송을 위한 디지털 전환도 채 끝나지 않은 상태에서 UHDTV 방송 조기 도입에 대한 제안은 너무 성급하다는 의견도 많았다.

DVB-T2를 이용하여 주어진 방송채널에서 HD 다채널 방송을 실시하거나 UHDTV 방송을 구현한다고 하더라도 전송 비트레이트의 증가만으로는 충분한 효과를 얻기에 부족한 점이 있었다. DVB-T2가 완성될 무렵 방송기술 표준화 단체 MPEG과 VCEG는 공동으로 새로운 동영상 압축기술 개발에 합의하고 기업과 연구단체로부터 제안을 모으고 수렴하는 과정을 통해 연구를 진행하였다. 그 결과 2013년 1월 HEVC(High Efficiency Video Coding) 이라는 이름으로 새로운 영상압축 기술을 개발하고 ITU-T H.265와 ISO/IEC 23008-2 규격으로 발표하였다. HEVC 영상데이터 압축 기술은 MPEG-2보다 4배 정도 효율적이고, H.264보다 2배 정도 효율적인 압축이 가능하다고 알려지면서 DVB-T2 기술과 HEVC 기술의 조합을 통해 UHDTV 방송 구현의 가능성이 높아졌다. 2012년 KBS, MBC, SBS, EBS 지상파방송사들은 차세대방송 조기실험에 합의하고, 방통위로부터 실험주파수를 할당받아 2012년 10월 KBS에서 Ch.66번을 통해 DVB-T2와 HEVC 압축코 덱 기술로 UHDTV 실험방송을 실시하였다. 그 후 2012년 10월 위성TV와 2013년 1월 케이블TV를 비롯하여 2013년 7월 IPTV까지 모두 UHDTV방송 전송실험에 성공하였다. 국내 방송 매체가 모두 UHDTV 실험방송을 성공하자 방통위는 2013년 10월에 케이블 TV, 2014년 4월에 위성TV와 IPTV까지 UHDTV 상용방송을 허가 하였으나 지상파방송 만 주파수 확보와 전송방식 표준화 과정 중임을 이유로 상용방송 허가를 미루어 왔다. 그 러다가 최근 2017년 5월 31일 지상파방송의 UHD 본방송을 허가함으로써 세계 최초로 지상파방송을 비롯하여 모든 방송 매체가 UHDTV 상용방송을 실시하는 국가가 되었다.

3) 방송용 주파수의 분포

국내 지상파방송은 디지털 전환을 계기로 700MHz대역(698~806MHz)을 비워서 정 부에 반환하고, 기존에 아날로그TV 주력대역으로 사용하던 VHF 상위대역(Ch.7~13 번)(174~216MHz)의 주파수와 VHF 하위대역(Ch.2~6번) (76~88MHz) 중 현재 T-DMB 가 사용 중인 주파수만 남기고 모두 비워두었다.

라디오 주파수 FM라디오 대역(88~108MHz)은 아직도 아날로그 라디오 방송을 계속 하고 있다. 라디오의 디지털 전환을 위한 전송방식 선택과 주파수 대역 할당은 아직도 숙제로 남아있다. UHF 대역(CH.14~52번)(470~698MHz) 주파수는 현재 HD방송용 주파수이다. 이대역은 ATSC 전송방식을 사용하는 HDTV 방송용 주파수이다. 이미 TV 방송은 HDTV방송을 위한 디지털 전환을 마치고 이제는 고품질 UHDTV방송을 준비 하고 있지만, 라디오방송은 아직 디지털라디오의 전송방식도 확정하지 못한 채 아날로 그 FM방송을 유지하고 있다. 디지털 시대에 아직도 아날로그 FM방송이 유지되는 이유 는 오디오 품질이 양호하며, 전파 전달 능력도 광범위한 영역을 커버할 정도로 매우 좋 은 편이고, 특히 차량으로 이동하면서 수신하여도 큰 불편이 없으며, 제작과 전송과정에서 Delay가 발생하지 않아 전화연결 등 시청자 참여가 거북하지 않고 자연스러운 점 등 많은 장점 때문이라고 말할 수 있다.

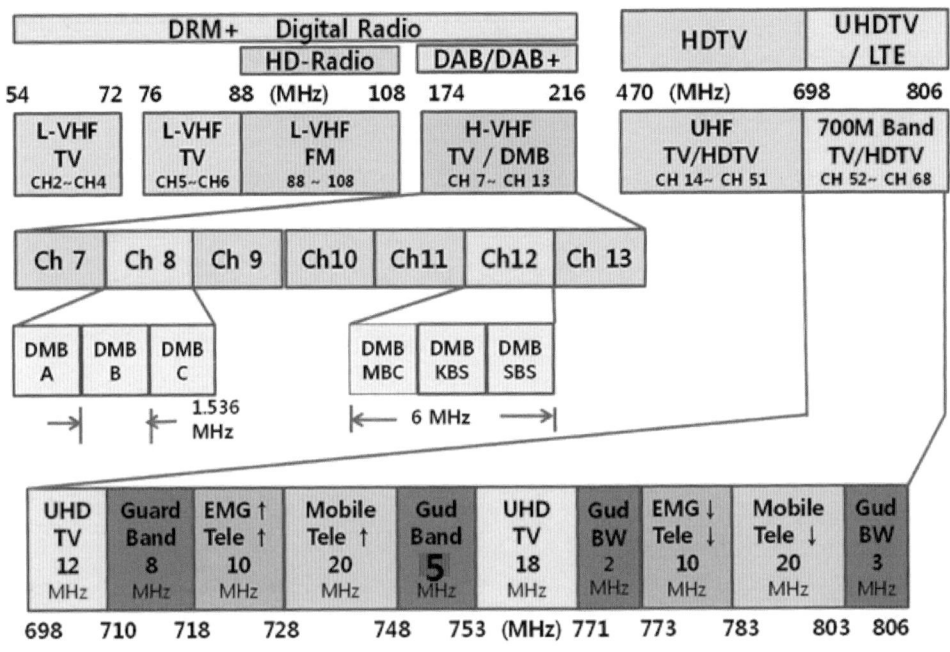

<그림 7-2> 국내 방송용 주파수 분포와 수도권 T-DMB 주파수 분배표

700MHz 대역의 주파수 분배를 보면 재난통신 주파수와 이동통신용으로 배정된 주파수는 상향주파수와 하향주파수로 대역이 나뉘어 있으며, 화살표로 상향과 하향을 표시하였다. 그러나 UHDTV 방송용 주파수는 굳이 두 개의 대역으로 나뉠 필요가 없는데 두 개로 쪼개져 있음으로써 UHDTV 공청시설 설치나 극소출력중계기 혹은 가정용 UHDTV 갭필러 제조시 하나의 출력앰프로 제작되지 못하고 두 개의 앰프로 제작될 수밖에 없으며, 동일대역의 주파수를 사용하고 있는 이동통신주파수에 간섭을 주지 말아야 하므로 송출 주파수의 편차나 경련변화가 없어야 한다. 결국 시청자가 가정용 갭필러 등을 값싸게 구매를 할 수 없고 설치와 취급에도 불편이 초래될 수 있다.

UHDTV 방송 대역의 신호를 증폭시키기 위해 신호 증폭기 역시 마음대로 사용할 수 없다. 이동통신 중계기 방식은 이용자 각각의 핸드폰에서 올라오는 신호의 출력 크기를 균일하게 맞추어야 하므로 일일이 핸드폰의 출력을 수시로 일정하게 콘트롤 할 수 있어야 한다. 그런데 UHDTV 방송용 신호가 미약하다고 해서 700MHz 대역 전체 혹은 일부 대역을 함부로 증폭시키게 된다면 이동통신 주파수까지 덩달아 증폭될 수 있다. 이 경우 이동통신 중계기가 핸드폰 출력을 제대로 콘트롤할 수 없으므로 통신에 방해를 초래할 수 있다. 결국 UHDTV 방송 대역이 두 개로 쪼개져 있으므로 정교하게 각각의 UHDTV 주파수만 분리하여 증폭해야 하므로 증폭기나 가정용 갭필러 제조 가격이 오르게 되어 방송사나 관리사무소 혹은 시청자가 저비용으로 UHDTV의 편리한 수신환경을 구축하는데 장애가 될 수 있다.

가정용 UHDTV 갭필러란 아주 소형의 중계기라고 보면 된다. 작은 필통정도 크기에서 작은 성냥갑만한 크기의 갭필러도 있다. 향후 베란다 유리창에 붙이는 책받침 정도의 안테나에 갭필러가 내장되어 실내로 다시 소출력으로 재전송할 수 있는 갭필러가 나올 수 있다. 그러나 비용이 높으면 시청자의 호응과 활용이 어려울 수 있다고 본다.

또 방송용 전파 신호와 통신용 전파 신호의 간섭을 방지하기 위한 가드밴드 주파수는 활용을 할 수 없는 공대역을 의미한다. 즉 700MHz대역에서 가드밴드를 모두 합치면 낭비되는 주파수가 무려 18MHz 대역폭이 된다. 그리고 두 번째 UHDTV 대역과 재난통신용주파수 사이의 2MHz(771~773MHz)의 가드밴드는 대출력의 방송신호가 재난통신의 중요한 통화에 방해를 초래하지 않는지 정교한 실험이 있어야 할 것 같다. 특히 첫 번째 가드밴드는 8MHz 폭인데 비하여 세 번째 가드밴드는 2MHz 폭으로 가드밴드가 균일하지 않 다. 만약 2MHz폭으로도 가드밴드 역할이 가능하다고 하면, 첫 번째 가드밴드도 2MHz 폭으로 만들면 6MHz UHDTV 채널 하나를 더 만들어 경인지역 지상파방송인 OBS용 주파수도 미리 할당할 수 있지 않을까 하는 상상도 해 볼 수 있다. 모두 방송용 주파수 대역에 통신용 주파수를 배치함으로써 발생할 수 있는 일이므로 주파수 할당에 대한 재조정과 신중한 정책 결정이 요구됨을 분배표를 통해 쉽게 예측할 수 있다.

국내 TV용 채널폭은 6MHz로 제한되어 있다. 물론 미국과 캐나다 일본 등 중요한 국가의 방송용 주파수와 통일성을 맞추어 규정하고 있기 때문이다. 그런데 아날로그 방송시대에도 6MHz 채널이고, HD방송 시대에도 6MHz이다, 그런데 UHDTV 방송 시대에도 여전히 6MHz 채널이어야 하는지는 의문이 간다. UHDTV 방송은 HD영상보다 4배 이상 더 고해상도의 4K-UHD 영상신호와 향후 16배 이상 더 고품질의 8K-UHD 영상을 전송해야 한다. 사실 UHDTV방송은 60프레임 이상으로 고프레임으로 규정되어 있기 때문에 실제 데이터량은 현재 30프레임의 HD방송보다 8배의 4K-UHD 데이터와 32배의 8K-UHD 데이터 전송이 요구된다. UHDTV방송을 위해 현재 18Mbps 용량의 HD데이터 보다 8배 많은 영상데이터를 MPEG-2 압축보다 4배 효율이 좋은 엔코더 HEVC 기술에 의해 압축하여 전송한다고 하더라도 순수 영상데이터만 계산해 볼 때 최소 36Mbps {(18x1/4)x8=36}의 대용량 데이터를 전송할 수 있어야 한다. 그런데 DVB-T2 방식 6MHz 채널의 최대 전송용량에 임박하므로 에러 정정을 위한 FEC(Forward Error Code) 비트를 넣을 수 있는 여유비트가 없게 되어 전송 에러에 속수무책이 될 수 있다. 이렇듯 UHDTV 방송의 대용량 데이터를 전송하는데 전송방식과 영상압축 기술에만 의존하지 말고 채널 폭 확장도 한 가지 변수로 추가하여 세 가지 조건을 결합한다면 세계 최고의 영상 품질과 최상의 수신환경 구현이 가능해 질 수 있다고 본다. OFEM 전송방식을 사용하는 전송방식에서 어느 정도의 전송용량까지는 송신기의 출력 배양으로 효과를 볼 수 있지만, 정도 이상의 전송용량 증가를 요구한다면 오히려 주파수 폭을 확장하는 것이 더 유리하다고 알려져 있다. DVB-T2 전송방식은 6, 8, 10Hz까지 채널 폭을 선택할 수 있다. 만약 동일한 데이터 용량을 6MHz 채널보다 10MHz 채널에서 보낼 수 있다면 256QAM 으로 보내던 데이터를 64QAM으로 보낼 수 있게 됨으로써 수신 에러가 현격히 줄어드는 효과를 C/N값으로 확인할 수 있다. 즉 그림에서 보여주듯이 약 36Mbps의 동일한 전송용량을 전송했을 때 6MHz 채널과 10MHz 채널의 C/N값이 약 8dB의 차이를 보이고 있다.

<표 7-1> TV 채널 폭과 동일 전송용량에 따른 C/N값

Channel Freq. Width	QAM Mode	Code Rate	Spectral Efficiency	Bit Rate (Mbps)	AWGN C/N(dB)	Max. Bit Rate @256QAM, 5/6
6 MHz	256QAM	3/4	5.98	35.9	20.0	39.9 Mbps
8 MHz	64QAM	3/4	4.48	35.8	15.1	53.2 Mbps
10 MHz	64QAM	3/5	3.58	35.8	12.0	66.5 Mbps

(출처: 방송공학회논문지 2013.7)

10MHz 채널에서 8dB의 C/N값이 적다는 것은 6MHz 채널의 신호보다 약 7.8배 정도 낮은 신호에서도 동일한 수신 능력을 보인다는 의미로 해석할 수 있다. 그러므로 UHDTV방송에서 채널주파수 폭도 하나의 변수로 고려되어야 한다고 본다. 이동통신은 제1세대 아날로그 이동통신, 제2세대 CDMA 이동통신, 제3세대 WCDMA 이동통신, 제4세대 LTE 이동통신 시대를 맞이하고 있다. 그런데 LTE, LTE-A, Wi-Fi, Wibro 등 현재

의 모바일통신 기술이 모두 OFDM기술을 사용하고 있다. 이 기술은 방송에서 이미 1990년대부터 디지털방송 전송방식 DVB-T, ISDB-T, DAB, DMB, DVB-T2 등에 적용하고 있는 OFDM과 동일한 디지털변조기술이다. 이동통신이 제4세대까지 진화하였어도 결국 방송에서는 이미 오래전 사용해 왔던 OFDM 변조기술을 같이 사용할 수 있게 됨으로써 앞으로 방송과 통신의 융합이 베이스밴드 차원에서부터 직접 이루어질 수 있는 시대가 왔다고 본다.

4) 주파수 밴드별 특징

전파는 주파수 밴드에 따라 상당히 다른 특성을 보여준다. 동일한 밴드에서도 낮은 쪽에 있는 주파수는 안테나 길이가 커지는 단점은 있어도 회절과 장애물 투과 특성과 먼 거리 전송에서 유리한 장점이 있고, 반변에 주파수가 높아지면 회절과 투과 특성 및 먼 거리 전송에서 손해를 보게 되지만 안테나가 짧아지는 장점을 보이게 된다. 그리고 높은 주파수 밴드의 주파수는 최대 전송용량을 늘릴 수 있는 반면에 낮은 주파수 밴드의 주파수는 최대 전송용량이 더 적은 특징도 간파해야 한다.

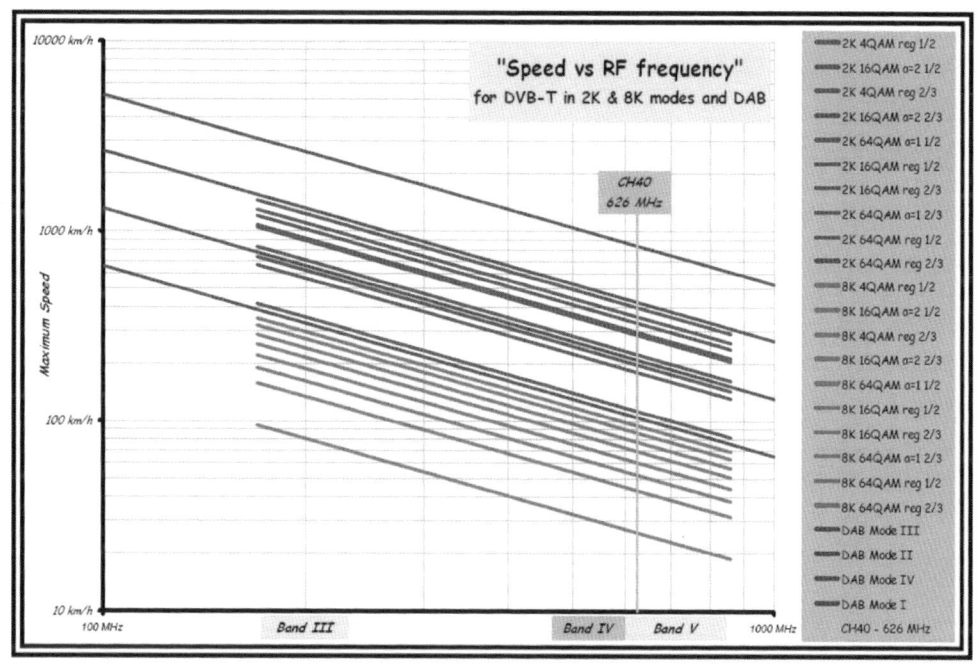

(출처 : DVB)

<그림 7-3> DAB 모드선정과 주파수대역에 따른 이동수신 속도

위에 보여준 표에서 파악할 수 있듯이 DVB-T와 DAB의 변조 모드 즉 OFDM 변조 모드에 따른 주파수 높이에 따른 이동수신 가능 한계 속도를 알 수 있다. 전파의 보편적 특성에 따라 여기서도 모드 선택과 무관하게 낮은 주파수에서는 높은 이동수신 속도에서도 수신이 가능한 반면에 낮은 주파수에서는 이동수신 속도가 상당히 낮아야 수신이 가능함을 보여주고 있다. 만약 현재 DMB에서 채택하고 있는 DAB mode I 의 경우를 참조했을 때 Band III에서는 초고속 열차에서도 수신이 가능할 정도의 속도인 200~300Km/h 이 속도에서도 수신이 가능함을 볼 수 있다. 그러나 주파수가 높은 UHF 대역의 Band V에서는 고속도로 차량에서 수신이 가능한 약 100Km/h 정도의 속도에서 수신가능 한계속도를 보여주고 있다. 표에서는 626MHz 주파수일 경우 100Km/h의 속도가 이동수신 한계 속도임을 보여주고 있다. 만약 더 높은 주파수 700MHz대역에서 DAB Mode I을 적용한다면 약 70~80Km/h의 속도 이하에서 수신이 가능할 것임을 예측할 수 있다.

국내에서 UHDTV방송을 700MHz 대역(698~806MHz)에서 실시하므로 안테나 길이가 상당히 짧아지는 장점은 있지만 회절과 투과 특성뿐만 아니라 이동수신 HD방송도 병행하게 되는데 이 때 이동수신 한계 속도도 상당히 낮아질 수 있으므로 강력한 FEC를 첨가할 수 있는 QAM 설정과 FEC 모드 선택에 신중을 기우려야 한다는 사실을 유념해야 한다.

5) SFN 기술과 주파수의 효율적 활용

OFDM변조 기술에 의한 SFN(Single Frequency Network) 전송망 구축방법은 필요 주파수를 획기적으로 줄일 수 있는 특징을 가지고 있다. 방송사별로 주어진 권역에 많은 수의 송신기를 배치하더라도 모든 송신기와 중계기가 동일한 주파수로 송신할 수 있다는 장점을 말한다.

그렇다고 국내 지상파방송사들이 UHDTV방송을 시작하면서 방송사별로 단 한 개의 UHDTV 방송용 주파수를 할당받은 것은 잘못이라고 본다. 아무리 SFN 기술이 가능하다고 하여도 중계기는 입력주파수와 출력주파수가 서로 다른 주파수를 사용해야 송신 시 피드백이 발생하지 않는다. 즉 권역의 중심이 되고 가장 높은 곳에 위치한 메인 송신기에서 뿌려주는 전파는 SFN주파수와 서로 다른 주파수를 사용하는 것이 중계기 운용에 유리하기 때문이다. 물론 피드백 전파를 제거해주는 기술이 개발되었다고 하지만 매우 정교해야 하고 효율이 좋아야 하므로 고가의 장비가 된다. 그러므로 대형 송신기에 장착은 가능하겠지만 중소형 중계기나 극소출력중계기와 가정용 갭필러에 적용하기에는 부담이 된다.

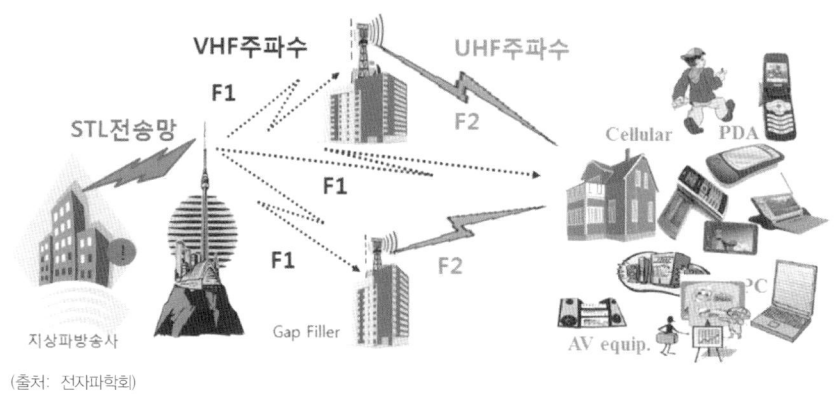

(출처: 전자파학회)

<그림 7-4> 3개의 주파수에 의한 SFN 전송망과 무선수신 환경 구상도

기존 T-DMB와 같은 경우에는 데이터 전송용량이 약 1.5Mbps 정도이기 때문에 E-1(2,048Mbps) 전용망 정도의 유선 전화망이나 저비용 IP망이나 M/W망으로도 방송국에서 각각의 송신기로 전송하는 프로그램 전송 백본망 구성이 가능했다. 그러나 UHDTV 방송의 경우 아무리 HEVC 압축을 한다고 하여도 25~36Mbps 정도의 비트레이트 데이터가 각각의 송신기와 중계기로 전송되어야 한다. 이 경우는 현재 스포츠 중계와 뉴스 전송에 많이 사용하고 있는 DS-3(45Mbps) 전송망 이상의 매우 고가의 전송망이 요구된다. 이렇게 비싼 전송망으로 모든 송신기와 중계기를 필요한 지역과 장소에 자유롭게 설치가 어렵게 된다. UHDTV방송에서 전송망 구축은 메인송신기의 주파수를 따로 확보하여 높은 곳에서 전파를 방출하고, 중계기와 극소출력중계기 및 갭필러는 메인송신기의 주파수를 수신하고, SFN주파수로 지정된 주파수를 공동으로 사용하여 신호를 중계 전송하는 방법이 강구되어야 한다고 본다. 이 경우 피드백 없는 중계기 설치가 가능하고 필요한 지역과 공간에 어디든지 중계기 및 극소출력 중계기와 갭필러 설치가 자유로워진다. 건물내부 혹은 가정 내에서도 갭필러 설치가 쉬워지므로 거실의 UHDTV뿐만 아니라 노트북과 태블릿PC 및 핸드폰으로도 수신할 수 있는 무선 수신환경을 쉽게 갖출 수 있게 된다.

6) UHDTV 내장 Diversity 안테나 효과

UHDTV 방송을 도입하면서 지상파방송 수신 효과를 높이는 방법으로 첫째, 송신기의 출력을 높이는 방법과 둘째, SFN 기술을 이용하여 중계기 설치 대수를 높이는 방법 그리고 셋째, TV채널폭을 넓히는 방법 등이 설명되었다. 이번에는 네 번째로 TV 내부에 다이버시티 안테나 내장 효과에 대해 설명하고자 한다. 다이버시티 안테나 효과란 안테나를 한 개가 아닌 두 개 혹은 네 개 등 복수의 안테나를 설치함으로써 수신 성능을 높이는 방법을 말한다. 물론 설계와 수신 방향과 환경에 따라 조금씩 다르겠지만, 그림은 OFDM 전송방법에서 수신기에 다이버시티 안테나를 달았을 때 1개의 안테나 사용 때보다 2개의 안테나를 연결하여 사용할 때 6~8dB의 C/N비 향상을 보여주고 있다. 또 4개의 안테나를 다이버시티 안테나로 사용하였을 때 안테나를 2개 사용하는 것보다 또 다시 3dB 낮은 C/N값 신호에서도 수신이 되는 성능을 표현하고 있다. 여기서 6dB C/N값이 낮다는 것은 신호의 세기가 1/4정도 낮은 신호에서도 수신이 가능함을 의미하며, 또 다시 3dB C/N비가 낮다는 것은 2배 정도 더 낮아진 신호 즉, 1개의 안테나보다 4개의 안테나를 사용할 때 1/8 정도로 낮은 신호에서도 수신이 가능함을 의미한다.

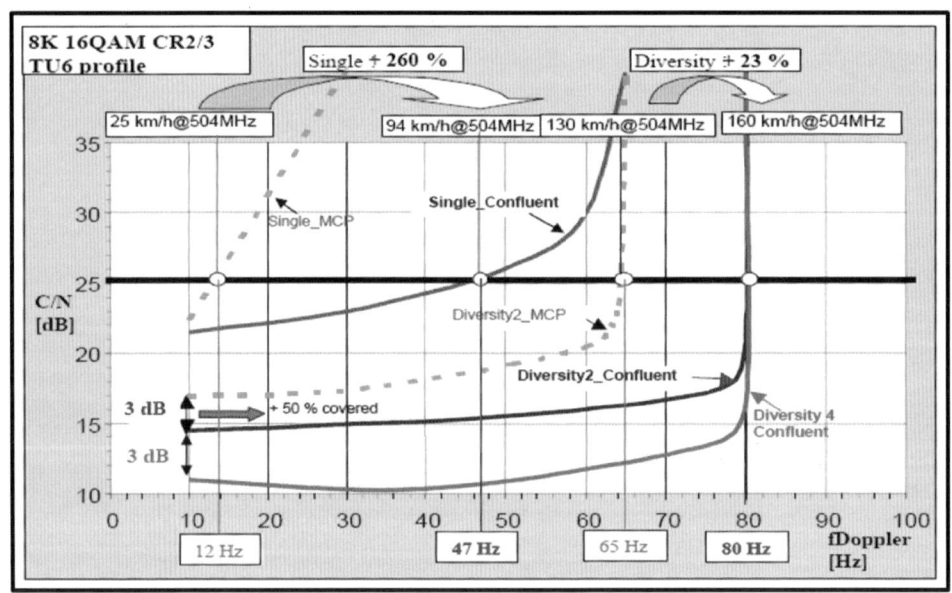

<그림 7-5> 다이버시티 안테나의 수신 성능 및 이동수신 가능속도 비교

다이버시티 안테나 사용 시 이동수신 수신가능 속도의 향상도 또 다른 효과로 나타남을 보여주고 있다.

3. UHDTV의 미래 기술 변화

1) 완전한 무선 수신기기를 위한 안테나 내장 UHDTV

그리고 TV를 완전한 무선수신기기로 만들고 언제, 어디서나, 누구나, 쉽게 수신할 수 있는 환경 구축을 위해 UHDTV 내부에 다이버시티 안테나 내장이 요구된다. 그 외에도 노트북이나 태블릿PC와 핸드폰으로도 TV를 볼 수 있도록 UHDTV 튜너와 안테나 탑재가 이루어지는 날을 준비해야 한다. MP3도 카메라도 모두 핸드폰 속으로 들어갔다. 그러므로 TV와 라디오가 핸드폰에 탑재되는 것이 어려운 일이 아니고 먼 날의 일도 아닐 것이기 때문이다. 그 때를 위해 정부와 방송사는 안테나 내장 UHDTV를 통해 TV 수신환경이 공시청 시설에 의존하는 옥내배선 수신에서 벗어날 수 있도록 소출력 중계기 및 가정용 갭필러 확산과 연계하여 UHDTV 수신환경 구축을 위한 연구가 계속되어야 할 것으로 판단된다.

2) UHDTV 미래와 수신환경과 융합

UHDTV방송의 수신환경 개선과 8K-UHD 등 미래를 위해 TV 채널 폭 확장도 하나의 변수로 생각해볼 필요가 있다. 6MHz 채널의 경우보다 10MHz 채널의 경우 수신환경이 8배 정도 송신출력을 높이는 효과를 얻을 수 있다. 그 외에도 10MHz 주파수 폭에서는 앞의 표에서 확인할 수 있듯이 256QAM으로 최대 전송가능 비트용량이 66.5Mbps나 되기 때문에 향후 8K-UHDTV 데이터도 전송할 수 있는 주파수 폭이라고 볼 수 있다.

2014년 미국 NAB 방송장비 전시장에서 보여준 NHK의 8K-UHDTV 전송시연에서는 H.264 압축으로 91.8Mbps 용량이 4096QAM 변조로 전송되었다. 그러므로 HEVC로 압축하면 약 46Mbps 용량이 되므로 10MHz에서 256QAM으로 쉽게 전송될 수 있음을 알 수 있다. 한편 NHK가 보여준 4096QAM 변조에 의한 전송은 매우 높은 차수의 QAM변조이므로 에러발생 확률이 높아져 전송환경에 요구되는 C/N값이 매우 높을 것으로 예상되므로 직접 시아에 보이는 LOS(Line Of Sight) 환경에서 27Km 전송이 실험되었다고 한다. 4096QAM 신호를 수신할 때와 256QAM 신호를 수신할 때 에러가 발생할 확률을 생각해 보면 채널 폭 확장의 효과를 쉽게 이해할 수 있다. 또 이동통신에 할당되는 주파수 폭이 주로 10MHz 단위로 할당된다. 그러므로 TV주파수도 10MHz로 할당되면 주파수 공유나 장비

공유에서 매우 유리하고 베이스밴드 차원에서 융합이 이루어질 수도 있을 것이라고 본다.

3) 효과적인 UHDTV 주파수 활용 방안

UHDTV 방송을 도입하면서 700MHz 대역 일부를 지상파방송의 UHDTV 방송용 주파수를 할당하였으나, 현재 방송사 당 주파수를 6MHz 폭 1개씩만 배정 받음으로써 백본 주파수 없이 고가의 유선 전송망과 M/W망에만 의존하여 SFN망을 구축해야 하는 고비용 구조가 문제가 될 수 있다. 메인 송신기의 전파 방사용 무선 백본 주파수 할당이 요구된다. 백본 주파수는 회절성이 좋고 건물 투과성도 좋아야 하므로 현재 DMB 주파수를 제외하고 비워진 VHF대역을 UHDTV 백본망으로 사용하는 것이 효과적일 것으로 판단된다.

| 참고문헌

[1] 김광호 : "디지털 전환 이후 지상파 플랫폼의 역할과 과제", 한국방송학회 세미나 자료, pp13-14, 2013년, 8월.
[2] 백정호, 서정욱 외, "MISO 전송모드에서 Interrrative Demapping and Decoding을 사용하는 DVB-T2 수신기의 성능분석", 한국인터넷정보학회지, 12(3), pp111-117, 2014년 6월.
[3] 전성호, "UHDTV 전송기술 및 차세대 전파방송 기술 동향", KBS기술연구소 PPT자료, pp64, 2012년 12월.
[4] 박성익, "ATSC3.0(LDM) 전송 정합테스트 추진계획 및 현황", 제주테크노파크, 차세대방송기술 테스트베드 활성화 세미나, pp71-87, 2015년 7월.
[5] 오경석, "차세대 방송표준(ATSC3.0) 서비스 시나리오 및 요구사항", 한국방송공학회지, 20(4), pp10-16, 2015년 10월.
[6] 이영진, "DVB-T2 기술 및 개발현황", 방송공학회지, 14(1), pp53-64, 2009년 3월.
[7] 박성규, 이창형, 백종호, "지상파 UHDTV방송의 주파수 활용과 이용자 수신환경 개선에 관한 연구", 전자파학회지, 25(5), pp13-32, 2014년 9월.
[10] 이재영, 권선영 외, "ATSC3.0 기술 및 표준화 현황", 전자파학회지, 25(5), pp33-41, 2014년 9월.
[11] 박구만, 전등산 외, "UHDTV 영상기술 서비스개발 고려사항 및 정책적 방안", 정보과학회지, pp45-54, 2011년 12월.
[13] 박성규, 박구만 외, "DVB-T2 기반으로 지상파 UHDTV 방송과 직접수신 환경구축 연구", 18(4), pp572-588, 2013년 6월.
[14] 방송통신위원회, "2013년 방송매체 이용행태 조사", pp68, 2013년 12월.
[15] 심동규, 조현호, "HEVC 표준 기술의 이해", 홍릉과학출판사, 2014년.

Ⅱ. 4차 산업혁명과 차세대 방송 UHDTV

장형준(KBS부장)

제1절 UHDTV 플랫폼

1. UHDTV의 서비스와 플랫폼

1) UHDTV 서비스와 4차산업

방송기술의 최근 역사적 흐름에서 보면 디지털 방송에서 HDTV, 3DTV에 이어 UHDTV가 방송기술의 정점에 이르고 있다. 고선명 TV(HDTV)와 실감형 TV가 새로운 패러다임으로 자리매김하고 있는 것이다. ICT 융합과 미디어 생태계의 변화는 방송에서도 매우 다양하고 복잡한 생태계적 변화를 내포하고 있다. 몇 년 전만 해도 3DTV가 실감형방송의 주류를 이루었지만 이제는 초고선명 방송(UHDTV) 쪽으로 옮겨 가고 있는 양상이다.

미디어 생태계의 발전 측면에서 단순히 UHDTV 는 기존의 HDTV 의 4배 이상의 해상도를 가지는 양적 발전을 뜻하는 개념은 아니다. 미디어 기술의 발전으로 고해상도 디스플레이가 가지는 단순한 양적 팽창의 개념에서 실감형 미디어의 한축으로 초고선명 TV 와 카메라 기술, 디스플레이기술, 압축기술, 전송기술, 편집기술 등 미디어 생태계 전반에 걸친 양적 질적 발전을 의미하는 매우 중요한 개념이다. 영화와 TV 의 경계가 무너지고 있는 현 상황에서 UHDTV 가 의미하는 것은 또 다른 산업적 발전과 미디어 생태계의 또 다른 진화를 예고하는 것이라 할 수 있다.

2012 NAB 미국의 최대 방송방비 전시회에서 본격적으로 UHDTV 의 서막을 예고하는 대대적인 장비의 전시로 2017 최근의 NAB 에서도 UHDTV 가 차세대 방송의 주류로 자리매김 하고 있다. 이미 영화나 드라마 쪽에서는 4K 제작이 보편화 되고 있는 실

정이나 우리나라도 올해 5월 31일 세계최초로 지상파 UHDTV방송을 개국하여 편성 비율 5%의 기준으로 초고화질 방송을 서비스 하고 있다. 현재는 4K 로 인식되고 있는 UHDTV 의 제작과 전송에 대한 표준화적 규격과 워크플로우가 정립되지 못한 상황에서 아직도 본방송을 서비스하고 있는 상황에서도 여러 가지 문제를 해결해야하는 실정이다. 충분한 규격의 검토와 전송규격, 제작 워크플로우를 검토하여 효율적인 표준화를 정립할 필요가 있다. 특히 UHDTV 의 제작과정에서 보면 아직은 파일기반의 초기단계로 실시간 촬영 시간보다 많은 렌더링 시간과 편집본의 실시간 모니터링이 어려운 여건을 감안하면 여전히 4K UHDTV 의 제작은 어려운 실정이다. 또한 대부분의 4K 카메라가 Raw File 형태로 데이터가 생성되는 관계로 시간과 비용의 측면에서 제작 워크플로우의 어려운 점이 있다.

디지털HD 방송 콘텐츠와 3D 콘텐츠의 서비스를 이어 UHD 콘텐츠에 대한 지상파 방송과 케이블과 위성방송이 본격적인 4K-UHD콘텐츠 서비스가 진행되고 있는 시점에서 기존의 HD방송 콘텐츠와 차별화되는 고해상도의 4K-UHD콘텐츠에 대한 관심이 고조되고 있는 실정이다. TV의 진화 과정에서 아날로그에서 디지털, SD에서 HD로의 전환의 중요한 팩트는 화면 품질의 향상이었다. 4K-UHD로 대표되는 UHD방송역시 현재의 화질에 대한 최고의 서비스라 할 수 있다. 기존 HD방송 서비스에 비해 4배 이상의 고해상도와 넓은 색표현력 10.2CH의 음향 서비스 등이 주는 임장감 또는 사실감의 증대는 UHD방송 콘텐츠의 가장 큰 차별성이라 할 수 있겠다.

UHD(Ultra High Definition)TV는 현재의 HDTV 크기를 가로, 세로 방향으로 각각 2배 또는 4배로 증가되어 4배에서 16배의 화면 크기와 해상도가 증가된 4K-UHD (3,840x2,160) 또는 8K-UHD(7,680x4,320)로 구분되어지며 통상 영화 콘텐츠의 35mm와 70mm 필름에 비유되기도 한다. 해상도의 증가 뿐 아니라 기존 HD 화질에서 보다 넓어진 색영역의 표현으로 보다 사실에 가까운 컬러를 표현할 수 있다. 또한 UHD 서비스의 특징은 기존의 비월주사방식(Interaced Scan)이 아닌 순차주사 방식(Progress Scan)으로 최소 초당 30프레임(Frame) 이상의 영상을 보여주는데 있다. 이는 기존 HD 영상보다 매끄러우면서 움직임이 빠른 영상을 부드럽게 표현 할 수 있다. 증가된 해상도로 인해 시청 시야각은 55~60도로 기존의 HD시청보다 몰입도의 증가로 인해 임장감이 증가 된다는 연구 결과도 있다.

국내 가전사들의 4K-UHD 디스플레이가 세계 시장에 앞 다투어 최신 기술을 선보이고 있으며 이미 몇 년 전부터 케이블의 UMAX와 SKY-HD는 4K-UHD서비스를 상용화하고 있다. 또한 국내외 UHD 콘텐츠 제작 역시 이미 영화 분야에서는 UHD 콘텐츠 제작이 보편화 되고 있으며, 국내방송사들도 드라마와 다큐멘타리 중심으로 본격적인 UHD 콘텐츠를 제작하고 있다. 정부도 UHDTV 산업 활성화를 위해 중요성을 강조하고 있지만 UHD 방송의 보급 확산은 궁극적으로는 이용자들의 서비스에 대한 선택과 이를 수용할 수 있는 다양한 콘텐츠의 준비와 이용패턴의 연구가 선행 요인임에도 불구하고, 아직까지 이용자 측면에 대한 고려와 논의가 부족한 것으로 보인다.

UHDTV가 가지는 가장 큰 특징은 보다 선명한 영상 화질이나, 대화면, 멀티 음향 등 보다는 시청자들과의 진정한 양방향 서비스를 통한 4차 산업의 바탕에서 서비스를 이룰 수 있다는 점이다. 북미식의 전송방식은 IP 방식으로 인터넷 서비스를 통한 시청자의 니즈에 맞는 맞춤형의 다양한 서비스가 가능하다는 것이다. 이제는 지상파, 케이블 방송사, 통신사 등이 UHDTV로 결합된 상품이 나오기 시작 하였고 이를 통해 시청자들은 정보, 미디어, 문화등의 4차 산업의 혜택을 누릴 수 있을 것이다.

해외 UHD 방송 동향을 살펴보면 일본은 국가 경쟁력 강화를 목표로 UHD 도입 로드맵을 수립 하고 가장 적극적으로 UHD도입을 추진 중이다. 일본 총무성은 2013년 수립한 방송 도입 일정을 당초 2020년 도쿄올림픽 보다 2년 앞당겨 2018년에 위성으로 8K UHD본방송 개시 예정이다.

미국 유럽은 유료방송을 중심으로 UHD서비스가 도입되었으나 차세대 지상파방송 표준화 작업을 활발히 진행 중이며 미국은 콘텐츠업계와 제휴한 온라인동영상서비스업체 넷플릭스 아마존 등 OTT사업자 주도로 초고화질 UHD영상서비스 경쟁이 본격화되고 있다. 미국 차세대 지상파 방송표준인 ATSC 3.0은 2015년 12월 후보표준으로 제기되고 2016년 9월에 표준으로 채택되었다.

기술과 표준에 대한 문제에서 콘텐츠적 시각으로 바라보는 관점에서 본 내용에서는 4K-UHD 서비스의 중요한 특성요인으로서 콘텐츠 품질과 제작에 관해 측면에 초점을 맞추었다. UHD 서비스가 새로운 형태의 콘텐츠 산업으로 성장, 발전하고, 지속적인 수익창출을 이루기 위해서는 다양한 콘텐츠가 우선 확보되어져야 할 것이다. UHD 콘텐츠 제작을 위한 품질 요소들을 실증연구를 통해 구체화시켜 보고자 한다.

2) UHD 본방송의 과제와 시사점

2017년 UHD 편성비율은 5%로 KBS의 경우 매일 134분(1TV70분/2TV 64분) 동안 UHD방송을 해야 한다. HD보다 제작기간이 평균적으로 볼 때 3~4일 증가되며 UHD 파일용량은 HD보다 최소 5배, 많게는 20배 가까이 증가하는 현실에서의 UHD 워크플로우를 적용해 제작하는 것은 인프라가 구축되지 않은 현 단계에서는 매우 어렵게 진행되고 있다. 대표적으로 <걸어서 세계 속으로> 의 프로그램은 NLE 감독을 중심으로 편집과정에서 제작일정을 단축시키는 테스트를 수개월 동안 진행해 왔으며 HD과 비교하여도 2~3일 연장되는 등 아직도 제작 워크플로우와 인프라에 대한 문제가 남아 있다.

UHD 도입 초기 콘텐츠 확보가 쉽지 않은 상황에서 방통위의 정책적 혼선과 규제로 인해 콘텐츠 확보를 위한 인력 확보, 기술 준비, 프로세스 적용 등 다양한 준비를 장기간에 걸쳐 해야 하는 방송사들에게 있어서는 방통위의 역할과 도움이 필요하다. 방송정책을 집행하는 방통위는 방송제작 현장 상황에 대한 파악을 선행할 할 필요가 있다.

평창 동계올림픽 테스트이벤트 및 올림픽 UHD 중계 제작에서도 UHD 제작과 관련된 혼란과 준비는 아직도 진행 중이다. KBS는 평창 동계올림픽 UHD 중계를 약속한 상황에서 안정적 시스템을 갖추고, 매몰 비용을 줄이기 위해 중계차 도입 시점을 최대한 늦춰 2017년 말로 확정했다. 이런 상황에서 평창 동계올림픽 붐 조성을 위한 정부시책에 적극 호응하고자 2017년 초에 열리는 평창 동계올림픽 D-1년 테스트이벤트4 실시간 UHD 중계에도 참여를 결정했다. 기술적인 측면에서도 전 세계적으로 유래가 없는 All IP방식 방송, LDM[1]-MPLP[2](Layered Division Multiplexing-Multiple Physical Layer Pipes)의 상호조합 기반 고정/이동 동시방송 기능, 재난 시그널링, HDR[3]-SDR(High

---

[1] LDM 기술은 하나의 채널에서 두 개 이상의 방송신호를 서로 다른 계층(전력)으로 나눠 전송하는 것으로, 한국전자통신연구원(ETRI)이 2013년 본격적인 개발에 들어가 지난해 세계 최대 규모의 국제방송장비전시회 'NAB쇼 2015'에 첫선을 보였다. LDM은 차세대 지상파TV 방송을 한 단계 업그레이드한 '멀티 방송미디어 기술'이라 할 수 있다. 현재 지상파TV 방송과 지상파 DMB 방송은 서로 다른 송신기와 방송채널로 서비스되는데, LDM 기술을 이용하면 하나의 송신기와 하나의 방송채널에서 동시에 서비스를 할 수 있다.

[2] 차세대 유럽 지상파 방송 시스템에서 채택된 MPLP는 단일 채널을 통해 다수의 방송 콘텐츠를 다중화 하여 전송할 수 있는 논리적 개념을 가진 기법이다. 각각의 PLP별로 서로 다른 채널 부호율과 변조 성상도를 적용하고 하나의 전송 프레임 내에서 다중화하여 전송할 수 있다. 이는 하나의 채널을 통해 수신자의 디바이스 특성에 따라 서로 다른 서비스를 제공할 수 있음을 의미 한다.

[3] 밝기를 1,000니트까지 구현하여 명암을 세밀하게 분석하는 기술이다. 그동안은 한 화면에 많은 화소를 집어넣어 선명도를 높여왔는데 초고화질(UHD)에 와서는 800만 화소까지 발전하였다. 그러나 UHD는 빛 재현도가 낮다는 단점이 있었다. 사람의 눈으로 보는 풍경의 밝기는 암흑인 0니트에서 4만 니트까지 광대한데 기술적 제약으로 100니트가 넘어가면 이를 화면에 담아내기 어려웠다. 이러한 제약을 보완한 것이 HDR(고다양성 범위) 기술로, 하드웨어 성능의 향상과 용량이 큰 영상도 압축하여 전송할 수 있는 기술이 개발되면서 표현할 수 있는 빛의 범주를 1,000니트까지 늘릴 수 있게 되었다. 이에 따라 어두운 곳은 더 어둡게, 밝은 곳은 더 밝게 표현하는 것이 가능해졌다.

Dynamic Range-Standard Dynamic Rage) 기술혼용, 업스케일-리마스터링-순수 UHD 혼재, 생방송-녹화방송, 수도권 방송-지역방송의 혼재, MMT(MPEG Media Transport)와 ROUTE(Real-time Object Delivery over Unidirection)의 전송스트림 다중화의 이중화 등 헤아릴 수 없는 조합의 테스트 이슈가 존재한다. 지금 본방송 단계에서도 이러한 기술적 검증과 안정화 측면이 계속적으로 고려되어야 할 문제로 남아있다.

2. UHDTV 콘텐츠 특징과 국내외 정책의 변화

1) 국내 UHDTV 방송 추진 경과

(1) 국내 UHDTV 방송 추진과 실험방송

한국전파통신전파진흥원 4K UHD를 위한 준비를 시작으로 최종 8K UHD 방송 시스템 기술 확보까지 확대하는 'UHDTV 방송서비스 중장기 기술 로드맵'을 제시한 바 있으며, UHD 방송 서비스를 위한 원천 기술 개발을 통해 2013~2014년에 케이블·위성을 기반으로 한 4K UHDTV실험방송과 2015년에 지상파 기반 4K UHDTV 실험방송, 2020년에 위성 기반 8K UHDTV 실험방송을 목표로 UHDTV 서비스 기반을 조기에 확보하겠다는 목표이다.

지상파는 2012년 4월 프로그램 제공 및 편성 등에 관한 협약을 체결한 KBS, MBC, SBS, EBS 등 지상파 방송 4사가 서울 전파관리소로부터 UHDTV 시험방송 허가를 받아 2012년 10월부터 12월까지 채널 66번을 통하여 1차 UHDTV 시험방송을 시행하였고, 2013년 5월부터 10월까지 2차 UHD 실험방송을 실시하였다. 제3차 실험방송은 2014년 4월부터 12월까지 KBS는 채널53, MBC 채널 52, SBS 채널 53을 통해 실시하였다.

케이블방송은 2013년 7월부터 5대 MSO(CJ헬로비전, 티브로드, C&M, 현대HCN, CMB)가 일반 가입가구를 대상으로 표준화된 방송규격에 의한 시범방송을 실시하였고, 2014년 4월 10일 디지털 케이블TV쇼 행사와 연계하여 UHD 전용채널인 UMAX를 개국하고 사용서비스를 세계 최초로 개시하였다.

CJ헬로비전은 한국전자통신연구원(ETRI)과 함께 케이블방송망을 활용한 UHDTV 시

한편, 니트는 빛의 밝기를 나타내는 단위로, 1니트는 1m2 공간에 촛불이 한 개 켜진 밝기를 나타낸다.

험방송을 송출하였다. CJ헬로비전은 기존 전송규격의 변경 없이 UHDTV를 제공할 수 있다는 이점을 살려 상용화를 진행하였다. CJ헬로비전은 콘텐츠의 데이터량을 고려해 6MHz 주파수 2채널을 합쳐 80Mbps까지 전송가능 한 플랫폼 기반을 마련하였으며, 오디오는 5.1채널과 스테레오로 만들어진 다양한 유형의 콘텐츠를 실험방송에 사용하였다.

(2) 지상파 3사 UHDTV 실험방송

지상파방송사는 2012년 이래로 유럽방식인 DVB방식으로의 UHD실험방송을 시작으로 본방송 도입을 위해 준비하였다. 이런 과정에서 지상파사는 지상파 실험방송 실시 중 2014년 브라질월드컵과 아시안게임 경기 일부를 UHD로 실험 생중계하였다. 가장 최근의 UHDTV 실험방송은 2014년 9월 19일(금)부터 10월 3일 결승전까지 인천 송림체육관에서 배구종목을 매일 한경기씩 실시간 중계방송 하였다. 전체 제작 송출과정을 워크플로우 측면에서 보면 첫 번째로 사전 시뮬레이션 및 방송센터 구축으로 기존 HD 시스템에 비하여 장비의 셋업과 구성, 인터페이스 연결 등에 복잡성 등을 고려하여 사전에 시스템을 연결하고 방송센터는 장비실과 제작실로 구분을 시작하였다. 다음으로 SONY F-55 5대와 FOR-A의 4K 슈퍼 슬로우모션 FT-ONE 1대와 Hitachi 4K UHD 카메라 1대를 투입하여 3,840*2,160의 해상도와 60P의 프레임의 4K 카메라의 구성작업과 SONY MVS-8000X 비디오 스위처를 통한 4K PGM 신호와 4K Clean 신호를 제작 하였으며 방송 3사(KBS, MBC, SBS)가 제작한 프로그램을 실시간 및 자료 공유를 하기 위하여 공동 로고를 사용하기로 사전 협의하였으며 KBS는 컴픽스에서 개발한 4K CG 1채널을 Up Scaling[4]을 통해 4K 제작에 활용하였다.

오디오의 구성은 경기장내에서의 마이크 설치가 허가 되지 않은 관계로 HD 국제신호(IS) 오디오 및 목적음(네트 마이크)을 별도 수용하고, 경기장내 코멘터리석을 사전 예약하여 아나운서/해설자의 신호와 믹싱 하여 최종 오디오 프로그램을 제작하였다. 주관방송사에서 운영하는 CIS(Commentary Information System/해설가 정보) 장비를 두어 경기관련 정보 및 경기 진행 상황을 실시간으로 시청자들에 전달 할 수 있도록 하였다.

---

4) '업스케일링(Upscaling)'의 기본 원리는 TV에 내장된 화질 개선 칩이 기존 영상을 인식해 부족한 부분을 채워 넣는 방식이다. 여기에 각 제조사가 직접 개발한 고유의 색 보정, 명암비 조정 기능이 더해졌다. 영상을 확대해 부족한 화소를 늘리는 도중 발생하는 노이즈와 왜곡도 제거해 고화질 영상으로 구현한다. 하지만 일각에서는 업스케일링 기술을 너무 맹신해서는 안된다는 의견도 나오고 있다. 임시방편에 불과한 이 기술 탓에 UHD 콘텐츠의 확보 속도를 늦춰서는 안 된다는 지적이다. 실제 영상을 비교 시청한 사용자들은 업스케일링된 영상이 실제 UHD 영상과는 차이가 난다고 말한다.

이외에도 모니터링의 구성은 4K 모니터(32인치) 4대와 3G 모니터(17인치),그리고 대형 모니터(55인치) 4대를 조합하여 중계방송 제작을 원활이 할 수 있도록 구성하였다. 특히 최종 송출 되어진 4K-UHD 관악산 송출 신호직접 수신하여 방송센터 외부에는 55인치와 84인치 4K ON-AIR 모니터를 시연하였다.

최종 송출 단계에서는 KBS 기술연구소가 보유하고, 브라질 월드컵 실시간 중계방송에 사용된 Elemental사의 4K HEVC 엔코더 1대와 KBS 연구소와 씬 멀티미디어사와 공동 연구하여 국산화한 HEVC 엔코더 1대를 투입하여 약 36Mbps의 고효율 압축을 하여 전송하였다. 아시안게임 지상파 UHD 중계는 인천 UHD 방송센터에서 제작된 최종 신호(ASI)를 국가과학기술연구망(KREONET)을 이용하여 KBS 본사를 거쳐, 남산 관악산 송신소로 전송되고, 각 송신소에서 DVB-T2의 SFN기술을 적용해 채널 54번으로 방송하여, 수도권 일원의 UHDTV 보유 가구에서 초고화질 영상으로 아시안게임을 시청할 수 있게 구성하였다.

(3) UHD방송 시대의 개막

UHD방송 서비스를 통해 지상파 방송사의 재도약을 목표로 지상파 방송 3사는 KBS는 2016년 2월에 UHD 추진단을, MBC(UHD 전환 전략부)와 SBS(UHD 추진팀)는 2015년부터 조직하여 UHD 방송사업자 허가업무를 비롯 개국을 위한 준비를 진행해왔다.

지상파 초고화질(UHD)방송 시대는 2016년 11월 11일, 방송통신위원회(이하 방통위) 제63차 상임위원회 전체회의에서 2017년부터 2019년까지 3년간의 허가 기간을 명시한 "수도권 지역 지상파 UHD 방송국 신규허가로 KBS, MBC, SBS에 대한 지상파 UHD 방송국의 신규허가로 2017년 5월 31일 세계 최초로 대한민국에서 지상파 UHD방송이 시작 되었다.

UHD방송 서비스는 영상품질 측면에서는 기존의 HD방송 보다 4배 더 선명하고 원색에 가깝게 구현하게 되며 한층 생생한 현장감과 몰입감을 제공 할 것으로 기대되고 있다. 부가 서비스적 측면에서는 지상파 에서는 불가능했던 양방향 서비스로 주문형 비디오(VOD) 및 맞춤형 큐레이션 서비스 등 '지상파 UHD 홈포털5)(TIVIVA)'을 통해 제

---

5) UHD TV에 앱(APP) 형태로 제공되는 '양방향 홈포털'은 시청자의 시청패턴, 취향 등을 알고리즘으로 분석해 개인에게 맞는 콘텐츠를 추천하고 배치해주는 큐레이션 기능과, 지상파에서 지난 30년간 방송된 모든 TV콘텐츠를 검색해서 볼 수 있는 아카이브 서비스를 제공할 예정이다.

공이 가능하다.

UHD방송과 함께 등장할 모바일 HD 서비스는 고품격, 고화질, 첨단 플랫폼을 갖추고 있어 향후 새로운 플랫폼으로서의 가치가 기대되고 있다.

지상파 UHDTV가 가지는 가장 큰 장점은 포털사이트, IPTV, 가전사, 글로벌 OTT 등이 기존 사업 영역을 넘어 무한 경쟁을 벌이게 될 미디어 시장에서 공공플랫폼의 역할로 시청자들에게 더욱 특별한 의미를 가질 것으로 기대되고 있다.

2) 해외 UHDTV 의 실험방송과 추진 사례

(1) 일본

일본의 경우 총무성을 주관으로 2012년 11월부터 방송서비스의 고도화에 관한 검토회[6]를 개최하여 2013년 6월에는 4K,8K 등의 추진에 관한 로드맵을 책정, 공표했으며 2012년의 런던올림픽에서 NHK가 영국의 BBC 등과 공동으로 8K TV의 Live Public Viewing을 실시함에 따라 정책적으로 방송서비스의 고도화를 검토하는 계기가 되었다. 기술적 표준으로는 NHK가 제안한 4K,8K 방송영상포맷의 표준이 SMPTE(Society of Motion Picture and Television Engineers)에서 승인, 확정되고, 2013년 1월 ITU-T · ISO/IEC에서 현행 H.264 방식보다 2배 정도의 압축 성능을 지닌 부호화방식의 HEVC(High Efficiency Video Coding)가 표준화 되었다. 방송의 경우는 2012년에 NHK와 위성방송의 스카파JSAT(주)가 4K,8K를 방송전파로 송수신하는 실험을 시작하여 Public Viewing 등이 이루어져왔다.

CATV의 경우 KDDI(주), ㈜KDDI연구소, ㈜주피터텔레콤 주관으로 CATV망을 이용한 전송실험에 성공했다. 현재 NexTV[7] 포럼은 4K,8K,스마트TV 등의 차세대 방송서비스의 조기 실현을 목적으로 4K의 위성방송을 위한 설비와 환경을 구축하면서 8K 프로그램 제작에 도전할 수 있도록 추진하고 있다.

방송 사업자로는 민방 최초로 NHK 오사카(大阪)방송국과 CS방송의 다채널 서비스인

---

6) 검토회는 NHK를 비롯하여 도쿄 민방 5사, 위성방송의 WOWOW와 스카파JSAT, CATV의 J:COM등 유력 방송사업자 외에도 가전업체, 주요 통신사업자, 학식경험자 등이 참가.

7) NexTV 포럼은 4K · 8K, 스마트TV 등 차세대 방송서비스를 조기에 실현하기 위해 송수신에 관한 규정과 기술사양의 검토 · 실증 · 평가 · 시험방송, 서비스 개발 · 보급 · 이용촉진 · 주지홍보 등을 실시하여 방송서비스의 고도화를 촉진하며, 이용자의 편이성 향상에 기여하는 등 4K · 8K 방송을 위한 기술사양과 보급에 도움이 되는 프로그램 · 서비스의 방향성 등을 논의하는 것을 목적으로 설립되었다.

프리미엄 서비스에서 2개의 4K 방송채널을 개국하여 자회사인 스카파·브로드캐스팅을 통해 4K 방송을 실시하고 있는 스카파 JSAT가 있다. 이밖에도 4K VOD전송 서비스인 액트빌라, FTTH방식서비스의 케이 옵티콘, 광회선의 VOD서비스인 NTT Plala 등이 있다. 히카리TV의 4K VOD 서비스는 개시 초기에 오리지널 제작의 4K 드라마 작품과 NHK의 "NHK On Demand" 콘텐츠 등 110편 이상의 4K 영상작품이 제공되었다.

4K, 8K 방송에 관한 로드맵은 2020년을 이정표로 설정하고 기대가 높아지고 있는 반면 기존의 CS방송과 BS방송의 HDTV 채널을 4K나 8K 방송으로 어떻게 원활히 이행해 갈 것인지도 불투명한 상황이며, 위성방송과 CATV, IPTV, 혹은 방송과 VOD 등 인터넷 서비스의 역할 분담, 각각의 새로운 서비스의 수신환경 정비와 보급 등에 대한 추진책은 과제로 남아있다.

(2) 미국

2012년 ESPN과 Fox Sports는 미 프로축구(NFL) 시즌 경기의 반 정도를 4K영상 촬영 시스템으로 테스트를 했다. 또한 CBS는 2014년 2월 열린 NFL 챔피언 결정전인 수퍼볼(Superbowl) 경기를 UHDTV 방송으로 송출하기도 했다. 당시 경기를 중계하면서 CBS는 HD카메라 60대와 UHD카메라 6대를 사용, 경기를 중계하면서 경기장면은 HD화면으로 방영하고, 하이라이트 장면을 되돌려보기(Replay) 할 경우에는 UHD화면으로 더욱 선명한 화질로 방영했다. HDTV의 경험에 바탕을 두고 있는 미국은 2015년도에 팔리는 TV중에 25%가 UHD TV라고 전망과 함께 2020년쯤에는 TV수상기 3대중의 1대가 UHDTV라는 전망도 나온다. 역사적으로 보면 1997년 FCC에서는 디지털방송을 추진하면서 ATSC방식을 채택하였고 쌍방향의 데이터와 모바일 영상 송수신이 가능한 ATSC 2.0도 마련하였지만 UHDTV에 사용되는 대용량의 데이터를 송수신하기 위해서는 기존 ATSC 방식을 업그레이드해야 할 필요성이 제기되었다.

케이블 업체는 UHD방송에 사용되는 압축동영상 데이터가 엄청나기 때문에 자칫 기존 케이블망에 과부하로 연결될 수 있다는 부담감을 갖고 일단 UHD방송시장을 관망하고 있을 뿐 적극적으로 나서지 않고 있다. 위성방송 Direct TV는 UHDTV 방영에 매우 적극적이다. 2014년 11월 국내 TV제조업체인 삼성과 손잡고 4K UHD방송을 시작하기 시작했다. 포레스트 검프, 스타트렉, 트랜스포머 등 파라마운트 픽처스의 영화 20여개를 초고화질 영상을 통해서 가정에 보급하기 시작했으며 2012년 4K영상을 가진 영화와

TV프로그램은 150개 정도였으며 기존의 793개의 영화와 TV프로그램은 UHDTV 용으로 약간의 소스 포맷만 손질하면 활용할 것으로 조사됐다. 지난 2013년 CEA의 조사에 따르면, 미국 소비자들은 TV를 구입할 때 가장 우선적으로 고려하는 것은 화질(picture quality)였으며 그 다음이 가격(price), 화면 크기 (screen size) 등이었다. 점차적으로 UHDTV 영상 콘텐츠를 제공하는 업체들이 늘어나고 있다. UHDTV의 영상콘텐츠는 영화와 스포츠인데, 영화의 경우 이미 4K의 영상으로 제작되기에 그리 큰 문제가 되지 않을 것으로 보이며 스포츠 역시 오는 2016년 브라질 리오 데 자네이로 하계 올림픽과 2018년 평창 동계올림픽, 2018년 러시아 월드컵 등 메이저 스포츠 대회가 UHDTV 중계될 예정이어서 새로운 TV시대를 열어갈 전망이다.

(3) 유럽 지역

유럽은 UHDTV가 차세대 방송으로 향후 수년 안에 본격적으로 도입될 것으로 전망하고 있으나 UHD TV를 위한 제작 장비 회사나 단말기 제조사 등이 없어 강하게 드라이브를 거는 주체가 없으며 HD TV가 유럽에 등장한 것이 2005년이어서 가정에서 HD 수상기 보유가 이루어진 시점에서 또다시 UHD TV 수상기를 구매하는 것은 어려운 현실이다. 또한 전통적인 방송의 분배플랫폼을 통해 가정까지 도달하는 방법과 HD 방송에서 UHD 방송으로 전환하는데 소요되는 비용이 막대하기 때문에 아직은 한국, 일본처럼 UHD TV 도입에 적극적이거나 UHDTV를 위한 정책적 논의가 활발하지는 않다. 그러나 시험적 성격의 다양한 서비스들이 이루어지고 있다. 즉 지상파, 위성, 케이블, 스트리밍 서비스 모두 여러 가지 형태의 UHD 방송을 실시하고 있다. 이것은 바로 UHD TV가 차세대 방송임을 인식하고 경험을 축적하여 구체적으로 뒤떨어지지 않기 위한 움직임이라고 볼 수 있다.

유럽방송연맹인 EBU는 2013년 12월 6일 유럽의 UHD TV에 관한 세미나를 개최하여 UHD TV를 언제, 왜 그리고 어떻게 도입할 것인지에 관한 논의를 하였다. EBU는 UHD TV의 도입을 3단계로 구분하고 있는데, 제1단계는 2014/15년, 제2단계는 2017/18년 그리고 그 이후를 3단계로 정하고 있다.

EBU의 UHD TV에 대한 기본적인 태도를 정리하면 진정한 몰입형(Immersive) 시스템을 위해 로비활동을 벌인다. 개방형 기술표준을 개발한다. 경쟁하는 기술표준이 존재한다면 조화를 이루게 한다. 장기적인 관점에서 UHDTV를 위한 올바른 선택을 하도록 한다. 소비자들을 혼란에 빠지지 않게 한다. 총체적인 경험을 만들어 낸다. 어플리케이션을 정한다. UHD 서비스를 향상시킨다. 다양한 목소리를 듣고, 선택하며 지속적으로 관심을 갖는다. 등으로 정리 할 수 있다. 2014년 6월 유럽의 미디어 포럼인 FAME(Forum for Advanced Media in Europe)의 심층토론에서는 콘텐츠 체인의 핵심 파트인 제작, 분배 그리고 소비자 기술에 집중, 기술적 이슈와 핵심적 요소들의 분석 작업과 유럽에서 성공적인 UHD TV 서비스를 런칭하기 위한 해결방안 마련을 촉진하였다.

① 영국

영국에서는 BSkyB와 BBC가 공동으로 영국 산업계 모임인 DTG(Digital TV Group)가 출범시킨 UHD 포럼을 선도하고 있으며 영국의 OFCOM은 디지털 지상파방송 고도화의 일환으로 UHD TV 도입에 적극성을 보이고 있다. 그래서 모바일 브로드밴드의 서비스를 위해 사용되고 있는 600MHz 대역의 주파수를 디지털 지상파 TV용으로 전환하여 이를 지상파 TV에 할당할 계획을 수립하였다. 이 시나리오에 따르면 2018년 12월 말까지 UHD TV 주파수를 확보하고 지상파 8MHz 대역에서 약 1-4개 채널의 UHD 서비스를 도입할 예정이다. 또한 32MHz의 위성방송 시나리오는 약 1-3개의 UHD TV 채널이 가능할 것으로 전망하고 있다.

영국의 BBC는 2012 런던 올림픽 경기의 일부를 UHD TV로 제작, 3곳의 공공 시청 지역(Public-Viewing -Area)에 15미터 높이의 대형 수상기를 설치하여 7,680×4,380 픽셀로 서비스를 제공하였다. 당시 BBC는 영국 런던, 브래드포드(Bradford), 글래스고(Glasgow)를 포함해 일본 도쿄, 후쿠시마, 미국 워싱턴DC 등에 2012 런던올림픽을 UHD TV 방송으로 생중계하였다. 이후에도 BBC는 위성방송사업자인 BSkyB와 공동으로 2012년 10월 UEFA 챔피언스리그전의 UHD TV방송을 BSkyB로 송출 실험방송 하는데 성공하였으며, 지속적으로 일련의 UHD TV용 스포츠 콘텐츠를 제작하고 있다.

② 프랑스

Eutelsat Communications사가 유럽 최초의 UHD(4k) 전용채널이 2013년 1월 8일에 서비스를 시작EUTELSAT 10A 위성을 통해 전송되어 라이브로 수신할 수 있으며 초당 50 프레임의 프로그레시브 모드로 제공되고 MPEG-4로 디코팅 되어 서비스 하고 있다.

프랑스에서는 2012년 12월부터 현재까지 6개의 HDTV 지상파채널이 제공되고 있으나 DVB-T와 MPEG-2의 압축률이 낮아 지상파에서 각 멀티플렉스마다 제공되는 HD 채 널수가 제한적이다. 이러한 문제점을 해결하고 시청자들의 지상파 시청환경을 고도화할 목적으로 CSA는 지상파 UHD TV 도입에 긍정적 입장을 취하고 있다. CSA[8]는 여기서 현재의 HD채널 고도화와 UHD TV 도입을 목적으로 한 기존 DVB-T와 MPEG-4 기반 의 디지털지상파방송 신호의 종료 및 DVB-T2와 HEVC 기반의 차세대 디지털방송 전환 계획을 제안했다. CSA는 4K UHD TV의 지상파 전송을 실현화할 목적으로 2013년 1월 ITU에서 최종표준안이 승인된DVB-T2와 HEVC 로의 단계적 전환을 계획 중이다.

③ 독일

독일의 스카이 도이취란드(Sky Deutschland)는 2012년 4월 26일 독일 분데스리가 바 이에른 뮌헨(FC Bayern Munchen)과 베르더 브레멘(SV Werder Bremen)간의 축구경기 를 초당 50Frame과 HEVC(High Efficiency Video Codin)로 UHD 라이브로 위성을 통 해 전 세계로 방송하였다. 이어서 2012년 12월 1일에 Sky Deutschland가 독일 TV 역사 상 최초로 바이에른 뮌헨과 보루시아 도르트문트(Borussia Dortmund) 간의 경기를 UHD 시험방송 등, 이후에도 분데스리가의 다른 경기들, 유럽축구연맹의 챔피언스 리그 및 독일축구협회(DFB)-컵 대회 경기 등을 테스트하였다.

독일에서 최초로 무료 수신이 가능한 HD 방송사인 Anixe HD는 2014년 9월부터 그 들의 UHD(4K) 미디어텍(Mediathek)에서 다큐멘터리와 영화 콘텐츠를 서비스 하고 있 으며 독일의 공영방송사인 ARD와 ZDF는 2022년 카타르 월드컵을 UHD로 제작하여 방송하겠다는 계획을 발표 하였으나 HDTV로 라이브 중계하는 것도 완벽한 상태가 아 니고 UHD TV에 대한 경험이 축적된 상태가 아니기 때문에 2018년 러시아 월드컵을 UHD로 중계 할지는 불투명한 상태임.

3) 국내외 UHD 콘텐츠 제작 사례

지상파 UHD콘텐츠 보유 현황을 살펴보면 다음과 같다. KBS의 경우는 드라마 장르로는 <추노>, <공중의 남자>, <각시탈>, <굿닥터>, <프로듀사>, <함부로 애틋하게 20부작>, <화 랑 더 비기닝 24부작>, <드라마스페셜 평양까지 이만원>, <전설의 셔틀>, <한 여름의 꿈>,

---

8) 프랑스 시청각최고평의회 CSA(Contribution du Conseil supérieur de l'audiovisuel sur l'adaptation de la régulation audiovisuelle) 는 프랑스의 독립적인 방송규제인데, 이 기관은 2013년 1월 방송규제의 적용에 대한 CSA의 안을 마련하였다.

<빨간 선생님>, <즐거운 나의 집>, <국시집 여자>, <동정 없는 세상>, <웃음의 자격>, <피노키오의 코>, <아득히 먼 춤>, <정도전 50부작> 등이 있으며 다큐멘터리로는 <색 4부작>, <의궤 1,2>, <요리인류 8부작>, <순례 4부작>, <UHD 코리언 지오그래픽 시즌4 4부작>, <검은 땅의 초록생명>, <화산섬의 식물이야기>, <위대한 비행 3부작>, <시화호 2부작> 등이 있다. 리미스터링 작품으로는 <넥스트휴먼 4부작>, <빅 아이디어 4부작>, <요리인류 시즌2 2부작> 등이 있고 예능장르로는, <글램>, <걸스데이>, <인피니티>, <맴>, <달샤벳>, <동방 신기>등 의 뮤직 비디오가 있다. MBS 의 경우 드라마 장르로 <아랑 사또전>, <오만과 편견>, <빛나거나 미치거나>, <풍당 퐁당 러브>, <별별 며느리>, <군주>, <W>, <미씽나인>, <자체발광 오피스>' 등이 있으며, 다큐멘터리로는 <DMZ>, <더 와일드>, <천 개의 얼굴>, <화장>, <위대한 한 끼> 등이 있다, 교양물로 <풍경>, <터닝 포인트> 등 5편고 기타장르로 <아시안 게임 스폿 중계물>, <쇼 음악중심 등>17편이 있다.

SBS의 경우 드라마 장르로 <별에서 온 그대>, <강구 이야기>등 있으며 최근에는 <펑>, <당신을 주문합니다>, <미스터리 신입생>, <나청렴 의원 납치사건> 등이 있으며, 교양물로 <히말라야>, <갈라파고스>, <아름다울 미> 등이 있으며 예능 물로는 <셰프끼리>, <강호대결>, <중화 대반점>, <더 스테이지 빅 플레저> 등과 기타로 <브라질 월드컵>, <아시안 게임>, <걸스데이>, <한류 드림콘서트> 등 과 애니메이션으로 <내친구 마카다이> 가 있다. EBS 4K UHD 자연다큐멘터리 최근의 <녹색동물>을 비롯하여 <우포늪의 사람들>, <악기는 무엇으로 사능가>, <넘버스 5부작>, <인간과 패션>, <행성의 지배자, 녹색동물 3부작>, <모멘트>, <지시황릉>, <감각의 제국 6부작> 등이 있으며 SPOT으로는 <서울의 하루>, <환상의 섬 제주>, <히말라야> 등이 있다. OBS도 <MASK, 한일의 얼굴>을 제작 하였다.

지상파의 UHDTV 콘텐츠는 실험방송기간과 UHD 카메라 기종이 나오는 초창기에는 Sony F55, 파나소닉 Gh4, Cannon C300, RED-EPIC 등의 4K지원용 카메라를 이용한 UHD 콘텐츠를 제작 하였으며 지상파 3사 UHDTV 실험방송은 인천 아시안 게임에서 4K PGM 신호와 4K Clean 신호를 제작 하여 방송 3사(KBS,MBC,SBS)가 제작한 프로그램을 실시간 및 자료 공유를 위하여 공동으로 로고를 사용하는 등 사전 협의와 공동 대응으로 실험 방송용 4K UHD 콘텐츠를 제작을 하였다.

3. 일반적 워크플로우의 구성

1) 제작 워크플로우의 구성과 특징

(1) 프로그램의 기획

콘텐츠를 제작하기 위한 맨 첫 걸음은 기획에서부터 시작한다. 프로그램의 내용과 성격 출연진의 구성, 스텝의 구성, 제작 일정, 예산, 제작 방식, 제작 기간, 방송 일정 등 콘텐츠가 완성되기까지 전 과정에 걸친 기획과정이 포함된다. 콘텐츠의 제작과정에서 초안을 잡는 과정으로 매우 중요하고 프로그램의 품질에 영향을 미치는 단계이다. 아이디어 회의부터, 시장조사, 예산의 설정, 콘텐츠의 분배 등 매우 광범위한 분야이기 때문에 연출, 기술, 카메라 등 다양한 전문가 구릅의 참여가 필요하다. UHDTV 콘텐츠의 경우 기존의 HD 콘테츠 보다 4배 이상의 많은 데이터를 가지고 있어 기존의 Tape방식이나 HDD 저장방식을 탈피해 보다 많은 요양의 파일 데이터를 처리해야하는 장비와 워크플로우가 필요하다. 콘텐츠제작 기획, 콘텐츠 장르별 선택, 카메라와 렌즈 등 제작 장비의 선택, 스텝의 구성과 트레이닝 등이 중요 항목이다.

(2) 준비 단계

프로그램을 제작하기 위한 장비의 선택과 촬영 일정, 장소의 섭외, 스텝의 구성, 촬영방식의 결정 등 실제 촬영 전 단계에서 준비해야하는 실질적 단계이다. 기획 부분에서 현실적으로 어려운 문제가 준비 단계에서 발생할시 수정, 보완해서 다시 기획해야하는 단계이다. 기획 단계에서는 최고급 카메라를 사용하여 제작하기로 했으나 준비단계에서 예산이나 일정 등에 착오가 생길 경우 기획 단계에서 다시 보완해야 한다. 파일 녹화 방식과 후반 작업과 연계해서 데이터의 처리 등 일관성 있는 준비를 통해 프로그램의 품질과 제작 일정 등에 영향을 미치는 요소를 준비하는 단계로 볼 수 있다. 준비단계에서 미디어관리와 메타 데이터에 관한 사항의 준비도 필요하며 파일포맷의 운영에 따른 계획과 연계가 필요하다.

(3) 촬영

실제로 프로그램을 제작하는 과정이다. 생방송 즉 LIVE로 제작인지 녹화 제작인지에 따라 워크플로우는 달라진다. 생방송의 경우 기획, 준비 단계를 보다 치밀하게 준비해야 한다. 여러 대의 카메라를 통해 정해진 시간에 콘텐츠를 생산해야하는 만큼 사전 제작물 부터 진행사항 및 장비, 계통, 송출 까지 많은 준비가 필요하다. 녹화방식의 콘텐츠 생산은 비교적 시간적 준비 사항과 제작 방식의 부담은 적지만 다양한 연출과 품질의 완성도를 위해서는 많은 시간적 노력이 필요하다. 카메라나 조명등 촬영에 필요한 장비의 이동과 세팅의 변경 등 실질적인 PRE-PRODUCTION를 반영하는 단계이다. 4K-UHD 콘텐츠 에 사용되는 카메라는 RAW 파일제작형태가 일반적이며 대형 CMOS 이미지센서를 사용 하는 카메라의 특성상 피사계심도가 얕아 포커스 풀러의 역할이 중해지고 있으며 장치, 의 상, 미술, 조명, 소품 등의 관계 또한 역할과 비중이 커지고 있다. 모든 데이터를 파일로 처 리하는 워크플로우로 데이터 매니저의 역할과 비중이 증대되고 있다. 4K-UHD, HD 로 구 분되는 파일을 코덱별로 분배, 관리, 저장 등의 프로세스가 복잡 다양하게 진화되고 있다.

(4) 편집

후반 작업으로 대표 되는 편집과정은 과거와 달리 다양한 과정을 거치고 있다. 내용상 의 가편집이 끝나면 여러 대의 다른 종류로 제작, 촬영된 영상의 균형 있는 품질을 위해 서 색보정 (Color Correction)단계를 거쳐 원하는 영상미를 연출하기도 한다. 또한 야외 제작과 실내제작으로 오디오의 밸런스유지와 품질 향상을 위해 사운드 후반 작업을 거 치며 동시에 음악과 효과 작업을 병행 수행하기도 한다. 이러한 준비과정을 거친 프로그 램은 CG, VFX 등의 과정을 거쳐 완성된 콘텐츠로 제작 되어 진다. 이 과정에서 콘텐츠 의 다양한 유통분배 과정에 필요한 원본파일의 저장과 완성된 파일의 저장 등 별도로 파일을 구분, 저장, 관리가 필요하다.

(5) 프로그램의 완성과 분배

최종적으로 완성된 콘텐츠를 어떻게 유통, 분배 하느냐에 따른 과정은 매우 다양하게 나타난다. 영화, 방송, VOD등 콘텐츠 표현 방식에 대한 문제와 플랫폼에 따른 분배, 유 통 등 한 가지 콘텐츠를 다양하게 유통시키는 과정도 필요하다. 영화는 방송과 달리 Frame의 규격이 틀리며, VOD 역시 Frame과 코덱(CODEC)이 다양하게 구성 되어야한 다. 이처럼 마지막 단계에서도 콘텐츠의 품질과 소비자의 이용 경로에 따라 다양한 워크플로우를 준비해야 한다.

UHDTV콘텐츠의 경우에는 기존의 HD 콘텐츠나 영화의 35mm급에 해당하는 영상을 업스케일링[9], 디인터레이싱[10], 풀다운[11] 등의 방법으로 대체하는 방법도 있다.

2) 워크플로우의 요소별 특징

기획 단계	준비 단계	촬영	편집	프로그램의 완성
프로그램 기획	제작 방식의 결정	야외 촬영	데이터의 관리 및 변환	콘텐츠의 완성도
전체 워크플로우 구성	촬영장비의 결정	STUDIO 촬영	VFX & CG	UHD영상 화질
스텝의 구성	일정 및 답사	데이터의 백업 및 분배	색보정	
제작 장비의 구성 기획	스텝회의	분장/조명	음악 / 사운드 보정	

4. 제작 장비의 구성과 선택

1) 카메라 특이사항과 선택

4K-UHD제작을 위한 카메라를 선택하기 위해서는 Camera의 Dynamic Range(관용도)[12]의 범위와 영상신호를 어떻게 출력해서 저장 할지에 대한 사항으로 RAW, CODEC, 2K, 4K, SDI, HDMI 등의 형식에 대한 지원으로 구분한다.

LIVE 중계에는 3G Quad Cable(BNC / HDMI) 또는 12G Cable 이나 광 케이블이 필요하며 최종 포맷에 따라 필요한 케이블 량도 조절 된다. 또한 카메라의 프레임 레이트(Frame Rate)의 지원도 체크해야한다. 센서 사이즈(Sensor Size)는 영상이 픽업되는 센서의 크기로 영상의 심도와 색감을 결정하는 요인으로 작용한다. 따라서 렌즈의 선택과도 연계되는 사항으로 기술적 스펙과 함께 고려되어야한다. 셔터방식(Shutter)[13] 에 따른 영상이미지의 왜곡결과에 따른 대책도 고려되어야 한다.

---

9) 영상을 원하는 해상도로 리샘플링 하는 선형 보간법, 가장 인접한 값을 보간값으로 사용하는 이웃 화소 보간법 (nearest neighbor interpolation)으로 구분된다.

10) 2개의 다른 필드를 합쳐 하나의 프레임으로 만드는 Blending 방식으로 Field combination de interlacing 과 모든 필드를 수직방향으로 2배 확대하여 하나의 프레임을 만드는 Bobbing 방식인 Field extension de interlacing 으로 구분된다.

11) 3:2풀다운 방식 영화의 24 프레임을 NTSC 방송규격 30 프레임으로 변환하는 방식.

12) 카메라가 몇 Bit 로 계조를 표현 하는가를 결정하는 포맷으로 보통 8bit, 10bit, 12bit로 구분되어진다.

13) Rolling Shutter, Global Shutter, Mechanic Shutter로 구분된다.

ALEXA SXT	VariCam 35's	GO-PRO 4K	Sony PMW-F55
http://www.arri.com	http://www.panasonic.com	http://ko.gopro.com/	http://www.sony.co.uk/pro
RED EPIC	Black magic 4K	Cannon C500	Phantom Flex4K
http://www.red.com/products /epic	https://www.blackmagicdesig n.com/	http://www.usa.canon.com	http://www.visionresearch.co m/Products/High-Speed-Ca meras/

<그림 7-49> 4K-UHD 제작용 ENG Type 고급사양 카메라

2) 렌즈의 선택과 특징

카메라와 결합하여 사용하는 렌즈의 선택은 카메라의 선택만큼이나 중요하다. 카메라의 종류와 특성에 맞는 렌즈의 선택은 편안하고 안정적인 UHD 영상제작에 있어 선택의 신중함을 요하고 있다. 줌렌즈(Zoom Lens)와 단 렌즈(Prime Lens)의 선택과 카메라에 장착되는 마운트(Mount) Type 의 선택도 신중을 기해야 한다.

렌즈의 Zoom, 조리개(IRIS), 포커스(Focus)를 제어할 수 있는 모터장치의 선택과정에서도 렌즈의 Type과 기능을 고려해야한다. 기계적 장치로 제어할 것인지 또는 전자적 장치로 제어할 것인지 도 고려해야 할 대상이다. 기존 B4 마운트 렌즈를 어떻게 카메라에 적용 시킬 것인가에 대한 문제와 PL 마운트의 줌 배율 문제 등으로 초기 스튜디오 적용에 어려움이 있다.

3) 녹화기의 종류와 특징

현재의 UHD 콘텐츠 제작현황을 살펴보면 파일 제작 시스템이 기본 주류를 이루고 있다. 카메라에서 영상을 획득하여 저장을 하는 방법이 파일 형태이며 저장 매체는 하드 디스크 레코더와 SSD Memory Type 레코더가 주를 이루고 있다.

대부분은 카메라에 직접 장착하여 사용하고 있으며 이동성과 순발력을 고려하여 부피가 작고 모니터링이 가능한 레코더를 선호하고 있다. 편집 프로그램으로는 PC, MAC, Linux를 기반으로 하는 Adobe사의 Premiere, Apple의 Final cut pro, Avid의 Media composer 등의 NLE 시스템이 주류를 이루고 있다. 파일기반의 녹화 방식은 캡쳐(Capture) 과정을 통해 편집용 코덱(CODEC)으로 변환하는 기존의 테입 방식과 달리 직접 NLE로 파일을 임포트(import)가 수행할 수 있다. 이는 후반에서 작업 공정을 단축시키며, 편집 시간을 효율적으로 관리할 수 있게 한다.

결국 이러한 저장장치의 선택은 단순히 메모리 용량이나 슬롯 구성 방식뿐 만 아니라 외부 전원관리, 후반작업 워크플로우 등에 영향을 미치기 때문에 반드시 종합적인 관리가 필요하다.

촬영 카메라에 따른 데이터 관리 측면에서 가장 많이 사용되는 4K 카메라 Sony F55의 경우 30fps, 512GB 기준으로 Raw파일을 촬영할 경우 약 50분, XAVC는 약 200분 정도 기록이 가능하다. Blackmagic Production 4K 카메라는 ProRes422(HQ) 파일로 촬영, 동일한 30fps, 512GB 기준으로 약 80분정도 기록된다. 촬영된 데이터는 카메라와 NLE 소프트웨어에서 지원되는 코덱을 실시간 및 RAW 데이터 편집을 고려하여 컨버팅 한다.

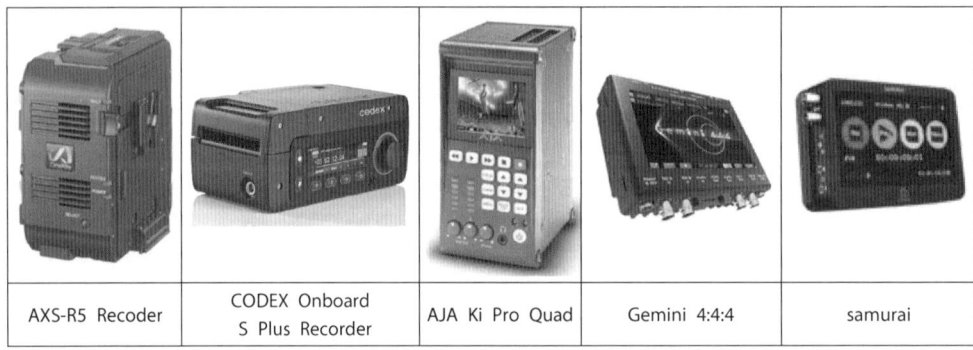

| AXS-R5 Recoder | CODEX Onboard S Plus Recorder | AJA Ki Pro Quad | Gemini 4:4:4 | samurai |

<그림 7-50> 후반작업 워크플로우 장비

<표 7-19> UHD카메라 의 종류별 데이터 방식

4K UHD 카메라	코덱	파일형식
Sony CineAlta F65 / F55 / F5	RAW	Mxf
	XAVC	Mxf
RED Dragon / Epic / Scarlet X	RAW	R3D
Blackmagic Production Camera 4K	ProRes422(HQ)	Mov
Panasonic DMC-GH4	H.264	Mov
JVC GY-HMQ10	H.264	Mp4
Canon EOS C500 / 1D C	RAW	외부저장장치
	Motion JPEG	Mov
GoPro HERO3 Black	H.264	Mp4

카메라와 NLE 소프트웨어를 선택할 때는 장비에서 지원하는 코덱을 고려해서 선택해야 한다. 예를 들어, Blackmagic Camera 4K로 촬영된 데이터의 경우에는 Mac 기반의 Final Cut Pro를 사용하면 별다른 컨버팅 작업 없이 쉽고 빠르게 편집을 할 수 있다. 그러나 Window 기반 의 NLE 소프트웨어에서는 관련 코덱을 지원하지 않기 때문에 렌더링에 따른 많은 시간과 비용이 소요된다. 4배 큰 해상도를 가진 UHD 영상은 HD 영상에 비해 관리해야 하는 데이터 용량이 커질 수밖에 없다. 따라서 사전에 고속 전송, 대용량의 아카이브를 구축하여 체계적이고 계획적인 관리가 필요하다.

4) 편집의 종류와 특징

일반적으로 편집은 가편집과 마스터 종합편집으로 나뉜다. 가편집은 정식으로 편집하기 전에 임시로 진행하는 첫 단계의 편집을 말하며 OK컷만 추려내어 순서 및 기획하고자 하는 내용에 따라 연결하고 기본적인 현장음 등을 배치하여 대략적인 영상 내용을 파악한다.

UHD 제작에서의 가편집은 기존 HD 편집과 거의 동일하다고 할 수 있으며 대부분은 제작 작업이 분업이 되어 나눠져 있어 NPS(Network Production System)로 작업을 하는 게 용이하다. 촬영 원본을 편집 스토리지에 저장한 후 가편집을 위한 파일의 트랜스코딩이 필요하며 트랜스코딩 코덱은 편집 장비에 따라 달라진다.

AVID로 편집을 할 경우 HD로 작업 할 수 있는 최대 코덱은 DNxHD220x인데 만약의 경우 UHD 제작이 불가능 하고 HD로 작업을 해서 방송을 해야 할 경우를 대비해서 고화질 파일로 작업을 하는 것이 안정적이다. HD로 변환된 작업 소스로 기존 HD 작업과 동일하게 가편이 끝나면 편집정보인 EDL, AAF, XML를 원본 Reconnect 할 장비와 호환이 가능한 형태로 전달하여 UHD 원본 파일로 교체를 한다. Proxy 파일을 이용한 가편집의 경우 RAW 파일의 하드웨어 편집이 불가능하기 때문에 가벼운 Proxy 파일로 변환하여 가편집 진행 후 DI(색보정) 진행 시 기존의 RAW 파일로 교체하면 화질손실 없이 진행할 수 있다. 또한 동일 코덱 파일의 가편집의 경우 XAVC(H.264) 등의 데이터가 가벼운 코덱으로 촬영된 파일은 Final Cut Pro X, Adobe Premiere CC 같은 소프트웨어를 이용하여 실시간 편집이 가능하다. 이 경우 파일 자체가 가볍기 때문에 가편집 진행에 투입되는 시간을 줄일 수 있으며, UHD 프로덕션의 비용 대비 효율적인 환경을 구축할 수 있는 장점이 있다.

서로 다른 제조사(Sony, RED, Panasonic, Gopro 등)의 카메라가 섞여 촬영된 경우 각각의 다른 코덱, 컨테이너(파일 확장자), Frame Rate 등 포맷으로 인해 가편집 진행 시 다양한 문제가 발생될 수 있기에 동일한 포맷으로 변환, 설정 후 가편집을 진행할 수 있도록 한다.

종합편집(mastering)은 가편집이 끝난 파일들이 색재현과 CG작업을 거쳐 종합편집실로 들어오면 모든 파일들을 한데 모으는 작업과 오디오 그리고 자막을 넣는 작업이 필요하게 된다. 색재현이 끝난 파일에 CG 작업이 된 파일을 insert하면 클린 비디오 작업이 끝난 것이며 여기에 오디오 믹싱작업이 된 파일을 싱크를 맞춰서 붙이면 클린 마스터 작업이 된다. 방송을 위한 마스터 작업에는 자막작업이 필요하며 미리 제작된 자막을 원하는 위치에 맞추어 올리고 안정적인 인/아웃 작업이 되었으면 최종 마스터 작업이 된다.

5) 후반 특수효과(DI, CG, VFX)

UHD에 있어 DI(Digital Intermediate, 색보정)는 후반편집에서 가장 중요한 부분이다. HD는 눈에 보이는 그대로를 재가공하는 리니어(Linear) 색 보정인 반면 UHD는 더욱 풍부한 계조와 깨끗한 영상을 얻을 수 있는 로그(Log or Logarithmic) 색 보정을 하기 때문에 방법 자체가 다르다고 할 수 있다. RAW 데이터로 기록된 경우 필름 네거티브와 같은 방식으로 저장되기 때문에 낮은 콘트라스트를 가진다. 그러므로 DI를 진행할 경우 색을 다시 올려줄 LUT(Look Up Table)와 메타데이터의 관리가 매우 중요하다. 색 공간이란 일정한 색을 혼합해서 얻어지는 색의 범위이다. HD의 경우 Rec.709의 공간을 표현하고 있으며, 이는 인간이 인지할 수 있는 색의 약 36% 정도이다. 하지만 고화질의 UHD로 넘어오면서부터 더욱 많은 색을 표현할 수 있게 되었는데 Rec.2020의 경우 약

76%까지 색 표현이 가능해 후반편집에서의 DI가 더욱 중요해졌다.

| Primary Color Grading 단계
White Balance, Saturation, Hue,
NR(Noise Reduction), Lift, Gamma,
Gain, Contrast 등을 보정 가능 | Secondary Color Grading 단계
Curve, Qualifier, window, Blur, key
등을 세분화하여 보정 가능 | Look Grading
Scene 분위기 채색, tone making |

<그림 7-51> DI(Digital Intermediate), 색보정 단계별 예시

- CG, 합성, VFX

4K-UHD에서의 CG, 합성, VFX는 4배 더 커진 영상에 대한 데이터 처리를 위해 기존 HD에서 제작했던 환경보다 높은 사양의 하드웨어 시스템을 필요로 하게 된다. 또한 하나의 장비에서 막대한 CG, VFX 렌더링의 데이터를 처리하기엔 한계가 있으므로 네트워크 렌더링과 렌더팜 등을 통해 제작 시간을 단축시킬 수 있다. 네트워크 렌더링은 데이터가 큰 하나의 그래픽 및 동영상을 처리하는데 한대의 장비로는 오래 걸리는 작업을 네트워크를 통해 다른 컴퓨터를 활용하여 동일한 프로그램을 실행시켜 렌더링 처리 시간을 단축시키는 방법이다. 사용하지 않는 주위 장비를 활용할 수 있는 장점이 있다. 렌더팜은 네트워크 렌더링보다 진보한 것으로 여러 대의 컴퓨터 내 CPU를 모아서 하나의 컴퓨터처럼 운영할 수 있게 만든 렌더링의 성능을 최대한으로 끌어올린 전문적 시스템이다. 운영의 효율성을 더욱 높이고 최소한의 공간으로 최대한의 생산성을 유지시킬 수 있으나 고가라는 단점이 존재한다.

- CG (Computer Graphics)

컴퓨터 처리로 제작된 모든 디지털 영상과 기술을 총칭하는 시각 예술 분야로써 대표적으로 영화 속 컴퓨터 그래픽 영상물이 있으며 애니메이션, 방송, 광고 등에서도 활용된다. HD와 UHD의 제작 시 큰 차이점은 해상도 크기에 따른 고사양의 하드웨어 환경과 늘어난 렌더링 시간이다. 보다 많은 시간을 후반편집에 할당해야 한다. 가장 대표적인 CG 제작에 사용되는 합성 소프트웨어로 After Effect, Motion, NUKE 등이 있으며 여러 플러그인(Plug-in)과 스크립트(Script)를 사용해 효과적인 CG 작업이 가능하다. 모두 4K UHD의 해상도를 지원한다.

- 합성

두 개 이상의 독립된 화면을 합쳐 하나의 화면을 구성하는 것을 말한다. 통상 초현실적 영상을 창조하거나 특수한 영상 효과를 거두기 위해 이용하는데 때로는 현실을 더 강화하는 요소로도 이용한다. 합성에는 실사와 실사의 합성 이 외에도 실사와 애니메이션 합성, 실사와 CG 합성 등 다양한 종류가 있다.

- VFX (Visual Effect)

VFX란 CG 분야의 응용 기술로써 시각특수효과라고도 한다. 영화 제작에서 실제 존재할 수 없는 피사체나 촬영 불가능한 장면, 실물 등을 컴퓨터로 대신 제작, 영상 결과물을 얻을 수 있다. 대표적으로 아바타나 트랜스포머, 어벤져스 등에 등장하는 캐릭터, 대규모 전투 등이 이에 해당한다. UHD에서의 VFX는 HD와 비교해서 작업공정 자체는 차이가 없으나 해상도 증가에 따른 작업 시간이 매우 길어진다. UHD의 경우 실사와의 합성 과정에서 진행되는 색 보정은 기존 HD보다 더욱 세밀하게 편집 가능하다. 대표적인 VFX 소프트웨어로 Maya 3D가 있으며 캐릭터 애니메이션 프로그램에 가장 많이 사용되고 있다. 곡선의 자연스러운 움직임을 표현에 강하다. 또한 3D Max 프로그램이 있으며 이 프로그램은 비교적 저가이며 보통 Maya보다 쉽다고 알려져 있다. 게임, 건축, 인테리어 쪽에 강하다. Cinema 4D 프로그램은 모션 3D를 만들 때 유용하게 쓰이며 After Effect와 함께 사용하기 좋다.

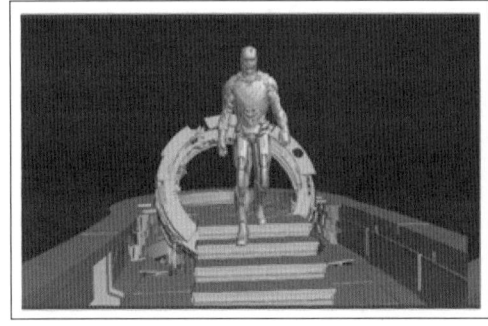

<그림 7-52> VFX의 적용 예

6) 코덱의 종류와 특징

데이터의 저장과 편집을 위해서 일반적으로 고려해야 하는 코덱의 고려사항은 다음과 같다. 서로 다른 종류의 코덱사양(Different types of codecs), 몇 비트로 계조를 표현 하는가 (Bit Depth), 휘도신호와 색차신호의 샘플링 방법(Chroma Subsampling), 영상 이미지에 대한 압축방식(Spatial Compression and Blocking), (Temporal Compression), 무압축과 압축으로의 손실(Lossless vs. Lossy compression), 영상의 품질을 결정하는 (Bit Rate), 또는 Raw File 등에 관한 사항을 고려한 코덱을 설정하여야 한다. 일반적으로 가장 많이 쓰이는 코덱의 특징은 다음과 같다.

Avid가 개발한 Avid DNxHD 코덱을 통해 대폭 축소된 파일 크기로 마스터링 품질의 HD 미디어로 작업을 진행할 수 있으며 확장 가능한 표준 기반 미디어 코덱을 기반으로 고해상도 미디어 작업을 수행할 수 있다. DNxHD 데이터는 전형적으로, MXF 컨테이너에 저장된다. CineForm 가장 일반적 AVI 또는 MOV 컨테이너 내에서 포장되는 중간코덱으로 10bit 4:2:2 YUV, 12 bit 4:4:4 RGB 및 RGBA, 및 12 비트 베이어 CFA 필터 RAW 압축 및 최대 4K Cineform는 해상도를 지원한다.

Apple ProRes는 필름, 디지털 시네마, HD, SD 작업 과정멀티스트림 파이널컷 프로 리얼타임 편집을 위한 후반작업용 포맷으로 디자인되었으며 Apple ProRes 포맷은 5가지 종류로 나뉜다. prores 422 포맷은 4:2:2 chroma subsampling과 10-bit sample depth와 I frame-only encoding의 특징을 가진다. 종류는 Apple ProRes 4444, Apple ProRes 422 (HQ), Apple ProRes 422, Apple ProRes 422 (LT), Apple ProRes 422 (Proxy)로 구분되어진다. 마스터링 퀄리티 4:4:4:4 는 4:4:4 chroma subsampling을 포함하며 12bit 샘플링으로 4444는 330Mbit/s 와 4444XQ는 500Mbit/s 로 구분되어진다.

<표 7-20> 코덱의 종류와 특징

Format	Avid DNxHD 36	Avid DNxHD 100	Avid DNxHD 145	Avid DNxHD 220	Avid DNxHD 444	DVCPRO HD	HDCAM	HDCAM SR
Bit Depth	8-bit	8-bit	8-bit	8- and 10-bit	10 bit	8-bit	8-bit	10-bit
Sampling	4:2:2	4:2:2	4:2:2	4:2:2	4:4:4	1280 Y samples 4:2:2	1440 Y samples 3:1:1	4:2:2
Bandwidth	36 Mb/sec	100 Mb/sec	145 Mb/sec	220 Mb/sec	440 Mb/sec	100 Mb/sec	135 Mb/sec	440 Mb/sec

[출처: Avid DNxHD Technology]

5. 향후전망

  UHDTV 콘텐츠를 제작하기 위한 제작과정에서의 워크플로우는 일정한 형식과 정형화된 틀이 정해져 있는 것은 아니다, 보편적인 콘텐츠 제작 워크플로우를 기본으로 콘텐츠 특성에 맞는 유연한 제작 형태가 발전 되어 오고 있어, 전문가들이 느끼는 워크플로우도 상이 할 수밖에 없는 게 현실이다.

  UHD콘텐츠를 제작 했던 전문가 그룹을 통해 일반적인 워크플로우의 틀을 규정하고 각 항목마다 중요하다고 생각하는 요소의 차이를 알아보았다. 프로그램의 기획적 측면에서의 기획과 워크플로우 구성, 스텝의 구성 연관성, 제작 장비의 구성 에 대한 연관성을 묻는 항목에서는 전체적으로 중요하다고 생각하고 있으며 프로그램의 기획이 가장 중요한 항목으로 답하고 있다. UHD콘텐츠의 완성을 위한 준비 단계 에서는 제작방식의 결정, 촬영장비의 결정, 답사, 스텝회의 등을 묻는 항목에서는 제작 항목의 결정이 제일 중요한 항목으로 도출 되었다.

  촬영단계에서는 야외촬영과 실내촬영 데이터의 백업과 분배, 분장과 조명의 세팅 항목에서는 야외 촬영과 분장이나 조명세팅의 항목이 중요 항목으로 응답하고 있다. 편집과정에서의 항목중 데이터의 관리 및 변환, VFX&CG, 색보정, 음악 및 사운드보정을 묻는 항목에서는 데이터의 관리와 색보정이 중요항목으로 채택되었다. 기존의 콘텐츠 제작 프로세스 흐름에서 비교해보면 UHD콘텐츠에서는 데이터의 관리와 후반 작업에 대한 중요도가 높아지고 있는 것을 알 수 있었다.

  델파이 조사 결과를 바탕으로 UHDTV의 콘텐츠를 제작하는 전체 워크플로우를 구성하고 각각의 항목 간에 연계관계와 흐름을 나타내는 결과를 정리하면 (그림)에서와 같이 표현 할 수 있다. 기획단계에서부터 준비, 촬영, 편집의 단계를 거쳐 콘텐츠가 완성되는 단계별 요소에서 기획과 준비 간에 상호 연계성과 촬영에서의 재촬영의 피드백에 관한 설정을 볼 수 있다.

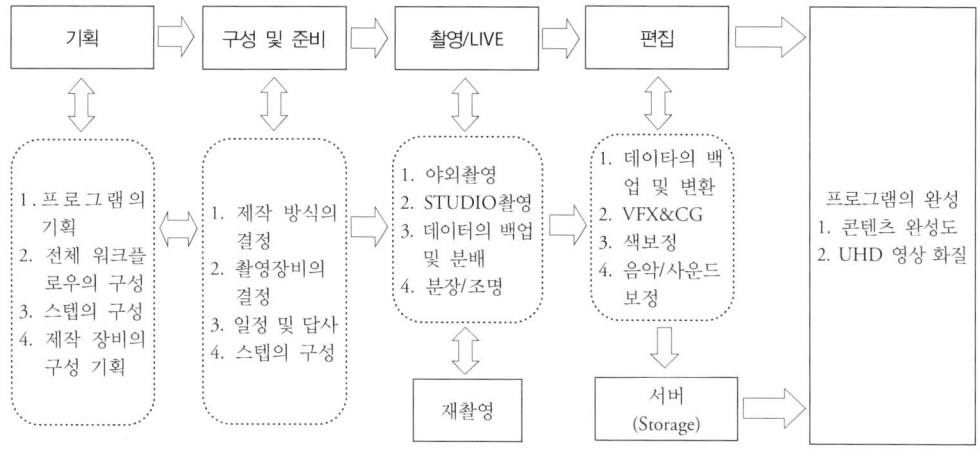

기획	구성 및 준비	촬영/LIVE	편집	
1. 프로그램의 기획 2. 전체 워크플로우의 구성 3. 스텝의 구성 4. 제작 장비의 구성 기획	1. 제작 방식의 결정 2. 촬영장비의 결정 3. 일정 및 답사 4. 스텝의 구성	1. 야외촬영 2. STUDIO촬영 3. 데이터의 백업 및 분배 4. 분장/조명	1. 데이타의 백업 및 변환 2. VFX&CG 3. 색보정 4. 음악/사운드 보정	프로그램의 완성 1. 콘텐츠 완성도 2. UHD 영상 화질
		재촬영	서버 (Storage)	

| 참고문헌

1) 김광호, 디지털전환 이후 지상파 플랫폼의 역할과 과제, 디지털 전환 이후 지상파방송의 활성화를 위한 전략과 과제, 2013년.
2) 박구만, 이영주, 이광직, 전동산, 최진수, 김진웅, UHDTV 영상기술 서비스개발 고려사항 및 정책적 방안, 한국정보과학회, 2011년.
3) 장형준, 김광호, 4K-UHD 콘텐츠 제작 워크플로우 중요도 분석, 한국디지털 정책학회, 2014년.
4) 이미라, 이용자의 UHDTV에 대한 인지된 유용성과 용이성이 UHD 채택에 미치는 영향에 관한 연구, 서울과학기술대학교 석사 학위논문, 2014년.
6) 박인경, 하광성, 김문철, 조숙희, 최진수, "4K-UHD 비디오 시청환경 특성분석을 위한 주관적 화질평가 분석", 방송공학회논문지, 2010년.
7) 박성규, 지상파 방송과 UHD방송 서비스, 디지털 전환 이후 지상파방송의 활성화를 위한 전략과 과제, 2013년.
8) 박상일, UHDTV 방송 기술 개발 로드맵", 방송공학회지, 2012년.
9) 전성호, "4K UHDTV 송수신 장비 개발 및 실험방송 현황", 방송공학회지, 2014,년.
10) 김홍익, "케이블 UHDTV 방송기술 동향", 한국통신학회논문지, 2013년.
11) UHD 방송 도입과 방송영상콘텐츠 제작 활성화 방안 연구, KOCCA 연구 보고서, 2015년.
12) UHD 방송 도입과 방송영상콘텐츠 제작 활성화 방안 연구, KOCCA 연구 보고서, 2015년.
13) UHD 방송 도입과 방송영상콘텐츠 제작 활성화 방안 연구, KOCCA 연구 보고서, 2015년.
14) 송종길,김명중,조영신, UHD 방송 도입과 방송영상콘텐츠 제작 활성화 방안 연구, 2015년
15) UHD 방송 도입과 방송영상콘텐츠 제작 활성화 방안 연구, KOCCA 연구 보고서, 2015년.
16) 김국진, 최정일, 지상파 UHD방송도입방안 연구, 2014년.
17) UHD 방송 도입과 방송영상콘텐츠 제작 활성화 방안 연구, KOCCA 연구 보고서, 2015년.

제2절 UHD에 대한 기본적 이해

이창형(KBS前국장)

1. UHD의 개요

1) UHD의 등장배경

국내 TV방송은 60년대 1세대 흑백TV를 시작하여 80년대에 2세대 컬러TV, 그리고 2000년대에는 3세대 HDTV방송으로 20년 주기로 새로운 기술이 발전해 왔다. HDTV 방송을 실시한 이후에 고화질을 바탕으로 현장감 있는 방송에 대한 요구가 증대되어 왔다. 이런 과정에 2011년 아바타 영화가 선풍적인 인기를 끌면서 3DTV(3-Dimensional Television)에 대한 관심이 고조되었는데, 3DTV는 시청하기에 안경을 착용해야하는 불편함과 방송시스템 구축에 너무 많은 비용이 요구되기 때문에 주목받지 못했다. 이제 가정에서도 영화관에서 보는 것처럼 큰 화면에 고화질 영상과 실감영상이 가능한 4세대 UHD(Ultra High Definition) 방송이 주목받게 되었다. UHD는 4K와 8K가 있는데 4K의 경우 HD방송보다 한층 섬세하고 4배 이상 선명한 화면과 입체적 음향 등을 제공하는 초고화질 실감방송으로 HEVC(High Efficiency Video Coding)[14]와 같은 고압축 디지털기술의 빠른 발전과 함께 좀 더 선명한 화질을 볼수 있게 되었다. 또한 시청자 친화적인 수신환경이 가능한데 이동 중에도 수신할 수 있는 특징을 가지고 있다. 뿐만 아니라 방송망과 인터넷망이 결합하여 IP기반 양방향 서비스가 가능하다. VOD서비스, 다시보기 및 재난 알림 서비스등 다양한 부가 서비스도 가능하다. 8K의 경우 HD방송보다 16배 이상 선명한 화면과 입체적 음향 등을 제공하는 초고화질 실감방송이다. 우리나라는 4K 방송을 실시하고 일본은 8K 방송을 실시할 예정이다. 우리나라 UHD는 2015년에 700MHz 대역 30MHz[15] 주파수를 확보함으로써 2017년 5월 31일부터 지상파 본방송

---

14) HEVC(High Efficiency Video Coding) : 차세대 동영상 부호화 압축 표준의 하나로 H.264/MPEG-4 AVC의 후속 형식이며, 국제전기통신연합 전기통신표준화부문(ITU-T)측 이름으로는 H.265로 알려져 있다.

15) 2015년 8월 24일 미래창조과학부는 지상파 방송사와 협의, UHD 방송용 700㎒ 대역 30㎒ 폭(698~710㎒, 753~771㎒)을 사용할 방송사를 결정했다. 698~710㎒ 2개 채널은 KBS1과 SBS가 순서대로 각각 6㎒ 폭을 사용한다. 753~771㎒ 대역은 EBS, MBC, KBS2가 역시 순서대로 각각 6㎒ 폭을 할당받았다. 채널 번호는 낮은 주파수부터 52~56번이다. 따라서 KBS1

이 시작하였다.

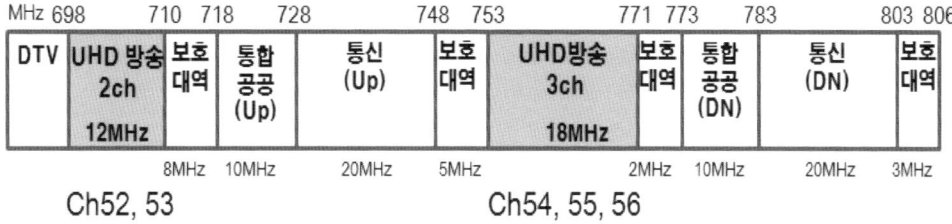

<그림 7-6> UHD용 700㎒ 대역 주파수 분배 내용

700MHz 대역를 지상파 UHD 방송용으로 활당됨에 따라 방송사별 주파수를 배정하였다. 지상파 방송사들이 사용하는 UHDTV용 주파수는 UHF 698~771㎒이다. 방송사별 배정채널을 보면, 52번(KBS1), 53번(SBS), 54번(EBS), 55번(MBC) 및 56번(KBS2)이다. 700㎒ 대역 주파수 기준으로 하면, 순서대로 52번, 53번, 61번, 62번 및 63번이 된다. HDTV에서 사용하는 주파수는 UHF 470~698㎒(14번~51번)이다.

2) UHD 정책결정

미래창조과학부 지상파 UHD 방송표준방식인 북미식 ATSC 3.0[16]을 2016년 9월 30일자로 확정하였다. ATSC 3.0 방송표준방식은 산업부문, 정부부처 및 각 연구소등의 공동으로 구성된 지상파UHD방송표준방식협의회[17]에서 유럽식(DVB-T2) 방식과 비교 검토하여 국내 환경에 보다 적합하다고 미래부에 건의하여 국내표준으로 채택하게 되었다. 협의회는 북미식이 유럽식보다 전송 성능이 더 우수하고, IP기반 통신과 융합된 방송서비스를 활성화할 수 있으며, TV 이외에 다양한 단말기 및 글로벌 장비시장 확보 측면에서 유리한 것으로 검토하였다. 한편, UHDTV 방송 전환 일정을 보면, 1단계로 2016년 5월부터 수도권을 대상으로 실시하고, 2단계로 2017년 12월에는 과역시권 및 강원권일

52번, SBS 53번, EBS 54번, MBC 55번, KBS2 56번이 할당되었다.

16) ATSC(Advanced Television System Committee)는 1996년 미연방통신위원회(FCC)가 미국디지털방송표준위원회에서 제안한 기술을 디지털 HDTV 방송 표준으로 채택해 미국의 디지털 TV 전송 방송을 통칭하는 용어가 됐다. ATSC 3.0은 UHD방식으로 OFDM방식과HEVC를 적용하였다. 또한 주파수를 효율적으로 운영할 수 있기 때문에 영상 정보 외에 부가 정보들을 더 많이 전송할 수 있다. ATSC 3.0은 모든 방송 정보를 인터넷 IP 기반으로 주고 받기 때문에 방송과 인터넷을 융합한 서비스에도 적합하다.

17) 방송사(4인), 가전사(3인), 학계(4인), 연구·유관기관(4인) 등 15인으로 구성.

부(평창동계올림픽 개체지 일웜)를 방송할 예정이다. 3단계로 2020년에서 2021까지 전국 시.군까지 확대하고 2027년에 기존 HD방송은 종료할 예정이다.

<표 7-2> UHDTV 방송 전환 일정

구 분		지 역	비 고
1단계	2017.5.31	수도권 대상	2017.9(EBS)
2단계	2017.12	광역시 권·강원권	평창올림픽 개최지 일원
3단계	2020~2021	전국 시·군 순차적 전환	2027년 HD 종료

3) UHD 방송 서비스 특성

UHDTV는 HDTV보다 4배이상 선명한 화질을 통해 현장감(sense of being there)과 실제감(sense of realness)을 제공할 뿐만 아니라 음향도 10.2 채널이상의 고품질 서비스를 제공한다. UHD는 4K(3840x2160) 또는 8K(7680x4320)의 해상도는 시청자의 극사실적인(highly realistic) 초 고품질 방송서비스 품질 욕구를 만족시킬 수 있는 차세대 방송기술이라 할 수 있다. 화소당 10~12bit로 큰화면에서도 자연스러운 영상 표현이 가능하며, 오디오 도 현장감 있는 음향을 제공할 수 있다. 특히, 시야각(Fov: Field of view)은 8K UHD를 기준으로 100도 정도 수준으로 확대되어 몰입감을 극대화 할 수 있다. 아바타 영화로 관심이 높았던 3D영상은 입체감을 주었지만, 극사실적으로 표현하는 UHDTV도 입체감을 주게된다. 두 방식 모두 시청자에게 현장감과 실재감을 감상할 수 있도록 하려는 목적은 유사하지만, 접근방식에 차이가 있다. 3DTV는 두 시점의 영상을 이용하여 입체감 있는 영상을 시청자에게 제공함으로써 현장감 및 입체감을 느낄 수 있도록 하지만, UHDTV방송은 한 시점의 영상을 더욱 큰 화면에 보다 더 선명한 콘텐츠를 감상할 수 있도록 하여 시청자에게 현장감과 실재감을 제공한다. UHDTV 서비스 특성을 요약해 보면, 영상화질은 HD보다 4배(4K)에서 16배(8K) 화질을 가진다. 초고화질의 선명한 해상도로 현장감과 몰입감을 주는 실감방송이다. 또한 색표현 영역을 10bit에서 12bit의 화소당 비트 수에 의한 표현이 가능하다. 4:2:2이상의 컬러신호 샘플링으로 큰 화면에서 섬세하고 자연스런 영상을 구현할 수 있다. 또한 시청거리가 짧아져도 화소 크기(pixel pitch)를 인지할 수 없으며, 100도의 시야각으로 임장감을 최대화 한다. 음향에서도 10.2채널 이상으로 실제현장에서와 같은 음향을 제공한다. 수신환경 측면에서는 실내에서도 원활하게 전파를 직접 수신할 수 있는 접근성이 좋아진다. 전파전송방식이 OFDM을 적용하기 때문에 이동수신도 가능하다. 또한 IP기반 양방향 서비스가 가능하기 때문에 VOD서비스등 다양한 부가 서비스가 가능하게 되었다.

2. UHD의 영상 기술

1) UHD 영상 포맷

UHDTV는 시청자의 고품질 방송 서비스 품질 욕구를 만족시킬 수 있는 차세대 방송 기술로 Full HD에 비해 4배 또는 16배 해상도의 초고화질 방송이다. Full HDTV (1920x1,080i)가 제공하는 화질보다 선명한 초고화질 비디오로 해상도에 따라 QFHD (3840x2160)[18], 디지털 시네마(4096×2160),수퍼하이비전(7680×4320)으로 구분할 수 있다.

<표 7-3> 포맷별 해상도 비교

구분	수평해상도	수직해상도	화소	Mega	H.Res(K)
SD	720	480	345,600		
HD(2K)	1920	1080	2,073,600	2M급	≒ 2K
UHD(4K)	3840	2160	8,294,400	8M급	≒ 4K
UHD(8K)	7680	4320	33,177,600	33M급	≒ 8K

<표 7-4> Video Format별 Data Rates

	Video Formats	Raw Data Rates
SD	720×480, YUV4:2:0 8bits, 30fps	124Mbps
HD	1920×1080, YUV4:2:0 8bits, 30fps	746Mbps (SD의 약 6배)
UHD (4K)	3840×2160, YUV4:2:0 8bits, 30fps	3Gbps (HD의 약 4배)
	3840×2160, YUV4:2:2 10bits, 30fps	5Gbps (HD의 약 7배)
	3840×2160, YUV4:4:4 12bits, 60fps	18Gbps (HD의 약 24배)
UHD (8K)	7680×4320, YUV4:2:0 8bits, 30fps	12Gbps (HD의 약 16배)
	7680×4320, YUV4:2:2 10bits, 30fps	24Gbps (HD의 약 27배)
	7680×4320, YUV4:4:4 12bits, 60fps	72Gbps (HD의 약 96배)

---

18) QFHD: Quad Full High Definition, 3840x2160은 가로 화소수가 3,840개, 세로 화소수가 2,160개를 의미한다.

해상도를 단순하게 비교하면 Full HD에 비해 QFHD와 디지털 시네마는 4배, 슈퍼하이비전은 16배의 높은 해상도를 가진다. 또한 10내지 12bit로 색을 표현하고, color format도 4:4:4 정도로 큰 화면에서 더욱 섬세하고 자연스러운 영상 표현이 가능하다. 주사선수가 현재 HD의 2배인 2,000개 이상의 영상규격으로 가정에서 70mm 영화이상의 화질과 다채널 음질을 제공하는 차세대 HDTV 규격으로 일본에서는 슈퍼하이비전(SHV)이라 부른다.

<표 7-5> HD와 UHD 비교

구분	HDTV 2K	UHDTV	
		4K	8K
해상도	1,280x720p 1,920x1,080i = 2K 200만 화소	3,840x2,160 = 4K 830만화소	7,680x4,320 = 8K 3300만화소
	1,920x1,080i= Full HDTV	HDTV보다 4배 해상도	HDTV보다 16배 해상도
비트 심도	8	10,12	
컬러샘플링 포맷	4:2:0	4:2:0/4:2:2/4:4:4	
화면비	16:9	16:9	
초당 프레임수 (화면 주사율)	30Hz interlace	60Hz progressive	
오디오 채널 수	5.1	10.1~22.2	
시야각(가로축)	30°	55°	100°
시청거리 H:화면 높이	3H	1.5H	0.75H

2) 제작단계의 UHD영상 포맷

제작단계의 UHD영상 포맷 표준은 ITU-R BT.2020과 SMPTE 2036-1 및 EBU Tech UHD 규격등이 있다. UHD에 대한 규격에는 큰 차이는 없지만, SMPTE 2036-1은 기존 HDTV에서 사용하던 BT.709를 추가 선택이 가능하다. 또한 ITU-R BT.2020과 SMPTE 2036-1은 UHDTV 4K(3840x2160)와 UHDTV 7,680X4,320 (8K-UHDTV)해상도를 포함하고 있다.

<표 7-6> 프로그램 제작 단계 별 UHD 영상 포맷 표준 현황

적용 단계	표준화 기구	표준명	비고
획득(Acquisition)	-	-	주로 회사별 자체 포맷을 사용, Baseband Image Format 보다 높은 화질 제공
제작(Production, Post Production, Finished master)	ITU-R	BT.2020	마스터링 완료 후 영상 포맷을 Baseband Post Production, Image Format 이라고 함
	SMPTE	ST.2036-1	
배포(Distribution)	ATSC	A/341	Candidate Standard (2015.12월)
재현(Presentation)	HDMI	HDMI 2.0	-

<표 7-7> UHD 4K와 8K 비교

구분	4K UHD	8K UHD (일본)
제작	4K 카메라 등 방송장비 판매 중 (영화, 드라마 제작 활용 중)	8K 카메라 시제품 연구개발 중 (카메라 무게 경량화 단계)
전송	실험방송 및 본방송 (지상파, 위성, CATV/IPTV)	전송실험 및 전시회 등에서 시연 (지상파, 위성)
수신 (수상기)	수상기 판매 중 * 63인치~132인치 수상기에서 효과 (2.5m 떨어진 거리 기준)	수상기 시제품 출시 중 * 132인치 이상의 수상기에서 효과 (2.5m 떨어진 거리 기준)
본방송 시점	(지상파) 2016년 이후 (유료방송) 2014년부터 본방송	(지상파) 2025~2030년 (유료방송) 2020년 이후
비고	(한국) 700㎒ 주파수 배정 필요 (일본) 2016년 리우, 2020년 동경 올림픽을 계기로 활성화 예상	현재는 전송기술, 수상기 크기/무게 문제 등으로 산업용/특수용 활용 전망

3) 배포단계의 UHD영상 포맷

미국의 ATSC(Advanced Television Systems Committee)는 ATSC 3.0의 비디오 신호 표준인 A/341에서 HEVC(High Efficiency Video Coding)를 UHD 방송용 비디오 압축 표준으로 채택하고 있다. UHD영상은 프로그레시브 (Progressive) 비디오 주사 방식을 사용한다.

ATSC 3.0 A/341 Progressive Video Format은 <표 7-8>와 같다. 배포단계의 컬러 샘플링은 4:2:0 이지만 제작단계의 컬러 샘플링은 4:4:4등으로 낮게 설정되어 있다. 압축표준은 HEVC이며 2단계 스케일러블HEVC(Scalable High Efficiency Video Coding)[19]를 사

---

19) 고효율 비디오 부호화(HEVC: High Efficiency Video Coding) 방식 기반의 스케일러블(scalable) 부호화 방식. 기존의 스케일 러블 비디오 부호화(SVC: Scalable Video Coding) 방식은 하나의 비트스트림으로 다양한 단말 및 네트워크 환경을 지원하

<표 7-8> ATSC 3.0 A/341 Progressive Video Format

Parameter	Value	비고
Spatial resolution	2160라인 이하 각 라인은 3840 픽셀 이하 가로 세로 모두 8의 배수이어야 함	최대 화면 크기 3840x2160 (HD의 경우 1920x1088을 사용 : 입력이 1080라인인 경우 아래 8라인을 블랙으로 추가)
Picture rate	24/1.001, 24, 30/1.001, 30, 60/1.001, 60, 120/1.001, 120, 25, 50, 100	BT.2020, ST.2036-1과 동일
scan	Progressive only	
Pixel aspect ratio	1:1 (square pixels)	
Compression standard	HEVC Main 10 profile or HEVC Scalable Main 10 profile Level 5.2, Main Tier	
Color space container	BT.709 or BT.2020	
Color subsampling	4:2:0	
Bit depth	8bit or 10bit	

용하고 있는데, 기존 방식의 휘도 범위에 비해 더 넓은 영역의 휘도를 보여주는 기술인 HDR(High Dynamic Range)[20] 기능이 포함되어 있다. HEVC(High Efficiency Video Coding)은 2010년 초에 표준화 활동을 시작했으며, 2013년 1월 스위스 제네바 회의에서 HEVC 최종 표준안을 완성하였다. HEVC는 H.264/AVC에 비해 약 35%의 부호화 효율을 보이는 차세대 영상 압축 표준으로 UHD급 영상의 방대한 데이터를 효과적으로 압축하기 위한 핵심기술로 주목받고 있다. 최근 4K 뿐만 아니라 8K UHD 방송에도 HEVC 엔코딩 및 디코딩 칩이 개발되었다. 일본 NHK는 8K HEVC 비디오 디코딩을 하나의 칩에서 처리가능한 장비를 개발하였다고 발표하였다. 8K 방송은 HEVC 코덱으로 압축되어 전송되는 영상 신호를 디코딩하기 위해 복잡하고 부하가 많은 작업 과정이 필요하다. HEVC를 표준화시킨 그룹은 JCT-VC(Joint Collaborative Team on Video Coding)이며 여기엔 ITU-T/ISO/IEC가 참여했다. ITU-T는 H.시리즈 표준화, ISO/IEC 에 MPEG이 있어 MPEG 시리즈를 표준화시켰다.

나, 복호화하고자 하는 최상위 계층만을 복호화하고, 하위 계층은 필요한 최소의 정보만을 복호화하는 단일 루프(single loop) 복호화 방식을 채택하여 구현하기가 복잡하다.

20) HDR(High Dynamic Range)은 밝은 곳은 더 밝게, 어두운 곳은 더 어둡게 만들어 사람이 실제 눈으로 보는 것에 가깝도록 밝기의 범위(Dynamic Range)를 확장시키는 기술.

3. UHD Audio 기술

1) UHD Audio 포맷

UHDTV나 3DTV와 같은 차세대 실감방송 서비스는 대화면에 고해상도의 비디오와 다채널 실감 오디오 제공을 목표로 하고 있다. 최근 MPEG에서 발표한 MPEG-H 3D Audio 표준에 대해서 살펴보면, MPEG-H 오디오는 실감 오디오 재현이 가능하며 3D 오디오 구성요소를 추가하였다. 특히, 다채널 오디오를 구성하여 입체 음향 효과를 구성한다. 일본 NHK에서는 UHDTV에 적용하는 22.2채널 오디오 시스템을 개발하여 SHV(Super HiVision)에 적용하였다. 스피커는 상층, 중층 및 하층으로 나누어 22개의 스피커들을 3차원 공간상에 배치하는 구조이다. 2017년 5월 UHDTV 본방송으로 MPEG-H 오디오가 다양한 제품에 적용되고 있다. MPEG-H Audio 시스템은 홈시어터, 스마트폰, 태블릿, VR기기 등 재생기기에서 사용되고 있다. 또한 전송, 송출 등 방송 시스템뿐만 아니라 스트리밍 시스템도 지원된다. UHD ATSC 3.0 오디오 표준인 MPEG-H는 한국 TTA 표준인 "지상파 UHDTV 방송 송수신 정합"에 MPEG-H 오디오를 단일 오디오 코덱으로 규정하고 있다. MPEG-H 오디오는 저비트율에서 비용대비 효과적인 방식으로 미래형 스트리밍 및 TV 오디오로 전송할 수 있다. MPEG-H 오디오 시스템의 구성도는 [그림 7-7]과 같다.

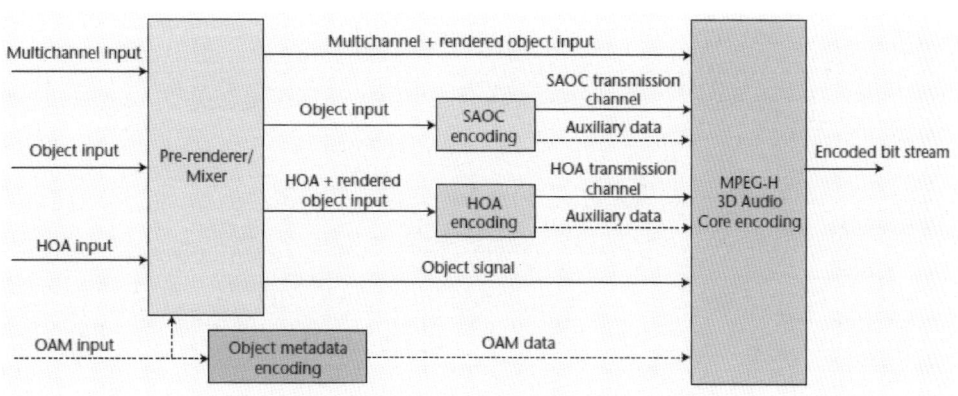

<그림 7-7> MPEG-H Audio Encoder Architecture 21)

---

21) 출처: ITU-R Workshop "Topics on the Future of Audio in Broadcasting" Jan Plogsties.

오디오 프로그램이 MPEG-H 엔코더에 입력되어 전송되고 수신단에서 디코더를 통하여 오디오 채널이 분리된다. MPEG-H의 기본적인 디코더 회로는 [그림 7-8]와 같다.

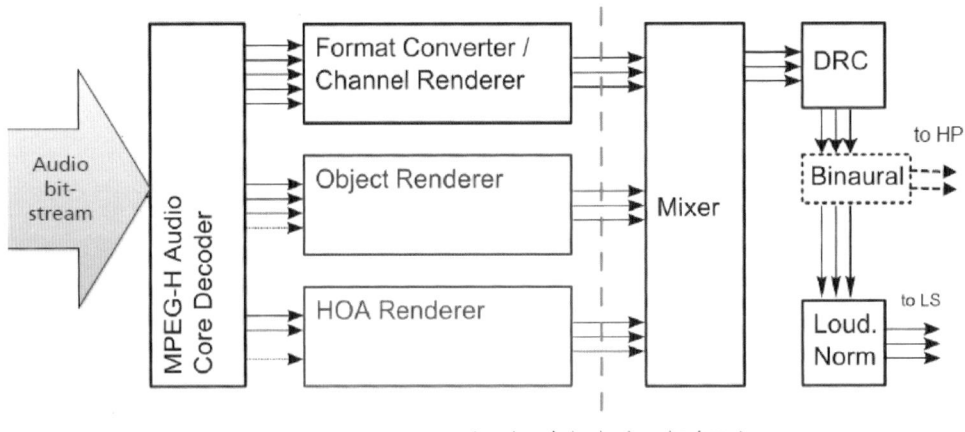

<그림 7-8> MPEG-H Audio - Basic Decoder Architecture

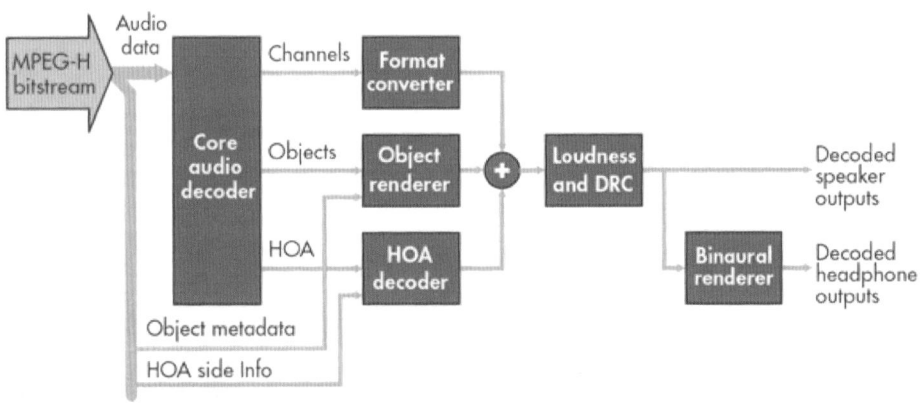

<그림 7-9> MPEG-H bitstream 구성도

2) UHD의 Audio 이해

UHDTV의 오디오도 10채널이상을 사용하여 수평 수직에서의 서라운드 음향효과로 어느 방향에서나 실제 현장감있는 풍부한 음향 서비스를 느낄 수 있다. UHDTV는

HDTV의 5.1채널보다 좀 더 풍부한 음질을 통해 고급의 오디오 청취가 가능하다. 다음 <그림 7-10>는 5.1 채널의 스피커 배치도 및 실제 스피커를 위치한 모습이다. 일본 NHK의 UHDTV에 적용할 수 있는 22.2채널 오디오 시스템 구성하였다. 상위레벨은 9개 중간레벨은 10개 하위레벨은 5개의 스피커를 배치하였고 서브우퍼 음악 효과를 강화하기 위해 2개의 서브우퍼를 사용한다. 오디오 시스템은 음장이 최적으로 형성되는 공간(spot area)의 범위를 확장시켜 보다 높은 공간에서 풍부한 오디오를 감상할 수 있도록 도와준다. 기존 HD방식의 5.1채널[22]에 비해 UHDTV는 22.2 채널로 멀티채널 오디오 스피커 배치로 청취자와 스피커 사이의 거리를 동일하게 하기 위해 원형으로 배치하는 것에 비해 극장 환경을 고려하여 청취공간을 사각형으로 배치하는 것이 특징이다.

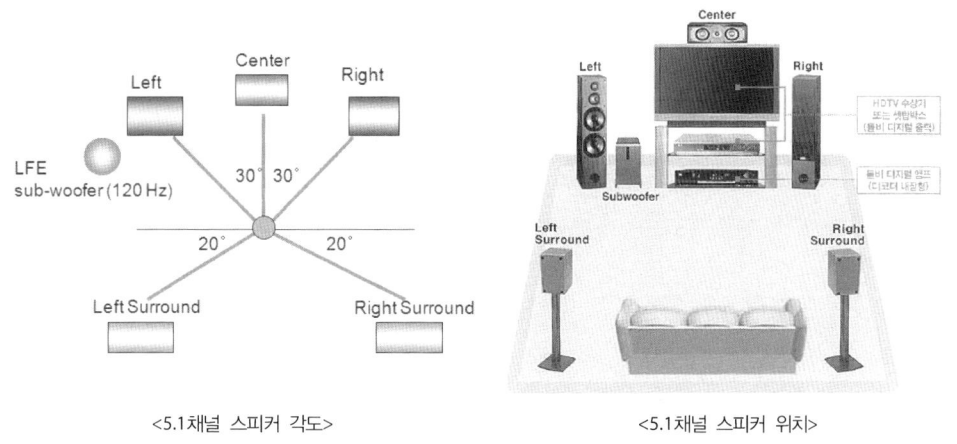

<5.1채널 스피커 각도>   <5.1채널 스피커 위치>

<그림 7-10> 5.1채널 각도 및 스피커 배치

2012년 NHK기술연구소는 오디오 22.2채널의 마이크를 1개소에서 효율적으로 집음할 수 있도록 마이크를 방사상으로 배치하여 3차원 음향을 집음하는 시스템을 개발하였다.

---

22) 5.1채널: 청취자를 중심으로 전방의 왼쪽, 중간, 오른쪽과 후방의 왼쪽, 오른쪽 등에 5개의 스피커와 저음을 보강하기 위한 서브 우퍼(0.1)가 별도로 구성된 방식. 전방 좌우와 후방 좌우 스피커는 고정된 청취자의 입체 음향 효과 역할을 하고, 전방의 중앙 스피커는 이동하는 청취자에게도 화면 연기자의 대화를 전방 화면에 고정시키는 역할을 한다.

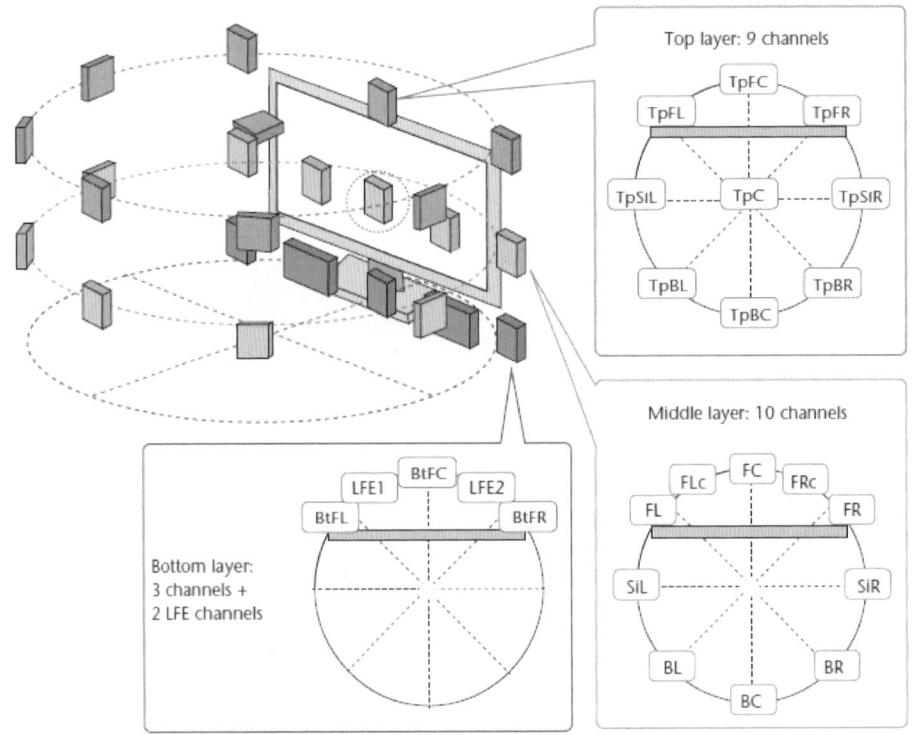

<그림 7-11> UHDTV 22.2Ch 오디오 스피커 배치[23]

<그림 7-12> 마이크를 방사상으로 배치한 원포인트 집음 사진(NHK)

23) 출처: ITU-R Workshop "Topics on the Future of Audio in Broadcasting" Jan Plogsties.

4. UHD의 실감 영상기술

영상의 품질은 평면 해상도, 심도해상도, 프레임레이트, 색 지역, 및 명도 범위의 5가지 요소로 표현 할수 있다. 그동안 영상품질 개선은 평면해상도 중심이었지만, 4K UHD 이상에서는 보다 다양한 영역으로 진화하게 되었다.

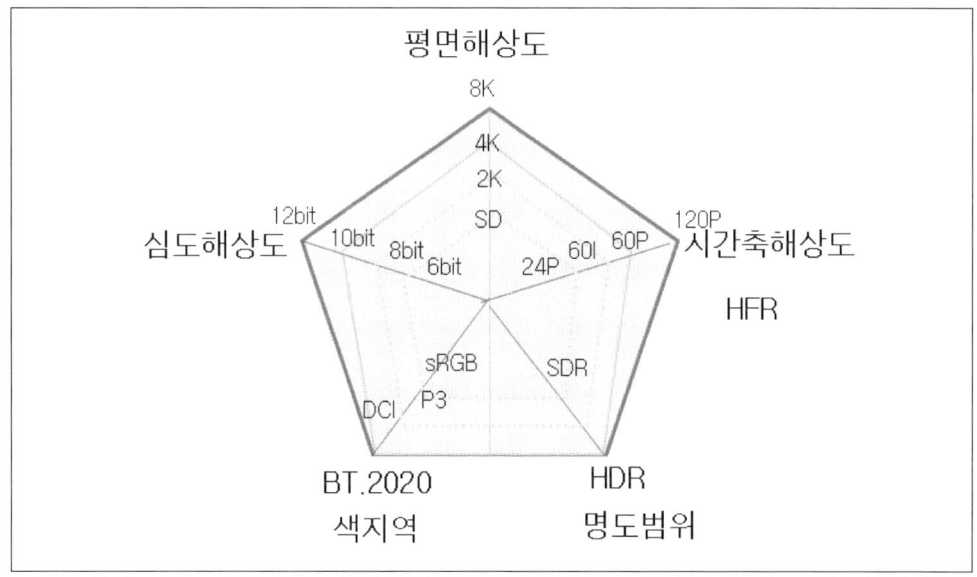

<그림 7-13> 영상 품질 5가지 요소

UHD에서 영상품질을 살펴보면, High 고명암비(HDR, Dynamic Range), 광색역 (WCG,Wide Color Gamut), 고프레임율(HFR, High Frame Rate)의 영상요소의 개선으로 다양한 컬러구현이 가능하게 되었으며, 역광상황에서도 선명한 화면을 구현할 수 있게 되었다. 또한 음향측면에서 고음질 뿐만 아니라 장면에 대한 사용자 제어등을 사용자가 편의대로 조작할 수 있는 기능들이 추가되었다. 다양한 집음으로 전 방위 공간음향 (OSA, Omnidirectional Spatial Audio)을 더해 현장감있는 영상과 음향 기능이 부가된 것이 특징이다. 각각의 특성을 살펴보면 다음과 같다.

UHD Ultra High Definition 3840×2160 resolution	WCG Wide Color Gamut 10 or 12 bit color depth Rec 2020 / BT.2020
HDR High Dynamic Range up to 4K nits	HFR High Frame Rate 60fps - 120fps

<그림 7-14> UHDTV 화질 개선 특성

1) 고명암비(HDR, Dynamic Range)

HDR은 영상 표현에 있어 일반 카메라에서 지원되는 범위보다 좀 더 넓은 범위를 지원하는 기능이다. HDR 기술이 적용된 콘텐츠는 강렬한 태양빛은 물론 어두운 밤하늘의 구름도 세밀하게 표현할 수 있다. 즉 휘도범위(Luminance Level)범위를 확장하는 원리이다. 휘도는 보통 Nits[24] 로 표시하는데, 제곱미터 당 칸델라(cd/m2) 와 동일한 의미이다. 일반 TV나 극장의 화면은 우리 눈이 볼 수 있는 밝기의 범위보다 제한적인 영역의 밝기만 표시된다. 극장의 최대 휘도는 46 Nits, 일반 TV는 보통 120 Nits 인 휘도만 출력이 가능하다. HDR은 이러한 작은 범위를 탈피하여 좀 더 밝은 휘도를 보여 줄수 있다. 시청자의 입장에서는 영상의 어두운 부분과 밝은 부분의 밝기 차이가 커지기 때문에 영상에서 느끼는 입체감이 더 커지게 된다.

---

24) 니트(Nit)는 빛의 밝기를 나타내는 단위로, 사람의 눈은 0니트(암흑)부터 4만니트까지 인식할 수 있는 반면 기존 TV 화면은 0~100니트를 표현할 수 있다. 광도는 광원으로부터 복사되는 빛의 세기로 단위는 cd(칸델라)를 사용합니다. 광도(Luminous Intensity)는 조도(Illuminance) 및 휘도(Luminance)로 설명할 수 있습니다. 조도는 광원으로부터 빛을 받고 있는 물체의 밝기로 일반적으로 장소의 밝기를 나타내며 단위는 '룩스(lx)'를 사용합니다. 휘도는 광원의 단위 면적당 밝기를 나타내며 단위는 cd/㎡(혹은 nit)입니다. 광도와 조도는 조명에서 중요하게 쓰이는 개념이고, 디스플레이에서는 주로 휘도 개념을 사용합니다. 특히, 조도가 높은 야외에서 사용하는 휴대폰에서는 휘도가 높아야만 더 선명한 화면을 감상할 수 있습니다.

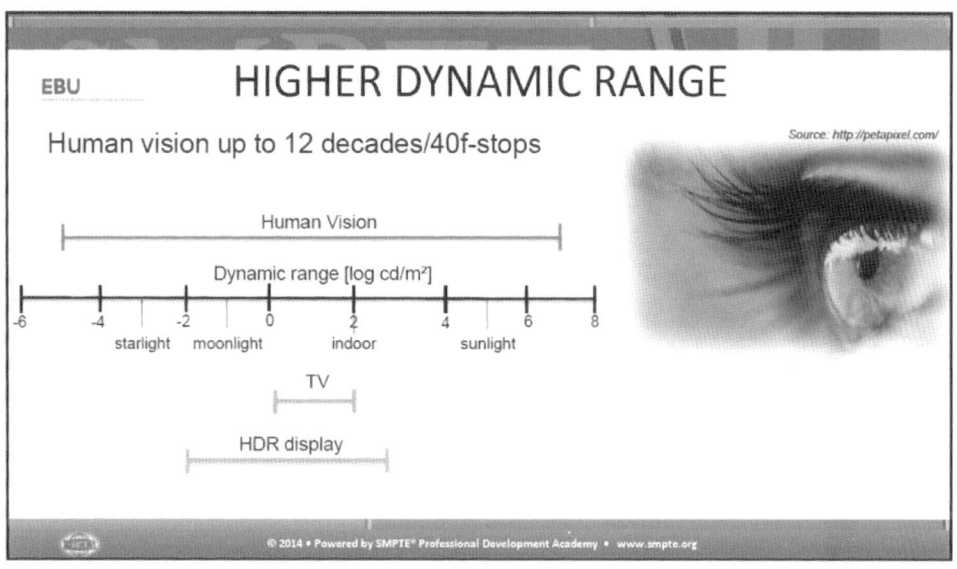

<그림 7-15> EBU에서 정의한 HDR 개념

HDR은 포토그래픽과 컴퓨터그래픽분야에서 이미 오래전부터 활용해온 기능으로 UHDTV 초고화질 서비스가 추진되면서 적용시킨 기술이다. SMPTE에서는 2014년에 HDR신호를 표현하는 EOTF[25]의 표준인 SMPTE[26]의 ST2084를 제정하였다.

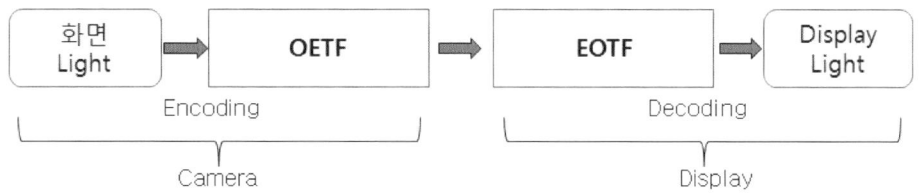

<그림 7-16> 카메라 단에 적용된 OETF와 EOTF

OETF[27]는 선형적인 광신호를 전/후처리 및 압축을 위해 전자신호(비디오신호)로 변환하는 역할을 수행하며 주로 카메라에서 일어난다. 또한 EOTF는 전자신호(비디오신호)를 선형적인 광신호 형태로 디스플레이에 출력하는 역할을 수행한다. HDR은 촬영단계의 카메라에서 지원되어, 모니터에서 표현할 수 있다. SMPTE에서 HDR과 WCG관련

---

25) EOTF(Electrical-to-optical transfer function) : 전광 변환 함수.

26) SMPTE(Society of motion picture & television engineers).

27) EOTF(Electro-Optical Transfer Function) : 전광 변환 함수.

하여 진행해온 표준들은 다음<표 7-1>과 같다.

<표 7-1> SMPTE의 HDR 메타데이터 관련 표준

표 준	내 용
SMPTE ST 2084	- HDR 콘텐츠 획득을 위한 새로운 신호의 전광변환 함수 정의 - 2014년 표준 발행 완료
SMPTE ST 2085	- 인간이 볼 수 있는 색영역을 나타내는 XYZ 색공간 기반 색 차신호 표현 방법에 대한 정의 진행 중
SMPTE ST 2086	- 콘텐츠 제작 시의 원래 제작의도를 재현 시에 반영하기 위하 여, 마스터링 시에 사용된 디스플레이의 색역 및 명암비에 대 한 메타데이터를 정의(2014년 표준 발행 완료)
SMPTE ST 2094	- 마스터링 시 HDR과 WCG를 지원하는 컬러 볼륨을 BT. 709 혹은 Digital Cinema와 같이 작은 컬러 볼륨으로 변환할 때 필요한 종속적 메타데이터에 대한 의미와 표현방법 정의를 진행 중

HDR은 어두운 부분에서 범위를 좀 더 넓게 표현해주고 밝은 부분에서도 좀 더 범위를 표현함으로써 실질적으로 영상을 표현하는 빛의 범위를 확대하는 것을 의미하는 용어로 쓰인다. 즉, HDR은 실제 눈으로 보는 장면과 가장 흡사한 영상을 화면에 구현하는 기술이다. 기존 UHD 화면의 빛 재현도가 100니트(Nit)[28] 수준이었다면, HDR 기술이 적용된 화면에서는 1000니트(Nit)까지 표현이 가능해진다. 명암의 표현도 10배 가량 향상되고 색감도 2배 정도 향상된다. 스마트폰 갤럭시노트7에도 HDR기술을 지원하면서 실감영상기술이 대중화가 시작되었다. 아래 <그림 7-17>에서 보는 바와 같이 표준TV에서 볼수 있는 컬러 범위는 작게 표현되었으며 HDR기능을 가진 TV는 많은 범위의 컬

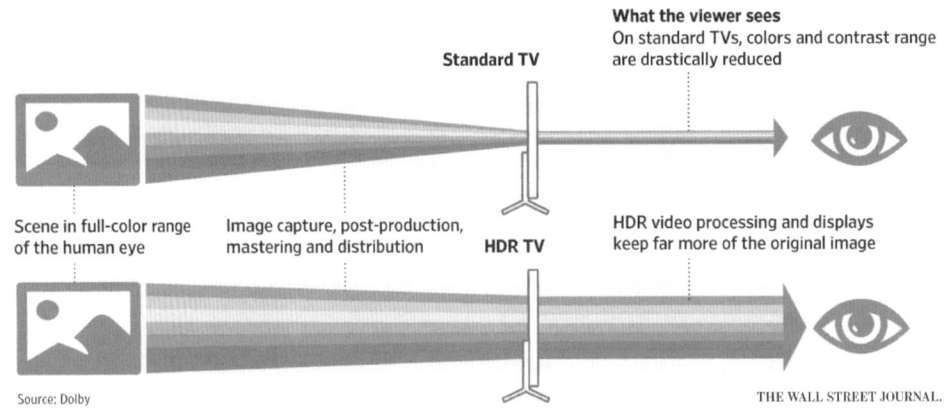

<그림 7-17>Standard와 HDR TV의 컬러 범위

---

28) 1니트는 1㎡당 1칸델라의 밝기를 갖는 겉면의 휘도이다. 휘도(Luminance)는 한 방향에서 본 물체의 밝기이다. 조도가 단위 면적 당 얼마만큼의 빛이 도달하는가를 표시한다면 휘도는 어느 방향에서 얼마만큼 밝게 보이는가를 말한다. 단위는 cd/m2를 사용하며 nit(니트)라고도 합니다.

러를 시청할 수 있음을 보여주는 내용이다.

SDR

HDR

(NHK 제공영상)

<그림 7-18> SDR 및 HDR 영상비교

8K는 4K의 800만 화소보다 4배 이상의 약 3,300만 화소가 된다. 8K 카메라 촬상소자
는 3종류가 있는데, 3판식 3,300만 화소, 1억 3,300만 화소 단판식 및 단판식 3,300만
화소가 있다. 3판식 3,300만 화소는 R/G/B가 각각 3,300만 화소로 구성되어 있으며, 1
억 3,300만 화소 단판식은 G가 6,600만 화소 및 R/B가 각각 3,300만 화소로 구성된다.
또한 3,300만 화소 단판식은 G가 1,600만 화소 및 R/B가 각각 830만 화소로 구성된다

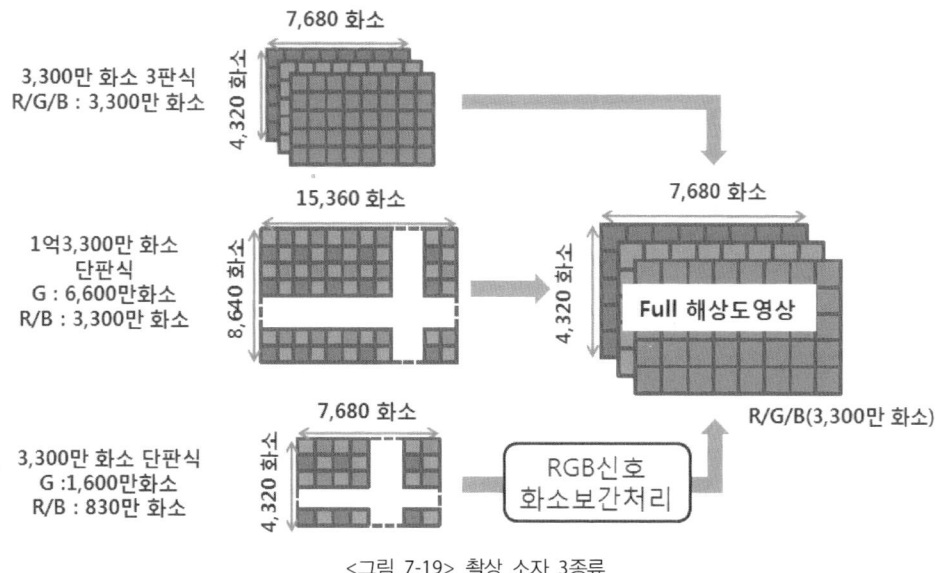

<그림 7-19> 촬상 소자 3종류

화질을 개선하기 위해 8K UHD에도 고 명암비를 구현하는 HDR(High Dynamic Range)이 적용된다. HDR은 영상의 가장 밝은 부분과 가장 어두운 부분의 비(Dynamic Range)를 높이는 기술이다. HDR은 색공간을 확대함으로써 실제 영상에 접근하는 과정이다. UHD의 색공간 개념은 BT.2020에 정의 되어 있다. 이 색영역의 개념은 기술적인 범위로 설명되기 때문에 실제 색영역을 차별화하는데는 한계가 있다. HDR는 OETF(광전변환함수)29)와 EOTF(전광변환함수)30)의 개념에서 출발하게 된다. OETF는 카메라 계통의 영상 획득 단계, EOTF는 모니터 계통의 Gamma 곡선의 일종으로 디스플레이 단계에서의 입력신호 대비 출력신호에 대한 비율을 표현한다.

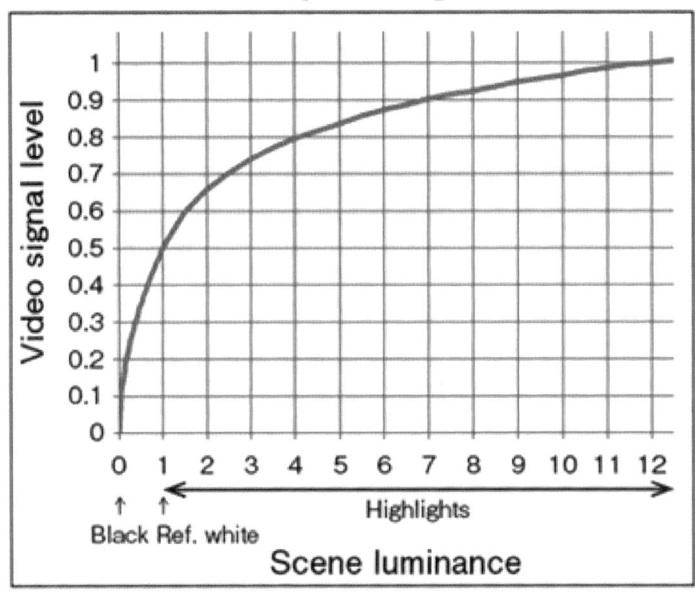

<그림 7-20> OETF HLG(High Log-Gamma, 하이브리드 로그감마)

---

29) OETF(Optical-Electrical Transfer Function) 광전변환함수로 카메라로부터 획득된 HDR/WCG 신호를 전/후처리 및 전송을 위해 필요한 전자신호로 변환해 주는 기술이다. 즉, 광 신호를 전기 신호로 매칭 하는데 필요한 함수. HDR에서는 기존 대비 밝은 부분, 어두운 부분의 정보를 추가적으로 제공하는 것을 목적으로 하며, 한정된 디지털 코드값 내에서 신호를 효율적으로 전달하기 위해 기존에 사용하던 BT.709, BT.2020 에서 사용되던 OETF와 구분되는 새로운 OETF가 필요하다.

30) EOTF(Electrical-Optical Transfer Function) 전자신호를 디스플레이에서 표현하기 위한 광신호로 변환해 주는 기술이다. 즉, 확장된 영상 밝기 범위를 갖는 영상을 디스플레이에 표시할 때 사용되는 전-광 전환식으로 일반적으로 OETF와 역함수 관계를 가진다.

이와 같이 HDR은 카메레 계통과 디스플레이 계통에서 더 큰 명암비를 가지는 영상을 구현한다. 실세계에서 사람의 눈이 느끼는 루미넌스의 범위인 약 10,000:1 정도인데, 현재 대부분의 그래픽스 디스플레이 장치들은 이 값이 100:1 정도이다.

<표 7-9> 명암비에 따른 명칭의 정의

명칭	명암비
SDR(Standard Dynamic Range)	<= 1,000:1
EDR(Enhanced Dynamic Range)	1,000 :~100,000 :1
HDR(High Dynamic Range)	>100,000:1

HDR은 일본 전파 산업 협회(ARIB)에 의해 표준화되었으며, NHK와 BBC에 의해 공동 개발된 4K HDR Format인 HLG[31] 방식을 적용한다. HD 카메라의 Rec.709 Gamma는 최대 밝기를 100%까지 표현되지만, HDR Gamma 곡선은 최대 10,000%까지의 밝기를 표현할 수 있기 때문에 몰입감 있는 영상을 구현할 수 있다.

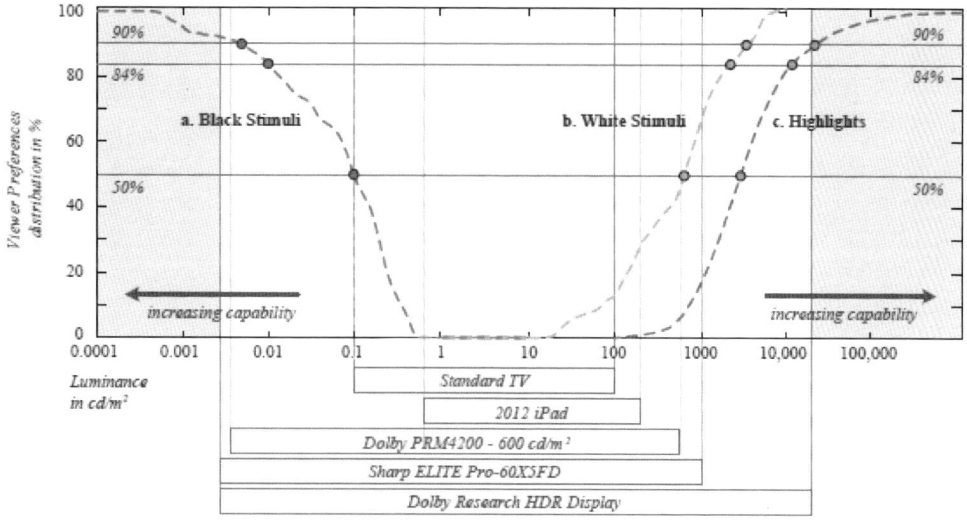

출처 : ITU-R BT.2390 high dynamic range television for production and international programme exchange, 2016

<그림 7-21> 밝기 변화에 따른 누적인지율 및 디스플레이 밝기 표현 범위

---

31) HLG(High Log-Gamma, 하이브리드 로그감마)는 BBC와 NHK에 의해 공동 개발된 HDR(High Dynamic Range) 방식의 표준이다. 일본전파 산업 협회에 의해 ARIB STD-B67라고 명명되어 HLG 표준으로 승인되었다. 이것은 Log 곡선과 같은 특수한 Gamma 커브를 이용하는 것으로, POS 프로 처리를 수반하지 않는 라이브 방송에서도 선형으로 이미지를 표시할 수 있다.

2) 광색역(WCG, Wide Color Gamut)

색 재현율은 Display에서 색을 재현할 수 있는 능력을 수치로 표현한 색 영역을 말한다. 특정 색공간 또는 TV 모니터 같은 특정 출력 기기에서 구현할 수 있는 색상의 범위를 말하며, 영역이 크고 넓을수록 더욱 채도가 풍부한 색상이 구현된다. 색 영역은 말굽 모양으로 RGB 색상을 표현하는데 색재현 영역(Color Gamut)에서 HDTV의 색재현율 72%라는 것은 색 영역 삼각형 안에서 72%를 재현한다는 의미이다. HDTV 색 재현성 기준은 BT Rec. 709이고, UHDTV 색 재현성기준은 BT Rec. 2020이다. 다음 <그림 7-22>에서 UHDTV의 컬러 영역은 HDTV 색 영역을 포함하고 있음을 알 수 있다.

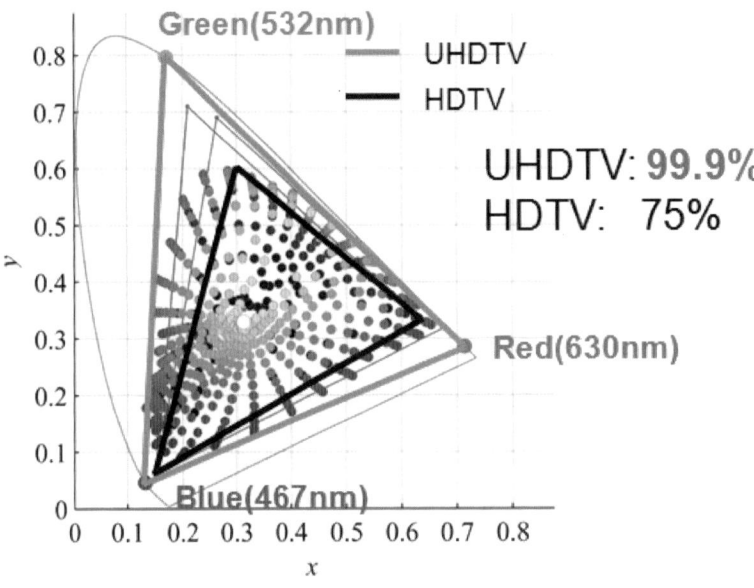

<그림 7-22> HDTV와 UHDTV의 gamut colorimetry

국제 방송 표준단체인 ITU에 권고한 4K/UHD의 규격으로써, 4K/UHD의 규격 사항으로 해상도(3840/4096x2160), 프레임 레이트, 색공간 등 다양한 내용들이 있지만, 주로 4K/8K UHD 색공간의 의미로 많이 사용된다. BT.2020은 2012년 국제전기통신연합(ITU)이 정한 UHDTV 색상 표준으로 HDTV에서 쓰이는 BT.709보다 색 영역이 2배가량 넓어 더욱 다채로운 화면을 구현한다.

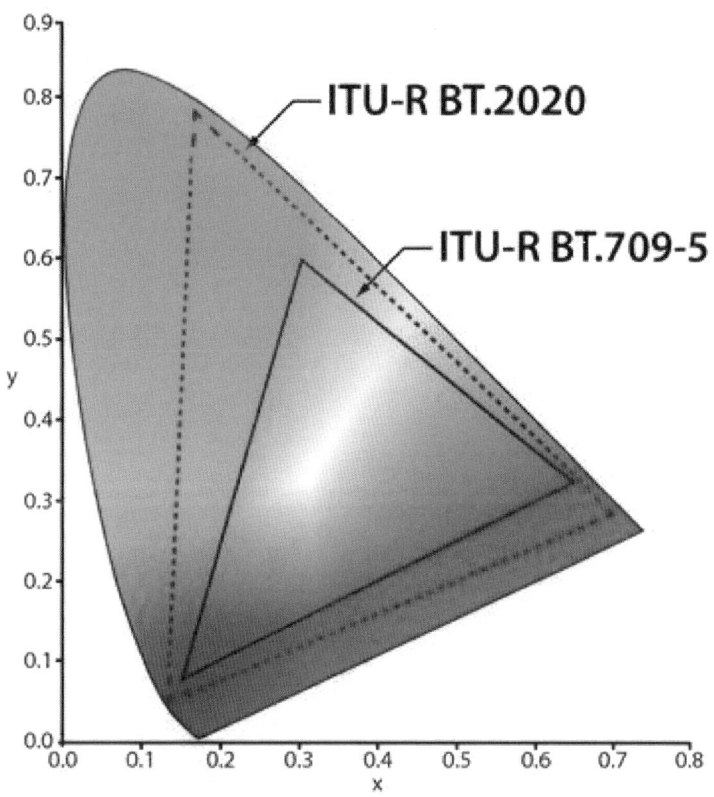

<그림 7-23> HDTV(BT.709) 및 UHDTV(BT.2020) 색 재현성기준

<표 7-10> UHDTV 및 HDTV 칼라 파라미터 비교

파라미터		UHDTV(BT.2020)		HDTV(BT.709)	
		X	Y	X	Y
Primary color	Red	0.708	0.292	0.640	0.330
	Green	0.170	0.797	0.300	0.600
	Blue	0.131	0.046	0.150	0.060
Reference	white	0.3127	0.3290	0.3127	0.3290

※ ITU–R BT.2020 : Parameter values for ultra–high definition television systems for production and international programme exchange
※ ITU–R BT.709 : Parameter values for the HDTV standards for production and international programme exchange

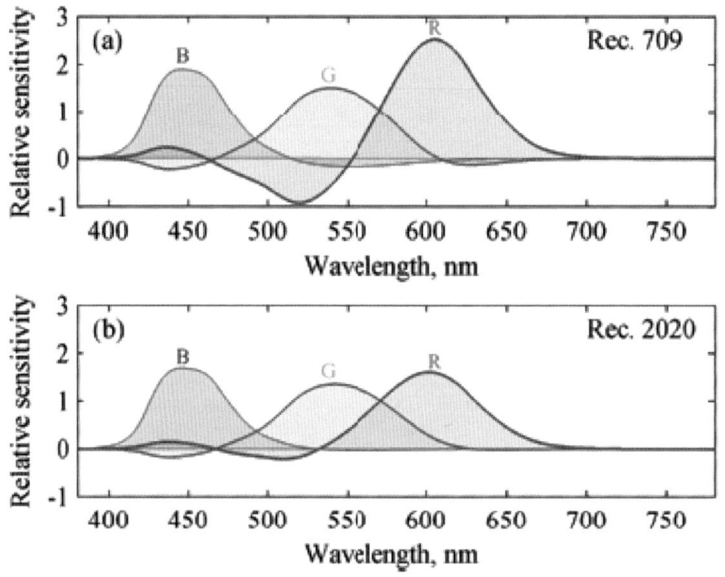

<그림 7-24> 이상적인 카메라 특성 커브(BT.709 및 BT.2020)

HDR의 감마 곡선은 DolbyVision (돌비 비전)과 Philips 방식, Techinicolor 방식 등의 ST2084 형식과 NHK/BBC가 제안한 HLG(Hybrid Log-Gamma)[32]가 있다. 돌비비전은 0.005nits- 최대 1만 nits의 밝기 및 색 재현성을 향상하였다. HLG 규격은 기존 HDTV

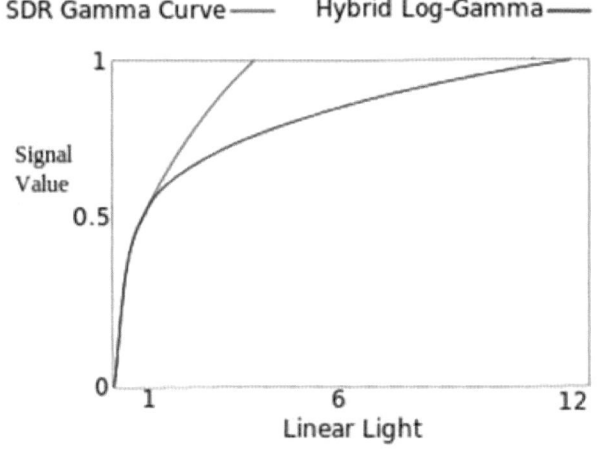

<그림 7-25> HLG(Hybrid Log-Gamma) 커브 곡선

---

32) Hybrid Log-Gamma(HLG) : 하이브리드 로그 감마 형식
　　영국BBC와 일본NHK에 의해 공동 개발된 HDR(High Dynamic Range) 방식의 표준이다. ARIB(일본전파 산업 협회)에 의
　　해 'ARIB STD-B67'라고 명명되어 HLG 표준으로 승인 됨. 이것은 Log 곡선과같은 특수한 Gamma 커브를 이용하는 것으
　　로, POS 프로 처리를 수반하지 않는 라이브 방송에서도 선형으로 이미지를 표시할 수 있는 이른바 방송용 HDR 방식.

에 맞춰진 BT709 영역에서의 가장 밝은 빛과 어두운 블랙의 계조표현이 256단계에 맞
춰진 휘도특성 커브와 UHD 카메라 촬영에 쓰이는 감마 곡선 log 감마를 합친 것이다.
또한 이전에 설정된 텔레비전 전송 커브와 일치시킴으로써 기존 디스플레이와의 호환성
을 제공하는 장점이 있다.

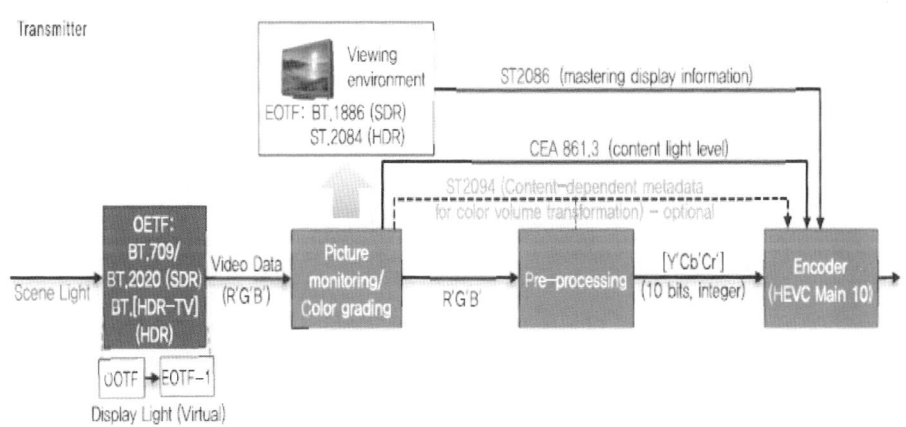

<그림 7-26> HDR/WCG 영상서비스를 위한 송신 흐름도 관련 표준 곡선

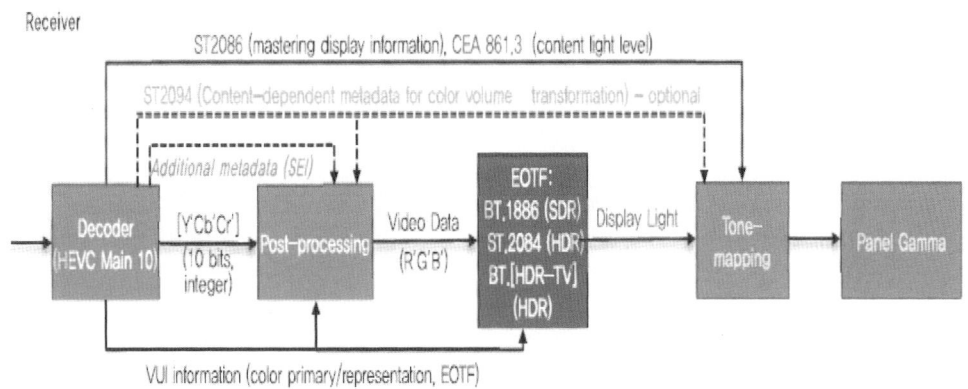

<그림 7-27> HDR/WCG 영상서비스를 위한 수신 흐름도 관련 표준 곡선

3) 고프레임율 (HFR, High Frame Rate)

영상 화질을 향상하기 위하여 초당 영상 프레임 수를 증가시키는 기술이다. 프레임 율

은 영상 디스플레이 장치가 화면 하나의 데이터를 표시하는 속도를 말한다. 여기서 초당 프레임 수(frames per second)는 1초 동안 보여주는 화면의 수를 가리키며 그 단위로는 fps(프레임/초)를 쓴다. 일반적으로 영화는 초당 24 프레임, HDTV는 30 프레임, UHDTV 는 60 프레임을 사용한다. 좀 더 화질을 개선하기 위하여 고프레임율을 사용하는데 풀 HDTV는 60 프레임, UHDTV는 120 프레임의 고프레임률을 사용한다. 다음 <그림 7-28>에서 보는 바와 같이 영화에 사용하는 초당 24프레임과 UHD에 사용하는 60프레 임으로 좀 더 화질을 개선할 수있다. 화질을 개선하는 HDR 방식에는 HLG, S-Log3, ST2084방식이 있는데 최근에는 고프레임율(HFR)에 하이브리드 로그 감마(HLG, Hybrid Log Gamma)을 적용하는 기술을 주로 사용한다. HLG는 차세대 HDR 방송 규격으로 영 국의 BBC와 일본의 NHK 등이 공동으로 개발하였다. HLG는 HDR 기록시에 사용하는 Log 커브 저역에 기존 SDR(Standard Dynamic Range)의 감마 커브에 맞추어 구성하여 HDR을 지원하지 않는 TV에서도 시청이 가능한 것이 큰 장점이다. 즉, 시청자들이 HDR 기능을 탑재한 TV도 HLG 규격을 이용하면 HDR 방송을 일반 TV에서는 호환성 있게 볼 수 있기 때문에 방송사는 주파수를 보다 효율적으로 사용할 수 있다.

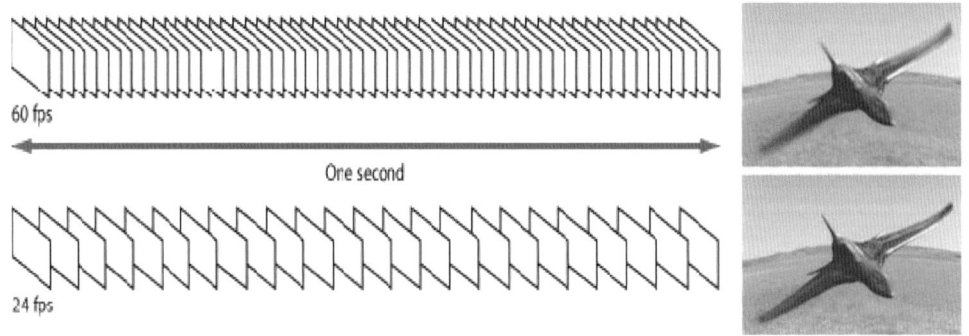

<그림 7-28> 60프레임과 24프레임 화질 비교

5. 최적 시청거리와 시야각

색을 인식하는 눈의 구조에 대하여 살펴보면, 빛이 눈에 빛이 들어오면 홍채를 움직여 동공 사이즈를 조절함으로써 수정체로 들어오는 빛의 양을 조절하고 필요할때 눈꺼플을 개방함으로써 상이 망막에 맺히게 된다. 망막 내부의 시세포에서 전기신호로 바뀌게 되는데, 이렇게 바뀐 전기신호가 시신경(optic nerve)을 타고 뇌의 시각을 담당하는 부분으로 전달되어 물체를 인식하게 됩니다. 시각 인식은 명암을 구분하는 시각세포인 rod(로드)와 빨강 초록파랑 각각의 파장에 잘 반응하는 세포인 세 종류의 cone(콘)으로 이루어진다.

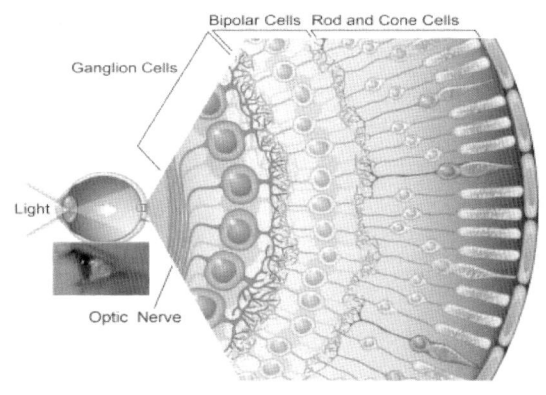

<그림 7-29> 눈과 뇌의 색 인식

우리눈과 시야각은 고화질 영상을 시청하는 매우 중요한요소이다. 수정체가 두꺼워지면 가까운 곳을 보게되고 얇아지면 먼 곳을 볼 수 있는데, 이는 수정체 주변의 모양체근의 수축과 이완 덕분이다. 모양체근이 수축하면 겉이 인대가 이완되는 원리를 통해서 근거리에 초점을 맞추는 것이다. 초점을 맞추는 최적의 거리가 필요하다. 초 고화질 디스플레이로 상영하는 대화면 TV에서는 실제와 같은 현장감(Presence)을 느낄 수 있는 몰입효과(Immersion)를 제공할 수 있게 된다. 화면이 커지면서 시야각(Viewing Angle)이 커지기 때문에 극장에서 보는 것과 같은 효과를 나타낸다. 시야각은 TV화면의 세로 크기(H)에 대한 상대적인 시청거리에 의해서 결정된다. 따라서 시청거리를 시야각과 스크린 크기로부터 계산할 수 있다. TV 위치는 적절한 시청거리를 유지해야 시력을 해치지 않는다. 적정거리에 대한 내용은 보고서마다 조금씩 차이가 있기 때문에 정답은 없다. TV시청시 최적 시청거리(OVD: Optimal Viewing Distance)는 대체로 화면 인치수에 2.5를 곱하는 것으로 보고되고 있다. 최적 시청거리는 TV의 한 개 화소(pixel)가 망막에서 1/60도에 해당하는 영역에 매핑되는 시청거리로 결정하는데 이는 인간의 공간 주파수에 대한 식별 한계에 해당하는 각 해상도를 60cycle/degree로 가정하기 때문이다. ITU-R 영상 표준에는 <표 7-11>와 같이 여러 개의 시청거리가 정의되어 있다.

<표 7-11> ITU-R 표준에서의 시청거리 종류

종류	의미	표준	UHD-1, UHD-2 시청거리(시야각)
최적 시청거리	한 픽셀이 1/60도 대응되는 시청거리.	BT.1845	3.2H(31°), 1.6H(58°), 0.8H(96°)
설계 시청거리	영상 시스템이 규격에서 정의한 화질 요구. 조건을 만족하도록 설계되었는지를 평가하는 시청거리.	BT.1127	3H(30°), 1.5H(60°), 0.75H(120°)
선호 시청거리	시청 피로까지 고려할 때 선호되는 시청거리.	BT.1127	HD 측정결과만 있음 (BT.1127 Annex 1)

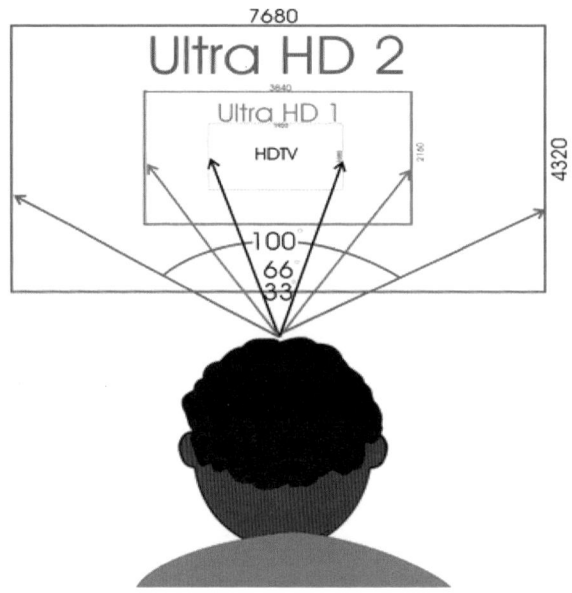

<그림 7-30> 시청거리와 시야각

TV시청시 최적 시청거리를 화면 인치에 2.5를 곱하는 것으로 계산해보면, 32인치 TV 는 약 2m(80인치), 42인치는 약 2.6m(101인치), 52인치는 약 3.3m(130인치) 정도가 적 절한 시청거리로 알려져 있다. 한편 시청거리에서 시청할 때의 시야각을 최적 수평 시야 각(OHVA, optimal horizontal viewing angle)이라고 한다. ITU-R BT.1845에서 최적 시 청거리와 시야각을 계산하는 공식은 다음과 같다.

$$d = \frac{1}{v \cdot \tan\left(\frac{1}{60} \text{ degree}\right)}$$

$$\theta = 2 \cdot \arctan\left(\frac{a}{2bd}\right)$$

d: 최적시청거리, θ : 최적수평시야각, v:화면의 세로 화소수, a와b는 화면비를 나타낸다. 이에 따라, HDTV의 최적거리와 수평방향 시야각은 각각 3.0H와 30°이고, 디지털시네마의 경우 1.5H와 55°, 수퍼하이비전의 경우 0.75H와 100°로 보고되었다. 다음 <그림 7-31>은 4K-UHDTV(디지털시네마), 8K-UHDTV(수퍼하이비전)의 해상도와 이에 따른 적정 시청거리를 나타낸다. 해상도가 높을수록 적정 시청거리는 짧아짐을 알 수 있다.

<표 7-12> 시야각과 최적 거리

구분	HDTV (1920x1080)	디지털 시네마 (4096×2160)	수퍼 하이비전 (7680×4320)
수평방향 시야각	30°	55°	100°
최적 시거리	3.0H	1.5H	0.75H

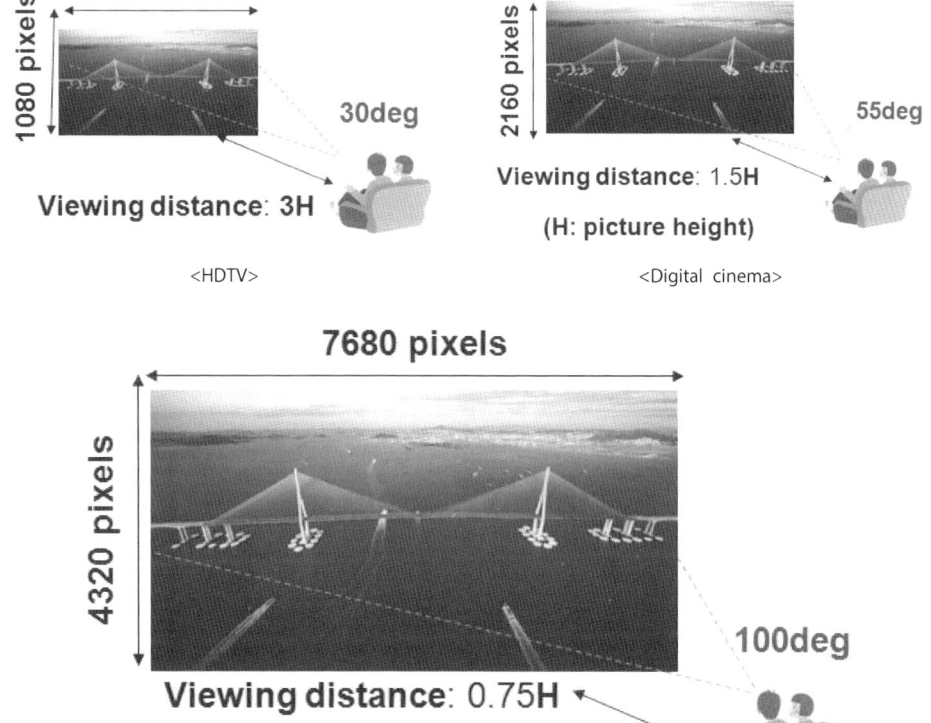

<HDTV>

<Digital cinema>

<UHDTV>

<그림 7-31> UHDTV의 시청거리 시청 각도

또한 동일 디스플레이 크기에서 물리적인 화소 크기가 더욱 작아지게 됨으로써 시청거리가 짧아져도 화소크기를 인지할 수 없게 되며, 100도 이상의 시야각을 확보할 수 있으므로 극장과 같은 임장감을 느낄 수 있다. 또한 디스플레이 크기가 커지고 휘도가 높아질수록 깜박임(flicker) 현상이 높아지게 되므로 이를 해결하기 위해서는 비디오의 초당 프레임수가 높아져야 한다. 가령 82인치 300cd/m2 디스플레이의 경우 60fps이상이 필요하다고 한다.

6. UHD 주요기술

UHDTV 서비스 기술은 서비스 제공 경로에 따라 고화질 콘텐츠 획득 기술, 부호화 및 복호화기술, 방송 또는 통신망에서의 송수신 기술, 디스플레이 및 STB기술 분야로 분류할 수 있다. 콘텐츠 획득 기술 분야는 4K/8K콘텐츠 획득을 위한 초고화질 카메라 기술과 이를 무손실 압축 저장하여 고품질의 미디어로 편집하기 위한 편집기술, 컴퓨터 그래픽 기술 등이 속한다. 부호화기술 분야는 대용량(24-72Gbps)의 비디오를 고화질을 유지하면서 효율적으로 부호화하기 위한 차세대 코덱기술과 스트림 다중화 기술 등이 속한다. 전송기술 분야는 지상파 방송망, 디지털 케이블망, 위성망, FTTH망을 이용하여 미디어 서비스를 제공하기 위한 고효율 변 복조기술, 채널 왜곡보상 및 오류 정정 기술 등이 속한다.

<표 7-13> UHDTV 주요기술

획득기술	부호화기술	전송기술	STB기술	디스플레이기술
4K,8K 촬상소자	4K,8K 비디오부호화	다차원변조	다차원복조	다채널인터페이스
4K,8K카메라제작	다채널 오디오 부호화	채널 왜곡보상	다채널 복호	액정소자 및 구동IC
초실사 CG	다중화,역다중화	고성능 오류정정	다채널인터페이스	광대역 컬러처리
대용량 비디오 비선형편집		전송플랫폼	미디어변환기술	시각인지메카니즘
비압축 4K, 8K 비디오,송수신 및 인터페이스		전송프로토콜	미디어포맷기술	콘텐츠 재현
소형,초고속,대용량저장		광대역 RF/ID	부가서비스 미들웨어	사용자 인터페이스
광대역컬러처리		전송시스템	홈미디어연동기술	화질열화제거기술
미디어 포맷			대용량저장기기	

디스플레이 및 STB기술 분야는 각 가정에서 전달망을 통해 서비스된 대용량의 UHD 미디어를 수신하여 신호를 복호하고 이를 디스플레이하기 위한 디코더기술, 비디오신호 인터페이스, 홈 미디어와 연동기술등이다.

1) UHD 콘텐츠 생성기술

UHDTV 콘텐츠 생성기술은 초고해상도 카메라 및 다채널 마이크 등의 획득 장치로부터 UHD 콘텐츠를 생성하고 이를 저장하는 기술로, 촬상소자 기술, 콘텐츠 생성장치와 저장장치사이의 인터페이스 기술, 비압축 UHD콘텐츠 저장 포맷 정의 등을 포함한다. UHDTV의 4K와 8K 비디오 포맷에 따라 다양한 형태의 콘텐츠를 제작할 수 있다.

<표 7-14> UHDTV 4K 및 8K Video Formats

Parameter	1,080/60/I	1,080/60/P	2,160/60/P	2,160/120/P	4,320/60/P	4,320/120/P
Effective samples	1,920×1,080		3,840×2,160 (4K)		7,680×4,320 (8K)	
Frame rate(Hz)	29.97, 30	59.94, 60	59.94, 60	119.88,120	59.94, 60	119.88, 120
Colorimetry1)	Rec. ITU-R BT.709, IEC 61966-2-4 (xvYCC)		Rec. ITU-R BT.2020			
Color difference format	Y'C'BC'R 4:2:0					
Pixel bit depth	8 bit, 10 bit		10 bit			
Profile	Main/Main 10		Main 10			
Level	4.1		5.1	5.2	6.1	6.2
Tier2)	Main Tier					
Max. bit rate	20 Mbps		40 Mbps	50 Mbps	120 Mbps	150 Mbps
Hierarchical coding in time direction	-	-	-	Yes	-	Yes

1) Specification for expressing color signals.
2) A concept used to differentiate bit rates required by application.
  Two types, Main and High, are defined and the Main Tier is used for broadcasting.

① UHD 카메라 기술

UHDTV 카메라는 NHK의 SHV연구 프로젝트에서 활발히 개발되고 있다. NHK는 2003년 2개의 녹색을 갖는 GGBR Four-panel Imaging소자 기반의 8K 카메라를 선보였다. 4K 카메라를 이미 시장에서 상용화되고 있다. Red-One 카메라 방송용 ENG 카메라처럼 촬영, 영화 촬영에도 적응이 가능하기 때문에 다양한 영화 작품들이 촬영되고 있다. KBS에서 제작된 드라마 '전우'의 1회 영상도 Red-One카메라로 촬영한 것이고 최근의 영화 '솔트' 역시 4K Red-One 카메라로 제작되었다.

CAMERA 본체

Red One Accessory

<그림 7-32> RED ONE Digital 카메라 본체 및 구성품

UHD용 카메라의 고성능화 및 소형, 경량화가 진행되고 있으며, 4K Digital Camera는 Digital Cinema 제작을 주목적으로 개발되고 있다. 2008년 NHK는 3,300만화소 CMOS 센서 3개를 장착한 8K Camera 시제품을 개발하였다.

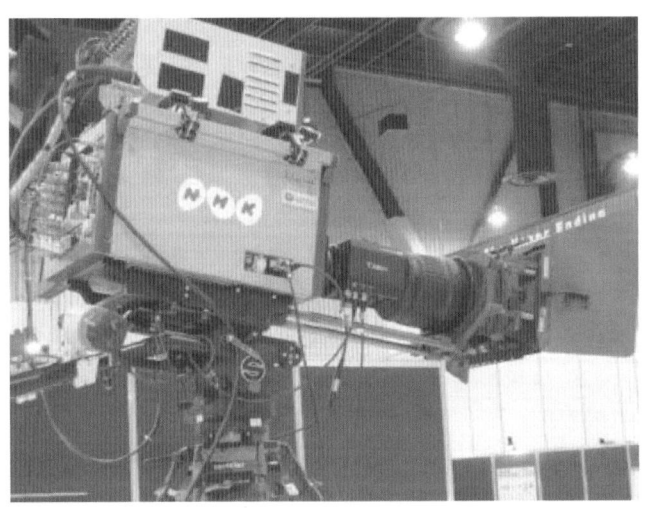

<그림 7-33> 초기 NHK의 8K Camera

NHK는 SHV(Super Hi-Vision: 7680x4320)이라는 이름으로 연구를 주도하여 2005년 아이치현 엑스포박람회에서 최초로 UHDTV방송을 시연하였다.

| SHV camera(London City Hall) | microphone array | IBC 전시장(암스테르담) |

<그림 7-34> 2008년 IBC 위성전송을 이용한 8K방송을 시연

UHDTV 카메라는 시험제작, 획득한 영상신호를 72Gbps의 고속으로 처리하는 기술을 발표하였으며, 2008년 IBC 위성전송을 이용한 8K방송을 시연하였다. 영국BBC와 공동으로 2012년 제30회 런던올림픽에서 8K 시범서비스예정이다. NHK는 2015년 실험방송, 2020년 본방송을 목표로 기술개발이 진행되고 있다.

소니는 2016년 NAB(미국 방송장비전시회)에서 4K 카메라로 스튜디오 구성 및 스포츠 중계용 4K 라이브 제작 시스템을 구축하는등 발 빠르게 움직이고 있다. 또한 소니 4K AXS-R7, PXW-Z150 및 PXW-Z450는 HDR 기능과 120프레임율 기능을 가진 을 가진 카메라를 발표하였다. CANON사도 ME200S-SH,8K EOS CONCEPT CAMERA를 발표하였으며, RED사도 RAVEN 4.5K,SCARLET-W 5K 및 WEAPON 6K/8K를 개발하였다. ARRI사는 ALEXA SXT, ALEXA MINI, AMIRA를 개발하여 UHD카메라 경쟁 대열에 합류하고 있다.

② UHD 편집기술

UHDTV 편집 기술은 비압축 저장기술 및 비선형 편집기술이 있다. 비압축기술로 실시간 대용량 저장장치와 비압축 AV동기제어 기술이 있으며 영상 편집/재생기술 및 오디오 편집 및 재생기술등이 있다. UHD카메라는 제작사 마다 다양한 포맷으로 생성되기 때문에 편집실에서 적용가능 장비가 구축되어야 한다. UHD 프로그램의 제작을 위해서는 촬영부터 색보정 및 편집 등의 후반 작업까지 많은 요소들이 고려되어야 한다.

<표 7-15> UHD촬영장비 및 코덱

CAMERA	CODEC
Canon XC 10	XF-AVC Intra 300Mbps
Sony AXP 35	4K XAVC S 100Mbps
DJI Osmo	MPEG-4 AVC/H.264
Helicam 4K	H.264
Gopro 4K Hero	H.264

2) UHD 시스템 기술

UHDTV 시스템 기술은 DCATV, 위성, 지상파 기반 UHDTV Systems 기술과 부호화된 UHD 콘텐츠 스트림을 다중화 및 역다중화하고, EPG를 위한 Service information 등을 표현하기 위하여 필요한 Systems 기술 등이 있다. 또한 IPTV 기반 UHD 콘텐츠 전송 시스템 기술, 부호화된 UHD 콘텐츠 스트림을 다중화 및 역다중화하여 FTTH망을 통하여 서비스하기 위하여 필요한 Systems 및 전송프로토콜 기술 등이 있다.

① UHD 부호화 기술

UHDTV 부복호화 기술은 대용량의 UHD 콘텐츠를 효율적으로 압축하기 위한 부복호화 기술로 UHD 비디오 및 오디오 부복호화 기술등이 있다.

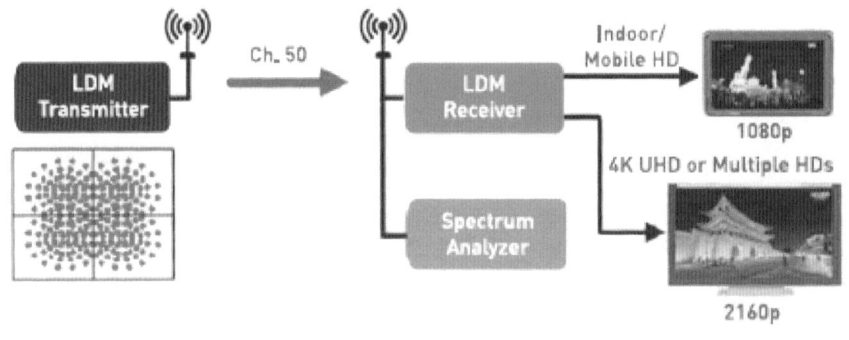

LDM 기반 지상파방송 개념도

〈출처 : 한국전자통신연구원〉

<그림 7-35> LDM기반 지상파 방송 개념도(출처:한국전자통신연구원)

② UHDTV 송수신 기술

UHDTV 송수신 기술은 케이블/지상파 등의 방송망을 통하여 UHD 콘텐츠를 전송하는 기술로, 전송프로토콜, 변복조기술 및 채널부복호 기술을 포함한다. 또한 하나의 송신기로 4K UHD와 이동형 HD 방송을 동시에 볼 수 있는 계층분할다중화(LDM)방식이 가능하다.

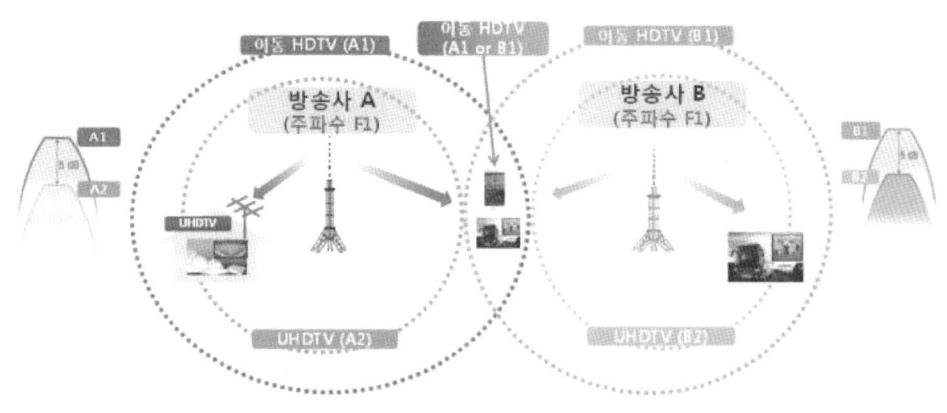

<그림 7-36> UHD 및 HD동시 방송 개념도

이 기술은 단일 채널로 두 개 방송을 모두 보낼 수 방식이다. 이 기술은 채널 부호화, 계층 전송, 수신기 신호제거 등이 핵심으로 주파수를 효율적으로 사용할 수 있다.

③ UHD 콘텐츠 재생 및 저장 기술

UHDTV 콘텐츠 재생 및 저장 기술은 UHD 콘텐츠를 재생하고 저장하는 기술로, 단말과 디스플레이사이의 인터페이스기술과 UHD 콘텐츠 저장포맷 기술을 포함한다. 단말과 디스플레이사이의 인터페이스 기술, 단말에서 출력되는 비압축 UHD 콘텐츠 신호를 디스플레이 장치로 입력하기 위한 인터페이스 기술, 압축된 UHD 콘텐츠 저장포맷 기술, 압축된 UHD 콘텐츠를 저장하기 위하여 필요한 메타데이터 및 저장포맷 기술 등이 있다.

④ UHD 전송기술

UHD 미디어 전송 기술은 압축 부호화된 UHD미디어를 매체의 특성을 고려하여 효율적으로 전송하기 위한 기술로서, 부호화된 UHD 미디어를 케이블/위성/지상파/IP 망으로 대용량 전송하기 위한 고효율 다차원 변복조 기술, 채널 부호화 기술, 채널 등화 기술을 포함한다. 최근에는 차세대 통신규격인 5G기술을 이용한 UHD 8K 전송실험이 성공되면서 상용화준비를 서두르고 있다. 2017년 5월에 일본 NTT도코모는 5G 기술을 이용하여 지상 350m 전망대에 설치된 8K 카메라로 촬영된 영상을 중계하는데 성공하였다. 8K 영상신호는 HD(200만 화소)신호보다 약 3300만화소로 16배 높은 해상도를 가진다. 5G의 경우 2시간 길이의 영화도 1초 정도면 스마트 폰으로 수신할 수 있다. 그동안 8K영상의 데이터량이 너무 많아서 무선으로 중계하는 것이 어려웠지만, 4G와 비교하여 20배나 고속 대용량 전송이 가능한 5G이기 때문에 가능하게 되었다.

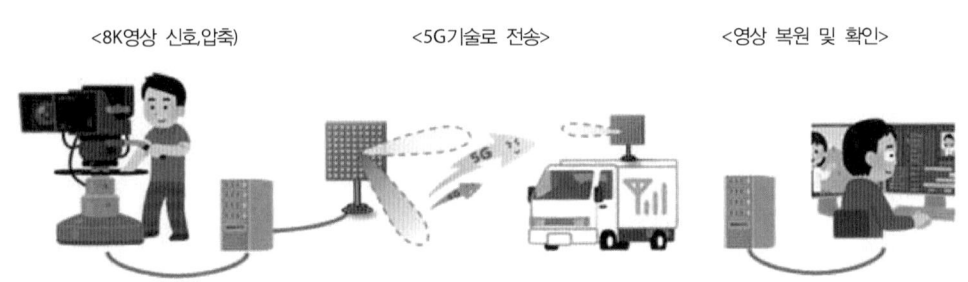

<8K영상 신호,압축>   <5G기술로 전송>   <영상 복원 및 확인>

출처: https://www.nttdocomo.co.jp/info/news_release/2017/05/19

<그림 7-37> 5G기술을 이용한 전송 개념도

④ UHDTV 디스플레이 기술

UHDTV 디스플레이 기술은 UHDTV 단말을 통해 수신하여 재생한 신호를 디스플레이 및 스피커에 재현하기 위한 기술로서, 비압축 UHD 영상을 화면을 통해 재현하기 위한 4K/8K 영상 화질 개선 기술, LCD-PDP 패널 기술 및 구동 기술, 프로젝터 색소자, 렌즈 기술 및 구동 기술, 비압축 UHD 오디오를 여러 대의 스피커를 통해 재현하기 위한 다채널, 다계층 오디오 신호처리 기술 및 스피커 구조, 배치 기술을 포함한다.

디스플레이 기술은 4K-UHD 비디오 재생을 위한 4K-UHD 디스플레이는 기술개발이 완료되어 상용 제품들이 출시되고 있으나, 8K-UHD 디스플레이 개발은 NHK에서 프로젝터 타입의 시제품이 개발된 수준이다.

소니, 티비로직 등에서 4K 모니터 제품을 출시하였다. 삼성전자는 2010년 11월 세계 최초로 산화물 반도체(oxide semiconductor)를 이용한 70인치 240Hz 지원 4KLCD 패널을 개발하였다. LG디스플레이는 2010년 CES에서 84인치 4K-LCD 디스플레이를 전시한 바 있다.

일본 Sony에서는 세계 최초로 4K Flat Panel Display를 2005년에 개발하여 판매하고 있으며, JVC는 2008년 10월 CEATEC 전시회에서 8K 프로젝트 시제품을 선보였다. NHK에서는 4K 픽셀 오프셋 기법을 이용하여 LCD프로젝터 2대로써 8K UHD 디스플레이 기술을 소개하였다. LCD와 PDP 디스플레이의 경우에는 4K급 제품들만 개발된 상태이다. 2005년에 대만 CMO사에서 4K 디스플레이를 발표하였으며, 이후 세계 주요 디스플레이 업계에서 4K 시제품 혹은 사용제품을 발표하였다. 09년도에는 CES, IFA, IBC, CEATEC 등 주요전시회 UHDTV를 발표하여 화소간의 간격을 줄이면서 소모전력을 줄이기 위한 기술 개발이 지속되고 있다. 지난 2011년 5월, 샤프(SHARP)는 세계 최초 8K 해상도인 '초고해상도 디스플레이(Ultra High Definition Display)'를 공식적으로 공개했다. 공개 시연에서는 85인치 LCD TV가 사용되었으며 그 영상은 현행 1,920x1,080의 16배 해상도이다. 파나소닉은 2010년 NAB에서 4K 해상도의 152″ PDP 디스플레이를 발표하였으며, NHK는 8K 해상도의 300″ 디스플레이를 선보였다. 최근 삼성전자는 '2016년형 UHD TV' 전 모델이 유럽의 IT·가전회사 연합인 '디지털 유럽(Digital Europe)'으로부터 UHD 인증을 받았다. EBU의 UHDTV 기본 조건은 3840×2160 이상의 화면해상도의 16대 9화면 비율을 가지고, 표현하는 색상 영역이 BT. 709이상일 것으로 규정하고 있다. 또한, TV 화면의 최소 단위인 픽셀 하나하나가 모든 색을 표현할 수 있어야 하고, TV에 들어오는 UHD 영상을 품질을 저하시키지 않을 것 등으로 정하고 있다.

⑤ UHD 단말(STB) 기술

UHDTV 단말 기술은 압축 부호화된 UHD 미디어를 다양한 매체를 통해 수신하여 이용자가 소비할 수 있도록 처리하는 기술로서 부호화된 UHD 미디어를 수신하여 실시간 재생하기 위한 전달망에 따라 복조, 채널 복호화 기술, 실시간 저장,역다중화, AV 복호화 기술, 비압축 AV 신호 입출력 인터페이스 기술을 포함한다. 특히 복호화된 8K-UHDTV 미디어 데이터를 디스플레이로 전송하기 위해서는 30Gbps 이상이 지원되어야 한다. 이에 따라 2009년 HDMI1.4에서 4K UHDTV의 인터페이스 규격을 정의하였으며, 향후에는 8K-UHDTV에 대한 인터페이스 규격에 대한 연구 개발이 필요하다.

⑥ UHD ATSC 3.0 IP 기술

UHD ATSC 3.0은 지상파망과 인터넷마이 결합하여 인터넷프로토콜(IP)을 지원한다. 원리를 살펴보면 가정에서 UHDTV로 수신한 후, UHDTV의 기능중 VOD서비스를 인터넷으로 신청하면 인터넷망을 통하여 볼 수 있다. 양방향서비스가 실현되면서 그동안 유료방송 가입자들만 지원했던 개인화 및 양방향 서비스가 가능하게 되었다.

<그림 7-38> UHD IP기반 개념도

<VOD서비스 선택 메뉴>

<VOD서비스 시청 화면>

<그림 7-39> UHD IP기반 구현 메뉴(KBS)

3) UHDTV 송수신 기술

① 송수신 기술 구성

UHDTV 송수신 기술은 DCATV 기반 UHD 콘텐츠 송수신 기술, DCATV기반

UHD 콘텐츠 송수신을 위한 변복조 기술, 채널 부복호화 기술 및 전송프로토콜 기술, 위성 기반 UHD 콘텐츠 송수신기술, 위성기반 UHD 콘텐츠 송수신을 위한 변복조 기술, 채널 부복호화 기술 및 전송프로토콜 기술, 지상파 기반 UHD 콘텐츠 송수신기술, 지상파기반 UHD 콘텐츠 송수신을 위한 변복조 기술, 채널 부복호화 기술 및 전송프로토콜 기술 등이 있다.

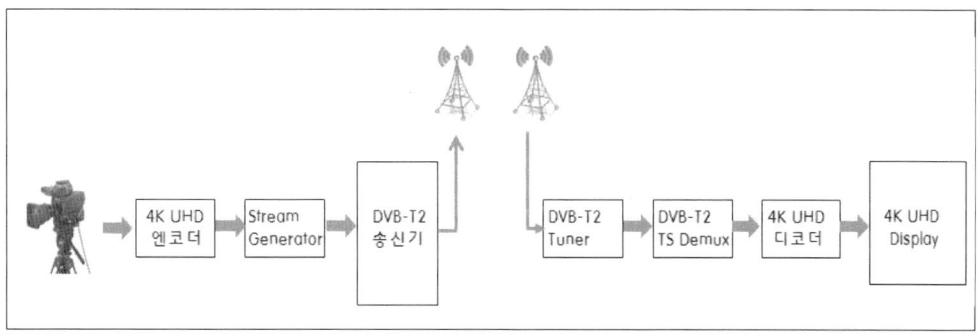

<그림 7-40> 2012년 KBS DVB-T2 실험방송 계통도

지난 2014년 브라질 월드컵 경기를 유럽식 DVB-T2 UHD방식을 이용하여 실시간 중계 방송을 하였다.

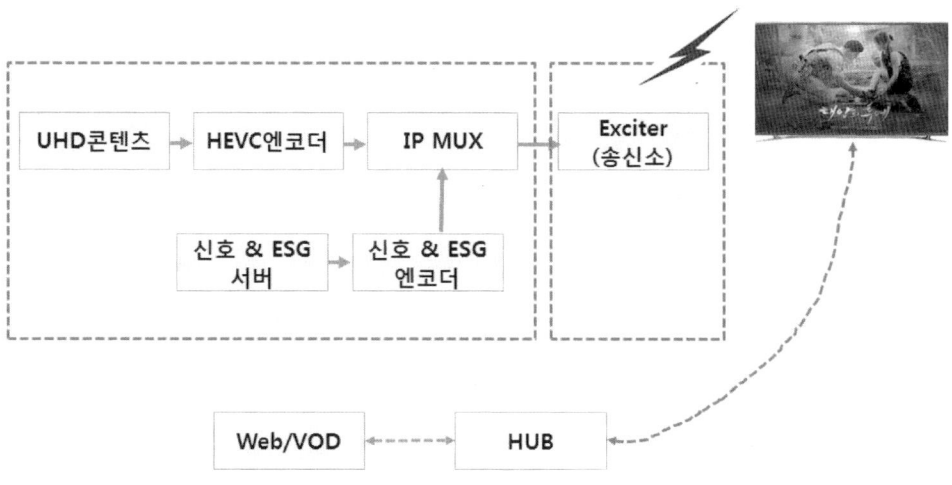

<그림 7-41> 2015년 KBS ATSC 3.0 UHD 실험방송 계통도

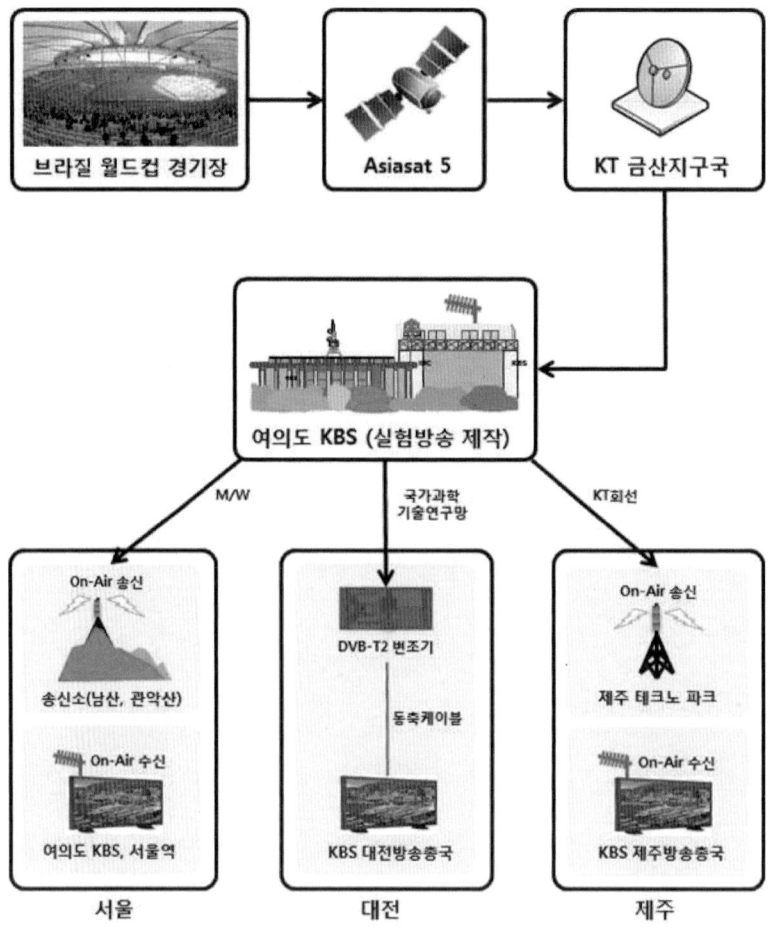

<그림 7-42> KBS, 월드컵 UHD 실시간 중계 실험방송 구성도

　　지난 2016년 7월 지상파 방송은 평창 대관령 음악제를 유럽식 DVB-T2 방식을 이용하여 관악송신소와 남산송신소에 송신기를 설치하여 UHD 생방송을 실시하였다. 또한 지상파방송과 ETRI는 지난 2016년 1월20일 실제 스튜디오에 있는 카메라에서 라이브 피드를 IP로 관악산 송신소까지 보내고 거기에서 채널 53을 이용하여 ATSC3.0 대응 복조기 와 튜너칩을 내장한 LG 전자의 4K UHDTV로 수신하는 실험을 실시한바 있다. 한편, 일본 NHK는 지난 2016년 8월 1일 위성방송으로 8K 시험방송을 시작했다. 슈퍼 하이비전으로 불리는 8K는 현행 풀HD보다 화질이 16배, 4K의 4배정도 개선된 것이다. NHK는 8K 기술을 검증한 뒤, 2018년 실용방송을 거쳐 2020년 도쿄올림픽까지는 보급 시키겠다는 전략이다. 이미 4K는 CS방송, 케이블TV, IPTV에서 실용방송을 하고 있으

며, Netflix와 dTV 등 OTT에서도 4K콘텐츠를 전송하고 있다. NHK는 하루 평균 6∼7
시간 8K 방송을 실시할 예정이다. NHK는 2016년 브라질 리우올림픽의 개회식과 수영,
육상 등을 8K로 생중계했다.

② UHDTV 품질측정 기술

UHDTV 비디오 품질 측정, UHDTV 비디오 품질에 영향을 주는 파라미터 및 그에
대한 기준치, 측정방법 등을 정의하는 기술, UHDTV 오디오 품질 측정, UHDTV 오디
오 품질에 영향을 주는 파라미터 및 그에 대한 기준치, 측정방법 등을 정의하는 기술 등
이 있다.

7. DVB-T2와 ATSC 3.0

1) DVB-T2와 ATSC 3.0 비교

지상파 UHD 전송방식은 지난 2009년 제정된 유럽식 표준 DVB-T2와 최근 미국에서
표준으로 제안하고 있는 ATSC 3.0 방식이다.

<표 7-16> DVB-T2와 ATSC 3.0 비교

구분	DVB-T2	ATSC 3.0
전송방식	OFDM 기반	OFDM 기반(LDM, MIMO, 채널본딩, NUC등 추가)
영상압축	HEVC (Main 10 profile, Level 5.1 Main Tier)	HEVC(Main 10 profile, Scalable Main 10 profile, Level 5.2, Main Tier)
음향압축	AC-3,AAC-LC (Low Complexity Profile)	MPEG-H(Low Complexity Profile)
전송코덱	MPEG-2 TS	IP기반(MMT/ROUTE)

두 방식 모두 이동성이 강한 직교주파수분할방식(OFDM)방식을 사용하고 압축방식
도 HEVC방식을 적용한다. 두 방식에서 크게 차이가 있는 것은 IP서비스이다. ATSC
3.0 전송 방식은 방송망과 인터넷망을 통한 양방향 IP 서비스로 진화할 수 있다. 지난
2016년 7월 25일 미래창조과학부는 '방송표준방식 및 방송업무용 무선설비 기술기준'

고시 개정안으로 지상파 초고화질(UHD) 방송의 표준방식이 북미식 ATSC 3.0으로 행정 예고하였다. 따라서 그동안 UHD를 구입한 시청자들은 2017년 5월부터 방송되는 UHDTV를 시청하기 위해서는 별도의 셋톱박스가 필요한 상황이다.

2) ATSC 3.0의 장점

ATSC 3.0방식과 DVB-T2 방식을 비교해보면 OFDM형식의 전송방식과 압축방식인 HEVC는 유사하나 인터넷망을 이용하여 IP와 연계하는 등 아래와 같이 몇가지 장점이 있다.

<표 7-17> ATSC 3.0 장점

구분	ATSC 3.0 장점
전송방식	주파수 효율성이 좋다. 긴급재난등 다양한 전송모드 가능
비디오압축 방식	동일 콘텐츠를 복수의 포맷으로 방송할 경우 압축효율이 좋다 고품질 영상기술(HDR,HFR,WCG)을 추가 지원에 유리
오디오압축 방식	압축성능이 좋으며, 지원하는 채널수가 많다. (DVB-T2 : 6ch/ ATSC 3.0 16ch) 다객체 오디오 지원에 유리.
시스템프로토콜	인테넷망과 연동 서비스등에서 유리하다.
국제표준과 부합성	두 표준 모두 국제 표준과 호환성 가능 ATSC 3.0 콘텐츠 보호기술 논의중
장비완성도	DVB-T2 먼저 표준화되어 초기에는 시장에서 유리 ATSC 3.0 대부분 장비가 개발되었고 완성도 향상 예상됨,
방송서비스 용이성	동일출력으로 더 넓은 커버리지를 가지며, 이동수신성능이 유리함
융합서비스 다양성	고정 UHD,이동HD동시방송,IP기반의 확장된 서비스 유리
공익서비스적합성	긴급방송을 위한 자동채널 전환기능 및 장애인을 위한 다양한 방송서비스 제공이 유리.

3) ATSC 3.0 프로토콜

ATSC 3.0 프로토콜은 기존 MPEG-2 TS를 사용하지 않고 IP/UDP 기반의 ROUTE/DASH 또는 MMTP 프로토콜를 이용하여 전송한다. 방송망뿐만 아니라 Broadband 망을 통한 HTTP/TCP/IP 서비스도 가능한다.

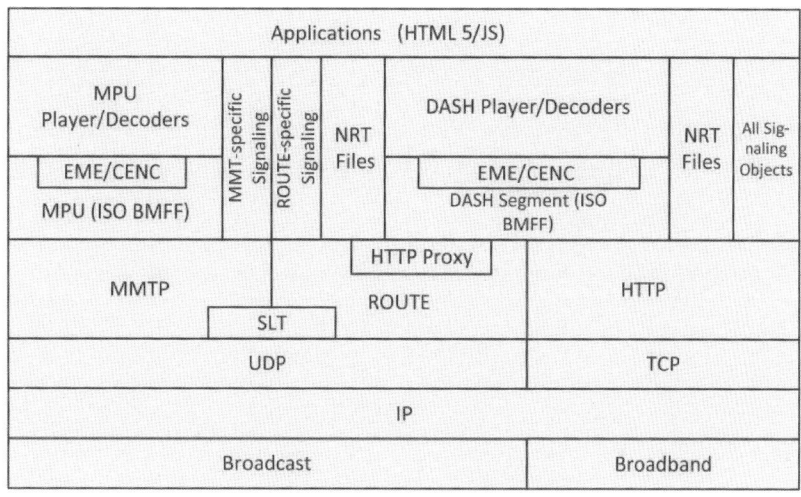

<그림 7-43> ATSC 3.0 protocol stack 개념도

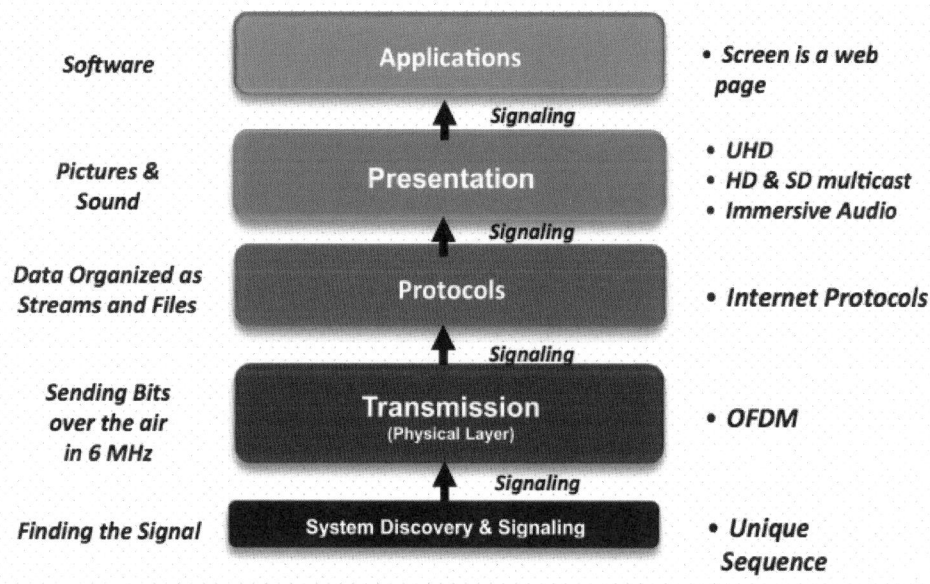

<그림 7-44> ATSC 3.0 System Layer 개념도

8. ATSC 기타 주요 특징

기존 HDTV 전송방식은 ATSC 1.0으로 고정수신에 특화된 기술을 사용하였다. UHD

는 ATSC 3.0으로 DMB 방식에 적용하였던 단일 주파수 방송망(SFN, Single Frequency Network)을 적용하였다. SFN은 아래 <그림 7-45>과 같이 모든 송신소에서 동일한 주파수(CH A)를 사용하기 때문에 다중 주파수 방송망(MFN; Multiple Frequency Network)[33]보다 주파수 이용 효율이 매우 높다. 전국에 같은 TV서비스를 하나의 TV채널 대역으로 동시서비스가 가능하게된다. 즉, 프로그램 내용이 동일하면 하나의 주파수로 전국망을 구축할 수 있다. 또한 SFN방식은 이동통신에 사용하는 신호 복구 기술이 적용되어 같은 조건에서 기존 DTV 보다 수신성능이 개선되었다. 또한 기존의 DTV 전송방식은 신호가 강하더라도 도심지, 아파트, 숲 등 주변 환경에 의해 반사되어 오는 신호가 많으면 수신이 어려운 한계가 있다. 특히 이동하는 물체가 주변에 많으면 수신이 잘 안되어 실내수신이 어렵다. 그러나 UHDTV용 신호는 신호세기가 충분할 경우, 반사 신호나 이동하는 물체에 의한 간섭에 대한 영향이 적다. UHD 전송 기술 중 하나인 LDM(Layered Division Modulation) 기술을 이용할 경우, 수신신호 세기에 따라 화질을 차등적으로 구현하여 수신신호가 센 곳에서는 초고화질(UHD)로 시청이 가능하고 수신신호가 약하거나 이동 수신환경에서는 고화질(HD)로 시청하는 방법으로 송출이 가능하다.

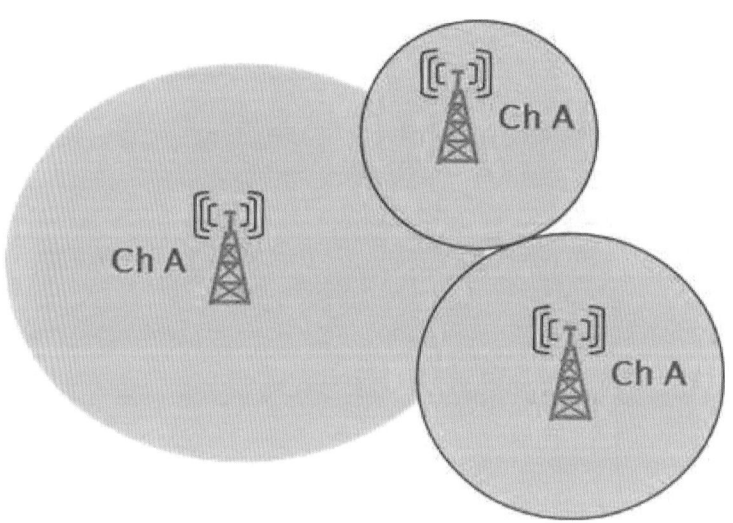

<그림 7-45>단일 주파수 방송망(SFN, Single Frequency Network) 개념도

---

33) MFN(Multi-Frequency Network)은 가시청구역마다 채널을 바꾸어 방송하는 방식을 말한다. 즉, 동일 지역에서 서로 다른 송신기로 각각 다른 주파수 사용하기 때문에 전국적인 방송서비스 제공을 위해 많은 주파수가 필요하다.

1) TIVIVA 홈플랫폼

지상파 UHD 방송과 인터넷이 결합된 양방향 서비스로, 지상파 3사(KBS,MBC, SBS)가 제작하는 UHD 콘텐츠의 다시보기 등이 가능하다. 또한 콘텐츠 서비스 회사인 콘텐츠연합플랫폼(POOQ)에서 제공하는 다양한 실시간 채널과 동영상 서비스까지 함께 즐길 수 있다. 지상파 UHD 방송 중심의 포털서비스를 실시하는 세계 최초 지상파 UHD 양방향 서비스이다. .

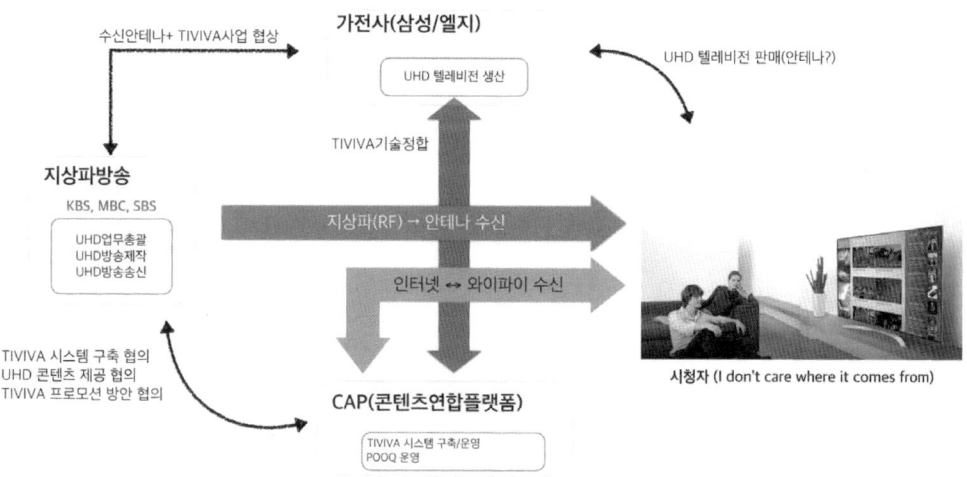

<그림 7-46> TIVIVA 홈플랫폼(KBS기술연구소 자료)

TIVIVA에서 제공되는 서비스는 실시간RF UHD방송, VOD, 방송클립 연계 서비스를 중심으로 개인별 큐레이션 맞춤 서비스, 메타데이터 연동의 검색기능 등 TV와 모바일을 아우르는 이용자 맞춤형 양방향 서비스등이다.

2) UHD 모바일 방송

UHDTV 방송에서는 6MHz 주파수 1개 대역에 UHD 방송 외 별도의 모바일 방송이 가능해짐에 따라 UHD 모바일 방송을 준비중이다.

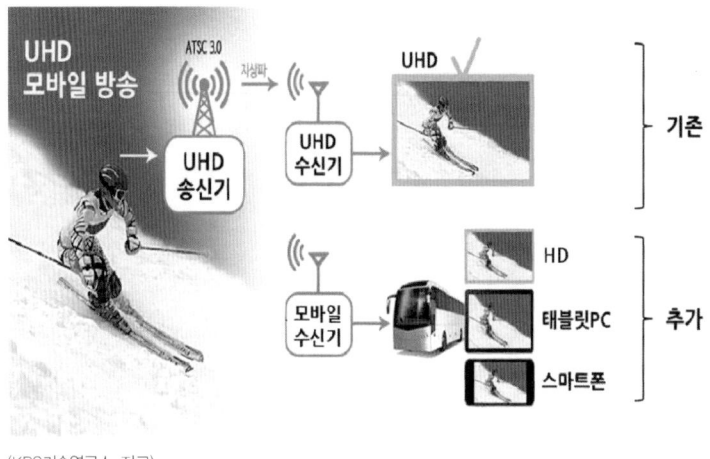

(KBS기술연구소 자료)

<그림 7-47> UHD 모바일 방송 개념도

3) UHDTV 안테나

UHDTV는 OFDM전송방식을 적용하기 때문에 HDTV보다 수신 커버리지가 넓어지기 때문에 안테나를 연결하면 수신하기가 용이한 장점이 있다. 그동안 외부에서 안테나를 연결해 사용해 왔으나, 안테나 설치가 어려운 점이 있는 부분을 고려하여 UHDTV는 내장형 안테나가 제안되었다. 내장형 안테나는 UHDTV 내부에 안테나를 내장하는 Stacked Microstrip Antenna (내장형)이다.

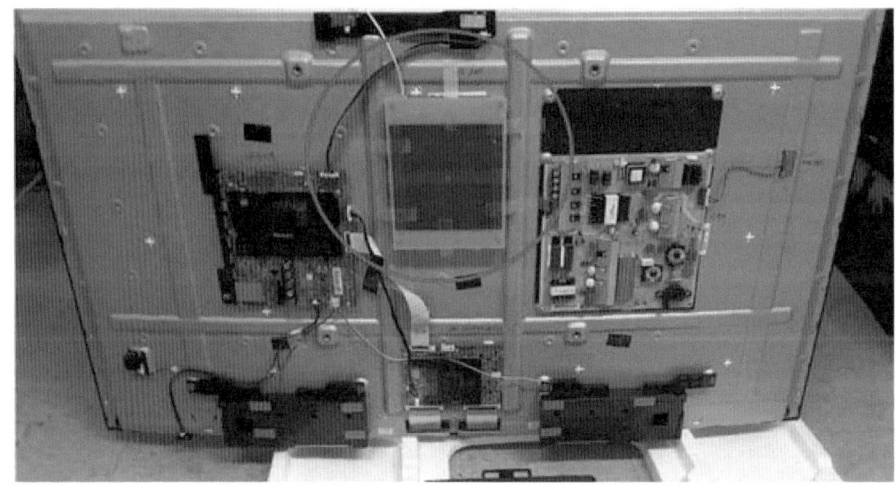

<그림 7-46> Stacked Microstrip Antenna/출처:UHD코리아

또한 Plug-In Antenna (장착형)는 UHDTV 수상기의 전원 케이블에 안테나 장착하는 방식으로 TV 수상기 전원 어댑터에 수신신호 증폭기 장착하면 간단하게 설치가 가능하다. 이 방식은 그동안 가전사가 제기하는 안테나 내장 시 문제점을 해소할 수 있으며, 전자파 장애로 인한 수신율 저하요인을 제거할 수 있다. 또한 외부 전원 케이블에 설치하기 때문에 슬림형 UHDTV의 디자인과 관계없는 방식이다.

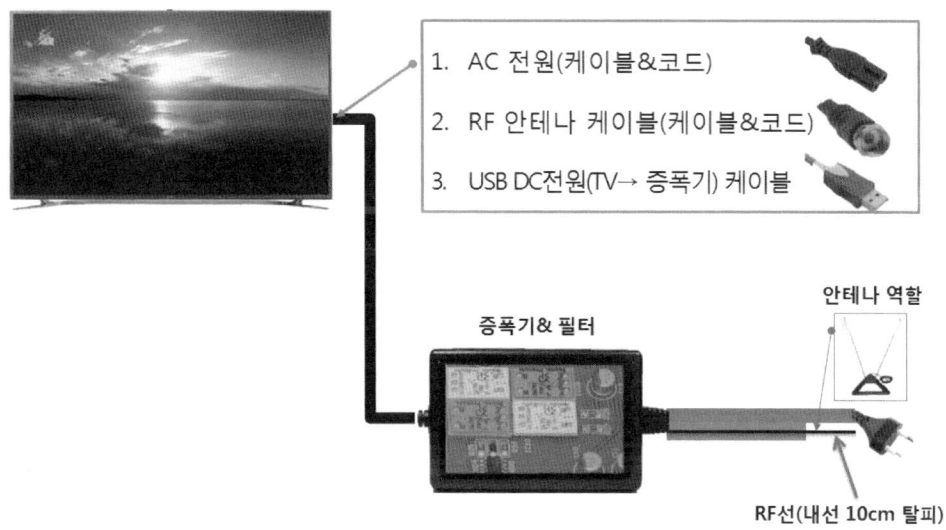

<그림 7-47> Plug-In Antenna/출처:UHD코리아

9. UHDTV 방송 향후 일정

2012년 12월 31일 지상파방송은 아날로그 방송을 종료하고 전면적인 HD방송을 시작하였다. 아날로그 방송이 종료되면서 700MHz대역 주파수에 대하여 통신사와 지상파 방송이 이를 선점하기 위한 과정이 있었다. 2015년 4월부터 차세대방송표준포럼 산하 UHDTV 분과에서 지상파UHD표준안 개발이 시작하였다. 그동안 논란이되었던 700MHz 대역 주파수의 30MHz를 2015년 7월 지상파 UHD방송용으로 할당하였다. 2015년 8월 산학연 공동으로 지상파 UHD방송표준방식 협의회가 출범하였고, 2016년 3월 이 협의회에서는 ATSC 3.0미국식 UHD방송방식을 표준안으로 작성하였다. 6월에는 TTA는 지상파 UHDTV방송 송수신 정합 표준으로 미국식 ATSC 3.0을 표준안으로 채택하였다. 지상파 UHD 본방송은 2017년 2월에 실시할 예정이었으나 장비설치등의 차질로 2017년 5월로 연기하여 수도권을 대상으로 실시되었다. KBS를 비롯한 지상파 방송사들은 2월말에 시험방송을 시작으로 지역에도 연차적으로 UHD방송을 실시할 예정이다.

<표 7-18> UHDTV 추진 경과

날 자	내 용
2014.10	TTA, DVB-T2 전송방식 기반의 지상파 UHD송수신 정합 표준을 잠정 표준으로 제정
2015.04	차세대방송포럼 산하 UHDTV분과, 지상파 UHD표준 개발 시작
2015.07	700MHz 일부대역, 지상파 UHD방송용으로 할당
2015.08	산.학.연 공동 '지상파 UHD 표준 방식 협의회 출범'
2015.12	미래부,방통위,지상파 UHD 도입을 위한 정책방안 마련
2016.03	협의회,ATSC 3.0 기반 지상파 UHDTV송수신 정합 표준안 작성
2016.06	TTA,지상파 UHDTV방송 송수신정합 표준 미국식(ATSC3.0)채택
2016.07	지상파 UHD방송표준방식 의견 수렴을 위한 공청회 개최
	산.학.연 공동 '지상파 UHD 방송 추진위원회' 출범
	행정예고등 관련 고시 개정을 거쳐 국내방송 표준방식 확정
2017.05	수도권을 시작으로 지상파 UHDTV 본방송 개시 예정

<그림 7-48> 2017년2월28일 새벽 5시 UHD시험방송 시작

| 참고문헌

1. 김영태외, UHD 방송산업 발전방안 연구,한국전파진흥협회, 2015.
2. 초고선명 디지털 TV 영상신호규격(TTA, 2010).
3. Jan Plogsties, MPEG-H Audio System for Broadcasting, 2015 Fraunhofer IIS.
4. Super Hi-vision(NHK TRL,2008, Yasuaki Kanatsugu).
5. 유성열, UHD Alliance의 HDR, WCG 품질 기준(방송과 미디어, 2016).
6. https://assets.pro.sony.eu/Web/commons/solutions/pdfs/HDR
7. 정세윤외, UHD 영상 포맷과 화질 및 실감 효과(방송과 미디어, 2016).
8. Yukihiro NISHIDA, Digital broadcasting in Japan(NHK,2011).
9. 일본 방송 협회(NHK)의 8K 및 5G 실험자료(2017.5.19.).
10. 장의덕외, MPEG-2 TS 기반의 UHDTV 다중화(한국방송공학회, 2010).
11. Yukihiro NISHIDA, Digital broadcasting in Japan(NHK,2011).
12. http://wwwen.zte.com.cn/endata/magazine/ztecommunications/2016
13. http://av.watch.impress.co.jp/docs/news/1012834.html
14. https://www.researchgate.net/publication/290472101_An_Overview
15. https://www.nttdocomo.co.jp/info/news_release/2017/05/19_02.html
16. 스포트 라이트 ITU저널 Vol. 47 No. 5(2017, 5).

4차 산업혁명과
방송콘텐츠 정보보호의 미래

강덕현(MBC)

4차 산업혁명과 방송콘텐츠 정보보호의 미래

강덕현(MBC)

1. 4차 산업혁명 시대 진입과 정보보호 환경 변화

1) '초연결시대'로의 전환과 보안 패러다임의 변화

4차 산업혁명 시대는 사람, 다양한 사물들이 인터넷으로 연결되어 정보를 수집·교환·처리하는 '초연결(hyper-connected)시대'로의 전환을 예고하고 있다. 사물인터넷(IoT, Internet of Things)[1]기능을 탑재한 사물들이 인터넷으로 연결되어 센서가 수집한 정보를 분석·처리하고 같은 네트워크에 연결된 주변기기들과 공유·교환하며 인공지능[2]을 활용하여 스스로 상황에 맞는 지능적 판단을 내려 기기를 제어하거나 이용자의 의사결정을 지원한다.

4차 산업혁명 시대의 방송콘텐츠 매체유형은 TV에서 스마트폰 등 인터넷에 연결된 다양한 유형의 모바일 디바이스들로 급속히 변화되고 이러한 디바이스들은 점점 확산·보편화가 심화될 것으로 예상되고 있어, 방송콘텐츠 정보보호 관점에서 볼 때 과거에는 상상조차 할 수 없었던 보안위협들이 점차 증가할 것으로 예상된다. 왜냐하면, 4차 산업혁명 시대의 방송콘텐츠 매체로써의 스마트 디바이스들은 자체 컴퓨팅 능력을 탑재하고 인터넷을 통해 유기적으로 연결되어 서로 소통하면서 보다 지능화된 서비스를 제공할 것이기 때문에, 컴퓨터 해킹과 같은 기존의 보안위협들이 고스란히 스마트 디바이스들로 직접 확산될 수 있기 때문이다. 예를 들면, 과도한 트래픽을 디바이스에 집중시켜 콘텐츠 이용자와 디바이스 간, 또는 디바이스 상호 간의 통신을 마비시키거나, 디바이스에 엄청난 양의 프로세스 실행을 요청하여 배터리 소모량을 급증시켜 디바이스의 동작을

---

[1] 사물인터넷 (IoT, Internet of things) : 여러 사물 디바이스에 장착된 센서를 통해 수집한 대량의 정보를 인터넷으로 연결하여 정보를 수집, 교환, 공유하고 이를 학습, 분석하여 또 다른 가공된 형태의 가치 있는 정보를 생성하여 개별 사물들이 더 똑똑하게 본연의 역할을 하게 하거나, 가치 있는 정보를 이용자에게 제공하는 기술 또는 환경.

[2] 인공지능(AI, Artificial Intelligence) : 인간의 학습능력과 추론능력, 지각능력, 자연언어의 이해능력 등을 컴퓨터 프로그램으로 실현한 기술.

갑자기 정지시키는 등의 보안위협들은 콘텐츠 서비스 운영에 직접적인 영향을 끼치게 될 것이다. 뿐만 아니라, 악의적인 공격자가 디바이스에 감염시킨 악성코드를 실행하여 디바이스 제어권을 탈취하고 원격에서 제어하여 디바이스에 저장된 연락처, 이메일, SMS 메시지, 디바이스 이용기록 등의 개인정보 또는 프라이버시 정보, 혹은 디바이스에 저장된 중요정보들을 탈취하는 등 예상치 못했던 큰 피해를 야기할 수도 있을 것이다. 특히, 디바이스의 확산과 편재형 컴퓨팅(Pervasive Computing)에 따른 다수 디바이스들의 연결이 심화될수록, 보안에 취약한 디바이스들을 통해 악성코드가 빠르게 전파되어 같은 네트워크에 있는 다른 디바이스들까지 쉽게 감염될 수 있을 것이다. 최근에는 PC나 서버 대상으로 파일을 암호화하고 금전을 요구해오던 랜섬웨어(Ransomware)[3]가 사물 디바이스로 범위를 확대하여, 사물 디바이스가 사이버범죄에 악용될 가능성도 높아지고 있다. 이처럼 4차 산업혁명 시대 '정보보호'의 패러다임은 해킹이나 정보유출 시도 등으로부터 컴퓨터나 서버 등에 보유중인 정보자산 들을 안전하게 지키고 보호하는 '정보보안(Information security)'으로부터 점차 물리적인 사물 등 비정보자산에 대한 악의적인 시도까지 함께 보호해야 하는 '사이버보안(Cyber security)'으로까지 확장되고 있다고 할 수 있다. 따라서, 4차 산업혁명 시대에 방송콘텐츠 경쟁력을 높이면서도 안정적인 서비스를 운영하기 위해서는 방송사들이 사물 디바이스 보안위협을 식별하고 이를 최소화하기 위한 방안을 지속 연구·시행하여야 한다. 사물 디바이스 보안위협 때문에 4차 산업혁명의 이점들을 포기할 수는 없기 때문이다.

그러나 4차 산업혁명의 기반이 되는 ICT(Information and Communication Technologies) 기술들은 최근까지 제품개발, 상용화가 우선시되어 사이버보안의 중요성에 대한 인식이나 공감대 형성이 다소 늦어져왔으며, 그러는 사이에 사물기기에 대한 보안위협은 지속 증가되어왔다. 사물기기 제조사들은 IoT 기능을 지원하는 기기의 상용화와 하드웨어 저가보급 등을 위해 보안기능을 제외한 서비스, 기능중심의 기기를 제조하는 경우가 많았으며, 사물기기의 설계단계부터 보안기능을 내재화해야 한다는 보안인식 역시 다소 미흡했던 측면이 있었다. 최근 발생한 사물기기들을 이용한 보안공격들이 제조사에서 기기에 초기 설정한 관리용 계정이나 기본 설정한 포트정보가 그대로 사용되는 등의 취약성을 악용한 공격들이었음은 이를 잘 설명해 준다.

---

3) 랜섬웨어(Ransomware) : 악성프로그램의 일종으로 컴퓨터 사용자의 문서 등을 마치 인질과 같이 포획 및 암호화 하여 이를 풀어주는 대가로 금전을 요구한다고 해서 랜섬(Ransom, 인질)이라는 수식어가 붙음. 감염 시에는 PC 또는 서버 등에 저장되어 있는 중요문서, 파일 등 대부분의 확장자명을 가진 파일을 강력한 암호 알고리즘을 ·이용하여 암호화해서 열지 못하도록 하고 비트코인이나 금전을 송금하면 복호화 키를 제공해 준다며 대가를 요구하는 사이버 범죄의 한 형태.

최근에는 사물 디바이스의 사이버보안에 대한 공감대가 활발히 형성되고 있으며, ICT 기술들이 인간의 삶과 더 밀접하게 연관되면서 기술과 보안을 동시에 고려한 보안대책들이 지속 마련되고 있다. 2017년 말부터는 사물인터넷 보안인증제가 시행된다. 이 제도는 IoT 기기의 보안성 검증을 제조사가 자율적으로 신청해서 인증을 받을 수 있는 제도로, 다양한 사물 디바이스나 이와 관련된 서비스들이 한국인터넷진흥원(KISA)이 시행하는 보안시험을 통과하면 보안성을 인증 받을 수 있는 제도로, IoT 기기의 검증된 보안성을 기반으로 기기에 대한 보안취약성을 최소화하고 기기 사용자들의 신뢰를 확보할 수 있는 기반을 마련하는 대책으로 활용될 예정이다.

2) 4차 산업혁명 시대 새로운 보안위협의 등장

4차 산업혁명 시대로의 전환을 주도하는 ICT 기술발전이 가져온 새로운 보안위협의 대표적 사례는 2016년 10월 CNN, 뉴욕타임즈, 넷플릭스, 트위터 등 미국의 대표적 온라인 서비스 기업들의 홈페이지 접속을 수 시간 가량 마비시킨 미국 호스팅업체 Dyn(Dynamic Network Service)에 가해진 대규모 DDoS(Distributed Denial of Service)[4] 공격사례일 것이다. Dyn은 클라우드 기반 인터넷 접속 및 DNS(Domain Name Service)[5] 서비스 제공업체로 최근 오라클에 인수되었다. Dyn의 DNS 서비스를 제공받던 기업들의 홈페이지 접속을 마비시킨 원인은 Dyn의 인터넷 DNS서비스를 담당하는 포트에 집중적으로 트래픽을 범람(Flooding)시키는 악성봇넷(Bot-net)[6]이 DNS서버의 DNS 질의 처리를 마비시켰기 때문으로 전문가들은 분석하고 있다.

원래 DDoS 공격에 활용되는 악성봇넷의 일차 공격목표는 주로 PC나 서버 가 대상이되는 것이 일반적이었다. 그러나 Dyn의 DNS서버를 공격한 악성봇넷은 미라이(Mirai) 악성코드[7]에 감염된 IP카메라, CCTV, DVR, 인터넷공유기 등의 IoT 디바이스들로 형

---

4) DDoS (Distributed Denial Of Service) : 동시에 다수의 서버 또는 PC 등을 동작시키거나 다수의 IP로 부터 특정 목표시스템에 집중적으로 과도한 트래픽을 송신하여 특정 시스템의 자원을 정상적인 서비스가 불가능한 수준으로 고갈 시키기 위해 수행하는 공격으로 여러 대의 PC 또는 서버 등에 DDoS 공격을 위한 도구를 설치하여 공격 목표시스템이 처리할 수 없는 수준의 엄청난 양의 패킷을 집중적으로 송신하여 네트워크의 급격한 성능의 저하 또는 시스템 마비 야기 시키는 공격.

5) DNS(Domain Name Service) : 인터넷 네트워크 상에서 숫자로 표기되는 IP 주소 대신 문자로 이뤄진 URL 주소를 제공하여 인터넷을 이용하는 사용자가 다양한 서비스를 제공하는 웹 사이트에 쉽게 접근할 수 있는 하는 서비스.

6) 봇넷(Bot-net) : 다수의 좀비 디바이스들로 구성된 네트워크를 말하는데 좀비 디바이스는 악성코드에 감염되어 해커의 사이버공격 용도로 활용.

7) 미라이(Mirai) 악성코드 : 수십만 대의 사물 인터넷 디바이스를 감염시켜 대규모 DDoS 공격을 일으킨 악성 프로그램(트로이 목마)의 일종.

성된 미라이봇넷(Mirai Bot-net)[8]이었다. 공격자는 IoT 디바이스들의 관리용 계정이 제조사의 공장에서 초기에 설정한 ID, 패스워드를 그대로 사용하는 경우가 많다는 점을 사전에 파악하고, 수십여 개의 기본 계정암호를 무차별 대입하는 방식으로 디바이스에 불법 접속에 성공하여 미라이 악성코드를 주입·감염시키고, 동일 네트워크에 연결된 주변 IoT 디바이스들에 이를 전파시켜 DDoS 공격명령을 실행할 악성봇넷을 형성하였고, 이렇게 '좀비화 된 IoT 디바이스'들은 일반 DDoS 공격규모를 훨씬 능가하는 최대 수 Tbps 급의 엄청난 트래픽을 동시 다발적으로 DNS 서버로 집중시켜 DNS 질의처리 기능을 마비시키고 해당 서비스를 이용하는 기업들에게까지 큰 피해를 입힌 것이다.

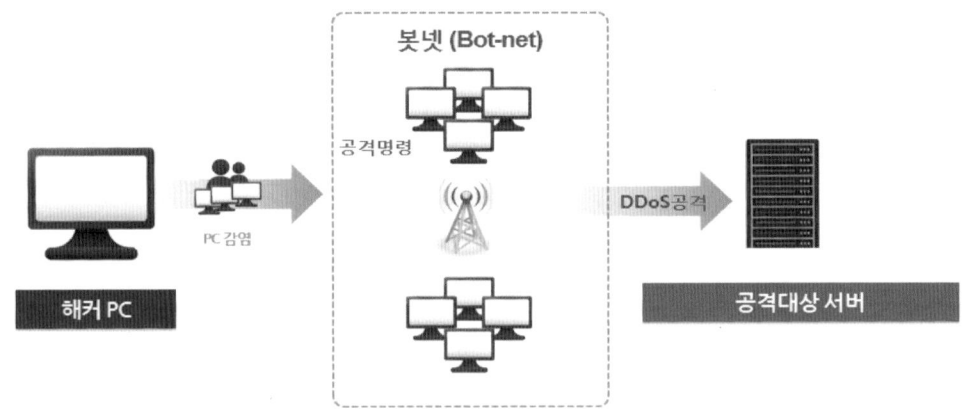

(출처 : 4차 산업혁명과 사이버 보안대책, 뉴딜코리아, 2016)

<그림 8-1> DDoS 공격 과정

최근 해킹 커뮤니티 등을 통해 미라이 악성코드의 소스코드가 공개된 것으로 알려지면서 이와 유사 또는 변종된 공격시도가 지속 증가할 것으로 예상된다. 국내에도 Dyn과 같이 IDC센터에 DNS서버를 구성하고 다수기업들에 DNS서비스를 제공하는 업체들이 다수 있기 때문에, 국내에서 유사한 공격이 발생할 경우 다수 기업의 등록 도메인들이 웹사이트 접속장애를 겪게 될 수도 있다. 미라이봇넷과 같이 '좀비화 된 IoT 디바이스'들은 일반 '좀비 PC'와는 차이가 있다. '좀비화 된 IoT 디바이스'의 정보를 생성·수집하는 센서는, 디바이스의 소형화, 경량화를 고려하여 저전력, 저성능 디바이스를 요구하는 특성 때문에 '좀비 PC'처럼 디바이스의 많은 자원을 점유하거나 디바이스 구동 성능

---

8) 미라이 봇넷(Mirai Botnet) : 사물인터넷(IoT) 장치를 통해 미라이 DDoS 봇넷 공격을 하는 봇넷의 일종으로 IoT의 디폴트 계정을 통해 기기 통제권 획득, 다량의 트래픽 발생, 웹 서비스 다운 등의 악성행위를 수행.

을 저하시킬 우려가 있는 OS나 응용S/W 개발사, 백신업체 등이 발표하는 최신 보안패치, 정책엔진 등을 실시간으로 업데이트 하기는 쉽지 않다. 또한, 디바이스 확산과 연결화가 심화되면서 동일 네트워크에 연결된 주변 디바이스들로 악성코드가 급속히 전파될 수 있기 때문에, 악성코드의 빠른 탐지·차단·제거 등의 방역활동을 실행하기가 '좀비 PC'와는 비교할 수 없을 만큼 어렵다. 같은 이유로 센서가 수집·생성한 데이터의 기밀성을 위해 데이터를 암호화할 경우에도 기존의 고성능 컴퓨터에서 처리되는 강력한 암호화 알고리즘을 그대로 디바이스에 적용하여 사용하기 쉽지 않다.

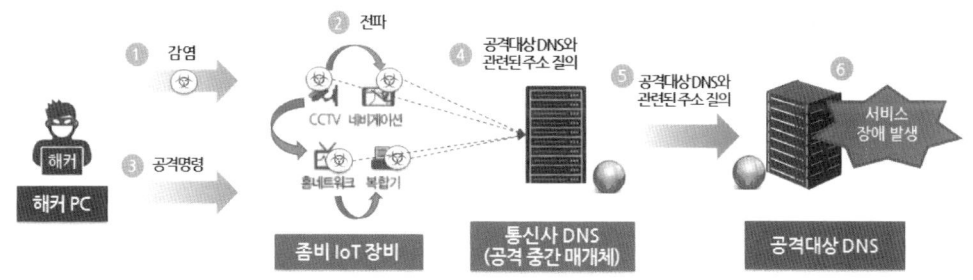

<그림 8-2> 미라이봇넷 공격 매커니즘 및 핵심 공격기능

물론, 디바이스에 최신 펌웨어S/W 보안 업데이트를 빠르게 적용하고, 관리용 계정 패스워드를 지속적으로 변경하거나, 불필요한 인터넷 연결이나 Telnet, FTP 등의 불필요한 서비스 포트사용을 화이트리스트(Whitelist)방식으로 꼭 필요한 범위 내로 한정하는 등의 방법으로 위협의 수준을 어느 정도 줄일 수는 있지만, 사물 디바이스 특성 상 이용자에게 한번 인도되면 보안관련 조치를 사용자가 스스로 수행하거나 유지보수를 받기가 쉽지 않아 빠른 대응이 어렵게 된다.

위와 같은 사물 디바이스 보안위협은 방송콘텐츠 업계에도 큰 피해를 가져올 수 있다. 보다 심화된 사물 디바이스의 편재형 컴퓨팅 환경은 콘텐츠 소비매체인 스마트 디바이스의 편재를 심화시키고 콘텐츠 소비, 시청, 유통 등 콘텐츠 소비행태가 스마트 디바이스를 이용하는 형태로 지속 변화함에 따라, 악의적인 해커들 역시 이러한 미디어 환경변화에 맞춰 스마트 디바이스를 목표로 한 악성코드 전파, DDoS 공격실행, 디바이스들을 연결하는 무선인터넷 환경에 내재된 보안 취약성을 활용한 통신정보 도·감청, 유출, 위·변조, 내부망 침투를 통한 콘텐츠 스트리밍, VOD, 송출 등 중요 서비스 중단 시도 등의 공격 빈도를 계속 높여 나갈 것이기 때문이다.

2. 4차 산업혁명의 핵심기술인 ICBM의 보안위협

4차 산업혁명 시대는 혁신적인 지능정보 기술들과 네트워크를 융합하여 차별화 된 경쟁력을 갖춘 새로운 서비스를 창출하는 '지능정보화'의 시대를 말한다. 여기서 '혁신적인 지능정보 기술들'이란 4차 산업혁명 시대로의 전환을 주도해 나갈 ICBM(IoT, Cloud Computing9), Bigdata10), Mobile을 통칭한 약자) 기술이라고 할 수 있다. ICBM은 각각의 개별기술보다 이들이 서로 결합된 융합기술의 관점에서 살펴볼 필요가 있다. 4차 산업혁명이 가져올 '초연결시대'는 ICBM 융합기술의 기반위에서 실현될 것이기 때문이다.

ICBM 융합기술은 기존에 물리적인 자체기능만을 담당했던 사물들에 센서를 부착하고 네트워크 기능을 부여하여 인터넷으로 연결된 IoT 디바이스들이 센싱한 대량의 정형, 비정형의 빅데이터를 클라우드 시스템으로 전송·저장하고, 클라우드 시스템이 고성능 컴퓨팅 자원을 상황에 따라 유연하게 할당하여 빅데이터 시스템이 이러한 대량의 정보들을 가공·처리·분석하며, 이때 고차원적인 정보처리와 판단은 인공지능을 활용하여 사람의 제어, 판단 없이도 사물 스스로 판단하여 가치 있는 정보를 생성하도록 한 후, 다양한 사물 디바이스들에게 이러한 가치 있는 정보와 통찰력(Insight)을 전달하여 디바이스 자체 또는 주변 기기들을 제어하거나, 디바이스 이용자의 상황에 맞는 최적의 의사결정을 지원할 것이다. 특히, ICBM 융합기술은 스마트홈, 스마트 헬스케어, 스마트카 등의 영역까지 차별화 된 서비스를 제공하여, 인간의 삶의 질을 향상시키고 사회 전반의 플랫폼까지 변화시킬 것이다.

방송콘텐츠 업계 역시 이러한 ICBM 융합기술의 발전에 따라 서비스 수준이 크게 향상될 것으로 예상된다. TV에서 스마트폰 등 모바일 디바이스로 콘텐츠 미디어 유형이 변화하면서 디바이스가 수집한 콘텐츠 이용자의 방송시청 행태, 디바이스 이용패턴 등을 분석하거나, 방송콘텐츠를 제공하는 웹사이트나 앱 어플리케이션 사용 시간, 콘텐츠 관련 정보검색 내용, 트위터와 같은 소셜 미디어에 이용자가 남긴 시청소감, 의견, 댓글 내용, 출연배우에 대한 호감도 등 다양한 정보들을 수집·분석하여 그 결과를 콘텐츠 기획, 제작, 편성 등에 반영하여 콘텐츠 경쟁력을 지속적으로 높여 나가게 될 것이며, 콘텐

---

9) 클라우드컴퓨팅(Cloud Computing) : 인터넷을 통해 서버, 저장소, 데이터베이스, 네트워킹, 소프트웨어, 분석 등의 컴퓨팅 서비스를 제공하는 것을 말함. 클라우드 서비스 공급자는 일반적으로 클라우드 컴퓨팅 서비스 사용량에 따라 서비스 요금을 과금함.

10) 빅데이터(Big data) : 기존의 관계형 데이터베이스 관리시스템만으로는 데이터를 수집하거나 저장, 분석하는 등 처리할 수 없는 대량의 정형, 비정형 데이터의 집합 또는 이러한 대량의 데이터를 분석하여 가치를 추출하고 결과를 분석하는 기술을 말함.

츠 이용자들은 스마트 디바이스 보급·확산으로 시공간에 제약 없이 콘텐츠를 자유롭게 소비함은 물론, 방송사들이 콘텐츠 이용자에 최적화 된 맞춤형 콘텐츠를 제작·추천해 줌에 따라 선호하는 콘텐츠를 쉽게 검색·이용할 수 있는 등 편의성과 즐거움도 함께 제공할 것이기 때문이다.

이처럼 4차 산업혁명 시대 ICBM 융합기술의 급속한 발전이 방송사를 포함한 기업 입장에서는 기존 서비스의 경쟁력을 보다 높은 수준으로 견인하고 이용자들의 삶의 질을 향상시키는 핵심 동인이 될 것임은 분명하다. 그러나, 수많은 사용자 및 기기와 연결되어 있는 사물인터넷 환경에서 디바이스가 제공하는 정보나 서비스가 목적 외로 오용 또는 남용되거나 새로운 유형의 보안 공격의 목표가 된다면, 이는 보다 복잡하고 다양하게 연결된 사이버 보안위협을 전방위적으로 편재화하여 사이버보안을 위협하는 대규모 공격을 발생시키는 요인이 될 것이기 때문이다. 특히, 4차 산업혁명 시대의 보안위협은 기존의 서버나 컴퓨터의 해킹이 특정 시스템에 한정된 보안피해를 입히는 것과는 달리, 컴퓨팅 능력을 갖춘 사물기기가 해킹될 경우에 그 보안피해가 고스란히 실제 사물인 스마트폰, 노트북은 물론이고 자동차, 난방기기, 헬스케어 디바이스, 드론 등 일상생활에 사용하는 물리적인 시스템으로 직접 확산되어 인간의 삶과 밀접하게 연결될 수 있으며 심한 경우에는 인간의 생명을 위협하는 등의 심각한 사회적인 문제까지 야기할 수 있다. 즉, 4차 산업혁명의 보안위협은 단지 특정기업, 시스템으로 한정하여 보호할 수 있는 문제가 아닌 사회전반의 위협이 될 수도 있다. 따라서, 4차 산업혁명을 주도하는 핵심기술들의 안전한 정착 및 발전을 위해서는 증가하는 보안위협에 대한 사이버보안 강화를 위한 대책들을 지속 마련하고 실행해야 한다. 그러기 위해서는, ICBM 융합기술 환경에서 원천정보를 수집하는 사물 디바이스 해킹에 대비하여 디바이스의 센싱정보 또는 저장된 데이터의 기밀성을 유지해야 하며, 대량의 IoT 데이터들을 저장·처리·분석하는 클라우드와 빅데이터 시스템에 대한 악의적인 공격자의 무분별한 접근을 통제하고 접속 권한을 관리함은 물론 빅데이터의 수집·처리과정에서 생성될 수 있는 프라이버시 또는 민감정보에 대한 수집·보관·처리·파기 시의 안전성을 확보하기 위한 보안 조치들을 지속적으로 시행 및 강화해야 한다. '정보보호'의 개념이 '사이버보안'의 개념으로 확대되어감에 따라 새로운 보안위협들에 빠르고 효과적으로 선제대응하는 '선제적 보안(Preemptive Security)'이 무엇보다 중요하게 된 것이다. 방송콘텐츠 업계 역시 서비스를 안정적, 지속적으로 제공하기 위해서 이러한 ICBM 융합기술이 가져올 보안위협을 식별하고 최소화하기 위한 선제적 보안대책을 수립·실행하기 위해 노력해야 한다. 4차 산업혁명 시대 대부분의 서비스는 ICBM 융합기술을 기반으로 생성될 것이기 때문이다. 그럼, ICBM 기술에는 어떤 보안위협들이 존재하며, 방송사들은 이러한 보안위협에 어떻게 대응해야 할지에 대해 아래 내용에서 고민해 보기로 한다.

1) IoT는 '사물' 인터넷 vs. '괴물' 인터넷

4차 산업혁명 시대가 도래하기 전에는 전 세계를 하나로 연결하는 범위가 인터넷에 연결된 사람과 컴퓨터, 스마트폰 등 컴퓨팅과 네트워크기능을 탑재한 일부 디바이스에 한정되어 있었다. 그러나 4차 산업혁명 시대에는 다양한 사물 디바이스들이 센서를 활용하여 물리적 현상이나 신호를 감지·측정하여 상황(Context)정보를 획득하고 이를 신호처리 과정 등을 통해 디바이스 동작이나 제어에 활용하며, 마이크로컨트롤러(Microcontroller)가 센서가 수집·처리하여 출력한 정보를 활용하여 정해진 기능을 처리할 수 있도록 사물 디바이스들에 컴퓨팅 능력을 부여하였으며, 여기에 네트워크 기능을 탑재하고 인터넷으로 연결하여 센서가 수집·생성한 다양한 정형·비정형의 원천정보들을 같은 네트워크에 연결된 주변 사물 디바이스들과 교환·공유·분석 및 처리할 수 있게 함으로써 그 연결범위를 사물 디바이스의 영역까지 확대하였다. 이것이 바로 4차 산업혁명의 특징인 '초연결화'라고 할 수 있다. 한편, 사물 디바이스에 인공지능을 부여하여 사람의 능력만으로는 어려운 정보의 처리나 지능적인 판단을 사물 디바이스가 인간을 대신해서 스스로 처리하게 하여, 디바이스 자체나 주변 디바이스들을 상황에 맞게 제어하거나 이용자들이 상황에 맞게 최적의 의사결정을 내릴 수 있도록 가치 있는 정보와 통찰력을 제공하게 되었다. 이것이 또 하나의 특징인 사물의 '초지능화'이다.

그러나 '정보보호'가 고려되지 않은 '초연결화'와 '초지능화'는 악의적인 공격자들에게는 오히려 보다 다양한 공격을 시도할 수 있는 다각적인 경로를 제공할 것이며, 공격에 의한 피해규모나 확산범위 역시 기존보다 훨씬 더 크게 증가시킬 것이다. 특히, 사물 디바이스를 대상으로 한 보안공격들은 결국 디바이스의 그릇된 판단이나 오작동 등의 원인이 되어 이용자들에게 큰 혼란이나 직접적인 위협을 가하게 될지도 모른다. 방송콘텐츠의 정보보호 관점에서도 방송콘텐츠를 다양한 스마트 디바이스들을 이용하여 소비하게 되고, 이러한 디바이스들이 인터넷에 연결되어 ICBM 융합기술과 결합된 새로운 차별화 된 서비스들을 제공하게 되면, 개별 스마트 디바이스 자체에 대한 보안위협은 물론, 콘텐츠 서비스 운영관점이나 IoT 서비스를 구성하는 네트워크, 스마트 기기 내에 저장되거나 기기 간에 유통될 수 있는 콘텐츠 정보자산이나 이용자의 프라이버시 유출 등 다각적인 관점에서 보안위협들을 식별하고 대응해야 하는 과제에 직면하게 되었다. 즉, 콘텐츠를 소비하는 스마트 기기들에 대한 악의적인 불법접속, 악성코드 전파, 디바이스 오작동 유발이나 센싱정보 유출, 펌웨어 S/W 변조, 디바이스 좀비화에 의한 DDoS 공격, 배터리 과다소모 등 센서나 디바이스 측면의 위협에 대응해야 하는 것은 물론, 디바이스 간 전송되는 트래픽의 도·감청이나 위변조, 파밍11) 등 네트워크 측면의 보안위협, 웹 또는 앱 어플리케이션 해킹에 의한 인증우회, 프라이버시 침해, 콘텐츠 정보자산 유출, 콘텐츠 불법시청 및 유통, 과금우회 등 서비스 운영측면의 보안위협과 같은 다양한 영역에 대한 종합적인 보안대책 수립하고 실행하는 것이 필요하게 된 것이다.

그렇다면, 방송콘텐츠 업계는 이러한 IoT 보안위협에 어떻게 대응해야 할 것인지 생각해보자. 사물인터넷 서비스는 과거에 인터넷이나 근거리통신망(LAN, Local Area Network)으로 연결되지 않아 디바이스에 물리적으로 접근하지 않고서는 보안위협에 노출될 수 없었던 다양한 사물들이 네트워크에 연결되어, 동일 네트워크에 있는 사물에 보다 쉽게 접근 가능하도록 하였으며, 다양한 사물기기에 센서와 통신기능을 탑재하여 정보보안의 대상을 기존과 같이 특정 시스템에만 한정할 수 없게 하였다. 따라서, 4차 산업혁명 시대에는 기존의 '정보보안'보다 더 넓은 '사이버보안'의 관점에서 사물 디바이스나 센서의 보안위협에 대응해야 한다. IoT 디바이스와 센서는 전력소모나 자원사용량을 최소로 사용하여 반드시 필요한 기능 만을 수행해야 하기 때문에, 해킹에 의한 악성코드 전파나 디바이스 불법제어, 자료유출, 위변조 등의 피해를 방지하기 위해 디바이스나 센서에 다양한 보안기능을 완벽하게 적용하기는 어렵다. 예를 들면 디바이스가 센싱한 정보의 비밀성 유지를 위한 데이터 암호화 시, 많은 자원과 성능을 요하는 강력한 암호화 알고리즘을 적용하기는 쉽지 않다. 왜냐하면, IoT 디바이스들은 서로 다른 디바이스 간에 정보를 공유·교환할 경우 서로 신뢰할 수 있는 디바이스 간에만 정보를 전송하기 위해 디바이스 간에 상호 신뢰를 인증한 후에 데이터를 암호화 하여 전송 또는 교환함으로써 데이터 보안을 유지하는데, 이러한 기기 간의 인증, 암호화 등의 보안기능을 수행하는데 너무 많은 컴퓨팅 자원이나 성능을 사용하게 되면, 디바이스 본연의 기능을 수

---

11) 파밍(Pharming) : 사용자가 자신의 웹 브라우저에서 정확한 웹 페이지 주소를 입력해도 가짜 웹페이지에 접속하게 하여 개인정보를 훔치는 범죄행위를 말함.

행하는 성능에 악영향을 주거나, 서비스 가용성 등에 부정적 영향을 미치게 되기 때문이다. 따라서, 기기 간 상호인증이나 데이터 암호화 전송 등의 보안기능은 디바이스의 CPU, 메모리나 배터리 사용량 등을 최소화 하는 전력소모가 적고, 경량화된 암호 알고리즘 및 전송 프로토콜을 사용할 수밖에 없다. 따라서, 컴퓨팅 능력, 메모리, 배터리 등의 자원 소모량이나 성능이 제한된 디바이스에 최적화된 암호화 알고리즘을 적용하기 위해 개발된 LEA[12]와 같은 경량화 환경에 적합한 암호 알고리즘을 적용하는 것이 일반적이다. 또한, 이기종 디바이스 간 인증을 통해 신뢰할 수 있는 디바이스 간에만 약속된 통신을 수행하고, 데이터 전송구간에 암호화를 적용하여 비밀성을 유지하면서도 자원 제약성이 높은 네트워크 환경에 적합한 CoAP(Constrained Application Protocol)[13] 등 경량화 된 전송 프로토콜을 사용하여 데이터의 비밀성과 자원 제약성을 동시에 충족할 수도 있다. CoAP는 ISO(International Organization for Standardization, 국제표준화기구)가 제정한 개방형 시스템 상호연결 모델인 OSI(Open System Interconnection) 7계층 중 4계층에 해당하는 전송계층(Transport Layer)보호를 위해 UDP기반의 TLS 프로토콜인 DTLS (Datagram Transport Layer Security)[14]를 사용하여 데이터 전송 시 데이터의 비밀성을 보장한다. 또한, 이러한 디바이스와 센서를 탑재한 저전력, 저성능의 제약을 가진 사물 디바이스에 암호화나 인증 뿐 아니라 그 밖에 다양한 보안 기능을 탑재하여 구동되도록 하는 데에도 많은 한계가 있을 수밖에 없다. 센싱 디바이스의 자원을 많이 사용하는 백신S/W 설치나 실시간 최신엔진 업데이트 등을 적용하기 어려워, 디바이스 성능에 영향을 최소화 하는 백신S/W를 설치하고 최신엔진 업데이트를 최소화하여 수행하게 할 경우, 신종 악성코드에 대한 실시간 탐지, 치료 등 효과적인 악성코드 방역활동이 쉽지 않게된다. 이러한 디바이스 및 센서 자체의 취약성 때문에 앞으로의 해킹공격은 방송콘텐츠 업계에 종사하는 직원의 업무용 PC나 노트북 보다 보안 수준이 상대적으로 낮은 디바이스나 센서를 목표로 하는 악성공격 빈도가 높아질 가능성이 크다. 특히, 센서는 사내업무용 PC, 노트북, 서버 등 많은 기기들과도 통신하여 정보를 주고받을 수 있기 때문에, 해킹을 통해 방송 송출, 편성 운행 등 방송사 주요시스템을 센서로 우회하여

---

12) LEA(Lightweight Encryption Algorithm) : 2013년에 개발된 국산 암호 알고리즘으로 128비트 크기의 블록단위로 암호화를 수행하며, 빅데이터, 클라우드 등 모바일 기기와 같은 경량화 환경에서 비밀성을 제공한다. 암호화에 사용되는 암호 키의 길이는 128, 192, 256비트 중 선별하여 암호화 강도를 조절할 수 있다. 키의 길이가 길수록 암호화 강도는 높아진다.

13) CoAP(Constrained Application Protocol) : 사물통신(M2M), 사물인터넷(IoT)과 같은 대역폭이 제한된 통신환경에 최적화하여 개발된 경량 메시지 전송 프로토콜.

14) DTLS(Datagram Transport Layer Security) : TLS(Transport Layer Security) 프로토콜 기반으로 암호화 된 데이터그램을 전송할 수 있도록 해주는 UDP를 위한 프로토콜. IoT 응용분야의 보안성을 더해 줄 수 있으며, 통신과정에서 도청, 간섭, 메시지 변조 등의 공격 방어가 가능함.

원격에서 접근하거나 공격하는 것이 훨씬 더 용이해져, 센서가 해킹공격의 주요경로로 활용될 가능성이 높아지게 된다. 또한, IoT 디바이스들이 보안에 취약한 무선인터넷으로 연결되는 경우, 공격자가 디바이스 이용자 개인 프라이버시나 콘텐츠 유통경로 상의 콘텐츠 자산 불법유출, 방송사 내부망 공격시도가 가능한 경로와 대상의 다양화 등 방송사가 보다 심각한 보안위협에 직면하게 할 것이다. 특히, 스마트 미디어 디바이스 편재 심화, 콘텐츠 유통경로 다변화, 다중 미디어 디바이스를 통한 미디어 소비 가속화 등 콘텐츠 소비환경이 지속적으로 사물 디바이스 중심으로 변화하는 상황에서 이러한 보안위협들은 훨씬 심각한 위협으로 다가올 가능성이 높다. 그러므로, 방송콘텐츠 업계는 사물 디바이스의 기기 간에 송수신되는 센싱정보의 비밀성을 유지하면서도 서로 신뢰성이 검증된 기기 간에만 안전하게 통신할 수 있도록 하는 것은 물론, 기존 운용 중인 방화벽15), IPS16), IDS17) 등 네트워크 보안시스템들이 과거의 공격패턴 들을 기반으로 만들어진 보안정책 룰셋(Ruleset)은 물론 신규 보안위협에도 잘 대처할 수 있도록 보안정책을 지속적으로 '적응형'으로 업데이트 해야 한다. 또한, 국가·공공기관 등이 발표하는 IoT 정보보호 로드맵이나 서비스 운영 가이드 등을 참고하여 실제 운용에 적용하는 것 역시 중요하다. 2014년 10월 미래창조과학부(현 과학기술정보통신부)가 발표한 '사물인터넷 정보보호 로드맵'은 사물 디바이스의 저성능, 저전력 특성을 고려한 경량, 저전력 암호 모듈 사용과 펌웨어 등 S/W 위·변조 방지기능이 내재된 보안 운영체제 적용 등 보안이슈 해결을 위한 다양한 방향성을 제시하고 있다. 또한, IoT 디바이스에 대한 정기적인 보안 취약성 점검, 디바이스 출시 후 제조사의 지속적인 보안패치 적용 및 배포, 프라이버시 보호를 위한 기기 사용자 인증 및 접근제어, 상호 인증된 기기 간의 암호화 통신 적용, IoT 서비스 보안 수준의 지속유지, 침해사고 위험의 전이·확산 방지를 위한 보안 아키텍처 수립, 소형·저전력 IoT 디바이스와 네트워크 환경에 적합한 경량화 된 프로토콜 및 암호화 알고리즘 사용, IoT 제품설계, 개발부터 유통, 공급, 유지보수에 이르기까지 공급망의 전 단계에서의 위험관리를 통한 보안위협 최소화와 보안 내재화 등의 내용이 포함되어 있다. 한편, 한국인터넷진흥원을 주축으로 구성된 민관합동 사물인터넷 보안협의체인 IoT 보안얼라이언스에서 사물인터넷 보안이슈와 대응방안에 대해서 논의

---

15) 방화벽(Firewall) : 침입탐지솔루션으로 유해트래픽을 네트워크 관문에서 IP 또는 포트 등을 기반으로 차단하는 솔루션.

16) IPS(Intrusion Protection System) : 웜, 악성코드 등 유해트래픽을 차단하는 보안솔루션으로, 방화벽은 네트워크 관문에서 IP 또는 포트를 기반으로 유해한 트래픽을 차단하나, IPS는 미리 설정된 시그니처를 기반으로 유해트래픽을 판단하여 차단.

17) IDS(Intrusion Detection System) : 컴퓨터시스템의 무결성, 기밀성, 가용성을 저해하는 행위를 실시간 탐지하고 대응하기 위한 시스템.

및 의견을 수렴하여 발표한 'IoT 공통 보안 7대 원칙'은 IoT 서비스를 구성하는 디바이스 설계에서 폐기까지 모든 생명주기 내에서 보안 위협과 취약성을 점검하고, 모든 생명주기의 단계별 보안 요구사항 점검 및 내재화 등의 내용을 담고 있다. 7대 IoT 공통 보안 원칙은 아래 표와 같다.

<표 8-1> IoT 공통 보안 7대 원칙

항목	7대원칙	내용
IoT 장치 설계/개발 단계 보안요구사항	정보보호와 프라이버시 강화를 고려한 IoT 제품, 서비스 설계	· 저전력/저성능 특성을 고려한 기밀성, 무결성, 인증 등 제공 · 수집하는 프라이버시 정보 암호화, 익명 저장, 비식별화[18] 등
	안전한 S/W 및 H/W개발 기술 적용 및 검증	· 개발보안 강화, 어플리케이션 및 소프트웨어 보안성검증 · 펌웨어/코드 암호화, 실행코드 영역제어, 역공학 방지기법 등 다양한 하드웨어 보안 적용 등
IoT 장치 배포/설치(재설치)/구성(재구성) 단계 보안요구사항	안전한 초기 보안설정 방안 제공	· IoT 장치 초기설정 시 보안모듈과 파라미터의 안전한 설정 · 장치 간 암호화 통신 · 다중요소 인증옵션 설정 · 기본설정 계정/패스워드 변경 등
	보안 프로토콜 준수 및 안전한 파라미터 설정	· 통신 및 플랫폼에서 검증된 보안 프로토콜 사용 및 보안서비스 제공 시 안전한 파라미터 설정 등
IoT 장치 및 서비스 운영/관리/폐기 단계 보안요구사항	IoT 제품·서비스 취약점 보안패치 및 업데이트 지속이행	· S/W, H/W의 보안취약점 모니터링 및 업데이트 지속수행 등 사후조치 방안 마련 · IoT 제품·서비스 보안취약점 및 보호조치 사항에 대한 공개
	안전한 운영, 관리를 위한 정보보호 및 프라이버시 관리체계 마련	· 최소한의 개인정보만 수집·활용 되도록 개인정보보호 정책 수립 · 특정 개인을 식별할 수 있는 정보 생성·유통을 통제할 수 있는 기술적·관리적 보호조치 등
	IoT 침해사고 대응체계 및 책임추적성 확보 방안 마련	· 보안 침해사고 대비 침입탐지 및 모니터링 수행 · 침해사고 발생 후 원인분석 및 책임추적성 확보를 위한 로그 기록의 주기적 저장 및 관리

(출처 : KISA)

---

18) 비식별화 : 개인정보 중 주요 식별요소를 다른 값으로 대체하여 개인식별을 곤란하게 하는 기술로, 다른 값으로 대체하는 일정한 규칙이 노출되어 역으로 개인을 쉽게 식별할 수 있어서는 안됨.

특히, 2017년 말부터는 사물인터넷 보안인증제도가 시행된다. 이는 IoT 기기에 대한 보안성을 제조사가 자율적으로 신청해서 인증을 받을 수 있는 제도로, CCTV, 무선인터넷 공유기, IP카메라 뿐 아니라, 스마트카, 스마트홈 등과 같은 기기나 관련 서비스를 모두 포괄하여 한국인터넷진흥원(KISA)이 시행하는 보안시험을 통과하면 인증을 받을 수 있다. KISA가 발표한 최근 3년간의 IoT 취약점 신고건수가 2015년 130건, 2016년 362건, 2017년 2분기까지 199건에 이르는 등 매년 큰 폭으로 증가하고 있어, IoT 관련 사이버위협을 최소화하기 위해 인증제도를 추진하게 된 것이다. 인증시험의 주요 항목으로는 IoT 기기에 초기 설정된 비밀번호 설정이 그대로 쓰이는 경우가 있는지를 확인하고, 무차별 패스워드 대입공격에 대비한 방안으로 패스워드 입력오류 횟수제한 등의 기능을 적용하였는지, 중요정보를 안전한 암호 프로토콜을 이용하여 암호화하여 전송하는지, 소프트웨어 보안약점이 존재하지 않도록 IoT 기기를 연동해서 사용하는 소프트웨어나 앱, 또는 펌웨어 S/W 등의 시큐어코딩 적용여부 등이 있다. 아울러, S/W업데이트의 적절성, Telnet, FTP 등 불필요한 서비스의 비활성화 여부 등도 항목에 포함된다. 사물인터넷 보안 인증제는 법적 의무사항은 아니지만, 해킹위험을 줄이고 보안 인증받은 제품에 대한 신뢰도를 높이는데 잘 활용될 수 있을 것으로 예상된다.

이 밖에도, IoT 서비스 플랫폼에 대한 보호기술을 적용하여 보안위협을 최소화 할 수도 있다. 과거에 마이크로소프트, IBM, 인텔, HP 등이 컴퓨터와 네트워크에 대한 보안사양을 개발 및 증진시키기 위해 설립한 비영리 연합체인 트러스티드 컴퓨팅 그룹(Trusted Computing Group, TCG)이 발표한 관련기술 자료에서 볼 수 있는 TPM(Trusted Platform Module)[19]이나 SED(Self-Encrypting Drive), 시큐어부트(Secure Boot)[20]와 같은 강력한 플랫폼 보호기술을 적용할 수도 있다. TPM은 디바이스 식별 및 인증, 암호화와 디바이스 무결성을 보장하기 위한 H/W기반 보안기술을 활용하여 강력한 인증과 위변조 방지를 실현할 수 있는 IoT 플랫폼 보호기술이다. IoT 기능이 적용된 사물 디바이스에 강력한 인증과 암호화가 적용되어 있더라도 암호화에 사용되는 암호화 키를 S/W 방식으로 저장하는 경우 암호화 키 유출 또는 위·변조 가능성이 높기 때문에, 이를 방지하기 위해 별도의 물리적인 H/W 장비를 이용하여 암호화 키를 관리하므로써 IoT 플랫

---

[19] TPM(Trusted Platform Module) : IoT 디바이스의 식별, 인증, 암호화와 장치 무결성 보장을 위한 하드웨어 기반 암호화 처리 기술.

[20] 시큐어부트(Secure Boot) : 제조사로부터 신뢰된 펌웨어를 사용하여야만 부팅을 할 수 있도록 디바이스 부팅 시 사전에 무결성을 체크하는 기술.

폼을 보호하는 기술이다. 또한, SED는 H/W 기반 암복호화를 제공하는 자체 드라이브 암호화 기술로, 모든 데이터의 암호화가 H/W기반으로 다뤄지기 때문에 S/W기반 암호화가 시스템에 큰 성능저하를 야기하는 것과는 달리 디바이스 성능에 거의 영향을 주지 않으며, SED가 적용된 드라이브는 데이터 암호화 키를 H/W적으로 자체생성하여 드라이브에 데이터가 쓰여질 때 암호화하고 읽혀질 때 복호화 하며, 삭제 시에도 데이터에 할당된 암호화 키를 삭제하는 방식을 적용하여 드라이브에 대한 보안을 향상시켜 준다. 그리고, 시큐어부트(Secure Boot)는 디바이스가 부팅되어 구동될 때 디바이스의 커널과 시스템 파일 등의 위·변조 여부를 검증하여 악성 프로그램의 디바이스 시스템 훼손을 예방하고 무결성을 유지하여 해킹위협에 근본적으로 대응할 수 있는 안전부팅 기술이다. 위와 같은 사물 디바이스 자체의 플랫폼 보호기술의 활용 또한 IoT 보안위협에 대응할 수 있는 방안이 된다.

2) 빅데이터의 유용함과 프라이버시 침해는 양날의 검

새로운 ICT 기술의 급속한 발전으로 기존 DBMS(Database Management System)와 같은 관리도구로 저장·관리 및 분석이 가능한 '정형'데이터 뿐 아니라, GPS 수신정보, CCTV, SNS, 음성, 사진, 동영상, 음악, IoT 센싱정보 등 '비정형'데이터들이 대량생산되고 있으며, 다양한 사물 디바이스들을 매개로 공유·교환·활용되는 데이터 량이 폭발적으로 증가하고 있다. 이에 따라 IoT 디바이스들이 센싱한 Terabyte급에서 많게는 Petabyte급에 이르는 대량의 다양한 정형·비정형의 빅데이터를 실시간에 가깝게 가공·분석하여 가치 있는 정보와 통찰력을 제공하는 빅데이터 기술의 중요성이 크게 증가하였다.

빅데이터 기술은 방송콘텐츠 분야에도 다양하게 활용되고 있다. 콘텐츠 소비자들의 스마트 디바이스가 디바이스 사용기록, 이용패턴 뿐 아니라 디바이스를 통해 트위터 등 SNS에 접속한 시간대, 관심분야, 버즈(Buzz, 입소문)한 의견이나 댓글정보 뿐만 아니라 콘텐츠 제공 웹사이트 접속시간이나 구매정보, 콘텐츠 관련 검색내용 등 대량의 의미 있는 정보들을 수집·처리하는 등 사람과 사물, 혹은 사물 간의 모든 활동 및 소통기록을 저장하고 이러한 대량의 데이터들을 빅데이터와 클라우드 시스템을 통해 가공·처리·분석하여 가치 있는 정보와 통찰력을 얻어내고, 이를 새로운 콘텐츠 기획, 제작, 편성 에 활용하는 등 다양한 요구를 충족할 수 있는 기반을 확보하게 되었음은 물론, 최근에는 콘텐츠연합 플랫폼인 pooq나 myK, tving 등 N스크린 서비스가 다양하게 제공되면서, 서비스 가입자 연령대, 서비스 이용에 활용되는 미디어 기기 유형 및 기기 별 앱 구동시간, 방송사 혹은 프로그램별 트래픽 최고점 분석 등 다양한 분석을 통해 가치 있는 정보를 생성하여, 향후 맞춤형 콘텐츠 제공, 편성, 광고 등과 연계하는 등의 노력도 지속 추진되고 있다.

그러나, 콘텐츠 이용자들의 스마트 미디어 디바이스 편재성 심화, 다양한 스마트 기기를 통한 다중 미디어와 통합 미디어 서비스 플랫폼 환경 대중화, 다양한 유형의 폭발적 데이터 생산으로 인해, 빅데이터 분석기술을 활용하여 새로운 가치를 가진 통찰력을 창출하는 과정은 점차 복잡해지고 있으며, 콘텐츠 유통경로 상에서의 개인정보나 프라이버시 정보 유출 등을 포함한 빅데이터 정보보호 이슈가 점차 확대되고 있다. 특히, 빅데이터는 데이터의 양과 유형이 너무나 방대하여, 처리되는 빅데이터에서 중요한 정보를 필터링하여 보호하거나 과거 보안침해사고 패턴에 의존하여 보안을 강화하는 방식으로는 한계가 있고, 빅데이터 생성·수집·분석 등이 모두 하나의 네트워크 환경에서 이뤄지고 있어, 기존에 기업의 내부망 서버에 의해 저장·관리되었던 개인정보가 빅데이터·IoT 환경이 도래하면서 센서 등 디바이스에 저장·관리되는 데이터량이 급격히 증가함에 따라 개인정보의 유출위협이 크게 확대되었다. 따라서 이러한 빅데이터 개인정보의 안전성 확보를 위한 조치가 잘 이뤄지지 않는다면 엄청난 양의 개인정보, 민감정보 등을 포함한 프라이버시 정보의 유출과 이로 인한 1, 2차 피해발생 위험이 커지게 된다. 콘텐츠 미디어 유형이나 콘텐츠 소비 패턴, 서비스 이용기록, 접속로그, 결제기록 뿐 아니라 개인의 생각, 관심분야, 성향, 습관, 심지어 위치정보까지도 수집 및 분석이 가능하게 되어 개인 프라이버시에 대한 감시나 오남용, 사생활 침해 영역까지 위협할 상황에까지 이르게 된 것이다. 그렇기 때문에, 빅데이터 개인정보보호를 위해서는 데이터 분석과정에서 개인 프라이버시를 보호할 수 있도록 데이터 수집 시 부터 충분한 필터링이나 비식별화, 익명화 등의 과정을 거쳐야 하며, 데이터 암호화 등의 조치를 취하여 데이터 유출을 방지할 수 있도록 안전하게 처리하여야 한다. 특히 데이터 수집 시에 비식별화, 익명화 된 형태로 개인정보를 수집하더라도 빅데이터 시스템이 데이터를 가공, 처리, 분석하는 과정에서 개인정보로 다시 재식별화 되는 이른바 '비식별정보의 재식별화' 가능성도 계속 증가하고 있다. 이는 의도하지 않은 개인정보 유출, 오남용, 불법제공으로 인해 개인정보주체인 서비스 이용자들에게 큰 피해를 주고 더 나아가 정보주체인 서비스 이용자들로부터의 신뢰를 무너뜨리는 요인이 되고 있어 이러한 개인정보의 재식별화 이슈가

지도 대응해야 하는 상황에 이르렀다. 그뿐 아니라, 빅데이터나 IoT 기술환경의 도래 이전에는 서비스 이용자의 개인정보 수집이 개인정보보호 관련법령에 근거하여 사전에 정보주체의 동의를 받음으로써 가능했지만, 기술 환경이 변화함에 따라 사물 디바이스들이 자율적으로 이러한 정보들을 수집하게 되는 경우가 많아 정보주체의 사전 동의를 받는데도 제한이 생기게 되었다. 또한, 이러한 방식으로 수집된 대량의 개인정보가 빅데이터 기술을 활용하여 처리됨에 따라 정보주체의 동의를 받은 범위 이외의 목적으로 이용될 수 있는 가능성 또한 증가되었으며, 빅데이터를 이용한 다양한 서비스 들의 협업이 증가하면서 개인정보의 공유 또한 빈번해져, 개인정보의 보유기간이나 이용목적 달성이 완료된 후에 반드시 파기되어야 하는 개인정보의 파기 주체가 모호해지고 파기가 소홀해 지는 문제로까지 이어지게 되었다. 이러한 빅데이터 개인정보보호 환경에서는 더 이상 개별 정보주체인 콘텐츠 이용자 스스로가 본인의 개인정보를 안전하게 지키고 보호하기 위해 개인정보 수집, 이용 및 제공에 동의하고 ID, 패스워드 등의 계정 정보를 신중하게 취급·관리하는 등의 노력만으로는 해결할 수 없다. 최근 발생한 개인정보 유출 사고의 공통된 특징 중 하나는 사고 원인이 사업자 과실인 경우가 많았다는 점이다. 방송사 역시 사업자 과실에 의한 개인정보 유출사고가 발생하지 않도록 빅데이터 개인정보의 안전성 확보 조치를 위한 자체적인 보안대책을 끊임없이 연구하고 적용해야 한다. 방송사가 시청자로부터 신뢰를 잃어버리면 방송사의 생존이 위태로워진다. 시청자의 신뢰 유지를 위해서는 빅데이터 처리 시 시청자 개인정보를 기술적·관리적으로 안전하게 보호 및 관리하고 있음을 시청자에게 입증할 수 있어야 한다. 빅데이터를 최대한 잘 활용하는 방송사가 콘텐츠 업계에서 그 포지션을 강하게 유지해 나갈 수 있는 시대로 변하고 있다. 즉, 빅데이터는 활용면에서 유용함과 프라이버시 침해라는 양날의 검과 같은 특성을 가지고 있기 때문에, 4차 산업혁명 시대 방송사 사이버보안은 기존의 '정보보호 (Information Security)'의 개념에 '정보보증(Information assurance)', 즉, 시청자의 신뢰를 확보하고 이를 유지하기 위해 지속적인 대책을 구현하여 관리적, 기술적 이행 노력을 다하고 있다는 것을 보증하는 것 까지를 포함하게 된 것이다.

그렇다면, 방송사는 빅데이터 개인정보 침해위협에 대응하기 위해 어떤 노력을 기울여야 할지를 생각해 보자. 방송통신위원회가 2014년 12월 발표한 빅데이터 처리·활용 시 개인정보보호를 위한 구체적 기준을 정한 '빅데이터 개인정보보호 가이드라인'에는 빅데이터의 개인정보보호를 위해 이행해야 할 필수적인 내용들이 담겨있다. 이 가이드라인은 빅데이터를 취급하는 정보통신사업자들의 안전한 빅데이터 보호, 관리를 위한 기술적, 절차적 사항에 대한 가이드를 제시하여 빅데이터 산업을 활성화 하고자 하는 취지도 있으나, 무엇보다도 방송사를 포함한 기업들이 서비스 이용자 개인정보를 기술적, 관리적으로 안전하게 보호하고 있다는 신뢰성을 보증해 주고, 사업자의 과실로 이용자의 개인정보가 유출되거나 오남용 되는 보안사고의 발생을 최소화하기 위해 기업이 수행하여야 할 사항을 권고하는 '정보보증'의 취지도 포함하고 있다고 할 수 있다. 대략적인 가이드라인의 주요 내용은 다음과 같다.

(표 2) 빅데이터 개인정보보호 가이드라인 주요내용

「빅데이터 개인정보보호 가이드라인」 주요내용

① **수집 시부터 개인식별 정보에 대한 철저한 비식별화 조치**
   o 개인정보가 포함된 공개된 정보 및 이용내역정보는 비식별화 조치를 취한 후 수집·저장·조합·분석 및 제3자 제공 등 가능

② **빅데이터 처리 사실·목적 등의 공개를 통한 투명성 확보(제4조·제5조·제9조)**
   o 개인정보 취급방침을 통해 비식별화 조치 후 빅데이터 처리 사실·목적·수집 출처 및 정보 활용 거부권 행사 방법 등을 이용자에게 투명하게 공개

③ **개인정보 재식별시, 즉시 파기 및 비식별화 조치**
   o 빅데이터 처리 과정 및 생성정보에 개인정보가 재식별 될 경우, 즉시 파기하거나 추가적인 비식별화 조치토록 함

   · **(개인정보 취급방침)** 비식별화 조치 후 빅데이터 처리 사실·목적 등을 이용자 등에게 공개하고 '정보 활용 거부 페이지 링크'를 제공하여 이용자가 거부권을 행사할 수 있도록 조치
   · **(수집 출처 고지)** 이용자 이외의 자로부터 수집한 개인정보 처리 시 '수집 출처·목적, 개인정보 처리 정지 요구권'을 이용자에게 고지

④ **민감정보 및 통신비밀의 수집·이용·분석 등 처리 금지(제7조·제8조)**
   o 특정 개인의 사상·신념, 정치적 견해 등 민감정보의 생성을 목적으로 정보의 수집·이용·저장·조합·분석 등 처리 금지
   o 이메일, 문자 메시지 등 통신 내용의 수집·이용·저장·조합·분석 등 처리 금지

⑤ **수집된 정보의 저장·관리 시 '기술적·관리적 보호조치' 시행(제3조제2항)**
   o 비식별화 조치가 취해진 정보를 저장·관리하고 있는 정보 처리시스템에 대한 기술적·관리적 보호조치 적용
   ※ (보호조치) 침입차단시스템 등 접근 통제장치 설치, 접속 기록에 대한 위·변조 방지 조치, 백신 소프트웨어 설치·운영 등 악성프로그램에 의한 침해 방지 조치

(출처 : 방송통신위원회, 2014.12.)

한편, 방송사는 빅데이터의 개인정보보호 뿐 아니라 빅데이터를 처리하는 빅데이터 시스템에 대해서도 악의적인 접근시도를 차단하기 위해 정상적인 인증절차를 거치지 않은 접속시도를 차단하기 위한 계정·권한관리와 같은 접근통제 강화는 물론, 빅데이터를 처리하는 분산 컴퓨팅 환경에서 이용자와 어플리케이션 간의 안전한 통신을 위한 암호화 통신, 데이터나 메시지의 위·변조방지 등을 적용해야 하며, 빅데이터 시스템의 보안 취약점에 대한 신속한 보안패치, 로그수집·분석을 통한 이상행위 탐지·추적 등 빅데이터 시스템에 내재된 보안위협을 최소화하기 위해 빅데이터 시스템에 대한 철저한 분석, 점검 및 개선을 해 나아가야 한다.

3) 클라우드 컴퓨팅 확산과 방송사 보안

클라우드 시스템은 4차 산업혁명 시대에 사물인터넷, 인공지능 등의 기술을 활용하면서 발생하는 빅데이터의 저장·관리 및 가공·처리의 효율성과 유연성을 높여 ICBM 융합 기술의 혜택을 창출하는 기반이 되는 중요한 기술이다. 클라우드 컴퓨팅의 가장 큰 가치는 '가상화(Virtualization)'이다. 가상화를 통해 기존의 물리적 컴퓨팅 자원들을 논리적으로 재할당하여 사용함으로써, 기업의 입장에서는 IT자원을 필요한 만큼만 사용하여 초기 투자비용을 절감하고 추가적인 유지보수 비용을 줄이면서도 컴퓨팅 자원을 사용량에 따라 유연성(Elasticity)과 확장성(Scalability)을 기반으로 늘이거나 줄여 효율적으로 사용할 수 있다. 또한 IoT 디바이스들로부터 수집한 대량의 센싱정보들을 빅데이터 처리기술을 활용하여 가공·처리·분석해 낼 수 있는 효율적이고 유연한 4차 산업혁명 시대의 중추적인 기반 인프라를 제공한다. ICBM 융합기술 환경에서 클라우드 서비스의 역할은, IoT 디바이스가 센싱한 대량의 원천정보들을 중앙의 대형 클라우드 시스템에 통합·저장하고, 이들을 빅데이터, 인공지능 등의 기술을 이용하여 처리 할 때 컴퓨팅 자원을 시공간의 제약 없이 원격에서 유연하고 효율적으로 활용할 수 있도록 지원하는 것이다.

한편, 영국 BBC나 미국 넷플릭스, 아마존 비디오와 같은 글로벌 미디어 콘텐츠 기업들은 클라우드 서비스의 이점을 방송콘텐츠 제작 시에 특수효과나 편집, 방송 송출 등에 활용하고 있다. 글로벌 미디어 서비스 환경에서 미디어 스트림을 송수신하는데 있어, 임대비용이 높은 위성 대신 클라우드 기반의 CDN[21] 서비스를 활용함으로써 방송신호를

---

21) CDN(Contents Delivery Network) : 콘텐츠를 임시로 캐시서버에 옮겨 저장하고 있다가 콘텐츠 이용자의 요청이 있을 경우 캐시서버에 저장되어 있는 콘텐츠를 사용자에게 전달하는 콘텐츠 전송 네트워크로 콘텐츠를 효율적으로 전달하기 위해 분

보다 적은 비용으로 송출하고 있으며, 콘텐츠 특수효과 제작이나 편집(VFX[22], NLE[23]) 등에 널리 사용되는 렌더링 S/W가 사용하는 대량의 컴퓨팅 자원을 클라우드 시스템이 처리하도록 요청하고 실제작업은 작업자의 단말로 화면을 전달받는 방식으로 미디어 파일을 처리하여 작업의 효율성을 높이면서도 콘텐츠 품질을 향상시킬 수 있도록 하고 있다. 특히 미디어 파일처리에 필요한 대용량의 저장 공간은 클라우드 스토리지를 활용하여 증가하는 데이터 저장 공간을 사전에 충분히 확보하거나 유연하게 할당하여 사용하고 있다. 국내에서도 방송콘텐츠 업계에서 클라우드 시스템이 다양한 분야에 더욱 활발히 활용될 것으로 전망된다. 최근 국내 지상파 방송사 중에는 사내 인트라넷 메일시스템 및 일정관리, 모바일 메시징, 파일을 저장하는 가상 드라이브 공간 등을 클라우드 서비스로 전환함으로써 업무의 유연성과 확장성, 편의성을 크게 향상시킨 사례도 있다. 이제 클라우드는 IoT, 빅데이터 기술을 적용하면서 수집, 분석되는 대량의 데이터들을 효과적으로 저장·관리하며 가상화 컴퓨팅 자원을 활용하여 보다 유연하고 효율적으로 활용하여 처리할 수 있도록 함은 물론, 다양한 모바일 디바이스로 시공간의 제약없이 다양한 업무를 편리하게 처리할 수 있게 함으로써 4차 산업혁명 시대의 방송콘텐츠 업계에서 다양한 업무의 생산성, 효율성 향상을 가져올 것으로 기대되고 있다.

하지만, 방송콘텐츠 정보보호 측면에서 볼 때, 클라우드 시스템의 이러한 이점들을 제대로 활용하기 위해서는 안정적인 서비스와, 서비스의 가용성을 유지해 나아가기 위해 정보보호 이슈를 해결하는 것이 선결과제라고 할 수 있다. 클라우드 시스템과 관련한 정보보호 이슈들 중에 첫 번째는 클라우드 시스템에 보관되는 콘텐츠 관련 정보나 지적재산, 개인정보 등 중요하거나 민감한 데이터의 량이 급증하고 있어, 클라우드 시스템 대상의 악의적 공격빈도가 크게 확대될 것으로 예상된다는 점이다. 클라우드 시스템에는 방송콘텐츠 업계 뿐 아니라 다양한 기업들의 정보자산들이 중앙의 대형시스템에 집중되어 저장·관리되고 있기 때문에, 해커는 이러한 다양한 중요 정보자산들을 한 번에 대량으로 손쉽게 얻어낼 수 있는 중앙의 대형 정보 저장소를 목표로 한 공격 빈도를 높이게 될 것이다. 둘째로, 다수 기업의 중요정보들을 대량으로 저장·관리하는 클라우드 서비스 제공업체가 실수 또는 고의로 정보를 유출 또는 분석·처리하는 등 중요 정보자산을

산된 서버에 데이터를 저장해 사용자에게 전달하는 시스템.

22) VFX(Visual FX, Visual Effects) : 시각적인 특수효과를 말하며, 실제 존재할 수 없거나 촬영이 불가능한 장면 등을 만들어 처리하는 것.

23) NLE(Non-linear Editor) : 비선형 편집 시스템을 말하며, 테이프 편집과는 달리 이미 편집된 부분의 순서에 상관없이 동영상 편집이 가능하며, 최근 하드웨어 용령 및 성능향상, 소프트웨어 개발로 방송계에서 널리 이용되고 있음.

오남용 할 수 있는 가능성도 증가하게 된다. 셋째, 클라우드 서비스 제공업체가 운영·관리하는 시스템의 해킹이나 장애발생 등으로 인해 가용성 이슈가 발생할 경우, 클라우드 시스템에 입주한 기업들의 중요 정보자산이 삭제되거나 중요 서비스 운영이 마비될 수 있는 위험성도 존재한다. 즉, 클라우드 컴퓨팅 시스템을 목표로 하는 보안공격은 기존의 단일시스템에 대한 공격보다 훨씬 큰 보안위협을 야기할 가능성이 높다.

한편, 클라우드 시스템은 가상화 된 시스템 자원을 유연하게 할당하고, 가상머신들 간의 상호연결이나 가상머신의 마이그레이션 등이 지속적으로 일어나기 때문에, 공격자에게 다양한 공격경로를 제공함은 물론 가상머신 간에 급속하고 광범위하게 보안위협을 전파할 가능성이 매우 높다. 특히, 가상화 플랫폼인 하이퍼바이저(Hypervisor)[24]가 악성코드에 감염될 경우에는, 동일한 하이퍼바이저 상에 구축되어 있는 다수 기업들의 가상머신들도 일제히 악성코드에 감염·확산될 가능성이 높으며, 악성코드에 감염되거나 보안패치가 제대로 이루어지지 않은 가상머신들이 마이그레이션이나 오토 스케일링(Autoscaling) 등을 통해 이동함에 따라 서로 다른 물리적인 플랫폼으로 보안위험이 쉽게 전이될 수도 있을 것이다.

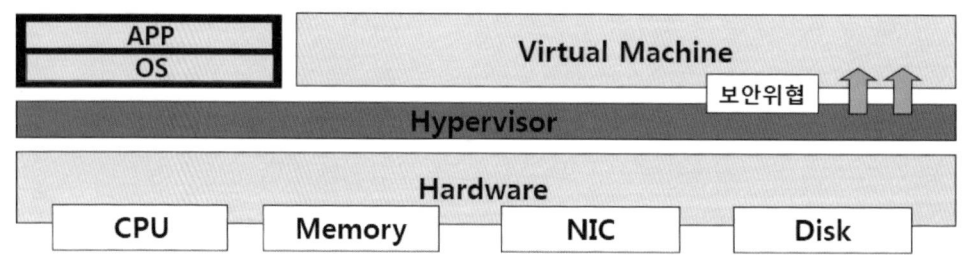

(출처 : 2011 해킹방지워크샵 발표자료 - 클라우드 컴퓨팅의 보안이슈 및 해결방안(차명석)

<그림 8-3> 하이퍼바이저 악성코드 감염경로

이와 더불어, 여러 가상머신들에 대한 관리자 계정, 중요정보 등에 접근할 수 있는 권한관리나 철저한 인증체계가 적용되지 않을 경우, 인증수단 탈취, 비인가자 접근에 의한 정보유출 등의 큰 피해가 발생할 수도 있다.

따라서, 방송사가 클라우드 시스템을 활용한 업무를 처리하는 경우, 시스템 특성 상 다양한 정보자산이 집중 보관되는 클라우드 시스템에 대한 강도 높은 인증, 접근제어,

---

24) 하이퍼바이저(Hypervisor) : Host 컴퓨터에서 다수의 가상화 머신의 운영체제를 동시 설치·사용할 수 있도록 하는 논리적 플랫폼. 가상화 머신 모니터(Virtual Machine Monitor)라고도 함.

권한관리 등 비인가자의 접근을 통제하기 위한 대책을 수립 및 시행해야 하며, 가상화 자원을 활용한 서비스의 안정적 운영을 위한 보안관제 및 모니터링을 강화하는 등의 지속적인 노력이 반드시 필요하다. 또한, 클라우드 서비스망의 안정적인 보호를 위해, 회선 이중화, DDoS 공격대응, IPS, IDS, 방화벽, VPN 등 보안장비의 안정적 운영 뿐 아니라, 가상화 방화벽(Virtual Firewall) 등 가상화 시스템 내부영역의 침입을 탐지하고 가상머신의 악성코드를 탐지할 수 있는 논리적인 네트워크 공격 방어도 필요하다. 특히 다양한 보안로그가 통합되어 있는 가상화 플랫폼의 높은 적응성과 확장성을 고려하여, 하이퍼바이저에 대한 이상징후 모니터링과 같은 서비스망 보안관제 강화 또한 중요하다. 뿐만 아니라, 서비스 가용성 확보를 위한 백업, 고가용성(HA, High Avaliability) 클러스터, 부하 분산(LB, Load Balancing) 등을 활용하여 고성능 연산 환경을 구축하는 것도 중요하다. 클라우드시스템의 장애발생 시 방송사를 포함한 클라우드 서비스 이용업체들은 서비스가 중단되고 서비스 이용자 신뢰도가 무너질 수 있기 때문이다.

최근에는 SECaaS(Security as a Service)와 CASB(Cloud Access Security Broker)라는 개념이 클라우드 보안서비스 분야에서 새롭게 주목을 받고 있다. SECaaS는 클라우드 컴퓨팅의 기본 특성을 정보보안에 그대로 적용하여, 클라우드 서비스 이용자가 원하는 보안 시스템들을 원하는 만큼 서비스를 받을 수 있도록 클라우드 서비스 영역에 구축하는 형태를 말한다. 즉, 보안시스템 업체들이 해당업체의 솔루션들을 퍼블릭 클라우드 환경의 SaaS(Software as a Service)와 같은 방식으로 제공하면, 이를 클라우드 서비스 이용자들이 필요한 만큼 선별적으로 클라우드 환경에 설치하여 사용하고 비용을 지불하는 방식이다. 또한 CASB는 클라우드 서비스 제공자와 이용자 중간에 일종의 브로커 역할을 담당하는 공통의 보안플랫폼을 제공하여, 클라우드 사업자와 이용자 간에 다양한 보안솔루션들을 중간에서 연결하고 관리하도록 해준다. 이를 통해 클라우드 데이터 보안, 컴플라이언스 관리, 보안위협에 대한 통합관제 및 가시성 확보, 보안 업데이트 등을 공통의 CASB 플랫폼에 적용하여 클라우드 서비스 이용자들의 불법적인 접속 단말, 앱 등을 실시간 모니터링하거나, 법규에 부합하는 데이터 운영, 승인되지 않은 데이터 전송이나 비정상 행위에 대한 모니터링이나 분석 등을 중앙에서 제공해 줌으로써 서비스 이용자들이 편리하게 중앙 집중적인 정보보안 서비스를 받을 수 있도록 해주는 방식이다.

끝으로, 방송사가 클라우드 서비스를 이용하고자 한다면, 보안투자가 분명하고 많은 입주기업을 확보하고 있는 대형 클라우드 서비스 제공업체의 서비스를 선택해야 하며 서비스에 대한 SLA(Service Level Agreement) 수준을 명확히 협의하여 클라우드 데이터가 안정성, 신뢰성을 기반으로 운용될 수 있도록 정의하여야 한다. 또한, 중요 데이터에 대해서는 클라우드 환경과는 별개로 기존 환경에서 지속적으로 백업을 받아 서비스 가용성을 유지하는 대응도 필요하다.

4) 새로운 모바일 보안위협의 개념과 방송사 보안

4차 산업혁명 시대 '모바일'의 개념은, 기존 태블릿 PC, 노트북, 스마트폰 등과 같이 이동 중에 컴퓨팅이 가능한 서비스의 범위를 넘어, IoT 기능을 장착한 다양한 사물기기들이 시공간의 제약 없이 컴퓨팅이나 제어가 가능하며 이를 토대로 차별화 된 다양한 서비스를 제공받을 수 있는 모든 경로라는 개념으로 점차 변화해가고 있다. 스마트카, 스마트 헬스케어, 스마트홈 등이 바로 이러한 차별화 된 모바일 기반 서비스에 해당한다고 할 수 있다. 특히, 방송콘텐츠 업계는 5G 네트워크 시대의 도래와 함께 훨씬 향상된 모바일 서비스 기반을 확보하게 될 것이다. 5G 이동통신은 기존보다 대용량의 데이터를 초고속으로 전송할 수 있게 함으로써 다양한 IoT 디바이스를 통한 고품질 대용량 멀티미디어 콘텐츠를 다양하게 서비스할 수 있는 기반을 방송사들이 확보할 수 있도록 해줄 것이기 때문이다.

그러나 방송콘텐츠 업계의 '정보보호' 측면에서는 위와 같은 모바일 환경의 급속한 발전 이면에 있는 보안 취약성들을 식별하여 해결해 나아가야 하는 문제에 직면하고 있다. 우선, 모바일 디바이스 자체의 보안 취약성과 이들이 연결하여 사용하는 무선인터넷 통신 방식에 내재된 보안취약성으로 인해, 콘텐츠 소비행태가 TV에서 스마트 디바이스로 급속히 변화되고 무선데이터 트래픽 양도 꾸준히 증가해 가는 상황에서 이에 따른 보안위협 또한 점차 확대될 것으로 예상된다. 특히, 전 세계 모바일 운영체제의 약 80%를 점유하는 것으로 알려진 안드로이드 운영체제는 누구나 개발참여가 가능한 오픈소스 방식의 개방형 운영체제이기 때문에, 안드로이드를 탑재한 모바일 디바이스는 악의적인 공격자들의 공격경로로 활용되기 쉬우며, 실제로 보안 업데이트를 최신상태로 완료하지 않은 구형 안드로이드 버전이 적용된 모바일 디바이스들이 해커들의 공격경로로 활용되고 있다. 또한, 악성 앱 유통에 대한 사전, 사후검증 등이 제대로 이뤄지지 않아, 악성 공격자들이 제작한 검증되지 않은 프로그램이나 악성 앱의 무분별한 배포, 확산이 가능하게 되었다. 또한, 리패키징[25] 방식을 활용하여 앱 개발 프로그램 소스코드의 리버스 엔지니어링26)을 통해 원본 소스코드를 분석하고 여기에 악성 프로그램 코드를 삽입하여 코드를 변조하거나 정상 앱으로 위장한 악성코드를 제작, 배포하는 사례도 지속 발생하고 있으며, 악의적인 개발자의 악성코드 은닉 제작 또한 어렵지 않게 되었다. 그밖에도, 모바일 디바이스에 원격제어 프로그램을 몰래 설치하여 스마트 디바이스의 원격 제어권을 탈취하여 개인 연락처, 메시지 전송내역, 이메일, 각종 중요문서 등의 기밀 유출시도, 디바이스 분실·도난에 따른 정보유출 위협 증가 등 보안위협이 점차 확대되고 있다. 최근 활성화 되고 있는 모바일 오피스 서비스는 디바이스에 기업 중요정보가 집중화 될 수 있어 모바일 보안위협에 따른 정보유출위협을 더욱 높이고 있다. 더구나, 안드로이드 뿐 아니라 최근에는 애플 iOS 역시 다수 보안 취약성이 발견되는 등 모바일 운영체제에 대한 보안위협 수준 역시 날로 증가하고 있다. 또한, 4G, LTE 등과 같은 이동통신망 뿐 아니라 Wi-fi, Bluetooth 기능 등이 기본 탑재된 모바일 디바이스를 활용하여 무료로 사용 가능한 개방형 Wi-fi, 사설 무선랜 등을 통해 인터넷 서비스를 이용하거나, 회사 내부 망으로 접속하여 업무를 수행하는 경우도 점차 증가하고 있는데, 이용자들이 모바일 디바이스의 데이터요금 절감 등을 위해 무작위로 검색되는 개방형 무선 AP를 이용한 인터넷 서비스로 사내망에 접속할 경우, 무선 디바이스가 자신도 모르는 사이에 공격자가 외부에 만들어놓은 악의적인 비인가 개방형 무선 AP에 접속되어 무선랜 인터넷 공유기의 DNS 상의 주소를 변조하여 악성 사이트로 접속하게 하는 파밍(Pharming) 시도가 발생할 수 있고, 모바일 디바이스 이용자 개인정보를 포함한 중요정보를 탈취하는 침해사고가 발생할 수도 있으며, 공격자가 내부망으로 침투할 수 있는 경로를 쉽게 열어줄 수도 있는 등 큰 보안위협에 노출될 수도 있다. 뿐만 아니라, 무선 네트워크 통신 시에 송수신 구간에서의 모바일 패킷 불법수집, 사용자 위치 불법추적, 정보유출이나 세션 가로채기, SSID27), MAC주소28) 노출 등이 이루어질 경우, 이로 인한 비인가자의 악의적인 불법인증, 디바이스를 대상으로 한 비정상 패킷 다량발송 등 정상적인 서비스로 위장한 서비스 거부공격이 발생할 수도 있다.

---

25) 리패키징(Repackaging) : 정상적인 모바일 앱 실행파일을 디컴파일하여 원본 소스코드로 변환해 낸 다음 원래의 소스코드를 수정, 조작하거나 악성코드를 삽입하여 정상 앱을 가장한 변조된 악성 앱을 제작하여 유포하는 수법을 뜻함.

26) 리버스 엔지니어링(Reverse Engineering) : '역공학' 이라고도 하며, 컴파일 된 바이너리 파일을 소스코드의 형태로 디스어셈블(disassemble)하여 소스코드를 얻어내고, 이를 분석하여 실행파일의 동작방식 등을 분석하는 행위를 말함.

27) SSID(Service Set Identifier) : 무선 랜을 통해 전송되는 패킷들의 각 헤더에 덧붙여지는 32 바이트 길이의 고유 식별자로서, 무선 장치들이 BSS(basic service set)에 접속할 때 마치 암호처럼 사용됨. SSID는 하나의 무선 랜을 다른 무선 랜으로부터 구분해 주므로, 특정 무선 랜에 접속하려는 모든 AP나 무선 장치들은 반드시 동일한 SSID를 사용해야만 함.

28) MAC주소(Media Access Control Address) : OSI 7 Layer의 2계층인 데이터 링크 계층에서 통신을 위한 네트워크 인터페이스에 할당된 고유식별 주소를 뜻하는 하드웨어의 물리적인 주소로 흔히 네트워크 장비의 하드웨어에 연결된 48비트의 식별자를 말함.

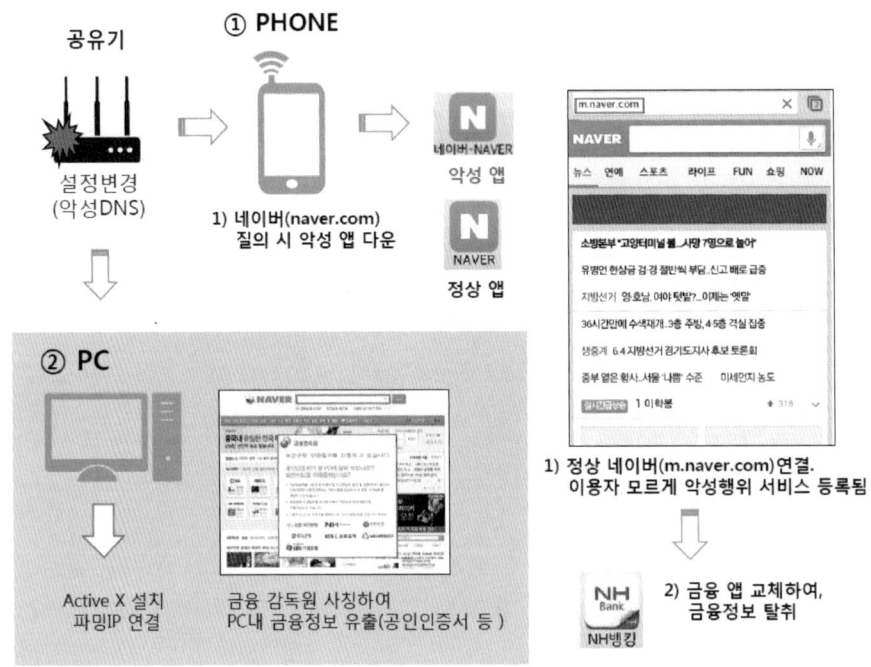

(출처 : CONCERT Forecast 2015 최근 모바일 악성 앱 동향 해킹방지워크샵 발표자료(KISA)

<그림 8-4> 무선인터넷 망을 활용한 파밍 예시

<표 8-2> 모바일 보안위협 유형 사례

종류	내용
도난/분실	·개인정보 및 보관데이터 유출 ·금융 관련 추가 범죄 가능성
악성코드	·과금유발 : 불특정 다수에 SMS 전송하여 과금을 유발 ·정보유출 : 사용자 개인정보 등 중요정보를 외부로 유출 ·장애유발 : 통화 이외 단말 기능을 사용하지 못하도록 함 ·배터리 소모 : 단말의 전력 소모
무선랜	·가짜 무선 AP 및 무선랜 자동 접속 : 해커가 알려진 무선랜을 가장 하여 자동접속 기능을 통해 개인정보 유출
스파이 앱	·스텔스 모드, 원격전송 ·자녀, 직원, 배우자 감시 ·통화내역, SMS, 위치정보, 이메일, 접속 URL, 사진 유출
스미싱	·SMS와 피싱(Phishing)을 결합한 개념 ·신규 앱 설치를 권유하는 메시지나 무료쿠폰 도착, 택배를 발송 했다는 허위 메시지와 함께 단축된 URL이 포함된 SMS로 유포 ·해당 URL에 접속하면 SMS를 가로채는 악성코드를 감염시켜 소액 결제 인증번호를 빼가거나 입력하는 개인정보를 유출하는 방식

(출처 : 세계보안엑스포 2013 Security Solution 에스원 발표자료)

이러한 보안위협에 대응하기 위해서는 첫째, 모바일 디바이스 이용자들은 디바이스 내에서 구동되는 앱을 검증된 공식 앱 마켓에서만 다운로드 받아 설치·사용하고, 사용 중인 디바이스가 악성코드 감염, 파밍, 정보유출 시도 등 범죄에 악용되지 않도록 백신 앱을 설치하여 점검 및 업데이트를 지속 실행하여야 한다. 또한, 공공장소에서 회사 내부망에 접속할 경우에는 개방형 무료 Wi-fi나 Bluetooth 등 무선통신 서비스 사용을 자제하는 등의 조치를 취하여야 하며, 모바일 디바이스 제조사에서 운영체제가 기기 보안을 위해 제한한 디바이스 기능을 루팅(Rooting), 탈옥(Jail-breaking) 등의 방법으로 임의로 변경·해제하여 기기 자체가 보안위협에 무방비로 노출되지 않도록 주의하여야 한다. 이와 함께 모바일 디바이스를 통해 수신되는 발신지가 불명확한 메일이나 문자 메시지, 모바일 메신저를 통한 전송 메시지, URL 등으로의 접속을 하지 않도록 해야 한다. 물론, 방송사들은 방송 콘텐츠 이용자들이나 방송사 내부직원들에게 이러한 보안위협 대응방안을 적극적으로 홍보 또는 안내하는 것은 물론 이러한 유형의 보안위협에 노출되었을 때의 후속 대응방안도 정보보안 부서를 중심으로 체계적으로 수립하여 콘텐츠 이용자나 내부직원들에게 반드시 안내하여야 한다. 둘째, 디바이스 제조사는 공격자가 실행코드를 식별하고 위변조하지 못하도록 실행코드 보호를 위한 코드 난독화, 암호화 등의 보호기술을 적용하고, 셋째, 방송사와 같은 기업들은 모바일 앱 보안 취약점 점검을 정기적·지속적으로 실시하고, 블랙마켓, 다크웹 등을 통해 위변조 앱이 유통되는지에 대한 모니터링도 강화해야 한다. 또한, 무선 사내망 보안강화를 위해 인가되지 않은 모바일 디바이스가 무선 AP를 통해 사내망에 접근하는 경우 기기인증, 사용자 인증 및 접근통제를 위한 보안강화 대책을 적용하여야 한다. 임의의 등록되지 않은 비인가 무선 AP를 통한 모바일 기기 접속을 통제하기 위해 무분별한 무선 AP의 SSID의 브로드캐스팅을 차단하여 사내망에서 사용이 허가된 SSID에 대해서만 무선 AP 접속이 가능하도록 필터링해야 하며, 무선 AP와 단말 간 데이터의 통신구간으로 전송되는 데이터의 기밀성 보호를 위해 암호화 등의 조치도 하여야 한다. 이 밖에도, 모바일 디바이스를 통한 N스크린 서비스 등 응용서비스 구동 시 보안강화를 위해 네트워크에서 일어날 수 있는 데이터 가로채기, 위변조, 신분위장, 서비스 거부, 과금우회, 인증우회 등 전통적 공격수법이나 콘텐츠 불법 복제방지, 단말기 분실 등에 의한 정보유출 등 잠재적 보안위협에 대응하기 위한 대책도 고려해야 할 것이다.

3. 보안위협의 고도화·지능화, 보안의 새로운 패러다임

4차 산업혁명 시대로의 진입에 따라 정보보호의 패러다임은 '정보보안'에서 '사이버보안', 더 나아가 '정보보증'의 개념으로 변화해 가고 있다는 것은 이미 앞에서 살펴보았다. 그런데, 4차 산업혁명 시대의 정보보호의 패러다임 변화는 여기에서 그치는 것이 아니다. 다음 소개되는 국내 보안사고 사례들은 4차 산업혁명 시대 이전부터 줄곧 방송사를 포함한 기업 정보보호를 위협하던 전통적 보안위협 역시 점차 지능화, 고도화 되고 있음을 보여준다.

1) 보다 지능화, 고도화 된 랜섬웨어(Ransomware) 공격

2017년 6월에 국내 웹 호스팅 업체가 운영 중이던 다수의 서버가 랜섬웨어의 일종인 에레부스(Erebus) 랜섬웨어[29]에 감염되어 호스팅 서비스를 이용하던 다수의 기관, 기업, 개인 등에 광범위하게 금전·비금전적인 피해를 입혔다. 미래창조과학부(현 과학기술정보통신부)와 한국인터넷진흥원이 2017년 6월 말 발표한 조사결과, 이 호스팅업체의 150여대 호스팅 서버와 백업서버 내 자료가 랜섬웨어에 감염되어 암호화 되거나 백업받아 놓은 자료가 삭제되었으며, 도메인 기준으로 저널, 신문사 등 언론사를 포함한 약 5,400여개 기관 또는 기업, 개인 홈페이지 서비스가 피해를 입은 것으로 추정하고 있다.

<표 8-3> 서비스 형태별 비해 규모

서비스형태	피해 규모	비고
웹호스팅	71대 3,348개 홈페이지	서버의 일부 자원을 임대하여 이용
서버호스팅	82대 2,148개 홈페이지(추정※)	서버를 임대하여 자체적으로 운영
합계	총 153대(5,496개 홈페이지)	

※ 호스팅서버(153개 IP)로 연결된 홈페이지(2017.06.16.기준, KISA집계)
(표 4) 웹 호스팅업체 보안 침해사고 피해 현황(추정)
(출처 : 호스팅업체 침해사고 중간조사 결과 발표 및 후속대책 논의(보도자료), 2016.06.28.))

이는 호스팅 업체를 목표로 한 지능형 지속위협(APT)[30]과 랜섬웨어가 결합된 공격으

---

29) 에레부스 랜섬웨어(Erebus Ransomware) : 랜섬웨어의 일종으로 리눅스 OS의 주요경로에 있는 파일을 대상으로 ".ecrypt" 확장자를 가지는 파일로 암호화 하는 속성이 있음.

30) 지능형지속위협(APT, Advanced Persistent Threats) : 특정목적을 위해 특별한 형태와 방법으로 내부시스템에 침투하여 목적

로 그 피해가 특정 목표대상에 한정된 것이 아닌 다양한 기관, 기업, 개인 등으로 확산되어, 이에 대한 사전예방 및 실시간 대응을 위한 체계적 대응방안의 수립·실행이 없으면 향후에도 유사한 사고에 계속 노출될 수밖에 없다는 사실을 말해준다. 또한, 데이터 백업정책 등 지능화 되는 해킹공격에 대응하는 정책, 체계 등 관리적 보안대책의 중요성도 일깨워준다. 한 기업의 기술적, 관리적 정보보호 안전성 확보조치의 미흡이 결과적으로 수천여개의 기관, 기업, 개인 등에 큰 피해로 확산되어 사회 전반에 혼란을 야기할 수 있는 수준으로 보안위협이 지능화, 고도화 되고 있는 것이 정보보호 패러다임의 또 하나의 변화라고 할 수 있다.

2) 사회공학(Social Engineering)을 활용한 개인정보 유출

2016년 8월에는 국내 대형 인터넷쇼핑몰이 내부 직원 메일계정으로 발송된 이메일 속의 악성 첨부파일을 활용한 사회공학[31]적인 방법으로 내부망에 침투한 악성코드가 해당 직원 PC를 감염시켜, 쇼핑몰 가입 고객의 개인정보가 보관되어 있는 데이터베이스에 접속한 뒤 약 2천5백40여만 건으로 추정되는 고객 개인정보를 유출한 사고가 있었다. 방송통신위원회는 2016년 12월 해당 쇼핑몰 기업에 책임을 물어 개인정보 유출사고 사상 최대 금액인 40억원 이상의 과징금 및 2천만원이 넘는 과태료 처분을 내린 바 있다.

이는 쇼핑몰 내부직원의 메일에 첨부된 악성파일을 활용하여 고객정보 데이터베이스에 원격으로 접속한 후 개인정보를 빼내는 전형적인 APT 공격기법과 사회공학적인 기법이 결합된 지능화, 고도화 된 공격에 의한 대량의 개인정보유출 사고였으며, 아무리 기술적 보안조치가 잘 되어 있더라도 내부직원의 보안의식 내재화가 안 되어있으면 회사에 막대한 피해를 입힐 뿐 아니라 유출된 개인정보 주체인 고객에게 1차, 2차 피해를 야기할 만큼 막대한 파급효과를 가져올 수 있다는 사실을 보여준다. 이처럼 점차 지능화, 고도화 되는 보안위협들은 공격을 받은 기업의 피해로만 끝나는 것이 아니라 그 피해 범위를 급속히 확산시켜 사회 전반에 혼란을 일으킬 수 있는 수준으로 정보보호의 패러다임이 변화하고 있다.

이 달성될 때 까지 자신을 은닉하고 지속적인 활동을 하는 위협행위를 말함. 방송사는 3.20사이버테러, 한수원 해킹사태 등 알려지지 않은 악성코드에 의한 잠재적 해킹위협에 선제적으로 대응하기 위해 지능형 해킹공격 시스템을 도입해서 사용하고 있음.

31) 사회공학(Social Engineering) : 컴퓨터 보안에서 인간 상호작용의 깊은 신뢰를 바탕으로 사람을 속여, 정상 보안절차를 깨뜨리고 비기술적인 수단으로 정보를 얻는 행위.

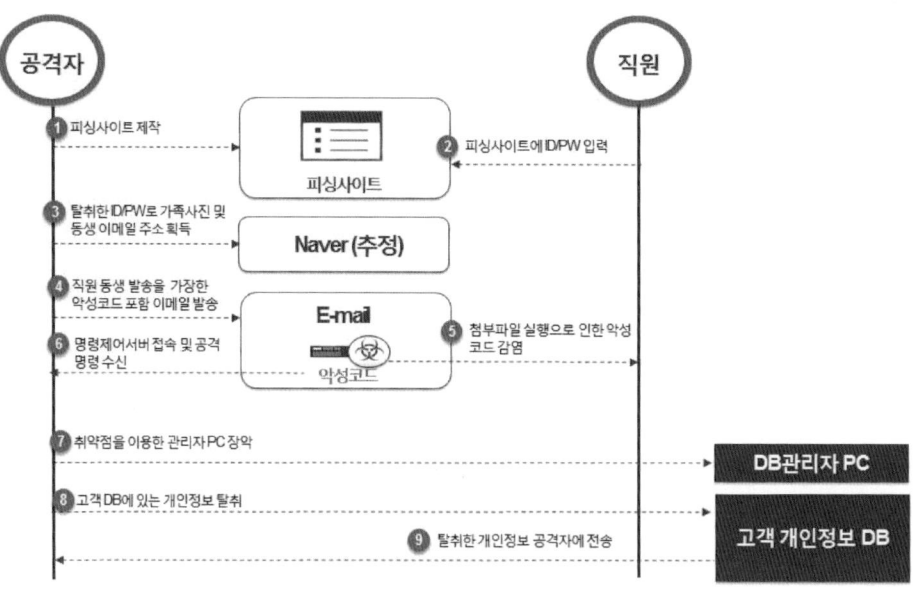

<그림 8-5> 인터넷 쇼핑몰 개인정보 유출사고 발생과정

4. 방송사 정보보호 관리체계, 왜 필요한가?

1) 언론, 미디어사가 해커의 공격목표가 되는 이유

방송사를 포함한 언론, 미디어사는 왜 해커의 주요 공격목표가 될까? 방송사는 '언론매체'로써 사회 구성원들의 여론을 형성하며, '보도매체'로써 최신뉴스, 정보를 신속하게 전달할 수 있는 확산성과 파급력을 가진다. 따라서, 해커들은 여론조작이나 날조된 보도자료 유포 등으로 사회혼란을 야기하고 이를 빠르게 확산시키기 용이한 방송사를 공격목표로 삼게 된다. 이렇게 악의적인 보도자료를 유포하거나 송출신호를 위·변조하여 전쟁, 지진과 같은 재난·재해 등 사회전체를 급속히 혼란에 빠뜨릴 수 있는 사회 혼란형 보안공격을 감행하기에 적합하고, 보도나 취재자료, 콘텐츠 제작정보, 차기작품 정보나 배우정보, 시청자, 청취자, 임직원 개인정보 등이 내부직원 또는 사옥 내 상주하는 협력직원, 프리랜서, 작가 등의 작은 실수나 보안의식 내재화의 부족으로 인해 외부로 유출되기 쉬운 업무환경에 있으며, 보도나 취재의 신속성, 편리성을 위해 외부에서 작성한 원고, 영상 등을 인터넷망을 통해 송고하는 원격근무 환경의 발달과 외부 인터넷 접점에 있는 기사 송고시스템, 제보시스템, 외부에서 빠른 취재와 송고를 위해 상시 외부 메일, SNS망, 모바일 메신저 등을 활용하는 등 외부 인터넷과의 접점이 많은 업무환경이라는 점 등이 해커가 악의적인 공격을 통해 다양한 목적을 달성하기 유리한 환경이기 때문에 언론, 미디어사가 주요 공격목표가 되고 있는 것이다.

실제로 2012년 6월에 국내 대형신문사의 뉴스 홈페이지와 신문제작시스템을 목표로 한 사이버 공격으로 뉴스 홈페이지 화면이 변조되고 내부망에 있는 신문제작시스템의 데이터 일부가 삭제되는 보안사고가 발생하였다. 또한, 같은 해 8월에는 세계적 뉴스 통신사 로이터의 웹사이트 해킹으로 시리아 반군 동태 관련 거짓 포스트가 게재되고 이를 로이터를 포함한 타 언론사들이 그대로 인용하여 보도하면서 문제가 크게 확산된 사례가 있었는데 이는 전쟁에 대한 국민의 사기와 국제여론의 호도를 목적으로 한 언론, 미디어사 해킹이 얼마나 사회 전반에 큰 영향력을 발휘할 수 있는가를 보여준 대표적인 사례였다. 이러한 언론, 미디어사를 목표로 한 해킹공격이 성공하여 방송사들이 피해를 입게 될 경우에는 방송사의 핵심가치라 할 수 있는 보도의 정확성, 신뢰성에 훼손이 가해질 것이며, 이는 시청자, 광고주 등으로부터 외면 받고 공영성 있는 방송사 본연의 기능을 수행하지 못하는 상황으로까지 문제가 악화될 수 있다. 따라서, 방송사는 유사한 보안사고 피해를 예방 또는 최소화하기 위해 체계적인 정보보호시스템의 구축과 지속적인 운영, 관리 및 개선을 해 나아가야 한다. 방송콘텐츠업계는 체계적인 정보보호 관리 시스템의 필요성이 다른 어떤 산업분야 보다도 크다고 할 수 있다.

2) 보안위험과 기업의 보안수준과의 격차 증가

2013년 3.20 사이버테러는 APT 공격을 통해 MBC, KBS 등의 지상파 방송사들의 업무용 PC 및 전산시스템 마비에 따른 업무차질 등 적잖은 피해를 야기하였다. 언론·보도매체로 사회 기반기능을 담당하던 지상파 방송사의 대규모 업무중단 사태는 사회전반에 불안과 혼란을 유발하는 위력을 발휘하였다. 3.20 사이버테러 피해를 입은 지상파 방송사들은 보안사고 피해와 사회적 혼란을 극복하고 보안사고가 재발하지 않도록 다양한 보안대책을 실행하고 정보보호 분야에 대한 투자를 확대하였다. 업무 시스템 전반에 대한 보안취약성을 신속하게 진단·개선하는 조치를 단행하였으며, 인터넷과 내부망 접점과 방송망을 완벽하게 보호하기 위해 보안장비 확대 구축, 기존 보안장비 개선, 정보보호 전담조직 구성, 정보보안 전문인력 확충 등 폭넓은 보안 강화조치를 실행하였으며, 정보보호 관련 법령 준수를 위한 기술적, 관리적인 다양한 해법도 마련하여 시행하였다. 그 결과 방송사의 보안수준이 외부로부터의 보안위험 수준을 한시적으로 넘어서는 수준까지 높아졌다.

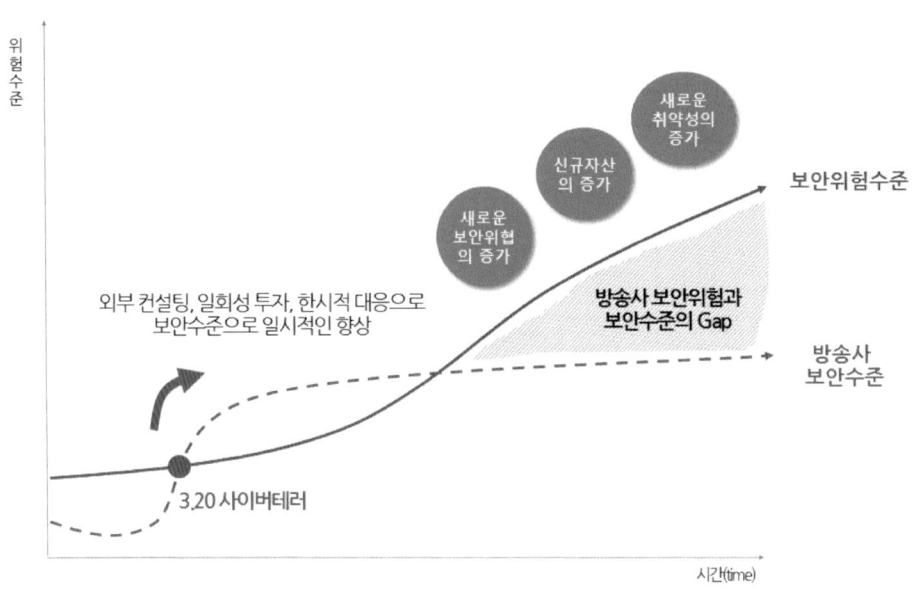

(출처 : 한국인터넷진흥원 ISMS 인증제도 소개, 2015.07.15.)

<그림 8-6> 방송사 보안위험과 기업의 보안수준과의 Gap

위 그림은 방송사의 보안수준과 외부 보안위험 수준의 간격 증가를 야기하는 요인이 새로운 보안위협의 증가, 신규자산의 증가, 새로운 취약성의 증가 등에 있음을 보여준다. 외부 보안위험 수준을 넘어서던 방송사들의 정보보호 수준은 2015년도 중반을 넘어서면서, 급속히 확산되기 시작한 랜섬웨어 공격, ICBM과 같은 4차 산업혁명 기반 ICT 기술들의 급속한 발전으로 인해 등장한 다양한 해킹기술의 진화, 신규 정보자산 증가에 따른 보안위협 증가와 범위확대, 보안공격의 고도화·지능화 및 제로데이 취약성[32]의 지속 등장과 같은 정보보호 환경의 변화로 인해 외부 보안위험의 수준이 급속하게 높아져감에 따라, 이러한 외부 보안위험의 증가폭을 따라가지 못한 방송사의 정보보호 수준은 급기야 다시 외부 보안위험의 수준에 미치지 못하게 되었음은 물론, 외부 보안위험수준

---

32) 제로데이 취약점 공격 : 보안취약점에 대한 패치나 백신탐지가 되지 않는 시점에서 이루어지는 보안공격을 말하며, 보안패치나 백신탐지가 되지 않는 상황에서 공격이 발생하므로 공격의 탐지나 대응이 거의 불가능함.

과 방송사의 정보보호 수준 사이의 간격은 점차 확대되어 가고 있다. 이처럼 외부의 보안위험 수준이 방송사의 보안수준을 다시 넘어서고 갈수록 그 차이를 넓혀가고 있는 사실은, 꾸준한 정보보호 투자와 안정적이고 지속적인 정보보호 시스템에 대한 관리가 없이는 증가하는 보안위험에 방송사가 적절히 대응하지 못하여 방송사의 정보보호 수준과 외부 보안위험 수준 사이의 간극이 앞으로도 더욱 확대되어 갈 수 밖에 없음을 보여준다. 방송사의 정보보호 관리수준과 실제 보안위험 수준과의 격차를 줄이고 보안위협의 새로운 변화에 즉각적, 지속적으로 대응하기 위해서는 방송사가 자율적, 체계적인 정보보호 관리시스템을 수립하고 지속 운영 및 개선해 나아가는 것이 무엇보다도 중요하다는 것을 알 수 있는 부분이다.

3) 정보보호 관리체계란 무엇인가?

4차 산업혁명 시대로의 진입을 주도하는 ICT 기술들의 발전에 따른 새로운 보안위협 증가, 새로운 정보자산의 양적 확대에 따른 보안 취약성의 질적 확대, 기존 보안위협의 고도화·지능화는 외부 보안위험 수준을 지속적으로 확대시키고 있다. 방송사는 현재 보안수준을 넘어서는 보안위험 수준을 최소화하고 방송사의 보안수준을 높이기 위해 기술적, 관리적, 물리적 정보보호 활동을 체계적, 지속적으로 수행하여야 한다. 특히, ICBM과 같은 ICT 기술진화가 방송사에 콘텐츠 제작환경, 미디어 다양화 등을 포함한 많은 편리함과 생산성 향상 등 다양한 이점을 제공하는 반면, 중요 제작정보, 보도자료 등 기밀사항이나 이용자의 개인정보 등을 노린 사이버 공격 범위와 유출위협을 점점 높이는 요인이 되고 있고, 기존에 알려진 해킹이나 보안공격 기법 또한 점점 지능화·고도화 되고 있어, 이제는 보다 높은 수준의 지속적, 체계적인 정보보호 관리 시스템을 확립하고 이러한 정보보호 시스템 하에서 정보보호 활동을 체계적으로 관리·통제하고 지속적으로 운영해 나아갈수 있는 강력한 정보보호 거버넌스[33] 체계를 마련하여 보안위협에 효과적으로 대응하지 않으면 안되는 상황에 이르렀다.

그렇다면 방송사의 체계적, 지속적인 정보보호 거버넌스 체계의 운용은 어떻게 달성이 가능할까? 리비히(Liebig)[34]의 최소율의 법칙이라는 널리 알려진 법칙이 있다. 이 법

---

33) 정보보호 거버넌스(Information Security Governance) : 정보보호라는 조직 공통목적 달성을 위해 기업의 의해 체계적 통제가 이뤄지는 정보보호시스템으로, 이사회나 경영진의 정보보호에 대한 방향제시와 통제역할이 강조된 개념.

34) 리비히(Liebig) : 유스투스 폰 리비히(Justus von Liebig. 1803-1873)는 독일출신 화학자, 발명가.

칙은 독일의 화학자인 리비히가 발표한 것으로, '나무판자로 만들어진 물통에 물 채우기'에 비유하여 식물이 지속적인 성장을 촉진하는 여러 요소들 중에서 가장 부족한 요소 하나가 결국 식물의 성장을 좌우하는 병목이 될 것이며 다른 요소들이 아무리 충분하더라도 한 가지의 부족한 요소로 인해 식물의 성장은 위협을 받는다는 내용이다. 즉, 나무로 만들어진 물통을 구성하는 모든 나무판자들 중에 가장 짧은 한 개의 판자 때문에 그 나무물통의 물을 부을 수 있는 최대 한계수준은 짧은 한 개의 나무판자의 길이만큼에 해당하며, 이 수준을 넘어서면 나무물통에 물을 아무리 부어도 물이 계속해서 새어나간다는 것이다. 이는 사람의 건강과도 마찬가지이다. 균형 잡힌 건강관리를 하지 않고 어느 한 부분의 건강관리라도 소홀히 하면 신체의 전반적인 면역체계 이상으로 건강에 문제가 발생한다.

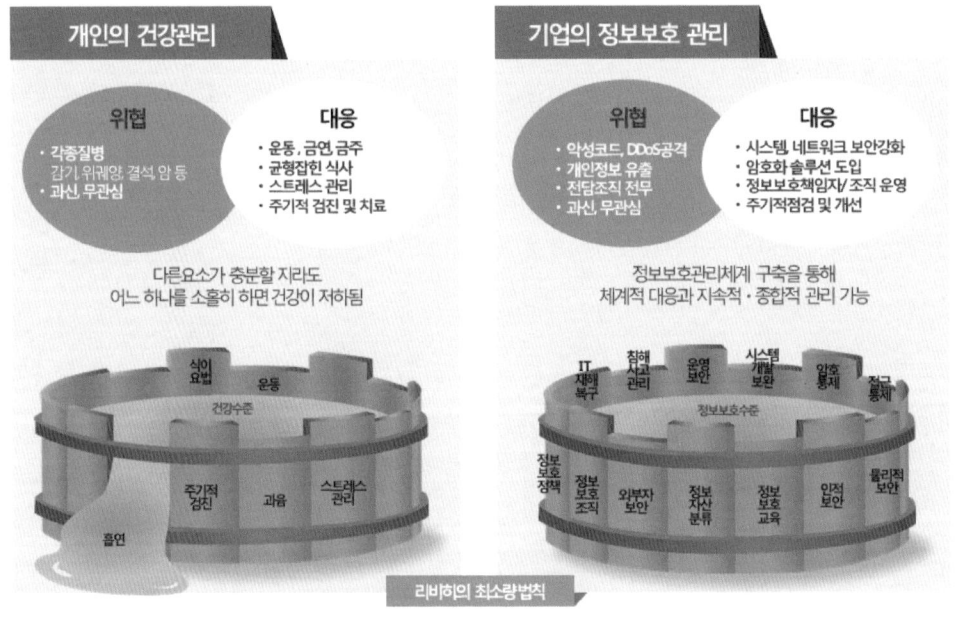

(출처 : ISMS 인증제도 소개, KISA, 2015.07.15.)

<그림 8-7> 균형적인 정보보호관리의 필요성

방송사 역시 악성코드나 DDoS 공격, 콘텐츠 제작정보 유출, 시청자나 출연자의 개인정보 유출, 민감정보 유출 등과 같은 기존의 보안사고 예방을 위한 대비 뿐 아니라 4차 산업혁명의 핵심 요소기술들의 눈부신 발전에 따라 끊임없이 새롭게 등장하는 새로운

유형의 보안 위협에도 대비해야 한다. 이는 보안 시스템 확대 및 개선, 네트워크 보안 강화, 중요정보의 암호화 등 기술적인 대응수준을 아무리 강화해도 인적 보안, 외부자 보안, 정보보호 정책 부재, 보안 내재화 미흡 등과 같이 관리적인 부분이 한 가지라도 부족하면 정보보호 관리체계 전반에 이상이 생기게 되어 정보보안 공격에 바로 노출될 수 있을 만큼 면역력을 잃어버리게 될 수 있다는 것을 말해준다.

이러한 정보보호 관리시스템의 운영은 정보보호 정책의 부재 뿐 아니라 방송사 구성원들의 정보보호에 대한 무관심, 오해와 같은 개개인의 작은 인식의 오류에서도 기인할 수 있는 부분이라는 점을 주목해야 할 필요가 있다. 즉, 성공적인 정보보호는 단순히 성능과 기능이 우수한 보안장비의 구축, 법적, 제도적 장치만 마련되어 있다고 해서 가능한 것이 아니다. 이러한 요소들이 잘 스며들도록 방송사 및 구성원 개개인이 노력해 나가지 않고 인식을 개선해 나가지 않는다면 성공적인 정보보호가 실현되기는 어려울 것이다. 급변하는 사이버보안 환경이나 ICT 기술발전에 대응하여 지속적으로 정보보호 관리시스템을 유지 혹은 개선, 발전시켜야만 성공적인 정보보호 실현이 가능하다. 이제는 '정보보안'의 시대가 아닌 기술과 관리가 4차 산업혁명 시대를 이끌어갈 기술이나 다양한 서비스의 정보보호까지 고려해야 하는 '사이버보안'의 시대가 된 것이며, 이러한 사이버보안을 체계적인 정보보호 관리시스템을 통해 지속 운영하면서 효과적으로 관리요소들을 통제하고 점차 개선해 나아갈 수 있는 정보보호 거버넌스의 시대가 된 것이다. 이러한 정보보호 거버넌스 시대에는 정보보호를 종합적으로 관리할 수 있는 정보보호관리 프레임워크를 구축하고 이를 기반으로 한 체계적인 지속적인 대응과 종합적인 관리가 필요하다. 이러한 지속적, 종합적인 관리를 위한 정보보호 거버넌스 체계가 정보보호 관리체계라고 할 수 있다.

여기서 '관리체계'라는 용어를 살펴보자. 관리체계(Management System)란 한 기업이나 조직의 구성원들이 공통 목표달성 또는 이윤창출 등을 목적으로 조직의 자산이나 자원들을 효율적으로 배분하고 관리하여 목표를 달성해 나갈 수 있도록 해주는 하나의 시스템으로 정의할 수 있다. 기업의 관점에서 보면, 기업이 경영목표를 달성하기 위해 보유하고 있는 정보, 자산, 인적자원 등의 모든 유무형의 자산들을 효율적으로 배분하고 관리하여 기업이 효과적으로 운영될 수 있도록 해주는 하나의 '경영시스템'이라고 할 수 있으며, 이러한 경영시스템이 잘 마련되어 있는 기업이 좋은 성과를 내고 높은 가치를 유지하는 기업으로 성장, 발전하게 된다. 그렇다면, 여기에 '정보보호'를 더한 '정보보호 관리체계'란 어떻게 정의해 볼 수 있을까? '정보보호 관리체계'란, 정보보호 관점에서의 관리체계, 즉 정보보호를 위한 경영시스템을 만들어 기업이 요구하는 수준의 정보보호 목표를 달성하기 위해 중요한 기업의 정보자산들을 식별하여 위험도가 높고 정보자산에 대한 피해발생 시 파급되는 영향도가 큰 정보자산부터 우선순위를 두어 체계적으로 관리하고, 기업이 가지고 있는 자원들을 정보보호 목표달성을 위해 효율적으로 배분하며, 기업관점의 의사결정, 위험관리, 보안통제 등을 시행하여, 기업의 경영목표 중 하나인 정보보호를 달성할 수 있도록 관리해주는 시스템이며, 기업이 이러한 관리시스템을 효과적이고 적합한 수준으로 운영해 나갈 수 있도록 공통 프레임워크를 수립하고 이에 대한 객관적인 목표달성 지표를 정하여 이를 충족시키기 위해 정보보호 활동을 관리하고 통제할 수 있도록 한 것이 정보보호 관리체계라고 할 수 있다.

4) 방송사의 정보보호 관리체계 강화의 중요성

방송사는 3.20 사이버테러 이후 PC, 서버보안 강화, 보안 인프라 확대구축, 정보보호 정책, 조직 등 관리적 보안체계 개선 등을 통하여 3.20 사이버테러 이전까지 보안장비에만 의존하던 불균형한 정보보호 관리체계를 개선하기 위해 많은 노력을 기울여왔다. 그럼에도 불구하고 아직까지 방송사 정보보호 수준을 넘어서는 다양한 보안위협들이 방송 서비스를 위협하고 있다. 특히, 방송사의 정보보호는 단순히 한정된 주요 콘텐츠와 관련된 정보자산의 보호라는 소극적 차원에서, 개인정보보호, 지적 재산권이나 방송콘텐츠 저작권 등의 보호를 종합적으로 포함하는 정보보호 관리의 차원으로 급변하고 있으며, 이러한 급변하는 패러다임을 따라가기 위해서는 정보보호 내재화와 정보보호 관리체계의 확립 및 지속 운영관리가 무엇보다도 시급하다.

방송사가 가져야 할 가장 중요한 가치는 신뢰성, 신속성, 정확성이다. 그러나 이러한 가치를 지키기 위해 방송사가 업무 편의성을 추구하고 표현의 자유를 지속적으로 표방하게 되는 만큼 보안 침해사고의 발생 가능성은 커질 수밖에 없다. 방송사의 보안사고는 보도의 신속성 저하 뿐 아니라 신뢰도 하락, 광고주의 외면 등 방송사 본연의 가치를 훼손시킨다. 방송사 정보보호 강화를 위해서는 이러한 상황을 잘 반영하여 기술적, 관리적, 물리적 보안관리 기준을 수립하고 철저히 이행하여야 한다. 물론 방송사 업무특성 상 사용자의 인터넷 접점을 활용한 원격 업무의 수행 편의성, 사옥 내 다양한 외주인력의 업무 편의성, 신속하고 편리한 정보 습득·활용 용이성 등이 중요한 요소들인 것이 사실이나, 이러한 요소들은 방송사의 정보보호와는 서로 상충되는 요소들이기도 하며, 이러한 업무의 편의성과 정보보호가 균형과 조화를 이루는 보안체계를 수립·운영하는 것이 무엇보다도 중요하다. 또한, 최근 보안공격이 시스템, 네트워크에 대한 공격 못지않게 사람을 대상으로 한 사회공학적인 방식으로 이뤄지는 경우가 많아, 방송사 특성에 맞는 보안정책 수립, 보안관리, 문화 중심의 보안 패러다임을 정립하여 방송사가 기술적 보안에만 치중하지 않고 정책, 관리, 문화적 측면이 균형을 이룬 정보보호 관리체계를 마련하고 정보보호 거버넌스 체계를 수립하여 이를 적절히 잘 관리, 통제해 나가는 것이 무엇보다 중요하다.

5) 법령에서 정하는 정보보호 관리체계 범위 및 기준

정보보호 관리체계란, 기업이나 조직이 각종 보안위협으로부터 중요한 기업 내부의 정보자산을 안정적으로 보호하기 위해 수립, 관리하고 운영해야 하는 종합적인 체계이자 객관적인 목표달성을 위한 공통 프레임워크를 수립한 것이라고 정의하였다. 정보보호 관리체계를 갖춤으로써 기업이 가지는 기대효과는 단순히 일회적인 정보보호대책의 수립에서 벗어나 체계적, 종합적인 정보보호 대책을 구현함으로써 기업의 시설, 장비, 조직, 문서, 정책 등에 대한 종합적인 정보보호 관리수준을 향상시킬 수 있고, 체계적, 지속적인 정보보호 관리체계 운영 및 개선을 통해 해킹, 내부정보 유출 등의 보안 침해 사고가 발생할 경우 보다 신속하고 체계적으로 대응할 수 있으며 보안사고에 따른 손실이나 피해를 최소화 할 수 있다는 점이다. 또한, 경영진이 직접 정보보호 의사결정에 참여함으로써 정보보호 업무에 대한 책임성과 신뢰성, 추진력을 향상시킬 수 있게 되며, 정보보호 거버넌스의 관점에서 정보보호를 경영활동의 한 축으로서 인식할 수 있게 된다는 점이다.

그렇다면, 정보보호 관리체계를 정보보호 거버넌스 관점에서 운영 및 통제하기 위한 객관적인 기준은 무엇일까? 이것이 바로 ISMS (Information Security Management System) 인증 기준이다. ISMS 인증 기준은 정보보호 관리체계를 구축하여 운영함에 있어 기업의 정보보호 관리체계가 법령에서 정한 기준에 부합하는 지를 객관적으로 평가하여 적합성 여부를 판단할 수 있는 기준을 말한다. 즉, 관리적, 기술적, 물리적 보호 조치를 포함한 종합적인 정보보호 관리체계에 대해 방송통신위원회가 고시한 법적인 기준을 말하며, 이는 ISMS 인증기준에 적합한지를 한국인터넷진흥원(KISA)가 인증해 주는 ISMS 인증 심사의 평가 기준이 된다.

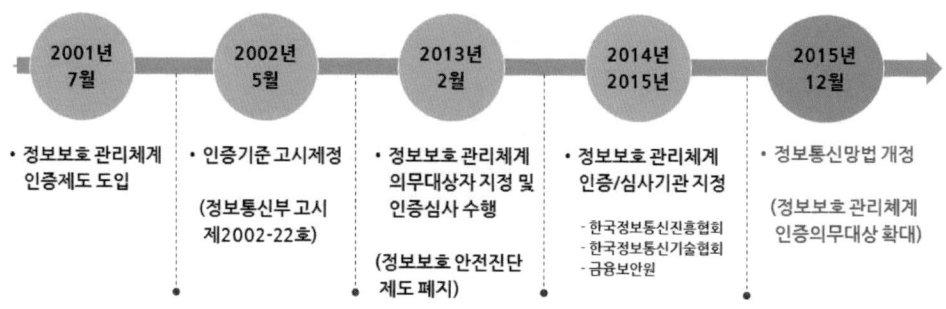

| 2001년 7월 | 2002년 5월 | 2013년 2월 | 2014년 2015년 | 2015년 12월 |

- 정보보호 관리체계 인증제도 도입
- 인증기준 고시제정

  (정보통신부 고시 제2002-22호)
- 정보보호 관리체계 의무대상자 지정 및 인증심사 수행

  (정보보호 안전진단 제도 폐지)
- 정보보호 관리체계 인증/심사기관 지정

  - 한국정보통신진흥협회
  - 한국정보통신기술협회
  - 금융보안원
- 정보통신망법 개정

  (정보보호 관리체계 인증의무대상 확대)

(출처 : 정보통신망법 개정에 따른 ISMS 인증제도, KISA, 2016.03.23.)

<그림 8-8> 정보보호관리체계 인증제도 추진경과

국내 기업이나 기관이 스스로 정보보호 관리체계를 구축, 운영하는데 활용할 수 있도록 하기 위해 ISMS 인증 여부는 과거에는 법적인 의무 사항이 아니었으나, 2012년 2월에 정보통신망 이용촉진 및 정보보호 등에 관한 법률(이하 "정보통신망법")이 개정되면서 정보통신망 서비스 제공자, 집적정보통신시설 사업자, 정보통신망 서비스 제공자 중 매출액, 이용자 수 등 일정기준에 해당하는 기업, 기관들은 정보보호 관리체계 인증을 의무적으로 받도록 법이 개정되었다. 특히, 2015년 12월에는 정보통신망에 대한 의존도가 높고 개인정보 등 민감정보를 대량으로 다루는 기업, 기관들이 정보보호 관리체계 인증대상에서 제외되는 문제를 해결하기 위해 매출액 또는 세입 1,500억원 이상인 자 중 일정요건에 해당하는 기업, 기관들이 인증 의무대상에 포함되도록 정보통신망법이 개정되었다. 지상파 방송사는 현재 ISMS 인증 의무대상자에는 포함되어있지 않으나, 인터넷 방송(인터넷을 통한 신문기사나 방송 프로그램을 제공하는 사업자), 콘텐츠 제공 서비스 기업(인터넷을 통해 교육서비스, 실시간 음악감상, 콘텐츠 서비스 제공 사업자), 유선방송 서비스(종합유선 방송서비스와 종합유선전송 서비스 제공 사업자) 등은 정보통신서비스 전년도 매출액이 100억원 이상인 경우에 의무대상자에 해당하게 된다. 지상파 방송사의 경우는 의무인증 대상 사업자에 포함되지 않으므로 정보보호 관리체계를 구축, 운영하여 적합성의 여부를 자발적으로 판단 받고자 할 경우, 임의 신청자로써 인증을 받을 수 있다. 또한 향후 산업 환경의 변화나 정보보호 환경의 변화 등에 따라 의무사업자

의 범위가 확대될 가능성도 배제할 수 없을 것으로 보인다. 지상파 방송사의 경우에도 정보통신망법 제67조 "방송사업자에 대한 준용"에 따라 정보통신망법 상 개인정보의 보호를 준용하도록 되어있기 때문이다.

<표 8-3> 정보보호관리체계 의무대상자 기준

유형	설명 (정보통신망법 제47조제2항 및 시행령 제49조 참고)
ISP	'전기통신사업법' 제6조제1항에 따른 허가를 받은 자로서 서울특별시 및 모든 광역시에서 정보통신망서비스를 제공하는 자
IDC	정보통신망법 제46조에 따른 집적정보통신시설 사업자
다음의 조건 중 하나라도 해당하는 자	연간 매출액 또는 세입이 1,500억 원 이상인 자 중에서 다음에 해당되는 경우 - 의료법 제3조의 4에 의한 상급종합병원 - 직전연도 12월 31일 기준으로 재학생 수가 1만명 이상인 고등교육법 제2조에 따른 학교
	정보통신서비스 부문 전년도(법인인 경우에는 전 사업연도를 말함) 매출액이 100억 원 이상인 자
	전년도 직전 3개월간 정보통신서비스 일일평균 이용자 수가 100만 명 이상인 자

※ 정보통신망법 제47조제2항 및 시행령 제49조 참조
  (출처 : ISMS 인증제도 안내서, 미래창조과학부/KISA, 2017.04.)

이러한 ISMS 인증기준에 부합하는 정보보호 관리체계를 체계적, 지속적으로 잘 운용하고 있다는 것을 객관적으로 인증 받는 것만으로 방송사가 정보보안 침해사고로부터 100% 안전함을 보장하는 것은 아니다. 그렇지만 보안 침해사고가 야기될 수 있는 보안 위험요인을 크게 경감시킬 수 있으며, 보안 침해사고가 발생하는 경우라도 그 피해규모를 줄일 수 있는 이점이 있다. 이는 운동이나 예방접종, 식이요법 등으로 건강관리를 꾸준하게 해온 사람일지라도 100% 질병에 걸리지 않거나 바이러스에 감염되지 않는다고 보장할 수는 없지만, 발병 가능성을 최소화 하고, 질병에 걸리더라도 빠르게 치료하여효과를 볼 수 있는 가능성이 높다는 것과 유사한 이치이다. 다시 말해, 정보보호 관리체계 인증의 초점은 방송사의 정보보호 관리활동이 제대로 작동하는지, 위협을 제대로 평가하고 있는지, 보안정책과 대책이 이에 따라 제대로 수립되고 있으며 주기적인 점검과 감사로 이러한 대책들을 지속적으로 수정, 보완해 나가고 있는지를 확인하기 위한 것이므로, 인증기준을 완벽하게 준수한다고 해서 방송사가 정보보안 위협에 대해 안전함을 보장해 주는 것은 아니지만, 보안사고 발생 시 빠르게 취약성을 탐지·추적하여 본연의 업무기능을 신속하게 복구하는 등의 보안사고 대응체계가 잘 수립되어 운영되고 있다는

것을 보증해 주는 것이다.

<표 8-4> 정보보호관리체계 인증 세부기준

통제분야	통제내역	통제항목
정보보호 관리과정 (5단계, 12개 통제사항)	정보보호정책 수립 및 범위설정	조직 전반에 걸친 상위 수준의 정보보호 정책 수립, 정보보호관리체계 범위 설정
	경영진책임 및 조직구성	정보보호를 수행하기 위한 조직 내 각 부문의 책임 설정, 경영진참여 가능하도록 보고 및 의사결정체계 구축
	위험관리	위험관리방법 및 계획수립, 위험식별 및 위험도 평가, 정보보호대책선정, 구현 및 계획 수립
	정보보호대책 구현	정보보호대책 구현 및 이행방안, 내부공유 및 교육
	사후관리	법적요구사항 준수 검토, 정보보호관리체계 운영현황 관리, 정기적인 내부감사를 통해 정책준수 확인
정보보호 대책구현 (13개 분야, 92개 통제사항)	정보보호정책	정책의 승인 및 공표, 정책의 체계, 정책의 유지관리
	정보보호조직	조직 체계, 역할 및 책임
	외부자 보안	보안요구사항 정의, 외부자 보안 이행
	정보자산 분류	정보자산식별 및 책임, 정보자산의 분류 및 취급
	정보보호 교육	교육프로그램 수립, 교육 시행 및 평가
	인적 보안	정보보호책임, 인사규정
	물리적 보안	물리적 보호구역, 시스템 보호, 사무실 보안
	시스템개발 보안	분석 및 설계 보안관리, 구현 및 이관 보안, 외주개발보안
	암호 통제	암호정책, 암호 키 관리
	접근 통제	접근통제 정책, 접근권한 관리, 사용자 인증 및 식별
	운영보안	운영절차 및 변경관리, 시스템 및 서비스 운영보안, 전자거래 및 정보전송 보안, 매체보안, 악성코드관리, 로그관리 및 모니터링
	침해사고 관리	절차 및 체계, 대응 및 복구, 사후관리
	IT재해복구	체계구축, 대책구현

(출처 : ISMS 인증제도 안내서, 미래창조과학부/KISA, 2017.04.)

또한, 인증기준에 부합한다는 것은 방송사의 정보보호 관리체계와 과정이 제대로 정비되고 운영된다는 것을 객관적으로 입증할 수 있는 기반이 되기 때문에 정보보호 담당자 측면에서는 경영자에게, 방송사 측면에서는 시청자나 대외기관에 보안 대응수준을 입증해 줄 수 있어 진정한 의미의 '정보보증'을 실현하기 위한 도구가 될 수 있다.

법령에서 정하는 정보보호 관리체계(ISMS) 인증기준은 미래창조과학부(현, 과학기술정보통신부) 고시 제2013-36호를 기준으로 정보보호 '관리과정'과 정보보호 '대책구현'으로 통제분야가 구분되며, 각각에 대한 통제내역과 통제항목들이 수립되어 있다. 정보보호 관리과정은 관리체계의 메인프레임으로서 전반적인 관리체계 운영에 대한 하나의 관리흐름을 보여주고 있으며, 5단계 12개 통제사항에 28개의 세부통제항목을 포함하고 있다. 정보보호 대책구현은 총 13개 분야 92개 통제사항에 대한 225개의 세부적인 통제항목에 대한 객관적인 기준으로 정보보호정책, 정보보호조직, 정보보호교육 등 관리적 영역과 보안통제, 운영통제, 개발보안 등 물리적, 기술적인 보안영역에 대한 분야별 관리·운영에 대한 통제기준을 정하고 있다.

6) 최근 방송사의 정보보호 관리체계 운영 현황

3.20 사이버테러 이후 방송사들의 고민은 인터넷망 접점에서의 신속한 보도자료 송고, 제보 및 온라인 뉴스, 온라인 콘텐츠 유통 등 인터넷망 서비스가 가진 보안 취약성을 악용하여 사내 PC나 서버로 유입될 수 있는 악성 트래픽이나 악성 프로그램 유입을 어떻게 효과적으로 탐지, 차단하여 안정적으로 방송 서비스를 운영해 나갈까 하는 것이었다. 이러한 고민에 대한 해결책으로 방송사들은 3.20 사이버테러와 같은 보안 침해사고 발생 시에 빠르게 상황을 전파하고 안정적인 운영환경을 확보하기 위한 보안관제 시스템을 강화하여 보안위협 및 이상 징후를 빠르게 탐지·분석하고 대응하기 위한 방안들을 마련하기 시작하였다. 또한 침해사고 발생 현황에 대한 면밀한 진단 및 취약성 개선조치를 진행하기 위해 서버, 네트워크 및 웹 페이지에 대한 보안 취약점 진단을 수행하여 잠재적인 보안 위협을 탐지, 개선하였으며, 취약점 진단을 정례화 하여 정기적인 진단을 수행하고 신규 시스템 구축 시 철저히 보안성 검토를 진행하는 등 업무시스템 보안 위협에 대한 대응체계를 강화하였다. 또한 업무용 PC 내 개인정보와 중요 기밀정보의 안전한 보호를 위해 외부망을 통해 PC의 취약점을 파고드는 보안위협에 대해 정기적으로 점검하여 취약점을 발견, 개선해 나아가기 시작했다. 뿐만 아니라 유무선 네트워크 보안 강화를 위해 네트워크를 통한 악성 트래픽의 과도한 유입, 비인가자의 사내망 네트워크 침입 등을 탐지, 차단할 수 있는 체계를 마련하였으며, 네트워크 모니터링 및 관제를 포함한 통합 모니터링 체계를 강화해 나아갔다. 보안정책 측면에서도 개인정보보호 및 내

부정보 유출방지 등을 위한 기술적, 정책적, 제도적 강화에 큰 주안점을 두고 정보보안을 지속적으로 강화해 왔다. 방송사 정보보호 관리체계 운영 현황에 대해 물리적, 기술적, 관리적 보안 관점에서 각각 정리해 보면 다음과 같다.

(1) 물리적 보안

방송사는 각 사 특성에 맞게 사옥 내 보호구역, 제한구역, 통제구역 등을 설정하고 출입통제 수준을 강화하여, 비상방송실, 전산실, 주조정실, 부조정실 등의 비인가자 출입을 최소화 하고, CCTV, 출입카드, 지문인식 등 강화된 출입통제 장치를 활용하는 등 보다 엄격한 보안유지와 출입통제를 시행하기 시작하였다. 또한 사무환경에서도 공용 사무기기, 문서 캐비닛, 공용 PC 등으로부터의 정보유출 시도예방을 위해 공용 사무기기에 중요정보나 문서가 방치되지 않도록 하고, 공용 PC는 패스워드나 화면보호기 관리, 문서 캐비닛 관건, 사무실 내 중요문서 방치금지 등을 실천하도록 지속적으로 안내하고 있다. 또한, 통제구역 내 모바일 기기나 외부 전산기기 반출입, 외장형 저장매체 반출입 등을 원칙적으로 금지하고 허가된 장비만 반출입 하도록 하고 있으며, 외부에서 반입한 모바일 디바이스 등은 내부망 연결 시 인가된 사용자 이외에는 접속을 차단하도록 하고 있다.

(2) 기술적 보안

방송사는 방송망, 업무망 보안강화를 위해 내부 보안시스템을 지속 확대 및 개선, 강화하고 있다. 첫째, 유무선 네트워크 보안강화를 위해서 외부에서 유입되는 악성트래픽을 탐지·차단하기 위한 방화벽, IPS 등을 구축하고 최신 트래픽 보안정책을 설정하여 새로운 공격시도를 지속 대응하고 있고, 인터넷망 접점에는 웹방화벽[35]을 구축하여 방송사의 각종 웹페이지 해킹위협에 대응하고 있으며, 유해사이트 차단시스템[36]을 통해 내부직원의 악성사이트 접속으로 인한 악성코드의 사내 유입 또한 차단하고 있다. 또한, 지능화·고도화 되는 보안공격의 대응수준을 높이기 위해 APT 대응솔루션[37]을 구축하

---

35) 웹방화벽 : 웹페이지 위변조 등의 웹해킹 공격이 증가하고 있어 사내 정보보호를 위해 웹취약점을 악용한 유해한 공격시도를 탐지하여 차단하는 방식임.

36) 유해사이트차단 : 악성코드, 해킹프로그램 등을 악의적으로 배포하는 유해한 웹사이트 접속으로 바이러스, 악성코드, 해킹프로그램 등에 감염되는 외부 침입요소들을 사전에 차단하여 내부 정보유출 및 사이버 침해사고에 대응하며, 더 나아가 저작권 침해사이트, 음란, 폭력 및 업무효율성을 저해하는 사이트를 차단하여 기업의 인터넷 사용자가 인터넷의 순기능만을 사용할 수 있도록 함.

37) APT대응솔루션 : 실시간으로 네트워크 상에 오가는 파일에 대한 분석을 통해 IP 및 도메인 등에 대한 위험여부를 평판 기

여 내부망과 인터넷 접접을 통해 유입되는 악성트래픽이나 악성코드를 활용한 고도화된 지능형 보안공격 위협을 지속적으로 탐지·분석·치료하고 있다. 또한, 외부 근무자의 사내망 접속 시 접근통제 및 인증, 사내망과 인터넷망 구간 사이의 데이터 전송 시 기밀성을 보장하기 위해 VPN[38]을 구축·운영하고 있으며, 내부망 서버에 대한 불법접속을 차단하기 위해 서버 접근계정 및 접근 이력관리, 프로토콜 감사 등을 수행하는 등 서버에 대한 접근통제 및 강화된 인증체계를 적용하고 있다. 또한, 보안관제 및 통합모니터링을 강화하여 예방, 탐지, 분석, 대응 등의 단계별 보안관제 체계를 수립하고 통합 장애관리, 통합 보안로그 수집·분석 등 점차적으로 기술적 보안체계를 강화해 나아가고 있다. 또한, 사내망에 접속하는 모든 PC는 네트워크 접근제어 정책을 적용하여 인가되지 않은 PC의 사내망 접속을 사전 차단하고 있으며, 무선 AP, 스마트폰 등 무선 디바이스의 네트워크 접속인증 체계를 적용하여 보안성이 우수한 인증 및 암호화 방식을 적용하고 무선 단말에 대한 보안을 강화하고 있을 뿐만 아니라, 무선랜을 통한 외부로부터의 불법침입, 해킹공격등을 차단하기 위하여 불법 AP 차단 및 위치추적, 모바일 AP나 무선기기 테더링 등에 대한 탐지, 차단 등을 시행하고 있다. 셋째, 개인정보보호 관련 법규준수 및 정보유출 방지체계 강화를 위해서는 웹사이트 보안강화를 위한 시큐어코딩 등 근본적인 보안대책을 수립하여 적용 및 진단을 강화하고 있으며, 고유식별정보 표시제한, DB접근제어[39], DB암호화[40] 등을 구축하고 업무용 PC 내 개인정보 보유현황 진단·삭제·암호화 등을 통해 불법적인 개인정보의 보유, 유통, 위변조 가능성을 감소시켜 나아가고 있다. 또한 사내 문서자산과 기밀정보 유출방지를 위해 문서보안, 출력물 보안, 사내 주요 정보처리시스템에 화면보안 및 워터마킹 기술을 적용하여 대응하고 있다.

(3) 관리적 보안

방송사는 정보보안정책을 수립하고 문서화하여 정보보호 활동의 당위성을 마련하였고, 정보보호 전담조직을 구성하고 정보보호책임자를 지정하여 임원, 경영진은 물론 구

반으로 축적된 데이터와 비교하여 위험성을 판단하여 탐지, 분석, 차단, 치료등을 수행하는 솔루션을 말함.

38) VPN(Virtual Private Network) : 주로 인터넷 웹브라우저에서 웹서버 간에 보안통신 프로토콜의 하나인 ssl을 구현한 서비스로 다수의 원격사용자를 가진 환경 또는 웹기반 어플리케이션 운영환경에 적합한 가상사설망을 의미하며, 사용자들은 외부 접속 시 발생할 수 있는 각종 보안문제로부터 안전한 데이터 전송을 할 수 있는 장점을 가짐.

39) DB접근제어 : 개인정보보호법에 따른 개인정보 DB 접속 시 접근제어 기능 및 로깅기능을 통해 대량 내부정보유출의 위험을 최소화 하기 위한 DB보안 솔루션.

40) DB암호화 : 개인정보보호법 강화에 따라 회사가 보유중인 중요 DB 내 개인정보의 기술적 보호대책 강화를 위해 DB 내의 개인정보를 자동으로 암복호화 해서 저장 및 사용을 가능하게 하는 DB보안 솔루션을 말함.

성원 모두가 정보보호 활동에 역할과 책임을 가질 수 있도록 하였으며, 임직원이 정보보호 또는 비밀유지서약서에 서명하도록 유도함으로써 임직원 스스로 보안의식을 고취하고 정보보호활동에 대한 참여와 협조를 확인하는 절차를 진행하고 있다. 또한 지속적인 정보보호 교육을 시행하고 정보보호 담당부서와 임직원 간 커뮤니케이션 채널을 생성, 강화하기 위해서도 많은 노력을 기울이고 있다. 또한, 정부와 공공기관에서 시행 중인 '사이버 보안진단의 날'을 방송사에도 도입하여 임직원 정보보호 의식제고 및 개인정보보호, PC 취약점 점검 및 개선활동 등을 정기적으로 시행할 뿐 아니라, 정보보호 홍보물 제작이나 정보보호를 주제로 한 다양한 캠페인 시행 등을 지속적으로 강화하여 정보보호를 문화로써 확산시키기 위한 노력을 확대해 나아가고 있다.

5. 방송사 정보보호 관리체계 운영의 기대 효과

4차 산업혁명 시대를 주도하는 ICBM, 인공지능 등 ICT 기술의 급속한 발전과 이를 기반으로 한 다양한 지능정보화 서비스들이 발전하여 감에 따라 점차 복잡해지는 정보처리와 방대한 정보의 저장소, 이를 처리하는 대형화 된 시스템, 그리고 다양해지는 정보의 송수신 경로 등에 대한 기술적, 정책적 보안대책들은 아직까지는 완벽하게 마련되지 못하고 있으며, 이러한 빈틈을 노린 새로운 보안위협들이 그 유형과 범위를 점차 확장하고 있다. 방송 콘텐츠 업계 역시 이러한 보안위협의 확대에 대한 경각심을 가지고 방송콘텐츠 정보보호 환경에 적합한 정보보호 관리체계를 수립하여 지속적으로 운영하고 점검·개선하여 나아가는 것이 무엇보다도 중요하다. 특히, 방송콘텐츠의 유통·소비행태 변화, 미디어 디바이스 다변화 등 전통적인 미디어 콘텐츠의 온라인화와 초연결화, 초지능화, 유료콘텐츠 제공자들의 지속적인 증가, 미디어 디바이스의 다양화와 편재심화, 콘텐츠 제작 환경의 지능정보화 등 방송콘텐츠 산업의 환경변화가 가져올 새로운 보안위협의 증가 및 가속화, 그리고 기존 디지털 환경이 가지고 있던 보안위협의 지능화·고도화에 따른 보안위협의 양적·질적 확대는 방송사들이 기존 보안장비 중심의 기술적 '정보보안'에서 벗어나 '사이버보안'으로 확장된 정보보호의 패러다임 변화에 맞는 보다 수준 높은 정보보호 관리체계의 확립과 정보보호 거버넌스를 통한 체계적, 지속적 운영·개선 등의 대응을 통한 '선제적 정보보호'를 구현해 나아가야 하는 과제에 직면하게 하고 있다.

또한, 4차 산업혁명으로의 진입을 주도하는 ICT 기술들의 발전에 따라 점차 확산되는 새로운 보안위협의 등장과 점차 지능화·고도화 되는 보안위협의 확대에 따른 방송사 외부의 보안위험 수준의 증가는 현재 방송사의 정보보호의 수준을 넘어서고 있으며 그 격차가 점차 확대되어 가고 있다. 이러한 상황에서 방송사는 정보보호의 현재 수준과 외부 보안위험 수준과의 격차를 최소화 하고 정보보호 수준을 지속적으로 향상시켜 나가기 위해서도 방송사의 상황에 맞는 정보보호 관리체계를 수립하고, 정보보호 관련 법령 등에서 객관적으로 인정하는 ISMS 인증기준에 맞추어 체계적, 지속적으로 운영해 나아가는 것이 반드시 필요하다.

이렇게 방송사 정보보호 관리체계를 수립하여 체계적·지속적으로 운영해 나아가는 것은 방송사의 핵심가치인 언론, 보도매체로써의 신뢰성 확보, 보도의 정확성, 적시성을 지켜나갈 수 있게 하며, 콘텐츠의 경쟁력을 강화할 수 있는 기반을 마련할 수 있게 할 뿐만 아니라 방송사의 경제적 성과 창출에도 긍정적인 영향을 미치는 경영활동의 한 부분이라고 할 수 있다. 왜냐하면, 정보보호 관리체계의 체계적, 지속적인 운영은 방송사를 목표로 하는 보안 공격이 야기할 수 있는 잠재적 손실을 최소화하고, 보안위협에 대응할 수 있는 명확하고 객관적인 기준을 제공하여 보안위협으로부터 안정성을 확보할 수 있기 때문에 방송사의 신뢰도와 가치가 그만큼 높아지게 되고, 이러한 신뢰도와 안정성을 기반으로 궁극적으로는 콘텐츠 이용자의 콘텐츠 소비 증가 등에 따른 매출증대로까지 이어져 더 좋은 콘텐츠를 제작하기 위한 밑거름이 될 수 있기 때문이다. 또한, 방송사 구성원들의 정보보호 의식 고취로 중요한 정보자산 유출피해 등의 심각성에 대해 구성원 스스로가 인식하게 되고 안정적인 콘텐츠 자산보호가 콘텐츠 경쟁력의 시작임을 깨닫게 되기 때문이다. 다시 말해, ISMS 인증기준에 부합하는 정보보호 관리체계를 체계적, 지속적으로 잘 운영하는 방송사들은 보안사고로 인한 불필요한 피해와 손실을 최소화 하며, 콘텐츠 이용자들로부터의 신뢰성을 얻어 콘텐츠 소비가 지속적으로 증가할 수 있으며, 구성원들이 회사의 정보자산 보호에 대한 인식이 강화되어 적극적으로 정보자산 보호에 나서게 됨으로써 최근 경쟁이 가열되고 있는 지상파 방송사와 종합편성채널, 케이블채널 간의 경쟁에 있어서도 보안사고에 의한 각종 콘텐츠 관련 기밀자료, 계약서, 광고, 편성, 마케팅 계획 등의 외부 유출 등이 최소화 되어 방송사의 매출증대 등 경제성 확보에 직접적으로 기인하게 되는 것이다. 따라서 방송사에 대한 사이버 위협이 현실화 되는 시점에서 언론의 자유가치를 훼손하지 않으면서도 취재, 보도의 편의성, 신뢰성을 확보하고, 회사의 경제성 가치에도 긍정적인 영향을 줄 수 있는 방송사 정보보호 관리체계 강화, 체계적, 지속적 운영이 반드시 필요하다.

특히, 정보보호 관리체계의 체계적, 지속적인 운영이 방송사 경영활동의 한 축으로써 경제성을 확보하는데 직접적으로 긍정적인 영향을 끼친다는 것을 가장 먼저 인식해야 하는 것은 바로 경영진과 임원진이다. 다시 말해, 정보보호를 비용이 아닌 경영관리의 중요한 하나의 요소로 인정하는 경영진과 의사결정자의 보안투자 인식개선이 중요하다. 정보보호가 방송사에 미치는 경제적인 성과를 사장, 임원진에서부터 경영의 관점에서 인식하고, 경영전략, 정보화전략, 정보보호전략 등을 일관성 있게 수립하고 유지한다면, 방송사 정보보호 관리체계는 지속적, 안정적으로 운영 및 점차적인 개선이 가능하게 될 것이다. 특히 정보보호는 최근에는 방송사의 사회적 책임과의 연관성이 더욱 커지고 있다. 방송사의 중요 정보자산, 콘텐츠 이용자의 개인정보 유출 등은 이제 단순히 방송사 내부의 문제로만 인식되지 않는다. 이러한 보안사고는 방송사가 사회적 책임을 제대로 하지 못한 것으로 인식되어 매우 큰 사회적인 비판에 직면할 수 있으며, 콘텐츠 이용자의 비난, 소송에 그치는 것이 아니라, 사회 전반적인 피해를 가져올 수 있기 때문에 사회적인 책임, 즉 '정보보증'에 대한 책임은 점점 강조되고 있다.

방송사 업무 특수성으로 인해 다양한 보안강화를 위한 조치들은 구성원의 업무 편의성이나 표현의 자유성과 상충되는 경우가 많기 때문에, 이러한 상반되는 가치들에 대한 조화로운 대책수립이 무엇보다 중요하다. 따라서 보안투자확대, 전문 보안인력의 확충, 기술적인 정보보호 대책강화 등의 조치 뿐 만 아니라, 방송사 임직원들과 외주 협력직원들 까지도 모두 정보보호에 대한 새로운 인식과 경각심을 유지하는 것이 중요하며, 경영을 담당하는 CEO, 임원진부터 방송사의 모든 구성원들이 정보보호에 대한 책임을 나누는 등의 보안문화를 정착시키는 것이 무엇보다도 중요하다. 최근 보안사고들은 특정 시스템, 네트워크가 아닌 '사람'을 대상으로 한 사회공학적인 방법을 활용한 공격시도에 의해 발생된 경우가 많기 때문에, 보안장비나 보안기술에만 의존하기 보다는 보안정책, 관리, 문화 중심의 보안 패러다임 정립으로의 전환이 필요하기 때문이다. 또한, 정책적으로는 방송사 특성에 맞는 보안정책을 정립하고 이행하며, 정보 자산별 보안위험에 대응할 수 있는 방안을 체계적으로 마련하여 지속적으로 평가, 보안이행 점검, 개선 등 정보보호 거버넌스 체계를 확고히 유지해 나아가는 것도 반드시 필요하다. 이러한 체계적인 정보보호 관리체계를 수립하고, 객관적 인증수준에 부합하도록 지속적으로 운영·개선해 나아가는 것은, 방송사의 기본가치와 콘텐츠 경쟁력 확보, 긍정적인 경제적 성과 창출 등의 기반이 될 것이다.

| 참고문헌

[1] 김진하, 제4차 산업혁명 시대, 미래사회 변화에 대한 전략적 대응 방안 모색, 한국과학기술기획 평가원, 2016.
[2] 서병조, 4차 산업혁명과 사이버 보안대책, 한국정보화진흥원, 2016.
[3] CIO코리아, 셰도우 IT, IoT 위협 커진다, 가트너 10대 보안 전망 발표. 2016.
[4] 안랩홈페이지, 4차 산업혁명, 보안의 패러다임도 바꾼다, 2017.
[5] 덕성여대 산학협력단, IoT 제품 및 서비스 보안성 강화방안 연구, 한국인터넷진흥원, 2015.
[6] 미래창조과학부, 사물인터넷(IoT) 정보보호 로드맵, 2014.
[7] IoT 보안얼라이언스, IoT 공통 보안 원칙, 2015.
[8] 배상태 외 1명, 사물인터넷 발전과 보안의 패러다임 변화, 한국과학기술평가원, 2016.
[9] 유재복, 빅데이터 분석을 통한 방송분야 활용에 대한 전망 및 제안, 방송공학회, 2014.
[10] 양경아 외 3명, 빅데이터 시스템의 보안 위협 및 보안 요구사항 분석, 보안공학연구논문지, 2016.
[11] 김형종 외 3명, 제4차 산업혁명 미래기술과 기업보안, 인포더북스, 2017.
[12] 김기완, 방송기술의 클라우드 전략, 월간 방송과 기술, 2017.
[13] 이글루시큐리티 홈페이지, 제4차 산업혁명 시대의 도래와 사이버 보안위협, 2017.
[14] 보도자료, 호스팅 업체 침해사고 중간조사 결과 발표 및 후속대책 논의, 미래창조과학부, 2016.
[15] 강현선, 정보보안을 위한 정보보호 관리체계 및 인증체계 분석, 2014.
[16] 한국인터넷진흥원, 정보보호 관리체계(ISMS) 인증제도 안내서, KISA, 2017.
[17] 한국인터넷진흥원, 정보통신망법 개정에 따른 ISMS 인증제도, KISA, 2016.
[18] 장상수 외 2명, 정보보호 관리체계가 정보보호 성과에 미치는 영향, 2012.
[19] 보도자료, 방송통신위원회, 빅데이터 개인정보보호 가이드라인 발표, 방송통신위원회, 2014.12.
[20] 법령, 정보통신망 이용촉진 및 정보보호 등에 관한 법률, 2017.
[21] 정찬석 외 1명, 멀티미디어 방송통신 융합서비스에 대한 보안위협 검증 및 대응방안 연구, 2013.
[22] 신수정, 보안으로 혁신하라, 엘컴퍼니, 2013.
[23] 김문홍 외 3명, 5G 이동통신기술 발전방향, SK텔레콤 5G Tech Lab, 2015.
[24] 이명령 외 1명, 스마트카 정보보안 침해위협 분석 및 대응방안 연구, 2017.
[25] 미래창조과학부·한국인터넷진흥원, 사물인터넷 소형 스마트 홈·가전 보안 가이드[이용자용], 2016.
[26] Trusted Computing Group, Architect's Guide: IoT Security, 2015.

4차 산업혁명과 1인 미디어의 진화

이희대(광운대학교 미디어영상학부 교수)
김상연(위스콘신 밀워키대 교수)

4차 산업혁명과 1인 미디어의 진화

이희대(광운대학교 미디어영상학부 교수)

김상연(위스콘신 밀워키대 교수)

1. 개인화(個人化)와 개인 미디어의 발전

인간은 여러 혁명을 통해 개인화가 점진적으로 심화되는 방향으로 진화한다. 농업혁명 이전의 인간은 사냥이나 수렵이 전업이다. 사냥감을 하루 종일 열심히 따라다녀도, 그날 자신을 포함한 소 부족이 배를 채울 수 있을 지는 언제나 미지수다. 채집한 씨앗을 뿌려 안정적으로 식량을 공급할 수 있는 기술이 점차 발달하면서 인간은 드디어 기아의 공포에서 벗어나게 된다. 인류학자들은 이러한 농업혁명이 인간의 개인화(個人化)와 전문화(專門化)를 촉발시킨 최초의 계기로 본다(Diamond, 1997). 농업기술이 발달하면서, 부족 구성원 전원이 사냥과 수렵에 매달려야 할 필요가 사라진다. 농사에 할당된 부족민 일부를 제외한 나머지 사람들은 드디어 다른 일에 몰두 할 기회를 갖게 된다. 타 부족들과의 전쟁에 대비해 창이나 활을 만드는 장인들, 계절과 날씨로부터 부족을 보호할 시설을 만드는 엔지니어들, 부족의 공동 의식을 준비 개발하는 수공인, 종교인들 등의 전문직 종사자들이 생겨난다. 먹고 살아가야 하는 일차적 고민에서 해방된, 타 부족민들과는 독립된, 특화된 직업을 가진 개인이 인류 역사에 처음 등장하게 된 것이다.봉건시대를 거쳐 시장이 등장하면서 개인화는 한층 가속화한다. 중세시대에서 개인으로서의 가치와 역할은 그의 가문이 어디인지에 의해 주로 결정되었다. 한 사람의 사회적 지위와 직무는 이미 사회적으로 정해지고, 개인은 태어나면서부터 주어진 자리를 채워야 할 롤 플레이어로서의 의미만을 가질 뿐이다. 자신의 잠재성을 꾸준히 시험하고 그 능력이 가장 잘 발현될 수 있는 자리를 스스로 찾을 것을 요구하는 지금의 사회 규범과는 매우 다르다.

시장과 교역의 범위가 확장되면서 이러한 전근대적 인간관은 큰 전환점을 맞는다(Fromm, 1976). 부모와 가문의 부 혹은 평판 따위는 개인의 가치를 판단하는데 그 영향력이 제한된다. 그 대신 그가 어떤 물건을 얼마나 잘 만들어 내느냐가 상위의 척도로 등장한다. 사람들은 잡화상이, 대장장이가, 혹은 수공업자가 어느 집 출신인지 더이상 관여치 않는다. 진귀한 물건들로 눈을 즐겁게 해주고, 수 년 동안 믿고 쓸 수 있는 튼튼한 농기구나 병장기를 제공할 수 있다면, 그것으로 충분하다. 이에 생산자들은 자신의 상업적, 사회적 가치를 높이기 위해 자신의 전문분야를 개발, 특화하는데 몰두한다. 드디어 인간은 그의 출신이 아니라 그의 생산성으로 평가받는, 사회적 속박으로부터 벗어난 자유로운 개인으로서의 의미를 찾게 된다. 개인화는 산업혁명을 거치면서 성숙을 거듭한다. 대량 소비와 대량생산이 가속화하면서 필연적으로 분업이 심화한 결과다. 예전처럼 장인 한 사람이 전 공정을 거쳐 제품을 만들어서는 폭발하는 대중의 욕구를 충족시킬 수 없다. 제품 한 단위를 만들 때 발생하는 비용과 시간이 분업을 통해 현저히 감소한다는 사실은 이미 수 세기 전 아담 스미스가 국부론(1776)에서 적시한 바 있으며, 그 잠재력은 포드의 Model-T 생산에 도입된 어셈블리라인에서 유감없이 발휘된다.

미디어 발달사에서도 유사한 패턴을 발견할 수 있다. 구텐베르크의 금속활자가 등장하면서 책이, 지식이, 대량 생산, 소비되기 시작한다. 개인은 사회와 떨어져 홀로 책을 읽으며 다양한 주제에 대해 독립적인 생각을 가져 볼 수 있는 기회를 처음 누리게 된다(McLuhan, 1964). 문자 해독률 역시 폭발적으로 상승하면서, 소수가 독점하던 지식에의 접근성이 확대되어 피지배층의 통치자들에 대한 의존성도 약해진다. 해방된 인간은 개인화, 전문화를 계속하고, 그에 따라 사회는 점차 다양성을 갖추게 된다.

인터넷이 민간에 허용되고, 그 활용을 최적화하기 위한 인터페이스가 개발되면서, 인류의 개인화와 전문화는 폭발적 진화를 거듭한다. 70-80년대에는 기술과 자본을 가진 소수의 거대 미디어사들이 채널을 독점했지만, 이제는 보통 사람들도 개인으로서 자신의 생각을 전파할 수 있는 수단을 가지게 된다. 우려도 많았지만 인류는 항상 해법을 찾아간다. 작고 어두운 방안에 틀어 앉아 모니터 앞에 앉은, 위험하리만큼 외롭고 우울한 개인들의 출현을 걱정했지만, 사람들은 인터넷상에 다양한 공공의 영역을 만들었으며, 그에 따라 과거 만남의 폭을 제한해 왔던 물리적 거리의 개념은 소멸한다(Cairncross, 1999). 개인이 가질 수 있는 취미의 가지 수만큼이나 다양한 동호회들이 출현하면서, 사람들은 드디어 지역적 연고나 학연, 사회경제적 지위의 유사성 따위가 아닌 오로지 공통의 관심사만을 기반으로 한 만남을 갖기 시작한다(Wallace, 1999). 특히 블로그와 유튜브가 등장하면서 한 분야에 정통한 오피니언 리더들을 위시해 사람들은 같은 관심사와 취미에 대해 깊이 소통한다. 개인의 전문성은 더욱 심화하며, 이 전문성은 각각의 개성과 배경을 토대로 재해석되어 새로운 전문분야를 파생시킨다. 거시적인 관점에서 볼 때 인류는 유례없이 다양한 전문성을 가진 개인들이 무대 전면에 나선 시대를 맞고 있다.

이러한 패턴은 4차 산업혁명으로 가속화되고 있다. 모든 정보는 이제 개인 휴대폰에서 생산되고 소비된다. 미디어 기업들은 개인의 휴대폰 이용 행태를 데이터 베이스화하고, 이를 기반으로 알고리즘을 만들어 개인 이용자가 필요로 할 것 같거나 관심 가질 만한 정보를 맞춤 제공한다. 이용자는 자신의 관심 사안이나 흥미 거리를 심층 탐색할 수 있는 기회를 누린다. 특히 미디어 이용자가 콘텐츠 생산자로서 그의 역할을 크게 넓히면서 개인의 전문화와 사회 다양성은 한층 더 심화될 것으로 보인다.

이번 장에서는 4차 산업혁명의 여러 측면의 변화 중 특히 인간의 개인화 현상을 기반으로 넓고 빠르게 확산되고 있는 개인 미디어의 발전 양상을 살펴보며, 이른바 '1인 미디어 시대'에 접어든 현 시점 개인으로서의 미디어 이용자, 창작자, 그리고 기존 미디어와 미디어 정책 입안자 입장에서 이 같은 진화를 어떻게 바라볼 것인지 모색해보고자 한다.

2. 인간의 욕망 구조와 개인 미디어

방송(放送, broadcasting)은 동시에 같은 콘텐츠를 일 방향으로 전달한다는 의미를 내포하고 있으며 '동시에 같은' 이라는 전제는 방송용 주파수, 불특정 다수, 실시간, 그리고 편성(編成)이라는 개념을 함께 동반한다. 그런데 이 같은 방송의 개념은 4차 산업혁명 시대를 맞아 도래한 유무형의 거대한 변화 속에서 점차 과거의 정의를 대표하기 어려워지고 있다.

방송사가 제작한 콘텐츠의 경우도 현재는 방송용주파수 뿐만 아니라 통신주파수에 실려 TV 외에 스마트폰 등 다양한 기기를 통해 서비스되고 있다. 방송과 달리 통신 서비스는 불특정 다수가 아닌 선택에 의해 특정한 사람들, 즉 가입자들이 사용하는 것이기에 같은 콘텐츠를 방송과 통신의 각기 망에 실어 나르는 현 상황에서 기존 '방송'의 원천 개념을 고수하기는 힘들어지고 있다. 이에 태생적으로 기존 방송의 개념에서 설립된 방송사들은 아직도 실시간, 그리고 편성이라는 개념 하에 제작 및 운영 체계를 유지중이지만, 이미 VOD(Video on Demand)시청과 모바일 검색 기반 수시 시청의 보편화로 동영상 콘텐츠의 이용 패턴이 변화를 맞으면서 혼선을 보이고 있다.

이미 오랫동안 익숙하게 사용해왔던 콘텐츠 이용의 경로와 방법이 이미 있음에도 새로운 경로와 방법을 찾는 경향은 흥미로운 현상이다. 방송사 제작 콘텐츠의 경우 경로와 방법이 다를 뿐 사실상 동일한 콘텐츠를 보는 것이기 때문이다.

미국의 심리학자 에이브러햄 매슬로우(Abraham Maslow)는 동기부여론을 통해 인간 본성이 추구하는 욕망을 계층화했는데 이는 크게 생존적 동기와 사회적 동기로 나뉜다고 주장한다. 첫째는 생존적 동기(motivation for survival)로 인간은 생존하기 위해 배고픔, 갈증, 추위를 회피하고 보다 안락하고 편안한 상태를 추구하고자 한다는 것이다. 즉, 인간은 서면 앉고 싶고, 앉으면 눕고 싶고, 누우면 자고 싶은 가장 안락하고 편안하며 안전한 상태를 원하는 것이 본능이라는 것이다. 둘째는 사회적 동기(social motivation)다. 다른 사람과의 관계에서 인간에게 내재되어 있는 욕망들이다. 종족 번식과 관련된 성욕(sex), 이성간 사랑(love), 부모의 자녀에 대한 사랑(parenthood), 타인과의 경쟁에서 이기고 싶은 우월 욕구와 질시(jealousy), 집단으로 행동하는데 반드시 필요한 동정(sympathy), 우정(friendship), 존경-복종(respect-obedience) 등은 대표적인 사회적 동기이다. 이외에도 호기심 욕구, 심미적 욕구는 모두 인간의 본능적 욕구 구조다.

인간은 이러한 욕망과 동기를 충족시켜주는 것을 찾기 위해 끊임없이 새로운 제품을 만들어 내고, 인간의 감각을 확장하는 도구와 매체는 그에 따라 진화를 거듭한다. 다시 말해, 같은 콘텐츠를 보는 것을 전제한다고 해도 생존적 동기에 의하면 더 편하게 보는 방법을, 사회적 동기에 의하면 단순한 시청이 아닌 선택과 참여를, 호기심 욕구의 기준으로는 새로운 유형의 전달방식을, 심미적 욕구에 의하면 더 아름다운 디자인의 단말기를 끊임없이 욕망한다는 것이며 이를 충족할 수 있다면 이는 꼭 기존 방송 개념의 틀에 의한 전달 방식일 필요는 없다는 것이다. 그리고 이 같은 변화는 4차 산업혁명 시대의 한가운데 있는 현재 우리 스스로가 직접 실감하고 있다.

방송에서 통신, 디지털 기술을 기반으로 지난 수년간 모바일 TV, 양방향TV, 3D TV, 태블릿 TV서비스, 스마트TV 등 전송 방법, 단말기, 서비스 유형 등을 넘나들며 인간의 욕망에 맞추어 미디어의 진화는 계속되고 있다. 인간의 욕망과 21세기 디지털기술의 결합은 이처럼 기기(機器)간 또는 기기와 서비스가 융합되어 지속적으로 새로운 형태의 산업과 가치사슬을 만들고 있으며 이를 이른바 디지털 컨버전스(digital converence)라 부르고 있다. 이는 미디어 컨버전스, 디바이스 컨버전스, 네트워크 컨버전스, 서비스 컨버전스, 나아가 산업간 컨버전스까지 끌어내며 다양한 유형과 계층에서 광범위하게 일어 나고 있다. 이중에서도 미디어 컨버전스가 가장 중요하게 부각되고 있는데, 그 배경은 현 디지털 시대의 경제 구조가 네트워크를 기반으로 사용자(고객)가 형성되는 산업 특성을 띠면서 최대 규모 고객 네트워크 선점의 가치가 매우 중요하게 되었고, 바로 이 네트워크의 주도권의 핵심이 되는 것이 미디어 컨버전스이기 때문이라는 것이다(손상영, 2007). 즉, 사용자의 변화에 대한 욕망뿐 아니라 미디어를 기반으로 집객을 유도하는 산업적 목적이 더해지면서 이제 기존 미디어(방송, 신문 등)사업자, 통신사업자, 제조사, 이종 사업자 할 것 없이 미디어 산업에 뛰어들고 있으며 이는 지금까지의 방송의 패러다임이 변할 수밖에 없음을 제시한다.

결국, 시공간적으로 편리하고, 커뮤니케이션 방법이 다양하며, 방송 외에 다른 서비스들도 함께 즐길 수 있는 멋진 디자인의 단말기를 제공해 사용자의 니즈를 얼마나 잘 충족할 수 있느냐 하는 것이 관건이다. 이를 타겟으로, 애플의 스티브 잡스가 처음 개척에 나서고, 이후 알파벳사의 래리 페이지, 페이스북의 마크 주커버그, 그리고 아마존의 제프 베조스 등이 이 시장으로 영역을 꾸준히 넓히고 있는 이유다. 이들 ICT(Information and Communications Technology)의 유력 주자들이 앞다투어 미디어, 콘텐츠 분야로 경쟁적으로 진입해 저마다의 특장점을 가진 다양한 미디어 플랫폼을 이용자들에 제공하는 환경이 도래하면서, 콘텐츠 또한 기존 방송사들만이 아닌 실력 있는 개인 창작자들의 영역으로 급속히 확장되었다. 4차 산업혁명 속 미디어의 개인화 그리고 1인 미디어 시대는 이처럼 이유 있는 속내를 간직한 채 우리 앞에 성큼 다가와 있다.

3. '1인 미디어'의 등장과 모바일

국내의 경우 '1인 미디어'의 역사는 ICT기술의 발달과 궤를 같이 했다고 볼 수 있다. 1990년대 후반에서 2000년대 초반 인터넷이 한창 퍼지던 시절에는 개인 홈페이지가, 2000년대 중반에 들어서는 블로그가 붐을 일으키면서 기성 미디어가 보여주지 못했던 역할을 다양한 분야의 개인 블로거들이 제시하기 시작했고 이를 통해 1인 미디어라는 개념이 국내에도 확립되기 시작 했다. 이어 유튜브(2005년)의 등장으로 기존까지 텍스트와 이미지중심의 블로그에서 동영상 기반의 UCC(User Created Contents)에 대한 인식이 높아졌고, 2006년 아프리카TV가 시청자 후원이라는 독특한 수익모델을 결합한 한국형 '1인 방송'의 포맷으로 참여자를 늘리게 되면서 동영상이 1인 미디어의 보편적 콘텐츠 형태로 발돋움하게 되었다.

특히 2010년대에 들어서는 스마트폰의 보급을 배경으로 앱 문화가 보편화되면서 정치를 주제로 한 팟캐스트(podcast) 채널들이 인기를 끌면서 스타 팟캐스터들을 중심으로 1인 미디어가 단순히 개인 창작이라는 정의에서 대안 미디어로 가능성을 보이기 시작했다. 또한 게임 중계나 해설 등을 소재로 1인 생방송을 선보이는 아프리카TV의 인기 방송진행자들이 시청자 후원 수익과 더불어 유튜브에 업로드한 VOD로 고액의 광고수익을 올리는 성공 사례들이 점차 세간에 알려지면서 요리, 뷰티, 영화 등 다양한 영역의 1인 방송 진행자들이 속속 이 분야에 발을 딛기 시작했다. 이중 인기 있는 채널의 진행자들은 기존 미디어에서 유명인을 뜻하는 셀러브러티(celebrity)와 유사한 '인플루언서'(influencer)라는 개념으로 그 역할을 다지기 시작했다.

이미 미국에서 '유튜브'를 무대로 인기 스타들이 배출되며 이들이 규합된 MCN(Multi-Channel Network)사업의 확장세를 지켜본 국내 기업들도 이들 '인플루언서'를 통한 새로운 미디어 비즈니스를 준비했고, 2015년 이후 CJ E&M이 설립한 DIA(Digital Influencer & Artist) TV를 비롯해 트레져헌터, 샌드박스 네트워크, 레페리 등 유력 MCN이 생겨나면서 1인 미디어와 인플루언서들이 일종의 신종 직업으로 주목 받기 시작한다.

이런 분위기 속에 기존의 매스미디어가 이 1인 미디어의 제작과 실시간 소통의 포맷을 프로그램에 반영해 새로운 조합을 이루면서 유명세를 만든 것 또한 해당 문화 확산에 큰 역할을 했다. 2015년부터 방송된 MBC의 '마이리틀 텔레비전(일명 마리텔)'이 대표적이고 이어 KBS의 '어서옵쇼,' SBS의 '꽃놀이패' 등 일명 '소통형 예능'이 붐을 이루면서 이후 1인 미디어 성장에 불을 붙였다.

1인 미디어의 활성화에 이처럼 ICT 발전사의 다양한 변인들이 영향을 미쳐왔지만 역시 가장 큰 역할은 스마트폰의 대중화를 들지 않을 수 없다. 2007년 미국의 아이폰 출시이후 지난 10년간 국내에도 아이폰과 갤럭시S 시리즈간 경합 속에 스마트폰의 대량 보급이 확산되면서 미디어의 이용 행태가 사실상 완전히 달라졌다. 출퇴근길 지하철에서 신문이나 무가지(無價紙)를 읽던 샐러리맨들의 모습이 사라졌고, 안방에 모여 가족이 다 함께 TV를 보던 풍경도 이제는 드문 일이 되었다. 누구나 자기 손에 하나씩 미디어를 들고 다니게 되며 일명 '개인 시청'이라는 이용 패턴이 자리를 잡았다. TV와 같은 매스미디어가 일방적으로 편성해주는 콘텐츠를 그대로 받아들여야 했던 미디어 소비행태에서, 스마트폰을 통해 내가 원하는 콘텐츠를 간단히 검색해 찾아보거나 나와 성향이 맞는 지인이 SNS(Social Networking Service)를 통해 추천해준 콘텐츠를 골라서 소비하는 시대를 맞았다. 미디어와 콘텐츠에 대한 개인 선택권이 강해진 것이다.

이 같은 배경 속에서 기존의 매스미디어에서 볼 수 없었던 차별화, 전문화, 세분화된 콘텐츠에 대한 선호가 생겼고, 이런 콘텐츠를 직접 만들어 개설하는 과정도 역시 스마트폰과 인터넷의 발달로 매우 간편해지면서 유튜브나 페이스북 등에 자신의 채널을 직접 만들어 운영하는 1인 창작자들이 다수 등장했다. 특히, 채널을 제공하는 플랫폼사들이 다수의 가입자들을 자랑하는 인기 창작자들과 광고수익을 분배하기 시작함에 따라 1인 미디어는 이제 사업성까지 갖추게 되었다. 이후 스타 크리에이터들도 등장해서 연예인 못지않은 인기와 영향력, 그리고 수익을 갖게 되자 이들을 규합해서 연예 기획사 형태로 사업화한 MCN사업모델이 등장하며 명실공히 새로운 미디어 산업의 대열에 들어서게 되었고, 1인 미디어의 매체로서 의미와 역할은 확장과 상승을 이어가고 있는 단계다.

4. "제 꿈은 크리에이터 예요"

지난 2017년 5월 미국의 한 언론매체(The Sun)의 조사 결과에 따르면, 샘플로 채택된 미국 만 6세에서 17세 사이의 청소년 1,000명 중 34.2%가 바라는 장래 희망 1위는 '유튜버'(Youtuber)였다. 2위는 이와 유사한 '블로거'(Blogger/Vlogger, 18.1%). 다시 말해, 조사 대상 청소년 중 절반 이상이 1인 미디어를 이상적인 미래의 직업으로 생각하고 있다는 것이다. 우리나라 통계청에서도 같은 해 7월, 유튜브, 아프리카TV 등에서 활동하는 크리에이터들을 '미디어 콘텐츠 창작자'라는 새로운 직업으로 공식 인정하고 4차 산업혁명 시대를 이끌 신 성장 직종으로 분류했다. 최근에는 청년 취업과 실업문제가 사회적 이슈로 대두되는 가운데 문화산업 분야에서 '크리에이터'가 청년 창직(創職)의 대표적 사례로 꼽히고 있다.

이처럼 익숙한 용어가 된 크리에이터의 개념은 그 활동 영역을 기준으로 광의(廣義)와 협의(狹義)의 측면에서 살펴볼 수 있다. 큰 의미에서는 기존의 매스미디어와 대비되는 개념으로 개인이 주체가 되어 개설하고 운영하는 블로그나 팟캐스트, 동영상 채널 등 인터넷 기반의 모든 텍스트 및 이미지, 오디오, 영상 등 다양한 포맷의 콘텐츠 창작을 통해 대중에게 이를 전파하는 활동 전반으로 지칭하고 있다. 좀 더 좁혀서, 최근의 인터넷 이용자들의 최 선호 포맷인 동영상에 초점을 맞추자면, 유튜브나 아프리카TV 등 OTT (Over-the-Top, 온라인 동영상서비스) 또는 페이스북, 인스타그램과 같은 SNS에 채널을 개설하고 자신만의 콘텐츠를 선보이며 선호 이용자들과 주로 영상을 통해 커뮤니케이션을 하는 창작 활동으로 요약할 수 있다. 모바일 등을 통한 동영상 시청의 증가 추세와 함께 현재는 주로 협의의 개념으로 통용되고 있다.

크리에이터라는 개념이 지금과 같이 국내에 자리 잡기까지 물론 개척자 시대가 있었다. 게임 해설 크리에이터로 1인 미디어의 1세대로 불리는 '대도서관'이 처음 개인 방송을 시작했던 것은 2010년. 당시는 개인 동영상 방송 채널을 개설해서 운영하는 주요 기기가 PC였고, 국내에서 개인 방송 서비스를 제공하는 플랫폼들(다음TV팟, 아프리카TV 등)도 아직 초창기였던 상황이라 이른바 버그(bug)도 적지 않아서 크리에이터들은 PC 운영능력을 어느 정도 갖출 정도의 실력이 있어야 원만하게 제작과 진행이 가능했다. 스마트폰의 경우 이제 막 아이폰의 국내 도입 초기 시점이었고, 국내 제조사는 자체 제품 출시를 막 준비하던 시절이었다. SNS 기반 IT회사의 젊은 기획자 출신으로 PC 운영 능력과 이 분야 문화에 익숙했던 '대도서관'이 1인 미디어 1세대로 선구자가 된 것은 한편으로 이러한 기본적 요건을 갖춘 때문으로도 볼 수 있다.이처럼 게임, 포털, SNS 등 IT 기반 신문화 및 PC와 친한 세대, 즉 주로 10대~20대들이 1인 미디어의 초기 세대로서 역할을 맡게 되면서 주요 선호 콘텐츠 또한 이들 젊은 층이 선호하는 오락, 게임 분야가 주를 이루게 된다.

이후 약 7년 여간 국내 스마트폰의 급속한 보급 및 대중화는 1인 미디어의 발전 양상에도 큰 영향을 미쳤다. 편리한 휴대성은 기본이고 PC보다 매우 간편한 유저인터페이스 (UI, User Interface), 폰 카메라 기능의 발달로 인한 동영상 촬영의 편의성, LTE 등 데이터 품질의 향상, 그리고 경제적인 요금제 도입 등 1인 미디어 시청과 입문의 도구가 PC 에서 스마트폰으로 확대되는 일대 과도기를 맞게 된다. 특히 PC 이용에 상대적으로 어려움을 느끼던 중장년층에게 앱 중심의 직관적인 UI와 촬영 기능 등 스마트폰의 편의성은 이를 친숙한 미디어 기기로서 다가서게 하는데 중요한 역할을 하고 있고, 개인 동영상 서비스를 제공하는 플랫폼들도 모바일 시대를 맞아 채널 개설과 운영이 모바일에서 쉽게 가능하도록 진화를 거듭하고 있다. 여기에 2016년과 2017년의 국내 정치적 특수성 속에 정치 '팟캐스트' 성격의 유튜브 채널들도 진보, 보수 양측으로 다수 개설되면서 중장년 계층의 시청과 참여가 늘어나 현재 1인 미디어는 오락 뿐 아니라 정치, 시사 등 다양한 분야에 유년층부터 장년층에 이르기까지 다양하게 접하는 매우 영향력 있는 미디어, 그리고 명사(名士)의 보고(寶庫)로 거듭 나고 있다.

이처럼 기존 매스미디어와 달리 OTT나 SNS를 주 활동 무대로 하고 있는 이들 1인 크리에이터는 각 플랫폼별 속성에 따라 콘텐츠의 기획과 제작을 최적화할 때 이용자들의 선택이 활성화될 수 있고, 또한 자신의 채널과 콘텐츠를 찾는 이용자들과의 지속적인 커뮤니케이션과 유대를 잘 이어가야 하는 것이 중요한 전제다. 예를 들어, 유튜브는 동영상 콘텐츠를 올리는 창구이기도 하지만 구글에 이어 세계 2위의 검색 플랫폼이기도 하다. 즉, 유튜브를 주로 이용하는 이용자들은 검색을 통해 선호하는 콘텐츠를 찾는다는 것을 의미한다. 그렇다면 자신이 업로드한 콘텐츠가 검색 시 상위에 올라야 이용자들에게 선택될 확률이 높다. 이를 SEO(Search Engine Optimization), 즉 검색엔진 최적화라고 한다. 유튜브나 포털의 검색에서 상위에 오르는데 영향을 주는 요소에는 물론 여러 가지가 있겠지만 중요 알고리즘 변수의 하나는 지속적인 콘텐츠의 양산이다. 즉, 꾸준히 좋은 콘텐츠를 제작해 업로드하는 크리에이터가 그만큼 이용자의 선택 선상에서 상위로 올라가는 구조인 것이다. 주요 동영상 플랫폼들의 알고리즘이 좋은 콘텐츠의 조건을 바로 지속적인 콘텐츠 생성의 이력에 두고 있기 때문이다.

결국 인기 있는 크리에이터는 오랜 기간을 두고 정기적이며 주기적으로 다른 양질의 콘텐츠를 신규로 제작해야 한다. 단순히 빅히트 콘텐츠 한두 편만으로 인기 크리에이터가 되기는 어려운 환경인 것이다. 인기 크리에이터들의 상위 순위를 보면 보통 2~3년 이상 장기 활동한 이력이 대부분인 것이 바로 그 반증이다. 결코 쉽지 않은 일이다. 특정한 분야에서 매회 다른 콘텐츠를 기획하고, 제작하고, 또 이를 장기간 반복 수행하는 것은 해당 이슈에 대한 열의와 몰입 없이는 불가능할 것이다. 다소 과장되거나 포장된 인식을 갖고 마치 크리에이터를 쉽게 일하며 수익도 얻는 무지개 빛 청사진의 창직 분야로 접근한다면 실제 맞닥뜨리는 현실에서는 어려움이 있을 수 있다. 마치 긴 연습기간을 통해 실력을 갈고 닦아 연예계에 진출하는 연습생과 같은 중간 과정이 꼭 수반된다는 것이다. 즉, 크리에이터는 많은 준비와 지난한 노력으로 결과가 이어지는 직군이라는 사고가 필요하다.

물론 이처럼 어려운 과정 속에서도 이용자들의 관심과 선택을 한 몸에 받는 인기 창작자, 크리에이터는 탄생하기 마련이다. 유튜브의 경우 개설한 채널에 구독자 10만 명 이상, 아프리카TV의 경우 베스트BJ(Broadcasting Jockey) 이상으로 선정된 크리에이터들을 인기 창작자로 정의하며, 이들 플랫폼이 인정한 우수 창작자로서 기본적인 요건을 갖추었다고 간주한다. 참고로 유튜브(구글) 본사는 구독자 10만 명이 넘은 채널에 대해서는 '실버 크리에이터 어워즈'를 수여하며 '크리에이터 명예의 전당'에 입성하게 하고 있다. 이는 유튜브가 해당 창작자를 공식 크리에이터로 인정한다는 의미를 갖고 있으며 이에 따른 지원과 혜택이 수반된다. 아프리카TV는 자체 활동 평가로 선발 기준을 통과한 우수 BJ를 매달 '베스트 BJ'로 선정, 지원과 혜택을 통해 활동을 장려하고 있다. 이후 더 우수한 활동의 BJ는 본사와 별도 계약을 체결하며 파트너BJ로 자격을 높여 관리하고 있다.

유튜브 및 국내외 주요 통계 사이트들이 제공하는 랭킹을 살펴보면, 현재 국내에서 개설된 유튜브 채널 중 구독자수 10만 명 이상인 채널은 2017년 10월 현재 약 530여개로 나타나고 있다(SocialERUS, 2017). 연예기획사와 법인 등에서 개설한 채널을 제외하더라도 순수 개인 1인 미디어 채널은 이중 약 450여 채널로 추산된다. 아프리카TV에서도, 베스트BJ 이상 선정자 중 현재 여전히 활발히 활동 중인 BJ 역시 350명이 넘는 것으로 나타난다(아프리카 TV, 2017). 하지만, 아프리카TV의 베스트BJ 이상 선정자들 중 유튜브 채널을 동시 운영 중인 경우가 있어 이 같은 중복을 고려하면 국내에서 우수 크리에이터로 불릴 수 있는 대상은 600-700 여명 내외로 추측해 볼 수 있다. 2017년 초 국세청이 밝힌, 수입을 신고한 국내 연예인 종사자가 약 2만8천 여명으로 조사된 것에 비하면 여전히 작은 숫자로 신규 직군이라고 하지만 아직은 초기 단계로 볼 수 있다.

이와 같은 집계 추이는 물론 그 기준에 따라 그 규모가 다를 수 있다. 앞서 언급한 유튜브나 아프리카TV외에도 네이버TV, 카카오TV등 포털 사업자가 운영하는 서비스를 포함해 게임 전용 채널 서비스인 트위치TV 등 다양한 OTT서비스 플랫폼이 국내외에 산재 중이며, 페이스북과 인스타그램 등 국내외 다수의 SNS의 동영상 서비스에서도 역시 자신의 아이디만 있으면 누구든 쉽게 개인 채널 개설이 가능하고, 채널 개설 후 자신만의 콘텐츠를 선보인다면 사실상 모두 잠재적 1인 미디어라고 볼 수 있기 때문이다. 참고로 CJ E&M은 자사의 MCN 그룹 DIA TV에 소속되어 활동 중인 크리에이터의 수가

1,200팀에 달한다고 2017년 6월 언론을 통해 밝힌 바 있다(한경비즈니스, 2017). 다른 유수의 MCN에 소속된 크리에이터들을 포함해 최근 채널을 개설하고 활동 중인 신규 개인 크리에이터들까지 모두 고려한다면 그 수는 상당할 것으로 보인다. 물론 이들 중 구독자 10만 이상, 그리고 베스트BJ 이상의 이른바 인기 창작자 또한 지금 이 순간에도 계속해서 증가하며 그 영역을 넓혀가고 있다.

5. 1인 미디어의 킬러 콘텐츠?

최근 통계 자료를 살펴보면 1인 미디어 분야 주요 인기 콘텐츠 유형은 역시 음악, 게임, 키즈, 뷰티, 먹방 등 오락 분야가 강세를 보이고 있는 것으로 나타난다(SocialERUS, 2017). 기존 TV 프로그램의 분류 기준에서 보도 및 교양 프로그램 대비 상대적으로 오락 분야 프로그램이 시청자의 선호를 받아온 현상과 일견 유사하다고 볼 수 있다. 반면, 일방향의 방송 편성 형태와 심의 규제, 고정형의 단말기 등 고유 특성을 갖고 있는 기존 TV에서는 좀처럼 볼 수 없었던, 말 그대로 1인 미디어에 특화된 콘텐츠 포맷들이 이용자들의 선택 속에 인기를 끌고 있는 사례들을 다수 발견할 수 있다.

<표 9-1> 유튜브 콘텐츠 카테고리 및 유형

국내 방송 기준 대분류	유튜브 카테고리 기준 소분류	카테고리별 주요 콘텐츠 유형 세분류					
오락	음악 Music	Music	Musician	Covers	React	Remix	RapBattle
	게임 Gaming	Streaming	Facecam	Montage	Let's Play	(Game) Trailers	(Game) Tutorials
	가족 엔터테인먼트 Family Entertainment	Kid's	(Toy) Unboxing	Children's song	Challenges	Character	Story
	엔터테인먼트 Entertainment	Dance	Shows	Funny Moments	Drama	ASMR(Role play, …)	Fear
	뷰티/패션 Beauty & Fashion	Beauty	Haul	Collection	Favourite	Grooming	Skin and fitness
	음식 Food	Mukbang	Cooker	Recipe	Restaurant	Market	Collaboration
	영화/애니메이션 Film & Animation	Trailers	Excerpts	Dubbing	Animator	Critic	Surveys
	코미디 Comedy	Comedy	Skits	Prank	Parodies	Funny	Humor
	스포츠 Sports	Live events	Highlight	Record	Championship	Players	Training
교양	교육 Education	Self-Improvement	Self-explanatory	Webinars	Book	Lessons	Q&A
	인물/블로그 People & Vlogs	Video blogging	Couple vlog	Celebrity Gossip	Documentary	Just talk	Motivation
	과학기술 Science & Technology	Product review	Experiments	Best setup	Demo	Commentary	Gadget
	노하우/스타일 How To & Style	Reviewer	Kinds	Best of	Top10	Disgusting Grossness	Follow-up
	여행/이벤트 Travel & Events	Lifehack	Foreign Street Food	Landscapes	Transport	Roundup	Tips
	애완동물/동물 Pets & Animals	Dogs	Cats	Funny animals	Funny cases	Competitions	Raising
	자동차 Autos & Vehicles	Overviews	Tuning cases	Clients reviews	Stats	DIY	Parts stores
	비영리/사회운동 Non-Profit & Activism	Memes/Tags	Campaign	Donation	Information	Social change	Flash-mob
보도	뉴스/정치 News & Politics	Hot news	Explanation	Comment	Debats	Stump	Analysis

출처 : 유튜브 크리에이터 아카데미, 자료 재구성(이희대)

리액트(React) 포맷은 말 그대로 반응하는 영상을 촬영해 보여주는 유형으로, 출연자 또는 진행자가 어떠한 소재를 시청하면서 이에 반응하는 모습을 담아 콘텐츠로 만드는 유형이다. 흔히 외국인 K-pop팬들이 선호 아이돌 그룹의 신작 뮤직비디오 출시에 맞춰 해당 영상을 화면 안에서 재생하고 이에 품평 또는 반응을 더하는 형태 등이 보편적이다. 대표적 유튜버로는 파인 브라더스(FBE)가 있다. 특별한 장면의 분할 없이, 출연자와 축소된 뮤직비디오 영상만 한 구도 안에 보여 지는 단조로운 구성에, 사전 대본 없이 그 저 화면 속 출연자가 영상에 보이는 반응을 담는 방식이다. 기존의 TV 음악 프로그램과 절대 비교로 본다면 분명 그 인기의 이유를 이해하기 어려울 수 있을 것이다. 그러나 이 포맷은 1인 미디어에서 매우 친숙하게 통용되고 있다.

오락과 교양 분야를 막론하고 1인 미디어에서 인기를 구가하는 또 하나의 유명한 포맷은 일명 '언박싱(Uboxing)'이다. 신상품의 포장을 열어 시청자들에게 해당 제품을 리뷰하는 콘텐츠 유형을 말한다. 광고와 본 방송을 별도로 구분하는 기존 TV의 범주에서는 역시 상상하기 어려운 포맷이다. 그러나 이러한 규제에서 상대적으로 자유로운 1인 미디어에서는 이 '신상품 개봉'의 즐거움을 자연스럽게 선호 콘텐츠로 승화한다. 어린이용 장난감에서부터 화장품, 최신 스마트기기까지 대상은 다양하다. 국내 대표적인 키즈 채널인 캐리와 장난감친구들(CarrieAndToys)도 바로 이 언박싱 포맷을 주력으로 현재 큰 인기를 얻고 있다. 연령대 불문의 새 제품에 대한 호기심, 대리만족 등에 부합한 이 포맷은 매우 단순하면서도 공감대가 높아 인기 크리에이터의 언박싱 리뷰는 해당 제품의 인지도와 이미지에까지 큰 영향을 미쳐 대표적인 1인 미디어의 콘텐츠 유형으로 자리 잡고 있다. 고품질의 화려한 색감을 뽐내며 날로 대형화되어가는 TV에서는 역시 구사하기 어려운 1인 미디어의 킬러 포맷이 또 있다. ASMR(Autonomous Sensory Meridian Response, 자율감각쾌락반응)로 불리며 이용자의 청각, 즉 소리 만들기에 중점을 두고 제작되는 콘텐츠 유형이다. 이 포맷은 1인 미디어의 주요 소비 기기인 스마트폰의 특성과 특별히 잘 맞아 떨어진다. 시장조사기관 닐슨 코리안클릭이 2017년 3월 발간한 'Z세대 스마트폰 이용행태 분석' 보고서는 1995년 이후 출생한 이들 모바일 동영상 열성 유저들의 이용 특성을 분석, 발표했다(연합뉴스, 2017). Z세대는 심야 시간에도 스마트폰 영상 시청을 즐기며, 특히 자정에는 모바일 영상 시청 량이 1천500만분에 육박해 하루 중 가장 많다는 것이 골자다. 침대 맡 연신 스마트폰을 만지작거리며 엎드렸다 뒹굴다, 어느새 이어폰을 낀 채로 잠들어 있는 여느 집에서도 낯설지 않은 장면이 떠오르는 대목이다. ASMR은 바로 이러한 스마트폰 기반의 시청 습관에 최적화된 콘텐츠 유형이다. 과도한 학업과 업무 경쟁, 인간 관계 등으로 쌓여 있던 스트레스로 지친 하루를 보낸 이들에게 심리적 안정감을 주는 백색소음, 시냇물 소리, 장작 타는 소리 등 잔잔한 힐링 사운드를 들려주는 것을 주요 소재로 한다. 잠자리에서 이어폰과 함께 콘텐츠를 대하는 애청자들의 시·청취 환경을 고려해 ASMR 크리에이터들은 공간감 있는 최적의 소리를 선사하기 위해 고가의 특수 마이크와 각종 도구를 동원하며 소리의 창작자로서 새로운 시도를 매회 이어가고 있다. 현재 유튜브 구독자 78만 명, 400여개에 달하는 소리 콘텐츠로 '소리 깎는 장인'이라는 별명을 갖고 있는 PPOMO ASMR등이 이 분야 인기 크리에이터로 꼽히고 있다. 또한, 최근 정치 및 시사 관련 동영상 칼럼 포맷도 중장년층의 제작 참여와 채널 개설이 늘고 있다(머니투데이, 2017). 이들 또한 자신의 메시지에 공감할 수 있는 이용자의 유입을 위해 이 같은 1인 미디어만의 독특한 영상 문법과 생태계에 충실히 적응해가며 신 장르의 개척자이자 창작자로서 그 영역을 활발하게 전개해 가고 있는 중이다.

6. 1인 미디어, 한계와 대안

크리에이터를 위시로 한 새로운 생태계 형성의 초고속 성장, 상대적으로 유연한 심의규제 속 유년층 이용자의 다수 유입, 플랫폼사의 상업적 목적이 내재된 선택적 정보 노출 알고리즘, 대형 엔터테인먼트사와 결합한 사업화 기조 등 이제 막 대중화의 첫 발을 떼고 있는 1인 미디어를 향한 우려의 목소리 또한 적잖이 들려오고 있다. 결국 규제의 움직임에 대한 내용이다.

크리에이터 등이 직접 운영하는 개인 채널들의 경우 제작비용 등 현실적인 여건으로 기존 매스미디어에서 보여주던 다큐멘터리, 드라마와 같은 고품질 콘텐츠를 기대하는 것은 상대적으로 어렵다. 대다수 개인 미디어 콘텐츠에서 짧게 보고 즐기는 스낵컬쳐(snack culture)류의 콘텐츠가 많은 것이 이를 반증한다. 반면에 스마트폰 기반의 OTT나 SNS플랫폼에서 기존의 고품질 콘텐츠 대비 이들 1인 미디어의 콘텐츠 포맷이 동시에 인기를 끌고 있는 배경은 1인 시청환경에서 시청자의 기호가 단지 고품질보다는 선호취향에 맞는 동질감, 공감에 더 의미를 두고, 만듦새의 품질보다 콘텐츠 자체에 더 의

미를 둔다는 것으로 해석된다. 플랫폼들도 이러한 경향을 파악해, 검색 과정을 단순화함과 동시에 이용자 선호에 맞을 만한 추천 콘텐츠가 쉽게 눈에 띄도록 하는 큐레이션 UI, 즉 개인화 알고리즘을 개발하고 있다. 개인화된 검색 알고리즘에 의한 콘텐츠 선택권 상실 현상을 이르는 필터버블(Filter Bubble)에 대한 논의도 여기에서 도래한 개념이다 (Pariser, 2011). 이를 긍정적으로 해석한다면 사용자 중심의 의사결정을 강화하는 것이지만, 다른 한편으로 보면 플랫폼에 의해 이용자는 개인 추천 알고리즘으로 여과된 콘텐츠의 선택, 일명 '선택받은 노출(Selected Exposure)'이 일상화될 수도 있다(김선호, 2017). 이것이 만약 가짜뉴스, 또는 정치적인 편향과 연결된다면 장기적으로는 다양화된 시각을 제한할 수도 있어 사회적 문제로의 확대 우려도 있다. 특히 아직 이성적 사고를 갖추기 전인 유년층이나 스마트 기기에 익숙하지 못한 노년층의 경우는 더욱 그럴 가능성이 높을 수 있다.

물론 이 같은 우려에 심의와 같은 규제나 조치를 가하자는 의견도 충분히 개진될 수 있다. 반면, 상황을 객관적으로 살펴볼 필요가 있다. 주요 시장조사기관들이 밝히고 있는 국내 온라인 동영상 시청 이용 플랫폼 1위는 글로벌 기업 구글이 운영하는 유튜브다 (이데일리, 2017). 동영상 서비스 포함 국내 최대 사용시간 1위 SNS 플랫폼 역시 글로벌 기업인 페이스북이다(아시아경제, 2017). 우리의 규제 기관이 현실적으로 전 세계에 동일서비스를 제공 중인 글로벌 기업의 플랫폼을 별도 규제할 수 있을지는 실무적으로 의문이다. 유튜브와 페이스북의 도입 자체를 막은 나라는 중국 등 공산권 일부 국가일 뿐이고 최근 규제 기조를 보이는 독일도 가짜뉴스에 대한 처벌 강화 정도가 대응의 골자다. 결국 웹, 소셜 부문의 유사 서비스 제공 기업 중 글로벌 기업이 아닌 국내 기업만 규제 대상이 되면 이른바 규제의 역차별 이슈도 생성될 수 있고, 이미 개방된 무한 경쟁의 국제 콘텐츠 시장 무대에서 우리 플랫폼과 크리에이터들이 자칫 동력을 잃을 수도 있다. 오히려 차별화, 전문화, 세분화된 콘텐츠를 제시할 실력 있는 크리에이터들을 체계적으로 양성하고 제작 환경을 개선함으로써 현재보다 더 많은 양질의 콘텐츠들을 향유하고 그 안에서 경쟁하도록 하는 선순환의 구조를 만드는 것이 현재의 이슈를 극복하는 현명한 방안이 아닐지 숙고가 필요한 부분이다.

1인 미디어 시장에 대형 엔터테인먼트 기업이 참여해 MCN이라는 사업구조를 만들고, 유력 MCN 기업들이 외국계 자본까지 유치하며 경쟁적으로 사업화에 나서는 현상에 대해서도 순수 개인 창작자들의 콘텐츠 영역에 지나친 상업적 경향이 전이되어 본말이 전도되는 것이 아니냐는 우려 섞인 지적도 있는 것이 사실이다. 하지만 수용자의 입장에서는, 기존의 한정된 매스미디어에 비해 창구가 확대되고, 더 많은, 더 양질의 콘텐츠를 접할 수 있게 되는 것은 미디어 환경이 개선되는 것으로 오히려 반길 일이라고 볼 수 있다. 또한 양질의 콘텐츠는 역시 양질의 창작 인재, 그리고 제작비가 수반되고 이는 필연적으로 수익구조와 연결되므로 말 그대로 1인이 제작 모두를 맡는 구조보다는 협업이나 연대, 사업화하는 형태가 더 효율적이고 현실적이다. 취미 생활로 크리에이터를 하는 것이 아닌 전업으로서의 역할을 기대한다면 더더욱 이런 조건과 기회는 반길 일이다. 이러한 배경에서 MCN, 즉 여러 1인 미디어 채널을 연대한 사업의 개념이 등장한 것이다. 따라서, 이를 대형화, 상업화라는 시선으로만 볼 수 없으며 기존의 엔터테인먼트 산업에서 발생한 기획사 혹은 소속사 개념으로 살펴보는 것이 더 현명한 접근이라 할 수 있다. 보다 차별화, 전문화, 세분화된 1인 미디어 콘텐츠의 발전도 이러한 조건에서 가능할 것이기 때문이다. 반면, 기성의 연예 엔터테인먼트 산업이 성장해오면서 지적되어 온 문제들, 예를 들어, 소속사와 크리에이터의 입장 차이, 수익적 문제, 갈등, 지나친 상업주의와 같은 여러 사안은 반면교사로 단계적으로 해결해 가야할 것으로 보인다. 마치 이러한 성장통의 가운데에서 대한민국 '한류'도 만들어져 왔음을 기억할 필요가 있다. TV를 포함한 매스미디어 이용의 점진적 감소와 콘텐츠의 영향력 약화, 1인 미디어의 부상과 이들의 콘텐츠가 미치는 사회적 영향력의 확대 추세가 동시에 재현되고 있는 현 시점에서 이를 냉정하게 분석하고 합리적으로 대응해 향후 발전 방향을 구체적으로 제시하는 것 또한 중요한 현 미디어들의 역할이다. 먼 미래가 아닌 바로 앞으로 다가온 현실로 인식하고 구체적인 대책과 보완이 더 필요한 시점 일 수도 있다.

앞서 살펴본 자료와 같이, 1990년대 중반 이후에 태어나 소셜 미디어와 풍부한 기술 혜택을 받으며 자라나 디지털 기기와 스마트폰에 친숙한 Z세대들은 그 윗세대들과는 다른 콘텐츠 소비 행태를 보이고 있다. 국내뿐 아니라 전 세계 인구의 약 27%인 20억에 달하는 신인류이자 미래의 미디어 소비자들이기에 이들의 이용 행태가 시사하는 바는 크다. 이미 미디어에 대한 접촉 방식이 스마트폰 등을 통한 인터넷 검색, 소셜 추천 등으로 생활화되고 이 과정에서 콘텐츠 소비의 단위가 분절화 되면서 매스미디어와 1인 미디어의 콘텐츠가 적어도 선택과 이용 행태 측면에서는 큰 차이가 없게 되었음을 보여준다. 즉, 이용자 입장에서는, TV의 아이돌 신곡 공연 방송 영상 클립과 1인 미디어의 유명 크리에이터가 해당 곡의 뮤직비디오를 리액트한 영상이 등가(等價)가 되고, 9시 뉴스의 보도과 유튜브 정치칼럼니스트의 채널 논평 영상이 서로 경쟁하게 된다. 똑같이 하루 24시간을 사는 이용자들에게 있어 자연스럽게 미디어의 선택지를 늘리고 결정을 유도한다. 이는 1인 미디어 콘텐츠가 어떻게 우리의 일상에 영향력을 확대하는지는 설명해준다.

한편, 기존 매스미디어는 공공의 재산인 주파수를 국가로부터 위임받아 다수를 대상으로 한다는 대전제로 시작되어 법적, 제도적으로 공익적 성격을 부여 받고 있기에 기본적으로 객관적 사실에 대한 자체적 심의 절차와 조직 등을 기본으로 갖추고 있다. 이와 달리 개인 미디어는 심의 등에 있어 상대적으로 유연하므로, 철저한 사실 확인이 전적으로 창작자의 윤리와 이용자 개인의 독립적 판단에 의존하므로 자정 작용이 필요한 것도 사실이다. 최근 가짜뉴스, 필터버블 등 현상들이 문제점으로 지적되고 있는 것은 이를 보여주는 단적인 모습이라 할 수 있다. 이 역시 규제가 아닌 양질의 콘텐츠 개발을 위한 크리에이터들의 제작 환경 지원, 크리에이터들의 자발적 노력, 미디어 정보의 현명한 활용을 유도하는 이용자들의 미디어 리터러시(media literacy) 교육 확대 등 선순환 구조의 마련이 더 근원적, 구조적 해결책으로 보인다.

7. 4차 산업혁명과 1인 미디어

편리함을 추구하는 인간의 본성을 충족시키기 위해 탄생한 스마트 기기는 공간의 예속이라는 기존의 개념을 파하는 모바일의 속성을 통해 이미 많은 것을 가능하게 했다. 초연결성, 초지능화로 대표되는 4차 산업혁명과 인공지능(AI), 사물인터넷(IoT: Internet of Things), 빅데이터, 클라우드 컴퓨팅, 핀테크(Fin-Tech), 로봇공학, 가상현실(VR), 드론 등 이를 위한 주요 핵심 기술의 구현이 가능해진 것은 모바일 환경의 대중화가 배경이다.

시스코가 2017년 발표한 모바일 트렌드 보고서는 2021년까지 전 세계적으로 스마트폰을 사용할 모바일 인구가 55억 명에 이를 것이며, 이는 세계 인구의 70%에 해당한다고 설명했다(이데일리, 2017). 한국은 모바일 사용자 수가 전체 인구의 약 90%에 달할 전망이며, 2021년 모바일 데이터 트래픽은 2016년 대비 5배 증가할 것이라고 예측했다. 지난 10여년 모바일 환경의 급속한 변화만으로도 그 속도를 따라잡지 못해 미래 향방을 읽는데 혼선을 겪고 있는 미디어 업계의 입장에서 볼 때, 이는 꼭 반가운 뉴스만은 아닐 것이다. 앞서 언급했듯 TV 음악 프로그램과 모바일로 시청하는 1인 채널의 뮤직비디오 리액트 영상이 아이돌 팬들에게는 등가가 되고 있는 현실이 눈앞에 와 있다. 더군다나 이것은 국내에서만 그치지 않고 온라인을 통해 전 세계와 함께 맞이하는 변화다. 거꾸로 말하면 국경 없는 접속의 전쟁에 우리의 콘텐츠, 우리의 창작력은 무한 경쟁의 시대를 맞고 있다. 특히 TV와 같은 기존의 전통적 미디어, 일명 레거시 미디어들은 충분히 혁명적으로 다가와 있는 변화 양상 속에 해답을 모색 중인 가운데, 이어질 4차 산업혁명 진입 이후까지 예측하고 대비한다는 것은 더욱 난제며 숙제다. 국경에 따라 주파수 경계가 있던 방송의 시대는 이 가파른 혁명 속에 어쩌면 예상보다 매우 빠른 속도로 추억의 편린이 될 것 같다. 반면, 스마트폰 기반의 OTT 및 SNS플랫폼을 주 무대로 하는 1인 미디어는 이미 4차 산업혁명과 깊게 맞닿아 있으며 수용자 혹은 창작자의 콘텐츠 이용 및 제작 환경은 그 영향 위에 놓여있다.

4차 산업혁명의 핵심인 지능정보기술의 대표적 사례는 자가 학습이 가능한 인공지능 (AI)의 등장일 것이다. 1970년 AI를 탑재한 첫 인간형 로봇을 개발하는 등 인류의 이러한 시도는 이전에도 있어왔지만, 그 규모와 정확성은 비교할 바가 아니다. 인터넷 기반의 콘텐츠가 실로 무한대로 제공되면서 AI가 학습할 수 있는 정보량 역시 기하급수적으로 증가하고 있다. 몇 시간, 혹은 몇 분 사이에도 인공지능은 진화를 거듭한다. 일례로 공학, 컴퓨터 공학, 수학, 언어학, 심리학, 그리고 커뮤니케이션학이 연계된 텍스트 분석 (text analysis) 방법은 인터넷에 떠도는 방대한 양의 텍스트를 AI가 자가 학습하게 해 (machine learning) 그 실증적 함의를 제시하도록 한다. 구글, 페이스북에 떠도는 수많은 뉴스 중, 어느 것이 가치를 가진 정보이고, 어느 것이 광고인지를 판독할 수 있는 확률적 데이터를 입력, 학습하도록 한 후 아직 광고인지 뉴스인지 알 수 없는 상태의 새 정보를 제시하면 이제 AI는 70-80%의 확률로 입력된 정보를 정확히 구분할 수 있다 (Sebastiani, 2002). 이러한 기술은 우리가 스마트폰으로 확인하는 포털의 뉴스나 1인 미디어의 동영상서비스에도 공히 적용된다. 우리가 과거, 혹은 최근에 클릭했던 콘텐츠의 패턴을 빅데이터와 대조해 분석해보면, 내일 아침 우리가 클릭할 만한 뉴스나 동영상이 어떤 것일지 상당히 정확하게 예측하여 제공한다. 우리의 취사선택 결과는 다시 데이터화되어, AI는 그 다음 날 한층 더 우리의 취향을 저격할 만한 데이터를 던져주게 된다. 앞장에서 살펴본 개인화된 검색과 추천 알고리즘이 그 것이다.

미디어 수용자 스스로의 '선택적 노출(Selective exposure)'이 아닌 AI에 의한 '선택받은 노출(Selected Exposure) '의 심화에 대한 우려가 커지고 있는 것도 이러한 배경에서 기인한다. 원활한 의사소통과 정치적 의견 통합에 있어 사람들 간의 공통성이나 태도의 유사성이 매우 중요한 반면, 구글, 유튜브, 페이스북의 추천 알고리즘 같은 AI 기술의 발달로 개인화와 다양성이 극적으로 심화하여, 개인의 정치적, 사회적 관점이 매우 좁은 스펙트럼에 갇혀 타인의 관점을 수용하는데 매우 인색해 질 수 있다는 것이다. 합리적인 우려고 우리는 이를 매일 마주하고 있다. 지인이 추천한 SNS 링크로 우연히 접한 어느 정치 팟캐스트 채널의 유튜브 동영상을 시청하자 이어 자동 재생되는 다음 동영상들의 선정과 순서가 친절하게 제공되는 경험은 매우 익숙하다. 빅데이터에 기반 한 알고리즘은 해당 채널의 보수 혹은 진보 성향과 나의 시청 성향까지 파악해 친절하게도 준비된 플레이 리스트로 안내한다. 구글을 종종 '신'으로 묘사하는 오늘날의 행태도 무리는 아닌 듯 보인다. 이러한 UI는 우려와 같이 수용자를 편향적 선택 환경에 놓이게 하는 가능성을 높이는 것이 사실이다. 다만, 수용자는 이처럼 AI로부터 주어지는 콘텐츠만을 소비하지 않는다. 마음에 드는 채널과 콘텐츠는 직접 팔로우하며 평가와 의견을 남기는 것은 물론 향후 재 시청 안내의 채택 여부도 직접 결정한다. 유튜브의 경우 이는 채널 구독하기(SUBSCRIBE)과 구독 알림(Notifications)이라는 매우 적극적인 수용과 참여 형태로 나타난다. 다수의 유튜브 이용자들은 평균적으로 수십 개의 채널을 구독하고 있다(Youtube Creators academy, 2017). AI는 물론 이러한 이용행태 또한 빅데이터에 포함해 다시 알고리즘화 하고 채널과 콘텐츠를 추천하고 있지만, 수십 개의 채널을 자신의 취향과 기호에 따라 선택해 구독하는 이들 수용자가 AI의 일방적인 영향을 따라서만 결정을 지속할 것이라는 가정은 지나친 기우로 봐야할 부분도 분명 있다.

빅데이터와 AI가 1인 미디어의 수용자 환경에 영향을 미치고 있다면 4차 산업혁명의 또 다른 주요 핵심 기술들은 제작 환경에도 새로운 변화를 만들어 가고 있다. 물론 이 또한 초연결성, 초지능화라는 화두와 이를 가능하게 하는 진화된 모바일 인터넷 환경 발전이 근저로 작용한다. 대표적으로 가상현실(VR) 기술은 고품질 실감 형 콘텐츠의 자연스러운 구현이 관건이기에 초당 60~120 프레임을 재생해야하는 높은 처리 속도의 CPU(중앙처리장치)와 그래픽 기술, 기가급 이상의 인터넷과 모바일 네트워크 등이 요구된다. 기존까지의 환경에서라면 일반 개인이 이 같은 제작을 한다는 것은 사실상 불가능했다. 그러나 고화질의 다기능 촬영과 시청이 가능한 스마트기기의 발달, 4G의 데이터 처리용량 대비 100배를 상회하는 5G 모바일의 상용화 등이 하나씩 구현되면서 1인 미디어에서도 VR 콘텐츠의 활성화가 곧 전개될 것으로 예상된다. 한국전자통신연구원(ETRI)은 지난 2017년 11월 별도의 장비 없이 스마트폰만으로 고화질 360도 VR 콘텐츠를 제작할 수 있는 기술을 개발했다고 밝혔다. 연내 상용화를 추진 중인 5G 모바일 환경과 이 기술이 결합한다면 여행 전문 크리에이터가 스마트폰으로 관광지 현장의 구석구석을 촬영해 개인 채널에서 실시간 전송하는 360도 VR 투어 콘텐츠를 내 폰으로 감상하며 실감나게 즐기고 구독 버튼을 누르는 것은 낯선 일이 아니게 될 것이다. 물론 크리에이터는 지근거리를 유지하며 상공에서 실시간으로 자신의 촬영 모습을 카메라에 담고 있는 일명 셀카 드론의 영상과 손에든 VR 촬영 화면을 5G와 IOT 기술로 제어, 시청자에게 교차로 선보이며 임장감(臨場感)을 극대화 할 수 있다. 여기에 블록체인 기반의 핀테크 기술이 더해져 현지 특산물의 구매나 숙박 예약도 시청 중 간단히 모바일 페이먼트(Payment)로 결재하는 이용자의 모습 또한 머지않은 미래로 다가왔다. 1인 미디어, 개인들에게 4차 산업혁명은 이전까지 혼자서는 불가능했을 미디어 제작과 서비스의 영역을 상당히 넓혀줄 것으로 예상한다.

이 같은 모바일 네트워크의 발달과 언제 어디서 누구와도 액세스할 수 있는 4차 산업혁명의 유비쿼터스(Ubiquitous), IOT 환경은 인간에게 비대면(非對面) 커뮤니케이션의 자유를 선사하고 혼자서는 할 수 없던 일들을 가능하게 하고 있다. 아이러니하게도 그 덕분에 인간 고유의 영역이 줄어들고 있다. 오프라인 지점을 줄여가고 있는 금융권이 가장 먼저 이를 실감하고 있으며 곧 유통으로, 제조로 그 여파가 번질 전망이다.

하지만 미디어 분야는 이들 산업과는 다른 측면을 발견할 수 있다. 특히, 이미 4차 산업혁명의 초입을 넘어선 1인 미디어 서비스 플랫폼에서 인기를 누리고 있는 대부분의 콘텐츠들은 이용자들과의 면대면(面對面, Face-to-Face) 커뮤니케이션 형태라는 것이 그 차이를 설명한다. 소재가 무엇이든, 콘텐츠 전개 방식이 리액트이거나 언박싱이거나 ASMR 또는 정치 칼럼이라도 이 점은 모두 동일하다. 스마트폰 속 작은 화면의 크리에이터가 자신을 바라보며 대화하듯 이야기를 하는 방식에 시청자는 더 반응한다는 것이다. 제작 당시에는 크리에이터가 혼자서 카메라를 정면으로 응시하며 촬영을 해야 하기에 다소 어색할 수 도 있겠지만 그 효과는 명확하다. 특히나 현실적이며, 정직하고 진실한 인상을 준다면 시청자는 단순한 방문자가 아니라 다시 찾아오는 구독자가 될 것이고 친밀한 팬이 될 것이며, 그에 따라 충성도와 반복 조회 수 역시 올라 갈 것이다. 이는 레거시 미디어에서 연구되어온 준사회적 상호작용(Parasocial interaction)과도 결이 다르다. 특히 다수 크리에이터들이 수용자들과의 소통방식으로 택하는 생방송의 경우 기존 TV에서와 같은 의사(擬似) 인간관계가 아니라 화면을 사이에 놓고 시청자 댓글 등을 실시간으로 읽고 답하며 상호 교감을 나누는 것은 실제의 면대면 커뮤니케이션에 가까운 효과를 보인다. 이러한 효과는 1인 미디어 최대 플랫폼을 운용하는 유튜브가 실제로 크리에이터들의 교육을 위해 그간 축적된 빅데이터를 분석해 제안하는 제작 가이드에 잘 설명되어 있다(Youtube Creators academy, 2017).

극적 비대면의 시대를 맞이하면서도, 미디어 산업의 한축에서 이처럼 면대면 커뮤니케이션이 지속 생존할 수 있다는 사실은 눈여겨볼 대목이다. 이 같은 경향은 스마트 기기 중심의 모바일 시청 환경과 유연한 규제 환경이라는 요소와 함께 1인 미디어가 갖고 있는 보다 근본적인 특성에 기인한다. 바로 일방향이 아닌 양방향 참여와 소통의 플랫폼 위에서 콘텐츠가 생산되고 유통된다는 점이다. 1인 미디어는 단순하게 스마트 기기를 통해 동영상 콘텐츠를 일방적으로 소비하는 행위 이상의 소셜 플랫폼인 것이다. 시청자는 좋아하는 크리에이터를 친구처럼 여기게 되고, 대화 형태의 영상 전개를 통해 효과적으로 밀접한 유대 관계를 맺을 수 있게 된다. 열성 팬들은 크리에이터의 채널을 지지하고 지인들에게 알릴 확률이 높다. 이를 통해 면대면 커뮤니케이션은 더 늘어나게 되는 것이다.

미디어가 맞이한 4차 산업혁명의 파고 속에 1인 미디어는 이러한 인간의 내적 딜레마를 기술적으로 더 섬세하게 해소해 줄 수 있는 진화된 도구일 수 있다. 공간적 제한과 격식의 엄격성을 벗어나 언제 어디서나 자연스럽게 동영상을 통해 유사 대화라는 방식으로 상호 소통하는 새로운 커뮤니케이션 혁명이 그것이다. 멀지 않은 미래에 전 인류에 더욱 익숙해질 이 소통의 방식을 다양한 콘텐츠의 실험을 통해 미리 개척하고 있는 지금의 크리에이터들을 이 새로운 미디어 혁명을 이끌 최전방의 프론티어로 인식하고, 규제와 제도보다는 장려와 육성으로 우리 사회가 체계적 지원을 검토해야할 이유는 여기에 있다.

농업혁명, 산업혁명, 정보혁명을 거치며 자유와 고독을 함께 얻었던 인간이 다시 손바닥 크기의 조그만 화면을 통해 다른 이들을 만나고, 그 안에서 유대를 느낀다는 사실은 역설적이면서 동시에 우리에게 시사하는 바가 있다. 시장체제는 인간을 한 층 더 자유롭게 하는 방향으로 발전하고, 그를 통해 인간은 자신의 잠재력을 파악하고 개발할 수 있는 기회를 얻는다. 하지만 고립된 자유인은 항상 불안하다. 자신이 지금 옳은 길을 가고 있는지, 또 다른 이들은 어떻게 살아가는지 이들 개인(個人)은 매순간 궁금하고 때로는 두렵다(Fromm, 1976). 4차 산업혁명의 명과 암에 대한 기대와 우려 또한 이러한 불안에서 연유한다. 다만, 인류가 민주주의로 인해 득을 보는 조건은, 다양한 의견을 가진 전문가들의 의견을 효과적으로 취합할 수 있을 때라는 것을 잊어서는 안 된다 (Page, 2008; Surowiecki, 2005). 혁신이 비롯되는 곳 역시, 유사한 생각(group-think)을 공유하는 집단이 아닌, 위험을 감수하면서도 자신의 독특한 아이디어를 시장에 퍼뜨리려 애쓰는 소수의 비주류라는 것 역시 간과해서는 안 된다(Bassett-Jones, 2005). 4차 산업혁명은, 이전의 기술혁신과 마찬가지로, 인류에게 득이 될 수도 혹은 실이 될 수도 있다는 것이다. 학자로서 우리가 할 수 있는 일은, 현재의 기술이 인류에게 최대한의 이득을 갖게 하도록 최적의 기술적, 사회적 콘텍스트(Context)를 구축하는 일일 것이다.

| 참고문헌

1. Cairncross, F., The death of distance: How the communications revolution will change our lives(Orion Business Books, 1997).
2. Diamond, J. M., Guns, germs and steel: a short history of everybody for the last 13,000 years(Random House, 1998).
3. Fromm, E., Escape from freedom(Macmillan, 1976).
4. McLuhan, M., Understanding Media(NY: McGraw-Hill, 1964).
5. Smith, A., An inquiry into the nature and causes of the wealth of nations(London: W. Strahan and T. Cadell., 1776).
6. Wallace, P., The psychology of the Internet(Cambridge University Press, 1999).
7. Abraham H. Maslow, A Theory of Human Motivation(Psychological Review, 1943) & Motivation and Personality(New York : Harper & Low, 1954).
8. 손상영외, 디지털 컨버전스 생태계의 특징과 발전전망(정보통신정책연구원, 2007).
9. The Sun, Children turn backs on traditional careers in favour of internet fame, study finds(https://goo.gl/TaS141), 2017.
10. 통계청, 제7차 한국 표준 직업분류 개정 주요 내용(https://goo.gl/6MU9i7), 2017.
11. SocialERUS, 유튜브 구독자 랭킹(https://goo.gl/B5SZDg), 2017.
12. 아프리카TV, 베스트 BJ 목록(https://goo.gl/GUKhf5), 2017.
13. 한경비지니스, 1인 방송 산업, 한계는 없다(https://goo.gl/4A9vf7), 2017.
14. 연합뉴스, Z세대 "TV 프라임타임이 뭐죠"…스마트폰으로 유튜브에 몰입(https://goo.gl/xY5bhV), 2017.

15. 머니투데이, '나꼼수 대박' 이후 팟캐스트 '춘추전국시대' (https://goo.gl/G9QfbW), 2017.

16. Pariser E., The Filter Bubble(Penguin books, 2011).

17. 김선호, 필터버블, 플랫폼의 예방 노력이 중요(신문과 방송, 2017).

18. 이데일리, "유튜브 모바일 이용자 70%, 계속 사용 하겠다"..충성도 높아(https://goo.gl/eJpiRF), 2017.

19. 아시아경제, 韓 이용자 사용시간 가장 긴 SNS는 '페이스북' (https://goo.gl/BY9M71), 2017.

20. 이데일리, 2021년 전 세계 인구 71%가 모바일 사용 한다(https://goo.gl/i7QhHu), 2017.

21. Youtube Creators academy, Lesson: Search and discovery on YouTube - Subscribers, and the Subscriptions tab (https://goo.gl/o83WC3), 2017.

22. Youtube Creators academy, Lesson: Set a creative strategy - 2. Conversation (https://goo.gl/FK5vQT), 2017.

23. Bassett Jones, N., The paradox of diversity management, creativity and innovation(Creativity and Innovation Management, 2005).

24. Page, S. E., The difference: How the power of diversity creates better groups, firms, schools, and societies(Princeton University Press, 2008).

25. Sebastiani, F., Machine learning in automated text categorization. (ACM Computing Surveys, 2002).

26. Surowiecki, J., The wisdom of crowds (New York: Anchor Books, 2005).

27. Auter, P. J., TV that talks back: An experimental validation of a para-social interaction scale (Journal of Broadcasting & Electronic Media, 1992).

<표 9-2> 유튜브 콘텐츠 카테고리 및 유형

국내 방송 기준 대분류	유튜브 카테고리 기준 소분류	카테고리별 주요 콘텐츠 유형 새분류					
오락	음악 Music	Music	Musician	Covers	React	Remix	RapBattle
	게임 Gaming	Streaming	Facecam	Montage	Let's Play	(Game) Trailers	(Game) Tutorials
	가족 엔터테인먼트 Family Entertainment	Kid's	(Toy) Unboxing	Children's song	Challenges	Character	Story
	엔터테인먼트 Entertainment	Dance	Shows	Funny Moments	Drama	ASMR(Role play,...)	Fear
	뷰티/패션 Beauty & Fashion	Beauty	Haul	Collection	Favourite	Grooming	Skin and fitness
	음식 Food	Mukbang	Cooker	Recipe	Restaurant	Market	Collaboration
	영화/애니메이션 Film & Animation	Trailers	Excerpts	Dubbing	Animator	Critic	Surveys
	코미디 Comedy	Comedy	Skits	Prank	Parodies	Funny	Humor
	스포츠 Sports	Live events	Highlight	Record	Championship	Players	Training
교양	교육 Education	Self-improvement	Self-explanatory	Webinars	Book	Lessons	Q&A
	인물/블로그 People & Vlogs	Video blogging	Couple vlog	Celebrity Gossip	Documentary	Just talk	Motivation
	과학기술 Science & Technology	Product review	Experiements	Best setup	Demo	Commentary	Gadget
	노하우/스타일 How To & Style	Reviewer	Kinds	Best of	Top10	Disgusting Grossness	Follow-up
	여행/이벤트 Travel & Events	Lifehack	Foreign Street Food	Landscapes	Transport	Roundup	Tips
	애완동물/동물 Pets & Animals	Dogs	Cats	Funny animals	Funny cases	Competitions	Raising
	자동차 Autos & Vehicles	Overviews	Tuning cases	Clients reviews	Stats	DIY	Parts stores
보도	비영리/사회운동 등 Non-Profit & Activism	Memes/Tags	Campaign	Donation	Information	Social change	Flash-mob
	뉴스/정치 News & Politics	Hot news	Explanation	Comment	Debats	Stump	Analysis

출처 : 유튜브 크리에이터 아카데미, 자료 재구성(이희대)

김광호(언론정보학박사)

現 서울과학기술대학교 IT정책 대학원 교수
KBS 객원해설위원
저작권위원회 기술위원
前 방송개발원 (현 콘텐츠진흥원) 연구위원

박성규(공학박사/정보통신기술사)

現 동아방송예술대학교 방송기술계열 교수
現 (사)미래방송연구회 회장
現 한국영상제작학회 회장
前 SBS기술인협회 회장

이희대

現 광운대 미디어영상학부 겸임교수
現 행정안전부 SNS 방송 자문위원
前 지상파DMB(한국DMB) QBS 편성제작국장
수상 : 재난방송 유공 국민안전처장관 표창

김상연

現 위스콘신주립대 밀워키(캠) 커뮤니케이션학과 부교수
미시간 주립대학교 커뮤니케이션 박사

박홍민

現 위스콘신주립대 밀워키(캠) 정치학과 부교수
Data Science 대학원과정 겸임교수
Washington University 정치학 박사
관심분야: 미국정치(의회, 대통령, 정당), 방법론

이창형(공학박사)

現 KBS 이사회사무국 기술전문위원
前 KBS TV기술국장
前 한국방송기술인연합회장
저서 : 디지털방송기술총람 (공저)

김상철(정책학박사)

現 MBC 제작기술국 종합편집부 종편담당
前 MBC 정보콘텐츠부장
前 MBC 기술인협회장
관심분야 : 빅데이터, 정보보호, 종합편집기술

박창묵(공학박사)

現 KBS 네트워크운영국장
前 KBS TV기술국 총감독
前 방송기술저널 편집주간
저서 : 미디어융합과 방송의 미래 (공저)

박종원(정책학박사)

現 디지털시청100%재단 사무국장
前 KBS 뉴미디어기획부장
前 KBS 다채널방송추진단장
저서 : 미디어융합과 방송의 미래 (공저)

장형쥬(정책학박사)

現 KBS TV기술국 시스템 감독
前 KBS TV기술국 총감독
前 KBS 3D 콘텐츠 제작단 Technical Manager
저서 : 3D 콘텐츠제작 가이드라인 (공저)

강덕현(경영학석사)

現 MBC 정보보호 담당
現 ISO27001인증심사원(보), CISA, CPPG, CEH
前 KT, 농협중앙회, LG CNS 보안 컨설팅/보안 운영
관심분야 : (개인)정보보호, ISMS, 해킹, 보안사고대응

4차 산업혁명과
미디어의 미래

초판인쇄 2018년 3월 1일
초판발행 2018년 3월 1일

지은이 김광호 박성규 이희대 김상연 박홍민 이창형
　　　　김상철 박창묵 박종원 장형준 강덕현
펴낸이 채종준
펴낸곳 한국학술정보㈜
주소 경기도 파주시 회동길 230(문발동)
전화 031) 908-3181(대표)
팩스 031) 908-3189
홈페이지 http://ebook.kstudy.com
전자우편 출판사업부 publish@kstudy.com
등록 제일산-115호(2000. 6. 19)

ISBN 978-89-268-8269-6 13330